Walter Doberenz, Thomas Kowalski

# Datenbankprogrammierung mit Visual Basic 6

Walter Doberenz, Thomas Kowalski

# Datenbank-programmierung mit Visual Basic 6

Microsoft Press

Walter Doberenz, Thomas Kowalski: Datenbankprogrammierung mit Visual Basic 6
Microsoft Press Deutschland, Edisonstraße 1, 85716 Unterschleißheim




15 14 13 12 11 10 9 8 7 6 5 4 3
03 02 01

ISBN 3-86063-485-2



Korrektorat/Satz: mediaService, Siegen (www.mediaproject.net)
Umschlaggestaltung: Hommer Design, München (www.HommerDesign.com)
Layout und Gesamtherstellung: Kösel, Kempten (www.KoeselBuch.de)

# Inhaltsverzeichnis

# Vorwort

In Übereinstimmung mit der rasanten Entwicklung der Informationsgesellschaft und der weltweiten Vernetzung zielt mittlerweile der überwiegende Teil der Windows-Programmierung auf Datenbankapplikationen, die in vielfältiger Weise auf dem lokalen PC, in Client/Server-Umgebungen genauso wie im Internet/Intranet angesiedelt sind. Microsofts Visual Basic ist dazu ein geeignetes und mächtiges Werkzeug, denn es ist die am weitesten verbreitete und erfolgreichste Windows-Programmiersprache.

**HINWEIS:** Dieses Buch beschäftigt sich mit dem Einsatz von Visual Basic zur Datenbankprogrammierung und kann demnach keine umfassende Einführung zu Visual Basic geben. Dem absoluten Einsteiger sei deshalb empfohlen, sich vorher mit einem der inzwischen zahlreich auf dem Markt befindlichen VB-Grundlagenwerke auseinanderzusetzen.

## Zur Geschichte von Visual Basic

Schon der Titel dieses Buches unterstreicht die dominierende Bedeutung von Visual Basic für Datenbank- und Internetanwendungen.

Seinen großen und durchschlagenden Erfolg verdankte Visual Basic in seiner 1990 erschienen ersten Version dem Präfix »Visual«, denn erstmalig in der kurzen Windows-Geschichte wurde der Anwendungsentwickler von der Mühsal der Oberflächenprogrammierung entlastet, indem er die Benutzerschnittstelle in Windeseile wie mit einem Zeichenprogramm »zusammenschieben« konnte, ohne dafür eine einzige Codezeile schreiben zu müssen.

Mittlerweile liegt Visual Basic in der Version 6 vor, die mit weiteren beeindruckenden Features zur Datenbank- und Internet-Programmierung aufwartet. Grund genug, dieser komplexen Problematik ein gesondertes Buch zu widmen, denn bereits zu einem solch relativ eingeschränkten Gebiet bietet Visual Basic 6 eine gewaltige Fülle von Strategien, Möglichkeiten und Informationen, die es notwendig machen, nach dem Prinzip »soviel wie nötig« eine sorgfältige Auswahl zu treffen, die einerseits den Einsteiger nicht überfordert oder gar verwirrt, und andererseits dem Profi mehr als nur ein gelangweiltes Gähnen entlockt.

## Ein Buch für Einsteiger und für Fortgeschrittene

Wie bereits dem Titel zu entnehmen ist, werden im vorliegende Buch zwei Themengebiete zusammengeführt: Visual Basic und Datenbanken.

Außerdem wagt das Buch den Spagat zwischen einem Leitfaden für Einsteiger und einem Nachschlagewerk für Fortgeschrittene. Allerdings sollten Sie kein absoluter Neuling sein, sondern durchaus etwas Erfahrung in der Anwendung von Windows-Programmen haben und auch ein Datenbankprogramm wie Access einigermaßen kennen.

**WICHTIG:** Da das Buch auf Vollständigkeit zugunsten von Problemlösungen verzichtet, kann es die zu Visual Basic mitgelieferten Handbücher und die integrierte Online-Hilfe keinesfalls ersetzen!

Als VB-Programmierer haben Sie die Auswahl zwischen verschiedenen Datenbanksystemen (Access, SQL-Server, Oracle etc.) und Zugriffsmöglichkeiten (datengebundene Komponenten, ADO, DAO, RDO etc.). Obwohl wir in den Beispielen dieses Buchs hauptsächlich auf Access- und SQL-Server-Datenbanken Bezug nehmen, ist diese Beschränkung ohne praktische Auswirkung, da dank ODBC und ADO 2.0 mit einheitlichem Muster auf beliebige Datenquellen zugegriffen werden kann.

**HINWEIS:** Falls Sie vorrangig auf Jet-Datenbanken zugreifen, sollten Sie außer VB 6 auch noch über Microsoft Access 97/2000 verfügen, denn das Erstellen von Tabellen bzw. Abfragen lässt sich damit bequemer erledigen[1].

# Zum Buchinhalt

Der Inhalt dieses Buchs ist in einen Grundlagenteil und einen How-to-Teil untergliedert:

- Der erste Teil (Kapitel 1 bis 11) vermittelt einen Einstieg in die Datenbankprogrammierung unter Visual Basic. Es wird versucht, den in Sachen Datenbanken und Visual Basic noch unerfahrenen Leser schrittweise an die Problematik heranzuführen. Dem Profi bietet sich eine Nachschlagemöglichkeit für die wichtigsten Datenzugriffstechnologien, die VB mittlerweile unterstützt, wobei der Schwerpunkt auf dem neuen ADO 2.0-Objektmodell liegt. Aufgrund seiner universellen Schnittstelle wird von ADO 2.0 aber nicht nur derjenige profitieren, der mit Datenbanken arbeitet, sondern jeder, der überhaupt mit Daten zu tun hat[2]. Auf die alten Technologien (ODBC, DAO, RDO) konnte mit Rücksicht auf die Abwärtskompatibilität noch nicht ganz verzichtet werden.
- Programmieren lernt man nicht durch das Studium von Grundlagenliteratur und Objektmodellen, sondern nur durch das unermüdliche Ausprobieren von Beispielen! Gemäß diesem Motto finden Sie im zweiten How-to-Teil (Kapitel 12) eine Vielzahl von »Rezepten«, die Sie zum Auslösen von »Aha-Effekten« motivieren bzw. zur Lösung eigener praktischer Problemstellungen befähigen sollen.

**HINWEIS:** Auch wer noch unter Visual Basic 5 arbeitet, kann einen großen Teil des Buches nutzen.

---

1 Der in VB als Add-In enthaltene Visual Data-Manager verfügt nur über eine sehr bescheidene Funktionalität.

2 Das sind nicht nur Datenbänkler, sondern alle Programmierer!

# Inhalt der Buch-CD-ROM

Die zu diesem Buch mitgelieferte CD-ROM enthält sämtliche Quelltexte der Kapitel 1 bis 12.

Für den Einsteiger ein Hinweis, den wir aufgrund von Erfahrungen mit unseren Vorgängertiteln diesmal nicht vergessen wollen:

- Sie sollten natürlich Visual Basic auf Ihrem PC installiert haben (Visual Basic befindet sich nicht auf der Buch-CD-ROM!).
- Wollen Sie direkt auf die Ordner zugreifen, dann klicken Sie das CD-Laufwerk mit der rechten Maustaste an und wählen im Kontextmenü den Eintrag *Öffnen*. Kopieren Sie dann die gewünschten Dateien auf die Festplatte und vergessen Sie nicht, anschließend den Schreibschutz aufzuheben (mit rechter Maustaste das Kontextmenü der Datei öffnen und den Eintrag *Eigenschaften* wählen). Achten Sie dabei besonders auf die Datenbanken, die aufgrund langer Dateinamen teilweise als selbstentpackende EXE-Dateien vorliegen.
- Sollte eine Datenbank nicht gefunden werden, müssen Sie im Visual Basic-Projekt die entsprechenden Pfadangaben ändern. Die Datenbank befindet sich immer im aktuellen Projektverzeichnis.
- Bevor Sie die Beispiele des Kapitel 7 (Internet/Intranet) ausprobieren können, sollten Sie sich mit den in diesem Kapitel beschriebenen Voraussetzungen vertraut machen.
- Sollte es bei einigen Projekten zu Problemen mit der Bildschirmdarstellung kommen, dann stellen Sie bitte über die Windows-Systemsteuerung Ihre Bildschirmanzeige auf »Kleine Schriftarten« um.

# Danksagungen

Danken möchten wir den Herren Thomas Braun-Wiesholler, Georg Weiherer und Thomas Pohlmann von Microsoft Press für ihre tatkräftige Unterstützung beim Zustandekommen des Werkes und vor allem für ihre unendliche Geduld mit den Autoren, die aufgrund zahlreicher Hindernisse den Fertigstellungstermin des Manuskripts mehrmals hinauszögern mussten.

Ein Dankeschön auch an Herrn Wolfram Mewes von der Firma MSoft, für wertvolle Hinweise und für seine Mitarbeit in der Anfangsphase des Werkes.

Einen Blumenstrauß haben sich auch unsere Familienangehörigen verdient, ohne deren Hilfe und Ermunterung die Autoren im Chaos versunken wären.

Letztlich gebührt auch Ihnen, liebe Leserin und lieber Leser, Dank für das durch den Kauf des Buches erwiesene Vertrauen in die Autoren. Wir hoffen, dass wir Ihnen damit einen nützlichen Begleiter für die Entwicklung anspruchsvoller Datenbankapplikationen in die Hände gegeben haben.

Falls Sie dennoch dieses und jenes vermissen, so bitten wir Sie um Nachsicht, denn es ist einerseits die unglaubliche Vielfalt an Möglichkeiten, die Visual Basic mittlerweile bietet, und andererseits das Bedürfnis des Praktikers nach unmittelbar anwendbaren Problemlösungen, die uns zu einem inhaltlichen Kompromiss gezwungen haben.

Inwieweit uns dieser Spagat zwischen Anspruch und Realität eines Einsteiger- und eines Profibuchs gelungen ist, möge der Leser entscheiden.

*Viel Spaß und Erfolg!*
*Walter Doberenz und Thomas Kowalski*

Hinweise zum Buch und Leseranfragen können Sie direkt an die Autoren richten:

w.doberenz@online.de
th.kowalski@online.de

Besuchen Sie zwecks weiterer Informationen bitte auch die Homepage der Firma *Doberenz* Data*Book*:

www.online.de/home/w.doberenz

# 1 Einführung



Dieses Kapitel soll Ihnen einen ersten Überblick über die Datenbankprogrammierung unter Visual Basic 6 vermitteln. Wir gehen dabei davon aus, dass Sie bereits über Visual Basic-Grundkenntnisse verfügen und wissen, wie die Entwicklungsumgebung (IDE) zu bedienen ist oder wie beispielsweise eine *For-Next*-Schleife funktioniert. Erfahrungen im Umgang mit relationalen Datenbanken (Access) wären zwar ebenfalls wünschenswert, sind aber nicht Bedingung.

Für den so »vorbelasteten« Leser haben wir dieses Einführungskapitel in folgende Abschnitte aufgeteilt:

- **Einführungsbeispiele**
  Drei einfache Beispiele für den Einstieg (DAO, ADO, Datenumgebung)
- **VB-Datenbank-Features**
  Überblick über alte und neue datenbankspezifische Eigenschaften von Visual Basic, Versionsvergleich und Umgang mit der Dokumentation.
- **Ein Blick über den Tellerrand**
  VBA-Programmierung, Office 2000, SQL-Server 7.0

Wundern Sie sich nicht, dass dieses Buch ohne weitere langatmige Vorrede gleich mit Beispielen beginnt. Dieser »Sprung ins kalte Wasser« macht Sie fit für die anschließenden allgemeineren Ausführungen dieses Kapitels, die Sie notfalls auch überspringen können, um später bei Bedarf darauf zurückzukommen.

## 1.1 Einführungsbeispiele

Mittlerweile bei der Version 6.0 angelangt, bietet Visual Basic eine ungeheure Vielfalt von Datenzugriffsmöglichkeiten. Zu den für den Einsteiger wichtigsten und am ehesten verständlichen zählen jene, bei denen Steuerelemente direkt an Datenquellen angebunden werden können (Bound Components). In drei abgestuften und sehr einfachen Beispielen wollen wir unterschiedliche Varianten des Zugriffs auf eine Access-Datenbank demonstrieren, wobei die alte (DAO-) und die neue (ADO-) Technologie gegenübergestellt werden.

## 1.1.1 DAO-Datenbankzugriff mit Bounded Controls

Demjenigen, der bereits mit Visual Basic 5 gearbeitet hat, werden die datengebundenen Komponenten vertraut sein, die noch auf der alten DAO (Data Access Objects)-Bibliothek basieren. Obwohl mit Visual Basic 6 die neue ADO-(ActiveX Data Objects) Technologie ihren glorreichen Einzug gehalten hat, behalten die alten Bound Components aus Kompatibilitätsgründen weiterhin ihre Gültigkeit und ihren angestammten Platz in der Standard-Werkzeugsammlung.

### Bedienoberfläche

Starten Sie Visual Basic 6 und wählen Sie im Dialogfeld *Neues Projekt* auf der Registerkarte *Neu* das Symbol *Standard-EXE*. Bestätigen Sie über die Schaltfläche *Öffnen*.

Ziel soll die Gestaltung einer Benutzerschnittstelle für die Tabelle *Kunden* der zu Visual Basic 6 mitgelieferten Beispieldatenbank *Nwind.mdb* sein:

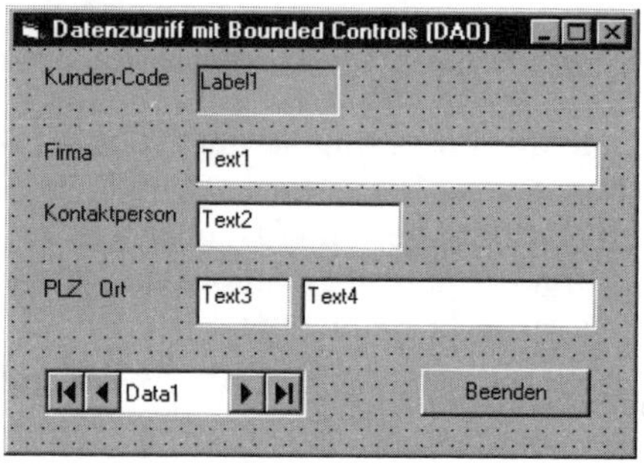


***Abbildung 1.1:*** *Bedienoberfläche des DAO-Beispieles*

**HINWEIS:** Sämtliche für dieses Beispiel erforderlichen Komponenten befinden sich in der Standard-Werkzeugsammlung.

### Eigenschaften zuweisen

Rufen Sie das Eigenschaftenfenster auf (Menü *Ansicht/Eigenschaftenfenster* oder F4) und nehmen Sie die folgenden Einstellungen vor:

| Objekt | Eigenschaft | Wert |
|---|---|---|
| Data1 | DataBaseName | C:\Programme\Microsoft Visual Studio\VB98\NWIND.MDB |
| | RecordSource | Kunden |
| Label1 | DataSource | Data1 |
| | DataField | Kundencode |
| Text 1 | DataSource | Data1 |
| | DataField | Firma |
| Text2 | DataSource | Data1 |
| | DataField | Kontaktperson |
| Text3 | DataSource | Data1 |
| | DataField | PLZ |

▶

| Objekt | Eigenschaft | Wert |
|---|---|---|
| Text4 | DataSource | Data1 |
| | DataField | Ort |

***Tabelle 1.1:*** *Parametrieren der Objekte*

Beginnen Sie mit dem Zuweisen der *DataBaseName*-Eigenschaft des DataControls. In Abhängigkeit vom Ordner, in den Sie Visual Basic auf Ihrem Computer installiert haben, können Abweichungen zum in obiger Tabelle angegebenen Pfad auftreten.

**TIPP:** Wenn Sie die Eigenschaften in der Reihenfolge laut Tabelle zuweisen, werden Ihnen die möglichen Einstellungen im Eigenschaftenfenster zur Auswahl angeboten.

**HINWEIS:** Dem Kenner von VB 5 werden bei den Textboxen die beiden neuen datengebundenen Eigenschaften *DataFormat* und *DataMember* auffallen, die allerdings nicht für DAO-, sondern nur für ADO-Datenquellen gültig sind.

### Test

Starten Sie das Programm, dürfte sich Ihnen der folgende Anblick bieten:

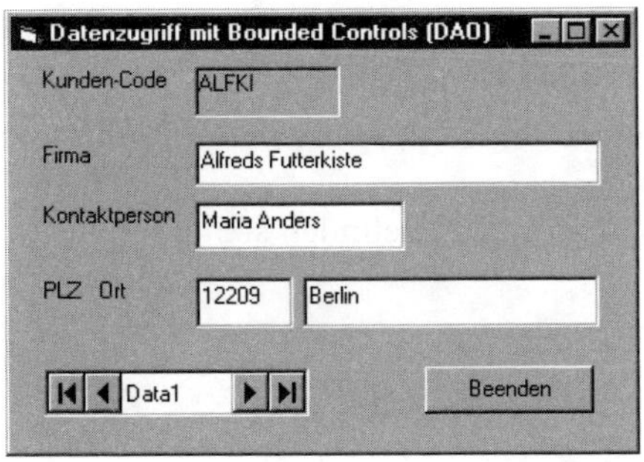


***Abbildung 1.2:*** *Unser erstes Datenbankprogramm in Aktion*

## 1.1.2 Datenbankzugriff mit ADO-Datensteuerelement

Das ADO-Pendant zum Datacontrol ist das ADO-Datensteuerelement. Wir wollen mit ihm die gleiche Aufgabe wie im Vorgängerbeispiel lösen, also eine Eingabemaske zur Tabelle *Kunden* der Beispieldatenbank *Nwind.mdb* programmieren.

### Bedienoberfläche

Sie können die komplette Bedienoberfläche des Vorgängerbeispiels übernehmen, lediglich das Datacontrol ist durch ein ADO-DataControl (*Adodc1*) auszutauschen. Da das ADO-DataControl nicht standardmäßig in der Werkzeugsammlung enthalten ist, müssen Sie zunächst die Datei *Msadodc.ocx* über das Menü *Projekt/Komponenten...* (Strg+T) einbinden, d.h. ein Häkchen beim Eintrag *Microsoft ADO Data Control 6.0 (OLEDB)* setzen.

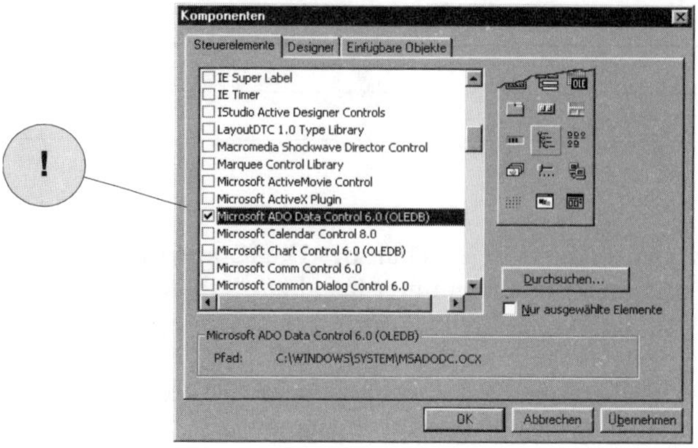


***Abbildung 1.3:*** *Einbinden des ADO-Datensteuerelements MSADODC.OCX*

## Eigenschaften zuweisen

Beginnen Sie mit dem Zuweisen der *ConnectionString*-Eigenschaft des ADO-DataControls. Sie werden dabei von einem Assistenten unterstützt:

1. Rufen Sie mit dem Menübefehl *Ansicht/Eigenschaftenseiten* das gleichnamige Dialogfeld auf. Aktivieren Sie auf der Registerkarte *Allgemein* die Option *Verbindungszeichenfolge verwenden* und klicken Sie anschließend die Schaltfläche *Erstellen*.
2. Wählen Sie auf der Registerkarte *Provider* des Dialogfeldes *Datenlinkeigenschaften* den Eintrag *Microsoft Jet 3.51 OLE DB Provider* aus und klicken Sie auf *Weiter*.
3. Auf der Registerkarte *Verbindung* legen Sie den Pfad zur Datenbank *Nwind.mdb* fest, testen die Verbindung und schließen das Dialogfeld über *OK*.

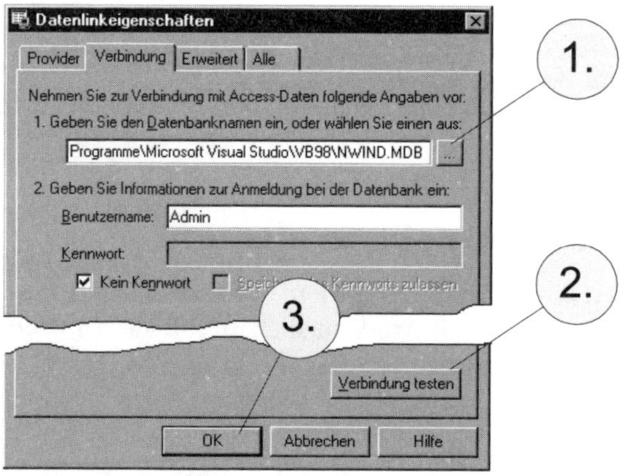


***Abbildung 1.4:*** *Ein Assistent hilft beim Einstellen der* ConnectionString-*Eigenschaft*

Im Eigenschaftenfenster entdecken Sie nun den ziemlich langen *ConnectionString* (siehe Tabelle 1.2).

Nehmen Sie jetzt die Einstellung der *RecordSource*-Eigenschaft vor. Auch dazu bietet ein Assistent seine Hilfsdienste an.

- Wählen Sie als Befehlstyp *2 – adCmdTable*.
- Stellen Sie als Tabellennamen die gewünschte *Kunden*-Tabelle ein.

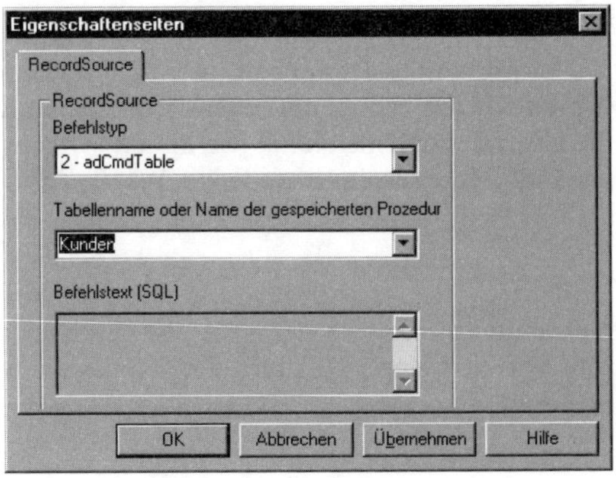


***Abbildung 1.5:*** *Einstellen der* RecordSource-*Eigenschaft*

Schließlich brauchen Sie lediglich noch die *DataSource*-Eigenschaft aller gebundenen Steuerelemente (*Label1, Text1 ... Text4*) auf *Adodc1* zu setzen.

**TIPP:** Wenn Sie das Vorgängerbeispiel verwenden, können Sie sich die Änderungen der *DataSource*-Eigenschaft ersparen, wenn Sie einfach die *Name*-Eigenschaft von *Adodc1* in *Data1* ändern.

Die folgende Tabelle fasst die von Ihnen veränderten Eigenschaften des Beispiels zusammen:

| Objekt | Eigenschaft | Wert |
|---|---|---|
| Adodc1 | ConnectionString | Provider=Microsoft.Jet.OLEDB.3.51;<br>Persist Security Info=False;<br>Data Source=C:\Programme\Microsoft Visual Studio\VB98\NWIND.MDB |
| | CommandType | adCmdTable |
| | RecordSource | Kunden |
| Label1 | DataSource | Adodc1 |
| | DataField | Kundencode |
| Text 1 ... Text4 | DataSource | Adodc1 |
| | DataField | Firma ... Ort |

***Tabelle 1.2:*** *Objekt-Eigenschaften*

### Test

Sie werden beim Ausprobieren des Programms rein äußerlich keinerlei Unterschiede zum Vorgängerbeispiel feststellen.

**HINWEIS:** Testen Sie bei dieser Gelegenheit auch einmal die Wirksamkeit der *DataFormat*-Eigenschaft der gebundenen Komponenten (*Text1 ... Text4*)! Auch dieses Feature zählt zu den echten Neuerungen unter VB 6.

## 1.1.3 Datenzugriff über DataEnvironment

Eine wichtige Rolle spielt in Visual Basic 6 der Datenumgebungs-Designer, hinter dem sich ebenfalls die neue ADO-Datenzugriffstechnologie verbirgt. Grund genug, um bereits jetzt seinen Einsatz kurz zu demonstrieren. Auch diesmal soll die gleiche Problemstellung wie in den Vorgängerbeispielen gelöst werden, nämlich die Gestaltung einer Benutzerschnittstelle zur Tabelle *Kunden* der Datenbank *Nwind.mdb*.

### Bedienoberfläche

Überraschung! Das Startformular bleibt leer, oder zumindest fast leer, denn Sie platzieren am unteren Rand lediglich drei Befehlsschaltflächen zum Vor- und Zurückblättern der Datensätze bzw. zum Schließen der Anwendung (siehe Abbildung 1.8).

### Datenumgebung entwerfen

Das Eigenschaftenfenster spielt diesmal keine Rolle. Wählen Sie den Menübefehl *Projekt/Data Environment hinzufügen*. Es öffnet sich das Fenster des Datenumgebungs-Designers, der bereits mit einem Verbindungsobjekt ausgestattet ist (*Connection1*). Im Folgenden müssen Sie zwei Etappen bewältigen, die jeweils mit einem Mausklick auf *Connection1* eingeleitet werden:

- *Eigenschaften...*
  Hier stellen Sie die gewünschte Datenbankverbindung zu *Nwind.mdb* her.
- *Befehl hinzufügen*
  Hier fügen Sie ein *Command*-Objekt für die gewünschte Tabelle *Kunden* hinzu.

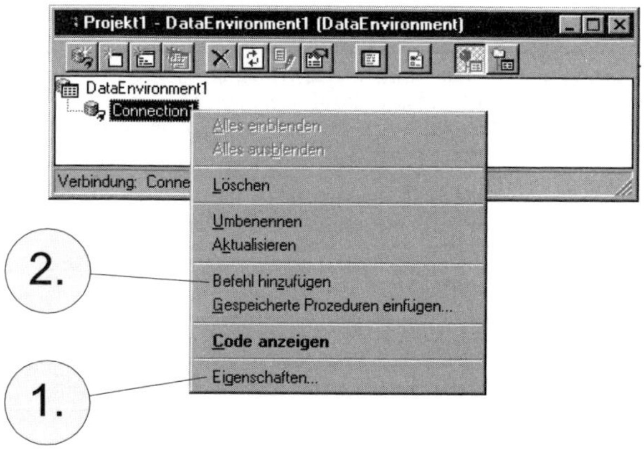


***Abbildung 1.6:*** *Die zwei Etappen beim Entwurf einer einfachen Datenumgebung*

Zunächst zur Einstellung der Eigenschaften von *Connection1*:

- Im Dialogfeld *Datenlinkeigenschaften* auf der *Provider*-Seite wählen Sie *Microsoft 3.51 OLE DB Provider.* Klicken Sie auf die *Weiter*-Schaltfläche.
- Auf der *Verbindung*-Seite legen Sie den Pfad zur Datenbank *Nwind.mdb* ein. Klicken Sie zu Ihrer Sicherheit auf die Schaltfläche *Verbindung testen*.

Nun zur zweiten Etappe:

- Nach dem Klick auf die rechte Maustaste (*Befehl hinzufügen)* erscheint ein untergeordnetes Objekt *Command1*.

- Klicken Sie mit der rechten Mautaste auf *Command1* und wählen Sie den Befehl *Eigenschaften...* aus.
- Wählen Sie im Dialogfeld *Eigenschaften von Command1* als Datenbank-Objekt *Tabelle* und stellen Sie den Objektnamen *Kunden* ein.
- Klicken Sie nacheinander die Schaltflächen *Übernehmen* und *OK* an.

***Abbildung 1.7:*** *Eigenschaftendialogfeld von* Command1

**HINWEIS:** Wenn Sie die Tabelle *Kunden* nicht nur lesen, sondern auch editieren möchten, aktivieren Sie die Registerkarte *Weitere* des Eigenschaften-Dialogfeldes und ändern Sie den Sperrtyp von *Schreibgeschützt* beispielsweise in *Optimistisch*.

Jetzt kommt der Clou: Klicken Sie (linke Maustaste) auf *Command1* und ziehen Sie das Objekt per Drag&Drop auf das Anwendungsformular (*Form1*). Es erscheint dort die komplette Eingabemaske für alle Felder der Tabelle *Kunden*!

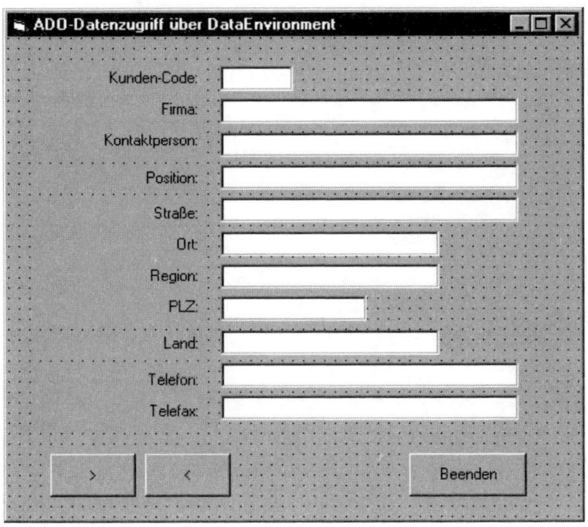


***Abbildung 1.8:*** *Eingabemaske, per Drag&Drop vom Datenumgebungs-Designer erzeugt*

### Test

Obwohl die beiden Bewegungstasten noch nicht programmiert sind, können Sie sich bereits jetzt von der prinzipiellen Funktionsfähigkeit der Anwendung überzeugen. Es wird allerdings nur der erste Datensatz angezeigt.

**HINWEIS:** Bei dieser Gelegenheit können Sie einen ersten Blick auf das Datenansichtfenster werfen (Menübefehl *Ansicht/Datenansichtfenster*).

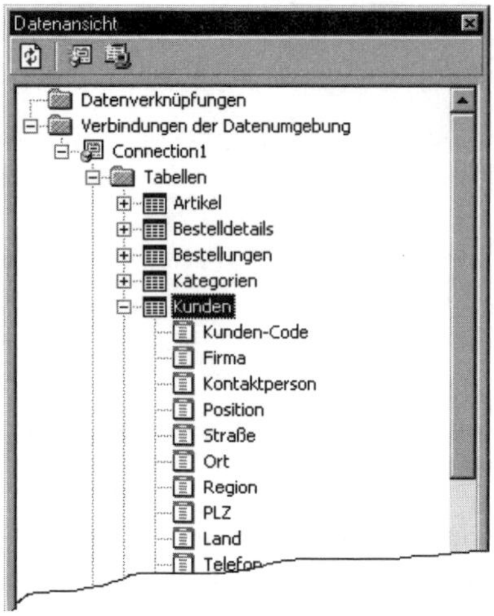


***Abbildung 1.9:*** *Das Datenansichtfenster gibt einen Überblick über die Datenbankstruktur*

### Ergänzung

Bis jetzt sind wir ganz ohne Codeprogrammierung ausgekommen. Das ändert sich nun leider, denn zum Vor- und Zurückblättern müssen die beiden Navigationsschaltflächen noch mit Ereigniscode hinterlegt werden.

Doppelklicken Sie auf die erste Schaltfläche und öffnen Sie damit den Quelltexteditor. Fügen Sie zwischen erster und letzter Zeile folgenden Code ein:

```
Private Sub Command1_Click()        ' vorwärts   ( > )
 With DataEnvironment1.rsCommand1
  .MoveNext
  If .EOF Then .MoveLast
 End With
End Sub
```

Analog verfahren Sie mit der zweiten Schaltfläche:

```
Private Sub Command2_Click()        ' rückwärts   ( < )
 With DataEnvironment1.rsCommand1
  .MovePrevious
  If .BOF Then .MoveFirst
 End With
End Sub
```

**HINWEIS:** Wer schon mit DAOs programmiert hat, wird beim Verständnis der Anweisungen keinerlei Schwierigkeiten haben. Der Newcomer hingegen sei auf die VB-Grundlagenliteratur bzw. auf die einschlägigen Kapitel dieses Buchs verwiesen.

# 1.2 VB-Datenbank-Features

Wir wollen nun VB 6 etwas genauer durch die Brille des Datenbank- und Internetprogrammierers betrachten. Dabei spielt es zunächst keine Rolle, ob Sie bereits mit VB 5 gearbeitet haben oder nicht, denn Änderungen der Entwicklungsumgebung (IDE) gegenüber der Vorgängerversion VB 5 sind auf den ersten Blick kaum feststellbar. Die entscheidende Neuerung »hinter den Kulissen« von VB 6 ist die Einführung der ADO 2.0-Datenzugriffsobjekte, die auf der neuen OLE DB-Technologie basieren und die mittelfristig DAO, RDO, ODBCDirect und ADO 1.0. ersetzen sollen.

Für den Newcomer ist dies ein idealer Zeitpunkt für den Einstieg, da er sich mit dem Erbe der Vergangenheit nicht mehr gar zu intensiv herumzuschlagen braucht und sein Programmgebäude gleich auf den neuen ADO-Fundamenten errichten kann.

Wer von Ihnen bereits unter VB 5 Datenbankprogrammierung betrieben hat, wird sich auf ein völlig anderes Objektmodell umstellen müssen, welches seinen Niederschlag auch in einigen speziellen Features der IDE findet.

## 1.2.1 Entwicklungsumgebung

Unser Interesse gilt ausschließlich den Bedienelementen, die direkt oder indirekt etwas mit Datenbank- und Internet-Projekten zu tun haben.

### *Ansicht*-Menü

Hier sticht das unter VB 5 noch unbekannte *Datenansichtfenster* sofort ins Auge. Es gibt Ihnen einen Überblick über alle zu Ihrem Projekt gehörigen Datenumgebungen (DataEnvironments, ▶ Einführungsbeispiel 2) und gestattet Ihnen das Erstellen von Tabellen, Ansichten, Datenbankdiagrammen und Stored Procedures. Das Datenansichtfenster kann sowohl über das *Ansicht*-Menü als auch über die entsprechende Schaltfläche in der Symbolleiste aufgerufen werden.

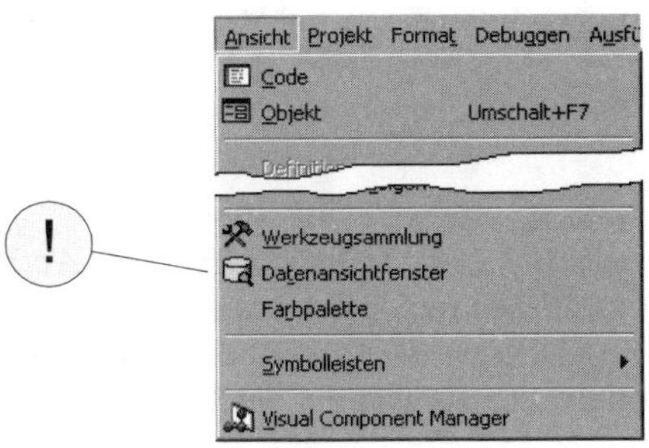


***Abbildung 1.10:*** *Aufruf des Datenansichtfensters über das* Ansicht-*Menü*

**HINWEIS:** Der *Visual Component Manager* am unteren Ende des *Ansicht*-Menüs dient der zentralen Verwaltung von Windows-Komponenten, muss jedoch vorher über den Add-In-Manager installiert werden (nur Enterprise-Edition). Er steht in Abbildung 1.10 stellvertretend für weitere Tools, die Ihnen die Arbeit erleichtern sollen.

#### ***Projekt*-Menü**

Hier entdecken Sie die neuen Designer, die gewissermaßen als »Spitze des Eisbergs« für die neue ADO 2.0- und Internet-Technologien stehen.

- *Data Environment hinzufügen*
  Aufruf des Datenumgebungs-Designers
- *Data Report hinzufügen*
  Aufruf des DataReport-Designers
- *DHTML Page hinzufügen*
  Aufruf des DHTML-Designers (nicht für Standard-EXE-Projekte)
- *WebClass hinzufügen*
  Aufruf des Webklassen-Designers (nur für DLL-Projekte, IIS)

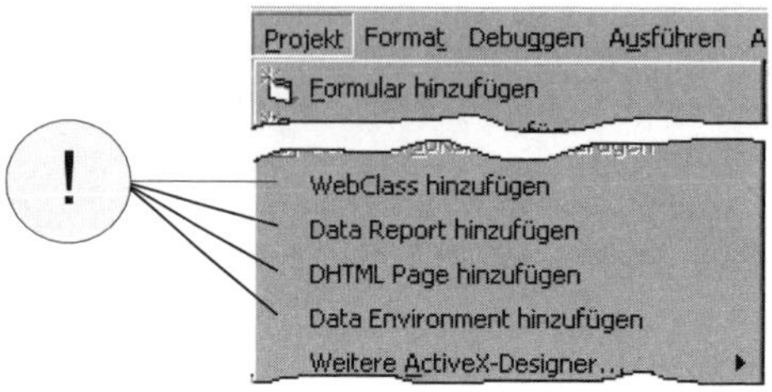


***Abbildung 1.11:*** *Aufruf des Webklassen-Designers*

**HINWEIS:** Falls bestimmte Designer partout nicht erscheinen wollen, so sehen Sie bitte unter *Weitere ActiveX-Designer* nach. Wenn Sie auch hier nicht fündig werden, so aktivieren Sie die Registerkarte *Designer* des Dialogfensters *Komponenten* (zu öffnen über das Menü *Projekt/Komponenten...* bzw. über einen Klick auf die Werkzeugsammlung) und prüfen Sie nach, ob die entsprechenden Optionen aktiviert sind.

#### ***Add-Ins*-Menü**

Die zahlreichen neuen Tools, die vor allem die Enterprise-Version bietet, müssen teilweise über den Add-In-Manager nachinstalliert werden (Visual Component Manager, Visual Modeler usw.).

**HINWEIS:** Weitere Menüs wie z.B. *Abfrage* und *Diagramm* erscheinen nur bei Verwendung der entsprechenden Datenbanktools.

### 1.2.2 ADO 2.0/OLE DB

Die neue ADO-Bibliothek (*Microsoft ActiveX Data Objects 2.0 Library* bzw. *Microsoft ActiveX Data Objects Recordset 2.0 Library*) bietet eine universelle Schnittstelle für alle Datenquellen, egal, ob es sich um ein Relationales Datenbanksystem (RDBMS) wie z.B. Access, einen externen SQL-Server oder nur um eine simple Textdatei handelt. Die Kapselung des Datenzugriffs übernehmen echte OLE DB-Treiber mit COM-Interface.

#### Allgemeine ADO 2.0-Features

Zu den wichtigsten Neuerungen des ADO 2.0-Objektmodells gegenüber der bisher verwendeten DAO-Technologie zählen die folgenden:

- Die *DataSource*-Eigenschaften von Steuerelementen können nicht wie bisher nur zur Entwurfszeit, sondern auch zur Laufzeit neu zugewiesen werden.
- Der objektorientierte Zugriff wird durch die neuen Möglichkeiten selbstdefinierter Datenquellen unterstützt, sogenannte DataSource-Klassen, die komplette ADO-Recordset-Objekte übergeben können.
- Eine *BindingsCollection* ermöglicht das Ankoppeln von Datenquellen an beliebige Datennutzer und gestattet so das freie Anbinden von Steuerelementen.
- Es gibt eine neue Klasseneigenschaft *vbDataSourceBehaviour*, mit der festgelegt werden kann, ob die Klasse als ADO-Datenquelle fungiert. Wenn ja (*vbDataSource*), dann gibt es außer *Initialize* und *Terminate* noch ein drittes Event: *GetDataMember*.
- Eine Datenquelle kann verschiedene Tabellen, SQL-Abfragen oder Stored Procedures (letztere nicht für Jet-MDBs) kapseln, die Festlegung erfolgt durch die *DataMember*-Eigenschaft.
- Durch Recordset-Operationen werden Ereignisse ausgelöst, die anwendungsspezifisch besetzt werden können, z.B. *rs_MoveComplete*, wenn ein neuer aktueller Datensatz vorliegt.
- Abfragen können auch asynchron ausgeführt werden (*Execute*-Methode mit *Options := adAsyncExecute*)
- Ein neues *StdDataFormat*-Objekt ermöglicht die benutzerdefinierte Formatierung der anzuzeigenden Daten.
- Durch die Unterstützung hierarchischer Datensatzlisten (DataShaping) können relationale Beziehungen sehr effektiv dargestellt werden.

Die alten Datenzugriffsbibliotheken (DAO, RDO, ODBC) werden aus Kompatibilitätsgründen auch weiterhin mitgeführt.

**HINWEIS:** Da gegenwärtig noch manche Funktionen der alten Bibliotheken in ADO 2.0 fehlen (z.B. Erzeugen von Tabellen), kann ein Umstellen bestehender Projekte von DAO/RDO auf ADO 2.0 laut Aussagen von Microsoft momentan noch Schwierigkeiten bereiten.

Für Anwendungen, die lediglich auf (lokale) Jet-Datenbanken (MDB) zugreifen, besteht mittelfristig keine Notwendigkeit des Ausstiegs aus der DAO-Technologie.

### Bound Components

Die folgenden datengebundenen Steuerelemente (Bound Components) wurden passend zu ADO 2.0/OLE DB neu eingeführt:

- *AdoDC* (ADO Data Control)
  Datensatznavigator für ADO-Datenquellen (ersetzt das alte *Data*-Control)
- *DataList, DataCombo, DataGrid*
  ADO-Versionen von *DBList, DBCombo* und *DBGrid*
- *MSHFlexGrid*
  Darstellung hierarchischer Recordset-Objekte (Editieren nicht möglich)
- *MSChart*
  Darstellung von Geschäftsgrafiken; entspricht dem alten *MSChart* der Version 5, verfügt aber jetzt über eine ADO-Schnittstelle
- *DataRepeater*
  Container für benutzerdefinierte Steuerelemente; erweitertes *DBGrid* mit beliebiger Anordnung der Controls, die sich zur Laufzeit vervielfältigen lassen

**HINWEIS:** Die neuen Steuerelemente lassen sich nur an ADO-Datenquellen anbinden. Zum Zugriff auf DAO-Datenquellen stehen aber *DBGrid, DBCombo, DBList* aus VB 5 weiterhin zur Verfügung.

#### Designer

Zum vereinfachten Erstellen von ADO-Datenbankanbindungen gibt es neue Designer, hier die wichtigsten:

- *Data Environment*
  Dieser Designer erlaubt die visuelle Erzeugung/Manipulation von ADO-Connections und Kommandos und stellt ein dynamisches Objektmodell bereit.
- *Data Report*
  Der Designer erleichtert das Erstellen von Datenbankberichten. Ähnlich wie beim *MSHFlexGrid* können auch hierarchisch geordnete Recordsets angezeigt werden.
  Da die aktuelle Version noch nicht ausgereift ist (z.B. lassen sich keine Ausdrücke berechnen), ist man in vielen Fällen noch auf den gleichfalls mitgelieferten *Crystal Report* angewiesen.
- *Datenobjekt-Assistent*
  Damit generieren Sie Code für benutzerdefinierte Datenquellen und Steuerelemente, um Daten mit Hilfe von gespeicherten Prozeduren (Stored Procedures) anzuzeigen.
- *VisData (Visual Data Manager)*
  Mit diesem kleinen Datenbankprogramm können Sie Datenbanken verschiedenster Typen öffnen, editieren bzw. neu anlegen, SQL-Abfragen testen etc...

Diese und weitere Assistenten können Sie über den Add-In-Manager installieren.

### 1.2.3 Internet-Features

Bisher konnte man unter Visual Basic Internet-Anwendungen mit ActiveX-Controls, ActiveX-Dokumenten, Active Server Pages (ASP) und VBScript gestalten. Jetzt gibt es mit DHTML- und IIS-Applikationen zwei weitere Möglichkeiten. Neu ist auch die Integration von RDS (Remote Data Services) in das ADO 2.0-Objektmodell.

#### DHTML-Applikationen

Dynamische HTML-Seiten erweitern die Möglichkeiten zur clientseitigen Internet-Programmierung. Sie basieren auf einer Kombination von HTML-Datei und ActiveX-DLL. Letztere – und beim ersten Mal auch die Datei *Msvbvm60.dll*) – müssen vom Server heruntergeladen werden. Gegenüber VBScript ist die Programmierung deutlich vereinfacht, da Tests und Debugging innerhalb der VB-Entwicklungsumgebung durchgeführt werden können.

#### IIS-Applikationen

Auf Basis des Internet Information Servers (IIS)[1] können serverseitige Anwendungen programmiert werden. Auch diesmal haben wir es mit ActiveX-DLLs zu tun, die aber auf dem Server abgearbeitet werden. Da zum Programmtest die Visual Basic-Entwicklungsumgebung verwendet werden kann, stellen IIS-Applikationen eine interessante Alternative zu den üblichen ASP-Anwendungen dar.

[1] ... oder anderer ASP-fähiger Webserver

**HINWEIS:** Während für DHTML-Applikationen der Microsoft Internet Explorer 4.0 oder höher Voraussetzung ist, können bei IIS-Anwendungen auch ältere Versionen des IE bzw. der Netscape Navigator oder der Hotjava-Browser zum Einsatz kommen.

#### Remote Data Service (RDS)

RDS macht es möglich, Daten von einem Server in eine Clientanwendung oder auf eine Webseite zu verschieben, die Daten auf dem Client zu ändern und die aktualisierten Daten dann im gleichen Arbeitsgang wieder auf den Server zu übertragen. Das aus der VB-Vorgängerversion bereits bekannte RDS-Modell wurde in die neue ADO-Technologie übernommen.

#### Verteilte Anwendungen

Mehr und mehr setzen sich verteilte Anwendungen (3-Tier-Models) gegenüber der klassischen Client/Server-Technologie durch. Mit Visual Basic können Sie jetzt Komponenten für die mittlere Ebene (*ActiveX.exe* bzw. *Activex.dll*) erstellen und damit den Einsatz des Microsoft Transaction Server (MTS) unterstützen. Eine *MTSTransactionMode*-Eigenschaft legt das Transaktionsverhalten einer Klasse fest.

### 1.2.4 Gesamtüberblick

#### Versionsvergleich

Visual Basic wird in drei verschiedenen Ausbaustufen geliefert:

- Learning Edition
- Professional Edition
- Enterprise Edition

Die bisherigen Ausführungen bezogen sich im Wesentlichen auf die *Professional Version*. Die unterschiedlichen Inhalte der beiden anderen Versionen werden im Folgenden kurz vorgestellt.

**Learning Edition**

In der preisgünstigen Learning Edition fehlen die für Datenbankentwicklung wichtigen Designer, viele datengebundene Zusatzsteuerelemente und auch wesentliche Tools und Internet-Features (siehe Tabelle 1.3).

**HINWEIS:** Die Learning Edition von Visual Basic 6 ist für die ernsthafte Datenbank- und Internetprogrammierung und für die meisten Beispiele dieses Buchs nicht ausreichend!

**Enterprise Edition**

Als wohl wesentlichste Erweiterung sind die RDO-Features zu nennen:

- **RDO-Library** (Remote Data Objects)
  Diese Objekte dienen der Entwicklung von Client/Server-Anwendungen und sind eine zuverlässige Alternative zur ADO-Bibliothek.
- **RDO-Datensteuerelement** (*RemoteData*-Control)
  Navigator analog zum DAO-gebundenen *Data*-Control.

Im Menü *Start/Programme/Microsoft Visual Studio 6.0* finden Sie unter *Enterprise Dienstprogramme* die folgenden Tools:

- **Application Performance Explorer** (APE)
  Der APE untersucht das Leistungsverhalten und die Kapazität verteilter Anwendungen im Rahmen von Client/Server-Applikationen.
- **Automatisierungs-Manager**
  Man benutzt ihn zur Remote-Automatisierung.
- **Microsoft Visual Modeler**
  Das ist ein leistungsfähiges, von der Firma *Rational Rose* entwickeltes Programm zum Entwerfen und Analysieren verteilter dreischichtiger Anwendungen.
- **RemAuto Verbindungsmanager**
  Damit registrieren Sie ActiveX-Komponenten auf einem lokalen oder einem Remote-Computer und nehmen die Einstellungen für die Zugriffssicherheit vor.

Weiterhin sind enthalten:

- **Entwicklerversion des SQL Servers 6.5**[1]
  Tools für die unternehmensweite Verwaltung, Datenreplikation, parallele DBMS-Ausführbarkeit und Skalierbarkeit sehr großer Datenbanken.
- **Microsoft Transaction Server 2.0**
  Der MTS ist ein komponentenorientiertes Verarbeitungssystem zum Entwickeln, Weitergeben und Verwalten von skalierbaren serverseitigen Applikationen.
- **Visual Component Manager**
  Dieses Tool dient der zentralen Verwaltung von VB-Komponenten.
- **Visual SourceSave**
  Damit verwalten Sie den Quellcode für Ihre Projekte.

### Alle Features

Diese abschließende Übersicht zu den wichtigsten datenbankspezifischen Features von Visual Basic soll Ihnen zu einer Schnellorientierung verhelfen. Es versteht sich, dass die jeweils höhere Version auch die Features der niedrigeren Version umfasst.

| Feature | Version | Neu |
|---|---|---|
| OLE DB-Unterstützung | L | X |
| Active X Datenobjekte (ADO) | L | X |
| ADO-Datensteuerelement | L | X |
| Bound Controls | L | |
| Format-Objekte | L | X |
| Dateisystem-Objekte | L | X |
| HFlexGrid | L | X |
| Datentabellen-Control (DataGrid) | L | X |
| DataList und DataCombo | L | X |

▶

1 Die Version ist auf fünf Verbindungen beschränkt und darf nicht weitergegeben werden.

| Feature | Version | Neu |
|---|---|---|
| ImageCombo-Control | L | X |
| Klassen für ADO-Datenquellen | P | X |
| Datenansicht-Fenster | P | X |
| DataRepeater-Control | P | X |
| DataTimePicker-Control | P | X |
| MonthView-Control | P | X |
| CoolBar-Control | P | X |
| FlatScrollBar-Control | P | X |
| Download-Support für ActiveX-Dokumente | P | X |
| Remote Data Access (RDO) | E | |

***Tabelle 1.3:*** *Die wichtigsten Features von Visual Basic 6 (L = Learning Edition, P = Professional Edition, E = Enterprise Edition)*

#### Alle Tools

Die folgende Tabelle zeigt die wichtigsten Zusatzprogramme bzw. Tools und ihren typischen Aufruf (über Startmenü, VB-IDE oder als VB-Add-In).

**HINWEIS:** Abhängig von der Installation können einige der Tools fehlen bzw. anderweitig aufgerufen werden.

| Tool | Aufruf | Version | Neu |
|---|---|---|---|
| Verpackungs- und Weitergabe-Assistent | Startmenü | L | X |
| Web Publishing Assistent | Startmenü | L | |
| Datenumgebungs-Designer | IDE | P | X |
| Datenbericht-Designer | IDE | P | X |
| Datenformular-Assistent | Add-In | P | |
| Datenobjekt-Assistent | Add-In | P | X |
| ActiveX Dokument-Assistent | Add-In | P | |
| ActiveX-Schnittstellenassistent | Add-In | P | |
| SQL-Editor | IDE | E | X |
| T-SQL-Debugger | Add-In | P | X |
| DataObject Viewer | Startmenü | P | X |
| Internet Information Server (IIS) und WebClass-Designer | Startmenü | P | X |
| DHTML-Designer | IDE | P | X |
| Visual Data Manager | Add-In | P | |
| Microsoft Transaction Server (MTS) | Startmenü | E | X ▶ |

| Tool | Aufruf | Version | Neu |
|---|---|---|---|
| Microsoft Repository | Add-In | E | |
| Microsoft Visual Modeler | Startmenü | E | X |
| Microsoft Visual Component Manager | IDE/Add-In | E | |
| Reverse Engineering Assistent | Add-In | E | X |
| MS SQL-Server 6.5 | Startmenü | E | |
| Microsoft Visual InterDev Modeler | Startmenü | E | |
| Visual SourceSave | Startmenü | P | |

***Tabelle 1.4:*** *Übersicht der wichtigsten datenbankspezifischen Tools (L = Learning Edition, P = Professional Edition, E = Enterprise Edition)*

**HINWEIS:** Die Zusatzprogramme finden Sie in diversen Ordnern auf den zu Visual Studio 6.0 ausgelieferten CD-ROMs, meist aber im Ordner *Common/Tools*. Allerdings befindet sich auf jeder der beiden CD-ROMs ein entsprechender Ordner, im ersten sind die für alle Programme von Visual Studio 6.0 verwendbaren Tools enthalten, im zweiten finden Sie nur die für Visual Basic spezifischen.

## 1.2.5 Die Dokumentation

### MSDN-Library

Die gesamte Dokumentation steht auf zwei zusätzlichen CD-ROMs als Microsoft Developer Network Library (MSDN) zur Verfügung[1]. Erstmalig in der langen Geschichte von Visual Basic wird durchgängig ein neues Hilfesystem eingeführt – die HTML-Help.

Beide MSDN-CD-ROMs sind mit über 1 Gigabyte an technischen Informationen vollgepackt:

- Dokumentation zu Visual Basic (C++, Visual FoxPro, Visual J++ usw.)
- Technische Artikel
- Kostenfreie Quelltextbeispiele
- Microsoft Developer Knowledge Base

Jede neue Version der MSDN enthält mehr als 25% Neuigkeiten bzw. Aktualisierungen:

- Eine aktualisierte Knowledge Base mit Infos zu behobenen Programmfehlern und Workarounds von Microsofts Supporttechnikern
- Aktualisierte SDK-Dokumentation
- Neue Artikel über neueste Produkt- und Technologie-Updates
- Neue Codebeispiele
- und vieles mehr

1 Die MSDN Library wird alle drei Monate aktualisiert.

### Effektives Arbeiten mit der Hilfe

Das Angebot an Hilfetexten ist unter VB 6 so umfangreich, dass man auf der Suche nach bestimmten Informationen entweder ziellos umherirrt oder »den Wald vor lauter Bäumen nicht sieht«. Folgende Ratschläge scheinen deshalb angebracht:

- Falls F1 beim Aufruf von ADO-Schlüsselwörtern nicht funktioniert, sollten Sie zunächst auf der Registerkarte *Inhalt* nach dem Unterverzeichnis *Plattform SDK/Datenbank- und Messaging-Dienste/Microsoft Datenzugriff-SDK/Microsoft ActiveX Data Objects* suchen und dann auf der Registerkarte *Favoriten* entsprechende Lesezeichen setzen.
- Falls Sie z.B. bei bestimmten ADO-Begriffen nicht fündig werden, sollten Sie mittels der Registerkarte *Suchen* die Hilfedateien nach *ADO* durchforsten. Die umfangreiche Liste sollten Sie nach ihrer Herkunft sortieren, meist finden Sie dann das Gewünschte unter der *ADO Help*-Position.
- Die MSDN-Library lässt sich nicht nur von VB aus starten, sondern auch über das Windows-Startmenü (*Start/Programme/Microsoft Developer Network*). Da Sie auf diese Weise mehrere Programminstanzen öffnen können, ist dies vor allem dann von Vorteil, wenn Sie mehrere Hilfethemen gleichzeitig betrachten wollen.
- Wenn Sie mittels des oberen Listenfeldes die »Aktive Untermenge« gezielt auf bestimmte Quellen einengen (z.B. auf »MSDN Knowledge Base« oder »Visual Basic Dokumentation«), reduzieren Sie die über Sie hereinbrechenden Informationsflut auf ein erträgliches Maß.

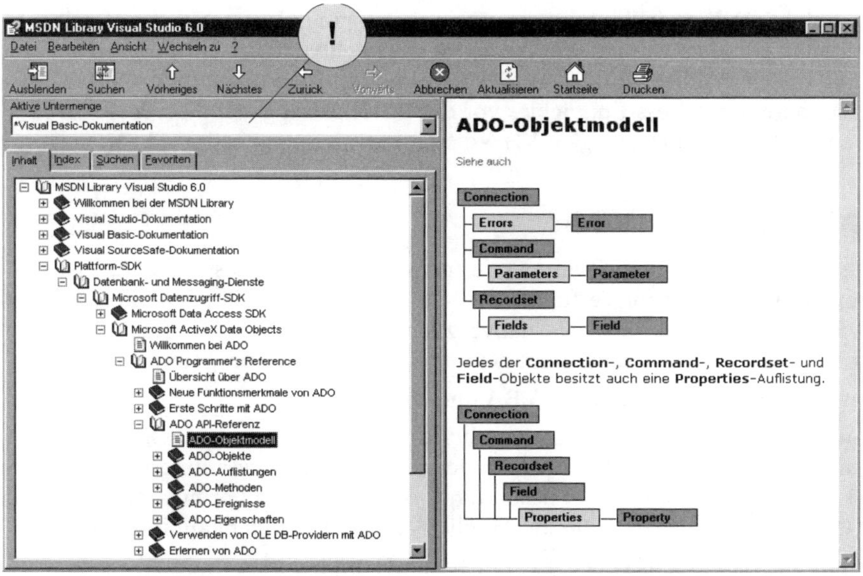


***Abbildung 1.12:** Als »Aktive Untermenge« wird z.B. die deutschsprachige VB-Dokumentation herausgefiltert und auf die ADO API-Referenz eingestellt*

**HINWEIS:** Aufgrund teilweise missverständlicher Übersetzungen sollten Sie im Zweifelsfall die englischsprachigen Originalquellen konsultieren und die »Aktive Untermenge« entsprechend wechseln.

#### Handbücher

Nicht im Lieferumfang von Visual Basic 6 enthalten sind die vier gedruckten und teilweise recht voluminösen deutschsprachigen Handbücher:

- *Microsoft Visual Basic 6.0 Programmierhandbuch*
  Der offizielle Leitfaden zur Programmierung mit Visual Basic 6.0
- *Microsoft Visual Basic 6.0 Datenzugriffshandbuch*
  Datenzugriff mit ADO, RDO und DAO in Visual Basic 6.0
- *Microsoft Visual Basic 6.0 Komponentenhandbuch*
  Komponenten in Visual Basic 6.0 erstellen und benutzen

Als Beilage zum Visual Studio 6.0-Paket (Enterprise-Edition) finden Sie die Broschüre:

- *Visual Studio – Entwickeln für das Unternehmen*
  Enthält Informationen zur VB-Entwicklung für Windows und das Web

Alle Dokumente finden Sie auch auf den zu VB mitgelieferten MSDN-CD-ROMs.

**HINWEIS:** Für den Datenbankprogrammierer ist nicht nur das Datenzugriffshandbuch wichtig, auch die anderen Bände enthalten unverzichtbare Informationen.

## 1.3 Ein Blick über den Tellerrand

Mit Visual Basic 6 steht ein Entwicklungswerkzeug zur Verfügung, das jetzt über alle wünschenswerten Datenzugriffsmethoden verfügt, die bisher dem Datenbankbereich vorbehalten waren. Dies ist ein Grund, um einmal den Blick über den Tellerrand in Richtung Office 97/2000 zu werfen, wobei insbesondere der Access-Entwickler vor der Entscheidung steht, ob er weiter in VBA programmieren soll, oder ob ein Umstieg zu VB 6 die perspektivisch günstigere Lösung ist.

### 1.3.1 Visual Basic oder VBA?

VBA (Visual Basic for Applications) ist eine Untermenge von Visual Basic, die inzwischen alle Kernfunktionen von Visual Basic zur Verfügung stellt. VBA wird speziell in den Microsoft Office-Produkten wie Excel, Access etc. als Alternative zur herkömmlichen Makroprogrammierung eingesetzt[1]. Wer Visual Basic beherrscht, kann demnach auch in VBA programmieren.

Hier die wichtigsten Unterschiede zwischen VBA und Visual Basic:

- Unter VBA wird eine Formularbibliothek (*Microsoft Forms*) bzw. ein eigener Formulargenerator (nur bei Access) verwendet. Die Sonderstellung von Access innerhalb der übrigen Office-Produkte hat ihre Ursache in der besonderen Bedeutung von Formularen unter Access. Als integrale Objekte bieten sie eine direkte Möglichkeit der Datenbankanbindung.
- VBA-Programme sind etwas langsamer, da kein echter Compiler zum Einsatz kommt.
- Unter VBA können Sie keine ActiveX-Objekte programmieren. Allerdings können Sie ActiveX-Komponenten einsetzen, die beispielsweise mit VB entwickelt wurden.
- VBA unterstützt bei weitem nicht alle Features von Visual Basic, greift aber selbst auf eine umfangreiche anwendungsspezifische Objektbibliothek zu (z.B. auf die von Access). Ein VBA-Programm läuft deshalb nur unter Excel oder nur unter Access.

1 Auch einige andere Hersteller benutzen inzwischen VBA.

Die Entscheidung, ob man bei Access bleiben oder zu Visual Basic wechseln sollte, wird insbesondere in Hinblick auf die neuen Features von Office 2000 nicht leicht sein. Ein gewichtiger Grund für den Umstieg dürften vor allem die vielen zusätzlichen VB-Tools sein, da Access ansonsten ähnliche Möglichkeiten bietet.

### 1.3.2 Neue Funktionen von Access 2000

Zu den für den Datenbankentwickler wichtigsten neuen Features von Access 2000 werden die folgenden zählen:

- Webintegration und neue Werkzeuge zur Datenanalyse (auch Modifikation von Datentabellen)
- Desktop-Variante des SQL-Servers (sowohl Excel als Access können nunmehr als Frontend für den SQL-Server genutzt werden)
- Unterstützung des neuen ADO 2-Objektmodells (auch Datenumgebungs-Designer)

Aufgrund des integrierten SQL-Servers wird die Jet-Datenbank gegenüber dem Entwicklungswerkzeug Access in den Hintergrund treten. Access wird aber nicht zu einem reinen Oberflächenwerkzeug degradiert, da die neue Jet Engine 4.0 schneller als die Vorgängerversion ist und einige wesentlich verbesserte Eigenschaften aufweist.

### 1.3.3 SQL-Server 7.0

Der Microsoft SQL-Server war und ist ein bewährtes Backend für viele Unternehmen, wo es um die Verarbeitung großer Datenmengen geht. Seit 1996 läuft die Version 6.5 unter Windows NT (4 Service Packs).

Der neue SQL-Server 7.0 ist ein skalierbares Produkt, das die Weichen für die nächsten zehn Jahre stellt.

Es sind drei Versionen vorgesehen, die aus dem gleichen Sourcecode erzeugt werden (plattformunabhängiges Verhalten der Datenbank):

- Für Windows NT
- Für Windows 95/98
- Für das Einbetten in Anwendungen

Die wichtigsten neuen Features:

- Nicht nur Gruppen, sondern auch einzelne Datensätze lassen sich sperren
- Höhere Geschwindigkeit durch Blockvergrößerung von 2 auf 8 KByte
- Verbesserungen für BLOBs (Binary Large Objects)
- Unterstützung von OLE DB, der neuen Microsoft-Zugriffstechnologie, die mittelfristig von allen Office-Produkten verwendet wird
- Grafische Bedienoberfläche bringt Erleichterungen für Administrator

Da unter anderem auch Access und Excel als Frontend vorgesehen sind, lassen sich nicht nur mit Visual Basic, sondern auch unter VBA vollständig kompatible Anwendungen zum SQL-Server 7.0 entwickeln.

# 2 Datenbankentwurf



Verstehen Sie bitte den Inhalt dieses Kapitels als einen »Trockenschwimmkurs« in Sachen Datenbanktheorie, der zunächst mit VB kaum etwas zu tun hat und bei dem Sie Ihren PC auch ausgeschaltet lassen können.

Dass wir in einem Visual Basic-Buch keine vollständige Einführung in die Datenbanktheorie geben können, dürfte einleuchten. Grundlegende Verfahren und Begriffe werden nur soweit geklärt, wie es für das weitere Verständnis dieses Buchs notwendig erscheint. Folgende Fragen sollen beantwortet werden:

- Was ist eine Relationale Datenbank?
- Wie normalisiere ich Datenbanken?
- Wie werden Tabellen miteinander verknüpft?
- Welche Datentypen kann ich verwenden?
- Wie lässt sich die Datenbank optimieren?

Da man ganz ohne Beispiele aber nicht auskommt, dient uns in diesem Kapitel Microsoft Access[1] als konkreter Anhaltspunkt. Allerdings lassen sich die Ausführungen auch auf alle anderen RDBMS (wie z.B. den Microsoft SQL-Server) verallgemeinern. Wer bereits über hinreichende Erfahrungen im Datenbankentwurf verfügt, kann dieses Kapitel getrost überblättern.

## 2.1 Relationale Datenbanken

Grundlage eines Relationalen Datenbank-Management-Systems (RDBMS) ist, dass Daten in miteinander verknüpften Tabellen gespeichert werden. An das Datenbankdesign sind folgende grundsätzlichen Anforderungen zu stellen:

1 Manchmal sprechen wir auch von einer Jet-Datenbank, weil Access auf der Microsoft Jet-Engine basiert.

- Geringe Redundanz (Informationen sollten möglichst nicht mehrfach gespeichert werden)
- Flexibilität (beim Anlegen, Verändern und Löschen von Datensätzen)
- Performance (schnelle Verfügbarkeit der Informationen)

Doch bevor wir tiefer in diese Materie eindringen, lassen Sie uns einige fundamentale Begriffe klären.

### 2.1.1 Tabellen

Eine Tabelle kann als Sammlung von Daten zu einem bestimmten Thema aufgefasst werden. Versetzen Sie sich dazu in die Lage einer Sekretärin, die in einer Kartei das Personal und die Kunden der Firma erfassen will. Der Aktenschrank wäre vergleichbar mit der Datenbank, die einzelnen Tabellen hätten das Aussehen der Karteikartenkästen. Jeder Datensatz entspräche einer einzelnen Karteikarte.

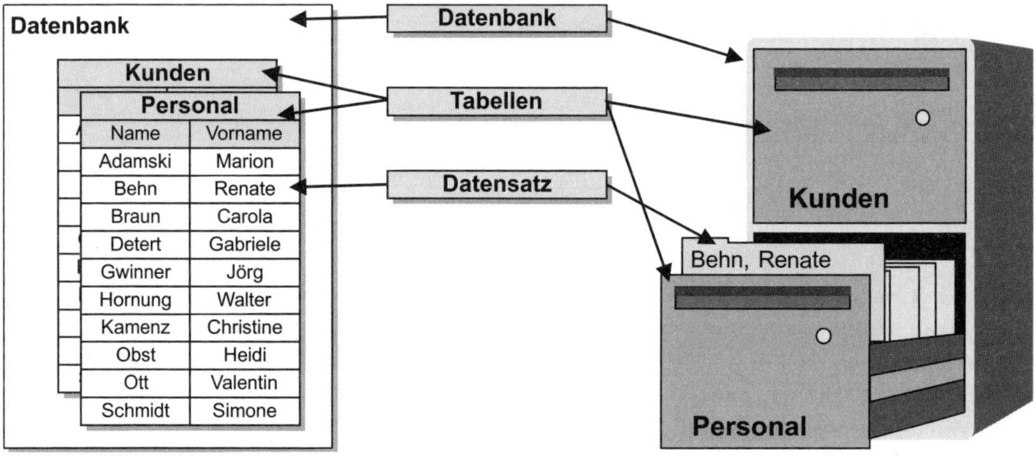


***Abbildung 2.1:*** *Schema einer Datenbank*

Nun lassen Sie uns die Sache etwas abstrakter betrachten: Eine Tabelle beschreibt Objekte der realen Welt, die Tabellenspalten nehmen die einzelnen Eigenschaften (Attribute) dieses Objekts auf. Nach dem relationalen Modell besteht eine Tabelle aus beliebig vielen Zeilen (Datensätzen), aber einer festen Anzahl von Spalten, deren Anzahl sich nicht ändern darf. Trotzdem erlauben Microsoft Access oder Visual Basic (bzw. die Jet-Engine) auch das nachträgliche Hinzufügen bzw. Entfernen von Spalten. Dies ist insofern kein Verstoß gegen das relationale Modell, weil dadurch vom Prinzip her eine andere (also neue) Tabelle entsteht. Die Abbildung 2.2 soll einige Begriffe klären:

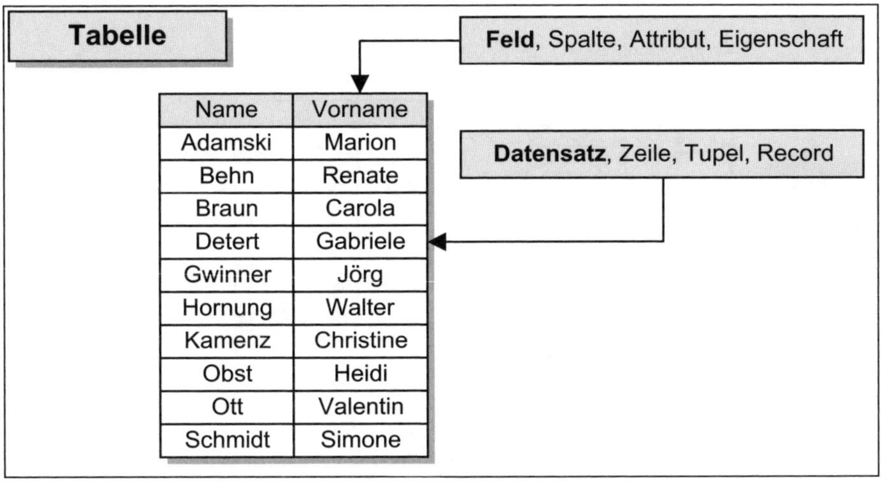


***Abbildung 2.2:** Begriffe für Datenbanktabellen*

## 2.1.2 Index

Normalerweise sind die Datensätze einer Tabelle ungeordnet, d.h. neue Datensätze werden jeweils an das Ende der bestehenden Tabelle angehängt. Möchten Sie die Tabelle nach einem bestimmten Kriterium sortieren bzw. einen bestimmten Eintrag suchen, müssen alle vorhandenen Datensätze durchlaufen werden. Dass dieses Vorgehen recht langsam ist, dürfte einleuchten. Besser ist die Verwendung sogenannter Indizes, die für ein oder auch mehrere Felder einer Tabelle angelegt werden können. In einer Indextabelle wird lediglich die Position des Datensatzes innerhalb der indizierten Tabelle gespeichert. Die Indextabelle selbst ist natürlich sortiert (entweder in aufsteigender Folge (A...Z) oder in absteigender Folge (Z...A)).

Die Abbildung 2.3 verdeutlicht die interne Verwendung von Indizes. In einer Tabelle *Personal* sollen die Datensätze nach den Namen sortiert werden. Das Datenbanksystem legt dazu eine neue Tabelle mit Verweisen auf jeden Datensatz in der Tabelle *Personal* an. Diese Verweise sind so sortiert, dass die Spalte *Name* in geordneter Folge ausgegeben werden kann.

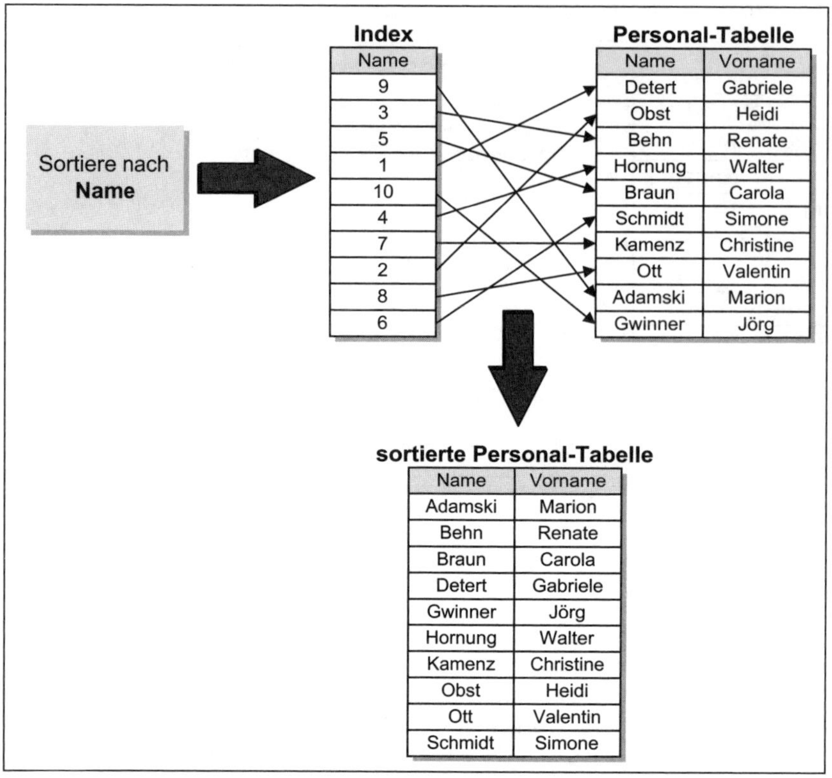


***Abbildung 2.3:*** *Sortieren einer Tabelle per Index*

Bei der Ausgabe der Tabelle brauchen die Datensätze nur noch in der vom Index vorgegebenen Reihenfolge ausgelesen zu werden.

Auch die Suche nach einem bestimmten Datensatz gestaltet sich wesentlich einfacher. Ist man beispielsweise am Namen »Obst« interessiert, kann nach statistischen Gesichtspunkten im letzten Drittel der *Index*-Tabelle gesucht werden (nach Alphabet). Dazu wird ein passender Datensatz aus der *Personal*-Tabelle gelesen. Je nachdem, ob der gefundene Name vor oder hinter dem gesuchten Namen steht, werden einfach über die *Index*-Tabelle weitere Intervall-Schachtelungen vorgenommen, bis der Name gefunden ist. Das hört sich zwar kompliziert an, verringert den Suchaufwand aber wesentlich.

Bei soviel Licht gibt es natürlich auch Schatten. So stehen den genannten Vorzügen einer Indizierung mehrere Nachteile gegenüber:

- Das Einfügen von Datensätzen erfordert nicht nur das Ändern der Tabelle, sondern auch die Änderung aller vorhandenen Indizes. Dies kann unter Umständen die Bearbeitung verzögern.
- Ist die Indexeigenschaft auf *Unique* (eindeutig) festgelegt, muss das RDBMS beim Einfügen alle vorhandenen Datensätze auf Eindeutigkeit überprüfen.
- Jeder Index stellt eigentlich eine redundante (überflüssige) Information dar, d.h. es wird zusätzlicher Plattenspeicher benötigt.
- Wenn ein Feld viele identische Werte enthält, werden Abfragen durch einen Index nur unwesentlich beschleunigt.

Access unterscheidet zwischen mehreren Indextypen:

| Typ | Beschreibung |
|---|---|
| Hauptindex (Primary Index) | Pro Tabelle ist nur ein Hauptindex zulässig. Felder, die zum Hauptindex gehören, können keine NULL-Werte enthalten. Die Einträge in den indizierten Spalten müssen eindeutig sein, d.h. die gleichen Werte dürfen nicht mehrfach auftreten. Hauptindexfelder werden meist als Fremdschlüssel für Relationen verwendet. |
| Index mit Duplikaten | Dies ist dann der Standardindex, wenn auch doppelte Einträge möglich sind. Diese Art von Indizes wird im Allgemeinen zum Sortieren verwendet. |
| Index ohne Duplikate (Unique Index) | Sollen doppelte Einträge in einer Spalte verhindert werden, verwenden Sie einen eindeutigen Index. Mit jedem Eintrag wird die Zeile eindeutig beschrieben. |
| Zusammengesetzter Index | Wird häufig nach zwei Kriterien gesucht oder sortiert, empfiehlt es sich, einen zusammengesetzten Index anzulegen. Dies könnte beispielsweise eine Kombination aus Name und Vorname sein. |

***Tabelle 2.1:*** *Indextypen in Access*

**HINWEIS:** Memo-, Binär- und OLE-Felder können Sie nicht indizieren!

## 2.1.3 Schlüssel

Werden zwei Tabellen miteinander verknüpft, müssen sogenannte »Schlüssel« (Keys) verwendet werden, wobei zwischen zwei Typen unterschieden wird:

- Primärschlüssel (ein oder mehrere Felder, die jeden Datensatz einer Tabelle eindeutig kennzeichnen)
- Fremdschlüssel (ein Tabellenfeld, dass auf den Primärschlüssel einer anderen Tabelle verweist)

Die Abbildung 2.4 zeigt an einem Beispiel die Verwendung von Fremd- und Primärschlüssel. Anstatt in der Tabelle *Bestellungen* jeden einzelnen Artikel mit Name und Preis abzulegen, wird einfach die Artikelnummer (Primärschlüssel der Artikel-Tabelle) gespeichert. Das dafür verantwortliche Feld wird als Fremdschlüsselfeld bezeichnet.

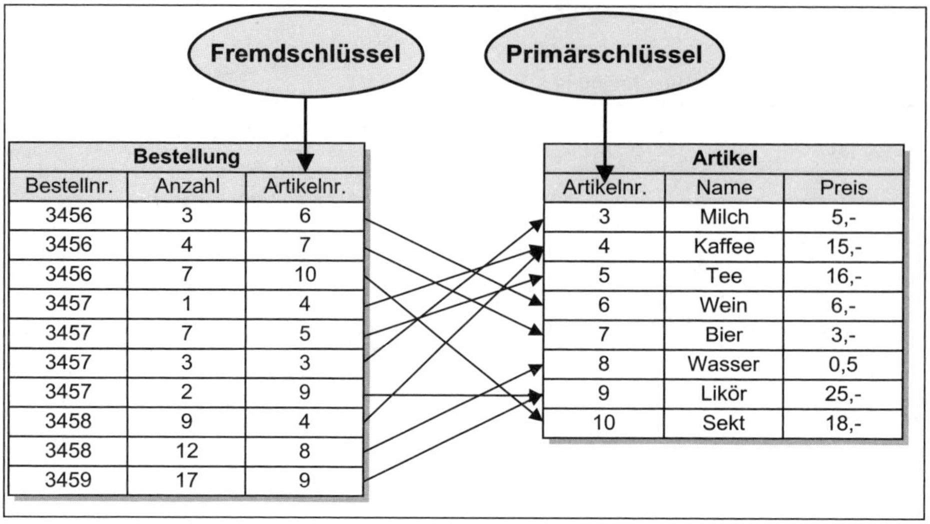


***Abbildung 2.4:*** *Verwendung von Fremd- und Primärschlüsseln*

Weiterhin unterscheidet man zwischen folgenden Arten von Schlüsseln:

- **Einfacher Schlüssel:** Für die eindeutige Kennzeichnung eines Artikels in obiger Tabelle (Abbildung 2.4) genügt das Feld *Name* sicherlich nicht, kann es doch auch zwei Artikel mit gleichem Namen geben. In anderen Fällen könnten Sie jedoch ein einzelnes Feld (z.B. Ausweisnummer) als Primärschlüssel verwenden.
- **Zusammengesetzter Schlüssel:** Ein Primärschlüssel kann auch aus mehr als nur einem Feld bestehen. Beispielsweise lassen sich Artikelname und Artikelpreis dazu verwenden, einen Primärschlüssel zu erzeugen. Allerdings besteht immer noch die Gefahr, dass der Schlüssel nicht jeden Datensatz eindeutig kennzeichnet!
- **Künstlicher Schlüssel:** Diesen Typ haben Sie bereits kennengelernt, es wird einfach ein eindeutiger numerischer Wert (z.B. ein Zählerfeld) als Primärschlüssel genommen. Unter der Bedingung, dass sich die Zahlen auf keinen Fall wiederholen (Wertebereich beachten!), können Sie davon ausgehen, dass jeder Artikel eindeutig gekennzeichnet ist.

Was für den Computer von Vorteil ist – eine Zahl kann mit wenigen Byte gespeichert werden – ist für den Bediener weniger günstig (was sagt schon die Zahl 1120?). Für die Ausgabe muss also die Zahl durch Namen bzw. Daten des Mitarbeiters ersetzt werden.

**HINWEIS:** Der Datentyp des Fremdschlüssels muss mit dem Datentyp des Primärschlüssels übereinstimmen.

## 2.1.4 NULL-Werte

Mit NULL-Wert werden undefinierte Feldeinträge bezeichnet, z.B. wenn nichts eingetragen wurde. Verwechseln Sie NULL-Werte niemals mit der numerischen Null (0) bzw. einem Leerstring ("")!

Ein NULL-Wert wäre beispielsweise eine fehlende Telefonnummer in einem Adressbuch, denn nicht jeder hat ein Telefon, bzw. die Telefonnummer könnte unbekannt sein.

**HINWEIS:** In Feldern, die Sie als *Primary Index* verwenden, sind NULL-Werte unzulässig. Sollen trotzdem NULL-Werte erlaubt sein, verwenden Sie einen eindeutigen Index.

Die Anwendung von NULL-Werten ist nicht immer ganz unproblematisch.

**BEISPIEL:** Legen Sie eine Tabelle XYZ an, die nur aus einem Feld *Gewicht* besteht (*Long Integer*). Löschen Sie den vorgegebenen Defaultwert (0) und geben Sie in die Tabelle die folgenden Werte ein »10, NULL, 20«. Erzeugen Sie danach eine Abfrage mit folgendem SQL-String:

```
SELECT Avg(gewicht) AS Durchschnitt FROM xyz
```

Wird über die SQL-Aggregatfunktion *AVG* der Mittelwert berechnet, ist das Ergebnis nicht etwa 10 (30 / 3) sondern 15. Der NULL-Wert wird also nicht berücksichtigt. Soll dem NULL-Wert temporär der Wert *Null* (0) zugewiesen werden, müssen Sie zusätzlich die *NZ*-Funktion verwenden:

```
SELECT Avg(NZ(gewicht)) AS Durchschnitt FROM xyz
```

... liefert das »richtige« Ergebnis (10).

Etwas »sonderbar« verhält sich die *Count*-Anweisung.

**BEISPIEL:** Verwenden Sie die Abfrage

```
SELECT Count(gewicht) AS Anzahl FROM xyz;
```

... erhalten Sie die Anzahl der Datensätze, in denen keine NULL-Werte stehen. Mit

```
SELECT Count(*) AS Anzahl FROM xyz;
```

... gewinnen Sie die Gesamtzahl der Datensätze, unabhängig davon, ob NULL-Werte enthalten sind oder nicht.

Wie sich NULL-Werte auf logische Operationen auswirken, zeigen die beiden folgenden Tabellen:

| UND | True | False | NULL |
|---|---|---|---|
| True | True | False | NULL |
| False | False | False | False |
| NULL | NULL | False | NULL |

***Tabelle 2.2:*** *Beispiele für UND-Verknüpfungen von NULL-Werten*

| ODER | True | False | NULL |
|---|---|---|---|
| True | True | True | True |
| False | True | False | NULL |
| NULL | True | NULL | NULL |

***Tabelle 2.3:*** *Beispiele für ODER-Verknüpfungen von NULL-Werten*

In einigen Spezialfällen (Expertensysteme etc.) bietet sich statt der NULL-Werte die Einführung von Wahrscheinlichkeitsfaktoren für die Bestimmung einer Aussage an.

In diesem Zusammenhang sei noch auf die *Required*-Eigenschaft (Eingabe erforderlich) von Tabellenfeldern hingewiesen, mit der Sie die Eingabe von NULL-Werten kategorisch unterbinden können. Bei numerischen Feldern bietet sich unter bestimmten Umständen auch die Vergabe eines Defaultwertes (0) an.

### 2.1.5 Ansichten (Views)

Eine Ansicht (englisch: View) ist die logische Repräsentation von Daten, die realen Tabellen oder anderen Ansichten entnommen werden. In der Datenbank wird keine neue Tabelle angelegt, sondern lediglich die entsprechende SQL-Abfrage gespeichert. Ansichten können unter bestimmten Umständen wie normale Tabellen behandelt werden. Änderungen (INSERT, UPDATE, DELETE) sind allerdings nur dann zulässig, wenn die zugrunde liegende Datenbasis dies zulässt (keine berechneten Felder, keine Verknüpfungen etc.). Die von Access bekannten Abfragen entsprechen im Wesentlichen einer Ansicht (View). Durch die Vergabe von Zugriffsrechten haben Sie die Möglichkeit, Anwendern Teile von Tabellen zugänglich zu machen, für die sie keine Zugriffsrechte haben.

**BEISPIEL:** Ihre Datenbank enthält eine Tabelle *Personaldaten*, für eine Reihe von Mitarbeitern soll jedoch lediglich der Name und die Anschrift der Personaldaten zugänglich sein. Sperren Sie dazu den Zugriff auf die Tabelle *Personaldaten* und legen Sie eine Abfrage mit einem SQL-String nach folgendem Muster an:

```
SELECT name, vorname, straße, plz, ort
FROM personaldaten
WITH OWNERACCESS OPTION
```

Wichtig ist die Angabe WITH OWNERACCESS OPTION, denn nur so können trotz der entzogenen Rechte Daten abgerufen werden. Allerdings sind lediglich die Felder *name*, *vorname*, *straße*, *plz* und *ort* sichtbar. Damit die Nutzer nicht die Abfrage verändern, setzen Sie z.B. unter Microsoft Access die Zugriffsrechte wie in Abbildung 2.5 gezeigt (Menü: *Extras/Zugriffsrechte/Benutzer- und Gruppenberechtigungen*):

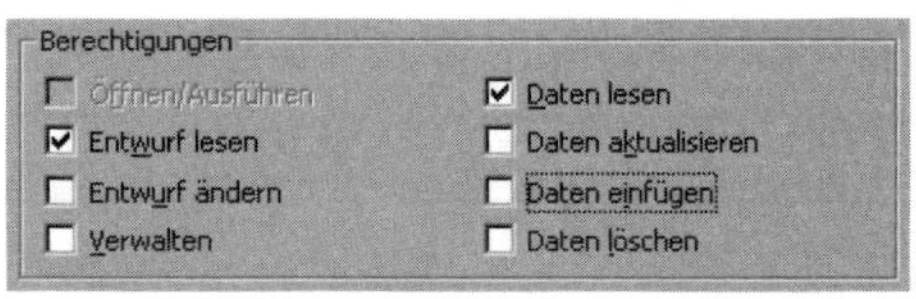


***Abbildung 2.5:*** *Berechtigungen für Zugriffe auf Abfragen (Microsoft Access)*

**HINWEIS:** Sperren Sie die Option *Verwalten*. Nur so ist sichergestellt, dass der Anwender sich nicht eigenmächtig weitere Rechte geben kann (siehe dazu auch ▶ Kapitel 9).

## 2.2 Tabellenverknüpfungen

Für das grundlegende Verständnis der internen Abläufe in einer Datenbank ist es sinnvoll, auf einige Formen der Datenmanipulation einzugehen. Eine relationale Datenbank enthält im Allgemeinen mehrere Tabellen, die miteinander verknüpft sind oder die zueinander in Beziehung gesetzt werden.

Die Datenbanktheorie unterscheidet einige Grundoperationen, die sich auch miteinander kombinieren lassen, um zum Beispiel eine Abfrage zu realisieren. Alle Operationen (außer der Projektion) finden in der einen oder anderen Form in den nächsten Abschnitten Verwendung.

### 2.2.1 Vereinigung

Voraussetzung für die Vereinigung von zwei (oder mehr) Tabellen ist eine identische Datenstruktur. Die resultierende Tabelle enthält die Datensätze aller Quelltabellen.

**Tabelle 1**

| Nr | Name |
|---|---|
| 1 | Buchholz |
| 6 | Schiller |
| 7 | Lehnert |
| 4 | Braun |

**Tabelle 2**

| Nr | Name |
|---|---|
| 2 | Gräser |
| 3 | Blaske |
| 5 | Obst |
| 8 | Schiffner |

**Tabelle 3**

| Nr | Name |
|---|---|
| 1 | Buchholz |
| 6 | Schiller |
| 7 | Lehnert |
| 4 | Braun |
| 2 | Gräser |
| 3 | Blaske |
| 5 | Obst |
| 8 | Schiffner |

***Abbildung 2.6:*** *Vereinigung zweier Tabellen*

Ob in der resultierenden Tabelle doppelte Datensätze vorkommen, was ja theoretisch möglich wäre, hängt von der Tabellendefinition ab. Ist ein eindeutiger Schlüssel (*Unique Key*) definiert, werden doppelte Datensätze durch das Datenbanksystem verworfen. Beachten Sie diese Tatsache beim Import von Daten aus anderen Tabellen bzw. Datenbanken! Das Ergebnis der Vereinigung kann auch als OR-Verknüpfung bezeichnet werden (alle Datensätze, die in Tabelle 1 ODER Tabelle 2 enthalten sind).

Eine weitere Realisierungsmöglichkeit für eine Vereinigung findet sich in der UNION-Anweisung, die Sie in SQL-Abfragen (siehe ▶ Kapitel 4) nutzen können.

## 2.2.2 Differenz

Wie auch bei der Vereinigung ist die Voraussetzung für eine Differenzbildung eine identische Satzstruktur der Tabellen. In Tabelle 3 werden die Datensätze, die in Tabelle 1 und Tabelle 2 enthalten sind, nicht übernommen.

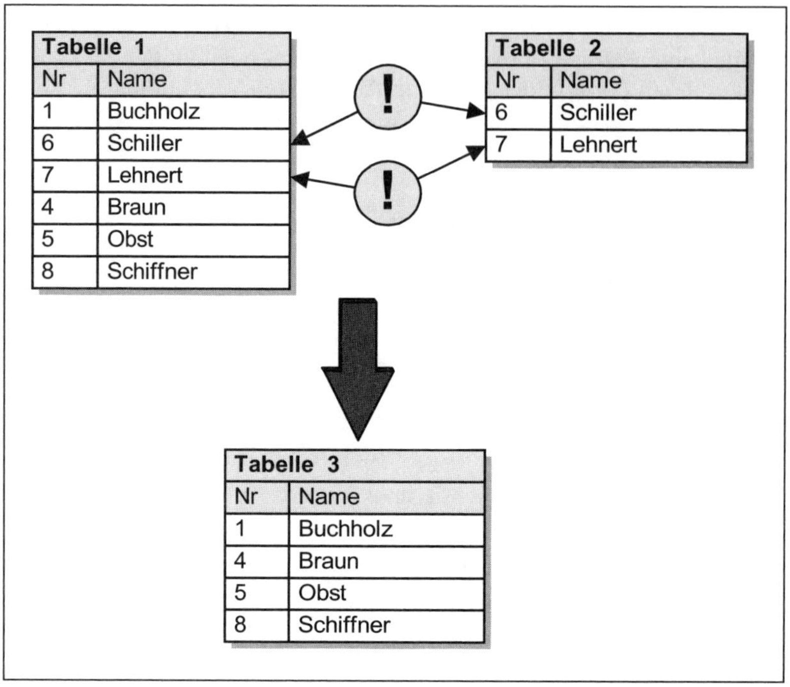


***Abbildung 2.7:*** *Differenz zweier Tabellen*

## 2.2.3 Selektion

Darunter ist die Auswahl von Datensätzen in Abhängigkeit von einer logischen Bedingung zu verstehen. Neben den folgenden Beispielen finden Sie weitere in ▶ Kapitel 4 (Abschnitt SQL-SELECT).

| Tabelle 1 | | | |
|---|---|---|---|
| Nr | Name | Vorname | Gehalt |
| 1 | Buchholz | Hans | 3768,34 DM |
| 2 | Gräser | Ilona | 4977,77 DM |
| 3 | Blaske | Fred | 2874,56 DM |
| 4 | Braun | Werner | 6125,74 DM |
| 5 | Obst | Maria | 5231,81 DM |
| 6 | Schiller | Friedrich | 4381,62 DM |
| 7 | Lehnert | Norbert | 1345,99 DM |
| 8 | Schiffner | Kerstin | 2497,12 DM |

**? Gehalt <= 2500**

| Tabelle 2 | | | |
|---|---|---|---|
| Nr | Name | Vorname | Gehalt |
| 7 | Lehnert | Norbert | 1345,99 DM |
| 8 | Schiffner | Kerstin | 2497,12 DM |

**? (Gehalt >= 3000) AND (Gehalt <5000)**

| Tabelle 3 | | | |
|---|---|---|---|
| Nr | Name | Vorname | Gehalt |
| 1 | Buchholz | Hans | 3768,34 DM |
| 2 | Gräser | Ilona | 4977,77 DM |
| 6 | Schiller | Friedrich | 4381,62 DM |

***Abbildung 2.8:*** *Selektion zweier Tabellen*

## 2.2.4 Join

Über einen Join lassen sich Verknüpfungen zwischen verschiedenen Tabellen oder auch nur innerhalb einer einzigen Tabelle herstellen. Voraussetzung ist ein Feld, das in beiden Tabellen vorkommt und den gleichen Datentyp besitzt. Die Datenbanktheorie unterscheidet zwischen *Equi-* und *Outer Join*. In Access werden dafür die Bezeichnungen *Inner-* und *Left-* bzw. *Right-Join* verwendet. Eine spezielle Form ist der *Auto Join*, bei dem mit zwei Kopien (Momentaufnahmen) einer Tabelle gearbeitet wird.

### Equi Join (Inner Join)

Zu jedem Datensatz in Tabelle 1 existiert ein Datensatz in Tabelle 2. Die Datensätze werden über ein identisches Feld verknüpft.

**BEISPIEL:** Gesucht werden die Kundennamen zu den vorhandenen Rechnungen.

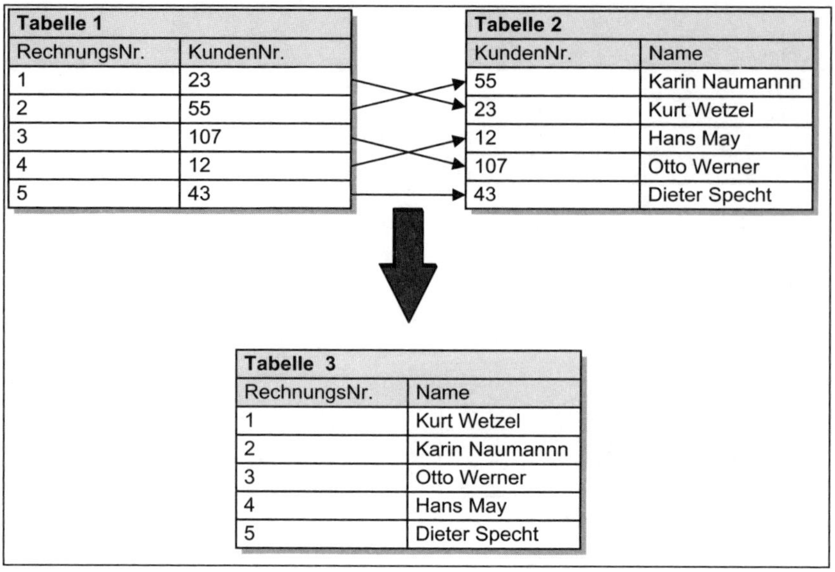


***Abbildung 2.9:*** *Beispiel für ein Inner Join*

### Outer Join (Left-/Right-Join)

Nicht zu jedem Datensatz in Tabelle 1 existiert ein Datensatz in Tabelle 2. Fehlende Datensätze werden gegebenenfalls mit NULL-Werten aufgefüllt. Die Verknüpfung erfolgt ebenfalls über ein identisches Feld.

**BEISPIEL:** Gesucht werden alle Kunden sowie (falls vorhanden) die entsprechenden Rechnungen.

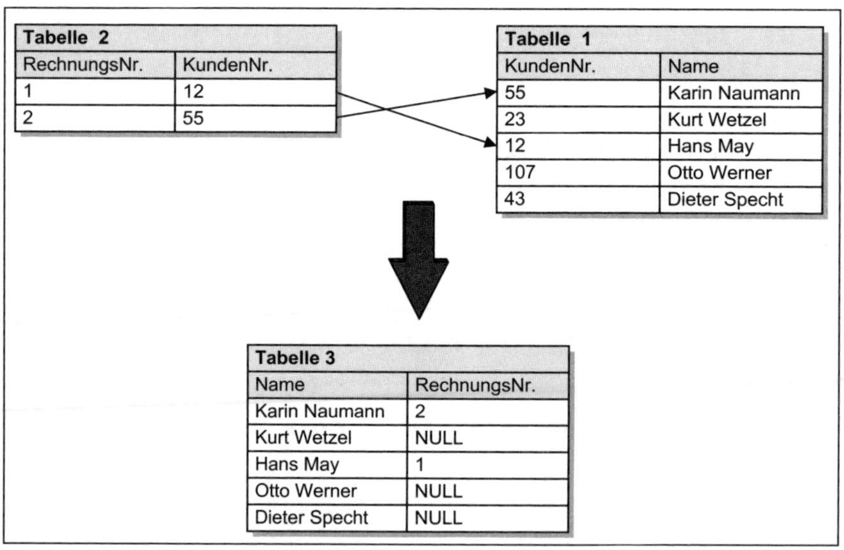


***Abbildung 2.10:*** *Beispiel für ein Outer Join*

In Access-SQL entscheiden Sie mit der Verwendung von LEFT- bzw. RIGHT-JOIN, welche Tabelle mit NULL-Werten aufgefüllt wird.

**Auto Join**

Das ist eine Abbildung der Tabelle auf sich selbst. Wie in ▶ Kapitel 4 (SQL) noch genauer erläutert, wird in diesem Fall mit zwei Momentaufnahmen einer Tabelle gearbeitet.

**BEISPIEL:** Gesucht werden die jeweiligen Vorgesetzten der einzelnen Mitarbeiter.

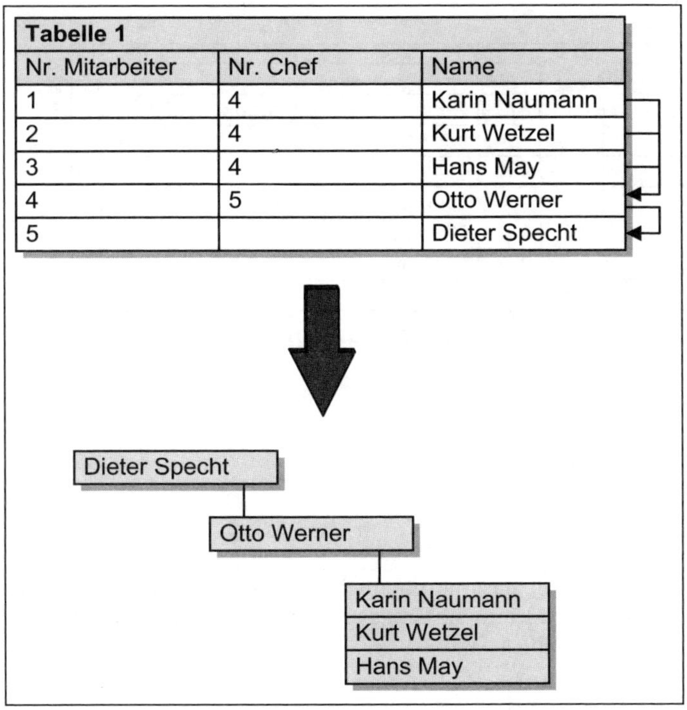


***Abbildung 2.11:** Beispiel für ein Auto Join*

Nur »Dieter Specht« (der Glückliche!) hat keinen Vorgesetzten, folglich ist er der Chef.

# 2.3 Relationen

Dass Tabellen miteinander in Beziehung stehen können, ist für den Datenbank-Kundigen nichts Neues. Im Folgenden erfahren Sie, welche Arten von Relationen unterschieden werden. Detaillierte Informationen über den Einsatz von Relationen finden Sie in den ▶ Kapiteln 4 und 5.

## 2.3.1 1:1-Beziehung

In einer 1:1-Beziehung existiert für jeden Datensatz in Tabelle 1 genau ein Datensatz in Tabelle 2. Theoretisch könnte diese Beziehung aufgelöst werden, denn die Daten aus Tabelle 2 lassen sich auch in Tabelle 1 speichern. Es gibt allerdings Fälle, in denen 1:1-Beziehungen sinnvoll sind:

- Sicherheitsaspekte (die vertraulichen Daten werden in einer extra Tabelle gespeichert),
- Performance (selten gebrauchte Daten werden in eine zweite Tabelle ausgelagert),
- Einschränkungen (das Datenbankystem stellt nicht genügend Tabellenspalten zur Verfügung, um alle Attribute in einer Tabelle zu speichern).

**BEISPIEL:** Damit nicht jeder Mitarbeiter, der auf Tabelle 1 zugreifen kann, erfährt, wieviel sein Kollege verdient bzw. wie oft er krank war, werden diese Informationen in einer zweiten Tabelle gespeichert, auf die nur einige auserwählte Mitarbeiter zugreifen können (die zweite Lösung für dieses Problem wäre ein View).

**Tabelle1**

| Nr. | Name | Vorname |
|---|---|---|
| 234 | Naumann | Karin |
| 235 | Wetzel | Kurt |
| 236 | Hans | May |
| 237 | Otto | Werner |
| 238 | Specht | Dieter |
| 239 | Lehmann | Isolde |
| 240 | Mayer | Hans |

**Tabelle 2**

| Nr. | Gehalt | Krankentage |
|---|---|---|
| 234 | 5367,30 | 5 |
| 235 | 4341,10 | 7 |
| 236 | 2500,20 | 47 |
| 237 | 7000,00 | 3 |
| 238 | 1212,50 | 1 |
| 239 | 3465,10 | 0 |
| 240 | 4132,32 | 10 |

1:1

***Abbildung 2.12:*** *Beispiel für eine 1:1-Beziehung*

## 2.3.2 1:n-Beziehung

1:n-Beziehungen sind dadurch gekennzeichnet, dass zu einem Datensatz in Tabelle 1 beliebig viele Datensätze (0 ... n) in Tabelle 2 existieren können. Umgekehrt gilt: Zu jedem Datensatz in Tabelle 2 gibt es genau einen Datensatz in Tabelle 1.

**BEISPIEL:** In einem Raum können n Personen arbeiten.

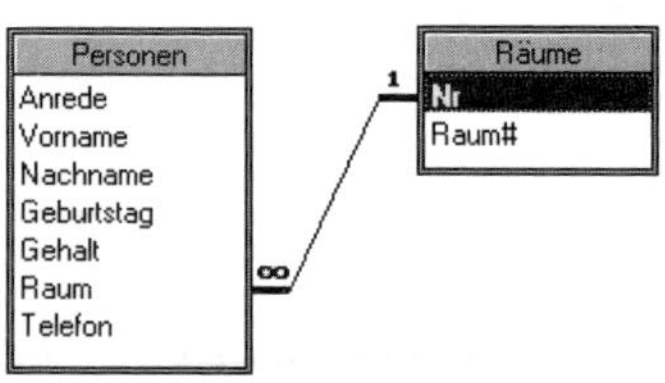


***Abbildung 2.13:*** *Beispiel für eine 1:n-Beziehung*

Wie Sie der Abbildung 2.14 entnehmen, arbeiten im Raum *A20* drei Personen, in Raum *A64* zwei Personen usw... Da diese Beziehung auch in SQL-Abfragen genutzt werden kann, ist es z.B. kein Problem, einen Raumbelegungsplan zu erstellen.

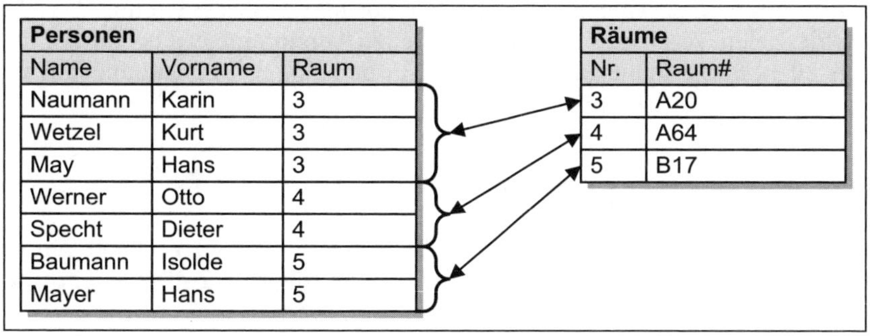


***Abbildung 2.14:*** *Raumbelegungsplan*

Weitere Ausführungen zum Thema finden Sie im ▶ Kapitel 5 (Tabellen verknüpfen).

### 2.3.3 n:m-Beziehung

Als Beispiel für eine n:m-Beziehung soll die Mitgliedschaft von Personen in Vereinen herhalten, denn *n* Personen können Mitglied in *m* Vereinen sein. Allerdings genügen für die Darstellung dieser Beziehung nicht zwei Tabellen (Personen, Vereine), sondern es wird eine weitere Zwischentabelle (auch »Interselektionstabelle« genannt) benötigt, die die *n:m*-Beziehung in zwei *1:n*-Beziehungen überführt.

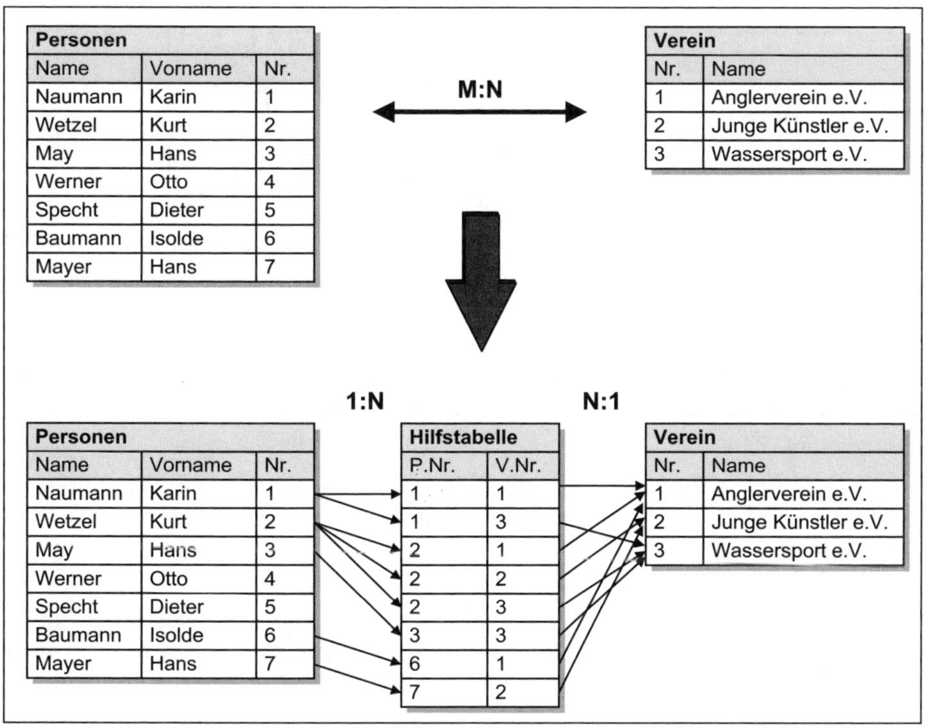


***Abbildung 2.15:*** *Beispiel für eine n:m-Beziehung*

Wie Sie der Abbildung 2.15 entnehmen können, ist es problemlos möglich, dass ein und dieselbe Person Mitglied in beliebig vielen Vereinen sein kann. Für jeden Verein eine eigene Tabelle mit der Mitgliederliste zu erstellen, dürfte keine gute Idee sein, ist doch eine zusammenhängende redundanzfreie Darstellung auf diese Weise illusorisch.

## 2.4 Tabellen normalisieren

Mit *Normalisieren* wird ein analytisches Verfahren zur Reduktion von Daten bezeichnet. Durch das Zerlegen von Relationen in mehrere kleinere Relationen sollen folgende Ziele erreicht werden:

- Vermeiden von Redundanz und Anomalien beim Einfügen, Löschen oder Ändern von Datensätzen.
- Verringern der Notwendigkeit, Relationen umzustrukturieren.
- Erreichen eines übersichtlicheren Datenmodells.

Das folgende (schlechte) Beispiel zeigt einige Probleme, die im Zusammenhang mit nicht normalisierten Tabellen auftreten können:

| BestellNr. | Anzahl | Artikel | Preis | Kundenanschrift |
|---|---|---|---|---|
| 1 | 40 | Wein | 15,80 | H.Müller, Lindenstr. 6<br>13578 München |
| 2 | 20 | Bier | 2,10 | Max Lehmann, Torstraße 19<br>53454 Mainz |
| 3 | 30 | Wein | 15,80 | W. Doberenz, Am Teich 5<br>54274 Dresden |
| 4 | 50 | Cola | 0,80 | H.Müller, Lindenstr. 6<br>13578 München |
| 5 | 100 | Wasser | 0,50 | R. Brauer, Rathausplatz 29<br>82475 Chemnitz |

***Abbildung 2.16:*** *Beispiel einer nicht normalisierten Tabelle*

Problem 1: Änderungsanomalie

Möchten Sie die Adresse von H. Müller ändern oder ändert sich die Bezeichnung für den Wein, müssen Sie alle Zeilen durchlaufen und in jeder Zeile Anschrift bzw. Artikelbezeichnung ändern.

Problem 2: Redundante Daten

Dass sich in der Tabelle viele redundante (d.h. überflüssige) Informationen befinden, dürfte auf den ersten Blick klar geworden sein. Wozu bloß wird beispielsweise bei jeder Bestellung die komplette Kundenanschrift gespeichert?

Problem 3: Löschanomalie

Löschen Sie die fünfte Bestellung, so wird auch die Adresse von R. Brauer unwiederbringlich verschwinden. Soll eine spätere Bestellung von R. Brauer aufgenommen werden, können Sie nicht auf seine schon einmal vorhandene Adresse zurückgreifen.

Wie Sie die genannten Probleme durch schrittweises Normalisieren lösen können, sollen die folgenden Abschnitte verdeutlichen.

Die Datenbanktheorie unterscheidet mindestens fünf Normalformen, wir werden uns aber im Rahmen dieses Buchs auf die ersten drei beschränken (was für durchschnittliche Ansprüche ausreichend sein dürfte).

## 2.4.1 Erste Normalform

Diese Normalform bildet die Ausgangsbasis für alle weiteren Normalisierungsetappen.

**Definition**: *Tabellen befinden sich in der 1. Normalform, wenn alle Attribute (Felder) elementar (atomar) sind.*

Wir wollen den Prozess der Normalisierung am Beispiel eines Familienstammbaums verdeutlichen. Um das Beispiel nicht zu kompliziert zu gestalten, beschränken wir uns auf den männlichen Zweig der Nachkommen[1]:

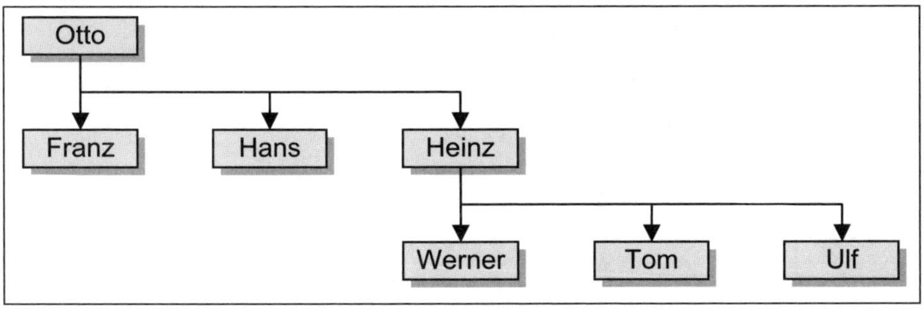


***Abbildung 2.17:*** *Datenbasis mit den zugehörigen Verbindungen*

Die Tabelle in Abbildung 2.18 (es handelt sich nicht um eine normalisierte) weist auf einige generelle Probleme hin, die nur durch Normalisieren gelöst werden können. So gestalten sich bislang Änderungen recht aufwendig, da doch immer gleich mehrere Zeilen davon betroffen sind.

| Name | Söhne |
|---|---|
| Otto | Franz, Hans, Heinz |
| Franz | |
| Hans | |
| Heinz | Werner, Tom, Ulf |
| Werner | |
| Tom | |
| Ulf | |

***Abbildung 2.18:*** *Ausgangspunkt*

Ein erster Lösungsansatz erfüllt zwar die Definition der ersten Normalform, die Zahl der Söhne kann allerdings stark differieren, so dass neue Spalten einzufügen sind. Dass auf diese Weise keine sinnvollen Abfragen gebildet werden können, dürfte einleuchten.

1 Die Feministinnen unter der Leserschaft werden uns das hoffentlich verzeihen!

| Name | Sohn 1 | Sohn 2 | Sohn 3 |
|---|---|---|---|
| Otto | Franz | Hans | Heinz |
| Franz | | | |
| Hans | | | |
| Heinz | Werner | Tom | Ulf |
| Werner | | | |
| Tom | | | |
| Ulf | | | |

***Abbildung 2.19:*** *Lösungsansatz 1*

Die Lösung des Problems: Das Hinzufügen eines Schlüssels und die vertikale Auflösung (das Feld *Vater* enthält einen »Zeiger« auf den übergeordneten Datensatz).

| Nr. | Name | Vater |
|---|---|---|
| 1 | Otto | |
| 2 | Franz | 1 |
| 3 | Hans | 1 |
| 4 | Heinz | 1 |
| 5 | Werner | 4 |
| 6 | Tom | 4 |
| 7 | Ulf | 4 |

***Abbildung 2.20:*** *Lösungsansatz 2 (normalisierte Tabelle)*

## 2.4.2 Zweite Normalform

Voraussetzung für die Überführung einer Tabelle in die zweite Normalform ist eine bereits in der ersten Normalform vorliegende Tabelle. Das Normalisieren ist also ein schrittweiser Prozess.

**Definition:** *Tabellen sind in der 2. Normalform, wenn Sie die erste Normalform haben und darüber hinaus jedes Nichtschlüsselfeld voll funktionell abhängig von allen anderen Schlüsselfeldern ist.*

Als Beispiel soll uns diesmal die Abbildung 2.21 dienen, eine Tabelle mit diversen Bestellungen (wir beschränken uns dabei auf die wesentlichsten Felder).

Primary Key

| BestellNr. | Anzahl | Artikel | Preis | Einheit |
|---|---|---|---|---|
| 1 | 40 | Wein | 15,80 | Flasche |
| 2 | 20 | Bier | 2,10 | Dose |
| 3 | 30 | Wein | 15,80 | Flasche |
| 4 | 50 | Cola | 0,80 | Dose |
| 5 | 100 | Wasser | 0,50 | Flasche |

***Abbildung 2.21:*** *Tabelle für Bestelldaten*

Die erste Normalform liegt zwar vor, allerdings sind weder Preis noch Einheit von der Bestellnummer abhängig. Damit widerspricht diese Tabelle der zweiten Normalform.

Für die Überführung in die zweite Normalform teilen wir die Tabelle in zwei neue Tabellen auf, zum einen in die Bestellungen, zum anderen in die Artikelliste. Jeder Artikel erhält ein eindeutiges Kennzeichen (Art.Nr.), das als Primärschlüssel (Primary Key) fungiert:

| BestellNr. | Anzahl | Art.Nr. |
|---|---|---|
| 1 | 40 | 1 |
| 2 | 20 | 2 |
| 3 | 30 | 1 |
| 4 | 50 | 3 |
| 5 | 100 | 4 |

| Art.Nr | Artikel | Preis | Einheit |
|---|---|---|---|
| 1 | Wein | 15,80 | Flasche |
| 2 | Bier | 2,10 | Dose |
| 3 | Cola | 0,80 | Dose |
| 4 | Wasser | 0,50 | Flasche |

***Abbildung 2.22:*** *Tabelle in zweiter Normalform*

Zwischen beiden Tabellen besteht eine 1:n-Beziehung, die mit Hilfe des Fremdschlüssels *Art.Nr.* (Tabelle *Bestellungen*) aufgebaut wird.

Nach dieser Umwandlung liegt die zweite Normalform vor, das neue Tabellenlayout weist allerdings noch einige kritikwürdige Merkmale auf. Unter anderem sollte der Artikelpreis besser in der Tabelle *Bestellungen* seinen Platz finden[1]. Dies widerspricht zwar auf den ersten Blick der zweiten Normalform, da der Preis aber an die jeweilige Bestellung gebunden ist, besteht auch hier eine Abhängigkeit zwischen dem Primary Key *BestellNr.* und dem Feld *Preis*.

[1] Eine Artikelpreisänderung wirkt sich sonst auf bereits gedruckte Rechnungen/Bestellungen aus.

| BestellNr. | Anzahl | Preis | Art.Nr. |
|---|---|---|---|
| 1 | 40 | 15,80 | 1 |
| 2 | 20 | 2,10 | 2 |
| 3 | 30 | 15,80 | 1 |
| 4 | 50 | 0,80 | 3 |
| 5 | 100 | 0,50 | 4 |

| Art.Nr | Artikel | Preis | Einheit |
|---|---|---|---|
| 1 | Wein | 15,80 | Flasche |
| 2 | Bier | 2,10 | Dose |
| 3 | Cola | 0,80 | Dose |
| 4 | Wasser | 0,50 | Flasche |

***Abbildung 2.23:** Erweitertes Tabellenschema*

Beim Anlegen der Bestellung wird der Preis aus der Artikeltabelle übernommen und nicht wieder geändert. Spätere Korrekturen in der Artikeltabelle wirken sich nur auf weitere Bestellungen aus.

## 2.4.3 Dritte Normalform

Wie schon die zweite Normalform, baut auch die dritte Normalform auf den einfacheren Normalformen auf.

**Definition:** *Tabellen sind in der dritten Normalform, wenn sie sich in der zweiten Normalform befinden und alle Nichtschlüsselfelder voneinander unabhängig sind.*

Als Beispiel können wir wieder unsere Bestelltabelle verwenden. Da Artikelpreis und Anzahl vorhanden sind, würden sich auch zusätzliche »berechnete Felder« für Netto- und Bruttoprodukt innerhalb der Zeile anbieten. Dies allerdings widerspräche der dritten Normalform, hängen doch beide Felder (Netto, Brutto) unmittelbar von anderen Tabellenfeldern (Anzahl, Preis) ab:

| BestellNr. | Anzahl | Preis | Art.Nr. | Netto | Brutto |
|---|---|---|---|---|---|
| 1 | 40 | 15,80 | 1 | 632,00 | 726,80 |
| 2 | 20 | 2,10 | 2 | 42,00 | 48,30 |
| 3 | 30 | 15,80 | 1 | 474,00 | 545,10 |
| 4 | 50 | 0,80 | 3 | 40,00 | 46,00 |
| 5 | 100 | 0,50 | 4 | 50 | 57,50 |

| BestellNr. | Anzahl | Preis | Art.Nr. | Netto | Brutto |
|---|---|---|---|---|---|
| 1 | 40 | 15,80 | 1 | 632,00 | 726,80 |
| 2 | 20 | 2,10 | 2 | 42,00 | 48,30 |
| 3 | 30 | 15,80 | 1 | 474,00 | 545,10 |
| 4 | 50 | 0,80 | 3 | 40,00 | 46,00 |
| 5 | 100 | 0,50 | 4 | 50 | 57,50 |

***Abbildung 2.24:** Umsetzen in die dritte Normalform*

## 2.4.4 Wann sollten Sie nicht normalisieren?

Natürlich gibt es auch bei Datenbanknormalisierungen maßlose Übertreibungen und die berühmten Ausnahmen von der Regel:

- Der wohl schwerwiegendste Grund, eine Datenbank nur teilweise zu normalisieren, dürfte in der Performance zu suchen sein. Sind beispielsweise immer wieder komplexe Berechnungen notwendig und sind davon viele Tabellen/Spalten betroffen, kann es sinnvoller sein, Zwischenergebnisse in einer zusätzlichen Spalte zu speichern, auch wenn dies der dritten Normalform widersprechen sollte.
- Ein weiterer Grund kann eine verbesserte Übersichtlichkeit sein. Wollen Sie beispielsweise eine Datenbank weitergeben/exportieren, könnte eine vollständig normalisierte Datenbank den Gesamtüberblick erschweren und damit eventuell geplante Erweiterungen durch Dritte unmöglich machen.

Grundsätzlich sollten Sie jedoch jede Datenbank erst einmal vollständig normalisieren, die Struktur kann dann aus oben genannten Gründen teilweise wieder denormalisiert werden

# 2.5 Datentypen und ihre Verwendung

Die in einer Tabelle abgelegten Informationen können verschiedene Darstellungsformate aufweisen, die durch entsprechende Datentypen repräsentiert werden.

## 2.5.1 Übersicht

Die folgende Aufstellung ist Access-typisch und nicht auf andere Datenbankformate übertragbar.

| Datentyp | Beschreibung |
|---|---|
| Text | Texte/Zeichenfolgen mit einer maximalen Länge von 255 Zeichen.<br>Verwenden Sie zum Auslesen der Werte eine Variable vom Typ *Variant*. Den Datentyp *String* sollten Sie nur verwenden, wenn Sie sicher sind, dass keine NULL-Werte ausgelesen werden, da sonst ein Laufzeitfehler auftritt. |
| Memo | Texte / Zeichenfolgen mit einer Länge von maximal 1,2 GByte. Felder vom Datentyp *Memo* lassen sich nicht indizieren, Sie können jedoch in Memofeldern nach Begriffen oder Zeichenfolgen suchen. Auslesen können Sie die Daten in einen String oder Variant. Verwenden Sie die Methoden *GetChunk* und *AppendChunk*, um Teile eines Memofeldes zu lesen bzw. zu schreiben. |
| Boolean | Ja/Nein (*True*/*False*)-Aussage, läßt sich nicht indizieren. Verwenden Sie den Datentyp *Variant* oder *Boolean* zum Einlesen der Werte. |
| Datum/Zeit | Datums- und Zeitwerte für die Jahre 100 bis 9999 |
| Byte | Werte von 0 bis 255 (1 Byte) |
| Integer | Zahlen von –32.768 bis 32.767 (2 Byte) |
| LongInt | Ganzzahlen von –2.147.483.648 bis 2.147.483.647 (4 Byte) |
| Single | Zahlen mit 6-stelliger Genauigkeit von: –3,402823E38 bis 3,402823E38 (4 Byte) |
| Currency | 64-Bit-Zahlen (8 Byte) Zahlen im Bereich von:<br>–922.337.203.685.477,5808 bis 922.337.203.685.477,5807. |
| Double | 64-Bit-Zahlen (8 Byte) Zahlen mit 10-stelliger Genauigkeit von:<br>–1,79769313486232E308 bis 1,79769313486232E308 ▶ |

| Datentyp | Beschreibung |
|---|---|
| Zähler | Zählerfelder inkrementieren ihren Wert mit jedem neuen Datensatz. Das Feld ist schreibgeschützt, kann also nicht durch Sie verändert werden. Pro Tabelle lässt sich nur ein Zählerfeld definieren. Das Löschen eines Feldes verändert den Zählerstand nicht, d.h., es können »Lücken« in der Zahlenfolge auftreten. |
| Zufallswerte | Die Funktionsweise gleicht dem Zähler, die automatisch erzeugten Werte sind allerdings Zufallszahlen, die sich ebenfalls nicht wiederholen. Aus der Funktionsweise resultiert auch die Tatsache, dass sich derartige Felder nicht editieren lassen. |
| OLE-Objekt | Die maximale Größe dieses Feldes beträgt 1,2 GByte. Felder diesen Typs können mit dem OLE-Steuerelement angezeigt werden (oder gehört werden, wenn es sich um Klänge handelt). Der direkte Zugriff auf die enthaltenen Daten ist nur mit relativ viel Aufwand möglich (Methoden *GetChunk* und *AppendChunk*). Binärfelder lassen sich nicht indizieren. |

***Tabelle 2.4:*** *Access-Datentypen*

### 2.5.2 Auswahl der Datentypen

Bei der Zuordnung der Datentypen zu den einzelnen Feldinhalten sollten Sie sich an folgenden Richtlinien orientieren:

- Zählerfelder werden häufig für die eindeutige Kennzeichnung eines Datensatzes verwendet. Beispielsweise ist es sinnvoll, beim Einlesen von Datensätzen in ein Listenfeld intern ein Zählerfeld für die Auswahl zu nutzen, da dies eindeutiger ist.
- In Access-Tabellen können Sie keine selbstdefinierten Datentypen (Records) ablegen.
- Numerische Werte, nach denen Sie zum Beispiel mit Platzhaltern suchen möchten, sollten Sie in Textfeldern abspeichern (z.B. Postleitzahlen).
- Benötigen Sie einen Fremdschlüssel für ein Primärschlüsselfeld vom Typ *Zähler*, müssen Sie den Datentyp *Long* wählen.
- Haben Sie sehr viele große Textfelder angelegt, kann es passieren, dass die maximale Größe für einen Datensatz überschritten wird. Verwenden Sie in diesem Fall entweder eine 1:1-Beziehung zu einer zweiten Tabelle oder wandeln Sie einige Textfelder in Memofelder um, da Memofelder nicht direkt in der Tabelle gespeichert werden.
- Müssen Sie zwei Tabellen abgleichen (synchronisieren), verwenden Sie für die Primärschlüssel anstatt der Zählerfelder einfach Zufallswerte.

## 2.6 Optimierung

Vielleicht wundern Sie sich, dass diese Thematik in einem Kapitel über Datenbankdesign angesprochen wird? Wenn man jedoch davon ausgeht, dass der Datenbankentwurf der bestimmende Faktor für eine Performance-Steigerung (d.h. zeitliche Optimierung) ist, dürfte der Zusammenhang schnell klar werden.

### 2.6.1 Indizes

Schon beim Tabellenentwurf bestimmen Sie durch den Einsatz von Indizes die spätere Ausführungsgeschwindigkeit. Prinzipiell gilt: Alle wichtigen Felder einer Tabelle sollten indiziert sein. Allerdings hat die Medaille auch ihre Kehrseite, je mehr Indizes erstellt werden, umso größer ist die Datenbank und umso langsamer wird der Einfügevorgang (bzw. das Löschen), müssen doch mit jedem eingefügten Datensatz auch alle Indextabellen aktualisiert werden. Da aber beim Hinzufügen von Datensätzen selten hohe Ansprüche in Bezug auf die Geschwindigkeit gestellt werden, sollte man diese Nachteile im Interesse einer hohen Abfragegeschwindigkeit in Kauf nehmen (die Größe der Datenbank dürfte bei den heutigen Festplattenpreisen wohl kaum mehr eine Rolle spielen).

Prinzipiell sollten immer die Felder indiziert werden, nach denen sortiert oder in denen gesucht wird. Weiterhin sollten Sie alle Felder indizieren, die in Verknüpfungen verwendet werden. Allerdings bestehen zwischen den einzelnen Indextypen gewisse Geschwindigkeitsunterschiede. Für die Suche nach einem Datensatz eignet sich ein Primärschlüssel am besten, fast die gleiche Geschwindigkeit erreichen Sie mit einem eindeutigen Index. In zusammengesetzte Indizes sollten Sie aber nur die unbedingt notwendigen Felder einbeziehen.

## 2.6.2 Abfrage-Optimierung (Rushmore)

Hauptziele der Optimierung von Datenbanken sind im Allgemeinen Suchvorgänge und Abfragen. Um auch in Access ein Maximum an Performance zu erreichen, hat Microsoft die *Rushmore*-Technologie von FoxPro in die Datenbank-Engine von Access übernommen.

Was kann Rushmore? Grundsätzlich wird mit der Rushmore-Technologie nur der Zugriff auf Datensatzgruppen beschleunigt. Das betrifft beispielsweise Vergleiche mit einem der folgenden Operatoren <, >, =, <=, >=, <>, BETWEEN, LIKE, IN, die wiederum mit AND bzw. OR verknüpft sein können. Nicht optimiert werden Suchzugriffe mit SEEK oder der Zugriff auf die gesamte Datenbank. Allerdings müssen Sie einige Regeln beachten, damit die Rushmore-Technologie überhaupt effektiv umgesetzt werden kann. Wichtig ist vor allem die Indizierung der Vergleichsfelder. Bei Vergleichen mit dem LIKE-Operator sollten Sie keine Platzhalter *vor* dem Suchstring einfügen (z.B: LIKE "*ai"), derartige Abfragen lassen sich *nicht* optimieren! Weiterhin sollten Sie, wo immer es geht, auf Basic-Code und selbstdefinierte Funktionen (z.B. IIF) innerhalb von SQL-Abfragen verzichten, da sich auch diese Teile der Abfrage nicht optimieren lassen.

Sollen die Datensätze in einer Ergebnismenge gezählt werden, überlassen Sie am besten der Jet-Engine die Wahl des Feldes, indem Sie z.B. statt »SELECT COUNT(name) ...« einen Platzhalter verwenden: »SELECT COUNT(*) ... «.

Haben Sie einen Index mit umgekehrter Sortierfolge erstellt, und ist der Vergleichsoperator nicht »=«, dann kann die Abfrage nicht optimiert werden.

**BEISPIEL:** Nachfolgend finden Sie Beispiele für optimierbare Ausdrücke:

```
SELECT ...
FROM ...
WHERE name = 'Mayer' AND vorname='Hans'
```

- Der obige Ausdruck kann optimal eingesetzt werden, wenn sowohl das Feld *Name* als auch das Feld *Vorname* indiziert sind. Die Abfrage wird in zwei Einzelabfragen zerlegt, die Ergebnismengen werden mit AND verknüpft.

```
SELECT ...
FROM ...
WHERE name = 'Mayer' OR plz='03345'
```

Die Abfrage besteht ebenfalls aus zwei Einzelabfragen, die Ergebnismengen werden jedoch vereinigt, da das Zutreffen einer Bedingung genügt.

### 2.6.3 Weitere Möglichkeiten

Neben den oben genannten Faktoren haben Sie noch weitere Einflussmöglichkeiten auf die Leistungsfähigkeit Ihrer Datenbank:

- Ändert sich die Ergebnismenge einer Abfrage selten, so sollten Sie anstatt der Abfrage besser eine Tabelle erstellen. Diese kann schneller und effektiver verarbeitet werden.
- Die Ergebnismenge einer Abfrage sollte nur die Felder enthalten, die unbedingt gebraucht werden (SELECT * FROM... möglichst vermeiden!).
- Komprimieren Sie ab und zu die Datenbank. Auf diese Weise wird die interne Datenstruktur wieder optimiert (Menü *Extras/Datenbank-Dienstprogramme*).
- Verwenden Sie in Netzwerken die Aktenkofferreplikation, so dass nur auf lokale Daten zugegriffen werden muss.

Nicht zuletzt dürfte auch der verfügbare Arbeitsspeicher eine wichtige Rolle spielen. Wie immer unter Windows gilt auch hier: Je mehr, desto besser. Für eine mittlere Jet-Datenbank sollten Sie Ihrem Rechner schon zwischen 32 und 64 MByte Arbeitsspeicher gönnen[1].

1 Für Windows NT dürfen es noch ein paar MByte mehr sein!

# 3 Datengebundene Steuerelemente



Visual Basic bietet für den Zugriff auf Datenbanken zum einen eine ganze Reihe von unsichtbaren Objekten (DAOs[1], ADOs[2]), zum anderen aber auch mehrere Komponenten (Bound Controls), die sich direkt an Tabellen bzw. Recordsets koppeln lassen. Bound Controls entlasten den Programmierer vollständig von der Aufgabe, Feldinhalte darzustellen bzw. Änderungen in die Datenbank zurückzuschreiben. Dies stellt unter Visual Basic die wohl einfachste und schnellste Variante dar, eine komfortable Benutzerschnittstelle zu erzeugen.

Das folgende Kapitel stellt Ihnen die wichtigsten Controls rund um die Datenbankprogrammierung vor und beschreibt die dabei zu verwendenden Techniken. Sie finden Informationen zu den folgenden Themen:

- Eine Übersicht zu den unter VB 6 zur Verfügung stehenden Bound Controls und eine knappe Darstellung der auf der alten DAO-Technologie basierenden Controls.
- Die recht ausführliche Beschreibung des neuen ADO-Datensteuerelements, wie man einfache Bound-Controls an eine ADO-Datenquelle anbindet und wie komplexere Bound ADO-Controls zu programmieren sind.
- Wie der Einsatz des Datenumgebungs-Designers die Programmentwicklung vereinfachen kann und was Ihnen Datenformular-Assistent und Datenansichtfenster bringen.

Besonders bei der Lektüre dieses Kapitels empfiehlt es sich, parallel die integrierte Online-Hilfe zu VB 6 zu konsultieren, da eine vollständige Referenz zu den angesprochenen Themen unmöglich ist und auch der Übersichtlichkeit schaden würde.

Grundlegende Informationen zur DAO- bzw. zur neuen ADO-Technologie entnehmen Sie den weiterführenden ▶ Kapiteln 5 und 6. Zahlreiche praktische Anwendungsbeispiele finden Sie im How-to-Teil in ▶ Kapitel 12.

1 Data Access Objects
2 Active Data Objects

## 3.1 Übersicht

Für die verschiedenen Varianten der direkten Datenbindung von Steuerelementen kommen folgende Datenquellen in Frage[1]:

- *Data*-Datensteuerelement
- *Adodc*-Datensteuerelement
- *DataEnvironment*-Designer
- *Recordset*-Objekt
- Datenklassenmodul

**HINWEIS:** Außer der ersten Variante (DAO) beziehen sich die übrigen Möglichkeiten ausschließlich auf die neue, auf OLE DB basierende ADO-Technologie.

An ADO-Datenquellen kann man Steuerelemente direkt oder mit Hilfe einer sogenannten *BindingCollection* ankoppeln, und dies auch zur Laufzeit.

### 3.1.1 Grundkonzept

Das Grundkonzept der Bound Controls geht davon aus, den Programmierer von Routineaufgaben zu entlasten. Stellt das Füllen einiger Textfelder noch keinen allzu großen Aufwand dar, dürfte spätestens beim Programmieren eines Datengitters (Grid) klar werden, welche Vorzüge eine automatische Datenbindung bietet. Eine solche Datenbindung zwischen Tabelle/Tabellenfeld und Control hat mehrere Aufgaben zu erfüllen:

- Einlesen der Datensätze nach dem Öffnen der Tabelle
- Aktualisieren der Tabelleninhalte nach einer Änderung in den gebundenen Steuerelementen
- Aktualisieren der Steuerelemente nach einem Datensatzwechsel.

»Verbunden« heißt, Änderungen im Steuerelement (z.B. die *Text*-Eigenschaft) wirken sich unmittelbar auf die Datenbank aus (und umgekehrt). Alle Controls, die über die *DataSource*-Eigenschaft verfügen, werden deshalb als Bound Controls (»angebundene« Steuerelemente) bezeichnet, wie sie typischerweise in Eingabemasken zur Anwendung kommen.

Wie das ganze in der Praxis funktioniert, haben Sie bereits in den beiden Einführungsbeispielen in ▶ Kapitel 1 kennengelernt.

### 3.1.2 Standard-Bound Controls

Die **Abbildung 3.1** zeigt die Standard-Werkzeugsammlung von VB 6 und die darin enthaltenen Bound Controls.

---

1 Das Remote-Datensteuerelement (RDO) soll in diesem Kapitel »außen vor« bleiben.

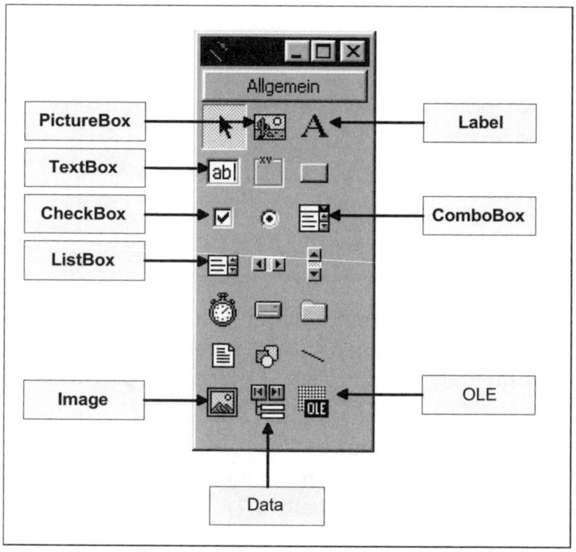


***Abbildung 3.1:*** *Standard Bound Controls*

Die in der obigen Abbildung fettgedruckten Controls sind sowohl für das klassische DAO- als auch für das moderne ADO-Objektmodell gleichermaßen einsetzbar. OLE- und DataControl hingegen sind typische DAO-Vertreter.

**HINWEIS:** Wer von VB 5 kommt, wird feststellen, dass die Standard-Werkzeugsammlung rein äußerlich gleich geblieben ist. Die Änderungen bezüglich ADO sind erst auf den zweiten Blick, nämlich im Eigenschaftenfenster, erkennbar. ADO-fähige Controls verfügen nämlich neben den altbekannten *DataSource*- und *DataField*-Eigenschaften zusätzlich noch über die Eigenschaften *DataMember* und *DataFormat*.

Die folgende Tabelle zeigt Ihnen nähere Details.

| Name | DAO | ADO | Verwendung |
|---|---|---|---|
| *Data* | • | | Datensatznavigator |
| *Label* | • | • | Anzeige von schreibgeschützten Daten |
| *TextBox* | • | • | Eingabe/Anzeige auch für Memofelder geeignet, allerdings ohne Textformatierungen. Handelt es sich um größere Memofelder, sollten Sie besser die *RichTextbox* verwenden. |
| *CheckBox* | • | • | Anzeige von *Boolean*-Feldern (*True/False*) |
| *PictureBox, Image* | • | • | Anzeige von Grafiken |
| *ListBox* | • | • | Über ein Datenbankfeld wird die aktive Zeile bestimmt, bzw. die aktive Zeile bestimmt den Feldinhalt. Für das Füllen der Liste ist der Programmierer verantwortlich. Sollen die Daten aus einer Tabelle ausgelesen werden, verwenden Sie ein *DBList* oder *DataList*-Control. ▶ |

| Name | DAO | ADO | Verwendung |
|---|---|---|---|
| *ComboBox* | • | • | Siehe *ListBox* |
| *OLE* | • | | Anzeige von OLE-Daten, das Control bietet auch eine Schnittstelle zum Einfügen. |

***Tabelle 3.1:** Übersicht der Datenbank-Standard-Controls*

## 3.1.3 Zusätzliche Bound Controls

Die meisten Bound Controls sind nicht in der Standard-Werkzeugsammlung enthalten und müssen erst über das Menü *Projekt/Komponenten...* (bzw. Strg+T oder mit der rechten Maustaste auf die Werkzeugsammlung klicken) hinzugefügt werden. Man kann diese Controls in drei Kategorien aufteilen:

- **Voll kompatible Controls (für ADO- und DAO-Technologie)**
  Wie die in obiger Abbildung fett hervorgehobenen Standardkomponenten führen diese ein Doppelleben, sind also kompatibel zu ADO und DAO (siehe Tabelle 3.2).
- **Veraltete Controls (nur für DAO)**
  Dies nicht aufwärtskompatiblen Controls sind Mitglieder einer aussterbenden Gattung, die lediglich aus Kompatibilitätsgründen geduldet werden und die im Allgemeinen bereits ihr ADO-Pendant haben.
- **Neue Controls (nur für ADO)**
  Diese zukunftsträchtigen, aber nicht abwärtskompatiblen Controls sind erkennbar am Zusatz *(OLEDB)* im *Komponenten*-Dialogfeld.

Die folgende Zusammenstellung zeigt die wichtigsten zusätzlichen Bound Controls, die gleichermaßen sowohl für die DAO- als auch für die ADO-Technologie einsetzbar sind, also zur ersten der oben genannten Kategorien gehören.

| Name | Verwendung, ausführliche Benennung und Dateiname |
|---|---|
| *Calendar* | Ein Monatskalender zur Ein-/Ausgabe von Datumswerten<br>Microsoft Calendar Control 8.0<br>Mscal.ocx |
| *RichTextBox* | Anzeigen und Editieren von formatierten Texten (RTF-Format).<br>Microsoft Rich Textbox Control 6.0<br>Richtx32.ocx |
| *MaskEdBox* | TextBox für formatierte Eingabe und Anzeige<br>Microsoft Masked EditControl 6.0<br>Msmask32.ocx |

***Tabelle 3.2:** Übersicht von DAO-/ADO-Controls*

Nach diesem ersten Überblick wollen wir uns den Details zuwenden. Dabei dürfte der nachfolgende DAO-spezifische Abschnitt aber nur für diejenigen interessant sein, die von den Visual Basic-Vorgängerversionen kommen oder die älteren Visual Basic-Quellcode verstehen wollen. Neueinsteiger sollten sich gar nicht erst von DAO verwirren lassen, sondern diesen Abschnitt überspringen, um sich gleich auf die neue ADO-Technologie zu konzentrieren.

# 3.2 DAO-Controls

In diesem Abschnitt wollen wir im Eilzugtempo die im Untergang begriffene Welt der Bound DAO-Controls durchleuchten (ausführlichere Informationen zu DAO finden Sie in ▶ Kapitel 5).

## 3.2.1 Das DAO-Datensteuerelement

Dreh- und Angelpunkt der Bound DAO-Controls ist das *Data*-Steuerelement, welches ausschließlich für DAO (und nicht für ADO, denn dafür gibt es das *Adodc*) einsetzbar ist. Es dient nicht nur zum Verbinden mit der Datenbank, sondern auch zum Vor- und Rückwärtsbewegen (Navigieren) durch die Datensätze. Andere Navigatorfähigkeiten wie z.B. Neueinfügen, Aktualisieren und Löschen von Datensätzen, werden aber nicht unterstützt, sondern müssen »per Hand« programmiert werden.

### Eigenschaften *DatabaseName, RecordSource* und *Connect*

Um das *Data*-Control zu verwenden, müssen Sie dessen *DatabaseName*- und *RecordSource*-Eigenschaft setzen, was sowohl zur Entwurfs- als auch zur Laufzeit möglich ist.

*DatabaseName* gibt die Datenbank an (z.B. *C:\Daten\Adress.mdb*), mit *RecordSource* wählen Sie eine Tabelle oder Abfrage aus. Sie können aber auch eine SQL-Anweisung (siehe ▶ Kapitel 4) zum Selektieren von Datensätzen angeben.

Beim Zugriff auf Fremdformate (dBASE, ODBC) muss die *Connect*-Eigenschaft geändert werden.

### *Option*-Eigenschaft

Weitere Parameter setzen Sie mit der *Option*-Eigenschaft durch Kombination von Konstanten, wie in der folgenden Tabelle gezeigt.

| Konstante | Beschreibung |
|---|---|
| *dbDenyWrite* | Verhindert Datensatzänderungen durch andere Nutzer in einer Mehrnutzerumgebung. |
| *dbDenyRead* | Verhindert Lesezugriffe durch andere Nutzer in einer Multiuserumgebung. |
| *dbReadOnly* | Die Datensätze können nur gelesen werden. |
| *dbAppendOnly* | Es lassen sich Datensätze anhängen, aber keine bestehenden Datensätze einsehen. |
| *dbInconsistent* | Aktualisierungen wirken sich auf alle Felder des Recordset-Objekts aus, auch wenn Verknüpfungsbedingungen nicht erfüllt werden. |
| *dbConsistent* | (Standard) Aktualisierungen gelten nur für Felder, die vorgegebene Verknüpfungsbedingungen erfüllen. |
| *dbSQLPassThrough* | SQL-Anweisungen werden an den SQL-Server weitergereicht, die Bearbeitung findet auf dem Server statt. |
| *dbForwardOnly* | Es ist nur eine »Vorwärtsbewegung« innerhalb der Datenbank möglich. |
| *dbSeeChanges* | Werden Daten durch einen anderen Nutzer in einer Multiuser-Umgebung verändert, die Sie ebenfalls bearbeiten, wird ein Laufzeitfehler ausgelöst. |

***Tabelle 3.3:*** *Werte für die Option*-Eigenschaft

**BEISPIEL:** Anbindung einer Tabelle mittels SQL-Anweisung.

```
Data1.DatabaseName = "C:\Info\Adress.mdb"
```

... Anbindung der Datenbank *Adress.mdb*.

```
Data1.RecordSource = "Mitarbeiter"
```

... Auswahl der Tabelle *Mitarbeiter*.

```
Data1.RecordSource = "SELECT * FROM Mitarbeiter WHERE alter > 45"
```

... Selektieren der Personen aus der Tabelle *Mitarbeiter*, die älter als 45 Jahre sind.

Nach dem Anbinden an die Datenbank ist für Sie als Programmierer nur noch die *Name*-Eigenschaft des *Data*-Controls von Bedeutung. Eine direkte Verbindung zur Datenbank ist nicht mehr ersichtlich.

#### Laufzeitanbindung der Datenbank

Bei der Weitergabe von Datenbankapplikationen stoßen wir oft auf ein leidiges Problem: Wo steht die Datenbank beim User? Belassen wir es bei absoluten Pfadangaben, so ist die Fehlermeldung »Datenbank nicht gefunden« fast schon unvermeidbar. Eine einfache Lösung wäre das Kopieren der Datenbank in das Anwendungsverzeichnis und das Anbinden des Datensteuerelements im *Load*- oder im *Initialize*-Ereignis des Formulars.

**BEISPIEL:** Die Datenbank *Adress.mdb* befindet sich im Anwendungsverzeichnis.

```
Private Sub Form_Initialize()
  Data1.DatabaseName = App.Path & "\Adress.mdb"
  Data1.Refresh
End Sub
```

Eine professionellere Möglichkeit bietet sich mit einer Dateidialog-Komponente, über die der der Anwender die gewünschte Datenbank selbst aussucht.

**BEISPIEL:** Laufzeitanbindung einer Access-Datenbank unter Verwendung des *Microsoft Common Dialog Control 6.0.*

```
CommonDialog1.Filter = "Jet-Datenbank (*.mdb)|*.mdb"
CommonDialog1.ShowOpen
Data1.DatabaseName = CommonDialog1.FileName
Data1.Refresh
```

**HINWEIS:** Beachten Sie, dass Sie bei einer Laufzeitanbindung während des Programmentwurfs nicht von der IDE unterstützt werden (im Eigenschaftenfenster werden z.B. nicht die zur Datenbank passenden Tabellen bzw. Felder angeboten).

### 3.2.2 Steuerelemente anbinden

Bound Controls, wie Text- und Bildfelder, Kontrollkästchen etc., koppeln Sie über die DataSource-Eigenschaft an das Data-Control. Mit der DataField-Property bestimmen Sie das Datenfeld (beispielsweise das Feld Name aus der Tabelle Mitarbeiter), das mit dem Control verbunden werden soll.

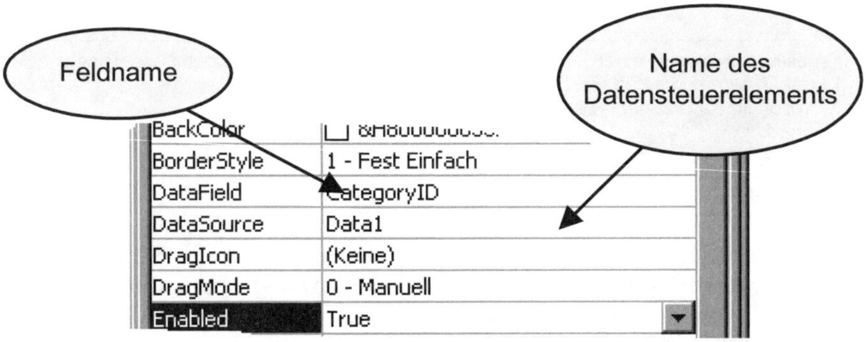


***Abbildung 3.2:*** *Verknüpfung von Data-Control mit dem Anzeige-Steuerelement*

**HINWEIS:** Die *DataSource*-Eigenschaft von DAO-gebundenen Controls kann nur zur Entwurfszeit zugewiesen werden[1]. Das Umschalten von Bound Controls auf eine andere Datenquelle zur Laufzeit ist also unmöglich.

**BEISPIEL:** Die folgende Anweisung führt zu einem Fehler.

```
Text1.DataSource = Data2        ' falsch!!!
```

## 3.2.3 Weitere Bound DAO-Controls

Die in Tabelle 3.4 enthaltenen DAO-Komponenten fristen wegen mangelhafter (*DBList, DBCombo*, siehe Bemerkung) bzw. gänzlich fehlender ADO-Tauglichkeit unter Visual Basic 6 ein Gnadenbrot. Da sie nicht in der Standard-Werkzeugsammlung enthalten sind, müssen sie über das Menü *Projekt/Komponenten...* (bzw. Strg+T oder mit der rechten Maustaste auf die Werkzeugsammlung klicken) hinzugefügt werden.

| *Name* | **Verwendung, ausführliche Benennung und Dateiname** |
|---|---|
| *DBList* | Die Liste wird mit den Daten der Detailtabelle gefüllt, das aktuelle Element wird durch die Mastertabelle bestimmt.<br>Microsoft DataBound List Controls 6.0<br>Dblist32.ocx |
| *DBCombo* | Siehe *DBList* ▶ |

1 Unter ADO 2.0 ist dieser Nachteil behoben.

| *Name* | **Verwendung, ausführliche Benennung und Dateiname** |
| --- | --- |
| *DBGrid* | Tabellarische Anzeige einer Tabelle oder einer Abfrage, es besteht die Möglichkeit zum Löschen, Anfügen und Editieren.<br>Microsoft DataBound Grid Control 5.0<br>Dbgrid32.ocx |
| *MSFlexGrid* | Tabellarische Anzeige einer Tabelle oder einer Abfrage mit umfangreichen Darstellungsmöglichkeiten (Zusammenfassen von Zeilen, Anzeige von Grafiken etc.).<br>Microsoft FlexGrid Control 6.0<br>Msflxgrd.ocx |

***Tabelle 3.4:*** *Veraltete Bound DAO-Controls*

**ANMERKUNG:** Die Controls *DBList* und *DBCombo* verfügen zwar auch über ADO-Eigenschaften (*DataMember, DataFormat*), sollten aber in neuen (ADO-) Applikationen durch die leistungsfähigeren ADO-Controls *DataList* und *DataCombo* ersetzt werden (Letztere verfügen z.B. auch über die sehr praktikable *RowMember*-Eigenschaft).

Für das Erlernen des praktischen Umgangs mit Bound DAO-Controls empfehlen sich die folgenden Rezepte aus dem How-to-Teil in Kapitel 12:

▶ 12.2.33 ... ein SQL-Abfrageprogramm schreiben?

▶ 12.4.4 ... HTML-Dateien generieren?

Für die Programmierer, die bereits vorhandene VB-Applikationen warten bzw. weiterentwickeln müssen, erfolgt eine umfassende Einführung in die klassische DAO-Objekthierarchie in ▶ Kapitel 5.

# 3.3 Das ADO-Datensteuerelement

Im Unterschied zur DAO-Technologie gibt es unter ADO 2.0 mehrere Typen von Datenquellen, an denen ADO-Controls angebunden werden können. Hier wollen wir uns stellvertretend auf die Datenquelle *ADO-Datensteuerelement* konzentrieren, die besonders gut für den Einstieg oder für das Portieren bestehender DAO-Applikationen nach ADO geeignet ist. Auch der Datenformular-Assistent basiert auf der Verwendung dieses Controls.

Das ADO-Datensteuerelement ist allerdings nicht auf der Standardpalette der Werkzeugsammlung zu finden, Sie müssen es in bekannter Manier über das Menü *Projekt/Komponenten...* als *Microsoft ADO Data Control 6.0 (OLEDB)* herbeizaubern.

## 3.3.1 Eigenschaften

Rein äußerlich ist das ADO-Datensteuerelement (*Adodc*-Control) von seinem DAO-Pendant (*Data*-Control) nicht zu unterscheiden, allerdings übertrifft es seinen leicht angestaubten Vorgänger bezüglich der Vielfalt datenspezifischer Eigenschaften, wie die Tabelle 3.5 belegt. Es handelt sich hierbei größtenteils um ein Sammelsurium aus dem umfangreichen Arsenal der ADO-Hauptobjekte *Connection, Command* und *Recordset*.

| Eigenschaft | Beschreibung |
|---|---|
| *BOFAction* | Bestimmt Verhalten, wenn Datensatzzeiger am Anfang steht |
| CacheSize | Anzahl der lokal zwischengespeicherten Datensätze, siehe *Recordset*-Objekt |
| CommandTimeOut | Zeitdauer, welche auf das Ausführen eines Befehls (SQL-Anweisung,...) gewartet wird; siehe *Command*-Objekt |
| *CommandType* | Legt den Typ der *RecordSource*-Eigenschaft fest; siehe *Command*-Objekt |
| ConnectionString | Zeichenfolge, mit welcher die Verbindung zur Datenbank festgelegt wird; siehe *Connection*-Objekt |
| ConnectionTimeout | Zeitdauer, in der auf das Herstellen der Verbindung gewartet wird; siehe *Connection*-Objekt |
| CursorLocation | Entscheidet zwischen client- und serverseitigem Cursor; siehe *Connection*-Objekt |
| CursorType | Bestimmt den Typ des Cursors; siehe *Connection*-Objekt |
| EOFAction | Bestimmt Verhalten, wenn Datensatzzeiger am Ende steht |
| LockType | Bestimmt Sperrverhalten; siehe ADO-*Recordset*-Objekt |
| MaxRecords | Max. Anzahl von Datensätzen, die als Ergebnis einer Abfrage vom Provider zurückgeliefert werden sollen[1], siehe *Recordset-Objekt* |
| Mode | Regelt die Zugriffsrechte; siehe *ConnectionString*-Eigenschaft |
| Password | Passwort |
| Recordset | Die zugrunde liegenden Datensätze; siehe *Recordset*-Objekt |
| RecordSource | Bestimmt die Datenquelle (Tabelle, SQL-Anweisung ...) |
| *UserName* | Benutzerkennung |

1 Funktioniert nicht bei Jet-Datenbanken.

***Tabelle 3.5:*** *Datenspezifische Eigenschaften des ADO-Datensteuerelements*

Lassen Sie sich von der Vielfalt der Properties nicht verwirren. Klicken Sie mit der rechten Maustaste auf das *Adodc*-Control und wählen Sie im Kontextmenü den Eintrag *ADODC-Eigenschaften*. Es erscheint ein Eigenschaftendialogfeld mit mehreren Registerkarten, das Ihnen dabei hilft, die Spreu vom Weizen zu trennen.

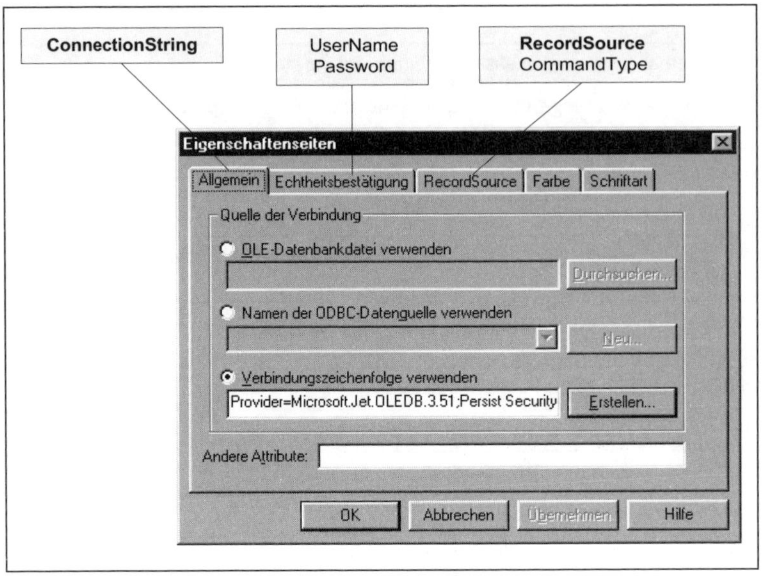


***Abbildung 3.3:*** *Eigenschaftenseite*

Zunächst dürften nur *ConnectionString*- und *RecordSource*-Eigenschaft für Sie interessant sein. Bereits durch Zuweisen dieser beiden Properties lassen sich funktionsfähige Applikationen erstellen, da die übrigen Eigenschaften oft auf ihren Standardwerten verbleiben können.

### ConnectionString und Mode

Die Verbindung zur Datenbank wird durch die *ConnectionString*-Eigenschaft definiert. In Abhängigkeit vom Datenprovider ist dies eine mehr oder weniger lange Zeichenkette mit verschiedenen durch Semikolon (;) getrennten Einzelangaben zum verwendeten OLEDB-Provider, zum Standort der Datenbank, zu den Zugriffsrechten etc...

**HINWEIS:** Die *ConnectionString*-Eigenschaft bietet nur bei geschlossener Verbindung einen Schreib-/Lesezugriff. Bei geöffneter Verbindung ist sie schreibgeschützt.

Normalerweise tragen Sie die Verbindungszeichenfolge nicht selbst in das Eigenschaftenfenster ein, sondern nehmen dafür die Hilfsdienste eines Assistenten in Anspruch (siehe Registerkarte *Allgemein* in Abbildung 3.3). Die Vorgehensweise ist recht intuitiv und wurde bereits im Einführungsbeispiel erläutert.

**BEISPIEL:** Nachdem Sie mit dem Verbindungsassistenten über diverse Dialogfelder eine funktionsfähige Verbindung zur Datenbank *Biblio.mdb* hergestellt haben, sehen Sie im Eigenschaftenfenster des *Adodc*-Controls für *ConnectionString* den folgenden Eintrag:

```
Provider=Microsoft.Jet.OLEDB.3.51; Persist Security Info=False; Data Source = C:\Programme\Microsoft Visual Studio\VB98\BIBLIO.MDB; Mode=Read|Write|Share Deny None
```

Sie können natürlich die *ConnectionString*-Eigenschaft auch per Code zuweisen, wobei z.B. der Zugriffsmodus auch separat über die *Mode*-Eigenschaft gesetzt werden kann.

**BEISPIEL:** Die äquivalenten Anweisungen zum Vorgängerbeispiel:

```
Adodc1.ConnectionString = "Provider = Microsoft.Jet.OLEDB.3.51;" & _
           "Data Source = C:\Programme\Microsoft Visual Studio\VB98\BIBLIO.MDB"
Adodc1.Mode = adModeReadWrite Or adModeShareDenyNone
```

Wie Sie dem Beispiel entnehmen können, regelt die *Mode*-Eigenschaft die Zugriffsrechte auf die Datenbank. Die folgende Tabelle liefert hierzu einen Überblick:

| Mode | Erklärung |
|---|---|
| AdModeUnknown | Zugriffsrechte sind unbestimmt oder wurden noch nicht gesetzt |
| adModeRead | Nur Lesezugriff erlaubt |
| adModeWrite | Nur Schreibzugriff erlaubt |
| adModeReadWrite | Lese- und Schreibzugriff |
| adModeShareDenyRead | Verhindert den Lesezugriff anderer Benutzer |
| adModeShareDenyWrite | Verhindert den Schreibzugriff anderer Benutzer |
| adModeShareExclusive | Hindert andere Benutzer daran, die Verbindung zu öffnen |
| adModeShareDenyNone | Andere Benutzer können die Verbindung öffnen |

***Tabelle 3.6:*** *Werte der Mode*-Eigenschaft des ADO-Datensteuerelements

Weitere Einzelheiten finden Sie in ▶ Kapitel 6 (*ConnectionString*-Eigenschaft des *Connection*-Objekts).

### *DataLink*-Datei

Anstatt vieler Einzelangaben kann alternativ die *ConnectionString*-Eigenschaft auch nur den Namen einer einzigen DataLink-Datei (*.udl*) enthalten.

**BEISPIEL:** Die Verbindungszeichenfolge verweist auf die Datei *TestLink.udl*.

```
Adodc1.ConnectionString = "FILE NAME=C:\Programme\Gemeinsame Dateien\" & _
                          "SYSTEM\ole db\Data Links\TestLink.udl"
```

Wie Sie eine solche Datei, die sämtliche Informationen für eine bestimmte Verbindung speichert, mit Hilfe eines Assistenten erstellen, erfahren Sie im Rezept:

▶ 12.2.1 ... Verbindungsinformationen in einer UDL-Datei speichern?

### *RecordSource* und *CommandType*

Nachdem die Datenbank durch die *ConnectionString*-Eigenschaft ausgewählt ist, muss mit der *RecordSource*-Eigenschaft die gewünschte Datensatzgruppe festgelegt werden. Die *Record-Source*-Zeichenfolge gibt entweder den Namen einer Tabelle, Abfrage oder gespeicherten Prozedur (*Stored Procedure*) an oder ist eine SQL-Anweisung[1].

---

1 Zur SQL-Syntax informieren Sie sich bitte in ▶ Kapitel 4

Ein bescheidenes Eigenschaftendialogfeld unterstützt Sie auch hier bei der Auswahl. In diesem Dialogfeld geben Sie auch gleichzeitig die *CommandType*-Eigenschaft (Befehlstyp) an. Diese legt fest, wie die *RecordSource*-Zeichenkette zu interpretieren ist. Die folgende Tabelle gibt dazu einen Überblick.

| Konstante | Der Befehlstyp ist ... |
|---|---|
| adCmdUnknown | ... unbekannt (Default) |
| adCmdText | ... eine SQL-Anweisung (oder eine andere providerspezifische Textdefinition eines Befehls). |
| adCmdTable | ... ein Tabellenname (wird intern auf eine »SELECT * FROM Tabellenname«-SQL-Abfrage zurückgeführt) oder der Name einer Abfrage (Query, nur Jet-Datenbank). |
| adCmdStoredProc | ... der Name einer gespeicherten Prozedur (nur SQL-Server). |

***Tabelle 3.7:*** *Werte der CommandType*-Eigenschaft

**BEISPIEL:** Der *RecordSource*-Eigenschaft eines *Adodc*-Controls werden per Eigenschaftendialogfeld alle Autoren der Beispieldatenbank *Biblio.mdb* in alphabetischer Reihenfolge zugewiesen.

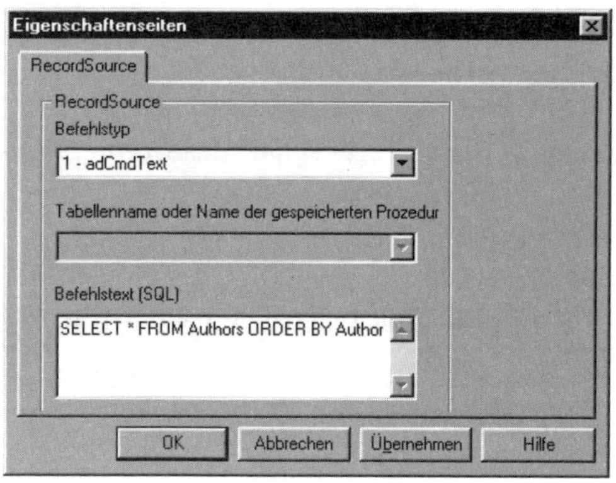


***Abbildung 3.4:*** *Eigenschaftsdialog*

**HINWEIS:** Wenn Sie *CommandType* auf dem Standardwert *adCmdUnknown* belassen, wird der in *RecordSource* definierte Befehl zwar ebenfalls korrekt ausgeführt, Sie verlieren jedoch unnötig Zeit. ADO muss nämlich in einem solchen Fall zusätzliche Provider-Aufrufe durchführen, um herauszufinden, ob es sich bei der *RecordSource*-Eigenschaft um einen Tabellennamen, eine gespeicherte Prozedur oder eine SQL-Anweisung handelt.

Weitere Hinweise finden Sie im ▶ ADO-Kapitel 6. Allerdings bezieht sich dort *CommandType* auf die *CommandText*-Eigenschaft des *Command*-Objekts (und nicht wie hier auf die *RecordSource*-Eigenschaft des *Adodc*-Controls).

### Recordset

Verwechseln Sie diese Property nicht mit *RecordSource* (siehe oben), die eine Zeichenkette ist! Hingegen ist die *Recordset*-Property ein Objekt und verfügt über dieselben Eigenschaften, Methoden und Ereignisse wie jedes andere ADO-*Recordset*-Objekt.

**BEISPIEL:** Klicken Sie auf eine externe Schaltfläche, so bewegt sich wie von Geisterhand der ADO-Datensatznavigator weiter.

```
Private Sub Command1_Click()
 Adodc1.Recordset.MoveNext
End Sub
```

Dieses eigentlich unsinnige Beispiel (das *Adodc*-Control hat ja eigene Schaltflächen) soll lediglich das Prinzip demonstrieren, wie Sie Methoden der *Recordset*-Objekteigenschaft ausführen können.

**BEISPIEL:** Etwas sinnvoller als das Vorgängerbeispiel dürfte folgender Eventhandler für das *WillMove*-Ereignis sein, wobei die Position des aktuellen Datensatzes und dahinter (in Klammern) die Gesamtanzahl der Datensätze im ADO-Datensteuerelement angezeigt wird:

```
Private Sub Adodc1_WillMove(ByVal adReason As ADODB.EventReasonEnum, _
            adStatus As ADODB.EventStatusEnum, ByVal pRecordset As ADODB.Recordset)
 Adodc1.Caption = Str$(Adodc1.Recordset.Bookmark) & _
                     " (" & Str$(pRecordset.RecordCount) & ")"
End Sub
```

### *CursorLocation* und *CursorType*

Normalerweise sind die als Ergebnis einer Abfrage von einer Datenbank zurückgelieferten Datensätze ungeordnet. Ein Cursor verwaltet den Zugriff auf einzelne Datensätze und definiert die Art und Weise, wie man sich in der Datenmenge (Recordset) bewegen darf (z.B. nur vorwärts), oder den Grad der Entkopplung von anderen Recordsets. Wem diese doch ziemlich dürftige Erklärung nicht ausreicht, der sei auf die ▶ Kapitel 5, 6 und 7 verwiesen.

Die *CursorLocation*-Eigenschaft legt den Ort der Cursorverwaltung fest (Server-Side oder Client-Side).

| CursorLocation | Der Cursor befindet sich ... |
|---|---|
| adUseClient | ... beim Client (clientseitiger Cursor) und wird durch eine lokale Cursorbibliothek zur Verfügung gestellt (Default)[1]. |
| adUseServer | ... beim Server (serverseitiger Cursor) und verwendet eine durch Datenprovider oder Treiber zur Verfügung gestellte Cursorbibliothek. |

1 Bei einem per Code erzeugten *Connection*-Objekt ist die Standardeinstellung *adUseServer*!

***Tabelle 3.8:*** *Werte der* CursorLocation-*Eigenschaft des ADO-Datensteuerelements*

Weitere Erklärungen zur *CursorLocation*-Eigenschaft finden Sie in ▶ Kapitel 6 (*Connection*-Objekt).

Die *CursorType*-Eigenschaft gibt den im *Recordset*-Objekt des *Adodc*-Controls verwendeten Cursortyp an.

| CursorType | Der Cursor ... |
|---|---|
| adOpenForwardOnly | .. entspricht einem statischen Cursor, Bewegen durch die Datensätze ist aber nur in Vorwärtsrichtung möglich (Default). |
| adOpenKeyset | ... ähnelt einem dynamischen Cursor, nur können durch andere Personen hinzugefügte Datensätze nicht angezeigt werden. |
| adOpenDynamic | ... erlaubt das Anzeigen von Hinzufügungen, Änderungen und Löschvorgängen, die durch andere Personen vorgenommen wurden. |
| adOpenStatic | ... entspricht der statischen Kopie einer Datensatzgruppe, anhand derer Daten gesucht und Berichte generiert werden können. Durch andere Benutzer vorgenommene Hinzufügungen, Änderungen oder Löschvorgänge können nicht angezeigt werden. |

***Tabelle 3.9:*** *Werte der* CursorType-*Eigenschaft des ADO-Datensteuerelements*

Weitere Erklärungen zu *CursorType*-Eigenschaft finden Sie in ▶ Kapitel 6 (*Recordset*-Objekt).

### *LockType*

Diese Eigenschaft definiert das Sperrverhalten während der Bearbeitung von Datensätzen.

| Konstante | Beschreibung |
|---|---|
| adLockReadOnly | Nur Lesezugriff möglich (Default). |
| adLockPessimistic | Sofortiges Sperren beim Bearbeiten. |
| adLockOptimistic | Sperren nur beim Aufruf der *Update*-Methode. |
| adLockBatchOptimistic | Stapelaktualisierung im Stapelmodus. |

***Tabelle 3.10:*** *Werte der* LockType-*Eigenschaft des ADO-Datensteuerelements*

Weitere Erklärungen zu *LockType*-Eigenschaft finden Sie in ▶ Kapitel 6 (*Recordset*-Objekt).

### *BOFAction* und *EOFAction*

Diese beiden Eigenschaften legen das Verhalten des *Adodc*-Controls für den Fall fest, dass der Datensatzzeiger an der oberen oder unteren Begrenzungsmarke des Recordset »anstößt« (*BOF* = *True* oder *EOF* = *True*).

| Eigenschaft | Wert | Datensatzzeiger ... |
|---|---|---|
| BOFAction | adDoMoveFirst | ... bewegt sich auf den ersten Datensatz (Default). |
| | adStayBOF | ... bleibt auf der BOF-Marke stehen. |
| EOFAction | adDoMoveLast | ... bewegt sich auf den letzten Datensatz (Default). |
| | adStayEOF | ... bleibt auf der EOF-Marke stehen. |
| | adDoAddNew | ... hängt einen neuen leeren Datensatz an und bewegt sich dorthin. |

***Tabelle 3.11:*** *Werte der* BOFAction- *und* EOFAction-*Eigenschaft des* ADO-*Datensteuerelements*

Meist belässt man *BOFAction* und *EOFAction* bei ihren Standardwerten, um das Verweilen auf ungültigen Datensätzen zu vermeiden. Außerdem kann das Anhängen eines neuen Datensatzes viel einfacher durch die *AddNew*-Methode der *Recordset*-Objekteigenschaft realisiert werden.

**BEISPIEL:** Anfügen eines neuen Datensatzes.

```
Private Sub Command1_Click()
 Adodc1.Recordset.AddNew
End Sub
```

### Dynamische Datenbindung

Die Eigenschaften *ConnectionString* und *RecordSource* können Sie auch per Code festlegen, um die Datenbank zur Laufzeit zuzuweisen.

**BEISPIEL:** Zuweisen des aktuellen Pfades bei Programmstart (Datenbank befindet sich im Anwendungsverzeichnis).

```
Private Sub Form_Initialize()
Dim path$
 path = App.Path & "\Personal.mdb"
 Adodc1.ConnectionString = "PROVIDER=Microsoft.Jet.OLEDB.3.51;Data Source=" & path & ";"
 Adodc1.RecordSource = "SELECT Anrede,Vorname, Nachname FROM Personen ORDER BY Nachname"
 Adodc1.Refresh
End Sub
```

Es ist auch möglich, zur Laufzeit die *Recordset*-Eigenschaft direkt auf ein (geöffnetes) *Recordset*-Objekt festzulegen. In diesem Fall ist das Zuweisen der *ConnectionString*- und *RecordSource*-Eigenschaft überflüssig.

**HINWEIS:** Um sich durch ein *Command*-Objekt eines *DataEnvironments* bewegen zu können, fügen Sie einfach ein ADO-Datensteuerelement hinzu und binden dieses beim Programmstart an das *Recordset*-Objekt des *Command*-Objekts.

```
Private Sub Form_Load()
 Set Adodc1.Recordset = DataEnvironment1.rsCommand1
End Sub
```

## 3.3.2 Ereignisse

Die folgende Tabelle zeigt eine Übersicht zu den Ereignissen, die ein ADO-Datensteuerelement auslösen kann.

| Ereignis | Wird ausgelöst wenn ... |
|---|---|
| *Error* | ... ein Fehler auftritt |
| *EndOfRecordset* | ... das Ende der Datensatzliste erreicht ist. |
| *WillMove*<br>*MoveComplete* | ... sich der aktuelle Datensatz ändert oder geändert hat. |
| *WillChangeField*<br>*FieldChangeComplete* | ... sich der Wert eines angebundenen Feldes ändert oder geändert hat. ▶ |

| Ereignis | Wird ausgelöst wenn ... |
|---|---|
| *WillChangeRecord*<br>*RecordChangeComplete* | ... sich der Inhalt des aktuellen Datensatzes ändert oder geändert hat. |
| *WillChangeRecordset*<br>*RecordsetChangeComplete* | ... sich die *Recordset*-Objekteigenschaft ändert oder geändert hat[1]. |

[1] Das Auslösen beider Ereignisse war nicht eindeutig nachvollziehbar.

***Tabelle 3.12:** Ereignisse des ADO-Datensteuerelements*

Wie man sieht, treten die meisten Ereignisse paarweise auf (unmittelbar vor und nach Abschluss einer Änderung).

### *WillChangeField* und *FieldChangeComplete*

Wir wollen hier nur das *WillChangeField*- und das *FieldChangeComplete*-Ereignis näher beleuchten.

**BEISPIEL:** Verbinden Sie ein *Adodc*-Control mit der Datenbank *Biblio.mdb* (*ConnectionString*) und der Tabelle *Authors* (*RecordSource*). Klemmen Sie eine *TextBox* an das *Adodc*-Control, indem Sie *DataSource* auf *Adodc1* und *DataField* auf *Author* setzen. Besetzen Sie das *WillChangeField*- und das *FieldChangeComplete*-Ereignis des *Adodc*-Controls wie folgt:

```
Private Sub Adodc1_WillChangeField(ByVal cFields As Long, Fields As Variant, _
adStatus As EventStatusEnum, ByVal pRecordset As Recordset)
 With Fields(cFields - 1)
  MsgBox ("Der alte Wert des Feldes " & .Name & " ist " & .Value)
 End With
End Sub

Private Sub Adodc1_FieldChangeComplete(ByVal cFields As Long, Fields As Variant, _
ByVal pError As Error, adStatus As EventStatusEnum, ByVal pRecordset As Recordset)
 With Fields(cFields - 1)
  MsgBox ("Der neue Wert des Feldes " & .Name & " ist " & .Value)
 End With
End Sub
```

Wenn Sie nach Programmstart im Textfeld Änderungen am Namen eines Autors vorgenommen haben und das *Adodc*-Control zum nächsten Datensatz weiterbewegen wollen, erscheinen nacheinander die beiden folgenden Meldungsfenster:

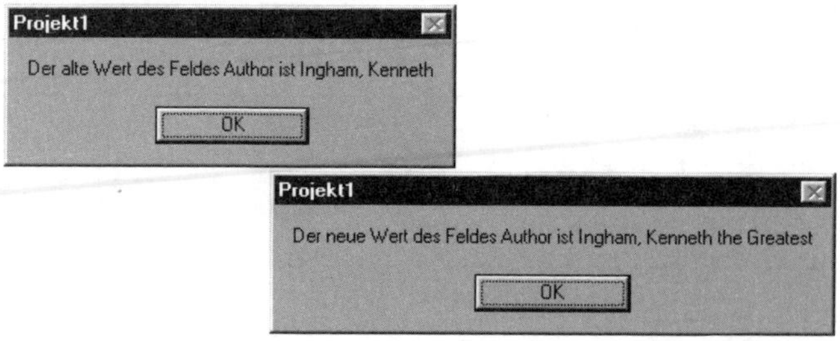


***Abbildung 3.5:** Meldungsfenster*

Wie Sie dem obigen Beispiel entnehmen, werden über die entsprechenden Ereignisbehandlungsroutinen mehrere Parameter übergeben, über deren Bedeutung Sie sich am besten in der Online-Hilfe informieren.

Für *WillChangeField* und *FieldChangeComplete* (und meist auch für alle anderen Ereignisse) haben die Parameter die folgende Bedeutung:

| Parameter | Bedeutung |
|---|---|
| cFields | Die Anzahl von *Field*-Objekten in *Fields* (*Long*-Wert). |
| Fields | Auflistung der *Field*-Objekte mit anstehenden Änderungen. (Variant-Array). Beachten Sie, dass die Indizes von 0 bis *Count*–1 reichen! |
| pError | Ein *Error*-Objekt, das den aufgetretenen Fehler beschreibt, wenn *adStatus* den Wert *adStatusErrorsOccurred* hat. |
| adStatus | ... wird beim Aufruf von *WillChangeField* auf *adStatusOK* gesetzt, wenn die das Ereignis auslösende Operation erfolgreich war, anderenfalls auf *adStatusErrorsOccurred*. Um abzubrechen, muss dieser Parameter auf *adStatusCancel* gesetzt werden. |
| pRecordset | Das zugrunde liegende *Recordset*-Objekt. |

***Tabelle 3.13:*** *Parameter von Eventhandlern des ADO-Datensteuerelements*

### Ereigniskette

Die Tabelle 3.14 zeigt die Reihenfolge, in welcher die *Adodc*-Ereignisse in Abhängigkeit von typischen Benutzeraktivitäten ausgelöst werden.

| Situation | Ausgelöste *Adodc*-Ereignisse |
|---|---|
| Programmstart | *WillMove → MoveComplete* |
| Weiterbewegen (aktuellen Datensatz ändern) | *WillMove → MoveComplete* |
| Editieren (Inhalt des aktuellen Datensatzes ändern) und Weiterbewegen | *WillChangeRecord → WillChangeField → FieldChangeComplete → RecordChangeComplete* |
| Weiterbewegen zum Ende der Datensatzliste | *WillMove → EndOfRecordset → MoveComplete* |

***Tabelle 3.14:*** *Aufeinanderfolge von Ereignissen des ADO-Datensteuerelements*

### *Error*-Ereignis

Unter allen bisher besprochenen Ereignissen des ADO-Datensteuerelements verdient das *Error*-Ereignis eine besondere Würdigung. Ein damit zusammenhängender Fehler wird nicht von Visual Basic verursacht, sondern entweder durch ADO (z.B. Verletzung der referentiellen Integrität oder ungültige Benutzereingaben), oder es handelt sich um einen allgemeinen Fehler (z.B. unzureichender Speicherplatz).

**BEISPIEL:** Verbinden Sie das *Adodc*-Control mit der Tabelle *Personen* der Datenbank *Personal.mdb* und klemmen Sie ein Textfeld durch Zuweisen von *DataSource* und *DataField* an das Feld *Geburtstag*. Geben Sie absichtlich ein falsches Datumsformat ein und versuchen Sie, sich zum nächsten Datensatz weiterzubewegen (in diesem Moment sollen die Änderungen in die Datenbank übernommen werden, d.h. es wird automatisch die *Update*-Methode der *Recordset*-Objekteigenschaft ausgeführt). Dieser Versuch schlägt fehl, und es erscheint das folgende Meldungsfenster:

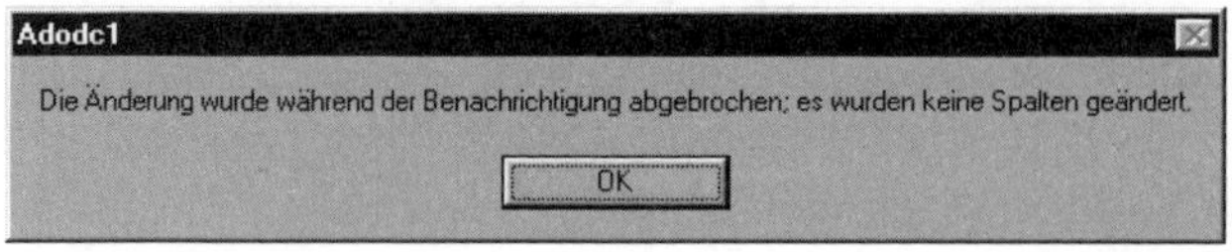


***Abbildung 3.6:*** *Meldungsfenster*

Werten Sie jetzt das *Error*-Ereignis des *Adodc*-Controls wie folgt aus:

```
Private Sub Adodc1_Error(ByVal ErrorNumber As Long, Description As String, _
    ByVal Scode As Long, ByVal Source As String, ByVal HelpFile As String, _
    ByVal HelpContext As Long, fCancelDisplay As Boolean)
   MsgBox "ADO-Fehler" & Str$(ErrorNumber) & vbCrLf & Description    ' eigene Meldungsbox
   fCancelDisplay = True            ' unterdrückt weitere Fehlermeldung
   Adodc1.Recordset.CancelUpdate    ' regeneriert ursprünglichen Zustand
 End Sub
```

Beim nochmaligen Versuch einer Falscheingabe erscheint jetzt das von uns programmierte Meldungsfenster, das sonst nachfolgende ADO-Meldungsfenster wurde durch *CancelUpdate = True* unterdrückt:

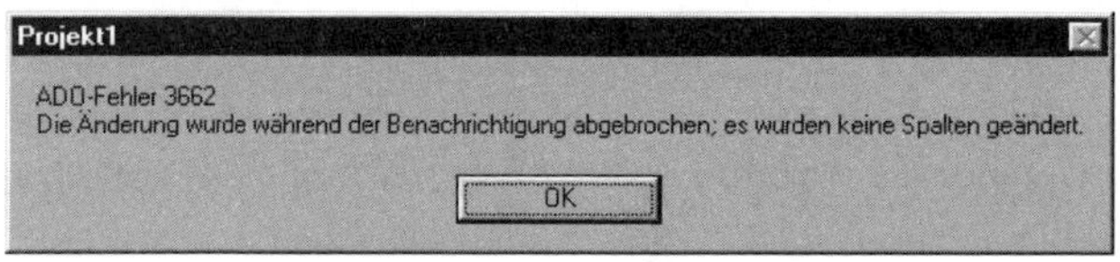


***Abbildung 3.7:*** *Meldungsfenster*

**HINWEIS:** Ein zum obigen Beispiel gleichlautender ADO-Fehler wird auch dann ausgelöst, wenn Sie schreibgeschützte Daten verändern wollen. Arbeiten Sie mit einem *DataEnvironment*, so müssen Sie vorher den Schreibschutz auf der Eigenschaftenseite des *Command*-Objekts aufheben (Registerkarte *Weitere*, Sperrtyp ändern), um nicht durch ständige Fehlermeldungen genervt zu werden.

Die Tabelle 3.15 beschreibt die durch den *Error*-Eventhandler übergebenen Parameter im einzelnen:

| Parameter | Bedeutung |
|---|---|
| *ErrorNumber* | Systemeigener Fehlercode |
| *Description* | Fehlerbeschreibung |
| *Scode* | Vom Server zurückgegebener Fehlercode |
| *Source* | Fehlerquelle |
| *HelpFile* | Pfad und Name der Hilfedatei |
| *HelpContext* | Contextstring des Hilfethemas |
| *fCancelDisplay* | Wenn *False* (Default), dann Anzeigen der Fehlermeldung, sonst nicht |

***Tabelle 3.15:*** *Parameter des* Error-*Ereignisses des ADO-Datensteuerelements*

Im How-to-Teil in ▶ Kapitel 12 finden Sie den Quellcode für eine komplette Fehlerbehandlung:

▶ 12.2.8 ... Fehler im ADO-Datensteuerelement abfangen?

Weitere Beispiele für Ereignisbehandlungen entnehmen Sie bitte ▶ Kapitel 6 (Ereignisse des *Recordset*-Objekts) oder dem folgenden Rezept des How-to-Teils in ▶ Kapitel 12:

▶ 12.2.21 ... Recordset-Ereignisse auswerten?

# 3.4 ADO-Standard-Controls

Die datenspezifischen Eigenschaften der einfachen Bound ADO-Controls, wie sie auf der Standardpalette der Werkzeugsammlung enthalten sind, zeigt die Tabelle 3.16. In vielen Fällen kommt man bei der Programmierung ohne eine einzige Zeile Code aus, weil (mit Ausnahme von *DataChanged*) die Werte direkt im Eigenschaftenfenster eingestellt werden können. Geht man dabei in einer logisch richtigen Reihenfolge vor, so wird man von der Entwicklungsumgebung hervorragend unterstützt, indem per Listenfeld nur die jeweils möglichen Werte zur Auswahl angeboten werden.

## 3.4.1 Eigenschaften

Am wichtigsten sind die Eigenschaften *DataSource* und *DataField*, die das Anbinden an die Datenquelle ermöglichen. Einen ersten Überblick liefert die folgende Tabelle.

| Eigenschaft | Bedeutung |
|---|---|
| *DataSource* | Datenquelle wie ADO-Datensteuerelement, DataEnvironment, Recordset-Objekt, Datenklassenmodul |
| *DataField* | Datenfeld (bestimmte Spalte der Datenquelle) |
| *DataMember* | Datenmitglied (nur bei Datenquellen mit mehreren Datenelementen sinnvoll wie *DataEnvironment* oder datengebundene Klasse) |
| *DataFormat* | Formatobjekt, in welchem die Daten angezeigt werden sollen |
| *DataChanged* | Wert eines Datenfelds hat sich geändert (*True/False*), nur zur Laufzeit verfügbar! |

***Tabelle 3.16:*** *Die allgemeinen datenspezifischen Eigenschaften von ADO-Controls*

### *DataSource* und *DataField*

Beide Eigenschaften haben prinzipiell die gleiche Bedeutung, wie beim Anbinden an das klassische DAO-*Data*-Control. Unter ADO gehen allerdings die Möglichkeiten erheblich weiter, denn wie bereits eingangs des Kapitels erwähnt, kann als *DataSource* nicht nur ein ADO-Datensteuerelement zugewiesen werden, sondern auch ein ADO-*Recordset*-Objekt, ein *DataEnvironment* oder eine datengebundene Klasse. Außerdem ist ein Wechsel der Datenquelle zur Laufzeit möglich.

Die *DataField*-Eigenschaft spezifiziert das anzuzeigende Datenfeld. Diese Eigenschaft fehlt zum Beispiel bei einem Datengitter (*DataGrid*), da dieses normalerweise an mehrere Tabellenspalten bzw. Recordsetfelder »angeklemmt« wird.

**BEISPIEL:** Verbinden Sie ein ADO-Datensteuerelement *Adodc1* unter Zuhilfenahme des *ConnectionString*-Assistenten mit der Jet-Datenbank *Personal.mdb* und wählen Sie als *Record-*

*Source*-Eigenschaft die Tabelle *Personen* aus. Platzieren Sie ein Textfeld *Text1* auf dem Formular und verbinden Sie im Eigenschaftenfenster deren *DataSource* mit *Adodc1* und deren *DataField* mit einem beliebigen Feld, z.B. *Nachname*. Das Beispiel funktioniert ohne eine einzige Zeile Code!

Falls *DataSource* nicht im Eigenschaftenfenster, sondern erst zur Laufzeit zugewiesen wird, hat die Zuweisung mit *Set* zu erfolgen, weil es sich um eine Objekteigenschaft handelt.

**BEISPIEL:** Der folgende Code zeigt das gleiche Ergebnis wie im Vorgängerbeispiel.

```
Set Text1.DataSource = Adodc1
Text1.DataField = "Nachname"
```

### DataMember

Diese ADO-typische Eigenschaft ist insbesondere dann wichtig, wenn es sich bei der Datenquelle um eine datengebundene Klasse oder ein *DataEnvironment* handelt. Eine solche Datenquelle kann bekanntlich auch mehrere Datenelemente (*Recordset*-Objekte) haben. Mittels der *DataMember*-Eigenschaft wird dann eines dieser Datenelemente selektiert.

Verwenden Sie als Datenquelle das *Adodc*-Steuerelement, ist diese Eigenschaft ohne Bedeutung (ein *Adodc*-Steuerelement liefert naturgemäß nur ein einziges Recordset).

Entsprechende Beispiele zur *DataMember*-Eigenschaft finden Sie im ▶ Abschnitt 3.6 »DataEnvironment« in diesem Kapitel bzw. im How-to-Teil in ▶ Kapitel 12:

▶ 12.2.5 ... mehrere Connections in einer Datenklasse kapseln?

▶ 12.2.10 ... ein Datenklassenmodul erstellen?

### DataFormat

Sieht eine Währungsanzeige wie »4.363,20 DM« nicht um einiges professioneller aus, als nur die nackte Zahl »4363,2«? Die sehr nützliche *DataFormat*-Eigenschaft sorgt dafür, dass die Daten bei der Anzeige in einer entsprechenden Formatierung erscheinen und umgekehrt, dass sie beim Abspeichern zurück in das Format der Datenbank konvertiert werden.

Die Einstellung erfolgt in einem Eigenschaftendialogfeld, in welchem Sie die Auswahl zwischen einigen vordefinierten Formaten haben.

**BEISPIEL:** Um das Feld *Gehalt* der Tabelle *Personen* der Datenbank *Personal.mdb* in DM anzuzeigen, muss die *DataFormat*-Eigenschaft des Textfeldes wie in Abbildung 3.8 gezeigt eingestellt werden:

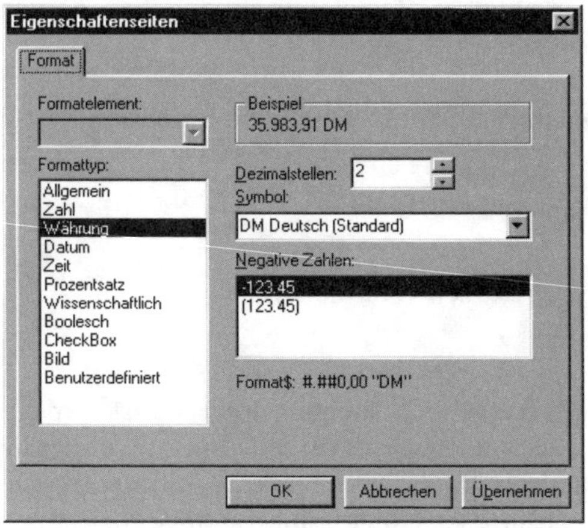


***Abbildung 3.8:*** *Einstellen* DataFormat

### ***StdDataFormat***

Falls Ihnen das Angebot an Standardformatierungen nicht ausreicht, können Sie auch eigene *StdDataFormat*-Objekte definieren.

**HINWEIS:** Erst muss die *Microsoft Data Formatting Object Library* über das Menü *Projekt/ Verweise...* aktiviert werden, sonst kann kein *StdDataFormat*-Objekt erzeugt werden

Weitere Formatierungsaktivitäten können Sie in den *Format*- bzw. *UnFormat*-Ereignisprozeduren Ihrer selbstdefinierten *StdDataFormat*-Objekte vornehmen. Beide Ereignisse werden ausgelöst, bevor die Daten angezeigt bzw. bevor sie zurück in die Datenbank gespeichert werden. Damit diese Ereignisse zur Verfügung stehen, muss das *StdDataFormat*-Objekt mit dem Schlüsselwort *WithEvents* deklariert werden.

**BEISPIEL:** Je nach Gehalt wird der Wert rot (> 3500) oder schwarz (<= 3500 DM) angezeigt.

```
Dim WithEvents fCurrency As StdDataFormat
Set fCurrency = New StdDataFormat
fCurrency.Type = fmtCustom
fCurrency.Format = "#,000.00 DM"
```

Die Auswertung:

```
 Private Sub fCurrency_Format(ByVal DataValue As StdFormat.StdDataValue)
  If CCur(DataValue) > 3500 Then           ' abgekürzt für DataValue.Value
   Text1.ForeColor = vbRed
  Else
   Text1.ForeColor = vbBlack
  End If
End Sub
```

Wie aus obigem Beispiel ersichtlich, wird ein *StdDataValue*-Objekt als Parameter übergeben, dessen Standardeigenschaft *Value* ausgewertet bzw. verändert werden kann[1].

[1] Da es sich bei *Value* um die Standardeigenschaft von *StdDataValue* handelt, genügt die Angabe des Objektbezeichners.

**WICHTIG:** Wenn Sie den Formatstring wie im vorhergehenden Beispiel direkt angeben, achten Sie auf die Verwendung von Punkt und Komma (es gelten US-Regeln).

Auf ähnliche Art und Weise lassen sich auch beliebige andere Benutzereingaben formatieren bzw. normieren.

Entsprechende Beispiele finden Sie im How-to-Teil in ▶ Kapitel 12 unter:

▶ 12.2.21 ... Recordset-Ereignisse auswerten?

▶ 12.2.24 ... die Spalteneigenschaften des DataGrid zur Laufzeit verändern?

#### DataChanged

Diese Eigenschaft werden Sie im Eigenschaftenfenster vergeblich suchen, denn sie ist nur zur Laufzeit verfügbar. Hat *DataChanged* den Wert *True*, so werden die eventuell vom Anwender im Bound Control vorgenommenen Änderungen automatisch in die Datenbank übernommen, d.h. es wird die *Update*-Methode des zugrunde liegenden *Recordset*-Objekts ausgeführt.

Ein Ausnutzen der *DataChanged*-Eigenschaft ist insbesondere im *Validate*-Ereignis eines Bound Controls sinnvoll, denn dieses tritt immer dann auf, wenn der Wechsel zu einem anderen Datensatz beginnt.

Normalerweise werden in diesem Fall die Änderungen sofort in die Datenbank übernommen. Falls Sie aber genau dies im letzten Moment verhindern wollen, können Sie *DataChanged* im *Validate*-Ereignis auf *False* setzen.

**BEISPIEL:** Im *Validate*-Eventhandler eines gebundenen Textfeldes erfolgt beim Weiterbewegen nur dann eine Abfrage, wenn der Inhalt verändert wurde.

```
Private Sub Text1_Validate(Cancel As Boolean)
 If Text1.DataChanged Then
  If MsgBox("Datensatz wurde geändert, sollen die Änderungen übernommen werden?", _
      36, "Frage") = 7 Then Text1.DataChanged = False
  End If
 End Sub
```

**HINWEIS:** Nehmen Sie zum Auswerten der *DataChanged*-Eigenschaft das *Validate*- und nicht das *Change*-Event eines Bound Controls (▶ siehe den folgenden Abschnitt).

### 3.4.2 Ereignisse

Darüber brauchen wir nicht viele Worte zu verlieren, denn an datenspezifischen Ereignissen der einfachen Bound ADO-Controls wären lediglich das *Validate*-Ereignis und evtl. noch das *Change*-Ereignis erwähnenswert. *Change* wird bereits unmittelbar nach jeder einzelnen Benutzereingabe ausgelöst, *Validate* jedoch erst beim Weiterbewegen zu einem anderen Datensatz. Das *Validate*-Ereignis ist insbesondere in Verbindung mit der *DataChanged*-Property von Bedeutung (siehe obiges Beispiel).

### 3.4.3 *BindingCollection*-Objekt

Eine elegante Möglichkeit, um mehrere Bound ADO-Controls mit einem Schlag an eine Datenquelle zu koppeln, bietet sich mit dem *BindingCollection*-Objekt. Die einzelnen Bound Controls werden mittels *Add*-Methode zur *BindingCollection* hinzugefügt und von dieser gewissermaßen »gekapselt«. Somit ersparen Sie sich das wiederholte Zuweisen von *DataSource* und *DataField* für jedes einzelne Bound Control, was besonders bei umfangreichen Eingabemasken sowie wechselnder Datenbindung zur Laufzeit lästig werden kann.

**HINWEIS:** Um mit *BindingCollection*-Objekten arbeiten zu können, müssen Sie vorher über das Menü *Projekt/Verweise...* die Bibliothek *Microsoft Data Binding Collection* aktivieren.

Wie jedes Bound Control kann die *BindingCollection* über ihre *DataSource*- und *DataMember*-Eigenschaft mit einer Datenquelle verbunden werden.

**BEISPIEL:** Für die Tabelle *Personen* der Datenbank *Personal.mdb* wird eine kleine Eingabemaske für die Felder *Nr*, *Anrede* und *Nachname* mit Hilfe einer *BindingCollection* programmiert, die an den Befehl *cmdPersonen* einer Datenumgebung gekoppelt ist:

```
Dim bindCol As New BindingCollection
With bindCol
  .Add Label1, "Caption", "Nr"
  .Add Text1, "Text", "Anrede"
  .Add Text2, "Text", "Nachname"
  Set .DataSource = DataEnvironment1
  .DataMember = "cmdPersonen"
End With
```

Wie Sie dem Beispiel entnehmen können, müssen der *Add*-Methode folgende Parameter übergeben werden:

- Name des Steuerelements
- Bezeichnung der Eigenschaft, die »angebunden« werden soll
- Name des Datenbankfeldes, mit dem das Steuerelement verbunden werden soll

Wenn Sie ein *BindingCollection* mit *WithEvents* deklarieren, können Sie nur das *Error*-Ereignis auswerten.

Ausführliche Beispiele finden Sie im How-to-Teil in ▶ Kapitel 12 unter:

▶ 12.2.13 ... mich vom Nutzen einer BindingCollection überzeugen?

▶ 12.2.12 ... ein ADO-DataControl mit BindingCollection verwenden?

## 3.5 Weitere ADO-Controls

Die neuen, speziell für ADO konzipierten Bound Controls sind im *Komponenten*-Dialogfeld erkennbar am Zusatz *(OLEDB)* (siehe Abbildung 3.9).

**HINWEIS:** Sorgen Sie dafür, dass beim Vertrieb Ihrer Anwendung die entsprechenden OCX-Dateien im Windows-System bzw. System32-Ordner des Zielrechners installiert werden.

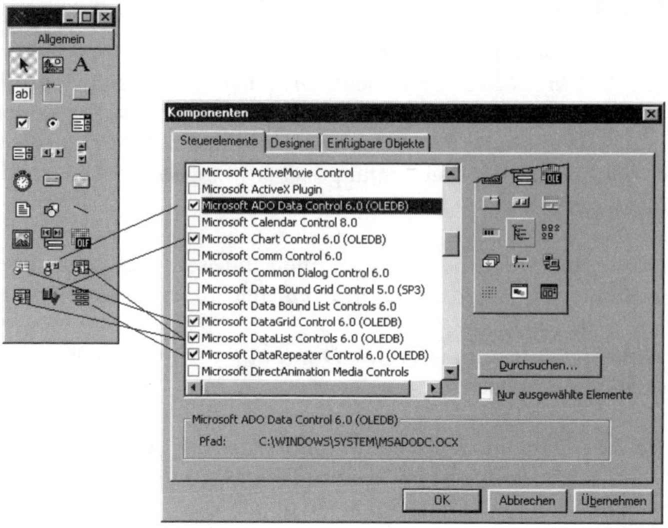


***Abbildung 3.9:*** *ADO-Controls*

| Name | Verwendung, ausführliche Benennung und Dateiname |
|---|---|
| *Adodc* | Datensteuerelement (Navigator), siehe den ▶ Abschnitt 3.3 »Das ADO-Datensteuerelement« weiter oben in diesem Kapitel.<br>Microsoft ADO Data Control 6.0 (OLEDB)<br>Msadodc.ocx |
| *DataGrid* | Das codekompatible ADO-Pendant für das *DBGrid*, allerdings gibt es keinen ungebundenen Modus (dbgUnbound).<br>Microsoft DataGrid Control 6.0 (OLEDB)<br>Msdatgrd.ocx |
| *DataList* | Kompatibel zur *DBList*, jedoch optimiert für ADO-Datenverbindungen.<br>Microsoft DataList Controls 6.0 (OLEDB)<br>Msdatlst.ocx |
| *DataCombo* | Kompatibel zur *DBCombo*, weiteres siehe *DataList* |
| *MSHFlexGrid* | Schreibgeschützte Anzeige hierarchischer *Recordsets*<br>Microsoft Hierarchical FlexGrid Control 6.0 (OLEDB)<br>Mshflxgd.ocx |
| *MSChart* | Diverse Diagramme<br>Microsoft Chart Control 6.0 (OLEDB)<br>Mschrt20.ocx |

***Tabelle 3.17:*** *Übersicht der ADO-Controls*

## 3.5.1 *DataGrid*-Steuerelement

Jede Zelle eines *DataGrid*-Steuerelements kann nur Textwerte enthalten, also keine verknüpften oder eingebetteten Objekte. Das Control erfreut sich besonders beim experimentierfreudigen Programmierer großer Beliebtheit, kann es doch mit geringstem Aufwand (es sind nur die *DataSource*-Eigenschaft und evtl. noch die *DataMember*-Eigenschaft zuzuweisen) an eine Datenquelle angebunden werden, wobei ein Schreib-/Lesezugriff auf den Gesamtinhalt des zugrunde liegenden Recordsets möglich ist.

**BEISPIEL:** Ein ADO-Datensteuerelement *Adodc1* wird unter Zuhilfenahme des *ConnectionString*-Assistenten mit der Jet-Datenbank *Personal.mdb* verbunden, als *RecordSource*-Eigenschaft wird die Tabelle *Personen* gewählt. Um die komplette Tabelle in einem ADO-DataGrid anzuzeigen, muß lediglich die *DataSource*-Eigenschaft von *DataGrid1* auf *Adodc1* gesetzt werden. Um das Gehalt der aktuellen Person zusätzlich in einem Textfeld anzuzeigen, sind deren *DataSource*-Eigenschaft auf *Adodc1* und deren *DataField*-Eigenschaft auf *Gehalt* zu setzen.

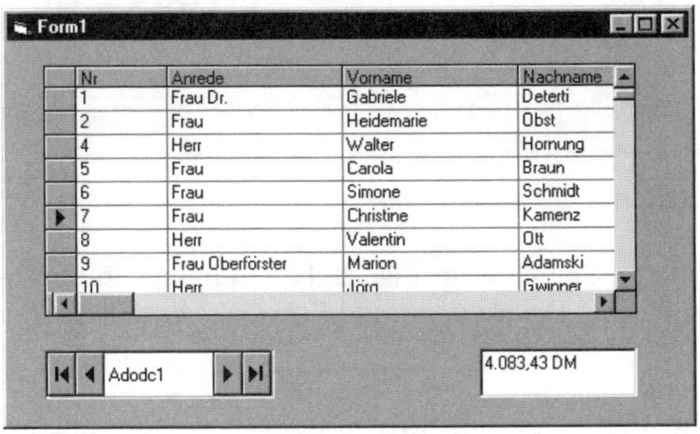


***Abbildung 3.10:** Darstellung im* DataGrid

Allerdings ist es ein Trugschluss, wenn man aufgrund des obigen Beispiels glaubt, dass es sich beim *DataGrid* nur um ein simples Steuerelement handelt. Die folgenden umfangreichen Auflistungen seiner datenspezifischen Klassenmitglieder beweisen das Gegenteil. Da ein *DataGrid* das komplette Abbild eines Recordsets darstellen kann, handelt es sich hierbei zum großen Teil um Eigenschaften, Methoden und Ereignisse, wie wir sie in gleicher oder ähnlicher Form auch beim ADO-*Recordset*-Objekt vorfinden.

Wer statt weiterer trockener Theorie sofort einen pragmatischen Zugang wünscht, sollte sich im How-to-Teil in ▶ Kapitel 12 umsehen:

▶ 12.2.24 ... die Spalteneigenschaften des DataGrid zur Laufzeit verändern?

▶ 12.2.25 ... mit dem DataGrid auf einzelne Datensätze zugreifen?

▶ 12.2.26 ... den Inhalt des DataGrid ausdrucken?

## Eigenschaften

Klicken Sie mit der rechten Maustaste auf ein *DataGrid* und wählen Sie im Kontextmenü den Eintrag *Eigenschaften*, so erwartet Sie das Dialogfeld *Eigenschaftenseiten* mit mehreren Registerkarten. Dieses Dialogfeld ist recht intuitiv zu bedienen und bedarf deshalb keiner weiteren Erörterungen.

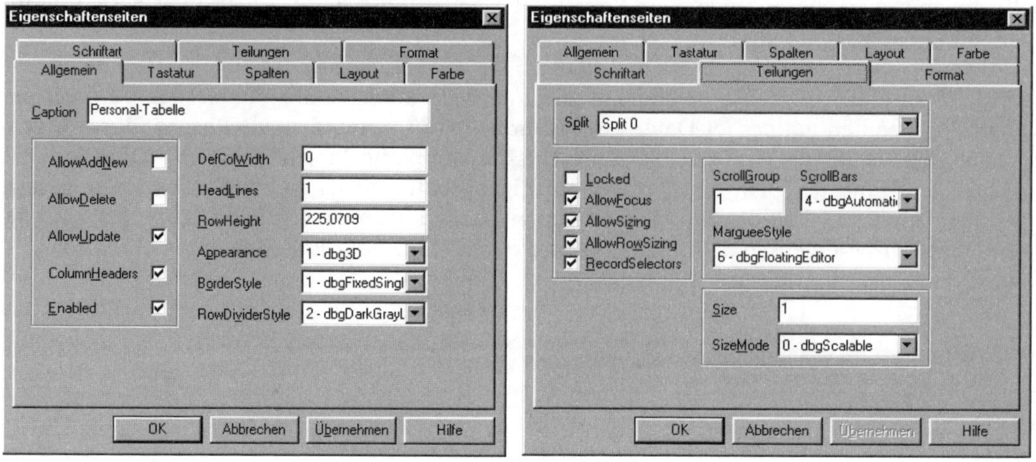


***Abbildung 3.11:*** *Das Dialogfeld* Eigenschaftenseiten

Das Hinzufügen und Löschen von Spalten können Sie nicht im Eigenschaftendialogfeld durchführen. Wählen Sie dazu im Kontextmenü den Eintrag *Bearbeiten* und klicken Sie erneut mit der rechten Maustaste auf das *DataGrid*.

**HINWEIS:** Wenn Sie eine der Spalteneigenschaften bereits zur Entwurfszeit zuweisen, müssen Sie alle anderen auch festlegen, um die aktuellen Einstellungen zu erhalten.

Wenn der Text einer Zelle zum Anzeigen zu lang ist, wird er umbrochen und in der nächsten Zeile derselben Zelle angezeigt. Eventuell müssen Sie die Spaltenbreite (*Width*-Eigenschaft des *Column*-Objekts) und/oder die Zeilenhöhe (*RowHeight*-Eigenschaft) auf einen größeren Wert setzen.

Weitaus flexiblere Möglichkeiten bieten sich Ihnen, wenn Sie die Eigenschaften erst zur Laufzeit festlegen. In der folgenden Tabelle werden nur die wichtigsten datenspezifischen Eigenschaften aufgeführt, ein großer Teil davon ist zur Entwurfszeit nicht verfügbar.

| Eigenschaft | Beschreibung |
|---|---|
| *AllowAddNew* | Benutzer darf neue Datensätze hinzufügen (*True/False*) |
| *AllowDelete* | Benutzer darf Datensätze löschen (*True/False*) |
| *AllowRowSizing* | Benutzer darf die Höhe der Zeilen ändern (*True/False*) |
| *AllowUpdate* | Benutzer darf Daten ändern (*True/False*) |
| *ApproxCount* | Liest die ungefähre Anzahl von Zeilen ein |
| *Bookmark* | Lesezeichen auf aktuellen Datensatz |
| *CaptureImage* | Windows-Metafile-Grafik (*.wmf*), die den sichtbaren Bereich darstellt |
| *Col* | Index der aktuellen Spalte (beginnt mit 0) |
| *ColumnHeaders* | Auflistung von *ColumnHeader*-Objekten (Spaltenbeschriftung, *True/False*) ▶ |

| Eigenschaft | Beschreibung |
|---|---|
| *Columns* | Auflistung von *Column*-Objekten, die den Zugriff auf einzelne Spalten ermöglichen (Eigenschaften sind *Alignment*, *Button*, *Caption*, *DataField*, *DataFormat*, *Value*) |
| *CurrentCellModified* | Änderungsstatus der aktuellen Zelle (*True/False*) |
| *CurrentCellVisible* | Sichtbarkeit der aktuellen Zelle (*True/False*) |
| *DataFormats* | Auflistung aller verfügbaren *DataFormat*-Objekte, an die bestimmte Spalten gebunden werden können |
| *DataSource* | Datenquelle, siehe ▶ Abschnitt 3.4 |
| *DataMember* | Datenmitglied, siehe ▶ Abschnitt 3.4 |
| *DefColWidth* | Standardbreite für alle Spalten |
| *EditActive* | Bearbeitungsstatus der einzelnen Zelle (*True/False*) |
| *FirstRow* | Lesezeichen auf ersten sichtbaren Datensatz |
| *HeadFont* | *Font*-Objekt für die in den Spaltenköpfen verwendete Schrift |
| *HeadLines* | Anzahl der Textzeilen in den Spaltenköpfen (0 = ohne) |
| *LeftCol* | Index der ersten sichtbaren Spalte |
| *RecordSelectors* | Datensatzselektor wird angezeigt (*True/False*) |
| *Row* | Aktuelle Zeile (bezogen auf die sichtbaren Zeilen) |
| *RowDividerStyle* | Stil des Randes zwischen den Zeilen (0 = ohne, 1=schwarze Linie, 2 = dunkelgraue Linie (Default), 3 = angehoben, 4 = abgesenkt, 5 = Linie entsprechend *ForeColor*). |
| *RowHeight* | Höhe aller Zeilen (Maßeinheit entsprechend Container) |
| *SelBookmarks* | Auflistung der Lesezeichen der markierten Datensätze (siehe Beispiel unten) |
| *SelStartCol, SelEndCol* | Indizes, die den selektierten Bereich eingrenzen |
| *Splits* | Auflistung von *Split*-Objekten (Teilbereiche) |
| *TabAction* | Verhalten der **Tab**-Taste (0=zum nächsten Steuerelement, 1 = zur nächsten Zelle, 2 = wie 1, aber an Zeilengrenzen entsprechend *WrapCellPointer*-Eigenschaft) |
| *VisibleCols, VisibleRows* | Anzahl der sichtbaren Spalten bzw. Zeilen |
| *WrapCellPointer* | Verhalten des Zellenzeigers (*True* = automatischer Umbruch, *False* = kein Umbruch zur nächsten/vorhergehenden Zeile, Default), siehe *TabAction*-Eigenschaft |

***Tabelle 3.18:*** *Datenspezifische Eigenschaften des* DataGrid

Aus der Vielfalt der Eigenschaften sollen nur einige exemplarische Beispiele herausgegriffen werden. Komplette Anwendungen finden Sie im How-to-Teil dieses Buchs (siehe Verweise am Anfang des Abschnitts).

**BEISPIEL:** Einstellen der Kopfzeilen:

```
DataGrid1.HeadLines = 2   ' zweizeilige Spaltenköpfe
DataGrid1.HeadLines = 0   ' keine Spaltenköpfe
```

**BEISPIEL:** Der Inhalt der Spalte *Gehalt* wird rechtsbündig ausgerichtet und als Währung formatiert.

```
DataGrid1.Columns("Gehalt").Alignment = dbgRight
Set DataGrid1.Columns("Gehalt").DataFormat = fCurrency
```

**BEISPIEL:** Die Spalten werden so verschoben, dass *Gehalt* am linken Rand erscheint.

```
DataGrid1.LeftCol = DataGrid1.Columns("Gehalt").ColIndex
```

**BEISPIEL:** Die selektierte Spalte wird entfernt.

```
DataGrid1.Columns.Remove (DataGrid1.SelStartCol)
```

**BEISPIEL:** Das Abbild des sichtbaren Teils eines *DataGrid* wird einem Bildfeld zugewiesen.

```
Picture1.Picture = DataGrid1.CaptureImage
```

**BEISPIEL:** Die folgende Schleife durchläuft die in *SelBookmarks* enthaltenen Lesezeichen und löscht die entsprechenden Datensätze aus dem zugrunde liegenden *Recordset*-Objekt.

```
Dim bmk As Variant
 ...
 Set DataGrid1.DataSource = rs
 For Each bmk In DataGrid1.SelBookmarks
        DataGrid1.Bookmark = bmk
        rs.Delete
 Next bmk
```

### Methoden

Auch die nachfolgende Übersicht ermöglicht nur eine erste Orientierung, exakte Syntaxbeschreibungen finden Sie in der Online-Hilfe.

| Methode | Beschreibung |
|---|---|
| *ClearFields, HoldFields* | Regeneriert voreingestelltes Rasterlayout (zwei leere Spalten) bzw. behält benutzerdefiniertes Layout (Formatierung wird durch *Rebind* nicht geändert) |
| ClearSelCols | Hebt die Auswahl der vom Benutzer markierten Spalten wieder auf |
| ColContaining(x), RowContaining(y) | Liefert Spalten- bzw. Zeilenindex und ist bei Klick und Drag&Drop nützlich (siehe Beispiel) |
| GetBookmark (n), RowBookmark (n) | Liefern Lesezeichen für Datensatz der Zeile n (relativ zur aktuellen Zeile bzw. absolute Zeilennummer) |
| ReBind | Initialisiert, Spalten werden neu eingelesen |
| RowTop (n) | Liefert Y-Koordinate einer Zeile |
| Scroll (x,y) | Führt horizontalen und vertikalen Bildlauf durch (siehe Beispiel) |
| SplitContaining (x,y) | Liefert Index des Teilbereichs (*Splits*-Auflistung), der das angegebene Koordinatenpaar enthält (für Auswerten von Mausereignissen) |

***Tabelle 3.19:** Datenspezifische Methoden des* DataGrid

**BEISPIEL:** Der Wert einer Zelle, bei der eine Drag&Drop-Operation startet, wird in der Variablen *cellVal* gespeichert.

```
Dim cellVal
Sub DataGrid1_MouseDown (Button As Integer, Shift As Integer, X As Single, Y As Single)
   Dim rowVal, colVal
   rowVal = DataGrid1.RowContaining (Y)   ' Mauszeigerposition X
   colVal = DataGrid1.ColContaining (X)   ' dto. Y
   If rowVal > 0 And rowVal < DataGrid1.VisibleRows And _
      colVal > 0 And colVal < DataGrid1.VisibleCols Then      ' beide Werte sind gültig
    cellVal = DataGrid1.Columns(colVal).CellValue(DataGrid1.RowBookmark(rowVal))
    DataGrid1.Drag 1                     ' Drag&Drop starten
   End If
End Sub
```

**BEISPIEL:** Mit einer Schaltfläche kann der sichtbare Ausschnitt diagonal nach rechts unten verschoben werden.

```
Private Sub ScrollRechtsUnten_Click()
  DataGrid1.Scroll DataGrid1.VisibleCols, DataGrid1.VisibleRows
End Sub
```

Für ein Verschieben nach links oben sind die beiden Argumente mit negativem Vorzeichen einzusetzen.

### Ereignisse

Hier finden sich zahlreiche Events, wie wir sie auch vom ADO-*Recordset*-Objekt kennen.

| Ereignis | Wird ausgelöst ... |
|---|---|
| *BeforeColEdit, AfterColEdit* | ... vor bzw. nach dem Editieren einer Zelle |
| *BeforeColUpdate, AfterColUpdate* | ... vor bzw. nach dem Speichern von Veränderungen im Puffer |
| *BeforeDelete, AfterDelete* | ... vor bzw. nachdem ein Datensatz gelöscht wurde |
| *BeforeInsert, AfterInsert* | ... vor bzw. nachdem ein Datensatz eingefügt wurde |
| *BeforeUpdate, AfterUpdate* | ... vor bzw. nachdem der veränderte Datensatz gespeichert wurde |
| *ColEdit* | ... eine Zelle bearbeitet wird |
| *ColResize, RowResize* | ... die Breite einer Spalte bzw. die Höhe einer Zeile geändert wird |
| *HeadClick* | ... auf einen Spaltenkopf geklickt wird |
| *OnAddNew* | ... wenn ein Benutzer einen neuen Datensatz hinzufügt |
| *RowColChange* | ... wenn eine andere Zelle zur aktuellen Zelle wird |
| *Scroll* | ... auf die Bildlaufleiste geklickt wird |
| *SelChange* | ... wenn sich die aktuelle Zeile oder die Abmessungen des selektierten Bereichs durch eine Benutzeraktivität (Klicken auf den linken oder oberen Rand) geändert haben |
| *SplitChange* | ... wenn die aktuelle Zelle zu einem anderen selektierten Bereich wechselt |

***Tabelle 3.20:** Ereignisse*

**BEISPIEL:** Durch einen Klick auf die linke Randleiste werden bestimmte Datensätze ausgewählt und zur *SelBookmarks*-Auflistung hinzugefügt:

```
Private Sub DataGrid1_SelChange(Cancel As Integer)
 DataGrid1.SelBookmarks.Add DataGrid1.Bookmark
End Sub
```

## 3.5.2 *DataList* und *DataCombo*

Dieses Komponentenpaar ist zwar nicht unzertrennlich, aber dafür fast unentbehrlich zur bequemen Eingabe und Anzeige von Master-Detailbeziehungen, wie sie zwischen verknüpften Tabellen die Regel sind. Ob man dafür nun eine *DataList* oder eine *DataCombo* nimmt, ist ziemlich egal. Allerdings hat die *DataCombo* den Vorteil zusätzlicher Editiermöglichkeiten, da man mit dem obersten Feld wie mit einem Textfeld arbeiten kann. Beide Komponenten sind die ADO-Nachfolger ihrer DAO-Vorgänger *DBList* und *DBCombo* und funktionieren ähnlich wie diese, d.h. die meisten Eigenschaften haben den gleichen Namen und die gleiche Bedeutung.

**HINWEIS:** *DataCombo* und *DataList* erscheinen erst dann in der Werkzeugsammlung, wenn Sie die *Microsoft DataList Controls 6.0 (OLEDB)* über das Menü *Projekt/Komponenten...* hinzugefügt haben.

### Datenverknüpfende Eigenschaften

Die folgende Übersicht zeigt Ihnen die Eigenschaften, die für die Verknüpfung zwischen einer Master- und einer Detailtabelle von Bedeutung sind. *DataSource*, *DataMember* und *DataField* kennen Sie bereits von den Standard Bound ADO-Controls. Im vorliegenden Fall beziehen sie sich allerdings nur auf die Mastertabelle.

| Eigenschaft | Bedeutung |
|---|---|
| *DataSource* | Datenquelle für Mastertabelle |
| *DataMember* | Datenmitglied von *DataSource* |
| *DataField* | Name des Fremdschlüssels in der Mastertabelle |
| *BoundColumn* | Primärschlüssel der Detailtabelle |
| *RowSource* | Datenquelle der Detailtabelle |
| *RowMember* | Datenmitglied von *RowSource* |
| *ListField* | Name des anzuzeigenden Feldes der Detailtabelle |

***Tabelle 3.21:*** *Datenverknüpfende Eigenschaften von* DataCombo/DataList

**TIPP:** Wenn Sie die Eigenschaften in obiger Reihenfolge auf Grundlage einer gültigen Datenquelle zuweisen, werden Ihnen in den kleinen Kombinationsfeldern im Eigenschaftenfenster jeweils nur die sinnvollen Optionen zur Auswahl angeboten. Bei einer Laufzeitanbindung müssen Sie allerdings auf diesen Komfort verzichten.

**BEISPIEL:** Mit dem Datenumgebungs-Designer haben Sie eine Verbindung zur Jet-Datenbank *Personal.mdb* hergestellt und Befehle für den Schreib-/Lesezugriff auf die Tabellen *Personen* und *Räume* hinzugefügt. Mittels *DataCombo*-Control soll nun eine Verknüpfung zwischen

beiden Tabellen realisiert werden, wobei in *DataCombo* jeweils der Name des Raumes angezeigt werden soll, in welchem die gerade aktuelle Person sitzt.
Die folgende Abbildung zeigt Ihnen die zweckmäßigste Reihenfolge der Eigenschaftenzuweisung und die erforderlichen Einstellungen.

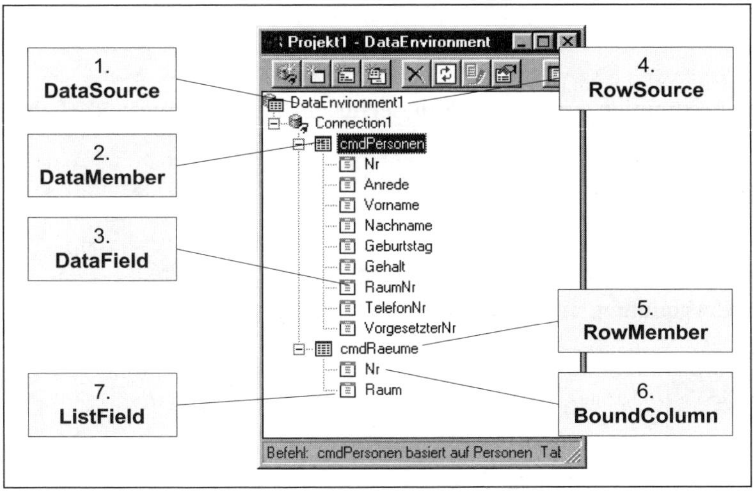


***Abbildung 3.12:*** *Zuweisen der Eigenschaften*

Ein ähnliches Beispiel finden Sie im How-to-Teil in ▶ Kapitel 12 unter:

▶ 12.2.9 ... eine DataCombo-Box ohne Code anbinden?

**BEISPIEL:** Einen kühlen Kopf gilt es zu bewahren, wenn Sie die beiden Tabellen des Vorgängerbeispiels nicht im Eigenschaftenfenster des *DataCombo*-Controls, sondern erst zur Laufzeit verknüpfen.

```
Private Sub Form_Load()
 With DataCombo1
  Set .DataSource = DataEnvironment1
  .DataMember = "cmdPersonen"
  .DataField = "RaumNr"
  .BoundColumn = "Nr"
  Set .RowSource = .DataSource
  .RowMember = "cmdRaeume"
  .ListField = "Raum"
 End With
End Sub
```

## Ergänzung

*DataCombo*- und *DataList*-Control können nicht nur zum Verknüpfen von Master-Detail-Tabellen verwendet werden, sie eignen sich auch zum Anzeigen/Zuweisen von Spalteninhalten einzelner Tabellen und verhalten sich damit ähnlich wie ein *DataGrid* mit nur einer Spalte. In diesem Fall brauchen nur *RowSource* und *ListField* und (falls erforderlich) *RowMember* zugewiesen zu werden.

**BEISPIEL:** Unter Verwendung eines *DataEnvironment* werden in einem Listenfeld alle Nachnamen aus der Tabelle *Personen* der Jet-Datenbank *Personal.mdb* angezeigt:

```
Private Sub Form_Load()
 Set DataList1.RowSource = DataEnvironment1
 DataList1.RowMember = "cmdPersonen"
 DataList1.ListField = "Nachname"
End Sub
```

Durch einen Klick auf einen bestimmten Eintrag wird dieser in ein Bezeichnungsfeld (Label) übernommen:

```
Private Sub DataList1_Click()
 Label1.Caption = DataList1.Text
End Sub
```

Das Ergebnis zeigt die folgende Abbildung.

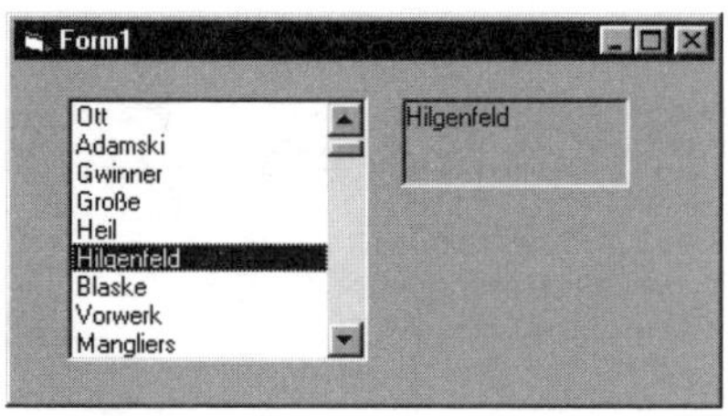


***Abbildung 3.13:** Laufzeitansicht*

Ein etwas umfangreicheres Anwendungsbeispiel finden Sie im How-to-Teil in ▶ Kapitel 12 unter:

▶ 12.2.14 ... ein Listenfeld mit Abfrageergebnissen füllen?

### Weitere Eigenschaften

Die nachfolgende Zusammenstellung zeigt weitere Eigenschaften von *DataList* und *DataCombo*, die ebenfalls das Interesse des Datenbankprogrammierers erwecken dürften.

| Eigenschaft | Bedeutung |
|---|---|
| *BoundText* | Liest die Eigenschaft *BoundColumn* |
| *DataFormat* | Verweist auf gültiges *StdDataFormat*-Objekt |
| *MatchedWithList* | Liefert *True*, wenn der Wert der *BoundText*-Eigenschaft mit einem der Datensätze im Listenbereich übereinstimmt |
| *MatchEntry* | Bestimmt die Auswahl per Tastatur: *dblBasicMatching* (Default), *dblExtendedMatching* (siehe Beispiel) |
| *SelectedItem* | Liefert *Bookmark*-Eigenschaft des ausgewählten Datensatzes |
| *Style* | Bestimmt das Aussehen (nur für *DataCombo*): *dbcDropdownCombo* (Default), *dbcSimpleCombo, dbcDropdownList* |
| *Text* | Der aktuelle Eintrag (String) ▶ |

| Eigenschaft | Bedeutung |
|---|---|
| *VisibleCount* | Bestimmt die maximale Anzahl gleichzeitig sichtbarer Einträge |
| *VisibleItems(n)* | Liefert die *Bookmark*-Eigenschaft des n-ten sichtbaren Datensatzes |

***Tabelle 3.22:*** *Weitere Eigenschaften von DataList-* und *DataCombo*-Control

**BEISPIEL:** (zur *MatchEntry*-Eigenschaft): Wenn Sie das Vorgängerbeispiel testen und auf der Tastatur den Buchstaben »h« eingeben, wird "Heil" im Listenfeld ausgewählt, denn dies ist der erste Eintrag, der mit »h« beginnt. Ändern Sie hingegen im Eigenschaftenfenster den Wert von *MatchEntry* in *dblExtendingMatching*, so werden mehrere aufeinanderfolgende Tastatureingaben zusammengezogen, nach Eingabe von »hi« erscheint also der Name »Hilgenfeld« (siehe Abbildung 3.13).

**HINWEIS:** Wenn *MatchEntry* auf *dblExtendedMatching* gesetzt wurde und man die Rücktaste gedrückt hält oder mehrere Sekunden wartet, so wird die zu suchende Zeichenfolge zurückgesetzt.

#### Methoden und Ereignisse

Hier dürften für den Datenbankprogrammierer die *Refill*-Methode und das *Click*-Ereignis von Interesse sein. *Refill* bewirkt das erneute Einlesen aller Datensätze, *Click* wird bei der Auswahl eines Eintrags ausgelöst (siehe obiges Beispiel).

### 3.5.3 MSHFlexGrid

Das *MSHFlexGrid* zeigt, ähnlich wie das *DataGrid*, tabellarische Daten an. So ermöglicht es das Sortieren und Gruppieren von Zellen sowie das Formatieren von Tabellen, die Text und Bilder enthalten können. Ein absolutes Highlight ist die Möglichkeit der Anzeige *hierarchischer Recordsets*.

Für den Datenbankprogrammierer gibt es aber eine bittere Pille zu schlucken: die angezeigten Datensätze sind leider schreibgeschützt.

**HINWEIS:** Fügen Sie das *MSHFlexGrid* über das Menü *Projekt/Komponenten...* als *Microsoft Hierarchical FlexGrid Control 6.0 (OLEDB)* der Werkzeugsammlung hinzu.

Viele der Eigenschaften, Methoden und Ereignisse des *MSHFlexGrid* haben eine gleiche oder ähnliche Bedeutung wie beim *DataGrid*-Control.

#### Eigenschaften

| Eigenschaft | Bedeutung |
|---|---|
| Col | Aktuelle Spalte |
| ColWidth | Spaltenbreite |
| Cols(n) | Spaltenanzahl in Ebene n |
| DataSource | Datenquelle ▶ |

| Eigenschaft | Bedeutung |
|---|---|
| DataMember | Datenmitglied |
| FixedCols | Anzahl feststehender Spalten |
| FixedRows | Anzahl feststehender Zeilen |
| Row | Aktuelle Zeile |
| Rows | Zeilenanzahl |
| RowHeight | Zeilenhöhe |
| Sort | Wert, der ausgewählte Zeilen anhand von Kriterien sortiert (nur zur Laufzeit verfügbar, siehe auch *Compare*-Ereignis) |
| Text | Inhalt der aktuellen Zelle |
| WordWrap | Zeilenumbruch (*True/False*) |

***Tabelle 3.23:*** *Einige wichtige Eigenschaften des* MSHFlexGrid

## Methoden

| Methode | Bedeutung |
|---|---|
| AddItem | Fügt eine Zeile hinzu |
| Clear | Löscht den Inhalt aller Zeilen |
| CollapseAll | Die Detaillisten klappen zusammen |
| ExpandAll | Die Detaillisten klappen auseinander |
| RemoveItem i | Entfernt eine i-te Zeile |

***Tabelle 3.24:*** *Wichtige Methoden des* MSHFlexGrid

**BEISPIEL:** Verwendung von *AddItem* und *RemoveItem:*

```
Dim eintrag$, i%
MSHFlexGrid1.Cols = 4
For i = 1 To 50            ' Hinzufügen von 50 Einträgen
 eintrag = "Eintrag " & vbTab & Str$(i) & vbTab & Str$(10 * i) & _
           vbTab & Str$(100 * i)
 MSHFlexGrid1.AddItem eintrag
Next i
For i = 1 To 25              ' entfernt jeden zweiten Eintrag
   MSHFlexGrid1.RemoveItem i
Next i
```

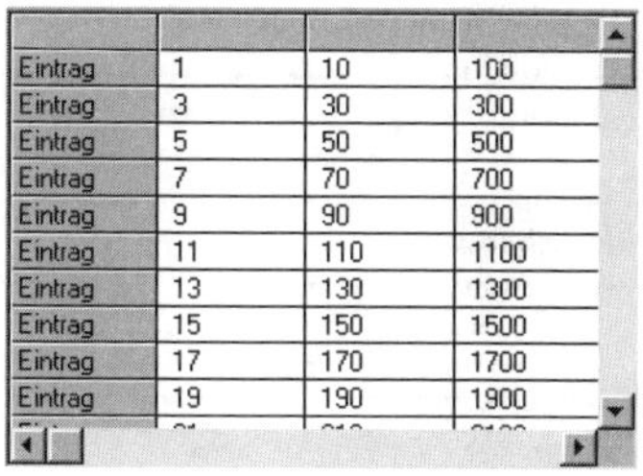


***Abbildung 3.14:*** *Laufzeitansicht*

### Ereignisse

| Ereignis | Wird ausgelöst, wenn ... |
|---|---|
| Collaps | ... der Benutzer eine Tabellenzeile ausblendet |
| Compare | ... die *Sort*-Eigenschaft auf *CustomSort* (9) gesetzt wird, damit der Benutzer den Sortiervorgang anpassen kann |
| EnterCell | ... die aktive Zelle wechselt |
| Expand | ... eine Zeile erweitert wird |
| LeaveCell | ... unmittelbar vorher die aktiven Zelle wechselt |
| RowColChange | ... der Benutzer auf neue Zelle klickt (nicht bei Ziehoperationen) |
| Scroll | ... ein Bildlauf durchgeführt wird |
| SelChange | ... sich der selektierte Bereich ändert |

***Tabelle 3.25:*** *Wichtige Ereignisse des* MSHFlexGrid

**HINWEIS:** Wenn sich die aktive Zelle ändert, treten die Ereignisse in der Reihenfolge *LeaveCell, EnterCell* und *RowColChange* ein.

Der praktische Einsatz des *MSHFlexGrid* wird demonstriert im How-to-Teil in ▶ Kapitel 12 unter:

▶ 12.2.30 ... hierarchische Recordsets mit SHAPE realisieren?

## 3.5.4 MSChart

Das *MSChart*-Control dient zur grafischen Darstellung von Daten.

**HINWEIS:** Fügen Sie das Control über das Menü *Projekt/Komponenten...* als *Microsoft Chart Control 6.0 (OLEDB)* zur Werkzeugsammlung hinzu.

Auch bei den folgenden Übersichten wollen wir uns auf einige wesentliche Informationen beschränken, die lediglich einführenden Charakter haben.

### Eigenschaften

Die folgende Tabelle fasst die wichtigsten Eigenschaften zusammen, die Möglichkeiten zur optischen Gestaltung des Controls werden nicht berücksichtigt, da das Eigenschaftendialogfeld eine relativ einfache Konfiguration zulässt.

| Eigenschaft | Bedeutung |
|---|---|
| *AutoIncrement* | Gibt an, ob nach dem Festlegen eines Wertes die Eigenschaften *Column* bzw. *Row* inkrementiert werden. |
| *Chart3D* | Legt fest, ob ein Diagramm dreidimensional ist oder nicht. |
| *Column,Row* | Akuelle Zeile/Spalte |
| *ChartData* | Ein zweidimensionales Datenfeld (Variant), das die im Diagramm darzustellenden Daten enthält. |
| *ColumnCount, RowCount* | Anzahl der Zeilen und Spalten. |
| *DataSource, DataMember* | Die Datenquelle |
| *Data* | Wert des durch *Column* und *Row* festgelegten Punktes. |
| *DataGrid* | Beschreibt das intern mit dem MSGraph-Control verbundene Grid (Spalten, Zeilen, Löschen von Zeile etc.) |

***Tabelle 3.26:*** *Eigenschaften des* MSChart-Control

Am schnellsten erhalten Sie ein Diagramm, wenn sie ein Datenarray mit numerischen Werten füllen und dann die *ChartData*-Eigenschaft auf dieses Datenfeld setzen.

**BEISPIEL:** Ein Array aus zehn Feldern wird mit den Zahlen 2, 4 , 6... 20 gefüllt und angezeigt.

```
Dim arrX(1 to 10), i%
For i = 1 to 10
   arrX(i)= i * 2
Next i
MSChart1.ChartData = arrX
```

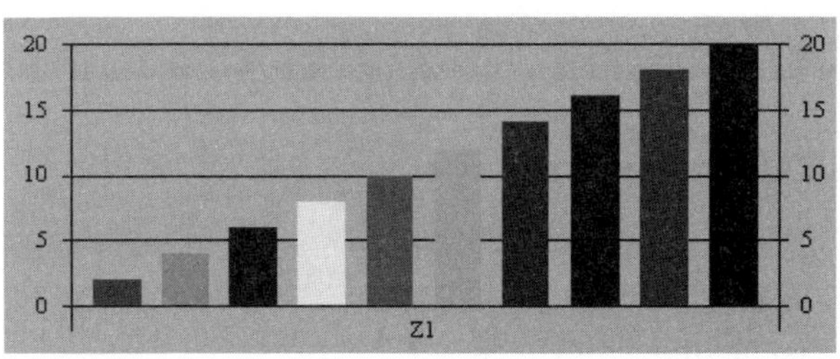


***Abbildung 3.15:*** *Anzeige von Werten*

Wenn Sie den Wert eines bestimmten Datenpunktes ermitteln oder festlegen wollen, setzen Sie zunächst die *Row*- und dann die *Column*-Eigenschaft. Anschließend kann die *Data*-Eigenschaft gelesen oder zugewiesen werden.

**BEISPIEL:** Im obigen Diagramm wird der dritte Balken auf den Wert 15 hochgesetzt.

```
With MSChart1
  .Row = 1
  .Column = 3
```

```
  .Data = 15
End With
```

### Methoden

| Methode | Beschreibung |
| --- | --- |
| EditCopy | Kopiert ein Metafile-Abbild der Diagrammdaten in die Zwischenablage. Zusätzlich werden auch die *DataGrid*-Werte in die Zwischenablage kopiert. |
| EditPaste | Fügt Diagrammdaten (Text oder Grafik) aus der Zwischenablage in das Control ein. |
| Layout | Refresh und Neuaufbau (Neuberechnung) des Diagramms nach Änderungen. |
| SelectPart | Wählt einen bestimmten Diagrammbereich aus. |
| TwipsToChartPart | Identifiziert einen Diagrammteil mit Hilfe der übergebenen X- und Y-Koordinaten. |

***Tabelle 3.27:*** *Die wichtigsten MSChart*-Methoden

**BEISPIEL:** Das Diagramm in die Zwischenablage kopieren:

```
MSChart1.EditCopy
```

### Ereignisse

Das *MSChart*-Control kann mit einer wahren Flut von Ereignissen auf fast jede Benutzeraktivität reagieren. Fast alle Ereignisse beschäftigen sich damit, auf das Selektieren bestimmter Chart-Teile zu reagieren (Plotbereich, Titel, Achsen etc.). Aus Platzgründen können wir an dieser Stelle nicht detailliert auf alle Ereignisse eingehen.

**BEISPIEL:** Nach einem Doppelklick auf einen Datenpunkt erscheint ein Eingabefenster, das zur Eingabe eines neuen Wertes auffordert:

```
Private Sub MSChart1_PointActivated(Series As Integer, DataPoint As Integer, _
        MouseFlags As Integer, Cancel As Integer)
   With MSChart1
      .Column = Series
      .Row = DataPoint
      .Data = InputBox ("Ändere den Datenpunkt:", , .Data)
   End With
End Sub
```

**HINWEIS:** Die im *PointActivated*-Ereignis übergebenen Parameter *Series* und *DataPoint* entsprechen den Eigenschaften *Column* und *Row*.

Ein komplexes Anwendungsbeispiel finden sie im How-to-Teil in ▶ Kapitel 12 unter
▶ 12.2.29 ... mit dem MSChart-Control arbeiten?

## 3.5.5 DataRepeater

Etwas aus der Rolle der übrigen Bound ADO-Controls fällt der *DataRepeater*, da es sich hierbei eigentlich »nur« um einen Container für andere Bound Controls handelt.

Die Philosophie des *DataRepeater* ist recht vielversprechend: Da jedes Control als sich »wiederholendes« Steuerelement in einer eigenen Zeile angezeigt wird, kann der Benutzer mehrere Datensätze gleichzeitig betrachten und sich eigene Tabellenansichten zusammenbasteln.

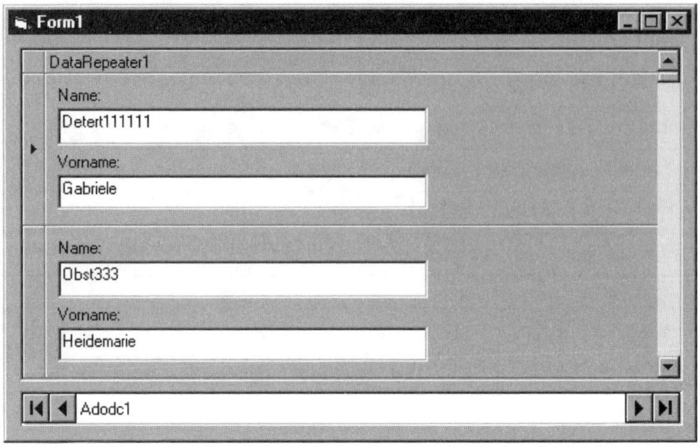


***Abbildung 3.16:*** *DataRepeater in Aktion*

Allerdings gibt es bei aller Euphorie einen Wermutstropfen: Nachdem Sie über das Menü *Projekt/Komponenten...* das *Microsoft DataRepeater Control 6.0 (OLEDB)* in die Werkzeugsammlung übernommen haben, können Sie nicht sofort loslegen. Vor dem Einsatz des *DataRepeater*-Control müssen Sie nämlich zunächst ein datengebundenes Benutzersteuerelement erstellen und es zu einer *.ocx*-Datei kompilieren.

### Erstellen des Bound Controls

An dieser Stelle müssen wir leider etwas weiter ausholen. Anhand eines Beispiels möchten wir Ihnen die wichtigsten Schritte zum fertigen Control erläutern.

Erstellen Sie zunächst ein neues ActiveX-Steuerelement-Projekt und geben Sie dem neuen Control einen aussagekräftigen Namen.

Kopieren Sie nachfolgend zwei Textfelder und zwei Bezeichnungsfelder entsprechend folgender Abbildung in das UserControl.

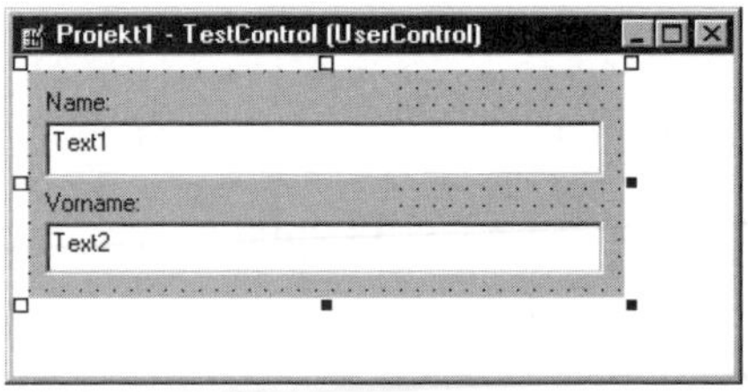


***Abbildung 3.17:*** *Grundaufbau des UserControls*

Die Textfelder werden in *txtNachname* und *txtVorname* umbenannt.

Erweitern Sie nachfolgend das Codemodul um folgende Anweisungen (das Interface unseres neuen Controls):

```
Public Property Get Nachname() As String
  Nachname = txtNachname.Text
End Property

Public Property Let Nachname(ByVal newNachname As String)
  txtNachname.Text = newNachname
End Property

Public Property Get Vorname() As String
  Vorname = txtVorname.Text
End Property

Public Property Let Vorname(ByVal newVorname As String)
  txtVorname.Text = newVorname
End Property

Private Sub TxtNachname_Change()
  PropertyChanged "Nachname"
End Sub

Private Sub TxtVorname_Change()
  PropertyChanged "Vorname"
End Sub
```

Damit verfügt unser Control mit *Vorname* und *Nachname* über zwei neue Eigenschaften, die noch gebunden werden müssen. Rufen Sie dazu im Menü *Extras* den Befehl *Prozedurattribute* auf.

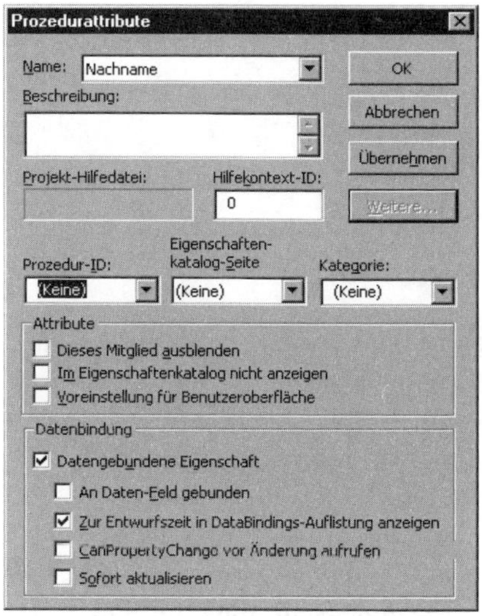


***Abbildung 3.18:*** *Prozedurattribute*

Aktivieren Sie die Option *Datengebundene Eigenschaft* sowohl für die Eigenschaft *Nachname* als auch für die Eigenschaft *Vorname*. Zusätzlich ist die Option *Zur Entwurfszeit in Bindings-Auflistung anzeigen* zu aktivieren.

Speichern Sie im Anschluss das Projekt unter einem aussagekräftigen Namen und wählen Sie den Menübefehl *Datei/Test.ocx erstellen*.

Damit ist das neue Benutzersteuerelement fertig, Visual Basic hat mit dem Kompilieren auch das Control in die Registrierdatenbank eingetragen.

Nach diesen Vorarbeiten können wir uns endlich dem eigentlichen *DataRepeater*-Control zuwenden.

### Konfigurieren des DataRepeaters

Öffnen Sie Ihr eigentliches Projekt und fügen Sie zunächst das neue Benutzersteuerelement dem Projekt hinzu. Gleichzeitig fügen Sie auch ein *DataRepeater*-Control sowie ein ADO-Datensteuerelement hinzu.

Konfigurieren Sie Ihr ADO-Datensteuerelement, indem Sie den *ConnectionString* und die *RecordSource* festlegen. Verbinden Sie nachfolgend *DataRepeater* und ADO-Datensteuerelement über die Eigenschaft *DataSource*.

Jetzt schlägt die Stunde Ihres neuen Controls. Wählen Sie im *DataRepeater*-Control die Eigenschaft *RepeatedControlName* und wählen Sie in der folgenden Combobox Ihr neues Benutzersteuerelement aus. Dieses findet sich nachfolgend im *DataRepeater* wieder.

Was bleibt, ist die Zuordnung der Tabellenfelder zu den einzelnen Feldern unseres Controls. Klicken Sie dazu mit der rechten Maustaste auf das *DataRepeater*-Control und wählen Sie im Kontextmenü den Eintrag *Eigenschaften* aus.

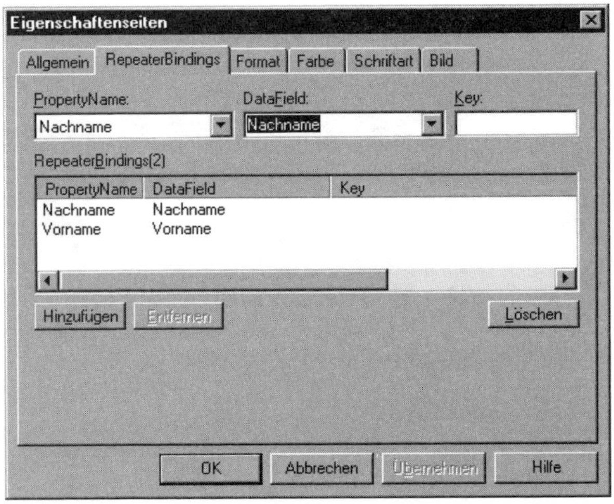


***Abbildung 3.19:*** *DataRepeater*-Eigenschaftendialogfeld

Verwenden Sie die Registerkarte *RepeaterBindings*, um mittels *PropertyName* und *DataField* eine Verbindung zwischen Datenfeld und Anzeigefeld herzustellen.

Damit sind alle Vorarbeiten abgeschlossen, Sie können die Ergebnisse Ihrer Arbeit testen.

**HINWEIS:** Während der Programmausführung können Sie die Datensatzgruppe mit den Tasten Pos1, Ende, Bild auf, Bild ab und den Cursor-Pfeiltasten durchblättern.

# 3.6 DataEnvironment

Dass wir auf den Datenumgebungs-Designer erst gegen Ende dieses Kapitels eingehen, hat nichts mit einer Unterschätzung dieser VB 6-Neuheit zu tun. Es ist aber von Vorteil, wenn man bereits vorher das elementare Handwerkszeug der Bound ADO-Controls wenigstens soweit beherrscht, dass man entscheiden kann, ob sich die mit dem Datenumgebungs-Designer bei der Programmentwicklung zu erzielende Zeitersparnis wirklich auszahlt.

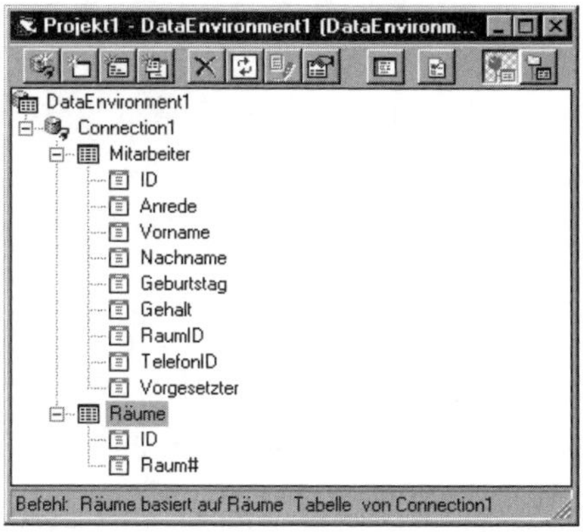


***Abbildung 3.20:*** *DataEnvironment mit einer Connection und zwei Befehlen*

**HINWEIS:** Viele der im Folgenden vorgestellten Eigenschaften werden Ihnen bereits aus dem Abschnitt 3.3 bekannt vorkommen. Wir werden deshalb nicht nochmals auf die Details eingehen. Insbesondere ▶ Kapitel 6 (ADO) stellt alle Eigenschaften und Methoden noch einmal im Zusammenhang dar.

## 3.6.1 Konfigurieren der Connection

Nach dem Hinzufügen eines *DataEnvironments* über *Projekt/DataEnvironment hinzufügen* ist Ihre erste Aufgabe das Parametrieren der Verbindung (Connection). Dies kann zum einen über die Eigenschaftenseite (siehe Abbildung 3.21), oder auch über ein eigenes Eigenschaftendialogfeld geschehen (siehe den ▶ Abschnitt 3.3 »Das ADO-Datensteuerelement« weiter oben in diesem Kapitel).

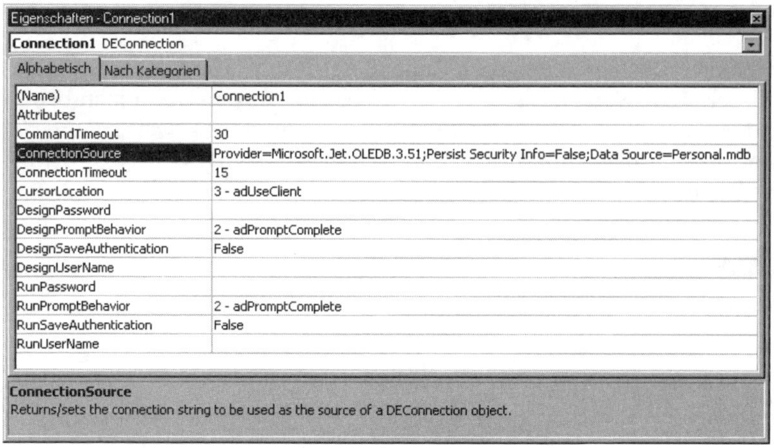


***Abbildung 3.21:** Eigenschaften von Connections*

Wichtig sind in jedem Fall die Eigenschaften *ConnectionSource* sowie *CursorLocation*. Nachfolgend können Sie dieser *Connection* neue *Command* (Befehls)-Objekte hinzufügen.

**HINWEIS:** Wir verwenden an dieser Stelle die Bezeichnung »Command«, obwohl Sie in der IDE teilweise den Begriff »Befehl« finden.

## 3.6.2 Konfigurieren von Command-Objekten

Nach dem Hinzufügen eines *Command*-Objekts müssen Sie sich um die Eigenschaften *CommandText*, *CommandType*, *CursorLocation*, *CursorType* und *LockType* kümmern. Eine detaillierte Beschreibung finden Sie in ▶ Kapitel 6 (ADO).

***Abbildung 3.22:** Eigenschaften von Command-Objekten*

**HINWEIS:** Sie finden hier mehr Eigenschaften, als ein *Command*-Objekt eigentlich aufweist, da automatisch ein zugehöriges *Recordset*-Objekt erzeugt wird.

### 3.6.3 Anbinden von Steuerelementen

An dieser Stelle bieten sich zwei Varianten an:

- Sie ziehen das *Command*-Objekt mittels Drag&Drop aus dem *DataEnvironment* in ein Formular oder
- Sie verknüpfen die einzelnen Steuerelemente mit dem *Command*-Objekt (bzw. dessen Recordset) über die Eigenschaften *DataSource* und *DataMember.*

**BEISPIEL:** Ein *DataEnvironment1* wurde mit der Jet-Datenbank *Personal.mdb* verbunden und unter anderem auch ein Befehl *Command4* hinzugefügt, welcher alle Felder der Tabelle *Personen* liefert. Die Abbildung 3.23 zeigt das Eigenschaftenfenster eines Textfeldes für das Feld *Gehalt*.

***Abbildung 3.23:*** *Verbindung von Steuerelement und DataEnvironment*

Wie man ein *DataEnvironment* dynamisch an eine Datenbank binden kann, erfahren Sie im How-to-Teil in ▶ Kapitel 12 unter:

▶ 12.2.2 ... ein DataEnvironment frei an eine Datenbank anbinden?

## 3.7 Datenformular-Assistent

Nachdem Sie sich in den vorhergehenden Abschnitten damit abgemüht haben, die Grundlagen der Bound Controls in die Praxis umzusetzen, präsentieren wir Ihnen quasi als krönenden Abschluss den Datenformular-Assistenten, der Ihnen jede Menge Arbeit abnehmen kann.

Mit diesem Assistent ist ein automatisches Erstellen von datengebundenen Visual Basic-Formularen möglich. Die erzeugten Formulare enthalten bereits gebundene Steuerelemente und Prozeduren zur Verwaltung der Datenbankanbindung.

Sie können den Datenformular-Assistenten verwenden, um

- einzelne Abfrageformulare (einzelne Tabelle oder Abfrage) oder
- Master/Detail-Formulare zur Verwaltung von 1:n-Beziehungen

zu erstellen. Die erzeugten Formulare basieren grundsätzlich auf den ADOs.

### 3.7.1 Verwendung des Assistenten

Bevor Sie den Assistenten nutzen können, müssen Sie diesen über *Add-Ins/Add-In-Manager* einbinden (siehe Abbildung 3.24).

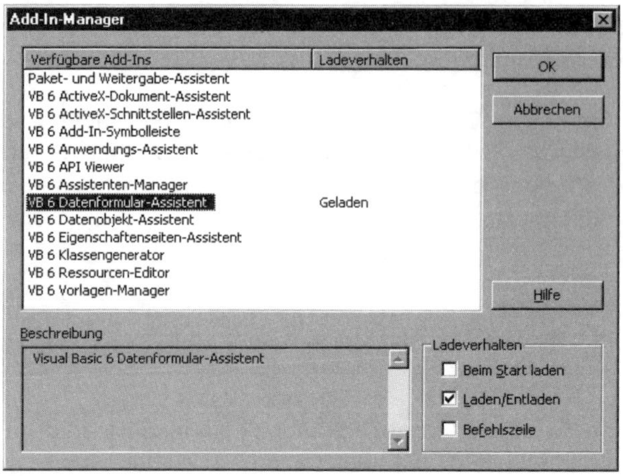


***Abbildung 3.24:*** *Add-In-Manager*

Starten Sie anschließend den Assistenten und wählen Sie im folgenden Dialogfeld Ihre Datenbank (z.B. Access) aus.

Im daraufhin geöffneten Dialogfeld (siehe Abbildung 3.25) müssen Sie sich für einen Formulartyp sowie die Form der Datenbindung entscheiden.

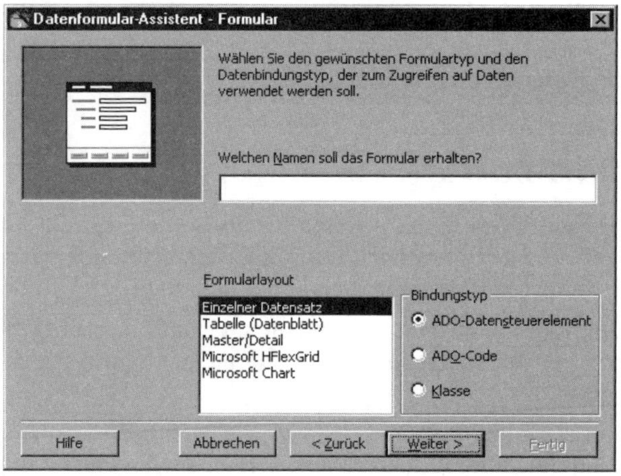


***Abbildung 3.25:*** *Formular-Assistent*

Wir entscheiden uns für eine Master/Detail-Beziehung (Tabelle *Räume* mit den entsprechenden Personen). Dazu müssen wir in einem ersten Schritt die Mastertabelle mit den gewünschten Feldern definieren (Räume). Im zweiten Schritt folgt die Tabelle *Personen* als Detailtabelle. Im dritten Schritt verbinden Sie Fremd- und Primärschlüssel der beiden Tabellen miteinander (*Personen.Raum* und *Räume.Raum#*).

Wählen Sie nun noch, welche Schaltflächen (Hinzufügen, Aktualisieren, Löschen, Neu Lesen, Schließen) in das Formular eingefügt werden sollen.

Damit ist Ihr Formular bereits fertig, einem Test steht nichts mehr im Wege. Doch halt, ein Problem werden Sie mit der vorliegenden Datenbank und auch mit einigen anderen Tabellen bzw. Datenbanken haben: Der Assistent hat massive Probleme mit Umlauten und Sonderzeichen in Tabellen bzw. Feldnamen. Um dieses Problem zu beheben, müssen Sie die erzeugten SQL-Anweisungen editieren, die Feldnamen werden einfach in eckige Klammern eingeschlossen.

**BEISPIEL:** Die erzeugte SQL-Anweisung:

```
SHAPE {select ID,Raum# from Räume} AS ParentCMD APPEND ({select Anrede,Geburtstag,Gehalt,ID,Nachname,Raum,Telefon,Vorge-
setzter,Vorname from Personen } AS ChildCMD RELATE Raum# TO Raum) AS ChildCMD
```

und die geänderte (und funktionierende) Version:

```
SHAPE {select ID,[Raum#] from [Räume]} AS ParentCMD APPEND ({select Anrede,Geburtstag,Gehalt,ID,Nachname,Raum,Tele-
fon,Vorgesetzter,Vorname from Personen } AS ChildCMD RELATE [Raum#] TO Raum) AS ChildCMD
```

**HINWEIS:** Mehr zum Thema SQL finden Sie im folgenden ▶ Kapitel 4.

Nach dem Start mit F5 sollten nun keine Probleme mehr auftreten.

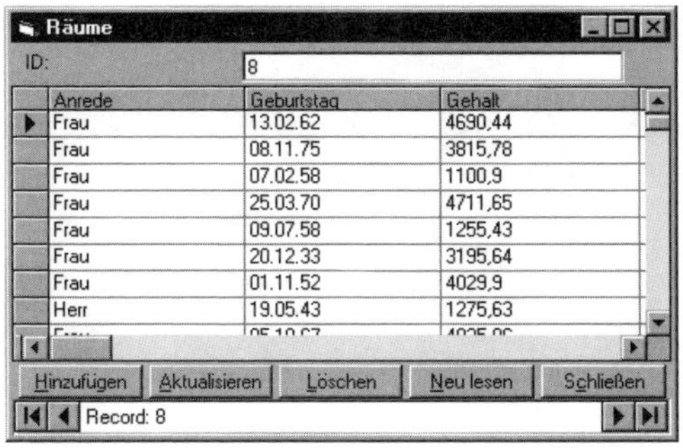


***Abbildung 3.26:*** *Das Formular zur Laufzeit*

Wenn Sie einen Blick hinter die Kulissen, d.h. in den Quellcode werfen, werden Sie feststellen, dass auch hier der Assistent nicht ganz untätig war.

**BEISPIEL:** Der erzeugte Quellcode für ein Master-/Detail-Formular.

```
Private Sub Form_Load()
  Set grdDataGrid.DataSource = datPrimaryRS.Recordset("ChildCMD").UnderlyingValue
End Sub
```

Hierdurch wird die Größe der Tabelle geändert, falls die Größe des Formulars geändert wird:

```
Private Sub Form_Resize()
  On Error Resume Next
  grdDataGrid.Width = Me.ScaleWidth
  grdDataGrid.Height = Me.ScaleHeight - grdDataGrid.Top - datPrimaryRS.Height _
      - 30 - picButtons.Height
```

```
End Sub

Private Sub Form_Unload(Cancel As Integer)
  Screen.MousePointer = vbDefault
End Sub

Private Sub datPrimaryRS_Error(ByVal ErrorNumber As Long, Description As String, _
ByVal Scode As Long, ByVal Source As String, ByVal HelpFile As String, _
ByVal HelpContext As Long, fCancelDisplay As Boolean)
  'Hier können Sie Ihre Fehlerbehandlungsroutine einfügen
  'Wenn Sie Fehler ignorieren möchten, kommentieren Sie die nächste Zeile aus
  'Wenn Sie die Fehler auffangen möchten, fügen Sie an dieser Stelle Code ein,
  'um Fehler zu behandeln
  MsgBox "Data error event hit err:" & Description
End Sub

Private Sub datPrimaryRS_MoveComplete(ByVal adReason As ADODB.EventReasonEnum, _
ByVal pError As ADODB.Error, adStatus As ADODB.EventStatusEnum, _
ByVal pRecordset As ADODB.Recordset)
  'Hierdurch wird die aktuelle Datensatzposition für diese Datensatzgruppe angezeigt
  datPrimaryRS.Caption = "Record: " & CStr(datPrimaryRS.Recordset.AbsolutePosition)
End Sub

Private Sub datPrimaryRS_WillChangeRecord(ByVal adReason As ADODB.EventReasonEnum, _
ByVal cRecords As Long, adStatus As ADODB.EventStatusEnum, ByVal pRecordset As ADODB.Recordset)
  'Hier können Sie Code zur Überprüfung einfügen
  'Dieses Ereignis wird aufgerufen, wenn die folgenden Aktionen eintreten
  Dim bCancel As Boolean

  Select Case adReason
  Case adRsnAddNew
  Case adRsnClose
  Case adRsnDelete
  Case adRsnFirstChange
  Case adRsnMove
  Case adRsnRequery
  Case adRsnResynch
  Case adRsnUndoAddNew
  Case adRsnUndoDelete
  Case adRsnUndoUpdate
  Case adRsnUpdate
  End Select

  If bCancel Then adStatus = adStatusCancel
End Sub

Private Sub cmdAdd_Click()
  On Error GoTo AddErr
  datPrimaryRS.Recordset.AddNew

  Exit Sub
AddErr:
  MsgBox Err.Description
End Sub

Private Sub cmdDelete_Click()
```

```
  On Error GoTo DeleteErr
  With datPrimaryRS.Recordset
    .Delete
    .MoveNext
    If .EOF Then .MoveLast
  End With
  Exit Sub
DeleteErr:
  MsgBox Err.Description
End Sub

Private Sub cmdRefresh_Click()
  'Dies wird nur für Mehrbenutzeranwendungen benötigt
  On Error GoTo RefreshErr
  datPrimaryRS.Refresh
  Set grdDataGrid.DataSource = datPrimaryRS.Recordset("ChildCMD").UnderlyingValue
  Exit Sub
RefreshErr:
  MsgBox Err.Description
End Sub

Private Sub cmdUpdate_Click()
  On Error GoTo UpdateErr

  datPrimaryRS.Recordset.UpdateBatch adAffectAll
  Exit Sub
UpdateErr:
  MsgBox Err.Description
End Sub

Private Sub cmdClose_Click()
  Unload Me
End Sub
```

Wie Sie sehen, hat Ihnen der Assistent schon jede Menge Schreibarbeit abgenommen. Was bleibt, sind gezielte Anpassungen in den Bereichen »Fehlerbehandlung«, »Initialisierung« und »Anpassen der Datenquelle« (siehe auch den ▶ Abschnitt 3.3 weiter oben in diesem Kapitel).

# 4 SQL



## 4.1 Was ist SQL?

Mit *Structured Query Language*[1], kurz SQL, steht auch dem VB-Programmierer ein leistungsfähiges Werkzeug zum Bearbeiten und Verwalten von Datenbanken zur Verfügung. Im Unterschied zu Visual Basic besitzt SQL einen wesentlich kleineren, aber dafür mächtigeren Befehlssatz, der selbst komplexe Zusammenhänge recht gut beschreiben kann. In Ihren Programmen sollten Sie deshalb, so oft es möglich ist, statt Basic-Befehlen oder Methoden besser SQL-Anweisungen einsetzen. In den meisten Fällen erhalten Sie dadurch ein deutlich schnelleres und kürzeres Programm. Nicht zuletzt durch die immer stärkere Einbindung von VB-Anwendungen in SQL-Server-Netze, dürfte die Bedeutung von SQL weiter zunehmen.

SQL wurde in den 70er Jahren von IBM entwickelt und wird durch fast alle relationalen Datenbanksysteme mehr oder weniger gut unterstützt. Einige Anbieter bereicherten ANSI-SQL um eigene Befehle und Datentypen, teilweise sogar um eigene Programmiersprachen. Dass dies einer plattformübergreifenden Entwicklung abträglich ist, braucht eigentlich nicht besonders erwähnt zu werden. Glücklicherweise hält sich Visual Basic (bzw. das implementierte SQL) im Wesentlichen an diesen Standard, allerdings müssen wir eine wichtige Einschränkung berücksichtigen: VB unterscheidet zwischen »Local SQL« und »Server SQL«. Was ist der Unterschied?

Die Sprache SQL wird im Allgemeinen dazu verwendet, Daten von einem SQL-Server abzufragen. Dieser Server definiert die Syntax der SQL-Anweisungen. Bei einer Access-Datenbank handelt es sich jedoch nicht um einen SQL-Server, VB bzw. die Datenbank-Engine muss also selbst die entsprechenden Befehle bereitstellen. Diese Befehle werden als »Local SQL« bezeichnet und

[1] Strukturierte Abfragesprache

sind gegenüber den SQL-Server-Befehlen in Art und Anzahl eingeschränkt. Bei der weiteren Arbeit müssen Sie immer unterscheiden, ob Sie mit einem SQL-Server (z.B. Microsoft SQL-Server) arbeiten oder nur mit einer lokalen Datenbank (Access etc.).

**HINWEIS:** Auf die Besonderheiten von Access-SQL wird im letzten Abschnitt dieses Kapitels eingegangen. Dort finden Sie ebenfalls Alternativen für die nicht implementierten ANSI-SQL-Befehle.

Entsprechend ihrer Verwendung lassen sich SQL-Anweisungen in folgende Gruppen einteilen:

- Datendefinition (Erstellen von Tabellen, Indizes etc.)
- Datenabfrage (Auswahl von Datensätzen aus einer oder mehreren Tabellen)
- Datenmanipulation (Ändern / Löschen von Datensätzen )
- Zugriffskontrolle (Vergabe von Rechten an Tabellen)

Wir haben uns im Folgenden an diesen Themenbereichen orientiert, um die Suche nach den entsprechenden Befehlen zu vereinfachen.

Bevor es jedoch so weit ist, kümmern wir uns um einige praktische Aspekte der SQL-Programmierung, die nach unseren Erfahrung die größten Probleme bereiten:

## 4.2 Der Einsatz von SQL in Visual Basic

Sicher haben Sie sich schon gefragt: Wie bekomme ich SQL und Visual Basic unter einen Hut? Eine berechtigte Frage, deren Beantwortung nicht sehr schwierig ist, da beide Sprachen eng miteinander verzahnt werden können. Folgende Berührungspunkte existieren:

- Erstellen von *Command*-Objekten und Abfragen (Views)
- im Visual Basic-Code (Definition von *Recordsets* etc.)
- Erstellen von Datenbanken, Im- und Export von Daten (*Database-*, *Command*-Objekte)
- beim Oberflächenentwurf (*Data*-Control)

### 4.2.1 SQL in Abfragen und Command-Objekten

Arbeiten Sie mit Access-Datenbanken, können Sie neben den Tabellen auch Abfragen in der Datenbank speichern. Auf diese kann nachfolgend wie auf real existierende Tabellen zugegriffen werden. Grundlage jeder Abfrage ist SQL-Code, auch wenn Sie in Microsoft Access den QbE-Editor verwendet haben.

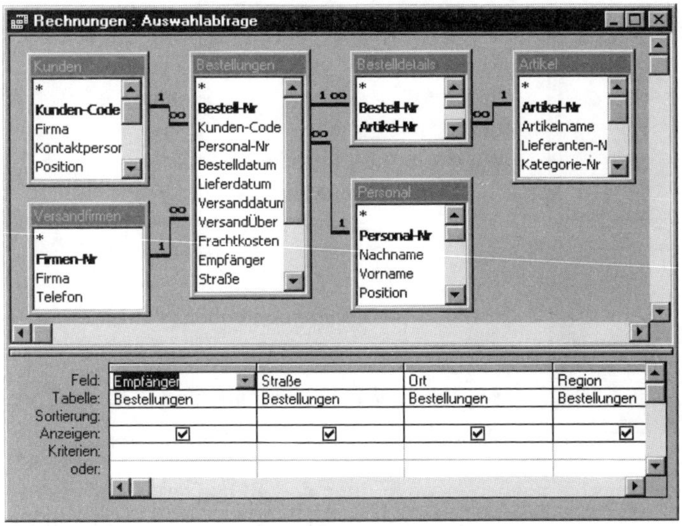


***Abbildung 4.1:*** *Microsoft Access QbE-Editor*

**BEISPIEL:** Hinter obiger Struktur verbirgt sich die folgende SQL-Anweisung:

```
SELECT DISTINCTROW
Bestellungen.Empfänger, Bestellungen.Straße, Bestellungen.Ort, Bestellungen.Region, Bestellungen.PLZ, Bestellun-
gen.Bestimmungsland, Bestellungen.[Kunden-Code], Kunden.Firma, Kunden.Straße, Kunden.Ort, Kunden.Region, Kunden.PLZ, Kun-
den.Land, [Vorname] & " " & [Nachname] AS Verkaufsberater, Bestellungen.[Bestell-Nr], Bestellungen.Bestelldatum,
Bestellungen.Lieferdatum, Bestellungen.Versanddatum, Versandfirmen.Firma, Bestelldetails.[Artikel-Nr], Artikel.Artikel-
name, Bestelldetails.Einzelpreis, Bestelldetails.Anzahl, Bestelldetails.Rabatt, CCur([Bestelldetails].[Einzel-
preis]*[Anzahl]*(1-[Rabatt])/100)*100 AS Endpreis, Bestellungen.Frachtkosten
FROM Versandfirmen INNER JOIN (Personal INNER JOIN (Kunden INNER JOIN (Bestellungen INNER JOIN (Artikel INNER JOIN
Bestelldetails ON Artikel.[Artikel-Nr] = Bestelldetails.[Artikel-Nr]) ON Bestellungen.[Bestell-Nr] = Bestellde-
tails.[Bestell-Nr]) ON Kunden.[Kunden-Code] = Bestellungen.[Kunden-Code]) ON Personal.[Personal-Nr] = Bestellungen.[Per-
sonal-Nr]) ON Versandfirmen.[Firmen-Nr] = Bestellungen.VersandÜber;
```

Den Einwand, dass sich derartige Abfragen doch viel leichter mit dem QbE-Editor erstellen lassen, können wir schnell entkräften. Nach dem Studium dieses Kapitels werden Sie feststellen, dass nur ein Teil der SQL-Funktionalität abgedeckt wird, für den großen Rest brauchen Sie »handgestricktes« SQL. Trotzdem: Für die vielen weniger komplexen Standardaufgaben empfehlen wir aber nach wie vor die Verwendung der Assistenten (wir gehen am Ende des Kapitels noch einmal auf die Assistenten ein), da diese mit weniger Aufwand zum gleichen Ziel führen.

Gleiches lässt sich zu den *Command*-Objekten sagen. Erstellen Sie im VB-Data-Environment ein neues *Command*-Objekt, bietet sich für die Auswahl der Daten entweder der Objektname (Tabelle, View, Stored Procedure) oder eine SQL-Anweisung an.

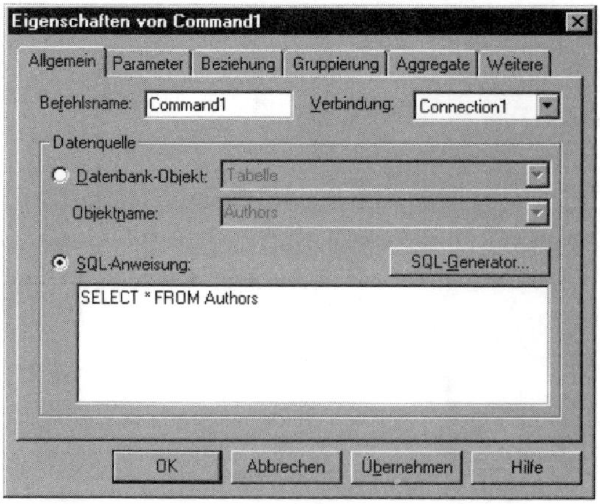


***Abbildung 4.2:*** *Verwendung von SQL bei Command-Objekten*

Die SQL-Anweisung kann entweder direkt eingegeben oder über den SQL-Generator erzeugt werden. Unsere Empfehlung: Nutzen Sie den SQL-Generator, so weit es geht und editieren Sie anschließend die erzeugte SQL-Anweisung.

**HINWEIS:** Wenn Sie Visual Basic als Frontend für einem SQL-Server benutzen, sollten Sie unbedingt SQL-Passthrough anstatt des integrierten SQL verwenden. Welche Änderungen sich daraus ergeben, lesen Sie bitte in ▶ Kapitel 9 nach. Arbeiten Sie mit ODBCDirect, handelt es sich ohnehin um die SQL-Syntax des Servers.

Wie Sie Abfragen mit Hilfe der Datenbank-Engine erzeugen, ist in ▶ Kapitel 5 ausführlich beschrieben.

### 4.2.2 SQL im Visual Basic-Code (Recordsets)

Wie schon mehrfach erwähnt, lassen sich SQL-Anweisungen zum Erstellen von Recordsets (Dynaset, Snapshot) verwenden, d.h. die Abfrage wählt Daten aus einer oder mehreren Tabellen aus und bildet damit die Basis für die weitere Arbeit mit den Datenzugriffsobjekten. Beispielsweise könnten die Kriterien für die SQL-Abfrage aus einer Eingabemaske stammen (Filterbedingungen).

**BEISPIEL:** Erzeugen eines Dynasets, das alle Datensätze aus der Tabelle *Personen* enthält, die mit »L« anfangen:

```
Dim db As DATABASE
Dim dy As Recordset
Set db = OpenDatebase(...)
Set dy = db.OpenRecordset("SELECT * FROM personen WHERE nachname LIKE 'L*'")
```

Soll das Kriterium veränderlich sein, muss eine Variable in den SQL-String eingebaut werden:

```
Dim kriterium$
kriterium = text1.value      ' Auslesen Control
...
Set dy = db.OpenRecordset("SELECT * FROM personen WHERE nachname LIKE '" & Kriterium & "'")
```

Allerdings sind in diesem Fall einige Besonderheiten in Bezug auf die Anführungszeichen zu beachten. Der gesamte String wird in *doppelte* Anführungszeichen (" ... ") eingeschlossen, die Stringaddition nehmen Sie mit dem &-Operator vor:

```
"SELECT * FROM personen WHERE nachname LIKE " & kriterium
```

Da SQL-Anweisungen keine Basic-Variablen kennen, muss der *Wert* der Variablen als String an den SQL-Ausdruck »angehängt« werden. Sollte es erforderlich sein, müssen Sie Variablen vorher mit der *CStr-* oder der *Format*-Funktion in einen String umwandeln.

Das Kriterium für die LIKE-Option ist, wie Sie noch sehen werden, ebenfalls in Anführungszeichen einzuschließen. Zur Unterscheidung werden aber diesmal nur einfache Anführungszeichen (' ... ') verwendet:

```
"SELECT * FROM personen WHERE nachname LIKE '" & kriterium & "'"
```

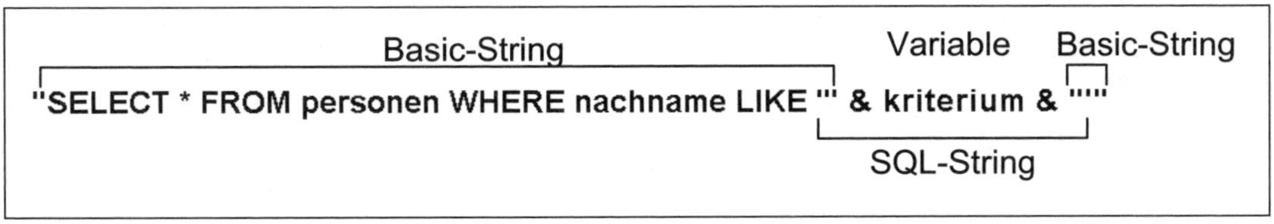


***Abbildung 4.3:*** *Aufbau einer LIKE-Anweisung*

Sollte es Probleme bei der Ausführung geben, lassen Sie sich am besten den gesamten SQL-Ausdruck im Test-Fenster anzeigen. Meist fehlen die einfachen Anführungszeichen, oder die Stringaddition ist nicht korrekt.

## 4.2.3 Parameterabfragen

Wie Sie sicher schon bemerkt haben, ist das Zusammenbauen der Strings eine aufwendige und recht fehlerintensive Beschäftigung. Wesentlich einfacher geht es mit den sogenannten Parameterabfragen, bei denen in den SQL-String entsprechende Platzhalter (oder auch Parameter) eingebaut werden.

Die Parameter sollten Sie vor der eigentlichen SQL-Anweisung deklarieren (optional). Verwenden Sie dazu die PARAMETERS-Klausel. Geben Sie jeweils den Namen und den Datentyp des Parameters an. Den Namen schließen Sie in eckigen Klammern ein.

**BEISPIEL:** Abfrage von Mitarbeitern mit Suchmaske aus der Personal-Datenbank

Die in der Datenbank gespeicherte SQL-Anweisung hat folgenden Aufbau:

```
PARAMETERS [Gesuchter Mitarbeiter] TEXT;
SELECT Nachname, Vorname
FROM Personen
WHERE nachname LIKE [Gesuchter Mitarbeiter];
```

Auf die einzelnen Anweisungen gehen wir im Laufe des Kapitels ein, an dieser Stelle nur so viel: Als Parameter deklarieren wir *[Gesuchter Mitarbeiter]*.

Da sich die weitere Verwendung bei ADO und DAO unterscheidet, wollen wir Ihnen beide Varianten getrennt vorstellen.

### DAO-Beispiel

Mit den schon bewährten DAOs ist es relativ einfach, die Parameterabfrage einzubinden (über ein *QueryDef*-Objekt), die Parameter zu übergeben und das Ergebnis einem *Recordset*-Objekt zuzuweisen:

```
Dim db As Database
Dim rs As Recordset
Dim qd As QueryDef

' Datenbank öffnen
Set db = DBEngine.Workspaces(0).OpenDatabase("personal.mdb", , False)
' Query öffen
Set qd = db.QueryDefs("MitarbeiterSuche")
' Parameter zuweisen
qd.Parameters("Gesuchter Mitarbeiter") = "M*"
' Recordset erstellen
Set rs = qd.OpenRecordset
' ...
```

**HINWEIS:** Beachten Sie, dass bei Verwendung der DAOs die Zeichen »*« bzw. »?« als Platzhalter in LIKE-Anweisungen fungieren.

### ADO-Beispiel

Wie im vorhergehenden Abschnitt beziehen wir uns auf die Abfrage *MitarbeiterSuche* aus der Access-Datenbank. Wie Sie anhand des folgenden Listings unschwer erkennen können, ist die Arbeit mit den ADOs etwas aufwendiger, was nicht zuletzt an den recht flexiblen *Parameter*-Objekten liegt. Diese besitzen neben den Eigenschaften *Type*, *Name* und *Value* auch weitere Merkmale zum Festlegen oder Zurückgeben der Parameter, so unter anderem eine *Attributes*- und eine *Direction*-Eigenschaft.

```
Dim conn As New ADODB.Connection
Dim com As New ADODB.Command
Dim rec As ADODB.Recordset
Dim param As New ADODB.Parameter

' Parameter erzeugen ...
param.Name = "Gesuchter Mitarbeiter"
param.Type = adBSTR
param.Value = "L%"

' Connection öffnen
conn.CursorLocation = adUseClient
conn.Open "Provider=Microsoft.Jet.OLEDB.3.51;Persist Security Info=False; " & _
          "Data Source=Personal.mdb"

' Command-Objekt erzeugen und das erzeugte Parameter-Objekt anfügen
com.CommandText = "MitarbeiterSuche"
com.CommandType = adCmdTable
com.Parameters.Append param
Set com.ActiveConnection = conn
```

```
' Recordset erzeugen
Set rec = com.Execute
' ... z.B. :
Set MSHFlexGrid2.DataSource = rec
```

**HINWEIS:** Beachten Sie, dass die Zeichen »%« und »_« als Platzhalter bei der Programmierung mit ADOs verwendet werden müssen.

### 4.2.4 SQL im Visual Basic-Code (Execute)

*Database-*, *Connection-* und *Command*-Objekte bieten mit der *Execute*-Methode eine weitere Möglichkeit, SQL im Basic-Code zu verwenden.

An dieser Stelle werden Sie jedoch mit einem wesentlichen Unterschied zwischen DAO und ADO konfrontiert. Während bei den DAO-*Database*-Objekten die *Execute*-Methode lediglich zum Ausführen von SQL-Anweisungen, die keine Datensätze zurückgeben, geeignet ist, sind die ADO-Objekte auch in der Lage, zurückgegebene Datensätze in einem Recordset zu speichern.

Zu den SQL-Befehlen, die keine Datensätze zurückgeben, zählen Löschabfragen, Update-Operationen, Exporte und Tabellenerstellungsbefehle.

**BEISPIEL:** Ausführen der *Execute*-Methode (DAO):

```
Dim db As DATABASE
Dim ws As Workspace
Set ws = DBEngine.Workspaces(0)
Set db = ws.Databases(0)
db.Execute ("DELETE FROM personen WHERE nachname LIKE 'Lehmann'")
```

Wollen Sie ermitteln, wie viele Datensätze von der Änderung betroffen sind, können Sie diese Angabe über die *RecordsAffected*-Eigenschaft auslesen und anzeigen:

```
...
db.Execute ("DELETE FROM personen WHERE nachname LIKE 'Lehmann'")
anzahl& = db.RecordsAffected
msgbox CStr(anzahl) & " Datensätze gelöscht!",64,"Hinweis"
```

**BEISPIEL:** Ausführen der *Execute*-Methode (ADO):

```
Set cnn1 = New ADODB.Connection
cnn1.Open "Provider=Microsoft.Jet.OLEDB.3.51;Persist Security" & _
        " Info=False;Data Source=E:\Programme\Microsoft Visual Studio\VB98\NWIND.MDB"
cnn1.Execute "DROP TABLE Artikel2", , adExecuteNoRecords
cnn1.Close
```

### 4.2.5 SQL beim Oberflächenentwurf

Ein weiterer Einsatzbereich für SQL findet sich bei der Datenquellendefinition des *Data*-Controls. Übergeben Sie der Eigenschaft *RecordSource* einfach einen gültigen SQL-String, der Datensätze liefert. Handelt es sich um eine Server-SQL-Anweisung, muß der Eigenschaft *Options* der Wert *dbSQLPassThrough* zugewiesen werden.

## 4.2.6 Programmieren eines SQL-Editors

Bevor Sie jetzt anfangen, für jedes der Beispiele in diesem Kapitel eine eigene SQL-Abfrage zu erstellen, möchten wir Sie auf eine wesentlich elegantere Experimentiermöglichkeit hinweisen: Auf der Buch-CD-ROM (*\\Kap04\Bsp*) finden Sie ein kleines Programm, mit der Sie auf einfache Weise SQL-Anweisungen ausprobieren können. Es genügt, wenn Sie eine Datenbank öffnen und in die Eingabezeile die gewünschte Anweisung eingeben.

### Oberfläche

Die folgende Abbildung zeigt den grundsätzlichen Aufbau der Oberfläche:

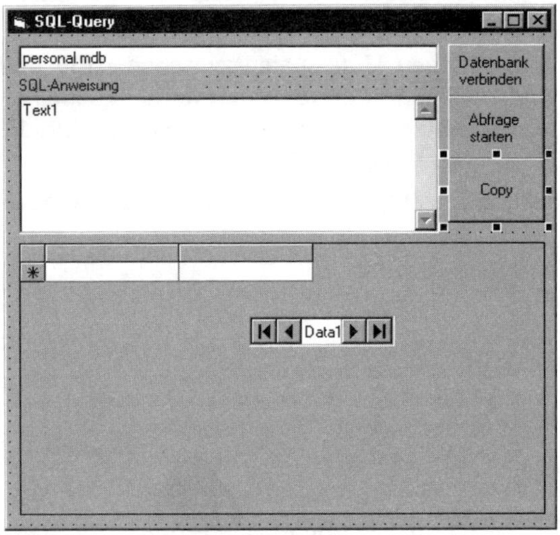


***Abbildung 4.4:** Entwurfsansicht SQL-Abfragetool*

Für unser Beispiel beschränken wir uns auf die Verwendung der DAO-Komponenten. Wer mag, kann sein Programm auch schon auf ADO umstellen.

### Quelltext

Erster Schritt ist, wie sollte es auch anders sein, die Deklaration von Variablen:

```
Dim ws As DAO.Workspace
Dim db As DAO.Database
Dim rs As DAO.Recordset
```

Das Öffnen der Datenbank:

```
Private Sub Command1_Click()
  Set ws = DBEngine.Workspaces(0)
  Set db = ws.OpenDatabase(Text2.Text)
  Data1.DatabaseName = Text2.Text
End Sub
```

Eine kleine Funktion hilft uns, Probleme mit den berühmt berüchtigten NULL-Werte zu vermeiden (Sie erinnern sich, dass einem String kein NULL-Wert zugewiesen werden kann, ganz im Gegensatz zu einem Variant-Wert):

```
Function AsString(v As Variant) As String
  If IsNull(v) Then
    AsString = ""
  Else
    AsString = CStr(v)
  End If
End Function
```

Und hier ist auch schon das eigentliche Hauptprogramm zu finden:

```
Private Sub Command2_Click()
On Error Resume Next
 If Left(UCase(Trim(Text1.Text)), 6) = "SELECT" And InStr(UCase(Text1.Text), " INTO ") = 0 Then
    Data1.RecordSource = Text1.Text
    Data1.Refresh
 Else
    db.Execute Text2.Text
    MsgBox db.RecordsAffected & " Records bearbeitet!"
 End If
End Sub
```

**HINWEIS:** Beachten Sie, dass zwischen Abfragen mit und Abfragen ohne zurückgegebene Datensätze unterschieden wird (*If* ...).

Als Letztes erweitern wir noch das Programm um eine Funktion zum Export der Daten über die Zwischenablage:

```
Private Sub Command3_Click()
On Error Resume Next
Dim s$, f As Field
 Screen.MousePointer = 11
 s = s & Text1.Text & Chr(13) & Chr(10)
 s = s & "---------------------------------------------------------" & Chr(13) & Chr(10)
 If Left(UCase(Trim(Text1.Text)), 6) = "SELECT" And InStr(UCase(Text1.Text), " INTO ") = 0 Then
    Set rs = db.OpenRecordset(Text1.Text)
    For Each f In rs.Fields
      s = s & f.Name & Chr(9)
    Next
    s = s & Chr(13) & Chr(10)
    While Not rs.EOF
      For Each f In rs.Fields
        s = s & AsString(f.Value) & Chr(9)
      Next
      s = s & Chr(13) & Chr(10)
      rs.MoveNext
    Wend
    Clipboard.SetText s
 Else
    s = CStr(db.RecordsAffected) & " Records bearbeitet!"
    Clipboard.SetText s
 End If
 Screen.MousePointer = 0
End Sub
```

Prinzipiell werden einfach alle Tabellenspalten hintereinander ausgelesen, mit einem Trennzeichen (Tabulator) versehen und an einen String angehängt. Nach jedem Datensatz generiert das Programm einen Zeilenumbruch.

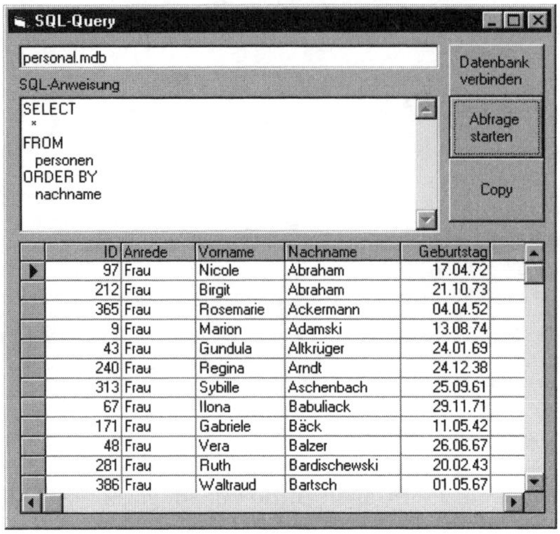


***Abbildung 4.5:*** *SQL-Abfragetool im Einsatz*

Alle Beispiele und Tabellen, die Sie in diesem Kapitel finden, sind mit dem o.g. Programm getestet und erzeugt worden.

# 4.3 Die Beispieldatenbank *Personal*

Für Demonstrationszwecke verwenden wir in diesem Kapitel die Datenbank *Personal*, die Sie auf der Buch-CD-ROM (*Kap04\Bsp*) finden. Alle Tabellen enthalten lediglich Beispieldaten, die nur im beschränkten Umfang den realen Verhältnissen entsprechen[1]. Für das prinzipielle Verständnis der benutzten Tabellen in der Datenbank soll die folgende Abbildung sorgen.

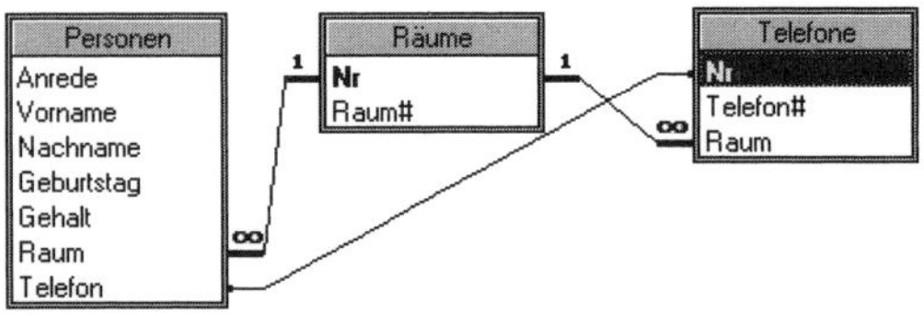


***Abbildung 4.6:*** *Beziehungen zwischen den Tabellen*

Sie werden sich vielleicht wundern, dass es sowohl eine Tabelle *Telefone* als auch ein Feld *Telefon* (Tabelle *Personen*) gibt. Der Grund ist die zunehmende Verbreitung von Mobiltelefonen, die sich nicht mehr einem Raum, sondern nur noch einer Person eindeutig zuordnen lassen. Alle anderen Telefone befinden sich in Räumen, in denen wiederum n Personen sitzen können (die klassische m:n-Beziehung, die in zwei 1:n-Beziehungen aufgelöst wurde). Die Tabelle *Räume* enthält zusätzlich die eigentliche Raumbezeichnung (z.B. A-114).

1 Dies betrifft insbesondere die Gehälter, die mit einem Zufallsgenerator erzeugt wurden, oder ...?

# 4.4 Datendefinition (DDL)

Die Abkürzung DDL steht für *Data Definition Language*. Ähnlich wie bei der Definition von Tabellen und Indizes mit Hilfe der Datenbankobjekte lassen sich auch SQL-Anweisungen zu diesem Zweck einsetzen. Der Vorteil ist eine wesentlich kompaktere Darstellung. Allerdings ist SQL der kleinste gemeinsame Nenner. Auf spezielle Datenbankfunktionen wie Standardwerte, Regeln usw. können Sie mit SQL nicht zugreifen. Auch eine weitere Einschränkung sollte nicht unerwähnt bleiben: Tabellen und Indizes dürfen Sie mit SQL-Anweisungen nur bei Access-Datenbanken anlegen. Dies trifft auf alle DDL-Anweisungen zu.

## 4.4.1 Tabellen/Indizes/Referenzen erstellen

Zum Erzeugen einer neuen Tabelle verwenden Sie den CREATE-TABLE-Befehl:

```
CREATE TABLE<Tabellenname>
(<Feldname1> <Typ> [Größe] [CONSTRAINT-Klausel],
 <Feldname2> <Typ> [Größe] [CONSTRAINT-Klausel],
... );
```

**HINWEIS:** Die SQL-Datentypen weichen in ihrer Bezeichnung von den bisherigen Feldtypen ab. Welche Änderungen Sie beachten müssen, können Sie der folgenden Tabelle entnehmen:

| SQL-Typ | Beschreibung |
|---|---|
| COUNTER | Zählerfeld |
| CURRENCY | Währung |
| DATETIME | Datum/Uhrzeit |
| SINGLE | Single |
| DOUBLE | Double |
| SHORT | Integer |
| LONG | Long |
| LONGTEXT | Memo |
| LONGBINARY | Binärfeld |
| TEXT | Textfeld |
| BIT | Boolean |

***Tabelle 4.1:** SQL-Datentypen*

Sollten Sie bereits mit anderen SQL-Dialekten gearbeitet haben, werden Sie sich vielleicht über den Datentyp COUNTER wundern, der nur in Access vorhanden ist. Auf einem SQL-Server müssen Sie Zählerfelder meist mit einen Trigger und einem Generator simulieren[1].

[1] Der MS-SQL-Server kennt die Möglichkeit, mit IDENTITY (x,y) ein Zählerfeld zu generieren, in dem sowohl Startwert (x) als auch Inkrement (y) beliebig festgelegt werden können.

Für den Tabellen- und für die Feldnamen gelten die Access-Konventionen: Leerzeichen dürfen enthalten sein. Beachten Sie jedoch, dass in diesem Fall der Name in eckigen Klammern einzuschließen ist (z.B. [Abschlußbilanz 1995]).

Die Feldgröße ist nur bei Textfeldern interessant, in allen anderen Fällen können Sie diesen Parameter auch weglassen.

**BEISPIEL:** Anlegen einer Tabelle *Personal*:

```
CREATE TABLE personal(
        Name TEXT (30),
        Vorname TEXT (20),
        Geboren DATETIME,
        Gehalt CURRENCY,
        Bemerkung LONGTEXT);
```

**HINWEIS:** Sollten Sie versuchen, ein Feld mit der Bezeichnung *Alter* anzulegen, vergessen Sie nicht die eckigen Klammern, denn bei ALTER handelt es sich um ein reserviertes Wort!

Dass Sie mit CREATE TABLE auch Indizes anlegen können, zeigen die folgenden Ausführungen. Die Unterscheidung zwischen Hauptindex (*Primary Key*) und eindeutigem Index (*Unique Key*) wird auch bei der Definition über SQL-Anweisungen beibehalten.

Erweitern Sie zu diesem Zweck die CREATE TABLE-Anweisung um eine CONSTRAINT-Klausel.

**BEISPIEL:** Das Feld *Nr* wird als Hauptindex festgelegt.

```
CREATE TABLE personen(
   Nr COUNTER CONSTRAINT Primary Key,
   Name TEXT (30))
```

Bei der CONSTRAINT-Klausel müssen Sie zwischen zwei Typen unterscheiden:

Syntax für einfachen Index:

```
CONSTRAINT Name {PRIMARY KEY |
             UNIQUE |
             REFERENCES Fremdtabelle [(Fremdfeld)]}
```

Syntax für Mehrfelderindex:

```
CONSTRAINT Name {PRIMARY KEY (Primär1[, Primär2 [, ...]])|
             UNIQUE (Eindeutig1[, Eindeutig2 [, ...]])|
             FOREIGN KEY (Ref1[, Ref2 [, ...]])
             REFERENCES Fremdtabelle [(Fremdfeld1
             [, Fremdfeld2 [, ...]])]}
```

**BEISPIEL:** Eindeutiger Index für das Feld *Nr*.

```
CREATE TABLE personen(
  [Nr] COUNTER CONSTRAINT [Nr] UNIQUE,
  [Vorname] TEXT (30),
  [Nachname] TEXT (25),
  [Geburtsdatum] DATETIME );
```

**BEISPIEL:** Hauptindex

```
CREATE TABLE personen(
   [Nr] COUNTER CONSTRAINT [Nr] PRIMARY KEY,
   [Vorname] TEXT (30),
   [Nachname] TEXT (25),
   [Geburtsdatum] DATETIME );
```

**BEISPIEL:** Zusammengesetzter Index (Vorname, Nachname).

```
CREATE TABLE personen(
   [Vorname] TEXT (30),
   [Nachname] TEXT (25),
   [Geburtsdatum] DATETIME,
    CONSTRAINT index1 ([Vorname], [Nachname]));
```

Mit der CONSTRAINT-Klausel können Sie nicht nur Indizes anlegen, sondern sogar Beziehungen zwischen Tabellen festlegen.

**BEISPIEL:** Erstellen einer Tabelle *Personal*, die über das Feld *Raum* eine Relation mit der Tabelle *Räume* herstellt.

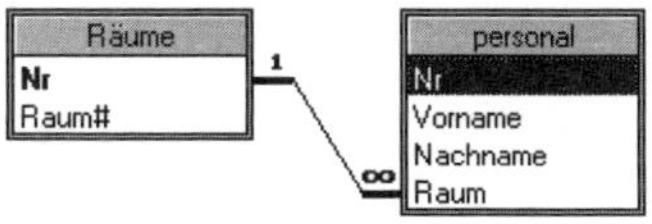


***Abbildung 4.7:*** *Beziehung Räume:Personal*

```
CREATE TABLE personal(
   [Nr] COUNTER CONSTRAINT [Nr] UNIQUE,
   [Vorname] TEXT (30),
   [Nachname] TEXT (25),
   [Raum] LONG,
   CONSTRAINT beziehung1 FOREIGN KEY (Raum) REFERENCES [räume] );
```

oder

```
CREATE TABLE personal(
   [Nr] COUNTER CONSTRAINT [Nr] UNIQUE,
   [Vorname] TEXT (30),
   [Nachname] TEXT (25),
   [Raum] LONG CONSTRAINT beziehung1 REFERENCES [räume] );
```

Vielleicht haben Sie bisher ein Beispiel für einen einfachen Index vermisst? Der Grund dafür ist, dass dieser nur mit der CREATE INDEX-Anweisung angelegt werden kann.

```
CREATE [UNIQUE] INDEX <Indexname>
       ON <Tabellename> (Feld [ASC|DESC][,Feld [ASC|DESC], ...])
       [WITH { PRIMARY | DISALLOW NULL | IGNORE NULL }]
```

Wie Sie sehen, ist es mit CREATE INDEX auch möglich, die Sortierreihenfolge zu beeinflussen, was bei CONSTRAINT nicht machbar ist.

**BEISPIEL:** Indizieren des Feldes *Nachname* in der Tabelle *Personal*.

```
CREATE INDEX Nachname ON personal(Nachname)
```

**BEISPIEL:** Indizieren des Feldes *Nachname* in der Tabelle *Personal* in absteigender Reihenfolge.

```
CREATE INDEX Nachname ON personal(Nachname DESC)
```

**BEISPIEL:** Zusammengesetzter Index über die Felder *Nachname* und *Vorname*.

```
CREATE INDEX name ON personal(Nachname, Vorname)
```

Verwenden Sie die Option UNIQUE, so handelt es sich beim erzeugten Index um einen eindeutigen Index, d.h. doppelte Werte in der indizierten Spalte sind unzulässig und werden abgewiesen.

Setzen Sie die IGNORE NULL-Option, so ignoriert die Jet-Engine NULL-Werte und nimmt diese nicht in den Index auf. Soll verhindert werden, dass NULL-Werte in einer Spalte gespeichert werden, müssen Sie die DISALLOW NULL-Option setzen.

**BEISPIEL:** Index, der keine NULL-Werte zulässt.

```
CREATE INDEX name
ON personal(Nachname, Vorname)
WITH DISALLOW NULL
```

**HINWEIS:** Jede Tabelle darf nur einen einzigen Hauptindex (Primary Key) besitzen!

## 4.4.2 Tabellen/Indizes löschen/verändern

Ist die Tabelle einmal angelegt, können Sie entweder mit ALTER TABLE deren Struktur ändern, oder Sie löschen die Tabelle und erzeugen eine neue.

```
ALTER TABLE <Tabellenname> {
          ADD{COLUMN Feld Typ[(Größe)] [CONSTRAINT Index]|
          CONSTRAINT Mehrfelderindex} |
          DROP {COLUMN Feld | CONSTRAINT Indexname } }
```

Mit ALTER TABLE läßt sich eine neue Spalte erzeugen oder eine Spalte löschen. Weiterhin können Sie Indizes anlegen bzw. löschen. Das Umbenennen von Spalten, Tabellen oder Indizes ist nicht möglich. Dazu müssen Sie die Daten in eine neue Tabelle kopieren und die alte Tabelle löschen (siehe dazu SELECT INTO ...).

**BEISPIEL:** Einfügen einer Tabellenspalte.

```
ALTER TABLE personal
ADD COLUMN telefon TEXT (30)
```

**BEISPIEL:** Löschen einer Tabellenspalte.

```
ALTER TABLE personal
DROP COLUMN nachname
```

Mit DROP TABLE bzw. DROP INDEX lassen sich Tabellen und Indizes löschen. Allerdings sollten Sie die DROP TABLE-Anweisung mit Bedacht einsetzen, denn es wird weder eine Sicherheitsabfrage angezeigt, noch kann die Tabelle restauriert werden (Ausnahme: Sie schließen den SQL-Befehl in eine Transaktion ein).

**BEISPIEL:** Löschen einer Tabelle.

```
DROP TABLE personal
```

**HINWEIS:** Tabellenspalten können erst dann gelöscht werden, wenn sie nicht mehr indiziert sind.

### 4.4.3 Setzen von Rechten

**HINWEIS: SQL-Befehle** zum Setzen von Zugriffsrechten, Erzeugen von Usern oder User-Gruppen werden von Access-SQL nicht unterstützt. In diesem Fall sind Sie auf die bewährten DAO-Objekte angewiesen. Anders beim Einsatz von SQL-Servern: Hier sind die Anweisungen GRAND (Setzen von Rechten) und REVOKE (Entfernen von Rechten) von zentraler Bedeutung.

**BEISPIEL:** Vergabe von Tabellenrechten (Lesen, Einfügen, Ändern) an die Gruppe *Personal* auf einem SQL-Server[1].

```
GRANT SELECT, INSERT, UPDATE
ON adressen
TO personal
```

Damit wäre das Thema »Datendefinition« abgeschlossen, und wir können uns der Eingabe bzw. der Abfrage von Daten zuwenden.

## 4.5 Datenabfragen mit SQL (DQL)

DQL ist die Abkürzung für *Data Query Language*. Das wichtigste Kriterium für eine Datenabfrage ist, dass diese Datensätze zurückliefert, die sich auch anzeigen lassen. Dass im Extremfall kein Datensatz zurückgegeben wird, weil bestimmte Bedingungen nicht eingehalten werden, widerspricht durchaus nicht obiger Aussage. In diesem Fall bleibt die Tabelle auf dem Bildschirm eben leer. Das Ergebnis einer Datendefinitionsabfrage kann hingegen nur mit einer Datenabfrage angezeigt werden.

1 Je nach SQL-Server unterscheiden sich an dieser Stelle die SQL-Befehle.

Stellen Sie sich eine Datenabfrage als Beantwortung der folgenden Fragen vor:

- Was soll dargestellt werden? (SELECT)
- Wie sollen die Werte angezeigt werden? (AS, Format ...)
- Woher kommen die Daten? (FROM)
- Unter welchen Bedingungen werden die Daten ausgewählt? (WHERE)
- Welcher Zusammenhang besteht zwischen den Daten? (JOIN oder WHERE)
- In welcher Reihenfolge sollen die Ergebnisse angezeigt werden? (ORDER BY)
- Handelt es sich um eine Gruppierung? (GROUP BY)

Für jede dieser Fragen findet sich eine passende SQL-Lösung.

## 4.5.1 Abfragen mit SELECT

Grundlage jeder Abfrage ist der SELECT-Befehl. Mit SELECT wählen Sie Datenfelder, die bestimmten Bedingungen genügen, aus einer oder auch mehreren Tabellen aus.

```
SELECT [Prädikat]
       { * |
         Tabelle.* |
         [Tabelle.]Feld1 [, [Tabelle.]Feld2.[, ...]]}
       [AS Alias1 [, Alias2 [, ...]]]
FROM  Tabellenausdruck [, ...] [IN ExterneDatenbank]
      [WHERE... ]
      [GROUP BY... ]
      [HAVING... ]
      [ORDER BY... ]
      [WITH OWNERACCESS OPTION]
```

Was auf den ersten Blick mehr verwirren als erleuchten mag, soll lediglich die Komplexität einer SELECT-Anweisung verdeutlichen. Wir werden im Folgenden alle Optionen an Einzelbeispielen demonstrieren.

### Abrufen aller Tabellenspalten

Wenn Sie alle Felder (auch als Spalten bezeichnet) einer Tabelle selektieren möchten, verwenden Sie einen Stern (*) als Platzhalter für alle Spaltenbezeichner. Nach der FROM-Klausel folgt der Tabellenname.

Diese wohl einfachste SELECT-Anweisung verdeutlicht die folgende Abbildung:

```
SELECT *
FROM personen
```

| | Anrede | Vorname | Nachname | Geburtstag | Gehalt | Raum | Telefon |
|---|---|---|---|---|---|---|---|
| | Frau | Dana | Hilgenfeld | 24.04.40 | 4203,62 | 1 | |
| ▶ | Frau | Vera | Balzer | 26.06.67 | 2159,38 | 1 | 36 |
| | Frau | Monika | König | 21.03.67 | 2553,28 | 1 | |
| | Frau | Rita | Gomert | 16.11.56 | 4758,11 | 1 | |
| | Frau | Katrin | Zerbian | 17.11.51 | 1203,92 | 1 | |
| | Frau | Katrin | Werner | 03.12.36 | 4910,62 | 1 | |
| | Frau | Barbara | Niebel | 08.02.45 | 2791,64 | 1 | |
| | Frau | Marina | Lehmann | 09.04.41 | 1857,39 | 1 | |
| | Frau | Svea | Schulze | 05.06.60 | 2327,04 | 1 | |
| | Frau | Friedegard | Warnke | 30.08.48 | 2480,56 | 2 | |

**HINWEIS:** Die Daten der Tabelle *Personen* werden in der Reihenfolge zurückgegeben, wie sie gespeichert wurden. Die Spalten sind in der gleichen Reihenfolge angeordnet wie in der zugrunde liegenden Tabelle.

### Auswahl bestimmter Tabellenspalten

Nicht in jedem Fall werden alle Spalten der Tabelle benötigt; je weniger Tabellenspalten Sie auswählen, desto weniger Arbeitsspeicher wird gebraucht (in Netzwerken müssen weniger Daten transportiert werden). Aus diesem Grund unterstützt SQL die Möglichkeit, einzelne Tabellenspalten auszuwählen.

**BEISPIEL:** Mit folgender SELECT-Anweisung wählen Sie nur die Spalten *Vorname* und *Nachname* aus der Tabelle *Personen* aus.

```
SELECT vorname, nachname
FROM personen
```

| | vorname | nachname |
|---|---|---|
| ▶ | Dana | Hilgenfeld |
| | Vera | Balzer |
| | Monika | König |
| | Rita | Gomert |
| | Katrin | Zerbian |
| | Katrin | Werner |
| | Barbara | Niebel |
| | Marina | Lehmann |
| | Svea | Schulze |
| | Friedegard | Warnke |

**HINWEIS:** Geben Sie mehrere Spaltennamen an, müssen Sie diese mit einem Leerzeichen trennen. Spaltennamen, die Leer- oder Sonderzeichen enthalten, müssen Sie in eckige Klammern einschließen.

**WICHTIG:** Verwenden Sie mehrere Tabellen in einer SELECT-Anweisung, müssen Sie in der Liste der Feldbezeichner zusätzlich auch den Tabellennamen angeben[1]:

```
SELECT personen.nachname, telefone.raum FROM personen, telefone
```

**TIPP:** Die Reihenfolge der Spaltenbezeichner bestimmt die Spaltenreihenfolge in der zurückgegebenen Datenmenge.

### Verwendung von Alias-Namen

Sind viele Felder zu selektieren, ist es recht mühsam, jedesmal den vollen Tabellennamen in die SQL-Anweisung einzusetzen. Zu diesem Zweck sollten Sie Alias-Namen verwenden. Die folgende SQL-Zeile entspricht der obigen Anweisung:

```
SELECT p.nachname, t.raum FROM personen p, telefone t
```

Die Tabelle *Personen* wird über den Alias *P*, die Tabelle *Telefone* über den Alias *T* angesprochen.

Neben der reinen »Faulheit« hat die Verwendung von Alias-Namen auch noch einen wichtigen Nutzen. Zur Erklärung müssen wir etwas vorgreifen.

Rufen Sie mit

```
SELECT
   nachname, vorname, vorgesetzter
FROM
   personen
```

Datensätze ab, ist die Spalte *Vorgesetzter* nicht sehr aussagekräftig: Es ist lediglich die ID des Vorgesetzten angegeben. Um den Namen zu erhalten, müssen wir aus der gleichen *Personen*-Tabelle die Namen der Vorgesetzten ermitteln. Was liegt näher, als die *Personen*-Tabelle zweimal einzubinden? Zur Unterscheidung verwenden Sie die Alias-Bezeichner:

```
SELECT p.nachname, p.vorname, v.nachname
FROM
personen p, personen v
WHERE
p.vorgesetzter = v.id
```

**HINWEIS:** Sollten Sie Feldnamen mit Leerzeichen oder Satzzeichen verwenden, müssen Sie die Feldbezeichner grundsätzlich in eckige Klammern einschließen:

```
SELECT personen.[geboren am] FROM personen
```

---

1 Die Abfrage liefert keine sinnvollen Daten, sondern soll lediglich das Grundprinzip verdeutlichen, ohne gleich ein komplexes Beispiel anzuführen.

**Behandlung doppelter Datensätze**

Ein Problem beim Selektieren bestimmter Datensätze (z.B. Auswahl von Name und Vorname aus einer großen Tabelle) sind »doppelte« Datensätze. Um dieser Redundanz zu begegnen, verwenden Sie die optionalen Parameter DISTINCT bzw. DISTINCTROW. Während sich DISTINCT nur auf gleichlautende Felder bezieht, entfernt DISTINCTROW gleiche Datensätze aus der Abfrage. Die Datensätze verbleiben jedoch auf jeden Fall in der Tabelle.

```
SELECT DISTINCT nachname FROM personen
```

Die vorher gezeigte Anweisung liefert z.B. nur eine einzige Person mit dem Nachnamen »Müller«, obwohl mehrere Einträge mit diesem Namen in der Tabelle abgespeichert sind. Die Datenbasis ist schreibgeschützt.

Im Gegensatz dazu werden bei

```
SELECT DISTINCTROW nachname FROM personen
```

nur die mehrfach auftretenden Datensätze unterdrückt, d.h. bei denen alle Feldinhalte übereinstimmen. Im Fall einer Personaltabelle wären dies, was höchst unwahrscheinlich ist, alle Einträge »Müller«, bei denen auch noch Vorname, Geburtsdatum etc. identisch sind. Die Abfrage kann editiert werden. Von Bedeutung ist DISTINCTROW vor allem bei Abfragen über mehrere Tabellen. Auf Möglichkeiten, mit SELECT ... IN ... auf andere Datenbankformate zuzugreifen, wird später eingegangen.

## 4.5.2 Die WHERE-Klausel

Bisher lieferten unsere SELECT-Abfragen immer alle Datensätze aus den betroffenen Tabellen. Sollen nur bestimmte Datensätze ausgewählt werden, ist eine WHERE-Klausel einzufügen. Dabei handelt es sich um eine logische Bedingung, mit der für jeden Datensatz geprüft wird, ob er zur Ergebnismenge gehört (TRUE) oder nicht (FALSE).

**WICHTIG:** Tabellenspalten, die häufig mit einer WHERE-Klausel abgefragt wer*den (Name, ID* etc.) sollten Sie in jedem Fall indizieren. Der Vorteil: Die Datenbank-Engine muß lediglich die Indizes vergleichen, nicht die ungeordneten Daten in den Originaltabellen.

Für den Vergleich stehen Ihnen folgende Operatoren zur Verfügung:

- Mathematische Vergleichsoperatoren (>, <, >= , <= , =, <>)
- Logische Operatoren (AND, OR, NOT, BETWEEN, LIKE)
- Mengenoperatoren (IN, ANY, ALL, EXISTS)

Aus einer Vielzahl von Kombinationsmöglichkeiten wollen wir Ihnen nachfolgend einige Beispiele vorstellen:

```
SELECT *
FROM personen
WHERE gehalt > 4000
```

| Anrede | Vorname | Nachname | Geburtstag | Gehalt | Raum | Telefon |
|---|---|---|---|---|---|---|
| Frau | Sabine | Bohrer | 16.09.56 | 4535,91 | 25 | 8 |
| Herr | Gert | Slabon | 13.10.62 | 4043,03 | 21 | |
| Frau | Beate | Paczkowski | 04.01.52 | 4202,61 | 11 | |
| Frau | Liane | Rex | 28.11.56 | 4503,59 | 17 | |
| Frau | Gabriele | Bäck | 11.05.42 | 4060,2 | 10 | 43 |
| Frau | Petra | Robeck | 17.02.42 | 4759,12 | 14 | |
| Frau | Cornelia | Drewitz | 22.02.63 | 4890,42 | 2 | 41 |
| Herr | Stefan | Buchwald | 20.11.57 | 4740,94 | 5 | 42 |
| Frau | Annette | Otto | 31.03.63 | 5024,75 | 20 | |
| Frau | Lieselotte | Hein | 15.02.63 | 4738,92 | 23 | 32 |

Aufgelistet werden alle Mitarbeiter, die mehr als 4.000 DM verdienen.

### Selektieren von Bereichen

Für die Auswahl von Elementen, die in einem bestimmten Bereich liegen, stehen zwei grundsätzliche Möglichkeiten zur Verfügung:

**BEISPIEL:** Auswahl aller Mitarbeiter, die mehr als 4.000 DM und weniger als 4.300 DM verdienen.

**Lösung 1:** Beschreibung des Intervalls mit <, >, >=, <= sowie der UND-Verknüpfung.

```
SELECT *
FROM personen
WHERE (gehalt > 4000)AND(gehalt < 4300)
```

**Lösung 2**: Beschreibung des Intervalls mit dem BETWEEN-Ausdruck.

```
SELECT *
FROM personen
WHERE gehalt BETWEEN 4000 AND 4300
```

Mit einer einfachen Negation der obigen Bedingung können Sie auch alle Mitarbeiter auflisten, die weniger als 4.000 und mehr als 4.300 DM kosten. Beachten Sie aber, dass sowohl 4.000 als auch 4.300 mit zum Definitionsbereich gehören!

```
SELECT *
FROM personen
WHERE gehalt NOT BETWEEN 4000 AND 4300
```

| Anrede | Vorname | Nachname | Geburtstag | Gehalt | Raum | Telefon |
|---|---|---|---|---|---|---|
| Frau | Gabriele | Detert | 01.05.60 | 3165,34 | 15 | 18 |
| Frau | Heidemarie | Obst | 04.07.47 | 3351,18 | 23 | |
| Frau | Renate | Behn | 16.07.52 | 2179,58 | 16 | |
| Herr | Walter | Hornung | 03.08.66 | 2230,08 | 14 | 44 |
| Frau | Simone | Schmidt | 27.10.70 | 1066,56 | 32 | |
| Herr | Valentin | Ott | 12.03.54 | 4300,58 | 18 | |
| Frau | Marion | Adamski | 13.08.74 | 3874,36 | 20 | 37 |
| Herr | Jörg | Gwinner | 30.12.43 | 1192,81 | 3 | 23 |
| Frau | Hannelore | Große | 12.01.52 | 2682,56 | 6 | |
| Frau | Brigitte | Heil | 14.02.74 | 4495,51 | 10 | 29 |

### Suche nach Zeichenfolgen

Für die Suche nach bestimmten Zeichenfolgen können Sie mehrere Operatoren verwenden. Sowohl das Gleichheitszeichen (=) als auch der LIKE-Ausdruck liefern dasselbe Ergebnis. Beachten Sie die Groß-/Kleinschreibung, auch wenn dies bei Access-Datenbanken nicht unbedingt erforderlich ist.

```
SELECT *
FROM personen
WHERE nachname = 'Lehmann'
```

| Anrede | Vorname | Nachname | Geburtstag | Gehalt | Raum | Telefon |
|---|---|---|---|---|---|---|
| Frau | Gisela | Lehmann | 26.04.36 | 1994,75 | 22 | |
| Frau | Katrin | Lehmann | 04.11.38 | 5047,98 | 26 | |
| Frau | Margit | Lehmann | 10.10.67 | 3334,01 | 20 | |
| Frau | Babett | Lehmann | 28.01.75 | 4177,36 | 32 | |
| Frau | Solvig | Lehmann | 17.05.60 | 1758,41 | 21 | |
| Frau | Claudia | Lehmann | 23.06.70 | 3405,72 | 28 | |
| Frau | Marina | Lehmann | 09.04.41 | 1857,39 | 1 | |
| Frau | Doreen | Lehmann | 05.12.71 | 3048,18 | 13 | |
| Frau | Maria | Lehmann | 08.07.52 | 4474,3 | 15 | |

Die folgende Anweisung führt zum gleichen Ergebnis:

```
SELECT *
FROM personen
WHERE nachname LIKE 'Lehmann'
```

**WICHTIG:** Beachten Sie, dass der LIKE-Operator nur für Zeichenketten (Text-, Memofelder) verwendet werden kann.

**HINWEIS:** Innerhalb der SQL-Anweisung sind Strings mit einfachen Hochkommas (' ... ') zu begrenzen. Im Basic-Quelltext müssen Sie den komplette SQL-String hingegen in doppelte Hochkommas (" ... ") einschließen.

**BEISPIEL:** Sie suchen eine Person, von der Sie nur wissen, dass Sie »Schulz« oder »Schulze« heißt.

**Lösung 1**: Sie geben mehrere Namen mit OR-Verknüpfung an.

```
SELECT *
FROM personen
WHERE nachname='Schulz' OR nachname='Schulze'
```

**Lösung 2**: Sie verwenden Platzhalter.

```
SELECT *
FROM personen
WHERE nachname LIKE 'Schulz*'
```

| Anrede | Vorname | Nachname | Geburtstag | Gehalt | Raum | Telefo |
|---|---|---|---|---|---|---|
| Frau | Karin | Schulze | 03.07.74 | 1237,25 | 18 | |
| Frau | Christine | Schulz | 02.02.53 | 2484,6 | 18 | |
| Frau | Jana | Schulz | 11.06.68 | 1190,79 | 25 | |
| Frau | Marianne | Schulz | 27.09.59 | 3150,19 | 21 | |
| Frau | Kerstin | Schulz | 29.12.63 | 1889,71 | 2 | |
| Herr | Herbert | Schulze | 05.07.51 | 3822,85 | 32 | |
| Herr | Fritz | Schulze | 25.11.52 | 4559,14 | 14 | |
| Herr | Ilja | Schulz | 27.04.61 | 2583,58 | 15 | |
| Frau | Rita | Schulz | 08.03.45 | 3646,1 | 8 | |

Access unterstützt verschiedene Arten von Platzhaltern. Für ein beliebiges Zeichen können Sie das Fragezeichen (?) verwenden, der Stern (*) steht für eine beliebige Anzahl von Zeichen. Einzelne Ziffern lassen sich durch (#) kennzeichnen. Zusätzlich können Sie auch mit Zeichenlisten arbeiten:

| Beispiel | Beschreibung |
|---|---|
| 'abc*' | Findet alle Einträge, die mit »abc« beginnen. |
| '*abc' | Findet alle Einträge, die mit »abc« enden. |
| '*ab*' | Findet jedes Vorkommen von »ab«, auch wenn es nur ein Wortteil ist. |
| 'a?c' | Findet »aac«, »abc«, »acc« etc., auch »a2c« oder »aTc« etc. |
| 'a#c' | Findet »a1c«, »a2c«, »a3c« etc., aber nicht »aac« etc. |
| 'a[bcg]z' | Findet nur »abz«, »acz«, »agz«. |

***Tabelle 4.2:** Beispiele für Zeichenlisten*

**HINWEIS:** Die Platzhalter von Access-SQL entsprechen nicht der ANSI-Spezifikation. Dort steht das Prozentzeichen (%) für beliebig viele Zeichen und der Unterstrich (_) für ein Zeichen!

**WICHTIG:** Arbeiten Sie mit ADO, vergessen Sie das im vorhergehenden Absatz Gesagte gleich wieder. Abfragen über ADO erfordern ein »%« als Platzhalter für beliebig viele Zeichen und ein »_« als Platzhalter für ein Zeichen.

### Datumsvergleiche

Im Zusammenhang mit Datumswerten werden immer wieder gern Fehler gemacht. Grundsätzlich hat ein Datum in SQL-Anweisungen das folgende Format:

```
#Monat/Tag/Jahr#
```

**BEISPIEL:** Eine Abfrage nach allen Mitarbeitern, die nach dem 1.11.1970 geboren sind, sollte deshalb keine Probleme bereiten.

```
SELECT *
FROM personen
WHERE geburtstag > #11/1/1970#
```

Schwieriger wird es allerdings, wenn Sie das Datum erst zur Laufzeit als Variable in die SQL-Abfrage einbauen wollen. Mit der folgenden Anweisung werden Sie Schiffbruch erleiden:

```
... WHERE geburtstag < " & Format$(datum,"#m/d/yy#")
```

Warum? Dank landestypischer Systemeinstellungen wandelt die Formatfunktion die Trennstriche konsequent in Punkte um, und wir sind nicht einen Schritt vorwärtsgekommen. Mit der Anweisung

```
Format(date,"\#m\/d\/yyyy\#")
```

können wir die *Format*-Anweisung überlisten; wir geben die Trennstriche einfach als normale Zeichen aus. Wollen Sie lediglich das Jahr oder den Monat vergleichen, müssen Sie mit den von Basic her bekannten Datumsfunktionen arbeiten:

```
... WHERE Year(geboren) > 1960
```

**WICHTIG:** Überprüfen Sie ältere SQL-Anweisungen auf vollständige Datumsangaben! Auch wenn zweistellige Werte für das Jahr zulässig sind, sollten Sie im Hinblick auf das Jahr 2000 entsprechende Änderungen vornehmen.

### IN-Klausel

Eine weitere Möglichkeit, Kriterien vorzugeben, bietet die IN-Klausel[1], bei der eine Tabellenspalte mit Werten aus einem Array verglichen wird.

**BEISPIEL:** Alle Personen, die in den Räumen 10, 20 oder 21 arbeiten:

1 Wer muss an dieser Stelle nicht unwillkürlich an die berühmt-berüchtigte Mengenlehre im Mathe-Unterricht denken?

```
SELECT *
FROM personen
WHERE raum IN (10,20,21)
```

| Anrede | Vorname | Nachname | Geburtstag | Gehalt | Raum | Telefo |
|---|---|---|---|---|---|---|
| Frau | Sylvia | Paschke | 23.03.58 | 2645,19 | 20 | |
| Frau | Brunhild | Liepe | 14.09.55 | 3567,32 | 21 | |
| Frau | Dora | Hugler | 07.04.69 | 2539,14 | 20 | 3 |
| Frau | Ingrid | Troppenz | 13.08.66 | 1459,45 | 10 | |
| Frau | Manja | Lorenz | 28.05.54 | 5015,66 | 20 | |
| Herr | Stefan | Krzikalla | 19.04.75 | 2730,03 | 21 | |
| Frau | Bärbel | Dubro | 29.12.72 | 2832,04 | 21 | 1 |
| Frau | Sabine | Preuß | 30.06.66 | 3326,94 | 20 | |
| Frau | Regine | Hammer | 07.06.59 | 1714,98 | 21 | 1 |

Prinzipiell könnte obige SQL-Anweisung auch als OR-Verknüpfung realisiert werden, der Schreibaufwand ist jedoch bedeutend höher:

```
SELECT *
FROM personal
WHERE (raum = 10) OR (raum = 20) OR (raum = 21)
```

Natürlich können Sie so auch alle Personen suchen, die nicht in den oben genannten Räumen zu finden sind:

```
SELECT *
FROM personen
WHERE raum NOT IN (10,20,21)
```

**HINWEIS:** Verwechseln Sie die IN-Klausel nicht mit der IN-Option zur Einbindung externer Datenbanken!

Wie bereits in mehreren Beispielen gezeigt, lassen sich Bedingungen mit den logischen Operatoren AND, OR und NOT miteinander verknüpfen. Zusätzlich können Sie Klammern verwenden, um die Bearbeitungsreihenfolge festzulegen.

**BEISPIEL:** Gesucht werden alle Personen, die in den Räumen 10, 20, 21 arbeiten und ein Gehalt größer 4.000 DM haben oder die Personen, die mehr als 5.000 DM verdienen, aber nicht im Raum 5 arbeiten (zugegeben, ein etwas »sinnfreies« Beispiel):

```
SELECT *
FROM personen
WHERE ((raum IN (10,20,21)) AND (gehalt > 4000)) OR
     ((gehalt > 5000) AND (raum <> 5) )
```

**Auf der Suche nach dem Nichts**

Neben den bisherigen Möglichkeiten, nach etwas Bestimmtem zu suchen, kann man auch nach »nichts« suchen. »Nichts« wird in diesem Fall mit einem NULL-Wert übersetzt (in das Feld wurde nie etwas eingetragen) , d.h., IS NOT NULL bzw. IS NULL sind zu verwenden.

**BEISPIEL:** Gesucht werden die Personen, die kein persönliches Telefon haben.

```
SELECT *
FROM personen
WHERE telefon IS NULL
```

| Anrede | Vorname | Nachname | Geburtstag | Gehalt | Raum | Telefon |
|---|---|---|---|---|---|---|
| Frau | Heidemarie | Obst | 04.07.47 | 3351,18 | 23 | |
| Frau | Renate | Behn | 16.07.52 | 2179,58 | 16 | |
| Frau | Simone | Schmidt | 27.10.70 | 1066,56 | 32 | |
| Herr | Valentin | Ott | 12.03.54 | 4300,58 | 18 | |
| Frau | Hannelore | Große | 12.01.52 | 2682,56 | 6 | |
| Frau | Dana | Hilgenfeld | 24.04.40 | 4203,62 | 1 | |
| Frau | Gisela | Vorwerk | 01.03.75 | 4896,48 | 14 | |
| Herr | Hans-Jürgen | Mangliers | 27.04.72 | 4530,86 | 18 | |
| Frau | Karin | Schulze | 03.07.74 | 1237,25 | 18 | |
| Frau | Friedegard | Warnke | 30.08.48 | 2480,56 | 2 | |

## 4.5.3 Verknüpfen von Tabellen (Join)

Eine weitere wichtige Anwendung der WHERE-Klausel ist der Join. Wenn Sie beispielsweise alle Personen suchen, die im Raum *B36* sitzen, ist es mit einer einfachen Abfrage nicht mehr getan. Sie müssen der DB-Engine schon klarmachen, welche Beziehungen zwischen der Tabelle *Räume* und der Tabelle *Personen* bestehen.

```
SELECT nachname, vorname
FROM personen, räume
WHERE (personen.raum = räume.nr)
   AND (räume.[raum#] ='B36')
```

| nachname | vorname |
|---|---|
| Dier | Gisela |
| Heese | Heidemarie |
| Keller | Kerstin |
| Jung | Veronika |
| Sämann | Ingrid |
| Skarupinski | Gisela |
| Paschke | Sylvia |
| Hugler | Dora |
| Lorenz | Manja |
| Preuß | Sabine |

Nehmen wir die SQL-Anweisung einmal auseinander. Gesucht wird die Raumnummer für den Raum *B36* (räume.[raum#] ='B36'). Das Ergebnis dieser Suche ist ein einzelner Datensatz mit der Nummer 20. Dieses Ergebnis wird UND-verknüpft (AND) mit der Bedingung *personen.raum = räume.nr.*

Wir könnten die Anweisung aber auch in zwei SQL-Abfragen aufteilen, mit der ersten ermitteln wir die Raumnummer von *B36*:

```
SELECT nr
FROM räume
WHERE [raum#] ='B36'
```

Mit der zweiten Sequenz bestimmen wir alle Mitarbeiter, die im Raum mit der Nummer 20 sitzen:

```
SELECT nachname
FROM personen
WHERE raum = 20
```

Die erste SQL-Abfrage bietet zwei Vorteile: Erstens sieht sie eleganter aus, zweitens ist sie bedeutend schneller, da nur eine Abfrage durchgeführt werden muss.

**BEISPIEL:** Sie möchten alle Räume und (falls vorhanden) die dazugehörigen Mitarbeiter ausgeben. Mit der Anweisung

```
SELECT räume.[Raum#], personen.Nachname
FROM räume, personen
WHERE räume.Nr=personen.raum;
```

werden jedoch nur die Räume angezeigt, in denen auch Mitarbeiter sitzen.

Eine Lösungsmöglichkeit wäre der LEFT JOIN. Befinden sich in der »linken« Tabelle Datensätze, zu denen kein Datensatz in der »rechten« Tabelle gehört, werden die Datensätze trotzdem angezeigt. Die »leeren« Felder werden mit NULL-Werten aufgefüllt.

```
SELECT räume.[raum#], nachname
FROM räume LEFT JOIN personen ON räume.nr = personen.raum
```

| raum# | nachname |
|---|---|
| B47 | Hempe |
| B47 | Sarbock |
| B47 | Pöschke |
| B47 | Duggert |
| B47 | Mann |
| B47 | Hiller |
| C14 | |
| C36 | |
| F45 | |
| G44 | |

Das gleiche Ergebnis erhalten Sie auch mit einem RIGHT JOIN, lediglich die »rechte« und »linke« Tabelle sind zu vertauschen.

**BEISPIEL:** Sie suchen alle Mitarbeiter, die unter der Telefonnummer »69878224« erreichbar sind. Dazu müssen alle drei Tabellen zueinander in Beziehung gebracht werden:

```
SELECT nachname
FROM räume, personen,telefone
WHERE räume.nr = personen.raum AND
        räume.nr = telefone.raum AND
        [telefon#] = '69878224';
```

| nachname |
|---|
| Beubler |
| Moder |
| Schuster |
| Dziurla |
| Schneider |
| Kowark |
| Hüfner |
| Thieme |
| Wendland |
| Maywald |

## 4.5.4 Beschränkung der Anzeige

Werden trotz umfangreicher Auswahlkriterien zu viele Datensätze angezeigt oder wollen Sie vermeiden, dass unnötig viele Datensätze über das Netz übertragen werden, können Sie mit der TOP- bzw. TOP ... PERCENT-Option die Anzahl der Datensätze beschränken.

**BEISPIEL:** Die zehn Spitzenverdiener ermitteln.

```
SELECT TOP 10 *
FROM personen
ORDER BY gehalt DESC
```

| Anrede | Vorname | Nachname | Geburtstag | Gehalt | Raum | Telefon |
|---|---|---|---|---|---|---|
| Frau | Katrin | Lehmann | 04.11.38 | 5047,98 | 26 | |
| Frau | Kathrin | Tschirne | 16.07.47 | 5037,88 | 25 | |
| Frau | Annette | Otto | 31.03.63 | 5024,75 | 20 | |
| Frau | Marina | Gerasch | 09.11.39 | 5020,71 | 15 | 18 |
| Frau | Manja | Lorenz | 28.05.54 | 5015,66 | 20 | |
| Frau | Kerstin | Buchwalder | 10.07.65 | 5007,58 | 14 | 44 |
| Herr | Günter | Schmidt | 03.08.49 | 4994,45 | 2 | |
| Herr | Lörg | Gerasch | 18.09.39 | 4991,42 | 22 | 9 |
| Herr | Thomas | Richter | 13.07.74 | 4986,37 | 3 | |
| Frau | Petra | Mechelke | 04.05.62 | 4986,37 | 15 | |

Im Beispiel sind die Datensätze in umgekehrter Reihenfolge sortiert, damit wirklich die Spitzenverdiener entlarvt und nicht zehn beliebige Datensätze ausgewählt werden.

**BEISPIEL:** 25 Prozent aller Mitarbeiter anzeigen (für den »Blauen Brief«?).

```
SELECT TOP 25 PERCENT *
FROM personen
```

| Anrede | Vorname | Nachname | Geburtstag | Gehalt | Raum | Telefon |
|---|---|---|---|---|---|---|
| Frau | Gabriele | Detert | 01.05.60 | 3165,34 | 15 | 18 |
| Frau | Heidemarie | Obst | 04.07.47 | 3351,18 | 23 | |
| Frau | Renate | Behn | 16.07.52 | 2179,58 | 16 | |
| Herr | Walter | Hornung | 03.08.66 | 2230,08 | 14 | 44 |
| Frau | Carola | Braun | 04.08.69 | 4139,99 | 31 | 7 |
| Frau | Simone | Schmidt | 27.10.70 | 1066,56 | 32 | |
| Frau | Christine | Kamenz | 13.12.75 | 4083,43 | 19 | 20 |
| Herr | Valentin | Ott | 12.03.54 | 4300,58 | 18 | |
| Frau | Marion | Adamski | 13.08.74 | 3874,36 | 20 | 37 |
| Herr | Jörg | Gwinner | 30.12.43 | 1192,81 | 3 | 23 |

Im vorhergehenden Beispiel wurden bereits Datensätze sortiert. Welche weiteren Möglichkeiten bestehen, zeigt der nächste Abschnitt.

## 4.5.5 Sortieren mit ORDER BY

In den bisherigen Abfragen haben wir die Daten ausschließlich in ungeordneter Folge ausgegeben. Mit einer ORDER BY-Klausel können Sie den Sortierbegriff (z.B. Vorname, Nachname, Gehalt etc.) sowie die Sortierfolge (Auf-/Absteigend ) festlegen.

```
SELECT ... FROM ... ORDER BY <feld>,<feld> [ASC]|[DESC]
```

Die Angabe mehrerer Sortierbegriffe wäre z.B. dann sinnvoll, wenn Sie Personennamen sortieren und als zweiten Sortierbegriff den Vornamen angeben.

**BEISPIEL:** Sortieren der Personen in aufsteigender Reihenfolge nach Name und Vorname.

```
SELECT *
FROM personen
ORDER BY nachname, vorname
```

**HINWEIS:** Entscheidend für die Ausführungsgeschwindigkeit ist die Indizierung der entsprechenden Felder. Das Sortieren einer größeren Datenbank ohne Index zwingt Sie zu einer ungewollten Kaffeepause.

### 4.5.6 Gruppieren von Datensätzen

Im Zusammenhang mit Berechnungsfunktionen oder mit Listenausgaben tritt häufig das Problem auf, bestimmte Gruppen innerhalb einer Tabelle zu bilden.

**BEISPIEL:** Sie haben eine Tabelle (Personen) mit den Einträgen *Nr, Name, Vorname, Raum.* Um die Anzahl der Mitarbeiter in den einzelnen Räumen zu ermitteln, können Sie zunächst folgende Möglichkeit nutzen:

```
SELECT raum, COUNT(*)
FROM personen
WHERE raum = 1

SELECT raum, COUNT(*)
FROM personen
WHERE raum = 2
...
```

Mit jeder Anweisung erhalten Sie die Anzahl der Mitarbeiter im jeweiligen Raum. Allerdings müssen Sie wissen, welche Räume überhaupt vorhanden sind. Dass dieses Vorgehen recht umständlich und bei mehreren Abteilungen auch recht aufwendig ist, dürfte offensichtlich sein. Das gleiche Problem läßt sich mit der GROUP BY-Anweisung wesentlich eleganter lösen:

```
SELECT raum, COUNT(*)
FROM personen
GROUP BY raum
```

Die Bearbeitung des obigen Befehls können Sie sich wie folgt vorstellen:

- Auswahl aller Datensätze der Tabelle Personen ( ... FROM personen ...)
- Gruppieren der Datensätze nach Räumen ( ... GROUP BY raum)
- Zählen der Datensätze innerhalb der gebildeten Gruppen (COUNT(*))

Einige Beispiele aus der Datenbank *Personal.mdb* sollen weitere Möglichkeiten von GROUP BY verdeutlichen.

**BEISPIEL:** Um die Anzahl der Telefone in jedem Raum zu bestimmen, brauchen wir die Tabellen *Telefone* und *Raum*. Der Tabelle *Raum* wird die Raumbezeichnung entnommen, die Tabelle *Telefone* verwaltet die Telefone:

```
SELECT räume.[Raum#], Count(*)
FROM telefone, räume
WHERE (((räume.Nr)=[telefone].[raum]))
GROUP BY räume.[Raum#]
```

Mit der zusätzlichen Klausel HAVING können Sie innerhalb der Gruppe Selektionen vornehmen. Die WHERE-Klausel wirkt sich hingegen auf die gesamte Tabelle bzw. Abfrage aus.

**BEISPIEL:** Es sollen alle Räume angezeigt werden, in denen mehr als fünf Telefone stehen.

```
SELECT räume.[Raum#], Count(*)
FROM telefone, räume
WHERE (((räume.Nr)=[telefone].[raum]))
GROUP BY räume.[Raum#]
HAVING Count(*) > 5
```

## 4.5.7 Vereinigen von Tabellen (Union)

Mit Version 2 der Datenbank-Engine wurde die UNION-Anweisung eingeführt. Das ist die direkte Umsetzung der Vereinigung zweier Tabellen bzw. Abfragen. Voraussetzung für einen UNION ist die identische Struktur beider Tabellen bzw. Abfrageergebnisse.

**BEISPIEL:** Sie haben zwei Tabellen (*Kunden*, *Lieferanten*) und möchten daraus ein gemeinsames Telefonverzeichnis erstellen.

```
SELECT name, telefon
FROM kunden
UNION
SELECT name, telefon
FROM lieferanten
```

Beachten Sie, dass hier auch Kunden bzw. Lieferanten ohne Telefon ausgeben werden!
Mit einer kleinen Erweiterung haben Sie aber auch dieses Problem im Griff:

```
SELECT name, telefon
FROM kunden
WHERE (telefon IS NOT NULL)
UNION
SELECT name, telefon
FROM lieferanten
WHERE (telefon IS NOT NULL)
```

**BEISPIEL:** Mischen von Vor- und Familiennamen.

```
SELECT nachname
FROM personen
UNION
```

```
SELECT vorname
FROM personen
```

```
SELECT nachname
FROM personen
UNION
SELECT vorname
FROM personen
```

| nachname |
|---|
| Bettina |
| Beubler |
| Beyrich |
| Biermann |
| Birgit |
| Birgitt |
| Bisch |
| Bitterling |
| Bittner |
| Blaske |

## 4.5.8 Arbeiten mit Unterabfragen

Als Bedingung innerhalb der WHERE-Klausel haben wir bereits den IN-Operator kennengelernt.

**BEISPIEL:** IN-Klausel

```
SELECT *
FROM personen
WHERE raum IN (10,20)
```

Der Nachteil dieser Vorgehensweise: Die Vergleichswerte müssen bereits zur Entwurfszeit bekannt sein. Wollen Sie Werte aus einer anderen Tabelle verwenden, ist eine Subquery (Unterabfrage) unumgänglich.

Eine Subquery ist eine SELECT-Abfrage, die der Hauptabfrage ein Array von Werten zur Verfügung stellt. Access-SQL unterstützt (im Unterschied zu verschiedenen anderen Datenbanksystemen) nur Subqueries, die eine Tabellenspalte zurückgeben (Ausnahme EXISTS). Wo und vor allem wie Sie Unterabfragen einsetzen können, zeigen die folgenden Abschnitte.

### Eine Query ist Bedingung einer anderen Query

**BEISPIEL:** Es werden alle Mitarbeiter gesucht, die im gleichen Raum wie »Reinhard Krebs«sitzen. Mit den bisherigen Mitteln müßten Sie über

```
SELECT raum
FROM personen
WHERE (nachname = 'Krebs') AND (vorname = 'Reinhard')
```

zunächst die Raumnummer bestimmen. Das Ergebnis ist 8.

Danach können Sie sich mit

```
SELECT *
FROM personen
WHERE raum = 8
```

die Namen ausgeben lassen.

Viel sinnvoller als obiges Vorgehen ist aber die Verwendung einer Unterabfrage zur Bestimmung der Raumnummer.

```
SELECT *
FROM personen
WHERE raum = (
        SELECT raum FROM personen
        WHERE nachname = 'Krebs' AND vorname = 'Reinhard')
```

| Anrede | Vorname | Nachname | Geburtstag | Gehalt | Raum | Telefo |
|---|---|---|---|---|---|---|
| Frau | Christine | Friedel | 13.02.62 | 4690,44 | 8 | 4 |
| Frau | Berbel | Schwadtke | 08.11.75 | 3815,78 | 8 | |
| Frau | Dorothea | Kutzscher | 07.02.58 | 1100,9 | 8 | |
| Frau | Birgit | Lange | 25.03.70 | 4711,65 | 8 | |
| Frau | Marianne | Pirnack | 09.07.58 | 1255,43 | 8 | |
| Frau | Gisela | Mielcarek | 20.12.33 | 3195,64 | 8 | |
| Frau | Christa | Busch | 01.11.52 | 4029,9 | 8 | 1 |
| Herr | Reinhard | Krebs | 19.05.43 | 1275,63 | 8 | 4 |
| Frau | Janine | Neupetsch | 05.10.67 | 4025,86 | 8 | |

Das Ergebnis ist das gleiche, es wird jedoch nur eine einzige SQL-Anweisung ausgeführt.

### Auswahl von Werten mit ANY oder ALL

Liefert die Subquery eine Menge von Werten, müssen Sie mit ANY oder ALL einen dieser Werte auswählen.

**BEISPIEL:** Es sollen die Mitarbeiter angezeigt werden, die mehr verdienen als ein beliebiger Mitarbeiter, der im Raum 5 arbeitet (damit bestimmt der Mitarbeiter mit dem geringsten Gehalt die Auswahl).

```
SELECT *
FROM personen
WHERE gehalt > ANY (SELECT gehalt
                    FROM personen
                    WHERE raum = 5)
```

**BEISPIEL:** Es sollen die Mitarbeiter angezeigt werden, die mehr verdienen als alle Mitarbeiter, die im Raum 5 arbeiten (hier bestimmt der Mitarbeiter mit dem höchsten Gehalt die Auswahl).

```
SELECT *
FROM personen
WHERE gehalt > ALL (SELECT gehalt
                    FROM personen
                    WHERE raum = 5)
```

**HINWEIS:** Wie schon erwähnt, bestimmt der Spitzenverdiener von Raum 5 das Ergebnis der Abfrage. Damit kann die Unterabfrage auch anders (und damit effizienter) gestellt werden:

```
SELECT *
FROM personen
WHERE gehalt > (SELECT MAX(gehalt)
                FROM personen
                WHERE raum = 5)
```

Der Vorteil: Die Unterabfrage liefert lediglich einen einzigen Wert, mit dem das Gehalt verglichen werden muss. Anders bei der vorhergehenden Abfrage. Hier gibt die Unterabfrage eine Menge von Werten zurück, die alle mit dem Feld *Gehalt* verglichen werden, ein ungleich höherer Rechenaufwand ist nötig.

### Any durch IN ersetzen

Das Konstrukt =*ANY* kann durch *IN* ersetzt werden (<>*ALL* entspricht *NOT IN*).

**BEISPIEL:** Gesucht werden alle Mitarbeiter, die den gleichen Namen wie jemand im Raum 20 haben.

```
SELECT *
FROM personen
WHERE nachname IN (SELECT nachname
                   FROM personen
                   WHERE raum = 20)
```

Allerdings werden alle Mitarbeiter aus Raum 20 ebenfalls angezeigt; besser wäre es, wenn eine zusätzliche Bedingung eingeführt würde.

```
SELECT *
FROM personen
WHERE raum <> 20 AND
    nachname IN (SELECT nachname FROM personen WHERE raum = 20)
```

| Anrede | Vorname | Nachname | Geburtstag | Gehalt | Raum | Telefo |
|---|---|---|---|---|---|---|
| Frau | Carola | Braun | 04.08.69 | 4139,99 | 31 | |
| Frau | Gisela | Lehmann | 26.04.36 | 1994,75 | 22 | |
| Frau | Katrin | Lehmann | 04.11.38 | 5047,98 | 26 | |
| Frau | Babett | Lehmann | 28.01.75 | 4177,36 | 32 | |
| Frau | Christine | Preuß | 25.02.39 | 3204,73 | 15 | |
| Frau | Solvig | Lehmann | 17.05.60 | 1758,41 | 21 | |
| Frau | Claudia | Lehmann | 23.06.70 | 3405,72 | 28 | |
| Frau | Marina | Lehmann | 09.04.41 | 1857,39 | 1 | |
| Frau | Doreen | Lehmann | 05.12.71 | 3048,18 | 13 | |

### Verwendung mehrerer Unterabfragen

Eine WHERE-Klausel kann mehrere Subqueries enthalten.

**BEISPIEL:** Gesucht werden alle Mitarbeiter, die den gleichen Namen wie jemand in Raum 20 und die den gleichen Vornamen wie jemand in Raum 10 haben.

```
SELECT *
FROM personen
WHERE nachname IN (SELECT nachname
                   FROM personen
                   WHERE raum = 20) AND
      vorname  IN (SELECT vorname
                   FROM personen
                   WHERE raum = 10)
```

Um Personen aus den Räumen 10 und 20 auszuschließen, erweitern wir die WHERE-Klausel:

```
SELECT *
FROM personen
WHERE nachname IN (SELECT nachname
                   FROM personen
                   WHERE raum = 20) AND
      vorname  IN (SELECT vorname
                   FROM personen
                   WHERE raum = 10) AND
      raum NOT IN (10,20)
```

### Synchronisieren von Unterabfragen

Bezieht sich eine Unterabfrage auf den aktiven Datensatz der übergeordneten Abfrage, spricht man von Synchronisierung.

**BEISPIEL:** Gesucht werden die Mitarbeiter, die mehr verdienen als der Durchschnitt in ihrem Raum.

```
SELECT p.nachname,p.gehalt
FROM Personen p
WHERE p.gehalt > (SELECT AVG(gehalt) FROM personen WHERE raum = p.raum)
```

| nachname | gehalt |
|---|---|
| Detert | 3165,34 |
| Obst | 3351,18 |
| Braun | 4139,99 |
| Kamenz | 4083,43 |
| Ott | 4300,58 |
| Adamski | 3874,36 |
| Heil | 4495,51 |
| Hilgenfeld | 4203,62 |
| Vorwerk | 4896,48 |
| Mangliers | 4530,86 |

In diesem Beispiel wurde die Subquery nicht nur einmal abgearbeitet, sondern mehrmals (einmal pro Mitarbeiter). Dazu musste der Unterabfrage die Raumnummer des Mitarbeiters übergeben werden. Die Subquery kann mit Hilfe der Raumnummer das Durchschnittsgehalt ermitteln, das an die Hauptabfrage zurückgegeben wird.

**WICHTIG:** Überprüfen Sie, ob sich synchronisierte Unterabfragen nicht vermeiden lassen, da diese teilweise einen immensen Rechenbedarf aufweisen. Enthält die Hauptabfrage sehr viele Werte, kann es unter Umständen günstiger sein, eine temporäre Tabelle mit den Funktionsergebnissen der Unterabfrage zu speichern. Vergleichen Sie nachfolgend die Haupttabelle mit der temporären Tabelle.

**BEISPIEL:** Bezogen auf das vorhergehende Beispiel bietet sich folgender Lösungsweg an:

1. Temporäre Tabelle erzeugen:

```
SELECT raum,  AVG(gehalt) AS AVGgehalt
INTO tgehalt
FROM personen
GROUP BY raum
```

2. Durchführen der eigentlichen Abfrage:

```
SELECT nachname, gehalt
FROM personen p, tgehalt t
WHERE (p.raum = t.raum) AND (p.gehalt > t.avggehalt)
```

3. Löschen der temporären Tabelle (Achtung: Die vorhergehende Abfrage darf nicht mehr aktiv sein!):

```
DROP TABLE tgehalt
```

**HINWEIS:** Wollen Sie lediglich kontrollieren, ob eine Unterabfrage überhaupt Werte liefert, können Sie mit EXISTS bzw. NOT EXISTS auf TRUE oder FALSE prüfen.

| Operator | Bedeutung |
|---|---|
| ANY, SOME | Vergleich mit einigen Datensätzen |
| ALL | Vergleich mit allen Datensätzen |
| [NOT] IN | Vergleich auf Vorkommen |
| [NOT] EXIST | TRUE/FALSE (ob Unterabfrage überhaupt Werte liefert) |

***Tabelle 4.3:** Zusammenfassung der Unterabfrage-Operatoren*

## 4.5.9 Berechnungen (Aggregatfunktionen)

Dass Sie in SQL-Anweisungen auch rechnen können, ist Ihnen sicher schon aufgefallen. SQL unterstützt dies durch eine Reihe von einfachen mathematischen Operatoren, so genannten *Aggregatfunktionen*:

- Summenbildung (SUM)
- Mittelwert (AVG)
- Minimum/Maximum (MIN/MAX)

- Zählen (COUNT)
- Standardabweichung (STDEV), Varianz (VAR)

Hier einige Anwendungen:

**BEISPIEL:** Dieses Beispiel gibt die Gehaltsliste mit 5% Aufschlag aus. Die Änderung des Gehalts hat keine Auswirkung auf die Werte in der Tabelle, lediglich das Dynaset enthält diese Werte. Der neue Feldname lautet *Nach der Lohnerhöhung*.

```
SELECT nachname, gehalt * 1.05 AS [Nach der Lohnerhöhung]
FROM personen
```

**BEISPIEL:** Berechnet den Durchschnitt sowie Minimum, Maximum und Summe aller Gehälter.

```
SELECT AVG(gehalt) AS Durchschnitt,
       MAX(gehalt) AS Maximum,
       MIN(gehalt) AS Minimum,
       SUM(gehalt) AS Summe
FROM personen
```

**BEISPIEL:** Ermittle die Mitarbeiter, die mehr als der Durchschnitt verdienen[1]:

```
SELECT nachname, vorname, gehalt
FROM Personen
WHERE gehalt > (SELECT AVG(gehalt)
              FROM personen)
ORDER BY gehalt DESC;
```

**BEISPIEL:** Was ebenfalls wie eine Berechnung aussieht ...

```
SELECT nachname + ', ' + vorname AS Name
FROM personen
```

stellt die Verknüpfung zweier Stringfelder dar. Auf diese Weise wird der Inhalt der Tabellenfelder in ein Feld projiziert.

Wenn Sie vermuten, dass sich in Berechnungsfeldern NULL-Werte befinden könnten, sollten Sie sich mit der Funktion *NZ* vertraut machen.

Standardmäßig bezieht Access-SQL NULL-Werte nicht in die Berechnung bei den *Aggregatfunktionen ein.*

**BEISPIEL:** Für eine Tabelle mit den folgenden Werten soll der Durchschnitt berechnet werden.

| ID | Wert |
|---|---|
| 1 | 5 |
| 2 | NULL-Value |
| 3 | 2 |
| 4 | NULL-Value |
| 5 | NULL-Value |
| 6 | 9 |

[1] Beachten Sie, dass derartige Abfragen für ein schlechtes Betriebsklima sorgen können!

Die Abfrage

```
SELECT AVG(wert)
FROM test
```

liefert den richtigen Wert (5,33...).

Sollen allerdings die Felder mit den NULL-Werten mit in die Berechnung einbezogen werden, können Sie diesen Feldern mittels *NZ* temporär einen Wert (0) zuweisen:

```
SELECT AVG( NZ(wert,0) )
FROM test
```

Das Funktionsergebnis ist jetzt nicht 5,33 sondern 2,66.

### 4.5.10 Formatieren von Abfrageergebnissen

Vielleicht haben Sie bereits bemerkt, dass sich die Schreibweise der Spaltennamen auf die Anzeige in einer Tabelle auswirkt. Mit der AS-Klausel können Sie jeder einzelnen Spalte einen beliebigen String zuweisen. Enthält die neue Bezeichnung ein Leerzeichen, müssen Sie den String in eckige Klammern einschließen.

**BEISPIEL:** Ändern der Spaltenbezeichnung *nachname* in *Name*

```
SELECT nachname AS Name
FROM personen
```

**BEISPIEL:** Ändern der Feldbezeichnung von *geburtstag* in *geboren am*

```
SELECT geburtstag AS [geboren am]
FROM personen
```

Beachten Sie allerdings, dass Sie die Tabellenspalte anschließend nur noch über den neuen Spaltenbezeichner ansprechen können (z.B. in einem VB-Programm). Verwenden Sie den ursprünglichen Bezeichner, tritt ein Fehler auf.

Neben der Veränderung der Spaltenbezeichner können Sie auch eine oder mehrere Tabellenspalten in einer neuen Spalte zusammenfassen.

**BEISPIEL:** Ausgabe des Namens in der Form *Nachname, Vorname*

```
SELECT nachname + ', ' + vorname AS Name
FROM personen
```

Einen Spezialfall stellen die NULL-Werte dar, denen mit der *NZ*-Funktion temporär ein Wert zugewiesen werden kann.

**BEISPIEL:** Ausgabe aller Namen und Telefonnummern. Wo kein Telefon vorhanden ist (NULL-Wert), soll die Ausschrift »Kein Telefon« angezeigt werden.

```
SELECT nachname, nz(p.telefon,'Kein Telefon') AS Telefon
FROM personen p;
```

Eine der wichtigsten Formatierungsfunktionen, die von Basic her bekannte *Format*-Anweisung, können Sie ebenfalls in SQL-Strings einbauen. In diesem Zusammenhang sei auf die Verwendung von Basic-Funktionen in SQL-Strings hingewiesen.

Eine weitere Möglichkeit die Ausgabe zu formatieren bietet sich mit der *IIF*-Funktion an, die im Zusammenspiel mit *Boolean*-Ausdrücken gute Dienste leistet.

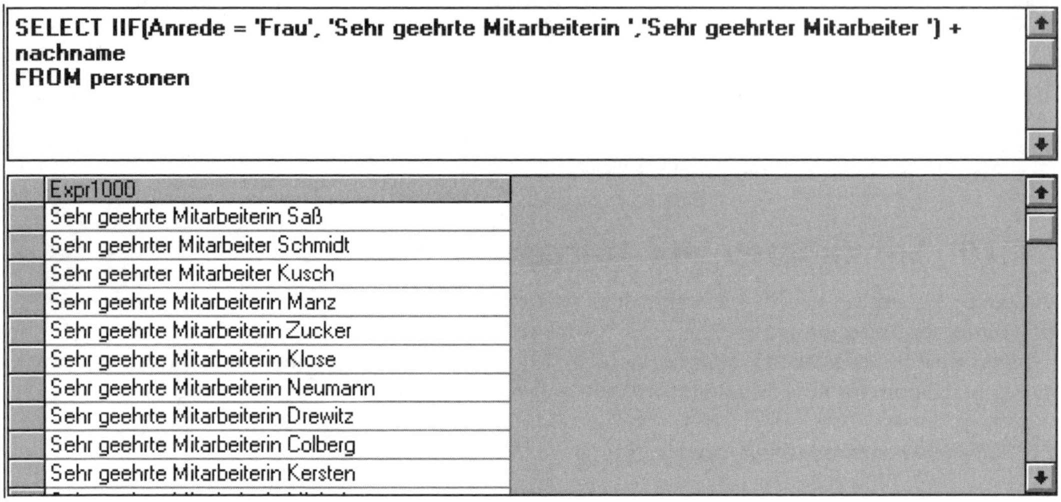


Sie könnten auch ein Boolean-Feld abfragen und entsprechende Ausgaben vornehmen.

**BEISPIEL:** Verwendung von IIF.

```
SELECT IIF(weiblich, 'Frau','Herr')
...
```

**HINWEIS:** Ersetzen Sie möglichst Basic-Berechnungen durch SQL-Berechnungen, letztere sind wesentlich schneller!

# 4.6 Datenmanipulation (DML)

DML ist die Abkürzung für *Data Manipulation Language*. Auch für Datenmanipulationen, die an Gruppen von Datensätzen durchgeführt werden sollen, empfiehlt sich die Verwendung von SQL-Anweisungen. Statt umständlich mit den DAOs oder ADOs zu arbeiten, lässt sich zum Beispiel die Neuberechnung eines Feldinhalts mit einer einzigen SQL-Anweisung abwickeln.

Grundsätzlich geben die Datenmanipulationsbefehle keine Daten zurück, Sie können lediglich feststellen, wie viele Zeilen von der Änderung betroffen sind, indem Sie die *RecordsAffected*-Eigenschaft des *Database*-Objektes nach der Ausführung der SQL-Anweisung (*Execute*-Methode) abfragen.

## 4.6.1 Datenmanipulation mit UPDATE

Eine Möglichkeit der Datenmanipulation, z.B. die Erhöhung des Gehalts, haben Sie bereits kennen gelernt. Das Programm musste »manuell« alle Datensätze durchlaufen und das entsprechende Feld ändern. Eine bedeutend einfachere Möglichkeit bietet sich mit dem UPDATE-Befehl an. In Kombination mit einer WHERE-Klausel lassen sich schnell alle gesuchten Datensätze ändern. Die Änderung kann sich auf mehrere Felder eines Datensatzes auswirken.

```
UPDATE <Tabellename>
SET <Feld> = <Ausdruck>
WHERE ...
```

Ähnlich wie die Variablen in einem Basic-Programm können Sie auch die Inhalte von Tabellenfeldern für eine Neuberechnung verwenden. Dies trifft auch auf das zu bearbeitende Feld zu.

**BEISPIEL:** Lohnerhöhung von 5%.

```
UPDATE personen
SET gehalt = gehalt * 1.05
```

**BEISPIEL:** Möchten Sie nur einige Felder verändern, setzen Sie die WHERE-Klausel ein.

```
UPDATE personen
SET gehalt = gehalt * 1.05 + 100
WHERE gehalt < 3000
```

**BEISPIEL:** Um mehrere Felder gleichzeitig zu ändern, trennen Sie die entsprechenden Ausdrücke durch Kommas.

```
UPDATE personen
SET gehalt = gehalt - 150,
    raum   = 20
WHERE nachname = 'Lehmann'
```

## 4.6.2 INSERT INTO oder SELECT INTO?

Mit beiden Anweisungen können Sie Daten aus einer Tabelle in eine andere kopieren; der Unterschied liegt in der Art der Ausführung.

| Befehl | Bemerkung/Syntax |
|---|---|
| INSERT INTO | Anhängen von Datensätzen an eine bestehende Tabelle, auch als Anfüge-Abfrage bezeichnet. Die Zieltabelle kann eine externe Datenbank/Tabelle sein.<br>Syntax:<br>INSERT INTO <zieltabelle><br>SELECT <felder-quelltabelle><br>FROM <quelltabelle> |
| SELECT INTO | Erstellen einer neuen Tabelle bzw. Überschreiben einer bestehenden Tabelle mit den ausgewählten Daten (Tabellenerstellungsabfrage). Die Zieltabelle kann eine externe Datenbank/ Tabelle sein.<br>Syntax:<br>SELECT <felder quelltabelle><br>INTO <zieltabelle><br>FROM <quelltabelle> |

***Tabelle 4.4:*** *INSERT INTO/SELECT INTO*

Anstatt vieler Worte dürften einige Beispiele für mehr Klarheit sorgen:

**BEISPIEL:** Erstellen einer neuen Tabelle *Rentner*, in die die Namen aller Mitarbeiter eingetragen werden, die älter als 65 Jahre sind.

```
SELECT nachname,geburtstag
INTO rentner
FROM personen
WHERE Datediff('yyyy',geburtstag,now) > 65
```

**BEISPIEL:** In die neu erstellte Tabelle *Rentner* werden alle Mitarbeiter kopiert, die zwischen 60 und 65 Jahre alt sind.

```
INSERT INTO rentner
SELECT nachname,geburtstag
FROM personen
WHERE Datediff('yyyy',geburtstag,now) BETWEEN 60 AND 65
```

Anwendungsgebiete für die oben genannte Funktionen sind der Daten-Import/-Export, das Anlegen von Sicherungskopien etc. (siehe ▶ Kapitel 9).

**BEISPIEL:** Neben den genannten Möglichkeiten können Sie mit der INSERT INTO-Anweisung auch einzelne Datensätze an eine Tabelle anhängen.

```
INSERT INTO telefone ([Telefon#],raum) VALUES('33334444',16);
```

Bei Feldern, denen Sie keinen Wert zuweisen wollen, fügen Sie einfach einen NULL-Wert ein.

### 4.6.3 Löschen mit DELETE

Für das Löschen von Datensätzen sollten Sie, so oft es geht, die DELETE-Anweisung verwenden.

**WICHTIG:** Beachten Sie, dass ein »DELETE FROM xyz« ohne Nachfrage den kompletten Tabelleninhalt löscht (lediglich die Struktur bleibt erhalten)!

```
DELETE FROM <Tabellenname> ...
WHERE <logischer Ausdruck>
```

Zur Auswahl der Datensätze verwenden Sie die gleichen WHERE-Klauseln wie bei der SELECT-Anweisung.

**BEISPIEL:** Sie möchten alle Mitarbeiter löschen, die älter als 65 Jahre sind.

```
DELETE FROM personen
WHERE Datediff('yyyy',geburtstag,now) > 65
```

Vielfach werden auch Unterabfragen für die Bildung des logischen Ausdrucks eingesetzt. Auf diese Weise lassen sich zum Beispiel alle Datensätze in einer Tabelle löschen, die bereits in einer anderen Tabelle auftreten.

**BEISPIEL:** Verwendung von Unterabfragen.

```
DELETE FROM personen
WHERE nachname IN (SELECT nachname
                   FROM rentner)
```

**BEISPIEL:** So verwenden Sie Beziehungen zwischen den Tabellen, um Datensätze zum Löschen auszuwählen.

```
DELETE personen.*
FROM personen INNER JOIN räume ON personen.Raum = räume.Nr
WHERE räume.[raum#] = 'B36'
```

Gelöscht werden alle Mitarbeiter, die im Raum *B36* sitzen.

# 4.7 Weitere SQL-Funktionen

## 4.7.1 Basic-Funktionen in SQL-Anweisungen

Eine der wohl leistungsfähigsten Erweiterungen von Access-SQL sind die nutzerdefinierten Funktionen innerhalb von SQL-Anweisungen. Was sich so trivial anhört, hat eine nicht zu unterschätzende Bedeutung für den Programmierer. Neben der freien Verwendung fast aller Basic-Funktionen können Sie auch selbstgeschriebene Funktionen direkt in den SQL-String einfügen.

**HINWEIS:** Basic-Variablen können definitiv nicht in SQL-Ausdrücken verwendet werden, Sie müssen den Variablenwert über eine Stringaddition in den SQL-String einbauen.

**BEISPIEL:** Für die Ausgabe des Gehalts möchten Sie ein eigenes Format verwenden.

```
SELECT nachname, Format(gehalt,'###,###,###.00 DM')
FROM personen
```

Die Anweisung erzeugt z.B. die in folgender Abbildung gezeigte Ausgabe:

| | |
|---|---|
| König | 2.553,28 DM |
| Gomert | 4.758,11 DM |
| Zerbian | 1.203,92 DM |
| Werner | 4.910,62 DM |
| Niebel | 2.791,64 DM |
| Lehmann | 1.857,39 DM |

***Abbildung 4.8:*** *Ergebnis der Abfrage*

**BEISPIEL:** Eine Sparkasse muß neue Kontonummern vergeben. Dazu wird neben einer neuen Kennziffer auch eine Prüfziffer an die bisherigen Nummern angehängt. Während das Anfügen der neuen Kennziffer kein Problem darstellt (Stringaddition im SQL-String), ist die Berechnung der Prüfziffer mit SQL-Mitteln nicht machbar. Der Ausweg ist eine Basic-Funktion:

```
Function Prüfziffer(ktonr As Variant, bereich As Variant) As String
Dim summe&, rest&, i%, prüf&

 ktonr = ktonr & bereich
 For i = 1 To 9
  summe = summe + Choose(i,3,9,8,7,6,5,4,3,2) * CLng(Mid(ktonr, i, 1))
 Next
 rest = summe Mod 11  :  prüf = 11 - rest
 If prüf > 9 Then prüf = 0
 Prüfziffer = CStr(prüf)
End Function
```

Auf den eigentlichen Algorithmus wollen wir hier nicht näher eingehen. Im Wesentlichen geht es darum, eine gewichtete einstellige Prüfsumme zu erhalten. Die Gewichtungsfaktoren liefert uns die *Choose*-Funktion.

Aus der Ausgangstabelle *Kontonummern* soll eine Tabelle *KontoNeu* erzeugt werden. Die Ausgangstabelle enthält neben der Kontonummer (*kto*) die Bereichskennziffer (*bereich*).

Mit

```
SELECT kto,kto + bereich + BerechnePrüfziffer(kto,bereich) AS ktoneu
INTO neuKto
FROM Kontonummern
```

erhalten Sie das folgende Ergebnis:

| kto | ktoneu |
|---|---|
| 34422455 | 3442245582 |
| 52667316 | 5266731682 |
| 74637743 | 7463774370 |
| 30245123 | 3024512380 |
| 31242546 | 3124254669 |
| 75873442 | 7587344270 |

***Abbildung 4.9:*** *Ergebnistabelle* KontoNeu

**BEISPIEL:** Sie möchten alle Mitarbeiter ausgeben, die im nächsten Monat Geburtstag haben und die älter als 50 Jahre sind.

```
SELECT nachname, geburtstag
FROM personen
WHERE (Month(geburtstag) = Month(Now) + 1) AND
      (Datediff('yyyy',geburtstag,Now) >= 50)
```

## 4.7.2 Kreuztabellenabfragen

Wer mit den Berechnungsfunktionen von Access-SQL noch nicht ganz zufrieden ist, der findet vielleicht mit einer Kreuztabellenabfrage eine Lösung für sein Problem:

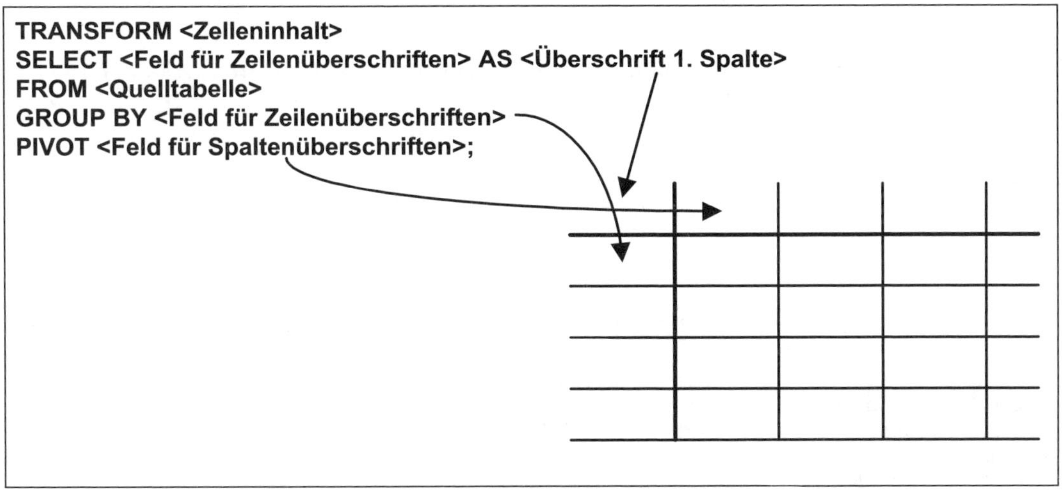


***Abbildung 4.10:*** *Syntax der Kreuztabellenabfrage*

Der Zelleninhalt ist das Ergebnis einer Aggregat-Funktion (z.B. SUM, COUNT, AVG etc.). Die Abarbeitung können Sie sich wie folgt vorstellen:

Gruppieren der Daten nach <Feld für Zeilenüberschrift>.

Berechnung der Spalteninhalte mit der Funktion <zelleninhalt>, indem nur die Daten in die Berechnung einbezogen werden, die <Feld für Spaltenüberschrift> entsprechen.

Wiederholtes Abarbeiten von Schritt 2 für alle in Schritt 1 gebildeten Gruppen.

Natürlich können Sie auch noch eine WHERE-Klausel einbauen oder die Daten mit ORDER BY sortieren.

**BEISPIEL:** Aufbauend auf der Tabelle *Personen* soll eine Alterspyramide erstellt werden, die nach Frauen und Männern getrennt ist.

Die Trennung dürfte kein Problem sein, ist doch die Anrede in der Datenbank gespeichert. Damit steht auch schon der Wert für die Spaltenüberschriften fest: das Feld *Anrede*. Die Zeilenüberschriften können wir aus dem Geburtsdatum ermitteln, gruppiert wird nach dem Geburtsjahr. Welches Feld wir für die Berechnung nehmen, ist vollkommen unerheblich, wichtig ist nur, dass wir die COUNT-Funktion verwenden.

Ein erster Entwurf könnte wie folgt aussehen:

```
TRANSFORM Count(*)
SELECT Year(Geburtstag) AS [Jahr]
FROM Personen
GROUP BY Year(Geburtstag)
PIVOT Anrede;
```

Um statt des Geburtsjahres das Alter auszugeben, berechnen wir die Differenz zum Tagesdatum:

```
TRANSFORM Count(*)
SELECT Datediff('yyyy',Geburtstag,now) AS [Alter]
FROM Personen
GROUP BY datediff('yyyy',Geburtstag,now)
PIVOT Anrede;
```

Mit einer letzten »kosmetischen« Veränderung wird statt *Herr* bzw. *Frau Männer* bzw. *Frauen* in die Spaltenüberschriften eingetragen:

```
TRANSFORM Count(*)
SELECT Datediff('yyyy',Geburtstag,now) AS [Alter]
FROM Personen
GROUP BY datediff('yyyy',Geburtstag,now)
PIVOT IIF(Anrede='Frau','Frauen','Männer');
```

Die Abbildung zeigt das Ergebnis unserer Abfrage.

```
TRANSFORM Count(*)
SELECT datediff('yyyy',Geburtstag,now) AS [Alter]
FROM Personen
GROUP BY datediff('yyyy',Geburtstag,now)
PIVOT IIF(Anrede='Frau','Frauen','Männer');
```

| Alter | Frauen | Männer |
|---|---|---|
| 18 | 2 | 1 |
| 19 | 4 | |
| 21 | 14 | 4 |
| 22 | 15 | 4 |
| 23 | 13 | 1 |
| 24 | 14 | 2 |
| 25 | 13 | |
| 26 | 12 | 1 |
| 27 | 13 | 2 |
| 28 | 9 | 2 |

***Abbildung 4.11:*** *Ergebnis einer Kreuztabellenabfrage*

Nach dem Import in Microsoft Excel kann mit Hilfe des dortigen Diagramm-Assistenten im Handumdrehen eine übersichtliche Grafik erstellt werden:

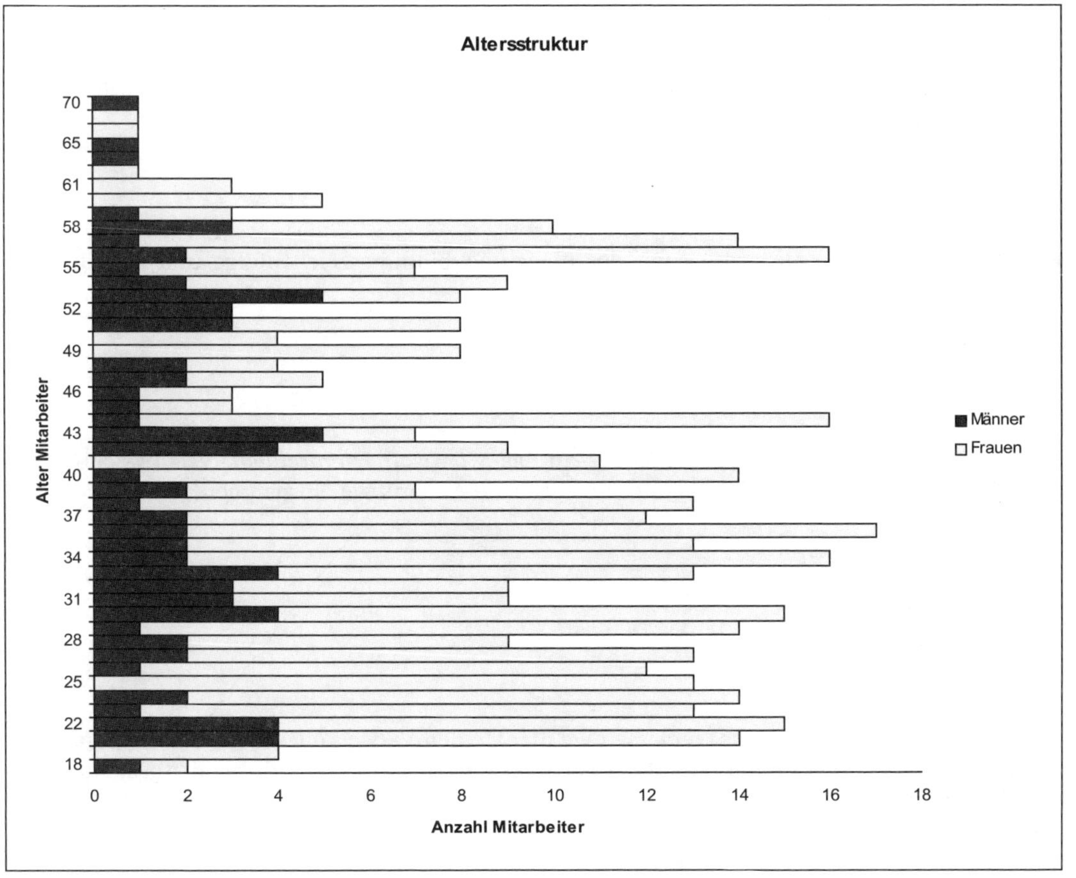


***Abbildung 4.12:*** *Grafische Darstellung der Kreuztabellenabfrage*

Wie Sie sehen, können mit Kreuztabellenabfragen umfangreiche Daten in sehr übersichtlicher Form aufbereitet werden. Wem es am Anfang schwerfällt, eigene Abfragen zu erstellen, der sollte zunächst einmal hemmungslos den Assistenten benutzen und sich danach den erzeugten SQL-Code ansehen und gegebenenfalls ändern.

## 4.7.3 Hierarchische Datenbeziehungen

Gänzlich neu und auch nur in ADO implementiert sind die sogenannten hierarchischen Datensatzlisten, bei denen 1:1- bzw. 1:n-Beziehungen zwischen Tabellen in einem *Recordset* abgebildet werden. Dieses Recordset hat als Felder quasi weitere Recordsets, die wiederum Recordset-Felder enthalten können usw...

Ein praktisches Beispiel aus unserer Datenbank wird für Erleuchtung sorgen:

**BEISPIEL:** Die 1:n-Beziehung zwischen den Räumen und den darin befindlichen Personen soll in hierarchischer Form dargestellt werden.

Als Erstes verändern wir unser Testprogramm dahin gehend, dass wir anstatt des bisherigen *Data*-Controls ein ADO-*Recordset* einbinden:

```
Dim dbstr$
Dim rs As adodb.Recordset
```

Die Verbindungszeichenfolge verändert sich jetzt etwas; wir kommen später darauf zurück:

```
Private Sub Command2_Click()
  dbstr = "Provider=MSDataShape.1;Data Provider=Microsoft.Jet.OLEDB.3.51; " & _
          "Persist Security Info=False;Data Source=" & Text2.Text
```

Erzeugen eines neuen Recordsets mit der obigen Verbindungszeichenfolge und den in Text1 übergebenen SQL-Strings:

```
  Set rs = New adodb.Recordset
  rs.CursorLocation = adUseClient
  rs.Open Text1.Text, dbstr
```

Nachfolgend können wir diesen Recordset an das *Microsoft Hierarchical FlexGrid*-Steuerelement (*MSHFlexGrid*) binden und einige kosmetische Änderungen vornehmen:

```
  Set MSHFlexGrid1.DataSource = rs
  MSHFlexGrid1.ColWidth(0, 0) = 300
  MSHFlexGrid1.ColWidth(1, 0) = 0
  MSHFlexGrid1.ColWidth(2, 0) = 600
  MSHFlexGrid1.CollapseAll
End Sub
```

Nach dem Start des Programms (vergessen Sie nicht, einen Verweis auf die MS-ADO-Library einzubinden) können Sie sich mit der folgenden SQL-Anweisung an die Lösung der gestellten Aufgabe heranwagen:

```
SHAPE
   {SELECT *
    FROM räume} AS raum
APPEND (
   {SELECT *
    FROM personen} AS personen
   RELATE id TO raum) AS Mitarbeiter
```

Ganz schön unübersichtlich, aber lassen Sie sich nicht davon abschrecken, das Endergebnis entschädigt für den Aufwand:

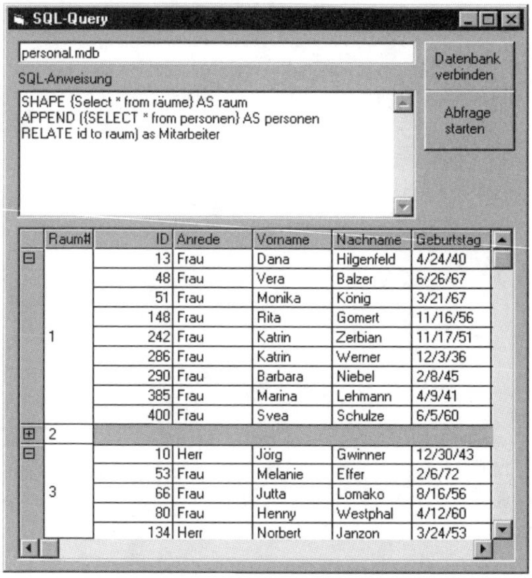


***Abbildung 4.13:*** *Darstellung eines hierarchischen Recordsets im FlexGrid*

Was hat es mit der veränderten Verbindungszeichenfolge auf sich?

```
"Provider=MSDataShape.1;Data Provider=Microsoft.Jet.OLEDB.3.51; ... "
```

Die Antwort ist recht einfach: Der Provider *MSDataShape* schiebt sich quasi wie eine zusätzliche Schicht zwischen Datenbanktreiber und die ADO-Objekte. Auf diese Weise steht die Möglichkeit von hierarchischen Recordsets bei beliebigen Daten-Providern zur Verfügung.

Kommen wir zur eigentlichen SQL-Anweisung: Mit SHAPE ... APPEND ... RELATE führt Microsoft neue SQL-Befehle ein, die nicht von anderen Herstellern unterstützt werden. Der grundsätzliche Aufbau:

```
SHAPE
   {<übergeordnete Tabelle>} AS <Aliasname>
APPEND (
   {<untergeordnete Tabelle>} AS <Aliasname>
   RELATE <Primärschlüssel> TO <Fremdschlüssel>) AS <Aliasname>
```

Wählen Sie mit der ersten SELECT-Anweisung alle Zeilen der übergeordneten Tabelle aus, für die Sie Detaildatensätze anzeigen wollen. Nachfolgend werden die Datensätze aus der Detailtabelle ausgewählt. Die Verbindung zwischen beiden Tabellen stellt die RELATE-Anweisung her. Setzen Sie hier den Primärschlüssel der Haupttabelle mit dem Fremdschlüssel der Detailtabelle ein.

Um die Darstellung im *FlexGrid* müssen Sie sich nicht weiter kümmern, die Hierarchie wird anhand des *Recordsets* automatisch erkannt. Anders sieht die Sache allerdings dann aus, wenn Sie aus dem Basic-Code heraus auf die Datensätze zugreifen wollen.

**BEISPIEL:** Ausgabe des Recordsets im Direktfenster.

Aufbauend auf dem schon geöffneten *Recordset* aus dem vorhergehenden Beispiel fällt der Quellcode erfreulich kurz aus (Kommentare sind eingefügt):

```
' Für alle Datensätze des übergeordneten Recordsets
Do While Not rs.EOF
   ' Ausgabe der raumnummer
   Debug.Print "Raum : " & rs.Fields("Raum#").Value
   Debug.Print "--------------------------------"

   ' Für alle Datensätze des untergeordneten Recordsets
   With rs.Fields("Mitarbeiter").Value
     Do While Not .EOF
       ' Ausgabe der Mitarbeiterdaten
       Debug.Print "  ", .Fields("nachname"), .Fields("vorname")
       .MoveNext
     Loop
   End With
   Debug.Print

   rs.MoveNext
Loop
```

Das Ergebnis kann sich sehen lassen:

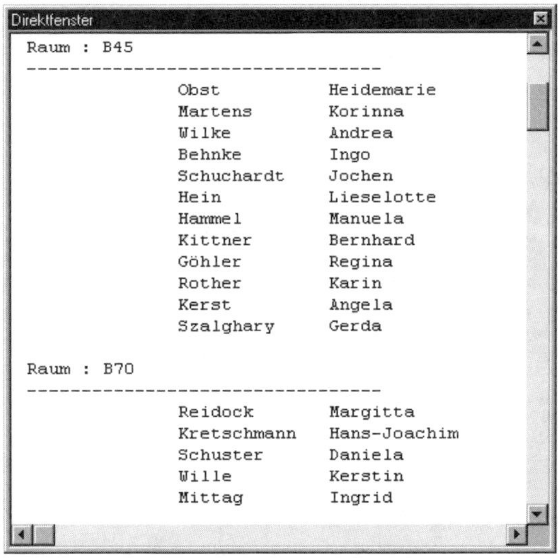


***Abbildung 4.14:*** *Ausgaben im Direktfenster*

Selbstverständlich sollen auch nicht die Nachteile von derartigen Abfragen verschwiegen werden:

- Sie müssen einen Client-Cursor verwenden.
- Unter Umständen müssen immense Datenmengen verwaltet werden.
- Sie müssen ADO einsetzen.

**HINWEIS:** Fast hätten wir es vergessen: Natürlich können Sie hierarchische Recordsets auch viel einfacher (und übersichtlicher) erstellen. Verwenden Sie dazu einfach den *DataEnvironment*-Designer mit untergeordneten *Command*-Objekten.

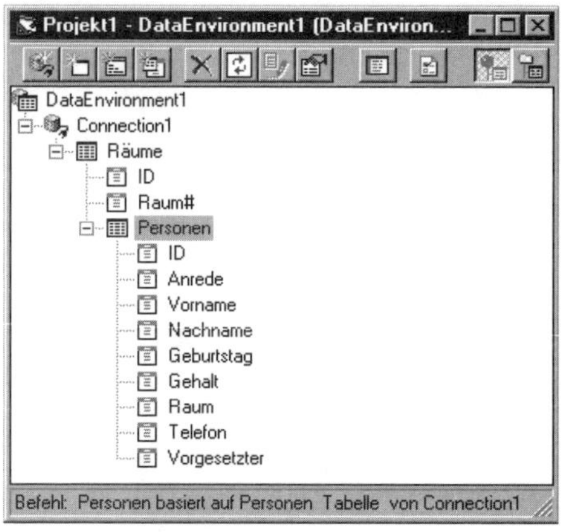


***Abbildung 4.15:** Umsetzung des SQL-Beispiels mit dem DataEnvironment-Designer*

## 4.7.4 Unterschiede zwischen ANSI-SQL und Access-SQL

Dass Access-SQL nicht immer die gleiche Syntax wie ANSI-SQL verwendet, dürfte Ihnen sicher schon aufgefallen sein. Einerseits versucht Access-SQL, weitestgehend kompatibel zu sein, andererseits werden aber auch eine Reihe von Features unterstützt (z.B. COUNTER-Datentyp), die es in ANSI-SQL nicht gibt.

| ANSI-SQL | Access-SQL | Bemerkung |
|---|---|---|
| BIT, BIT VARYING | BINARY | |
| – | BIT | Boolean |
| – | BYTE | |
| – | COUNTER | Zählerfelder |
| – | CURRENCY | Währung |
| DATE, TIME, TIMESTAMP | DATETIME | Datum/Uhrzeit |
| – | GUID | |
| DECIMAL | – | |
| REAL | SINGLE | |
| DOUBLE PRECISION, FLOAT | DOUBLE | |
| SMALLINT | SHORT | |
| INTEGER | LONG | |
| INTERVAL | – | |
| – | LONGBINARY | OLE, Grafik |
| – | LONGTEXT | Memos |
| CHARACTER,<br>CHARACTER VARYING | TEXT | |

***Tabelle 4.5:** Vergleich zwischen ANSI-SQL und Access-SQL*

Wo ANSI-SQL-Befehle fehlen, können Sie mit Basic-Anweisungen oder den Datenbankobjekten schnell Ersatz schaffen. Die folgende Tabelle zeigt einige Ansätze:

| ANSI-SQL-Anweisung | DAO-Ersatz |
|---|---|
| GRAND, REVOKE | *Container*-Auflistung des *Database*-Objekts |
| CREATE DATABASE | Methode *CreateDatabase* des *Workspace*-Objekts |
| ROLLBACK, COMMIT | *BeginTrans-*, *CommitTrans-*, *Rollback*-Methoden des *Workspace*-Objekts |
| CONNECT, USE | *OpenDatabase-* oder *OpenConnection*-Methode des *Workspace*-Objekts |

***Tabelle 4.6:*** *Beispiele für Basic-Erweiterungen*

# 4.8 Abfrage-Designer

Viel einfacher, als in der vorangegangenen Abschnitten beschrieben, geht es mit dem integrierten SQL-Abfrage-Designer. Vielleicht stellen Sie sich jetzt die Frage »Warum quälen mich die Autoren ein ganzes Kapitel lang, um dann am Ende eine wesentlich einfachere Möglichkeit anzubieten?« Der Grund: Nicht immer können Sie den Designer einsetzen! Wer in SQL programmieren kann, hat es da wesentlich leichter.

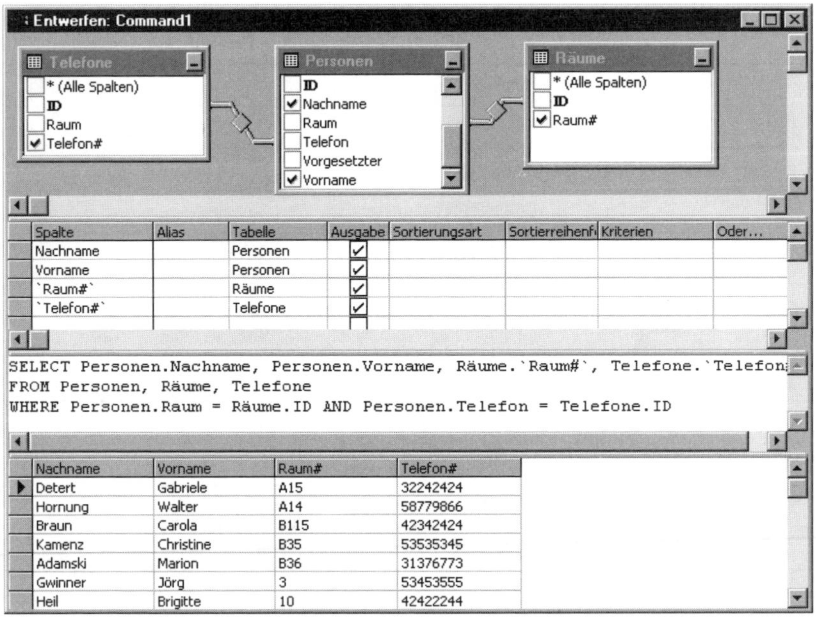


***Abbildung 4.16:*** *Ansicht des SQL-Designers*

Den Designer erreichen Sie über die Eigenschaften der *Command*-Objekte (*DataEnvironment*-Designer). Wählen Sie einfach *SQL-Anweisung* und die Schaltfläche *SQL-Generator.*

# 5 Datenbankzugriff mit DAO

DAO 2.5/3.51
DAO 3.0/
" 3.51
" 3.6



Während sich das vorhergehende Kapitel mit den visuellen Objekten für den Datenbankzugriff beschäftigte, wenden wir uns nun den »unsichtbaren« Datenzugriffsobjekten (DAO = *Data Access Objects*) zu. Der Programmierer verfügt mit den DAOs über ein mächtiges Instrumentarium, mit dem sich (fast) alle Aufgaben rund um den Datenbankzugriff lösen lassen.

Nach einer kurzen Einführung in die grundsätzliche Verwendung der Datenbank-Engine wollen wir an speziellen Themen das Zusammenwirken der Objekte, Eigenschaften und Methoden demonstrieren. Dieses Vorgehen dürfte sinnvoller sein als die Erklärung jeder einzelnen Option; dafür ist die Online-Hilfe weit besser geeignet.

**HINWEIS:** Die vorliegende Version der DAOs unterscheidet sich nicht von der mit VB 5 gelieferten Version. Langfristig werden die DAOs durch die ADOs (siehe folgendes Kapitel) abgelöst. Arbeiten Sie mit Desktop-Datenbanken (wie beispielsweise Microsoft Access) in denen Sie selbst Objekte (Tabellen, Indizes) erzeugen müssen oder deren Sicherheitsmechanismen Sie nutzen möchten, kommen Sie vorläufig nicht um die Verwendung der DAOs herum. ADO bietet an dieser Stelle lediglich den Weg über SQL-DDL-Befehle.

## 5.1 Grundlagen

Sicher sind Sie schon mehrfach auf den Begriff »Jet-Engine« gestoßen, konnten aber damit nichts anfangen. Mit Jet (*Joint Engine Technology*) bezeichnet Microsoft eine relationale Datenbank-Engine, die in ihrer aktuellen Version 3.5 sowohl von Office 97 als auch von VB 5 und 6 sowie Visual C++ unter den Betriebssystemen Windows 95/98 und Windows NT unterstützt wird. Obwohl die Engine die gesamte Funktionalität einer Datenbank zur Verfügung stellt, handelt es sich nicht um ein eigenständiges Produkt, sondern nur um eine Anzahl von Laufzeitbibliotheken (DLLs). Neben dem eigenen Access-Format werden auch Schnittstellen zu XBase (dBASE, FoxPro), Paradox, Btrieve, HTML, TXT, und vor allem die ODBC-Schnittstelle angeboten.

Durch das Kapseln der eigentlichen Datenbankschnittstellen in einem Objektmodell ist es für den Programmierer relativ egal, mit welchem Datenbankformat er arbeitet, die Engine entschei-

* V.4.0 / • XP (32-Bit)

det, ob direkt (Access) oder über zusätzliche DLLs (ISAM[1], ODBC[2]) auf die physikalische Datei zugegriffen werden muss. Der Verdacht, dass eine derartige Vielfalt zu Lasten der Funktionalität erkauft wird, lässt sich nicht bestätigen, naturgemäß leidet jedoch die Zugriffsgeschwindigkeit. Neben den einfachen Schreib-/Leseaktionen werden auch Sicherheitsmechanismen, Transaktionen und referentielle Integrität unterstützt.

Die folgende Abbildung zeigt das Zusammenspiel der verschiedenen DLLs innerhalb der Jet-Database-Engine.

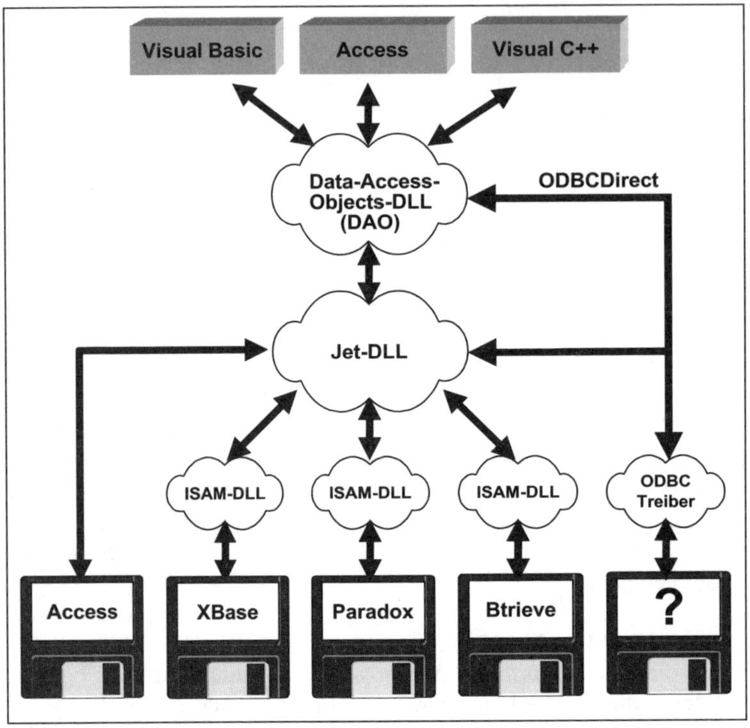


***Abbildung 5.1:*** *Funktion der Jet-Database-Engine*

Für Sie als Visual Basic-Programmierer sind im Wesentlichen nur die Datenzugriffsobjekte (DAOs) interessant. Neu hinzugekommen ist eine Möglichkeit, mit Hilfe von ODBCDirect die Jet-DLLs zu umgehen. Auf die Besonderheiten und Vorteile der ODBC- bzw. der ODBCDirect-Schnittstelle gehen wir in ▶ Kapitel 9 detailliert ein.

Wie schon erwähnt, handelt es sich um eine objektorientierte Schnittstelle, die jedoch im Gegensatz zu den anderen Visual Basic-Objekten keinerlei visuelle Oberfläche besitzt. Die Abbildung 5.2 zeigt die wichtigsten Beziehungen zwischen den einzelnen Datenbankobjekten (ohne *ODBCDirect*-Objekte und Auflistungen).

1 Indexed Sequential Access Method
2 Open Database Connectivity

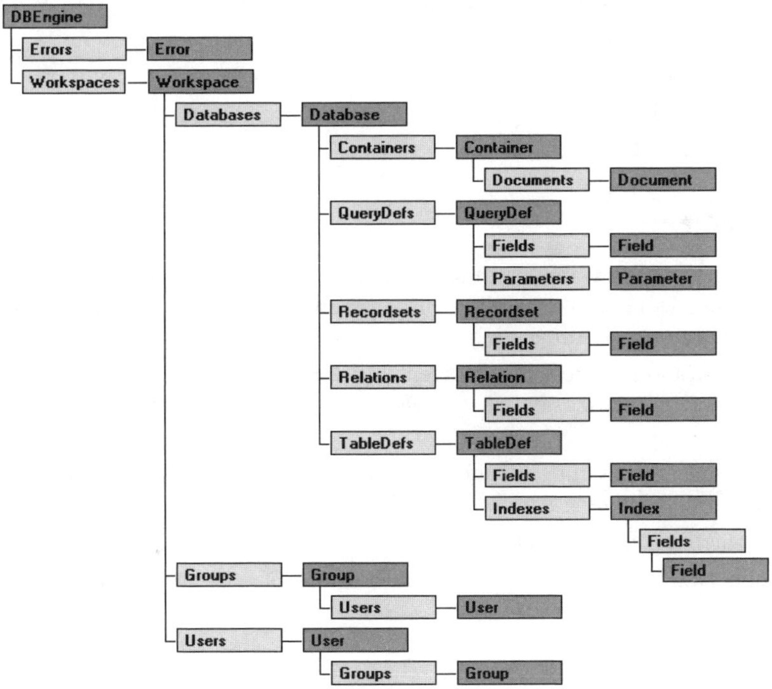


***Abbildung 5.2:*** *Beziehungen zwischen Datenbankobjekten*

**HINWEIS:** Bei den hellgrau dargestellten Teilen handelt es sich um Auflistungen, die wiederum weitere Objekte enthalten.

## 5.1.1 DBEngine-Objekt

Die Grundlage des Datenbank-Objektmodells bildet das vordefinierte `DBEngine`-Objekt, das von der Jet-Engine automatisch erstellt wird. Es repräsentiert quasi das gesamte Datenbankmodul. Neben einigen nützlichen Methoden, die unter anderem in ▶ Kapitel 9 beschrieben werden, ist vor allem die `LoginTimout`-Eigenschaft für ODBC-Verbindungen interessant. Von einem `DBEngine`-Objekt lassen sich mit der `CreateWorkspace`-Methode weitere `Workspace`-Objekte ableiten.

## 5.1.2 Workspace-Objekt

Für die Verwaltung des aktuellen Arbeitsbereichs verwenden Sie ein `Workspace`-Objekt (Arbeitsbereich-Objekt). Dazu gehören neben dem User-Namen und dessen Passwort[1] alle geöffneten Datenbanken und ODBC-Verbindungen. Weiterhin werden Transaktionen, User und Gruppen sowie diverse Optionen mit diesem Objekt verwaltet.

In den meisten Fällen werden Sie mit dem vorhandenen `Workspace`-Objekt auskommen und auf ein neues Objekt verzichten. Wichtig ist vor allem die Möglichkeit, mit diesem Objekt neue Da-

1 Auch wenn Sie sich nicht mit Name und Passwort anmelden, ist der User-Name mit *Admin* und das Passwort mit "" gesetzt.

tenbanken (hier ist die physische Datei gemeint!) anzulegen, zu öffnen und zu verwalten. Mehr zu diesem wichtigen Objekt lesen Sie in den Abschnitten:

- Erstellen von Datenbanken (▶ Abschnitt 5.2),
- Transaktionen (▶ Abschnitt 5.4.2),
- Sicherheit und Zugriffsschutz (▶ Kapitel 9).

## 5.1.3 Database-Objekt

Unter einem `Database`-Objekt kann sich wahrscheinlich jeder etwas vorstellen, handelt es sich doch um ein virtuelles Abbild der Datenbank mit allen enthaltenen Tabellen und Abfragen. Formulare, Berichte und Module gehören allerdings nicht dazu.

- Ist die Datenbank geöffnet, können Tabellen, Abfragen und Relationen erstellt und genutzt werden. Für den SQL-Profi bietet sich zusätzlich die Möglichkeit, SQL-Befehle mit der `Execute`-Methode auszuführen.
- Über das `Database`-Objekt ist es problemlos möglich, die Datenbank zu analysieren. Weitere Ausführungen zum Thema finden Sie in ▶ Abschnitt 5.2.3 (Tabellen/Indizes anlegen), und

  ▶ 12.2.33 ... ein SQL-Abfrageprogramm schreiben?
- Nicht zuletzt werden auch Datenbank-Replikationen über dieses Objekt abgewickelt (siehe dazu ▶ Abschnitt 5.5).

## 5.1.4 Recordset-Objekttypen

Nach dem virtuellen Abbild der Datenbank kommen wir jetzt zum virtuellen Abbild einer bzw. mehrerer Tabellen. So einfach wie es sich anhört, ist es allerdings nicht, bietet das DAO-Modell doch mittlerweile fünf verschiedene Typen für ein und denselben Sachverhalt:

- `Dynaset`
- `Snapshot`
- Table
- Forward
- Dynamic

Ein `Dynaset` stellt eine dynamische Sicht (View) auf eine oder auch mehrere Tabellen der geöffneten Datenbank dar. Dynasets sind das Resultat einer Abfrage und repräsentieren quasi die Ergebnismenge. Unter bestimmten Bedingungen ist es möglich, ein Dynaset zu editieren. Im Gegensatz dazu stellt ein `Snapshot` das Abbild zum Zeitpunkt der Abfrage dar. Snapshots lassen sich nicht editieren und sind damit lediglich für die Anzeige und die Auswertung von Daten von Interesse.

Der dritte Typ (`Table`) unterscheidet sich von den beiden vorangegangenen dadurch, dass es sich immer um das Abbild einer Tabelle handelt. Dies schließt alle Zeilen und alle Spalten ein.

Die Datentypen *Forward* und *Dynamic* sind im Wesentlichen nur für die Arbeit mit ODBC-Datenquellen interessant und werden deshalb erst im entsprechenden ▶ Abschnitt 5.2.1 näher betrachtet. An dieser Stelle nur soviel: Beide Typen dienen der Optimierung von Datenbankzugriffen.

Über ein Recordset-Objekt werden die typischen Datenbankaktionen abgewickelt: Hinzufügen, Ändern, Löschen, Suchen etc... Nähere Informationen dazu finden Sie in den folgenden Abschnitten:

- ▶ Abschnitt 5.3.3 (Datensätze anzeigen)
- ▶ Abschnitt 5.3.4 (Datensätze hinzufügen/ändern)
- ▶ Abschnitt 5.3.5 (Datensätze löschen)
- ▶ Abschnitt 5.3.6 (Datensätze sortieren)
- ▶ Abschnitt 5.3.7 (Datensätze suchen)
- ▶ Abschnitt 5.3.8 (Datensätze filtern)

### 5.1.5 Verwendung der Datenbankobjekte

Grundsätzlich handelt es sich bei den Datenbankobjekten um Objektvariablen, die in den meisten Fällen vor ihrer Verwendung initialisiert werden müssen.

**BEISPIEL:** Die Anweisung

```
Dim db As Database
```

deklariert lediglich eine Variable vom Typ Database, mehr nicht!

Wollen Sie eine Eigenschaft abfragen oder eine Methode ausführen, initialisieren Sie die Variable durch Zuweisen eines bestehenden Objekts:

```
Dim ws As Workspace
Dim db As DataBase

Set ws = dbEngine.Workspace(0)       ' Zuweisen der Standard-Workspace
Set db = ws.Databases(0)             ' Zuweisen der aktuellen Datenbank
```

Weiterhin werden Objekte auch von Methoden (meist *Create...*) zurückgegeben:

```
Dim ws As Workspace
Dim db As DataBase

Set ws = dbEngine.Workspace(0)       ' Zuweisen der Standard-Workspace
Set db = ws.CreateDatabase("Personalverwaltung", dbLangGeneral)
```

Danach können Sie auf alle Eigenschaften und Methoden zugreifen:

```
db.Execute "DROP TABLE [telefonnummern]"
Text1.Value = db.Name
```

Ob ein erzeugtes Objekt gültig ist oder nicht, lässt sich mit folgender Abfrage überprüfen:

```
If db IS Nothing Then               ' Objekt ist ungültig!
```

Durch die Zuweisung von Nothing können Sie die Verbindung zwischen Objekt und Objektvariable aufheben (da es sich um Objekte handelt, muss das Schlüsselwort Set verwendet werden):

```
Set db = Nothing
```

### 5.1.6 Warum typisierte Objekte?

Einige VB-Programmierer machen sich die Tatsache zunutze, dass anstelle typisierter Objekte eine Variable vom Typ `Object` verwendet werden kann. Anstatt

```
Dim db As Database
```

wird folgende Deklaration benutzt:

```
Dim db As Objekt
```

Obwohl beide Deklarationen korrekt sind, sollten Sie die zweite Variante nicht verwenden. Der folgende Code zeigt warum.

**BEISPIEL:** Fehlerhafte Programmierung.

```
Dim db As Object                  ' Variable deklarieren
...
Set db = ws.OpenDatabase("c:\test.mdb")
...
db.MoveNext                       ' MoveNext-Methode ausführen
```

Kompilieren Sie das Programm, »merkt« VB nicht, dass die `MoveNext`-Methode vollkommen falsch angewendet wurde (ein `Database`-Objekt hat keine `MoveNext`-Methode!), der Fehler wird erst zur Laufzeit auftreten (late binding). Verwenden Sie stattdessen ein typisiertes Objekt, wird schon beim Kompilieren der Fehler entdeckt (early binding).

Ein weiterer Vorteil von typisierten Objekten ist die automatische Auflistung aller gültigen Elemente (wer kann sich schon alle Methoden- und Eigenschaftsbezeichner merken?):

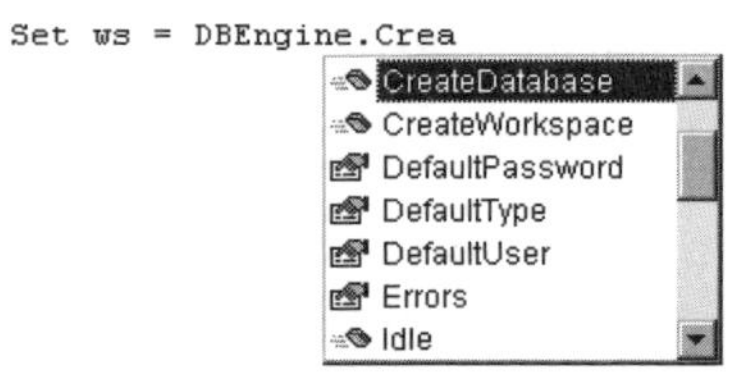


***Abbildung 5.3:** Automatische Auflistung von Elementen*

## 5.2 Erstellen von Datenbanken

Dieser Abschnitt fasst alle Informationen zum Erstellen von Datenbanken mit den enthaltenen Tabellen, Indizes, Abfragen und Relationen zusammen. Dieser Abschnitt ist auch für den ADO-Programmierer von Bedeutung, da in der vorliegenden ADO-Version derartige Funktionen nicht unterstützt werden.

### 5.2.1 Arbeitsumgebung festlegen

Noch bevor Sie eine Datenbank öffnen oder anlegen, müssen Sie eine neue Arbeitsumgebung (*Workspace*) festlegen.

Öffnen Sie beispielsweise Microsoft Access, werden Sie bei aktivierter Zugriffsverwaltung (Menü *Extras/Zugriffsrechte*) nach Ihrem Namen und Ihrem Passwort gefragt[1]. Mit diesen Angaben legt Access eine Standard-Arbeitsumgebung an. Das folgende Beispiel zeigt, wie Sie in einem Visual Basic-Programm darauf Bezug nehmen.

**BEISPIEL:** Varianten, um eine Standard-Arbeitsumgebung zu öffnen.

```
Dim ws As Workspace

Set ws = DBEngine.Workspaces(0)
Set ws = DBEngine(0)
Set ws = Workspaces(0)
```

In einigen Fällen (▶ Kapitel 9) ist es jedoch wünschenswert, eine neue Arbeitsumgebung mit neuem User-Namen und anderem Passwort zu erstellen.

**BEISPIEL:** Neue Arbeitsumgebung *Test* öffnen, der User-Name ist *Anton*, das Passwort *geheim*.

```
Dim ws As Workspace
Set ws = DBEngine.CreateWorkspace ("Test", "Anton", "geheim")
```

**BEISPIEL:** Alle weiteren Aktionen in diesem Arbeitsbereich werden mit den Rechten des Users *Anton* ausgeführt (beim Anlegen von Tabellen und Abfragen wird Anton zum Owner dieser Objekte).

Über das *dBEngine*-Objekt können Sie auch den Standort der Arbeitsgruppendatei (in dieser werden die Gruppen und User verwaltet) sowie Passwort und Usernamen festlegen:

```
DBEngine.SystemDB = "c:\winnt\system32\system.mdw"
DBEngine.DefaultUser = "Thomas"
DBEngine.DefaultPassword = "geheim"
```

## 5.2.2 Datenbank anlegen und öffnen

Ausgangspunkt für das Erstellen einer Access-Datenbank ist das `Workspace`-Objekt. Mit der Methode `CreateDatabase` legen Sie eine leere Access-Datenbank an. Das nachfolgende Listing zeigt, wie es geht.

**BEISPIEL:** Anlegen einer Datenbank.

```
Dim ws As Workspace          ' Objektvariable vom Typ Workspace anlegen
Dim db As DATABASE           ' Objektvariable vom Typ Database anlegen

' Zuweisen der aktuellen Arbeitsumgebung ...
Set ws = DBEngine.Workspaces(0)

' Erstellen der eigentlichen Datei ...
Set db = ws.CreateDatabase("c:\test.mdb", dbLangGeneral, dbVersion30)
```

1 Andernfalls werden Sie intern als User *Admin* verwaltet.

```
' Die neue Datenbank wird geschlossen ...
db.Close
```

Wie Sie dem Beispiel entnehmen können, wird nach dem Initialisieren des Workspace-Objektes die Methode CreateDatabase aufgerufen.

```
Set DB = Workspace.CreateDatabase (Name, Gebietsschema, Optionen)
```

Übergabeparameter ist neben dem Dateinamen die interne Sortierreihenfolge (dbLangGeneral) und das Datenbankformat (dbVersion30). Während Sie an der Sortierreihenfolge wahrscheinlich keine Änderungen vornehmen (es sei denn, Sie entwickeln Datenbanken, die auch im Ausland laufen sollen), ist das Datenbankformat ein wichtiger Parameter. Neben der Einstellung, ob die Datenbank verschlüsselt werden soll (optional), können Sie auch die älteren Access-Formate erzeugen. Diese Möglichkeit dürfte vor allem für den Datenaustausch interessant sein, unterstützt doch nicht jedes Programm schon die Version 3.0. Welche Konstanten Sie verwenden können, zeigt die folgende Tabelle. Beachten Sie, dass Versionskonstanten nicht kombiniert werden dürfen.

| Konstante | Bedeutung |
|---|---|
| *DbEncrypt* | erstellt eine verschlüsselte Datenbank |
| *dbVersion10* | Datenbanktyp Version 1.0 |
| *dbVersion11* | Datenbanktyp Version 1.1 |
| *dbVersion25* | Datenbanktyp Version 2.5 |
| *dbVersion30* | Datenbanktyp Version 3.0 (kompatibel mit Version 3.5) |

***Tabelle 5.1:** Werte für den Parameter Option*

**BEISPIEL:** Die beiden Anweisungen stehen für korrekte Parameter:

```
dbVersion30 + dbEncrypt
dbVersion11 + dbEncrypt
```

Das Verschlüsseln der Datenbank bedeutet jedoch noch lange nicht, dass die Datenbank auch vor unerlaubten Zugriffen geschützt ist. Dazu werden wir später das abgeleitete Database-Objekt verwenden. Bevor es soweit ist, beachten Sie folgende Fehlermöglichkeit: Existiert die Datenbank bereits, tritt ein Laufzeitfehler auf (3204), den Sie über eine Fehlerbehandlungsroutine abfangen müssen.

**BEISPIEL:** Anlegen einer Datenbank.

```
On Error Goto Dateifehler
Dim ws As Workspace
Dim db As DATABASE

Set ws = DBEngine.Workspaces(0)
Set db = ws.CreateDatabase("c:\test.mdb", dbLangGeneral, dbVersion30)
db.Close
Exit Sub
```

```
Dateifehler:
        MsgBox Err.Description,16,"Problem"
        Exit Sub
        Resume Next
```

Noch besser wäre allerdings ein vorhergehender Test, ob die Datei schon vorhanden ist. Allerdings werden Sie an dieser Stelle keine Unterstützung von Access erhalten, eine fertige Funktion existiert leider nicht. Die folgende Funktion zeigt, wie es trotzdem geht:

```
Function FileExist (dateiname$) As Boolean
On Error GoTo fehler:
FileExist = Dir$(dateiname) <> ""
Exit Function
fehler:
   FileExist = False
   Resume Next
End Function
```

Mit der neuen Funktion `FileExist` können wir eine etwas speziellere Fehlerbehandlung programmieren. Ziel ist eine geöffnete Datenbank, egal ob diese bereits existiert oder nicht.

**BEISPIEL:** Die folgende Sequenz dient zum Anlegen bzw. Öffnen einer Datenbank:

```
On Error GoTo openFehler

Dim ws As Workspace
Dim db As DATABASE
Dim datenbank$

datenbank = "c:\test.mdb"
Set ws = DBEngine.Workspaces(0)

If Not FileExist(datenbank) Then
  MsgBox "Datenbank wird angelegt!", 64, "Information"
  Set db = ws.CreateDatabase(datenbank, dbLangGeneral, dbVersion30)
Else
  Set db = ws.OpenDatabase(datenbank, False, False)
End If
Exit Sub

openFehler:
   MsgBox "Datenbank konnte nicht geöffnet werden! " & Err.Description, 16, "Problem"
   Exit Sub
   Resume Next
```

Sollte die Datenbank noch nicht existieren, wird sie angelegt, anderenfalls wird sie geöffnet (`OpenDatabase`-Methode). In jedem Fall ist nach der Ausführung der `If-Then-Else`-Bedingung die `Database`-Variable (`db`) initialisiert. Kommt es zu einem Fehler, zum Beispiel wenn die Datenbank exklusiv gesperrt oder beschädigt ist, wird die aktuelle Prozedur nach einer Fehlermeldung abgebrochen.

Damit wären wir auch schon beim Öffnen von existierenden Datenbanken angekommen.

```
Set db = ws.OpenDatabase( dbName [, exclusive [, readOnly]] )
```

| Parameter | Wert | Bedeutung |
|---|---|---|
| DbName | Dateiname | Pfad und Verzeichnis der Datenbank |
| Exclusive | `True/False` | Mit True wird die Datenbank exklusiv für einen Nutzer geöffnet. Andere Nutzer haben keinen Zugriff auf die gesamte Datenbank. Diese Option sollten Sie nur verwenden, wenn Sie Änderungen an Tabellen vornehmen wollen. |
| ReadOnly | `True/False` | Die Datenbank wird schreibgeschützt geöffnet. Spätere Zugriffe mit den Methoden *Append* oder *Edit* führen zu einem Laufzeitfehler. |

***Tabelle 5.2:*** *Parameter zum Öffnen einer Datenbank*

### Zugriffsrechte

Wir müssen noch einmal auf die Zugriffsrechte zurückkommen: So wie die Datenbank angelegt wurde, kann jeder Benutzer darauf zugreifen. Wollen Sie das verhindern, müssen Sie nach dem Erstellen bzw. Öffnen der Datenbank ein Passwort definieren. Verwenden Sie dazu die `NewPassword`-Methode des `Database`-Objekts.

**BEISPIEL:** Ein Passwort setzen Sie mit:

```
Set db = OpenDataBase(...)
...
db.NewPassword "", "geheim"
db.Close
```

Der erste Parameter bestimmt das bisherige Passwort, der zweite setzt das neue Passwort. Danach ist die Datenbank geschützt. Wenn Sie das Passwort vergessen, haben Sie keine Möglichkeit, die Datenbank zu öffnen.

Zum Thema Öffnen einer geschützten Datenbank werden Sie als Programmierer kaum Unterstützung erfahren. Um die mit `NewPassword` gesicherte Datenbank zu öffnen, genügt der normale Aufruf von `OpenDatabase` nicht, es fehlt das Passwort. Der Aufruf muß wie folgt abgeändert werden:

```
...
Set ws = DBEngine.Workspaces(0)
Set db = ws.OpenDatabase("c:\test.mdb", False, False, ";pwd=geheim")
...
```

Wichtig ist das Semikolon vor der Angabe *pwd=geheim*, ohne geht es nicht!

**HINWEIS:** Wenn Sie als Programmierer das Passwort automatisch generieren lassen, hat der Nutzer Ihrer Anwendung überhaupt keine Möglichkeit, die Datenbank zu öffnen (funktioniert natürlich nur bei Trennung von Programm und Daten).

Mehr zum Thema Datensicherheit und Zugriffsschutz finden Sie in ▶ Kapitel 9.

## 5.2.3 Tabellen/Indizes anlegen

Ist die Datenbank angelegt und geöffnet (siehe vorhergehender Abschnitt), möchten Sie auch schon damit beginnen, die Datenbank mit Informationen zu füllen. Doch halt, die Daten werden ja in Tabellen gespeichert, und die gibt es noch gar nicht.

Zwei Wege führen in Visual Basic zur fertigen Tabelle:

- Anlegen über die Datenbankobjekte (DAOs)
- Erstellen mit SQL-Befehlen über die `Execute`-Methode

Beide Verfahren haben ihre Vor- und Nachteile. Während das Programmieren mit den Objekten etwas aufwendiger ist, lassen sich über SQL-Befehle nicht alle Möglichkeiten der Datenbank-Engine ausschöpfen. In diesem Abschnitt stellen wir Ihnen deshalb die Programmierung mit Objekten vor. Zur SQL-Programmierung finden Sie in ▶ Kapitel 4 die nötigen Grundlagen.

### Tabellen

Für die Tabellendefinition brauchen Sie neben dem schon erwähnten `Database`-Objekt ein `TableDef`- und ein `Field`-Objekt.

**BEISPIEL:** Tabellendefinition

```
Dim ws As Workspace
Dim db As DATABASE
Dim td As TableDef
Dim fld As Field
Set ws = DBEngine.Workspaces(0)
Set db = ws.CreateDatabase("c:\test.mdb", dbLangGeneral, dbVersion30)
```

Natürlich muß das `TableDef`-Objekt auch initialisiert werden. Dazu verwenden wir die Methode `CreateTable` des `Database`-Objektes:

```
Set td = db.CreateTableDef()
```

Das so erzeugte Objekt hat weder einen Namen, noch ist in der Datenbank eine Tabelle angelegt worden. Zuerst kümmern wir uns um die Tabellenbezeichnung:

```
td.Name = "Eine erste Tabelle"
```

Für die Namen gelten die Access-Konventionen, die Sie in der Online-Hilfe nachschlagen können. Verwenden Sie Access als Exportformat, sollten Sie beachten, dass einige Fremdformate nur acht Zeichen erkennen (dies kann insbesondere beim Datenaustausch mit 16-Bit-Anwendungen zu Problemen führen). Auch die Verwendung von Leerzeichen ist manchmal problematisch.

Wichtigster Bestandteil einer Tabelle sind die einzelnen Spalten. Mit dem folgenden Aufruf erzeugen wir ein `Field`-Objekt, über das Sie alle wichtigen Spaltenoptionen einstellen können:

```
Set fld = td.CreateField("vorname", dbText, 30)
```

Die drei wichtigsten Eigenschaften `Spaltenname`, `Datentyp` und `Feldgröße` können Sie bereits an dieser Stelle festlegen. Weitere Eigenschaften lassen sich im Anschluss setzen.

```
Set Feld = DB.CreateField (Name, Typ, Größe)
```

Die folgende Tabelle zeigt die zulässigen Datentypen bzw. die vordefinierten Konstanten:

| Konstante | Datentyp |
|---|---|
| *dbBoolean* | Ja/Nein |
| *dbByte* | Byte |
| *dbInteger* | Integer |
| *dbLong* | Long |
| *dbCurrency* | Currency |
| *dbSingle* | Single |
| *dbDouble* | Double |
| *dbDate* | Datum/Zeit |
| *dbText* | Text |
| *dbLongBinary* | Long Binary (OLE-Objekt) |
| *dbMemo* | Memo |
| *dbGUID* | GUID |

***Tabelle 5.3:*** *Datentyp-Konstanten*

**HINWEIS:** Vielleicht vermissen Sie in der Tabelle eine Konstante für Zählerfelder? Diese werden Sie auch nicht finden, ist doch das Zählerfeld nur ein Spezialfall des Feldtyps `Long`. Gleiches trifft auch auf den Datentyp *Hyperlink* zu, der auf dem Typ *dbMemo* basiert.

Die so erzeugte Spalte können Sie mit

```
td.Fields.Append fld
```

in die Tabelle einfügen. Zum Schluss muss nur noch die Tabelle in der Datenbank gespeichert werden:

```
...
db.TableDefs.Append td
...
db.Close                'Datenbank schließen
```

Das war es auch schon! Allerdings ist die so erzeugte Tabelle recht primitiv, hat sie doch nur ein einziges Feld. Trotzdem dürfte das Beispiel für das Grundverständnis vollkommen ausreichen. Alles weitere ist Beiwerk.

Für alle, die mehr mit ihren Tabellen machen wollen, folgen jetzt einige komplexere Beispiele. Vorab jedoch noch zwei Tabellen, die einige Konstanten und Eigenschaften vorstellen, die in den Beispielen verwendet werden:

| Konstante | Bedeutung |
|---|---|
| *dbFixedField* | Numerische Felder, d.h. festgelegte Größe. |
| *dbVariableField* | Die Feldgröße kann geändert werden (nur für Textfelder). |
| *dbAutoIncrField* | Zählerfelder, Feld inkrementiert sich selbst. |
| *dbUpdatableField* | Der Wert im Feld ist veränderbar. |
| *dbDescending* | Das Feld wird in absteigender Reihenfolge (Z...A bzw. 999...0) sortiert. Wenn die Konstante nicht angegeben wird, gilt eine aufsteigende Sortierfolge (A...Z bzw. 0...999). |
| *dbHyperlinkField* | Das Feld enthält Hyperlink-Informationen (nur Memofelder). |

***Tabelle 5.4:*** *Konstanten für die Field.Attributes-Eigenschaft*

| Eigenschaft | Beschreibung |
|---|---|
| *AllowZeroLength* | Zulassen von leeren Zeichenfolgen ("", nicht NULL-Werte), (True/False) |
| *DefaultValue* | Standard-Feldinhalt. Es kann sich um Konstanten oder Funktionen handeln (z.B. *1000* oder *Date()*). Alternativ läßt sich durch Zuweisen der Zeichenkette *GenUniqueId()* ein Zufallswert erzeugen (AutoWert-Feld mit Zufallszahl). |
| *Required* | Zulassen von NULL-Werten (True/False) |
| *ValidationRule* | Regel, die eingehalten werden muss, damit der Datensatz gespeichert wird. Beispiele:<br>`In ('Wien';'München';'Paris')`<br>`< 1000`<br>`BETWEEN #1/1/1900# AND #1/1/2000#`<br>`LIKE "P[A-F]###"` |
| *ValidateOnSet* | True: Überprüfen, wenn die Eigenschaft gesetzt ist.<br>False: Überprüfen, wenn der Datensatz aktualisiert wird. |
| *ValidationText* | Meldungstext, wenn die obige Regel verletzt wird (Error). |

***Tabelle 5.5:*** *Weitere Eigenschaften des* Field-*Objekts*

**BEISPIEL:** AutoWert-Feld (Zählerfeld)

```
Set fld = td.CreateField("Nr", dbLong)
fld.Attributes = dbAutoIncrField
td.Fields.Append fld
```

**BEISPIEL:** Einfaches Textfeld definieren (30 Zeichen, Eingabe erforderlich).

```
Set fld = td.CreateField("vorname", dbText, 30)
fld.Required = True
td.Fields.Append fld
```

**BEISPIEL:** Datumsfeld erstellen (Standardwert: Tagesdatum, Datum muss zwischen 1.1.1995 und 1.1.2000 liegen, sonst Fehlermeldung).

```
Set fld = td.CreateField("Einstellungsdatum", dbDate)
fld.DefaultValue = "=Date()"
```

```
fld.ValidationRule = "Between #1/1/95# and #1/1/2000#"
fld.ValidationText = "Falsches Datum!"
td.Fields.Append fld
```

**BEISPIEL:** Zeitmarke festlegen.

```
Set fld = td.CreateField("Zeitmarke", dbDate)
fld.DefaultValue = "=Now()"
td.Fields.Append fld
```

**BEISPIEL:** Memofeld erzeugen.

```
Set fld = td.CreateField("Bemerkung", dbMemo)
td.Fields.Append fld
```

**BEISPIEL:** Integerfeld auf Werte kleiner als 1000 und Standardwert 50 festlegen.

```
Set fld = td.CreateField("Raumnummer", dbInteger)
fld.ValidationRule = "<1000"
fld.DefaultValue = 50
td.Fields.Append fld
```

**BEISPIEL:** Quellcode für ein Hyperlinkfeld.

```
Set fld = td.CreateField("Hyperlink", dbMemo)
fld.Attributes = DbHyperlinkField + DbVariableField
td.Fields.Append fld
```

### Indizes

Neben der Felddefinition ist auch die Verwendung von Indizes von Interesse. Zwei Möglichkeiten bieten sich an:

- Entweder erstellen Sie den Index noch vor dem Einfügen des `TableDef`-Objekts in die Datenbank,
- oder Sie müssen ein `TableDef`-Objekt neu zuweisen.

In jedem Fall müssen die Indizes an ein initialisiertes `TableDef`-Objekt angehängt werden.

**BEISPIEL:** Indexdefinition

```
Dim td As TableDef
Dim ind As Index
...
Set ind = td.CREATEINDEX("Name")     ' Index-Objekt initialisieren
ind.Fields = "name"                  ' Das Tabellenfeld auswählen
td.Indexes.Append ind                ' Index anhängen
```

Die folgende Tabelle zeigt die in Access möglichen Indexvarianten:

| Typ | Bedeutung |
|---|---|
| Einfacher Index | Das betreffende Feld wird indiziert, es können doppelte Datensätze auftreten:<br>`Dim ind As New index`<br>`  ind.Name = "Name"       ' Indexname`<br>`  ind.Fields = "Name"     ' Tabellenfeld`<br>`  td.Indexes.Append ind` |
| Eindeutiger Index | Das betreffende Feld wird indiziert, es tritt ein Fehler auf, wenn doppelte Datensätze gespeichert werden:<br>`Dim ind As New index`<br>`  ind.Name = "Name"       ' Indexname`<br>`  ind.Fields = "Name"     ' Tabellenfeld`<br>`  ind.Unique = True`<br>`  td.Indexes.Append ind` |
| Zusammengesetzter Index | Im Index sind mehrere Felder zusammengefasst:<br>`Dim ind As New index`<br>`  ind.Name = "Index1 "          'Indexname`<br>`  ind.Fields = "Name;Vorname"  'Tabellenfelder`<br>`  td.Indexes.Append ind`<br>Die Kombination mit »eindeutigem Index« ist möglich. |
| Hauptindex | Dieser bestimmt einen Index zur eindeutigen Identifikation jedes Records in der Tabelle. Nur ein Index pro Tabelle kann Hauptindex sein:<br>`Dim ind As New index`<br>`  Ind.Name = "PrimaryKey"    'Defaultwert`<br>`  Ind.Fields = "Nr"          'Tabellenfeld`<br>`  Ind.Primary = True`<br>`  Ind.Unique = True`<br>`  Td.Indexes.Append ind`<br>Die Eigenschaft *Unique* wird durch obige Bedeutung bereits impliziert. |

***Tabelle 5.6:** Access-Indexvarianten*

**HINWEIS:** Verwenden Sie für einfache Indizes den gleichen Namen wie für das Feld. Zusammengesetzten Indizes können Sie einen beliebigen Namen geben. Der Hauptindex erhält immer den Namen *PrimaryKey*.

| Eigenschaft | Beschreibung |
|---|---|
| IgnoreNulls | Legt fest, ob Records mit NULL-Werten in den Index aufgenommen werden dürfen (True/False). |
| Primary | Legt den Hauptindex fest (True/False). Pro Tabelle kann es nur einen Hauptindex geben. |
| Required | Nullwerte sind zulässig (True/False). |
| Unique | Eindeutiger Index (True/False) |

***Tabelle 5.7:** Eigenschaften des Index-Objekts*

Eine praktische Anleitung bietet das ▶ Komplexbeispiel in Abschnitt 5.3.10.

## 5.2.4 Tabellen einbinden

Neben dem Importieren von Tabellen aus anderen Datenbanken bietet sich noch die Variante der Einbindung an. Einbinden bedeutet in diesem Fall, dass lediglich ein Verweis auf die Herkunft der Daten gespeichert wird. Alle folgenden Zugriffe erfolgen aber so, als ob es sich um eine normale Tabelle handeln würde. Das gilt auch für Tabellen, die in Fremdformaten (XBase etc.) vorliegen oder über die ODBC-Schnittstelle (SQL-Server) eingebunden sind.

Änderungen am Layout einer eingebundenen Tabelle sind unzulässig. Alle Beschränkungen des Fremdformates (Wertebereiche, Feldgrößen etc.) bleiben erhalten, lediglich der Tabellenname richtet sich jetzt nach der Access-Konvention. So können Sie z.B. auch einer dBASE-Tabelle den Namen *Umsatzentwicklung 1995* geben.

Zum Einbinden der Tabelle müssen wir die bisherige Verfahrensweise etwas abändern. Anstatt wie bisher die `CreateTableDef`-Methode ohne Parameter aufzurufen, übergeben wir weitere Optionen:

```
CreateTableDef([Name[, Attribute[, Quelle[, Verbindung]]]])
```

| Parameter | Bedeutung |
|---|---|
| Name | Der neue Tabellenname nach Access-Konvention |
| Attribute | Zusätzliche Attribute für die Verbindung |
| Quelle | Der Name der Quelltabelle (ohne Extension) |
| Verbindung | Der `Connect`-String, bestehend aus dem Datenbankkennzeichen und dem Pfad (ISAM oder Access-Datenbanken) oder dem ODBC-Connect-String |

***Tabelle 5.8:*** *Optionen für* CreateTableDef

Die folgenden Beispiele können lediglich einen knappen Überblick geben. Auf das Thema Einbinden externer Datenquellen wird in ▶ Kapitel 9.2 gesondert eingegangen.

**BEISPIEL:** Einbinden einer dBASE-Tabelle, die sich im Ordner *C:\Dbase* befindet, unter dem neuen Namen *Animals aus dBASE*.

```
Set db = ws.OpenDatabase(...)
Set td = db.CreateTableDef("Animals aus dBASE", 0, "ANIMALS", _
        "dBASE IV;DATABASE=C:\DBASE")
db.TableDefs.Append td
```

**BEISPIEL:** Einbinden einer SQL-Server-Datenbank über die ODBC-Schnittstelle; Tabellenname *autoren*, ODBC-Name *ServerTest*, Datenbank *Verleger*, UserID = *sa*, Passwort *geheim*.

```
Set db = ws.OpenDatabase(...)
Set td = db.CreateTableDef("Eingebundene Server-Tabelle")
' Zusätzliches Festlegen des Connect-Strings incl. Passwort
td.Connect = "ODBC;DATABASE=verleger;UID=sa;PWD=geheim;DSN=ServerTEST"
td.SourceTableName = "autoren"
db.TableDefs.Append td
```

Das Einbinden von Tabellen hat gegenüber dem direkten Öffnen der Fremddatenbank (über `OpenDatabase`) den Vorteil, bedeutend schneller zu sein. Greift die Datenbank-Engine auf Fremdformate zu, muss erst die Tabellenstruktur analysiert werden, was natürlich Zeit kostet. Beim Einbinden wird die Struktur der Fremdtabelle in der Access-Datenbank gespeichert (nicht die Daten!).

## 5.2.5 Tabellen verknüpfen (Relationen)

Wer bereits mit Microsoft Access gearbeitet hat, kennt die bequeme Möglichkeit, im QbE-Fenster (QbE= Query by Example) Beziehungen zwischen Tabellen mit Hilfe eines grafischen Editors darzustellen bzw. zu generieren.

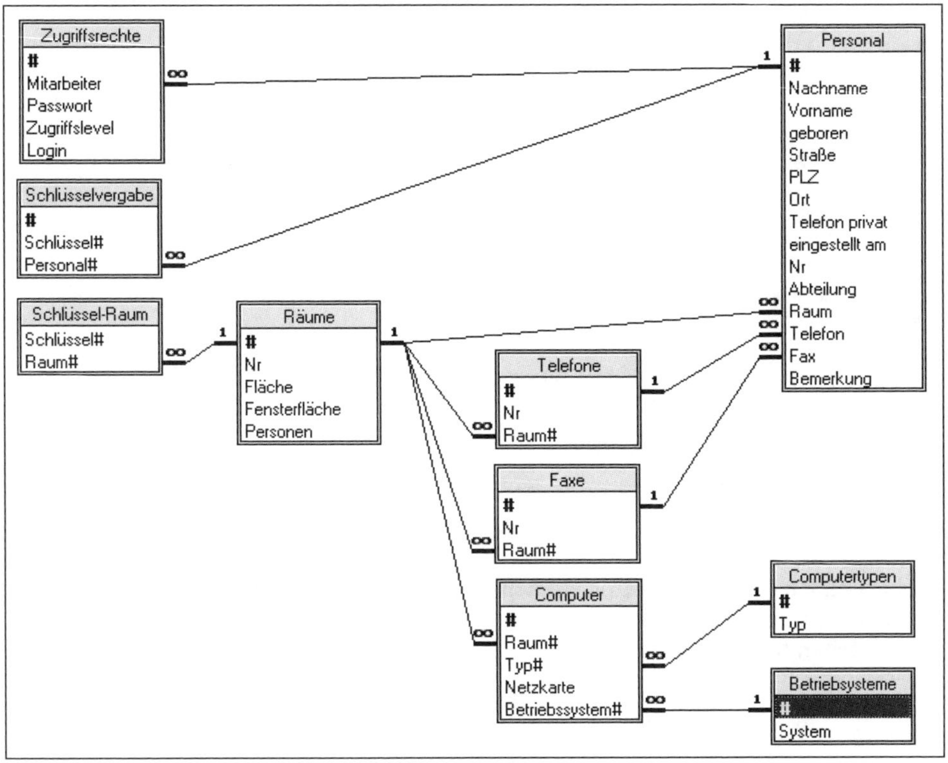


***Abbildung 5.4:*** *Beispiel für Verknüpfungen innerhalb einer Datenbank*

Neben der interaktiven Entwicklung kann man auch über die Datenzugriffsobjekte (DAOs) diese Beziehungen festlegen. Alles, was Sie dazu brauchen, ist ein initialisiertes `Database`-Objekt sowie ein `Relation`-Objekt. Weiterhin muss innerhalb der Relation die Haupttabelle über einen Hauptindex (Primary Key) verfügen (z.B. über ein Zählerfeld).

**BEISPIEL:** Es geht um eine Tabellenverknüpfung über DAOs. Einem Raum sollen mehrere Personen zugeordnet werden, es handelt sich demnach um eine simple 1:n-Beziehung.

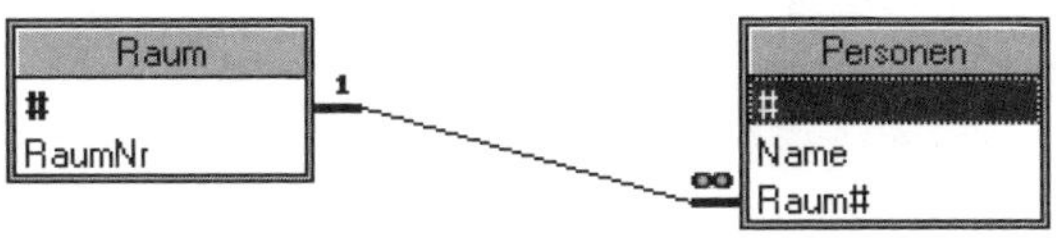

Zum Tabellenaufbau sei noch gesagt, dass es sich bei den #-Feldern um Zählerfelder handelt, die gleichzeitig als Hauptindex fungieren. Nach diesen Vorbereitungen geht es zur Sache:

```
Dim db As DATABASE
Dim td As TableDef
Dim rel As Relation
Dim fld As Field

Set db = ws.OpenDatabase(...)           ' Database-Objekt initialisieren

' Erstellen einer Relation mit dem Namen "Relation1" zwischen der
' Tabelle "Raum" und der Tabelle "Personen"
Set rel = db.CreateRelation("Relation1", "Raum", "Personen")

' Festlegen des Feldes in der Haupttabelle (Raum)
Set fld = rel.CreateField("#")

' Festlegen des Feldes in der Fremtabelle (Personen)
fld.ForeignName = "Raum#"

' Anhängen des Feldes an die Fields-Auflistung der Relation
rel.Fields.Append fld

' Anhängen der Relation an die Relationsauflistung der Datenbank
db.Relations.Append rel

db.Close
```

Im obigen Beispiel haben wir lediglich eine einfache Beziehung aufgebaut, referentielle Integrität besteht noch nicht. Dazu müssen wir die `Attributes`-Eigenschaft des `Relation`-Objekts bemühen. Folgende Möglichkeiten bieten sich an:

| Parameter | Bedeutung |
|---|---|
| *dbRelationUnique* | Zwischen den Tabellenfeldern wird eine 1:1-Beziehung hergestellt. |
| *dbRelationDontEnforce* | Die referentielle Integrität der Beziehung wird nicht erzwungen. |
| *dbRelationInherited* | Die verwendeten Tabellen befinden sich nicht in der aktuellen Datenbank. |
| *dbRelationUpdateCascade* | Aktualisierungen werden weitergegeben. |
| *dbRelationDeleteCascade* | Löschvorgänge werden weitergegeben, z.B. wenn ein Raum »stillgelegt« wird, verschwinden auch alle zugehörigen Personen. |

***Tabelle 5.9:*** *Attributes*-Eigenschaften

**BEISPIEL:** Löschweitergabe an Detaildatensatz.

```
Set rel = db.CreateRelation("Relation1", "Raum", "Personen")
Set fld = rel.CreateField("#")
fld.ForeignName = "Raum#"
rel.Attributes = dbRelationDeleteCascade
rel.Fields.Append fld
db.Relations.Append rel
```

## 5.2.6 Abfragen erstellen/ausführen

Führen Sie ein und dieselbe SQL-Abfrage mehrfach in einer Anwendung aus oder variiert nur ein Parameter, ist es sinnvoll, eine Abfrage zu erstellen. Die Jet-Engine speichert diese in optimierter Form in der Access-Datenbank. Natürlich können Sie die Abfrage nicht nur über den QbE-Editor erzeugen, sondern auch über die Datenbank-Engine. Alles, was Sie dazu brauchen, ist ein initialisiertes `Database`-Objekt sowie eine Objektvariable vom Typ `QueryDef`.

**BEISPIEL:** Erzeugen einer Abfrage *Abfrage1*, mit der alle Personen ermittelt werden, deren Nachname mit *A* beginnt.

```
Dim db As DATABASE
Dim qd As QueryDef

Set db = ws.OpenDatabase(...)
Set qd = db.CreateQueryDef("Abfrage1", "SELECT * FROM personen" & _
                    "WHERE nachname LIKE 'A*'")
```

**HINWEIS:** Möchten Sie die Abfrage nicht in der Datenbank speichern, übergeben Sie einfach einen Leerstring als Namen. In diesem Fall wird die Abfrage lediglich temporär erzeugt.

#### Parameterabfragen

Wird eine SQL-Abfrage mit unterschiedlichen Parametern aufgerufen, spricht man von sogenannten Parameterabfragen. Erstellen Sie die Abfrage mit der Datenbank-Engine, sollten Sie die Parameter vor der eigentlichen SQL-Anweisung deklarieren. Verwenden Sie dazu die PARAMETERS-Klausel. Geben Sie jeweils den Namen und den Datentyp des Parameters an. Den Namen schließen Sie in eckige Klammern ein.

**BEISPIEL:** Die Abfrage soll Mitarbeiter mit einem bestimmten Nachnamen auswählen.

```
Dim db As DATABASE
Dim qd As QueryDef
Dim SQL$

SQL = "PARAMETERS [Gesuchter Mitarbeiter] TEXT; " & _
      "SELECT * FROM personen " & _
      "WHERE nachname LIKE [Gesuchter Mitarbeiter]& '*'"
Set db = ws.OpenDatabase(...)
Set qd = db.CreateQueryDef("Parameterabfrage 1", SQL)
```

**HINWEIS:** Beachten Sie die Aufrufsyntax für das Platzhalterzeichen *, es erfolgt eine Stringaddition innerhalb der SQL-Anweisung.

Über die *Parameters*-Auflistung (Collection) des *QueryDef*-Objekts haben Sie später Zugriff auf die einzelnen Parameter.

**BEISPIEL:** Übergabe von Parametern an eine Parameterabfrage.

```
Dim db As Database
Dim rs As Recordset
Dim qd As QueryDef
```

```
Set db = ws.OpenDatabase(...)
Set qd = db.QueryDefs("Parameterabfrage 1")
qd.Parameters("Gesuchter Mitarbeiter") = "Müller"
Set rs = qd.OpenRecordset
...
```

### SQL-Pass-Through-Abfragen

Bei diesem Abfragetyp sind einige Besonderheiten zu beachten. Beim Anlegen der Abfrage geben Sie nicht den SQL-String an, da die Datenbank-Engine sonst davon ausgeht, dass es sich um eine Lokal-SQL-Abfrage handelt. Setzen Sie danach die `Connect`-Eigenschaft des `QueryDef`-Objekts. Zum Schluss können Sie der `SQL`-Eigenschaft die Pass-Through-Abfrage übergeben.

**BEISPIEL:** Pass-Through-Abfrage

```
Dim db As DATABASE
Dim qd As QueryDef

Set db = ws.OpenDatabase(...)
Set qd = db.CreateQueryDef("SQL-Pass-Through-Abfrage")
qd.Connect = "ODBC;DSN=BeispielSQL;UID=sa;PWD=;DATABASE=verleger"
qd.SQL = "SELECT * FROM verleger"
```

Mehr zum Aufbau des Connect-Strings finden Sie in ▶ Kapitel 9 (Abschnitt »SQL-Server«), der auch detailliert auf die Thematik SQL-Pass-Through eingeht.

**HINWEIS:** Handelt es sich um eine Abfrage, die keine Datensätze zurückgibt, müssen Sie die Eigenschaft `ReturnsRecords` auf `False` setzen.

In SQL-Pass-Through-Abfragen können Sie natürlich auch so genannte *Stored Procedures* verwenden, die wohl effektivste Variante im Client-Server-Betrieb.

### Ausführen von Abfragen

Dabei müssen wir zwischen zwei verschiedenen Modi unterscheiden:

- Die Abfrage liefert eine Ergebnismenge zurück (Auswahlabfrage).
- Es handelt sich um eine Aktionsabfrage (Löschen, Ändern etc.).

Der erste Fall wird in ▶ Kapitel 4 (SQL) ausführlich dargestellt, im zweiten Fall nutzen Sie einfach die `Execute`-Methode des `QueryDef`-Objekts. Die Anzahl der betroffenen Datensätze ermitteln Sie mit der `RecordsAffected`-Eigenschaft des `QueryDef`-Objekts.

## 5.3 Arbeiten mit Datenbanken

Bisher haben wir lediglich Datenbanken, Tabellen und Abfragen angelegt und Anweisungen zum Öffnen der Datenbank kennengelernt. Der nächste Schritt ist der Zugriff auf die eigentliche Information in den Tabellen. Wie wohl nicht anders zu erwarten, erfolgt dies ebenfalls über DAOs.

## 5.3.1 Öffnen von Tabellen/Abfragen

Die Engine stellt dazu ein sogenanntes Recordset-Objekt bereit, das über alle dafür notwendigen Methoden und Eigenschaften verfügt. Von den fünf verschiedenen Varianten eines Recordset-Objekts interessieren uns allerdings vorläufig nur drei:

- Dynaset
- Table
- Snapshot

Ausgangsbasis für den Zugriff auf die im Folgenden näher beschriebenen Recordset-Objekte ist eine geöffnete Datenbank, d.h. Sie haben zum Beispiel mit OpenDatabase eine Variable vom Typ Database initialisiert. Diese Variable repräsentiert ein virtuelles Abbild der gesamten Datenbank. Möchten Sie auf Tabellenebene arbeiten, müssen Sie ein Recordset-Objekt erstellen. Verwenden Sie dazu die OpenRecordset-Methode des Datenbankobjektes.

**BEISPIEL:** Recordset-Objekt

```
Dim db As Database
Dim rs As Recordset

Set db = ws.OpenDatabase(...)
Set rs = db.OpenRecordset("SELECT * FROM personal")
...
```

Neben der Auswahl der Tabelle/Abfrage können Sie optional den Typ des Recordsets sowie einige Parameter übergeben.

```
Objekt.OpenRecordset(Quelle[, Typ[, Optionen [,Sperren]]])
```

| Typ | Konstante |
|---|---|
| Table | *dbOpenTable* |
| Dynaset | *dbOpenDynaset* |
| Snapshot | *dbOpenSnapshot* |

***Tabelle 5.10:*** *Recordset-Typen/Konstanten*

Der Optionen-Parameter lässt sich aus den folgenden Konstanten durch Addition bzw. OR-Verknüpfung erzeugen (Parameter, die Sie nicht mehr verwenden sollten, sind in der Tabelle nicht enthalten!):

| Konstante | Beschreibung |
|---|---|
| *dbDenyWrite* | Verhindert Datensatzänderungen durch andere Nutzer in einer Multiuser-Umgebung. |
| *dbDenyRead* | Verhindert Lesezugriffe durch andere Nutzer in einer Multiuser–Umgebung. |
| *dbAppendOnly* | Es lassen sich Datensätze anhängen, aber keine bestehenden Datensätze einsehen. |
| *dbInconsistent* | Aktualisierungen wirken sich auf alle Felder des Recordset-Objekts aus, auch wenn Verknüpfungsbedingungen nicht erfüllt werden. ▶ |

| Konstante | Beschreibung |
|---|---|
| *dbConsistent* | Aktualisierungen gelten nur für Felder, die vorgegebene Verknüpfungsbedingungen erfüllen (Standard). |
| *dbSQLPassThrough* | SQL-Anweisungen werden an den SQL-Server weitergereicht, die Bearbeitung findet auf dem Server statt. |
| *dbSeeChanges* | Werden Daten durch einen anderen Nutzer in einer Multiuser-Umgebung verändert, die Sie ebenfalls bearbeiten, wird ein Laufzeitfehler ausgelöst. |

***Tabelle 5.11:** Werte für den* Optionen-*Parameter*

Die Werte für den neuen Parameter *Sperren* beeinflussen das Verhalten in Multiuser-Umgebungen:

| Konstante | Beschreibung |
|---|---|
| *dbReadOnly* | Die Datensätze können nur gelesen werden. |
| *dbPessimistic* | Vollständiges Sperren der aktuell bearbeiteten Seite nach einem Edit-Aufruf. |
| *dbOptimistic* | Das Sperren der aktuellen Seite erfolgt nur für die Dauer der Aktualisierung des Datensatzes (Update). |

***Tabelle 5.12:** Werte für Sperren-*Parameter

Die folgende Tabelle zeigt die prinzipiellen Unterschiede zwischen den drei Recordset-Typen:

| Typ | Beschreibung/Verwendungszweck |
|---|---|
| *Dynaset* | Entspricht dem Abbild einer oder mehrerer Tabellen einer Datenbank. Es lassen sich Datensätze hinzufügen, löschen und verändern (mit Einschränkungen bei 1:n-Beziehungen). Ein Dynaset kann das Ergebnis einer SQL-Abfrage oder eine ganze Tabelle sein.<br>Verwendung: Arbeit mit Eingabemasken, Tabellen, Joins etc.<br>Erstellen:<br>`Dim dy As Recordset`<br>`Dim db As Database`<br><br>`Set db = ws.OpenDataBase(...)`<br>`Set dy = db.OpenRecordset("SELECT name FROM personen", _`<br>`        dbOpenDynaset)` |
| *Table* | Ist das logische Abbild einer Tabelle mit allen Spalten und Zeilen. Ein `Table`-Objekt ist besonders für die schnelle Suche in indizierten Tabellen geeignet und kann nicht das Ergebnis einer Abfrage sein, sondern immer nur eine existierende Tabelle.<br>Verwendung: Suchfunktionen, Tabellendarstellung<br>Erstellen:<br>`Dim tb As Recordset`<br>`Dim db As Database`<br>`Set db = ws.OpenDataBase(...)`<br>`Set tb = db.OpenRecordset("personen", dbOpenTable)` ▶ |

| Typ | Beschreibung/Verwendungszweck |
|---|---|
| *Snapshot* | Ist ein statisches Abbild der Tabelle. Aus dieser Tatsache ergibt sich auch, dass ein Snapshot nicht editiert werden kann. Zum Erzeugen des Abbildes muss das gesamte Abfrageergebnis im Speicher gehalten werden. Ist die Datenmenge sehr groß, kann dies unter Umständen zu einer drastischen Geschwindigkeitseinbuße führen. Das Abfrageergebnis sollte aus diesem Grund nur die Tabellenfelder enthalten, die wirklich benötigt werden.<br>Verwendung: Anzeige von Daten<br>Erstellen:<br>`Dim db As Database`<br>`Dim sh As Recordset`<br>`Set db = ws.OpenDataBase(...)`<br>`Set sh = db.OpenRecordset("SELECT name FROM personen", _`<br>`        dbOpenSnapshot)` |

***Tabelle 5.13:*** *Werte für Option-Eigenschaft*

### Ableiten von Recordset-Objekten

Neben den drei oben genannten Möglichkeiten können Sie auch ein `Recordset`-Objekt (Dynaset, Snapshot) von einem `QueryDef`-Objekt ableiten. Dazu muss allerdings die Query bereits definiert sein. Die Frage, warum wir nicht gleich ein `Recordset`-Objekt erstellen, lässt sich schnell beantworten: Abfragen müssen vor der Bearbeitung optimiert werden. Erstellen Sie beispielsweise ein `Recordset`-Objekt (Typ Dynaset), das das Ergebnis einer SQL-Abfrage über mehrere Tabellen ist, kann die Bearbeitung einige Zeit in Anspruch nehmen. Bei einem `QueryDef`-Objekt hingegen wird die optimierte Abfrage in der Datenbank gespeichert, die Ausführungszeiten verringern sich teilweise drastisch.

**BEISPIEL:** `QueryDef`-Objekt

```
Dim db As DATABASE
Dim qd As QueryDef, rs As Recordset

Set db = ws.OpenDatabase(...)

' Öffnen einer vorhandenen Abfrage
Set qd = db.QueryDefs("Query1")

' Ableiten eines neuen Dynaset-Objekts
Set rs = qd.OpenRecordset(dbOpenDynaset)
```

Eine weitere Variante, Recordsets zu erzeugen, besteht mit der `Clone`-Methode. In diesem Fall wird ein bestehendes Recordset dazu verwendet, um ein Duplikat zu erzeugen (gleiche Ergebnismenge).

**BEISPIEL:** `Clone`-Methode

```
Dim rs As Recordset, rs1 As Recordset
...
Set rs1 = rs.Clone()
' oder
Set rs1 = Me.RecordsetClone    ' Recordset des aktuellen Formulars
```

Komplexe Anwendungsbeispiele finden Sie in:

▶ 12.2.33 ... ein SQL-Abfrageprogramm schreiben?

▶ 12.4.4 ... HTML-Dateien generieren?

Nachdem Sie ein `Recordset`-Objekt auf eine der genannten Arten erstellt haben, können Sie auf die enthaltenen Daten zugreifen, Datensätze löschen, verändern etc...

## 5.3.2 Eigenschaften und Methoden von Recordsets

Die Tabellen auf den folgenden Seiten listen alle Eigenschaften und Methoden des `Recordset`-Objekts auf. Detailliertere Informationen zur Verwendung der einzelnen Eigenschaften/Methoden finden Sie in den darauf folgenden Abschnitten.

| Eigenschaft | D | S | T | Beschreibung |
|---|---|---|---|---|
| *AbsolutePosition* | rw | rw | – | Relative Datensatznummer innerhalb eines *Recordsets.* |
| *BOF* | r | r | r | Dateianfang (True/False). |
| *Bookmark* | rw | rw | rw | Lesezeichen (Datensatznummer). |
| *Bookmarkable* | r | r | r | Besteht die Möglichkeit, Lesezeichen zu verwenden? |
| *CacheSize* | rw | – | – | Größe des lokalen Datensatzpuffers. |
| *CacheStart* | rw | – | – | Lesezeichen des ersten Datensatzes, der gepuffert wird. |
| *DateCreated* | – | – | r | Erstellungsdatum der Tabelle. |
| *EditMode* | r | r | r | Bearbeitungszustand des aktuellen Datensatzes. |
| *EOF* | r | r | r | Dateiende (*True/False*). |
| *Filter* | rw | rw | – | Legt einen Filterausdruck fest. |
| *Index* | – | – | rw | Name des aktuellen Index. |
| *LastModified* | r | – | r | Lesezeichen des zuletzt bearbeiteten Datensatzes. |
| *LastUpdated* | – | – | r | Datum und Uhrzeit, an dem die Tabelle verändert wurde. |
| *LockEdits* | rw | – | rw | Einstellen des Sperrverhaltens in einer Multiuser-Umgebung. |
| *Name* | r | r | r | Name des Objekts. |
| *NoMatch* | r | r | r | Suchaktion erfolgreich? |
| *PercentPosition* | rw | rw | rw | Satzzeigerposition in Prozent. |
| *RecordCount* | r | r | r | Anzahl der Datensätze. |
| *Restartable* | r | r | f | Besteht die Möglichkeit, ein *Requery* auszuführen? |
| *Sort* | rw | rw | – | Legt einen Sortierausdruck fest. |
| *Transactions* | r | f | r | Unterstützt die Datenbank Transaktionen? |
| *Type* | r | r | r | Tabelle, Dynaset oder Snapshot. |
| *Updatable* | r | f | r | Können Datensätze geändert werden? ▶ |

| Eigenschaft | D | S | T | Beschreibung |
|---|---|---|---|---|
| *ValidationRule* | r | r | r | Text der Gültigkeitsprüfung. |
| *ValidationText* | r | r | r | Fehlertext nach einer Gültigkeitsprüfung. |

***Tabelle 5.14:*** *Eigenschaften*[1]

| Methode | D | S | T | Bemerkung |
|---|---|---|---|---|
| *AddNew* | • | | • | Hängt neuen Datensatz an. |
| *CancelUpdate* | • | | • | Bricht *Update*-Operation ab. |
| *Clone* | • | • | • | Erstellt eine Kopie des Objekts. |
| *Close* | • | • | • | Schließt das Objekt. |
| *CopyQueryDef* | • | • | | Kopiert *QueryDefs*-Objekt, auf dem *Recordset* beruht. |
| *Delete* | • | | • | Löscht aktuellen Datensatz. |
| *Edit* | • | | • | Editiert aktuellen Datensatz. |
| *FillCache* | • | | | Füllt lokalen Cache. |
| *FindFirst* | • | • | | Sucht ersten Datensatz, der einem Kriterium entspricht. |
| *FindLast* | • | • | | Sucht letzten Datensatz, der einem Kriterium entspricht. |
| *FindNext* | • | • | | Sucht nächsten Datensatz, der einem Kriterium entspricht. |
| *FindPrevious* | • | • | | Sucht vorhergehenden Datensatz, der einem Kriterium entspricht. |
| *GetRows* | • | • | • | Liefert eine oder mehrere Zeilen aus einem *Recordset*-Objekt (Übergabe als *Variant*-Array). |
| *Move* | • | • | • | Bewegt relativ oder absolut um n Datensätze. |
| *MoveFirst* | • | • | • | Geht zum ersten Datensatz. |
| *MoveLast* | • | • | • | Geht zum letzten Datensatz. |
| *MoveNext* | • | • | • | Geht zum nächsten Datensatz. |
| *MovePrevious* | • | • | • | Geht zum vorhergehenden Datensatz. |
| *OpenRecordset* | • | • | • | Erstellt einen neuen *Recordset* (siehe *Filter*, *Sort*-Eigenschaft). |
| *Requery* | • | • | | Aktualisiert die Abfrage durch erneutes Ausführen. |
| *Seek* | | | • | Sucht Datensatz mit Kriterium. |
| *Update* | • | | • | Übernimmt neue bzw. geänderte Datensätze in die Datenbank. |

***Tabelle 5.15:*** *Methoden des Recordset-Objekts*

Bevor es soweit ist, mit obigen Eigenschaften und Methoden zu arbeiten, sollten Sie überprüfen, ob das Recordset überhaupt Werte enthält und wenn ja, wie viele.

Der einfachste Weg ist die Abfrage von `BOF` und `EOF`, den beiden Eigenschaften, mit denen Beginn und Ende des Recordsets gekennzeichnet werden.

1 Zeichenerklärung: D= Dynaset, T= Table, S=Snapshot, r = Read, w = Write, f = False.

**BEISPIEL:** `BOF` und `EOF`

```
Dim rs As Recordset
...
Set rs = db.OpenRecordset("Testtabelle")
If rs.BOF AND rs.EOF Then
    '     ... keine Datensätze vorhanden
Else
    ' ... mindestens ein Datensatz vorhanden
End If
```

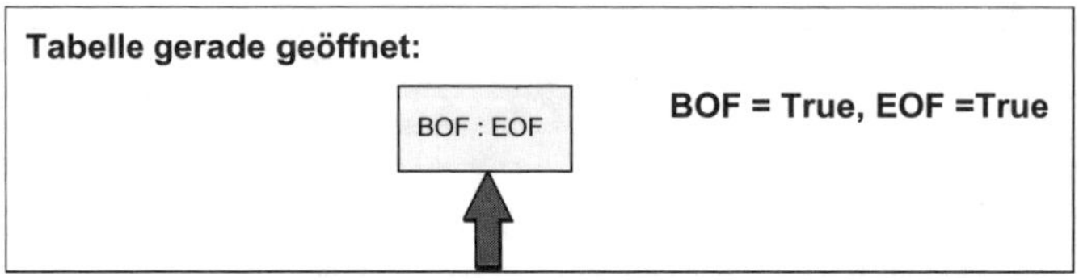


***Abbildung 5.5:*** *Satzzeiger nach dem Öffnen eines leeren Recordsets*

Eine weitere Möglichkeit bietet die *RecordCount*-Eigenschaft, die Auskunft darüber gibt, ob mindestens ein Datensatz vorhanden ist:

```
Dim rs As Recordset
...
Set rs = db.OpenRecordset("Testtabelle")
If rs.RecordCount = 0 then
        ' ... keine Datensätze vorhanden
...
```

Für *Dynasets* und *Snapshots* wird bei vorhandenen Datensätzen der Wert 1 zurückgegeben, nur bei Recordsets vom Typ *Table* handelt es sich um die Gesamtanzahl der Datensätze.

**HINWEIS:** Die Abfrage der korrekten Datensatzanzahl erfordert einen Sprung an das Ende der Datenmenge, da die Eigenschaft `RecordCount` nur die Anzahl der gelesenen Datensätze enthält (auch wenn der Name der Eigenschaft etwas anderes suggeriert!). Durch den Sprung an das Ende muss die Datenbank-Engine alle Datensätze lesen, die Eigenschaft `RecordCount` wird korrekt initialisiert.

**BEISPIEL:** `RecordCount`-Eigenschaft

```
Dim db As DATABASE
Dim dy As Recordset
Dim anzahl&

Set db = ws.OpenDatabase(...)
' Dynaset erzeugen
Set dy = db.OpenRecordset("SELECT * FROM personen")
dy.MoveLast
anzahl = dy.RecordCount
dy.MoveFirst
```

Handelt es sich um größere Datenmengen, sollten Sie eine solche Programmierung möglichst vermeiden, da der Sprung an das Ende einige Zeit in Anspruch nehmen kann (Besonderheit in Client-Server-Umgebungen: Verwenden Sie eine SELECT COUNT-Abfrage).

## 5.3.3 Datensätze anzeigen

Die Datensatzanzeige ist eine der wesentlichsten Änderungen gegenüber der typischen Programmierung mit gebundenen Steuerelementen (Bounded Controls). Für die Anzeige der Feldinhalte muss der DAO-Programmierer nun selbst sorgen. Welche Möglichkeiten bestehen und welche Besonderheiten dabei beachtet werden müssen, soll dieser Abschnitt zeigen.

Grundsätzlich können Sie den Feldinhalt über die `Value`-Eigenschaft ermitteln. Da die Schreibweise allerdings recht umständlich ist, haben die VB-Entwickler einige Vereinfachungen getroffen, wobei mehrere Möglichkeiten bestehen.

**BEISPIEL:** Das erste Feld des aktuellen Datensatzes einer Tabelle mit den Feldern `Nachname`, `Vorname`, `Gehalt` auslesen.

```
X = Recordset!Nachname
```

oder

```
X = Recordset!Nachname.Value
```

oder

```
X = Recordset(0)
```

oder

```
X = Recordset(0).Value
```

Wir allerdings möchten von der Praxis der beiden letzten Codezeilen abraten, da sich die Position von Feldern in einer Tabelle/Abfrage ändern kann. Sicherer ist das Vorgehen im ersten Beispiel bzw. die folgende Möglichkeit, um das Feld mit dem Namen *Gehalt* auszulesen:

```
X = Recordset("Gehalt").Value
```

oder

```
X = Recordset("Gehalt")
```

Das Setzen der Feldinhalte geschieht analog:

```
Recordset!Gehalt = X
```

oder

```
Recordset("Gehalt") = X
```

Beachten Sie allerdings, dass Tabellenfelder auch NULL-Werte enthalten können. Die direkte Zuweisung führt dann zu einem Laufzeitfehler:

```
s$ = dy!Gehalt
```

Zwei verschiedene Lösungsmöglichkeiten bieten sich an:

1. Sie realisieren eine Fehlerbehandlung (z.B. `On Error Goto`):

```
On Error Resume Next
Dim dy As Recordset
Dim s$
...
s = dy!Gehalt
```

Ein Nachteil dieser Variante soll nicht verschwiegen werden: Ist die Variable schon mit einem älteren Wert belegt, bleibt dieser erhalten und der Inhalt der Variablen entspricht nicht mehr den realen Daten!

2. Sie lesen die Werte in eine *Variant*-Variable ein:

```
Dim s$, v
...
v = dy!Gehalt
If IsNull(v) Then s = "" Else s = v
```

Kürzer, aber nicht ganz so übersichtlich, ist die folgende Notation:

```
Dim s$, v
...
s = IIf(IsNull(dy!Gehalt), "0,00", dy!Gehalt)
```

Mit der Option weisen Sie einfach einen Standardwert zu (z.B. 0,00 DM), wenn es sich um einen NULL-Wert handelt.

Eine weiteres Problem der direkten Programmierung sollte ebenfalls nicht verschwiegen werden: Das Darstellen von Grafiken bzw. OLE-Objekten aus einer Datenbank ist derzeit nicht bzw. nur sehr umständlich möglich.

**HINWEIS:** Zum Thema Daten auslesen: Wollen Sie ein Basic-Array mit Werten füllen, können Sie sich das Auslesen der einzelnen Zellen sparen. Mit der Methode `GetRows` lässt sich ein `Variant`-Array mit einer einzigen Anweisung füllen.

**BEISPIEL:** `GetRows`-Methode

```
Dim db As DATABASE
Dim rs As Recordset
Dim v As Variant
Dim zeilen&, spalten&

 Set db = ws.OpenDatabase(...)
 Set rs = db.OpenRecordset("SELECT nachname, vorname FROM " & _ "Personen")
```

Füllen des Arrays (20 Zeilen):

```
v = rs.GetRows(20)
```

**HINWEIS:** `GetRows` verschiebt den Satzzeiger um die angegebene Anzahl von Zeilen!

Die Arraygrenzen ermitteln Sie mit der `UBound`-Funktion. Geben Sie als zweiten Parameter die jeweils gewünschte Arraydimension an:

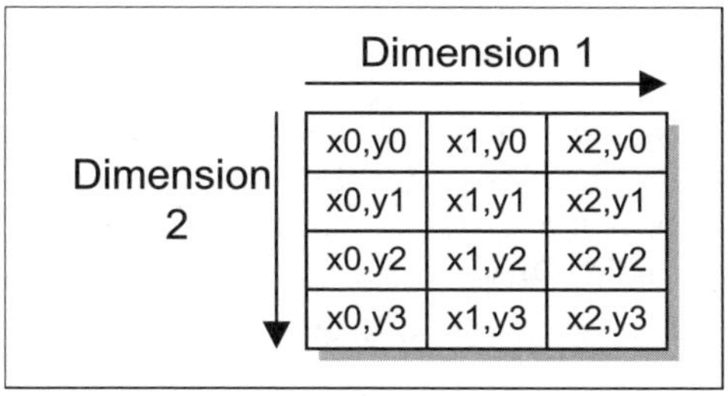


***Abbildung 5.6:*** *Zweidimensionales Feld*

**BEISPIEL:** Die Umsetzung für obiges Problem sieht folgendermaßen aus:

```
For zeilen = 0 To UBound(v, 2)
    For spalten = 0 To UBound(v, 1)
        Debug.Print v(spalten, zeilen) & ", ";
    Next spalten
    Debug.Print
Next zeilen
```

Die etwas umständlichere Lösung:

```
Dim db As DATABASE
Dim rs As Recordset
Dim a(1, 20) As String
Dim zeilen&, spalten&

 Set db = ws.OpenDatabase(...)
 Set rs = db.OpenRecordset("SELECT nachname, vorname FROM " & _
                           "Personen")
 For zeilen = 1 To 20
    For spalten = 0 To 1
        a(spalten, zeilen) = rs(spalten)
    Next spalten
    rs.MoveNext
 Next zeilen
 ...
```

**HINWEIS:** Beachten Sie, dass auch genügend Datensätze vorhanden sind. Im obigen Beispiel würde ein Laufzeitfehler auftreten, wenn es weniger als 20 sind.

**BEISPIEL:** Zum Auslesen der gesamten Datenmenge wird gern eine WHILE-Schleife verwendet.

```
  While Not dy.EOF
 n = dy!nr
 s = dy!nachname
 g = dy!vorname
 dy.MoveNext
Wend
```

**HINWEIS:** Vergessen Sie die `MoveNext`-Methode, haben Sie die ideale Endlosschleife programmiert, also aufgepasst!

## 5.3.4 Datensätze hinzufügen/ändern

Grundsätzlich müssen Sie zwischen dem Editieren eines bestehenden und eines neuen Datensatzes unterscheiden. In beiden Fällen ist es angebracht, die Eigenschaft `Updatable` abzufragen. Ist der Rückgabewert `True`, können Sie die Datenmenge bearbeiten. Ursache für ein zurückgegebenes `False` kann zum Beispiel ein Join in der SQL-Abfrage sein (Dynaset).

Mit der Eigenschaft `EditMode` lässt sich prüfen, ob der Datensatz schon in Bearbeitung ist.

| Rückgabewert | Beschreibung |
|---|---|
| *dbEditNone* | Datensatz ist nicht in Bearbeitung |
| *dbEditInProgress* | Datensatz ist im *Edit*-Modus |
| *dbEditAdd* | Datensatz ist im *Append*-Modus (noch nicht in die Datenbank eingefügt) |

***Tabelle 5.16:*** *Eigenschaft* EditMode

Wird einer der beiden letzten Werte zurückgegeben, können Sie direkt in die einzelnen Felder schreiben.

Der Ablauf beim Einfügen eines neuen Datensatzes in die Datenbank ist immer der gleiche: Nach dem Aufruf der Methode `AddNew` können Sie den einzelnen Feldern neue Werte zuweisen. Das gilt natürlich nur für editierbare Felder, Zählerfelder sind davon definitiv ausgeschlossen. Bis zu einem abschließenden `Update` bleibt der Datensatz in einem Zwischenpuffer, erst dann erfolgt die Übernahme in die Tabelle. Wollen Sie den Anfügevorgang abbrechen, müssen Sie statt der `Update`-Methode die `CancelUpdate`-Methode aufrufen.

Soll ein bestehender Datensatz editiert werden, ist er mit der `Edit`-Methode für die Bearbeitung zu öffnen. Der weitere Ablauf entspricht dem Vorgehen beim Anfügen von Datensätzen. Die folgende Skizze sollte alle noch offenen Fragen beantworten:

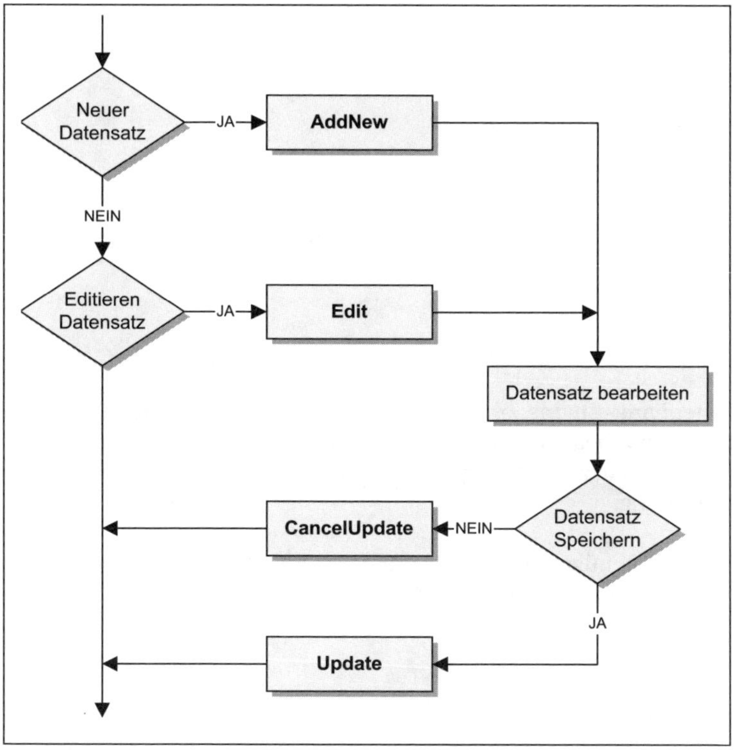


***Abbildung 5.7:*** *Abläufe beim Bearbeiten von Datensätzen*

**BEISPIEL:** In eine Tabelle *Personen* wird ein neuer Datensatz eingefügt. Anschließend wird dieser Datensatz editiert.

```
Dim db As DATABASE
Dim tb As Recordset
```

Öffnen der Tabelle:

```
Set db = ws.OpenDatabase(...)
Set tb = db.OpenRecordset("Personen", dbOpenTable)
```

Testen, ob die Tabelle editierbar ist:

```
If Not tb.Updatable Then Exit Sub
```

Einfügen des Datensatzes:

```
tb.AddNew
tb!nachname = "Lehmann"
tb!vorname = "Frieda"
```

Übernahme in die Datenbank:

```
tb.UPDATE
```

Positionieren auf den zuletzt bearbeiteten Datensatz:

```
tb.Bookmark = tb.LastUpdated
```

Edit-Modus einschalten, Verändern des Feldes *Nachname* und Übernahme in die Datenbank:

```
tb.Edit
tb!nachname = "Schmidt"
tb.UPDATE
```

Vor der Übernahme prüft die Datenbank-Engine, ob alle Datentypen übereinstimmen und ob die vorgegebenen Regeln (ValidationRules) beachtet werden. Sollte eine der Bedingungen verletzt werden, tritt ein auffangbarer Laufzeitfehler auf. Verzichten Sie also nicht auf eine Datenprüfung bzw. eine ordentliche Fehlerbehandlung.

**HINWEIS:** Für den Multiuser-Zugriff genügen obige Codefragmente bei weitem nicht. Sie müssen vor dem Hinzufügen abfragen, ob die betreffende Datenbank für Schreibzugriffe überhaupt freigegeben ist. Mehr zum Thema Multiuser finden Sie in ▶ Kapitel 9 (Abschnitt »Multiuser-Zugriff«).

Wie die Methoden im Zusammenhang funktionieren, können Sie in ▶ Abschnitt 5.3.10 nachlesen.

## 5.3.5 Datensätze löschen

Nun wollen wir uns dem Löschen eines Datensatzes zuwenden. Prinzipiell ist das mit einem einfachen Aufruf der `Delete`-Methode erledigt. Danach beginnen allerdings die Probleme, muss doch der Satzzeiger auf eine definierte Position gebracht werden, denn es gibt keinen aktuellen Datensatz mehr (der Datensatzzeiger hängt quasi »in der Luft«). Ein Laufzeitfehler dürfte die logische Folge sein. Die Positionierung des Datensatzzeigers könnte wie in der folgenden Abbildung gezeigt aussehen:

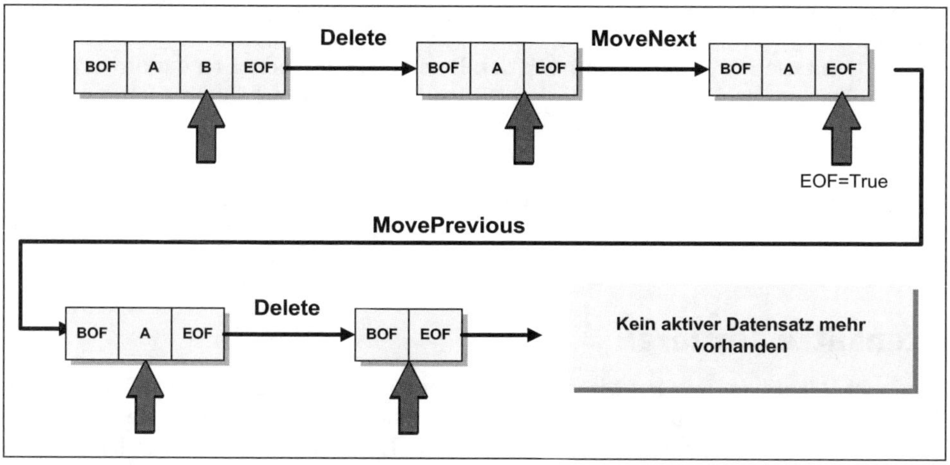


***Abbildung 5.8:*** *Positionierung des Datensatzzeigers beim Löschen*

**BEISPIEL:** Löschen eines Datensatzes.

```
On Error GoTo fehler
```

Prüfen, ob die Datenmenge bearbeitet werden kann:

```
  If Not dy.Updatable Then
    MsgBox "Datensätze können nicht bearbeitet werden!", 16, "Problem"
    Exit Sub
  End If
```

Löschen des Datensatzes:

```
    dy.DELETE
```

Versuch, auf den nächsten Datensatz zu wechseln:

```
    dy.MoveNext
    If dy.EOF Then dy.MovePrevious
    Exit Sub
fehler:
    MsgBox Error, 16, "Problem"
    Exit Sub
    Resume Next
```

Wie beim Editieren ist auch hier Voraussetzung, dass die Datenbasis überhaupt bearbeitet werden darf. Sie müssen also die Eigenschaft `Updatable` abfragen.

**BEISPIEL:** Sollen mehrere Datensätze gelöscht werden, vermeiden Sie den Aufruf von `Delete` in einer Schleife und verwenden Sie besser gleich eine SQL-Anweisung (siehe ▶ Kapitel 4).

Die Annahme, dass das Löschen von Datensätzen diese vollständig aus der Tabelle bzw. der Datei entfernt, ist zwar weit verbreitet, aber falsch! Falls Sie es doch nicht glauben: Speichern Sie 1.000 Datensätze in einer Datenbank und löschen Sie diese anschließend wieder. Sie werden feststellen, dass die Datenbank nach dem Löschen der Datensätze noch genauso groß ist wie vorher. Die Ursache: Datensätze werden nicht gänzlich aus der Tabelle entfernt. Die dBASE-Programmierer unter den Lesern werden sicher noch den Befehl `Pack` kennen. Erst damit wurden die gekennzeichneten Datensätze endgültig eliminiert. Einen ähnlichen Befehl stellt auch Access zur Verfügung:

```
CompactDatabase quelle, ziel
```

Die Ausführung der obigen Anweisung setzt in einer Multiuser-Umgebung den exklusiven Zugriff auf die Datenbank voraus, andere Nutzer können also während der Zeit der Bearbeitung nicht mit der Datenbank arbeiten.

## 5.3.6 Datensätze sortieren

Beim Sortieren von Recordsets müssen wir wieder zwischen den drei verschiedenen Typen unterscheiden: Während sich Dynasets und Snapshots über die `Filter`-Eigenschaft bzw. den SQL-Aufrufstring sortieren lassen, müssen Tabellen über die `Index`-Eigenschaft sortiert werden. Daraus folgt, dass Sie die betreffenden Tabellenfelder vorher indiziert haben müssen.

| Typ | Anweisung |
|---|---|
| Recordset (Dynaset, Snapshot) | Zum Sortieren eines Dynasets gibt es zwei Möglichkeiten:<br>`Dim dy As Recordset`<br>`Dim db As Database`<br><br>`Set db = ws.OpenDatabase(...)`<br>`Set dy = db.OpenRecordset("SELECT * FROM artikel")`<br>`dy.Sort = "[name] Asc"`<br>`Set dy = dy.OpenRecordset()`<br><br>Günstiger ist jedoch die folgenden Variante:<br>`Dim dy As Recordset`<br>`Dim db As Database`<br>`Set db = CurrentDB()`<br>`Set dy = db.OpenRecordset("SELECT * FROM artikel ORDER BY name")` |
| Recordset (Table) | Ein *Table*-Objekt können Sie nur über die Index-Eigenschaft sortieren:<br>`Dim db As Database`<br>`Dim tb As Recordset`<br><br>`Set db = ws.OpenDatabase(...)`<br>`Set tb = db.OpenRecordset("artikel", dbOpenTable)`<br>`tb.index = "name"`<br>Voraussetzung ist allerdings die Existenz eines entsprechenden Index. Die Sortierreihenfolge legen Sie mit der Definition des Index fest. |

***Tabelle 5.17:*** *Sortierfunktionen*

Über die reservierten Wörter `Asc` (aufsteigend, A...Z) und `Desc` (absteigend, Z...A) können Sie bei Dynasets und Snapshots die Sortierfolge bestimmen.

**HINWEIS:** Beachten Sie, dass das einfache Setzen der `Sort`-Eigenschaft noch keine Auswirkung auf die Sortierfolge hat. Erst nach dem erneuten Ableiten des *Recordsets* ist dieses sortiert (siehe obiges Beispiel).

## 5.3.7 Datensätze suchen

Ähnlich wie beim Sortieren müssen Sie wieder zwischen *Dynaset* (*Snapshot*) und *Table* unterscheiden. Während in einem `Table`-Objekt über den aktuellen Index gesucht wird, können Sie beim `Dynaset` eine SQL-WHERE-Klausel angeben (Platzhalter etc. sind erlaubt). Natürlich werden auch beim Suchen in Dynasets Indizes verwendet, falls diese vorhanden sind.

<table>
<tr><th>Typ</th><th>Anweisung</th></tr>
<tr><td>Recordset<br>(Dynaset)</td><td><pre>Dim db As Database
Dim dy as Recordset

Set db = ws.OpenDatabase("Firma.mdb")
Set dy = db.OpenRecordset("SELECT * FROM kunden")
Dy.FindFirst "Name = 'Max Müller'"

If Not dy.NoMatch Then ' gefunden</pre>
Sinnvollerweise sollte der Dynaset nach dem Suchkriterium sortiert sein, mit einem einfachen MoveNext können Sie weitere Übereinstimmungen überprüfen! In ungeordneten Dynasets müssen Sie die folgenden Datensätze mit FindNext suchen.</td></tr>
<tr><td>Recordset<br>(Table)</td><td>Die Suche in einer <code>Table</code> gestaltet sich nicht ganz so universell wie beim Dynaset. Sie müssen einen Index definiert haben und können nur die Seek-Methode verwenden.
<pre>Dim db As Database
Dim tb As RecordSet

Set db = ws.OpenDatabase("Firma.mdb")
Set tb = db.OpenRecordset("artikel",dbOpenTable)
Tb.index = "nr"

Tb.Seek "=", 17
If Not tb.NoMatch Then    ' gefunden</pre>
Die weiteren Datensätze finden Sie (so vorhanden) nach dem aktuellen Datensatz, da die <code>Table</code> (Index) im Allgemeinen aufsteigend sortiert ist.</td></tr>
</table>

***Tabelle 5.18:*** *Suchfunktionen*

In allen Fällen können Sie über die `NoMatch`-Eigenschaft abfragen, ob überhaupt ein Datensatz gefunden wurde. Ist der Rückgabewert `True`, dann wurde kein Datensatz gefunden, die Satzzeigerposition bleibt unverändert. Welche Suchkriterien bzw. Methoden Sie verwenden können, zeigen die beiden folgenden Tabellen:

| Methode | Beschreibung |
|---|---|
| *FindFirst* | Suche ersten Datensatz, der dem Kriterium entspricht. |
| *FindNext* | Suche nächsten Datensatz, der dem Kriterium entspricht. Schneller geht es jedoch, wenn Sie die Datenbasis nach dem Kriterium sortieren und einfach auf den nächsten Datensatz wechseln. |
| *FindLast* | Suche letzten Datensatz, der dem Kriterium entspricht. |
| *FindPrevious* | Suche vorhergehenden Datensatz, der dem Kriterium entspricht. |

***Tabelle 5.19:*** *Methoden für Dynaset- und Snapshot-Objekte*

| Parameter | Beschreibung |
|---|---|
| < | Kleiner als |
| <= | Kleiner gleich |
| = | Gleich |
| >= | Größer gleich |
| > | Größer als |
| <> | Ungleich |

***Tabelle 5.20:*** *Parameter für die Suche mittels* Seek

**HINWEIS:** Sie können auch in zusammengesetzten Indizes suchen. Geben Sie in diesem Fall einfach Kriterien für alle Indexfelder an.

**BEISPIEL:** Index *name* (*nachname, vorname*)

```
tb.Index = "name"
tb.Seek ">=", "Mayer", "Hans"
```

## 5.3.8 Datensätze filtern

Aus der Menge der verfügbaren Daten sollen Datensätze, die bestimmten Kriterien entsprechen, herausgefiltert werden. Die Datenmenge wird also bezüglich der Zahl der Zeilen eingeschränkt. Da laut Definition ein `Table`-Objekt immer alle Datensätze umfasst, können Sie ein solches nicht zum Filtern verwenden.

| Typ | Anweisung |
|---|---|
| *Dynaset* | Wie schon beim Sortieren, können Sie prinzipiell zwei Möglichkeiten nutzen:<br>`Dim dy As RecordSet`<br>`Dim db As Database`<br><br>`Set db = ws.OpenDatabase("Firma.mdb")`<br>`Set dy = db.OpenRecordset("SELECT * FROM artikel")`<br>`Dy.filter = "nr <= 40"`<br>`Set dy = dy.OpenRecordset()`<br>Günstiger ist jedoch die folgenden Variante:<br>`Dim dy As Recordset`<br>`Dim db As Database`<br><br>`Set db = ws.OpenDatabase("Firma.mdb")`<br>`Set dy = db.OpenRecordset("SELECT * FROM artikel " & _`<br>`"WHERE nr <= 40")` |

***Tabelle 5.21:*** *Datensätze filtern*

Wie schon beim Sortieren, hat die alleinige Änderung der `Filter`-Eigenschaft keinen Einfluss auf die Datenmenge. Erst nach dem erneuten Ableiten des Recordsets ist dieser gefiltert.

Ein `Recordset`-Objekt vom Typ `Dynaset` ist zwar die universellste Möglichkeit, mit Datensätzen zu arbeiten, aber nicht immer die schnellste. Deshalb die folgenden Empfehlungen:

| Aufgabe | Bemerkung |
|---|---|
| Sortieren | Für den häufigen Wechsel zwischen verschiedenen Sortierreihenfolgen und/oder Kriterien bietet sich ein *Dynaset* an. |
| Suchen | Haben Sie das Feld, in dem gesucht wird, indiziert, ist eine *Table* die erste Wahl. Für nicht indizierte Tabellen müssen Sie ein *Dynaset* verwenden. |
| Filtern | Nur mit einem *Dynaset* möglich. |

***Tabelle 5.22:*** *Empfehlungen zum Suchen, Sortieren und Filtern*

## 5.3.9 DAOs und Data-Control

Sicher ist Ihnen schon aufgefallen, dass die Arbeit mit den Datenzugriffsobjekten nicht immer trivial ist, ganz zu schweigen vom Schreibaufwand. Aus diesem Grund bietet sich oft eine Mischung von DAO- und datengebundener Programmierung an. Das *Data*-Control ist für die Anzeige in den gebundenen Controls (Textfelder, Grid etc.) verantwortlich, über die DAO-Schnittstelle werden Aktionen wie Löschen, Hinzufügen, Suchen oder Sortieren der Datensätze programmiert.

### Zugriff auf den aktuellen Record

Ist das *Data*-Control an eine Tabelle oder Abfrage gebunden, stellt es für den Basic-Programmierer kein Problem dar, auf die einzelnen Felder des aktuellen Records zuzugreifen, da diese direkt über die Eigenschaft *Recordset* des *Data*-Controls abgefragt werden können.

**BEISPIEL:** Ändern der Felder *Name* und *Vorname*.

```
Data1.Recordset!Name = "Holzmann"
Data1.Recordset!Vorname = "Walter"
```

Der Typ des zurückgegebenen Recordsets kann über die Eigenschaft *RecordsetType* festgelegt werden (zulässige Werte sind *Dynaset*, *Table* und *Snapshot*).

**HINWEIS:** Beachten Sie, dass abhängig vom Recordset-Typ nicht alle Methoden des *Recordset*-Objekts verwendet werden dürfen (*Seek* nur bei *Table* etc.)

### Auswertung der Data-Control-Ereignisse

Für den Programmierer bietet das *Data*-Control drei Ereignisse, über die die Aktionen des Bedieners verfolgt werden können:

| Ereignis | Beschreibung |
|---|---|
| Validate | Tritt vor *Cancel, MoveFirst, MovePrevious, MoveNext, MoveLast, AddNew, Update, Delete, Find, Bookmark, Close* und *Unload* auf. Über den Parameter *Action* können die einzelnen Zustände unterschieden werden. Soll die aktuelle Aktion abgebrochen werden, setzen Sie ***Action*** auf ***0***.<br>Beispiel: Löschen verhindern<br>`If Action = 7 Then Action = 0`<br>Andererseits können Sie über den Parameter ***Save*** feststellen, ob die Daten in den gebundenen Controls verändert wurden.<br>Verwendung: Validierung von Dateneingaben vor der Übernahme in die Datenbank und gegebenenfalls Abbruch der Aktion. |
| Reposition | Tritt nach jeder Satzzeigerbewegung auf.<br>Verwendung: Berechnung von Feldinhalten mit den Werten des aktuellen Records und gegebenenfalls Anpassen der Oberfläche an Feldinhalte (z.B. andere Eingabefelder). |
| Error | Tritt als Ergebnis eines Datenzugriffsfehlers auf, jedoch nur, wenn kein VB-Code ausgeführt wird. Über den Parameter ***response*** entscheiden Sie, ob die Programmausführung fortgesetzt oder abgebrochen wird.<br>Verwendung: Fehlerbehandlung |

***Tabelle 5.23:*** *Ereignisse des Data-Controls*

**HINWEIS:** Ist ein *DBGrid* an das *Data*-Control gebunden, tritt beim Bewegen zwischen den Datensätzen lediglich das *Bookmark*- und das *Reposition*-Ereignis auf. *MoveNext* etc. tritt nur bei den entsprechenden Methoden oder beim Klick auf die Bewegungstasten des *Data*-Controls auf.

### Löschen, Hinzufügen und Suchen mit dem Data-Control

Im Gegensatz zum Datenbanknavigator, wie ihn z.B. das Konkurrenzprodukt Delphi bereitstellt, verfügt das *Data*-Control von Visual Basic über relativ wenig Funktionalität. Lediglich die vier Bewegungstasten können genutzt werden, der Rest muss »zu Fuß« programmiert werden. Die folgenden Beispiele zeigen, wie es geht:

**BEISPIEL:** Datensatz hinzufügen

```
If Data1.Recordset.EditMode = dbEditNone Then
        If Data1.Recordset.Updatable Then
           Data1.Recordset.AddNew
        Else
            ' Fehlerbehandlung, da Daten schreibgeschützt
        End If
    Else
        'Fehlerbehandlung, da sich die Datenmenge bereits im Editmodus befindet
    End If
```

**BEISPIEL:** Datensatz löschen

```
If Data1.Recordset.EOF And Data1.Recordset.BOF Then Exit Sub
Data1.Recordset.Delete
Data1.Recordset.MoveNext
If Data1.Recordset.EOF And Not Data1.Recordset.BOF Then Data1.Recordset.MoveLast
```

**BEISPIEL:** Datensatz übernehmen (nach *Edit* oder *AddNew*)

```
    If Data1.Recordset.Updatable Then
        Data1.UpdateRecord
        If Err <> 0 Then Exit Sub
        Data1.Recordset.Bookmark = Data1.Recordset.LastModified
    Else
        'Fehlerbehandlung, da die Daten schreibgeschützt sind
    End If
```

**BEISPIEL:** Datensatz suchen (Suchbegriff in *Text1*, Index auf entsprechende Spalte gesetzt und Recordset-Typ = *Table*)

```
Dim b
    b = Data1.Recordset.Bookmark
    Data1.Recordset.Seek ">=", CLng(Text4.Text)
    If Data1.Recordset.NoMatch Then Data1.Recordset.Bookmark = b
```

**BEISPIEL:** Datensatz suchen (Recordset-Typ = *Dynaset* oder *Snapshot*)

```
Dim b
    b = Data1.Recordset.Bookmark
    Data1.Recordset.FindFirst "nr >=" & Text4.Text
    If Data1.Recordset.NoMatch Then Data1.Recordset.Bookmark = b
```

**BEISPIEL:** Abbruch anfügen bzw. editieren

```
If Data1.Recordset.EditMode = dbEditNone Then Data1.UpdateControls
If Data1.Recordset.EditMode = dbEditAdd Then Data1.Recordset.CancelUpdate
```

## 5.3.10 Zusammenfassendes Beispiel

Als Beispiel für die Arbeit mit Datenzugriffsobjekten (DAOs) möchten wir Ihnen eine einfache Adressverwaltung vorstellen. Das Programm ist nur mit der professionellen Version von Visual Basic realisierbar, da auf die Verwendung des *Data*-Controls vollständig verzichtet wurde.

Auf der CD-ROM zum Buch werden Sie keine Datenbank finden, diese wird erst beim Programmstart angelegt. Wenn Sie die Datenbank in einem anderen Verzeichnis anlegen möchten, müssen Sie die Konstante *Datenbank* entsprechend ändern.

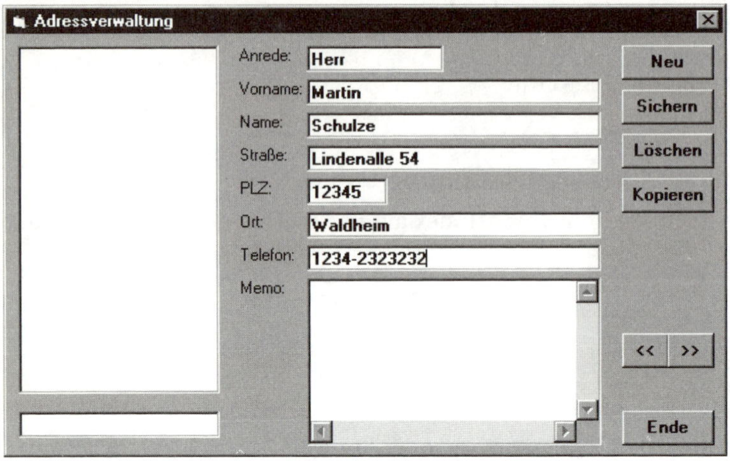


***Abbildung 5.9:*** *Die Formularansicht zur Laufzeit*

Für unser Projekt benötigen wir einige Konstanten und Variablen. Grundvoraussetzung für die Nutzung der DAO-Objekte ist ebenfalls die Einbindung der entsprechenden Library *Microsoft DAO 3.5 Object Library* (als Verweis).

```
Global ws As Workspace
Global db As Database
Global dy As Recordset
Global Const datenbank = "adressen.mdb"
Global et As String * 2
```

Für das Programm verwenden wir eine *Main*-Prozedur, in der die Datenbank geöffnet wird:

```
Sub main()
On Error GoTo openfehler
    Set ws = DBEngine.Workspaces(0)
    et = Chr(13) & Chr(10)
    If Not FileExist(datenbank) Then   ' Datei nicht vorhanden
        MsgBox "Datenbank nicht vorhanden, Datenbank wird angelegt !", 64, "Information"
        DatenbankAnlegen
    Else
      Set db = ws.OpenDatabase(datenbank, False, False)
    End If
    Form1.Show
    Exit Sub

openfehler:
    MsgBox Error & "Datenbank konnte nicht geöffnet werden!" & et & "Fehlernr :" & _
                CStr(Err), 16, "Problem"
    End
    Resume Next
End Sub
```

Auslesen von Werten aus dem Recordset:

```
Function auslesen$ (n As Variant)
If VarType(n) = 1 Then ' NULL-Value
   auslesen = ""
Else
   auslesen = n
End If
End Function
```

Eine umfassende Beschreibung zum Thema Datenbank erstellen finden Sie in ▶ Abschnitt 5.2.

```
Sub DatenbankAnlegen()
Dim i%
Dim td As New TableDef
Dim fld() As New Field
Dim ind() As New Index

Set db = ws.CreateDatabase(datenbank, dbLangGeneral, 1)
ReDim fld(9)
ReDim ind(3)
td.Name = "Adressen"
For i = 1 To 9
    fld(i).Name = Choose(i, "nr", "Anrede", "Name", "Vorname", "Straße", "PLZ", "Ort", _
                         "Telefon", "Bemerkung")
    fld(i).Type = Choose(i, dbLong, dbText, dbText, dbText, dbText, dbText, _
                         dbText, dbText, dbMemo)
fld(i).Size = Choose(i, 0, 10, 50, 50, 50, 5, 50, 40, 0)
    If i = 1 Then fld(i).Attributes = 16
    td.Fields.Append fld(i)
Next i

For i = 1 To 3
    ind(i).Name = Choose(i, "Name", "Telefon", "INDEX 1")
    ind(i).Fields = Choose(i, "Name", "Telefon", "Name;Vorname")
    td.Indexes.Append ind(i)
Next i
db.TableDefs.Append td
db.Close

Set db = ws.OpenDatabase(datenbank, False, False)
End Sub
```

Prüfen, ob die Datei schon existiert:

```
Function FileExist% (dateiname$)
On Error GoTo fehler:

FileExist = Dir$(dateiname) <> ""
Exit Function

fehler:
   FileExist = False
   Resume Next

End Function
```

Bewegen zwischen den Datensätzen:

```
Sub Command1_Click ()
    If änderung Then If MsgBox("Der aktuelle Datensatz wurde geändert! Sichern?", _
                            36, "FRAGE") = 6 Then sichern_Click
    dy.MovePrevious
    If dy.BOF Then dy.MoveFirst
    darstellen
    änderung = False
End Sub


Sub Command2_Click ()
    If änderung Then ' ein feld wurde geändert
        If MsgBox("Der aktuelle Datensatz wurde geändert! Sichern?",_
        36, "FRAGE") = 6 Then sichern_Click
    End If
    dy.MoveNext
    If dy.EOF Then dy.MoveLast
    darstellen
    änderung = False
End Sub
```

Die Adresse in die Zwischenablage kopieren:

```
Sub Command3_Click ()
Dim s$
    s = text1(1).Text & " " & text1(2).Text & et
    s = s & text1(3).Text & et
    s = s & text1(4).Text & " " & text1(5).Text
    clipboard.SetText s
End Sub
```

Das Programm beenden:

```
Sub Command4_Click ()
    If änderung Then If MsgBox("Der aktuelle Datensatz wurde geändert! Sichern?", 36,_
                            "FRAGE") = 6 Then sichern_Click
    änderung = False
    End
End Sub
```

Den Inhalt des aktuellen Datensatzes anzeigen:

```
Sub darstellen ()
    text1(0).Text = auslesen(dy.Fields("anrede"))
    text1(1).Text = auslesen(dy.Fields("vorname"))
    text1(2).Text = auslesen(dy.Fields("name"))
    text1(3).Text = auslesen(dy.Fields("straße"))
    text1(4).Text = auslesen(dy.Fields("plz"))
    text1(5).Text = auslesen(dy.Fields("ort"))
    text1(6).Text = auslesen(dy.Fields("Telefon"))
    text2.Text = auslesen(dy.Fields("bemerkung"))
End Sub
```

Nach dem Programmstart bzw. dem Laden des Fensters:

```
Sub Form_Activate ()
    text1(0).SetFocus
    If neusatz Then neu_Click 'neu
    liste_füllen
End Sub

Sub Form_Load ()
Dim i%
    beenden = False
    Me.Move (screen.Width - Me.Width) / 2,(screen.Height - Me.Height) / 2
    Set dy = db.OpenRecordset("SELECT * FROM adressen ORDER BY name")
    If dy.RecordCount = 0 Then ' keine Datensätze vorhanden
        If MsgBox("Keine Daten vorhanden!" & et & "Neue Adresse hinzufügen?",_
           36, "FRAGE") = 6 Then ' gleich neuen Datensatz anlegen
            neusatz = True
        Else
            Unload Me
        End If
    Else
        darstellen
        änderung = False
    End If
End Sub
```

Auswahl eines Datensatzes über das Listenfeld:

```
Sub List1_Click ()
Dim s$, s1$, s2$
    If änderung Then
        If MsgBox("Der aktuelle Datensatz wurde geändert! Sichern?", 36,_
           "FRAGE") = 6 Then
            sichern_Click
            Exit Sub
        End If
    End If
    dy.FindFirst "nr=" & list1.ItemData(list1.ListIndex)
    darstellen
    änderung = False
End Sub
```

Beim Einlesen der *Namen* und *Vornamen* in das Listenfeld fungiert die *nr* des Datensatzes als Suchkriterium, die in der *ItemData*-Eigenschaft des Listenfeldes gespeichert wird:

```
Sub liste_füllen ()
Dim dy1 As Recordset
Dim i%
Set dy1 = db.OpenRecordset("SELECT * FROM adressen")
list1.Clear
 While Not dy1.EOF
    list1.AddItem dy1!name & ", " & dy1!vorname
    list1.ItemData(i) = dy1!nr
    i = i + 1
    dy1.MoveNext
```

```
 Wend
End Sub
```

## Einen Datensatz löschen:

```
Sub löschen_Click ()
On Error Resume Next
Dim i%
    If neusatz Then
        darstellen
        neusatz = False
        änderung = False
        Exit Sub
    End If
    If MsgBox("Datensatz Löschen?", 36, "FRAGE") <> 6 Then Exit Sub
    dy.Delete
    dy.MoveNext
    If dy.EOF Then dy.MovePrevious
    If dy.BOF Then                ' Datenbank leer
        MsgBox "Keine weiteren Datensätze vorhanden", 16, "Hinweis"
        For i = 0 To 6
            text1(i).Text = ""
        Next i
        text2.Text = ""
        list1.Clear
        End
    Else
        darstellen
        änderung = False
        liste_füllen
    End If
End Sub
```

## Anlegen eines neuen Datensatzes:

```
Sub neu_Click ()
    If änderung Then If MsgBox("Der aktuelle Datensatz wurde geändert! Sichern?", 36,
                                "FRAGE") = 6 Then sichern_Click
    änderung = False
    neusatz = True
    text1(0).Text = ""
    text1(1).Text = ""
    text1(2).Text = ""
    text1(3).Text = ""
    text1(4).Text = ""
    text1(5).Text = ""
    text1(6).Text = ""
    text2.Text = ""
    text1(0).SetFocus
    änderung = False
End Sub
```

Sichern der Eintragungen:

```
Sub sichern_Click ()
    If (neusatz) Or (änderung) Then
    If text1(2).Text = "" Then
        MsgBox "Bitte Namen eingeben!", 16, "Problem"
        text1(2).SetFocus
        Exit Sub
    End If
    If neusatz Then ' Neu gewählt
        dy.AddNew
    Else                          ' normales Ändern
        dy.Edit
    End If
    dy.Fields("anrede") = text1(0).Text
    dy.Fields("vorname") = text1(1).Text
    dy.Fields("name") = text1(2).Text
    dy.Fields("straße") = text1(3).Text
    dy.Fields("plz") = text1(4).Text
    dy.Fields("ort") = text1(5).Text
    dy.Fields("telefon") = text1(6).Text
    dy.Fields("bemerkung") = text2.Text
    dy.Update
    If neusatz Then dy.MoveLast
    darstellen
    liste_füllen
    änderung = False
    neusatz = False
    End If
End Sub
```

Veränderungen in den Textfeldern »merken«:

```
Sub Text1_Change (Index As Integer)
    änderung = True
End Sub
```

Die Funktionalität zum Bewegen zwischen den Textfeldern:

```
Sub Text1_KeyDown (Index As Integer, keycode As Integer, Shift As Integer)
    If keycode = 38 Then     'nach oben
        SendKeys "+{TAB}"
    End If
    If keycode = 40 Then     'nach unten
        SendKeys "{TAB}"
    End If
End Sub
```

## 5.4 Weitere Funktionen

In diesem Abschnitt finden Sie weitere Features der Datenbank-Engine, die sich nicht in die vorhergehenden Abschnitte einordnen ließen.

## 5.4.1 Eigenschaften (Properties)

Neben den vordefinierten Eigenschaften bietet die Datenbank-Engine auch die Möglichkeit, eigene Eigenschaften zu definieren. Dies betrifft im Wesentlichen alle Datenzugriffsobjekte (DAOs).

**BEISPIEL:** Sie können über ein `Table`-Objekt dessen Beschreibung abfragen. Diese Eigenschaft wird nicht von der Datenbank-Engine bereitgestellt, sondern durch Microsoft Access[1] (es handelt sich also um eine selbstdefinierte Eigenschaft!).

```
Dim db As DATABASE
Dim tb As Recordset

Set db = ws.OpenDatabase(...)
Set tb = db.OpenRecordset("Städte und Telefonvorwahl", dbOpenTable)
label1.Caption = tb.Properties!Description
```

Definieren Sie neue Eigenschaften, müssen Sie diese mit der `Append`-Methode an die jeweils vorhandenen Objekte anhängen. Bevor es jedoch soweit ist, müssen Sie mit `CreateProperty` ein neues `Property`-Objekt erzeugen.

**BEISPIEL:** Für die Tabelle `Städte und Telefonvorwahl` wird eine neue Eigenschaft (Anzahl Zugriffe) erzeugt, in der alle Zugriffe auf die Tabelle dokumentiert werden können.

```
Dim db As DATABASE
Dim td As TableDef
Dim prop As Property

Set db = ws.OpenDatabase(...)
Set td = db.TableDefs("Städte und Telefonvorwahl")
Set prop = td.CreateProperty("Anzahl Zugriffe", DB_LONG, 0)
td.Properties.Append prop
```

Der `CreateProperty`-Methode übergeben Sie neben dem Namen auch den Datentyp und den Wert der neuen Eigenschaft. Danach können Sie die Eigenschaft entweder über das `TableDef`-Objekt abfragen

```
label1.Caption = td.Properties("Anzahl Zugriffe")
```

oder Sie öffnen ein Recordset und fragen dort die Eigenschaft ab bzw. setzen diese:

```
Set tb = db.OpenRecordset("Städte und Telefonvorwahl")
tb.Properties("Anzahl Zugriffe") = tb.Properties("Anzahl Zugriffe") + 1
```

Beim Abfragen oder Setzen von Eigenschaften müssen Sie grundsätzlich zwischen den selbstdefinierten und den vorgegebenen Properties unterscheiden. Während Sie Standardproperties mit einer der drei folgenden Varianten verwenden können:

1 Natürlich nur, wenn die Tabelle mit Access erzeugt und ein entsprechender Wert zugewiesen wurde.

```
Object.Property = xyz
Object.Properties!Propertiename = xyz
Object.Properties("Propertiename") = xyz
```

sind für selbstdefinierte Eigenschaften nur die letzten beiden Varianten zulässig.

Eine Auflistung aller Eigenschaften einer Tabelle im Testfenster erhalten Sie, wenn Sie den folgende Quellcode ausführen (Testfenster öffnen!):

```
Dim db As DATABASE
Dim td As TableDef

Set db = ws.OpenDatabase(...)
Set td = db.TableDefs("Städte und Telefonvorwahl")

For i = 0 To td.Properties.Count - 1
    Debug.Print td.Properties(i).Name
    Debug.Print Chr(9) & "Type: " & Choose(td.Properties(i).Type, _
            "Boolean", "Byte", "Integer", "Long", "Currency", _
            "Single", "Double", "Date", "", "Text", "Binär", _
            "Memo", "", "", "")
    Debug.Print Chr(9) & "Wert: " & td.Properties(i).Value
Next i
```

Die `Choose`-Funktion decodiert lediglich die Datentypen.

Der Ausdruck im Testfenster:

```
Name
   Type: Memo
   Wert: Städte und Telefonvorwahl
Updatable
   Type: Boolean
   Wert: Wahr
DateCreated
   Type: Date
   Wert: 20.02.98 10:08:59
```

## 5.4.2 Transaktionen

Ein heikles Problem: Sie müssen in zwei Tabellen Änderungen vornehmen, nach dem Editieren der ersten Tabelle stellen Sie aber fest, dass Sie auf die zweite Tabelle nicht mehr zugreifen können, weil User XY diese exklusiv gesperrt hat.

Die Entwickler der Datenbank-Engine haben auch für diesen Fall vorgesorgt: In die Jet-Engine ist ein leistungsfähiges Transaktionsmodell integriert.

Mit den Methoden:

- `BeginTrans`
- `CommitTrans`
- `Rollback`

können Sie eine UNDO-Funktion für Datenbanken aufbauen. Beachten Sie jedoch, dass nicht alle Datenbankformate diese Funktionen unterstützen. Über die `Transactions`-Property können

Sie die Fähigkeit einer Datenbank, Transaktionen zu realisieren, abfragen. Die folgende Skizze zeigt den prinzipiellen Ablauf:

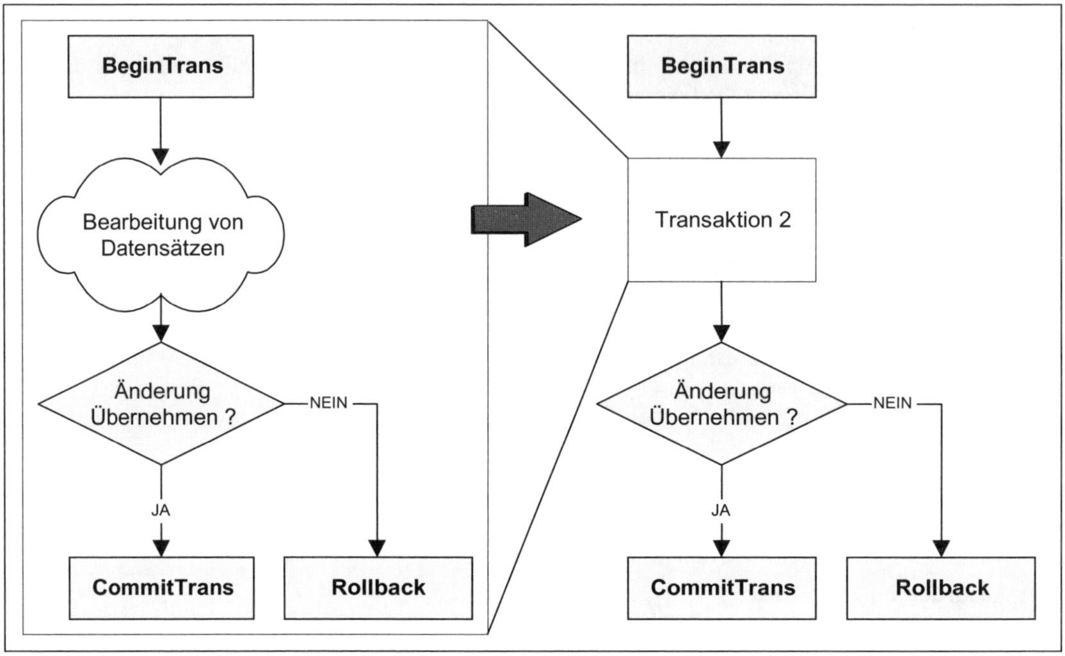


***Abbildung 5.10:*** *Transaktionsablauf*

Wie Sie der Abbildung 5.10 entnehmen können, ist es problemlos möglich, Transaktionen ineinander zu verschachteln. Sie können sowohl Teiloperationen wieder rückgängig machen als auch die gesamte Bearbeitung.

**BEISPIEL:** Der Einsatz von Transaktionen in der Praxis.

```
Dim ws As Workspace
Dim db As Database
Dim tb As Recordset

Set ws = DBEngine.Workspaces(0)
Set db = CurrentDb
Set tb = db.OpenRecordset("Städte und Telefonvorwahl")
```

Beginn der Transaktion:

```
ws.BeginTrans
```

Bearbeitung (z.B. Ändern, Löschen, Einfügen etc.):

```
tb.Edit
tb("ort") = "ZZZZZZZZZZZZZZZ"
tb.UPDATE
```

Dialogfeld anzeigen:

```
If MsgBox("Änderung speichern?", 36, "Frage") = vbYes Then
    ws.CommitTrans          ' Übernahme
Else
    ws.Rollback             ' Verwerfen aller Änderungen
End If
```

**HINWEIS:** Da alle Operationen innerhalb einer Transaktion gepuffert werden, können Sie durch Verwendung oben genannter Methoden die Performance Ihrer Anwendung erheblich steigern (insbesondere in Netzwerkumgebungen!).

## 5.4.3 Datenbanken packen

Die häufige Nutzung einer Datenbank, d.h. das Hinzufügen und Löschen von Datensätzen, hat zur Folge, dass sich mit der Zeit immer mehr »Datenmüll« ansammelt. Sie merken das am immer weiter wachsenden Dateiumfang bei gleichbleibender Datensatzanzahl. Aus diesem Grund sollten Sie von Zeit zu Zeit die Datenbank komprimieren. VB bzw. die Datenbank-Engine stellt für diese Aufgabe die Anweisung *CompactDatabase* zur Verfügung.

Das nachfolgende Listing zeigt, wie Sie eine beliebige Access-Datenbank packen können. Stellen Sie z.B. dem Anwender Ihrer Programme die nachfolgende Funktion in der Menüleiste zur Verfügung:

```
Sub DateiPacken()
On Error GoTo fehler
Dim quelle$, n$, v$, e$

    CMDialog1.Filter = "Access (*.mdb)|*.mdb"
    CMDialog1.Flags = &H1000
    CMDialog1.FilterIndex = 1
    CMDialog1.Action = 1
    If CMDialog1.Filename <> "" Then
        quelle = CMDialog1.Filename
        filesplit quelle, v, n, e
        CompactDatabase quelle, v & n & ".$$$"
        Kill quelle
        Name v & n & ".$$$" As quelle
        MsgBox "Komprimierung erfolgreich abgeschlossen!", 64, "Information"
    End If
    Exit Sub

fehler:
    MsgBox "Fehler bei der Ausführung!", 16, "Problem"
    Exit Sub
    Resume Next
End Sub
```

## 5.4.4 Datenbanken reparieren

Wenn die Datenbank durch Stromausfall, defekte Disketten etc. das Zeitliche gesegnet hat, ist in der Regel Panik angesagt. Es sei denn, Sie haben ein regelmäßiges Backup durchgeführt. Ist der Fall X dennoch eingetreten, sollten Sie zunächst eine Reparatur mit *RepairDatabase* versuchen.

Dass es mit dem alleinigen Aufruf der Funktion nicht getan ist, können Sie dem folgenden Listing entnehmen:

```
Sub DateiReparieren ()
On Error GoTo fehler1
Dim quelle$, n$, v$, e$

    CMDialog1.Filter = "Access (*.mdb)|*.mdb"
    CMDialog1.Flags = &H1000
    CMDialog1.FilterIndex = 1
    CMDialog1.Action = 1
    If CMDialog1.Filename <> "" Then
        Screen.MousePointer = 11                ' Sanduhr
        quelle = CMDialog1.Filename
        RepairDatabase (quelle)
        Screen.MousePointer = 0
        MsgBox "Datenbank erfolgreich restauriert!", 64, "Information"
        If MsgBox("Soll die Datenbank komprimiert werden?",36,"Frage")=6 Then
            Screen.MousePointer = 11
            filesplit quelle, v, n, e
            CompactDatabase quelle, v & n & ".$$$"
            Kill quelle
            Name v & n & ".$$$" As quelle
            MsgBox "Komprimierung erfolgreich abgeschlossen!",64,"Information"
        End If
    End If
    Screen.MousePointer = 0
    Exit Sub

fehler1:
    MsgBox "Fehler bei der Ausführung!", 16, "Problem"
    Screen.MousePointer = 0
    Exit Sub
    Resume Next
```

**HINWEIS:** Die beiden oben genannten Funktionen können nur dann korrekt ausgeführt werden, wenn der exklusive Zugriff auf die Datenbank möglich ist. In einer Netzwerkumgebung müssen Sie eventuell anderen Nutzern der Datenbank die Schreib-/Leserechte entziehen.

## 5.4.5 Datenbankstrukturen bestimmen

In den vorhergehenden Abschnitten haben wir uns im Wesentlichen mit der Synthese (also mit dem Erstellen) von Datenbanken beschäftigt. Dass sich die dabei verwendeten Objekte auch für die Analyse eignen, soll der folgende Abschnitt zeigen.

Im Wesentlichen genügen für die Analyse unbekannter Access-Datenbanken die folgenden Objekte bzw. Auflistungen (Collections):

- `TableDefs`-Auflistung
- `QueryDefs`-Auflistung
- `Documents`-Auflistung

Während die ersten beiden für spezielle Datenbankobjekte (Tabellen, Abfragen) zuständig sind, können Sie über die `Documents`-Auflistung die Verwaltungsstruktur der gesamten Datenbank untersuchen (Besitzer von Objekten, Formulare, Module etc.).

Im Wesentlichen brauchen Sie ein `TreeView`-Control. Soll die Datenbank über ein Dateidialogfeld (Öffnen) ausgewählt werden, müssen Sie zusätzlich auch ein `CommonDialogs`-Steuerelement einfügen.

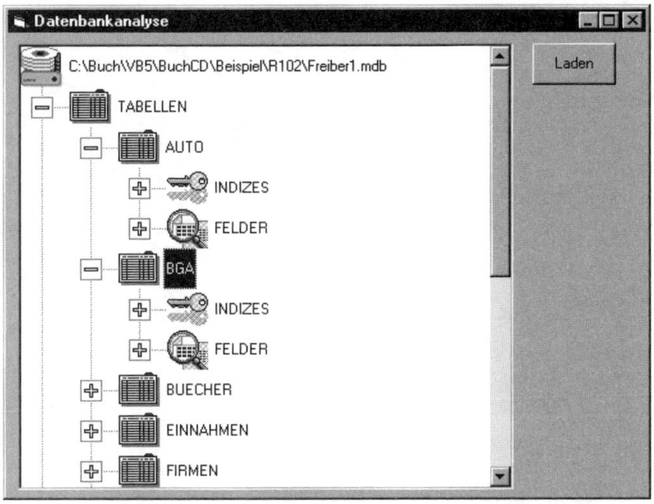


***Abbildung 5.11:*** *Oberfläche des Beispielprogramms*

Für etwas optische Abwechslung sorgt ein *ImageList*-Control, das über die *Imagelist*-Eigenschaft an das *TreeView*-Control gebunden wird.

Wie bisher auch, ist die Grundvoraussetzung ein geöffnetes `Database`-Objekt. Unter bestimmten Bedingungen ist es empfehlenswert, die Exclusiv-Rechte an der Datenbank zu besitzen. Verwenden Sie also folgenden Aufruf:

```
Sub analysieren()
Dim nodX As Node
Dim A&, B&, C&, D&, zw$, i&, i1%, s$
Dim conTest As Container, docTest As Document

 Set db = OpenDatabase(dateiname, True, True)
```

Die nachfolgende Sequenz erzeugt die Baumstruktur:

```
 TreeView1.Nodes.Clear
 ' Root festlegen
 Set nodX = TreeView1.Nodes.Add(, , , dateiname, 2)

 Set nodX = TreeView1.Nodes.Add(1, tvwChild, , "TABELLEN", 1)
 A = nodX.Index

 ' Schleife für alle vorhandenen Tabellen:
 For i = 0 To db.TableDefs.Count - 1
  'Tabellenname bestimmen:
```

```
  zw = db.TableDefs(i).Name

 'Die Systemtabellen werden herausgefiltert
 If (db.TableDefs(i).Attributes And &H80000002) = 0 Then
   Set nodX = TreeView1.Nodes.Add(A, tvwChild, , zw, 1)
   B = nodX.Index

  'Jeder Tabelle sind (falls definiert) die Indizes zugeordnet:
   If db.TableDefs(zw).Indexes.Count > 0 Then
   Set nodX = TreeView1.Nodes.Add(B, tvwChild, , "INDIZES", 3)
    C = nodX.Index
    For i1 = 0 To db.TableDefs(zw).Indexes.Count - 1
      If db.TableDefs(zw).Indexes(i1).Name = "PrimaryKey" Then
        Set nodX = TreeView1.Nodes.Add(C, tvwChild, , _
        db.TableDefs(zw).Indexes(i1).Name & " (" & _
        db.TableDefs(zw).Indexes(i1).Fields & ")", 4)
      Else
        Set nodX = TreeView1.Nodes.Add(C, tvwChild, , _
        db.TableDefs(zw).Indexes(i1).Name & " (" & _
        db.TableDefs(zw).Indexes(i1).Fields & ")", 3)
      End If
   Next i1
  End If

 ' Tabellenfelder anzeigen:
  If db.TableDefs(zw).Fields.Count > 0 Then
    Set nodX = TreeView1.Nodes.Add(B, tvwChild, , "FELDER", 5)
    C = nodX.Index
    For i1 = 0 To db.TableDefs(zw).Fields.Count - 1
      s = Choose(db.TableDefs(zw).Fields(i1).Type, "Boolean",_
        "Byte", "Integer", "Long", "Currency", "Single", _
        "Double", "Date", "", "Text", "Binär", "Memo", "",_
         "", "")
      Set nodX = TreeView1.Nodes.Add(C, tvwChild, , _
       db.TableDefs(zw).Fields(i1).Name & " (" & s & ")", 5)
    Next i1
  End If
 End If
Next i
```

Wie schon erwähnt, erlaubt die Eigenschaft `Attributes` auch eine Unterscheidung zwischen lokalen und eingebundenen Tabellen. Weiterhin lassen sich auf diesem Weg die Systemtabellen ein- bzw. ausblenden.

Wenden wir uns der nächsten Thematik zu, den Abfragen:

```
Set nodX = TreeView1.Nodes.Add(1, tvwChild, , "ABFRAGEN", 6)
  A = nodX.Index
  For i = 0 To db.QueryDefs.Count - 1
    'Queryname bestimmen:
     zw = db.QueryDefs(i).Name
     Set nodX = TreeView1.Nodes.Add(A, tvwChild, , zw, 6)
  Next i
```

Für Informationen über die Verwaltung der Datenbank bietet sich die `Containers`-Auflistung an:

```
  Set nodX = TreeView1.Nodes.Add(1, tvwChild, , "CONTAINER", 8)
  A = nodX.Index
  For i = 0 To db.Containers.Count - 1
    Set conTest = db.Containers(i)
    zw = conTest.Name
    Select Case conTest.Name
        Case "Databases"
            D = 2
        Case "Forms"
            D = 9
        Case "Modules"
            D = 12
        Case "Relationships"
            D = 13
        Case "Reports"
            D = 10
        Case "Scripts"
            D = 11
        Case "SysRel"
            D = 13
        Case "Tables"
            D = 1
        Case Else
            D = 8
    End Select
    Set nodX = TreeView1.Nodes.Add(A, tvwChild, , zw, D)
    B = nodX.Index
    For i1 = 0 To conTest.Documents.Count - 1
        Set nodX = TreeView1.Nodes.Add(B, tvwChild, , _
                   conTest.Documents(i1).Name, D)
        C = nodX.Index
        Set nodX = TreeView1.Nodes.Add(C, tvwChild, , _
                   conTest.Documents(i1).Owner, 7)
        Set nodX = TreeView1.Nodes.Add(C, tvwChild, , _
                   CStr(conTest.Documents(i1).DateCreated), 14)

    Next i1
  Next i

End Sub
```

Den Dateinamen können Sie mit Hilfe der Standarddialoge wie folgt ermitteln:

```
On Error GoTo ende
    With CommonDialog1
        .Filter = "Access (*.mdb)|*.mdb"
        .CancelError = True
        .ShowOpen
        dateiname = CommonDialog1.FileName
        Call analysieren
    End With
ende:
```

**HINWEIS:** Die Analyse größerer Datenbanken kann etwas Zeit in Anspruch nehmen. Üben Sie sich also in Geduld.

# 5.5 Aktenkoffer-Replikation

## 5.5.1 Grundlagen

Mit Hilfe der Aktenkoffer-Replikation lassen sich mehrere Kopien einer Datenbank auf verschiedenen Rechnern erzeugen. Die Bezeichnung »Kopie« trifft eigentlich nicht den Kern, werden doch die erzeugten Duplikate erst bei Bedarf synchronisiert, d.h. es erfolgt ein Datenabgleich, so dass alle Versionen auf dem gleichen Stand sind.

**BEISPIEL:** Ein Außendienstmitarbeiter möchte die Artikel-Stammdaten auf seinem Laptop speichern, gleichzeitig aber soll in der Firma mit den Daten weitergearbeitet werden. In diesem Fall bietet sich eine Aktenkoffer-Replikation an. Ist der Mitarbeiter von seiner Dienstreise zurückgekehrt, kann er die Daten auf seinem Laptop in der Firma auf den aktuellen Stand bringen. Außerdem werden die von ihm vorgenommenen Änderungen in der Originaldatei gespeichert.

Im Zusammenhang mit der Replikation von Datenbanken sind drei Begriffe interessant:

**Design-Master** Das »Original«. Diese Datenbank bestimmt das Layout aller Replikate, Änderungen an der Datenbankstruktur sind nur im Design-Master zulässig. Da es nur ein Original geben kann, kann auch nur eine Datenbank in der Replikat-Gruppe der Design-Master sein.

Bei der Umwandlung der Originaldatenbank in den Master werden strukturelle Änderungen vorgenommen. Dies betrifft beispielsweise Zählerfelder, die in Felder mit eindeutigen Zufallswerten[1] umgewandelt werden. Weiterhin werden drei neue Systemtabellen angelegt.

**Replikat** Eine »Kopie« der Originaldatenbank. Es kann lediglich die Datenbasis verändert werden, die Struktur bestimmt der Design-Master.

**Replikat-Gruppe** Alle Replikate, die von einem Design-Master abgeleitet wurden, sowie die Master-Datenbank.

Sowohl Design-Master als auch die Replikate können Objekte (Tabellen, Formulare etc.) enthalten, die nicht in die Synchronisierung einbezogen werden (lokale Daten).

Um eine funktionierende Replikatgruppe aufzubauen, können Sie eine der vier folgenden Möglichkeiten nutzen:

- Microsoft Access, über das Menü *Extras/Replikation,*
- Aktenkoffer-Replikation, über das entsprechende Desktop-Symbol,
- Microsoft Replication Manager, im ODE enthalten,
- Programmierung mit Hilfe der DAOs.

Neben den Vorteilen der Replikation müssen Sie auch einige Nachteile in Kauf nehmen:

- Sollen zwei Datenbanken abgeglichen werden, in denen hauptsächlich Änderungen (Updates) vorgenommen wurden, kann es leicht zu Konflikten kommen. Wird beispielsweise ein und derselbe Datensatz in der Master- und in der Replikat-Datenbank geändert, muss der auftretende Konflikt manuell (mit Eingabemaske) beseitigt werden[2].

---

1 Die Verwendung von Zufallswerten ist notwendig, um Überschneidungen beim Synchronisieren zu vermeiden.

2 Sie können sich vorstellen, zu welcher Sisyphus-Arbeit dies bei mehreren hundert Datensätzen ausartet und mit welcher »Begeisterung« der heimgekehrte Außendienstler von seinen Kollegen empfangen wird!

- Ein weiteres Problem ist die Gewährleistung der Datenkonsistenz. Beispiel: Unser Außendienstmitarbeiter kann sich nach längerer Abwesenheit nicht mehr darauf verlassen, dass die Anzahl der Artikel in seiner Replikat-Datenbank mit der tatsächlichen Anzahl (Master-Datenbank) übereinstimmt. Das Replikat stellt lediglich einen »Schnappschuss« des letzten Abgleichs dar.
- Sind mehrere Replikate von einer Datenbank erstellt worden, müssen diese regelmäßig untereinander abgeglichen werden, um die Datenkonsistenz zu gewährleisten. Dies kann zu einem recht aufwendigen Prozess ausarten, da jedes Replikat mit jedem anderen Replikat verglichen werden muss. Beispiel: Drei Datenbanken A, B, C sollen synchronisiert werden. Dazu ist es notwendig, A mit B, B mit C und zuletzt B mit A abzugleichen. In diesem Zusammenhang werden verschiedene Topologien eingesetzt (Stern, Ring usw.)[1].

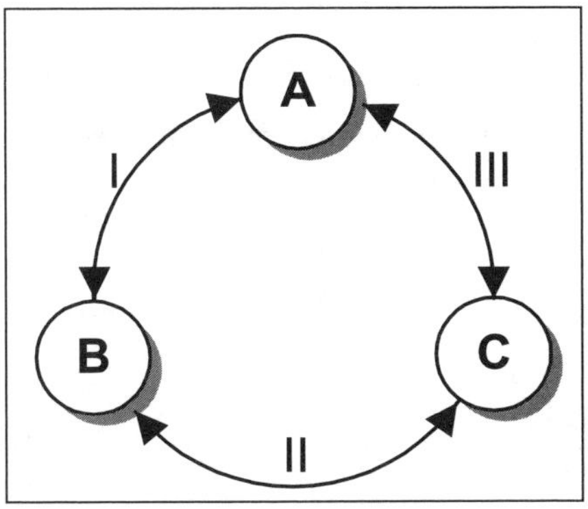


***Abbildung 5.12:** Beispiel für die Synchronisierung von drei Datenbanken*

Wenden wir uns der praktischen Realisierung zu (allerdings interessiert uns an dieser Stelle nur die Umsetzung mit Hilfe der Datenbank-Engine).

## 5.5.2 Vorbereitungen

Der erste Schritt zum Replizieren einer Datenbank ist das Hinzufügen der Eigenschaft `Replicable` (eine nutzerdefinierte Property, ▶ Abschnitt 5.4.1). Allerdings muss dazu die Datenbank exklusiv geöffnet sein. Ist das nicht der Fall, wird zwar die Eigenschaft angelegt, die Datenbank wird aber nicht für die Replikation vorbereitet (die Eigenschaft hat einen Wert ungleich *T*).

```
Dim db As DATABASE

Set db = ws.OpenDatabase(...)        ' muß exclusiv geöffnet sein!!!!!!!
   ' Erstellen einer Eigenschaft mit dem Namen "Replicable" und
   ' Festlegen auf "T"
db.Properties.Append db.CreateProperty("Replicable", dbText, "T")
```

Sollte es beim ersten Mal nicht geklappt haben, können Sie es ja später noch einmal probieren (die Eigenschaft muss jetzt nur noch gesetzt werden):

```
db.Properties("Replicable") = "T"
```

1 Eine detaillierte Beschreibung zu diesem Thema finden Sie im *Microsoft Replication Whitepaper*

Wollen Sie überprüfen, ob die Datenbank für die Replikation vorbereitet ist, verwenden Sie folgende Funktion:

```
Function IsReplicable() As Boolean
On Error GoTo nein
Dim db As DATABASE

IsReplicable = False
Set db = ws.OpenDatabase(...)
IsReplicable = db.Properties("Replicable") = "T"
Exit Function

nein:
    Resume Next
    Exit Function
End Function
```

Haben Sie alle genannten Hürden genommen, dürfte sich das Tabellenlayout Ihrer Datenbank ein wenig geändert haben:

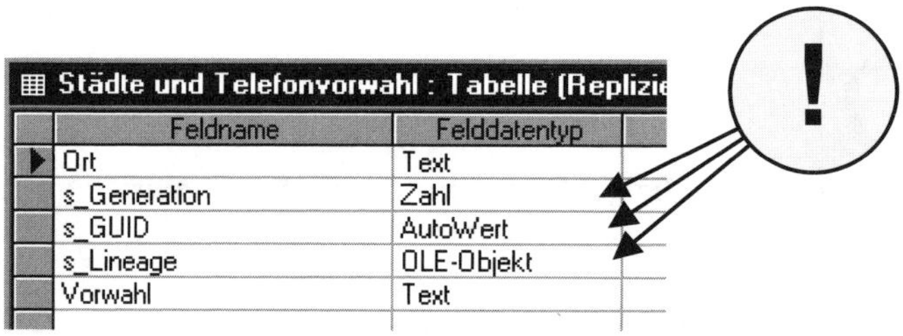


***Abbildung 5.13:** Geändertes Tabellenlayout*

Weiterhin wird die Datenbank um einige neue Systemtabellen bereichert.

## 5.5.3 Replikat erstellen

Zum Erstellen eines Replikats können Sie die Methode `MakeReplica` verwenden:

```
Dim db As DATABASE

Set db = ws.OpenDatabase(...)
db.MakeReplica "c:\replikat1.mdb", "Replikat von" & db.Name, _
               dbRepMakeReadOnly
MsgBox "Replikat erstellt !", 64, "Info"
```

Die Zieldatenbank (das Replikat) darf noch nicht existieren!

Damit ist der erste Schritt getan, eine Kopie unserer Datenbank ist erstellt. Durch Verwendung der Konstanten `dbRepMakeReadOnly` wird die Engine angewiesen, alle Datenbankobjekte im Replikat vor der Bearbeitung zu schützen (ReadOnly).

## 5.5.4 Abgleich von Kopie und Original

Das Ziel einer Replikation ist bekannterweise der Abgleich von Kopie und Original. Über die Methode `Synchronize` können Sie versuchen, beide Datenbanken zu synchronisieren (»versuchen« deshalb, weil es in diesem Zusammenhang zu Problemen kommen kann).

```
Dim db As DATABASE

Set db = ws.OpenDatabase(...)
db.Synchronize "c:\replikat1.mdb", dbRepImpExpChanges
```

Der eigentliche Aufruf ist relativ trivial, problematisch ist allerdings das Lösen von Synchronisationskonflikten[1]. Beim Aufruf der Methode lassen sich drei verschiedene Konstanten angeben:

| Konstante | Beschreibung |
|---|---|
| *dbRepExportChanges* | Änderungen (Daten und Struktur) werden in das Replikat übertragen (der Master ist aktiv). |
| *dbRepImportChanges* | Änderungen (nur Daten) werden in den Master übernommen (der Master ist aktiv). |
| *dbRepImpExpChanges* | Änderungen werden in beiden Datenbanken übernommen. |
| *dbRepSyncInternet* | Bei der Datenbankangabe handelt es sich um einen Internet-Pfad (URL). |

***Tabelle 5.24:*** *Konstanten zum Im-/Export*

Kommen wir nun zum Lösen der Probleme: Durch Abfragen der `ConflictTable`-Eigenschaft können Sie feststellen, ob ein Fehler aufgetreten ist.

```
Dim db As DATABASE
Dim tb As Recordset
Dim td As TableDef

Set db = ws.OpenDatabase(...)
For Each td In db.TableDefs
   If td.ConflictTable <> "" Then
      Set tb = db.OpenRecordset(td.ConflictTable)
      While Not tb.EOF
            ' Konflikt auflösen
         tb.Delete
         tb.MoveNext
      Wend
      tb.Close
      db.TableDefs.Delete td.ConflictTable
    End If
Next td
```

1 Einen Synchronisationskonflikt können Sie herstellen, indem Sie sowohl im Replikat als auch im Original denselben Datensatz ändern. Nach der Synchronisation werden Sie in der Master-Datenbank eine neue Tabelle entdecken, die einen Verweis auf die Datensätze enthält, die nicht synchronisiert werden konnten.

Damit beschließen wir das Thema DAO, in ▶ Kapitel 9 kommen wir noch einmal kurz auf die Möglichkeiten der User-Verwaltung mit DAO zurück. Bei der Planung neuer Datenbankprojekte sollten Sie überlegen, ob es nicht günstiger ist, gleich auf ADO (siehe das folgende ▶ Kapitel 6) umzusteigen. Insbesondere der Umstieg von Desktop- auf Server-Datenbanken wird durch das einheitliche ADO-Modell wesentlich vereinfacht.

# 6 Einführung in ADO 2.0



ADO ist die neue Microsoft-Kerntechnologie im Rahmen des angestrebten universellen OLE DB-Datenzugriffs. Das vorliegende Kapitel will Sie damit näher vertraut machen.

Dem Datenbank-Einsteiger wird zunächst vieles unverständlich und kompliziert vorkommen. Wir empfehlen deshalb, sich zunächst einige einfache Rezepte im How-to-Teil in ▶ Kapitel 12 näher anzusehen, um ein Feeling für den Umgang mit ADOs zu entwickeln. Das vorliegende Kapitel sollten Sie keinesfalls linear durcharbeiten (das würde auf Grund der ADO-Funktionsvielfalt eher verwirren), sondern zum gelegentlichen Nachschlagen verwenden.

Wer bisher unter VB 5 bzw. Access mit DAOs lediglich auf lokale Datenbanken bzw. Fileserver zugegriffen hat, wird seinen Horizont etwas erweitern müssen, da aufgrund des universellen Charakters von ADO viele neue Begriffe aus dem Client/Server-Bereich mit einfließen.

## 6.1 Übersicht

Mit ADO können Client-Anwendungen über jeden OLE DB-Provider auf Daten eines Datenbankservers zugreifen.

Die Vorteile von ADO liegen in:

- der einfachen Programmierung,
- der hohen Geschwindigkeit,
- dem geringen Bedarf an Arbeitsspeicher,
- der Unterstützung wichtiger Features für das Erstellen von Client/Server-, mehrschichtigen und webbasierten Anwendungen,
- der Unterstützung von Remote Data Service (RDS),
- der Möglichkeit zum Anlegen ungebundener Recordsets.

Die universellen Fähigkeiten von ADO 2.0 machen diese Technologie auch für Anwendungen jenseits von Datenbanksystemen (RDBMS) interessant.

## 6.1.1 Die Entwicklung von ADO

ADO 2.0 ist bereits die dritte ADO-Version! Die Version 1.0 stellte bereits einen ODBC-OLE DB-Provider und grundlegende Client/Server-Funktionalitäten zur Verfügung. Das Objektmodell basierte auf einer Untermenge der Remote Data Objects (RDO) und zielte vor allem auf die Programmierung von Active Server Pages (ASP).

Im Zusammenhang mit der Entwicklung des Internet Explorer 4.0 (IE) und des Internet Information Server 4.0 (IIS) entstand ADO 1.5 mit dem Ziel der Integration des Remote Data Service (RDS). RDS macht es möglich, Daten von einem Server in eine Clientanwendung oder auf eine Webseite zu verschieben, die Daten auf dem Client zu ändern und die aktualisierten Daten dann im gleichen Arbeitsgang wieder auf den Server zu übertragen. ADO 1.5 wurde Teil der Microsoft Data Access Components (MDAC) und ergänzte ADO um einige weitere RDO 2.0-Features sowie abgekoppelte Recordsets, Remoting und Befehle als Methoden des Connection-Objekts.

Momentaner Stand dieser Entwicklung ist ADO 2.0, das neben den Features seiner Vorgänger u.a. auch ungebundene, persistente und hierarchische Recordsets, Data Binding und eigene OLE DB Provider erlaubt.

## 6.1.2 Hinweise zu den ADO-Bibliotheken

### ADODB-Library

Am wichtigsten ist die *ADODB*-Bibliothek (*Microsoft ActiveX DataObjects 2.0 Library*), sie wird meist automatisch in Ihr Projekt eingebunden, wenn Sie einen der visuellen Designer starten (z.B. *DataEnvironment*) oder bestimmte ADO-Komponenten benutzen. Andernfalls müssen Sie diese Bibliothek über das Menü *Projekt/Verweise...* hinzufügen.

**HINWEIS:** Um Verwechslungen mit gleichnamigen Bezeichnern anderer Bibliotheken, wie z.B. der Microsoft *DAO 3.51 Object Library,* auszuschließen, wird in vielen Quelltextbeispielen der Bibliotheksname *ADODB* dem Objektbezeichner vorangestellt, z.B.

```
Set rs = New ADOB.Recordset
```

Falls aber nur die *Microsoft ActiveX DataObjects 2.0 Library* in Ihr Projekt eingebunden ist, kann man auch die verkürzte Schreibweise anwenden:

```
Set rs = New Recordset
```

### ADOR-Library

Verwechseln Sie die *ADODB-* bitte nicht mit der *ADOR*-Bibliothek (*Microsoft ActiveX Data-Objects Recordset 2.0 Library*). Letztere ist eine »abgespeckte« und speziell für den Internet-Einsatz konzipierte »Recordset«-Version von *ADOB*, in welcher die Objekte *Command, Connection, Error(s)* und *Parameters* fehlen!

#### RDS-Libraries

Einige ADO-Funktionen werden nicht von ADO, sondern von RDS (Remote Data Services) bereitgestellt. Dazu sind zusätzlich die *RDS*-Bibliothek (*Microsoft Remote Data Services Library*) und die *RDSServer*-Bibliothek (*Microsoft Remote Data Services Server Library*) über das Menü *Projekt/Verweise...* einzubinden!

## 6.1.3 ADO und OLE DB

Bevor es zu Missverständnissen kommt, sollten wir noch einmal die Bedeutung von ADO im Zusammenhang mit der neuen Datenzugriffs-Philosophie betrachten.

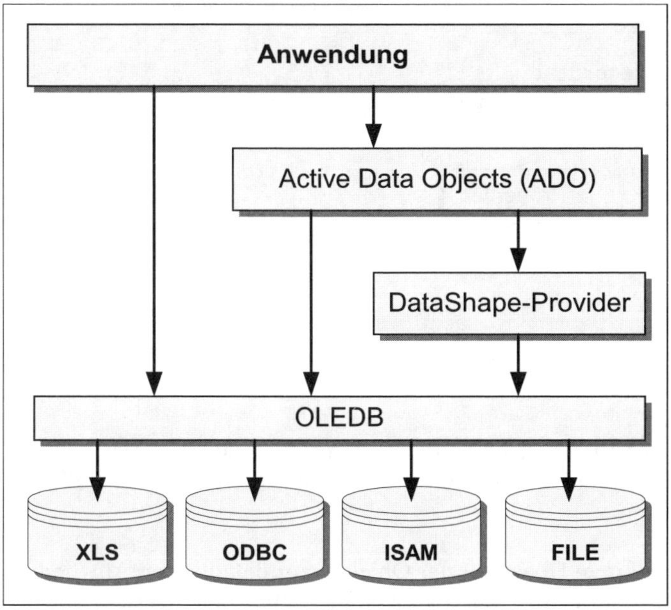


***Abbildung 6.1:*** *Zusammenspiel ADO und OLEDB*

OLE DB definiert eine Reihe von Interfaces, die auf dem *Component Object Model* (COM) basieren. Diese Interfaces kapseln die eigentliche Grundfunktionalität für den Zugriff auf unterschiedliche Datenquellen (relationale und/oder objektorientierte).

Die *Active Data Objects* (ADO) bauen auf diesem Modell auf und bieten dem Anwendungsprogrammierer eine objektorientierte Schnittstelle, die im Gegensatz zu den recht unflexiblen DAOs mit relativ wenigen Objekten auskommt.

Eine Besonderheit stellt der *MSDataShape*-Provider dar, der aufbauend auf dem OLEDB-Treiber (aber unabhängig davon) die Grundfunktionalität für hierarchische Recordsets bereitstellt. Damit wird auch klar, warum sich hierarchische Recordsets nur mit clientseitigen Cursorn realisieren lassen: Die Grundfunktionalität dazu wird lediglich auf dem Clientrechner bereitgestellt, die Daten müssen zwangsläufig auf dem Client verwaltet werden.

Auf der Anwendungsebene finden sich die Microsoft-Programmiersprachen: Visual Basic, Java, VBScript, JavaScript und C/C++.

## 6.1.4 ADO-Objektmodell

Die ADO-Bibliothek besteht aus sieben Objekttypen, entsprechend der folgenden Abbildung.

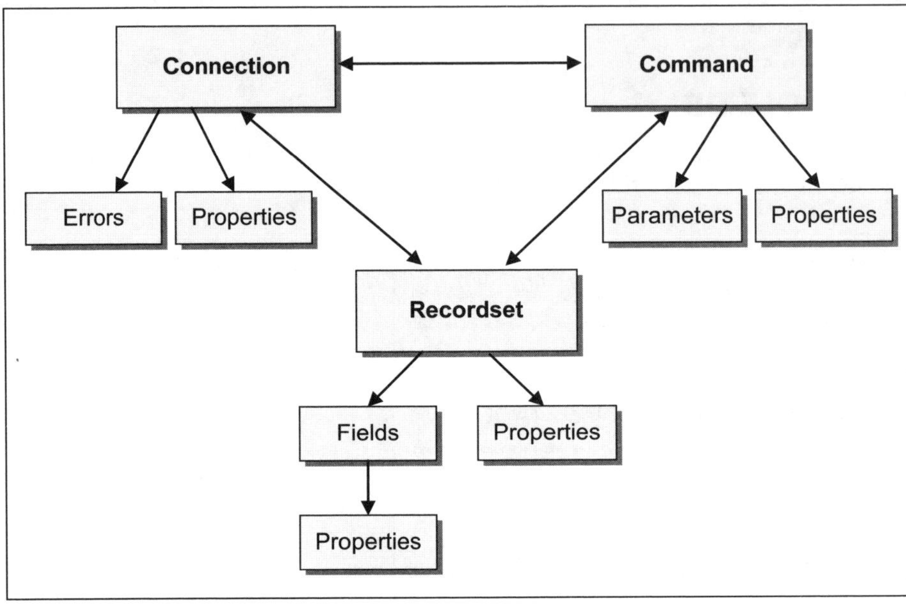


***Abbildung 6.2:*** *Das ADO-Objektmodell*

Auf der obersten Ebene der sehr flachen Hierarchie befinden sich gleichberechtigt das *Connection-*, *Command-* und *Recordset*-Objekt. Diese Objekte verfügen über untergeordnete Auflistungen.

**HINWEIS:** Es folgt zunächst nur eine kurze Übersicht der Objekte, zur detaillierten Anwendung kommen wir erst im folgenden Abschnitt. Eine (fast) vollständige Zusammenfassung aller Eigenschaften, Methoden und Ereignisse finden Sie am Ende des Kapitels.

### Connection-Objekt

Über dieses Objekt stellen Sie eine Verbindung zur Datenquelle her. Mit seinen Eigenschaften legen Sie z.B. den Provider, den Cursortyp, die Standarddatenbank und das Zeitlimit für eine Verbindung (TimeOut) fest. Das *Connection*-Objekt stellt weiterhin Mechanismen zum Ausführen von *Commands* und zum Verwalten von Transaktionen bereit.

### Command-Objekt

Diese Objekt ist optional und muss von einem OLE DB-Provider nicht unbedingt zur Verfügung gestellt werden, da Sie ein *Recordset*-Objekt (dieses repräsentiert die eigentlichen Daten) auch ohne *Command*-Objekt öffnen können.

Das *Command*-Objekt kapselt die Informationen zu einem Befehl, wie z.B. eine SQL-Anweisung, Parameterdefinitionen etc... Die Art der zulässigen Befehle ist letztlich vom Provider abhängig. Kommandos können auch durch den Datenbankprovider vorkompiliert werden, so dass sie schneller ablaufen, was sich vor allem bei SQL-Parameterabfragen und mehrfach benutzten Kommandos lohnt.

### Recordset-Objekt

*Recordset*-Objekte repräsentieren eine bestimmte Menge von Datensätzen (Zeilen) und Feldern (Spalten), wie sie im Allgemeinen aus einer Datenbankabfrage resultieren (einschließlich eines Cursors für diese Zeilen) und erlaubt deren Bearbeitung. Das *Recordset*-Objekt stellt ebenfalls Methoden und Eigenschaften bereit, mit denen Sie den Cursortyp festlegen und sich durch die Datenmenge bewegen können.

**HINWEIS:** Über ein *Recordset*-Objekt können Sie keine Felder hinzufügen oder entfernen, da die Struktur des ermittelten Datensatzes feststehend ist und nicht verändert werden kann.

Etwas anders verhält es sich bei den *ungebundenen Recordsets*, die nicht aus einer Abfrage resultieren. Deren Struktur können Sie über die *Fields*-Collection des Recordsets zur Laufzeit festlegen.

### Properties-Auflistung

Jedes der ADO-Hauptobjekte beinhaltet *Properties*, d.h. eine Collection von *Property*-Objekten. Derartige Objekte versetzen ADO in die Lage, sich dynamisch an verschiedene Provider anzupassen. Dies ist um so wichtiger, da bei weitem nicht alle Provider über dieselbe Funktionalität verfügen und man vermeiden möchte, dass das ADO-Objektmodell unnötig viele Eigenschaften aufweist, die man nur in wenigen Fällen benötigt.

**HINWEIS:** Verwechseln Sie die in einem *Property*-Objekt gespeicherten Eigenschaften nicht mit den »normalen« Objekteigenschaften, wie Sie sie bislang kennen. Letztere sind *integrale* Eigenschaften und nicht Bestandteil der *Properties*-Auflistung, in welcher nur die *dynamischen* Eigenschaften enthalten sind.

### Errors-Auflistung

In einem (nur einer *Connection* zugeordneten) *Error*-Objekt finden Sie erweiterte Informationen zu den bei ADO-Operationen aufgetretenen Fehlern und Fehlerbedingungen, die vom Datenprovider ausgelöst wurden. Es ist mit dem *Err*-Objekt aus VBA vergleichbar. In der *Errors*-Auflistung können mehrere Fehler enthalten sein (siehe ▶ Abschnitt 6.4.5).

### Fields-Auflistung

Das (nur einem *Recordset* zugeordnete) *Field*-Objekt kapselt die Informationen zu einer einzelnen Datenspalte. Dazu gehören auch der Datentyp, die Genauigkeit und die numerische Skalierung.

**HINWEIS:** Ein *Field*-Objekt kann nicht direkt angelegt werden, sondern tritt nur als Bestandteil der *Fields*-Collection des *Recordset*-Objekts auf (siehe ▶ Abschnitt 6.4.3).

### Parameters-Auflistung

So richtig interessant wird das *Command*-Objekt erst durch seine *Parameters*-Collection, die dem *Command*-Objekt zwecks Ausführung parametrierter Abfragen übergeben wird (siehe ▶ Abschnitt 6.4.4).

Obwohl Sie ein *Parameter*-Objekt unabhängig von einem *Command*-Objekt erzeugen können, muss es vor seiner Benutzung mit einem *Command* verbunden werden.

**HINWEIS:** Im Unterschied zum *Parameter*-Objekt existieren *Field-*, *Error-* und *Property*-Objekte nur innerhalb ihrer (übergeordneten) Parent-Objekte, können also nicht separat erzeugt werden.

# 6.2 ADO-Grundoperationen

Aufgrund der sehr umfangreichen Funktionalitäten der einzelnen ADO-Objekte wollen wir im Folgenden eine knappe anwendungsorientierte Beschreibung der wichtigsten Operationen bringen, umfangreichere Beispiele finden Sie im How-to-Teil in ▶ Kapitel 12.

**HINWEIS:** Wie man mit einem *Adodc*-Steuerelement oder mittels eines *DataEnvironment* eine Verbindung zur Datenbank herstellt oder wie man Kommandos in ein *DataEnvironment* einfügt, dürfte Ihnen bereits hinreichend bekannt sein (▶ Kapitel 1, Einführungsbeispiele). Hinter diesen Möglichkeiten verbergen sich letztlich auch *Connection-*, *Command-* und *Recordset*-Objekte. An dieser Stelle wollen wir jedoch auf Designerdienste und andere Hilfsmittel verzichten und uns der »reinen Codeprogrammierung« zuwenden.

## 6.2.1 Beziehungen zwischen den Objekten

Die Abbildung 6.3 zeigt die Eigenschaften und Methoden, über welche die drei Hauptobjekte *Connection*, *Command* und *Recordset* des ADO 2.0-Modells miteinander kooperieren.

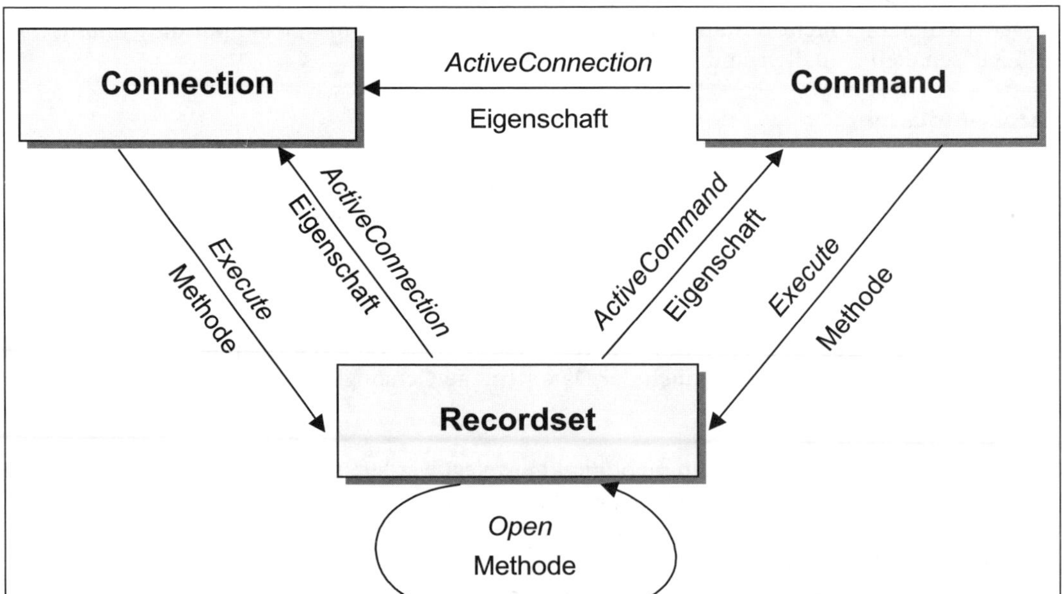


***Abbildung 6.3:*** *Wichtige Beziehungen zwischen den Active Data Objects*

Unschwer zu erkennen sind auch die drei Möglichkeiten zum Zuweisen eines *Recordset*-Objekts (*Execute*-Methode des *Connection*- bzw. *Command*-Objekts, *Open*-Methode des *Recordset*-Objekts), auf die wir an späterer Stelle noch detailliert eingehen werden.

### 6.2.2 Verbinden mit den Datenquellen

Bevor Sie überhaupt per ADO auf Daten zugreifen können, muss eine Verbindung zur Datenquelle geöffnet werden. In diesem Zusammenhang führt kein Weg am *Connection*-Objekt vorbei.

#### Open-Methode und ConnectionString-Eigenschaft

Eine Datenbankverbindung wird durch Aufruf der *Open*-Methode des *Connection*-Objekts hergestellt:

```
Connection.Open [ConnectionString], [UserID], [Password], [Options]
```

**BEISPIEL:** Herstellen einer Verbindung zu einer Access-Datenbank, die sich im aktuellen Anwendungsverzeichnis befindet.

```
Dim con As New Connection        ' Eine neue Instanz erzeugen ...
con.Open "Provider = Microsoft.Jet.OLEDB.3.51; Data Source = App.Path & "\PERSONAL.MDB"
```

Ein »nackter« Aufruf der *Open*-Methode (also ohne Argumente) ist dann möglich, wenn vorher die *ConnectionString*-Eigenschaft zugewiesen wird. Obwohl sich ein *ConnectionString* aus zahlreichen, durch Semikolon (;) getrennten Einzelangaben zusammensetzt, genügt es im einfachsten Fall, wenn nur Provider und Datenquelle angegeben werden.

**BEISPIEL:** Es wird das gleiche Problem wie im Vorgängerbeispiel gelöst.

```
Dim con As New Connection
con.ConnectionString = "Provider = Microsoft.Jet.OLEDB.3.51; " & _
                       "Data Source = " & App.Path & "\Personal.mdb"
con.Open
```

Alternativ können Sie die Angaben über den Provider aber auch vorher als Einzeleigenschaft zuweisen und der *Open*-Methode nur die Datenquelle als Argument übergeben.

**BEISPIEL:** Noch eine Lösung für das gleiche Problem.

```
Dim con As New Connection

con.Provider = "Microsoft.Jet.OLEDB.3.51"
con.Open App.Path & "\PERSONAL.MDB"
```

#### Weitere Argumente der Open-Methode

Laut obiger Syntaxdefinition können der *Open*-Methode neben *ConnectionString* als weitere optionale Argumente *UserID* und *Password* übermittelt werden.

**HINWEIS:** Wenn Sie Benutzernamen und Kennwort sowohl in *ConnectionString-* als auch in den optionalen *UserId-* und *Password-*Argumenten übergeben, werden damit die in *ConnectionString* festgelegten Werte überschrieben.

### SQL-Server-Zugriff

Für den Zugriff auf einen SQL-Server sind die für den *ConnectionString* erforderlichen Parameter etwas zahlreicher und abhängig von den Sicherheitseinstellungen auf dem SQL-Server.

**BEISPIEL:** Herstellen einer Verbindung zur SQL-Server-Standarddatenbank *Verleger*, die sich auf dem Rechner *P300* befindet, unter Verwendung des in Windows NT integrierten Sicherheitsmechanismus.

```
Dim con As New Connection

con.ConnectionString = "Provider=SQLOLEDB.1; Integrated Security=SSPI; " & _
       "Persist Security Info=False; Initial Catalog=Verleger; Data Source=P300"

con.Open
```

### Asynchroner Verbindungsaufbau

Übergibt man der *Open*-Methode als *Options*-Argument die Konstante *adAsyncConnect*, so wird eine asynchrone Verbindungsaufnahme durchgeführt. Das bedeutet, dass Visual Basic die Programmabarbeitung fortsetzt, ohne auf den Verbindungsaufbau zu warten.

Sobald die Verbindung verfügbar ist, erhält die *State*-Eigenschaft den Wert *adStateOpen*. Außerdem wird ein *ConnectComplete*-Ereignis ausgelöst, falls man das *Connection*-Objekt mit dem Schlüsselwort *WithEvents* deklariert hat.

**BEISPIEL:** Asynchrone Verbindungsaufnahme mit der Referenz-Datenbank *Verleger* auf dem MS-SQL-Server.

```
Dim WithEvents con As Connection

con.ConnectionString = "Provider=SQLOLEDB.1; Integrated Security=SSPI; " & _
 "Persist Security Info=False; Initial Catalog=Verleger; Data Source=Pentium300"
```

Jetzt kann die Verbindung im asynchronen Modus geöffnet werden:

```
con.Open Options:=adAsyncConnect
```

Das *ConnectComplete*-Event wird nicht nur im Erfolgsfall ausgelöst, sondern auch dann, wenn ein Fehler aufgetreten ist:

```
Private Sub conn_ConnectComplete(ByVal pError As Error, adStatus As EventStatusEnum, _
                               ByVal pConnection As Connection)

If adStatus = adStatusErrorsOccurred Then
   MsgBox pError.Description, 16, "Verbindungsfehler"
ElseIf adStatus = adStatusOK Then
   MsgBox "Verbindung hergestellt", 64, "Information"
End If
End Sub
```

Ein Test der Verbindung wäre z.B. wie folgt möglich:

```
If conn.State = adStateOpen Then
   MsgBox "Die Verbindung ist geöffnet!", 64, "Info"
Else
   MsgBox "Die Verbindung ist ungültig!", 16, "Info"
End If
```

▶ 12.2.15 ... eine asynchrone Verbindung aufbauen?

**Transaktionsmethoden**

Zur Unterstützung von Transaktionen verfügt das *Connection*-Objekt über die Methoden *BeginTrans*, *CommitTrans* und *RollBackTrans*. Transaktionen sind überaus wichtig, wenn mehrere Änderungen an der Datenbank nach dem Prinzip »Alles oder nichts« durchgeführt werden sollen. Wollen sie beispielsweise Geld per Homebanking von Konto A nach Konto B überweisen, muss der Betrag zunächst von Konto A abgezogen und dann zu Konto B hinzuaddiert werden. Falls zwischen beiden Operationen ein Computer abstürzt, wäre das Chaos vorprogrammiert. Der Überweisungsvorgang muss deshalb innerhalb einer Transaktion durchgeführt werden.

**BEISPIEL:** Ein *Connection*-Objekt *conn* ist mit der Referenzdatenbank *Verleger* des Microsoft SQL-Servers verbunden. Im Rahmen einer Transaktion werden die Preise aller Buchtitel um 5 DM erhöht, wobei die Operationen zunächst an einem ADO-Recordset *rsTitel* vorgenommen werden.

```
...
   conn.BeginTrans
   Do Until rsTitel.EOF
        rsTitel!Preis = rs!Preis + 5
        rsTitel.Update
      End If
      rsTitel.MoveNext
   Loop
   If MsgBox("Änderungen übernehmen?", vbYesNo) = vbYes Then
      conn.CommitTrans
   Else
      conn.RollbackTrans
   End If
```

Da nicht alle Provider Transaktionen unterstützen, müssen Sie sicherstellen, dass die durch den Provider festgelegte *Transaction DDL*-Eigenschaft in der *Properties*-Auflistung des *Connection*-Objekts enthalten ist. Falls nicht, wird beim Aufrufen von Transaktionsmethoden ein Fehler erzeugt.

**BEISPIEL:** Eine Möglichkeit, um die Transaktionsfähigkeit einer Verbindung festzustellen.

```
Dim p As Property

For Each p In conn.Properties
   If p.Name = "Transaction DDL" Then Command1.Enabled = True
Next
```

▶ 12.2.16 ... Transaktionen durchführen?

### Weitere Eigenschaften einer Verbindung

Für das *Connection*-Objekt sollte man sich noch die folgenden Eigenschaften vormerken:

- *ConnectionTimeout* gibt die Zeitdauer an, die auf den Verbindungsaufbau gewartet wird (Default = 15 Sekunden)
- *Mode* gibt die erlaubten Datenbankoperationen an und regelt den Zugriff (Jet-Default = *adModeShareDenyNone*). Wenn Sie diese Eigenschaft unverändert belassen, können also auch andere Benutzer die Datenbank mit Lese- und Schreibrechten öffnen. Wichtig sind weiterhin die Werte *adModeRead* (ReadOnly-Zugriff) und *adModeShareExclusive* (jeder weitere Zugriff untersagt).
- *IsolationLevel* definiert den Grad der gegenseitigen Beeinflussung bei gleichzeitigen Transaktionen durch mehrere Clients. Die Default-Einstellung *adXactCursorStability* zeigt z.B. an, dass Sie innerhalb einer Transaktion Änderungen aus anderen Transaktionen nicht sofort, sondern nur nach deren Übernahme einsehen können. Bei Jet-Datenbanken ist dies (bzw. das gleichbedeutende *adXactReadCommited*) der einzig mögliche Wert. Einen exklusiven Zugriff ermöglicht *adXactIsolated*. Weitere Einstellungen entnehmen Sie bitte der Online-Hilfe.

### Beenden einer Verbindung

Der Aufruf der *Close*-Methode löst ein *Disconnect*-Ereignis aus und beendet die Verbindung. Allerdings wird dabei das *Connection*-Objekt nicht aus dem Speicher entfernt! So können Sie es mit der *Open*-Methode später erneut öffnen.

**HINWEIS:** Die Verbindung zur Datenbank wird normalerweise auch ohne Aufruf von *Close* beim Beenden der Anwendung automatisch getrennt. Im Interesse einer sauberen Programmierung (Fehlerbehandlung!) sollten Sie aber *Close* in jedem Fall aufrufen.

**BEISPIEL:** Der folgende Code sorgt für einen sauberen Programmabschluss.

```
Private Sub endeButton_Click()
  Unload Me
End Sub

Private Sub Form_Unload(Cancel As Integer)
  conn.Close
End Sub
```

Um ein Objekt vollständig aus dem Speicher zu entfernen, sollte die Objektvariable auf *Nothing* gesetzt werden.

**BEISPIEL:** Entfernen eines *Recordset*- und eines *Connection*-Objekts

```
Set rs = Nothing
Set conn = Nothing
```

Praktische Anwendungen finden Sie in:

▶ 12.2.6 ... ein Recordset mit der Open-Methode öffnen?

▶ 12.2.14 ... ein Listenfeld mit Abfrageergebnissen füllen?

### 6.2.3 Aktionsabfragen mit dem Command-Objekt

Änderungen an Gruppen von Datensätzen können bequem mit der *Execute*-Methode des *Command*-Objekts ausgeführt werden. Im Unterschied zur Datenabfrage (DQL) wird bei einer Datenmanipulation (DML) eine Aktionsabfrage durchgeführt, d.h. es werden grundsätzlich keine Recordsets zurückgegeben. Typische Beispiele für Aktionsabfragen sind die UPDATE- und DELETE-Anweisung, während z.B. die SELECT-Anweisung typisch für DQL ist (▶ Kapitel 4 »SQL«). Allerdings können Sie die *Execute*-Methode des *Command*-Objekts auch für DQL verwenden.

Vor Ausführung der *Execute*-Methode müssen wir uns für einige Eigenschaften des *Command*-Objekts interessieren.

#### ActiveConnection-Eigenschaft

Mit *ActiveConnection* muss dem *Command*-Objekt vor Aufruf von *Execute* ein *Connection*-Objekt zugeordnet werden.

**HINWEIS:** Da es sich bei der *ActiveConnection*-Eigenschaft um eine Objektreferenz handelt, sollte die Zuweisung mit *Set* erfolgen.

**BEISPIEL:** Unter der Voraussetzung, dass ein geöffnetes Verbindungsobjekt *conn* existiert, wird ein Bezug zwischen den Objekten *conn* und *cmd1* hergestellt.

```
Dim cmd1 As New Command
Set cmd1.ActiveConnection = conn
...
```

#### CommandText- und CommandType-Eigenschaft

*CommandText* ist die wichtigste Eigenschaft eines *Command*-Objekts, sie enthält eine Zeichenkette mit dem auszuführenden Befehl.

Die *CommandType*-Eigenschaft verweist auf den Typ des auszuführenden Befehls.

| Konstante | Beschreibung |
|---|---|
| *adCmdText* | Die Zeichenkette enthält in der Regel ein SQL-Kommando (oder eine anderes vom Provider unterstütztes Befehlsformat). |
| *adCmdTable* | Die Zeichenkette enthält den Namen einer Tabelle bzw. einer in einer Jet-Datenbank gespeicherten Abfrage (Query). |
| *adCmdStoredProc* | Die Zeichenkette enthält den Namen einer sogenannten Stored Procedure, das ist eine beim Server gespeicherte SQL-Anweisung (gilt nicht für Jet-Datenbanken). |
| *adCmdUnknown (Default)* | Dieser Wert gilt automatisch immer dann, wenn Sie die *CommandType*-Eigenschaft nicht zuweisen. Zwar verhält sich ADO in diesem Fall intelligent und versucht, durch Nachfragen bei der Datenbank den passenden Befehlstyp selbst herauszufinden, jedoch ist dies mit erhöhtem Aufwand verbunden (Performanceeinbuße). |

***Tabelle 6.1:*** *Konstanten für* CommandType

#### Execute-Methode

Haben Sie die Eigenschaften *ActiveConnection*, *CommandText* und *CommandType* dem *Command*-Objekt zugewiesen, so steht dem Aufruf der *Execute*-Methode nichts mehr im Wege.

Syntax:

```
Command.Execute [RecordsAffected], [Parameters], [Options]
```

**BEISPIEL:** Ausführen eines UPDATE bei geöffnetem Verbindungsobjekt.

```
Dim cmd1 As New Command

With cmd1
 Set .ActiveConnection = conn          ' conn = geöffnetes Connection-Objekt
  .CommandType = adCmdText
  .CommandText = "UPDATE personen SET gehalt = gehalt-200 WHERE Nachname = 'Tunichts'"
  .Execute
End With
```

### RecordsAffected, Parameters und Options

Wie Sie obiger Syntaxdefinition entnehmen, können beim Aufruf von *Execute* zusätzlich die folgenden optionalen Argumente übergeben werden:

- *RecordsAffected*
  In dieser *Long*-Variablen gibt der Provider die Anzahl von Datensätzen zurück, auf die sich die Operation ausgewirkt hat.
- *Parameters*
  In diesem Variant-Array werden Parameterwerte mit einer SQL-Anweisung übergeben.
- *Options*
  Dieser *Long*-Wert gibt an, wie der Provider die *CommandText*-Eigenschaft interpretieren soll (*adCmdText* etc.)

**BEISPIEL:** Die Anzahl der von einer Gehaltskürzung betroffenen Personen wird in einem Textfeld (*Label*) angezeigt.

```
Dim cmd1 As New Command
Dim anzahl As Long

With cmd1
 Set .ActiveConnection = conn           ' conn = geöffnetes Connection-Objekt
   .CommandText = "UPDATE personen SET gehalt = gehalt-200 WHERE gehalt > 5000"
   .Execute anzahl, ,adCmdText
   Label1.Caption = Str$(anzahl)
End With
```

**BEISPIEL:** Der Willkür des Chefs sind diesmal nur die Mitarbeiter ausgesetzt, deren zweiter Buchstabe im Nachnamen ein »o« ist und der mit einem »i« endet.

```
Dim cmd1 As New Command

cmd1.CommandText = " UPDATE personen SET gehalt = gehalt-200 WHERE Nachname LIKE ?"
cmd1.CommandType = adCmdText
...
Set cmd1.ActiveConnection = conn     ' conn = geöffnetes Connection-Objekt
cmd1.Execute(Parameters:="_o%i")
```

### Kommandos mutieren zu Methoden

Eine durchaus erstaunliche Fähigkeit des *Connection*-Objekts ist es, Kommandos quasi wie Methoden ausführen zu können (query as method). Vorher ist es aber erforderlich, dem *Command*-Objekt einen Namen zu geben.

**BEISPIEL:** Ein *Command*-Objekt wird zu einer Methode namens *Befehl1* eines *Connection*-Objekts.

```
With cmd1
   .Name = "Befehl1"
   Set .ActiveConnection = conn          ' Verweis auf geöffnete Verbindung
   .CommandText = "UPDATE personen SET gehalt = gehalt-200 WHERE Gehalt > 5000"
End With
conn.Befehl1                           ' Ausführen des Command-Objekts als Methode
```

## 6.2.4 Recordsets mit Daten füllen

Die im vorangegangenen Abschnitt beschriebenen Aktionsabfragen hatten die Veränderung von Daten zum Ziel, ohne dass diese Daten gelesen werden mussten. Dies ist in Client/Server-Umgebungen eine sehr effiziente Methode, da lediglich eine SQL-Anweisung an den Server geschickt wird und die Übertragung der Daten über das Netzwerk zum Client nicht erforderlich ist. Falls Sie aber Daten anzeigen und satzweise editieren wollen, kommen Sie um einen Datentransport zwischen Client und Server nicht umhin. Auf dem Clientrechner stehen die Daten dann als Recordsets für eine Bearbeitung zur Verfügung.

**TIPP:** Versuchen Sie möglichst viele Datenoperationen über Aktionsabfragen abzuwickeln, da dies im Allgemeinen schneller geht und die Netzbelastung niedrig hält. Recordsets hingegen sollten Sie nur in den wirklich notwendigen Fällen verwenden.

Ein *Recordset*-Objekt kann auf drei verschiedene Arten zugewiesen werden:

- Durch die *Execute*-Methode des *Connection*-Objekts.
- Durch die *Execute*-Methode des *Command*-Objekts.
- Durch seine eigene *Open*-Methode.

Bevor ein Recordset erzeugt werden kann, muss in der Regel eine Verbindung (*Connection*-Objekt) geöffnet sein[1], wobei jedes der drei Verfahren die Verbindungsinformation auf andere Weise bezieht.

### Recordset öffnen mit Connection.Execute

Syntax

```
Set rs = conn.Execute(CommandText, [RecordsAffected], [Options])
```

Alle von der Ausführung erzeugten Datensätze werden in einem *Recordset*-Objekt gespeichert. Nach Abschluss dieser Operation wird ein *ExecuteComplete*-Ereignis ausgelöst.

Die Argumente:

---

1 Ausnahmen sind z.B. ungebundene *Recordset*-Objekte, die nur im Arbeitsspeicher existieren.

- *CommandText*
  Zeichenkette mit der auszuführenden SQL-Anweisung (oder Tabellennamen, Stored Procedure oder ein vom Provider bestimmter Befehl).
- *RecordsAffected*
  In dieser *Long*-Variablen gibt der Provider die Anzahl von Datensätzen zurück, auf die sich die Operation ausgewirkt hat.
- *Options*
  Dieser *Long*-Wert gibt an, wie der Provider das *CommandText*-Argument interpretieren soll (*adCmdText*, *adCmdTable*, *adCmdStoredProc*, *adCmdUnknown*).

**BEISPIEL:** Das Gehalt aller Personen, die mehr als 2.000 DM verdienen, wird um 100 DM gekürzt. Die Anzahl derart über den Tisch gezogener Personen wird in einem Meldungsfenster angezeigt.

```
Dim rs As New Recordset
Dim sql As String, anzahl As Integer

sql = "UPDATE personen SET gehalt = gehalt-100 WHERE gehalt > 2000"
Set rs = con.Execute(sql,anzahl,adCmdText)
MsgBox Str$(anzahl)
```

### Recordset öffnen mit Command.Execute

Die *Command.Execute*-Methode verwendet das *Connection*-Objekt, das in der *ActiveConnection*-Eigenschaft des *Command*-Objekts gesetzt ist.

Syntax:

```
Set rs = cmd.Execute(RecordsAffected, Parameters, Options)
```

**HINWEIS:** Die Befehlszeichenkette ist vorher in der *CommandText*-Eigenschaft des *Command*-Objekts anzugeben, sie kann Parametersymbole (*? oder [par]*) enthalten, die erst bei Ausführung durch den entsprechenden Parameter im *Parameters*-Argument ersetzt werden.

**BEISPIEL:** Das Recordset wird mit Anrede und Nachnamen aller Personen gefüllt, die im Raum *E1* sitzen (Datenbank *Personal.mdb*).

```
Dim cmd1 As New Command

cmd1.CommandText = "SELECT personen.Anrede, Personen.Nachname FROM Personen " & _
              "INNER JOIN Raeume ON Personen.RaumNr = Raeume.Nr WHERE Raeume.Raum = ?"
Set cmd1.ActiveConnection = conn       ' existierende Verbindung zuweisen

Dim rs As New Recordset

Set rs = cmd1.Execute(,"E1", adCmdText)
Set DataGrid1.DataSource = rs         ' Ergebnis wird in einem ADO-Datengitter angezeigt
```

### Recordset öffnen mit Recordset.Open

Die *Recordset.Open*-Methode benötigt entweder eine Verbindungszeichenfolge oder einen *Connection*-Objektoperanden, oder sie verwendet das *Connection*-Objekt, das in ihrer *ActiveConnection*-Eigenschaft gesetzt ist.

Syntax:

```
rs.Open [Source], [ActiveConnection], [CursorType], [LockType], [Options]
```

Bei den zahlreichen (optionalen) Argumenten sticht deren Vielgestaltigkeit ins Auge:

- *Source* kann eine Zeichenfolge (SQL-String, ...), ein *Command*-Objekt oder sogar der Dateinamen eines auf Festplatte gespeicherten Recordsets sein!
- *ActiveConnection* ist entweder eine geöffnete *Connection*-Objektvariable oder eine Zeichenkette, wie sie der *ConnectionString*-Eigenschaft entspricht.
- *CursorType* bezeichnet den Type des Cursors, den der Provider beim Öffnen des Recordsets verwendet (*adOpenForwardOnly, adOpenKeyset, adOpenDynamic, adOpenStatic*)
- *LockType* bestimmt das Sperrverhalten des Providers beim Öffnen des Recordsets (*adLockReadOnly, adLockPessimistic, ...* ).
- *Options* gibt an, wie Provider das *Source*-Argument interpretieren soll, falls dies kein *Command*-Objekt ist ( *adCmdText, adCmdTable ...* ).

| Konstante | Bedeutung |
|---|---|
| *adLockReadOnly* | Provider erlaubt nur Lesezugriff (Default) |
| *adLockPessimistic* | Provider sperrt während der Bearbeitung die Datensätze vollständig |
| *adLockOptimistic* | Provider sperrt während der Bearbeitung die Datensätze nur dann, wenn *Update*-Methode aufgerufen wird |
| *adLockBatchOptimistic* | Optimistische Stapelaktualisierung im Stapelmodus (sonst Direktmodus, d.h. sofortige Aktualisierung der Datensätze) |

***Tabelle 6.2:*** *Werte für* LockType *(Argument bzw. Eigenschaft)*

**TIPP:** Falls es sich beim *Source*-Argument um eine SQL-Anweisung, eine gespeicherte Prozedur oder eine Tabelle handelt, können Sie die Leistung durch Wahl eines passenden *Options*-Arguments optimieren.

| Konstante | Bedeutung |
|---|---|
| *adCmdText* | Provider wertet *Source* als Textdefinition eines Befehls. |
| *adCmdTable* | Provider liefert alle Datensätze der in *Source* benannten Tabelle über eine quasi *SELECT * FROM Tabelle*-Abfrage. |
| *adCmdTableDirect* | Provider liefert alle Datensätze der in *Source* benannten Tabelle direkt. |
| *adCmdStoredProc* | Provider wertet *Source* als gespeicherte Prozedur. |
| *adCommandFile* | *Source* bezeichnet den Dateinamen eines gespeicherten (persistenten) Recordsets. |
| *adExecuteAsync* | Der in *Source* bezeichnete Befehl wird asynchron ausgeführt. |
| *adFetchAsync* | Nach Abruf der in der *CacheSize*-Eigenschaft festgelegten Anfangsmenge werden alle Operationen asynchron ausgeführt. |

***Tabelle 6.3:*** *Werte für* Options

**BEISPIEL:** Unter Voraussetzung eines geöffneten *Connection*-Objekts (*conn*) werden alle Personen alphabetisch sortiert in einem ADO-DataGrid angezeigt.

```
Dim rs As New Recordset
Dim sql As String

sql = "SELECT * FROM Personen ORDER BY Nachname"
rs.Open sql, conn, adOpenKeyset, adLockOptimistic
Set DataGrid1.DataSource = rs                     ' Anzeige
```

**HINWEIS:** Sie können die *Open*-Methode nur auf ein geschlossenes Recordset-Objekt anwenden. Wollen Sie das Recordset-Objekt ein zweites Mal (z.B. mit einer geänderten Abfrage) öffnen, muss es vorher geschlossen werden. Es existiert aber noch im Speicher. Beim erneuten Öffnen brauchen Sie deshalb nur die Argumente zuweisen, die Sie ändern möchten.

**BEISPIEL:** Das Recordset wird zunächst mit allen Datensätzen der *Personen*-Tabelle gefüllt, beim zweiten Öffnen sind nur alle *Müller* enthalten.

```
Dim rs As New Recordset
Set rs.ActiveConnection = conn
rs.CursorType = adOpenKeyset
rs.LockType = adLockOptimistic
rs.Open "Personen", , , , adCmdTable
....
rs.Close
rs.Open "SELECT * FROM Personen WHERE Nachname = 'Müller'" , , , , adCmdText
```

### Dem Recordset-Objekt Eigenschaften zuweisen

Wie Sie angesichts der vielen optionalen Argumente der *Open*-Methode vielleicht schon ahnen, gibt es alternativ die Möglichkeit, vor dem Öffnen des *Recordset*-Objekts die entsprechenden Werte (außer *Options*) auch als Eigenschaften zuzuweisen, so dass die *Open*-Methode quasi auch argumentefrei aufgerufen werden kann.

So ist z.B. das *LockType*-Argument der *Open*-Methode gleichzeitig auch eine Eigenschaft des *Recordset*-Objekts. Beachten Sie dabei beim Zugriff auf Jet-Datenbanken Folgendes:

**HINWEIS:** Die *adLockPessimistic*-Einstellung wird nicht unterstützt, wenn *CursorLocation*-Eigenschaft auf *adUseClient* gesetzt ist (Jet-Datenbanken können nur clientseitige Cursorn verwalten). Allerdings wird bei Nichtunterstützung kein Fehler ausgelöst.

**BEISPIEL:** Das gleiche Problem wie im Vorgängerbeispiel wird auf andere Weise gelöst.

```
Dim rs As New Recordset

rs.Source = "SELECT * FROM Personen ORDER BY Nachname"
rs.ActiveConnection = con
rs.CursorType = adOpenKeyset
rs.LockType = adLockOptimistic
rs.Open
Set DataGrid1.DataSource = rs                     ' Anzeige
```

### Mit welcher Methode sollte man ein Recordset öffnen?

Die Qual der Wahl, vor der der Programmierer beim Öffnen eines ADO-Recordsets steht, soll durch die folgenden Entscheidungshilfen erleichtert werden, denn jede der beschriebenen drei Zugriffsmethoden ist so optimiert, dass sie die jeweiligen Stärken ihrer Objekte nutzt und somit einen Kompromiss zwischen Funktionalität und Leistung bietet:

- Beide *Execute*-Methoden sind vorrangig zur Ausführung von Befehlen gedacht, die keine Daten zurückgeben (z.B. Aktionsabfragen) und liefern ausschließlich *Recordset*-Objekte mit zwar schnellem, aber statischem Vorwärts-Cursor (*CursorType=adOpenForwardOnly*).
- Mit der *Command.Execute*-Methode können Sie parametrierte Befehle ausführen, mit denen Sie sehr effektiv variable Abfragen realisieren.
- Mittels *Open*-Methode lässt sich der *CursorType* festlegen, der Objekt und Strategie des Datenzugriffs bestimmt. Außerdem können Sie den *LockType* einstellen. Dieser bestimmt den Grad der *Isolierung* von anderen Benutzern und ob der Cursor Aktualisierungen im *Direktmodus* (sofort) oder im *Stapelmodus* unterstützt.

Auch hier helfen Ihnen eigene Experimente weiter auf dem Weg zur Erkenntnis:

▶ 12.2.6 ... ein Recordset mit der Open-Methode öffnen?

▶ 12.2.16 ... Transaktionen durchführen?

# 6.3 Weitere Operationen mit Recordsets

Nach dem Öffnen bieten ADO-Recordsets eine Vielzahl weiterer Möglichkeiten, von denen nur die wichtigsten in diesem Abschnitt vorgestellt werden können. Bei vielen dieser Features handelt es sich um echte Neuerungen gegenüber den klassischen DAOs.

**WICHTIG:** Bei den im Folgenden beschriebenen Eigenschaften und Methoden ist zu beachten, dass diese nicht bei jedem *Recordset*-Typ funktionieren können. Wenn Sie z.B. die *Recordset.Open*-Methode »nackt« aufrufen (also ohne jegliche Argumente und ohne vorher entsprechende Eigenschaften zugewiesen zu haben), gilt standardmäßig die Einstellung *CursorLocation = adUseServer* und *CursorType = adOpenForwardOnly*). Damit können Sie nur die *MoveNext*-Methode anwenden, und auch auf das Setzen der *Bookmark*-Eigenschaft müssen Sie verzichten. Im Zweifelsfall sollten Sie sich der Methode *Supports* bedienen, um das Vorhandensein bestimmter Features des *Recordset*-Objekts zu testen.

**BEISPIEL:** Test auf Bookmark-Unterstützung

```
If rs.Supports(adBookmark) Then
   Static vBM As Variant
   vBM = rs.Bookmark
Else
   MsgBox "Keine Unterstützung von Lesezeichen"
End If
```

Über die Bedeutung der zahlreichen weiteren Konstanten der *Supports*-Methode informieren Sie sich bitte in der Online-Hilfe.

## 6.3.1 Editieren

Im Unterschied zu den DAOs gibt es bei ADO-Recordsets keinen speziellen Editiermodus. Der aktuelle Datensatz befindet sich im Kopierpuffer und Sie können ungehemmt die einzelnen Felder bearbeiten. Die Änderungen werden allerdings erst nach Ausführen der *Update* (bzw. *UpdateBatch*) -Methode in die Datenbank übernommen.

**BEISPIEL:** Verwendung der *Update*-Methode

```
If rs!Nachname = "Mustermann" Then
 rs!Nachname = "Mußkopf"
 rs.Update
End If
```

**HINWEIS:** Durch Wechseln zu einem anderen Datensatz kann man auf das Anwenden der *Update*-Methode verzichten, da dann eine Übernahme in die Datenbank automatisch erfolgt.

```
rs!Nachname = "Mußkopf"
rs.MoveNext
```

Durch Abfragen der *EditMode*-Eigenschaft können Sie jederzeit feststellen, ob sich der aktuelle Datensatz in Bearbeitung befindet:

| Konstante | Bedeutung |
|---|---|
| *aEditNone* | Im Moment findet keine Bearbeitung statt. |
| *aEditInProgress* | Der aktuelle Datensatz wurde geändert, aber noch nicht gespeichert. |
| *aEditAdd* | Im Kopierpuffer befindet sich ein neuer Datensatz, der aber noch nicht gespeichert ist. |
| *aEditDelete* | Der aktuelle Datensatz wurde gelöscht. |

***Tabelle 6.4:*** *Die Werte der* EditMode-*Eigenschaft*

**BEISPIEL:** Nur wenn im Moment keine Bearbeitung stattfindet, kann ein neuer Datensatz hinzugefügt werden.

```
If rs.EditMode = adEditNone Then
   rs.AddNew
   rs.Fields("Nachname") = "Müller"
End If
```

▶ 12.2.18 ... Datensätze bearbeiten?

## 6.3.2 Hinzufügen von Datensätzen

Neue Datensätze werden mit der *AddNew*-Methode des *Recordset*-Objekts erzeugt und nach ihrer Initialisierung mit Anfangswerten per Aufruf der *Update*-Methode vom Kopierpuffer in die Datenbank befördert.

Syntax:

```
rs.AddNew [FieldList], [Values]
```

Zu den (optionalen) Argumenten:

- *FieldList* ist ein einzelner Name oder ein Array mit Namen oder Ordinalpositionen der Felder im neuen Datensatz.
- *Values* ist ein Einzelwert oder ein Array mit Werten für die Felder im neuen Datensatz.

Häufig arbeitet man mit dem Aufruf der »nackten« (d.h. argumentefreien) *AddNew*-Methode.

**BEISPIEL:** Ein neuer Datensatz mit Herrn Max Mustermann wird angelegt und abgespeichert.

```
rs.AddNew
rs!Anrede = "Herr"
rs!Nachname = "Mustermann"
rs!Vorname = "Max"
rs.Update
```

Wenn Sie der *AddNew*-Methode optional *Fields*- und *Values*-Argumente übergeben, fügt ADO den neuen Datensatz ohne viel Federlesens (also ohne Aufruf von *Update*) sofort zur Datenbank hinzu. Der Wert von *EditMode* verbleibt dabei unverändert auf *adEditNone*.

**HINWEIS:** Wenn *Fields* ein Array ist, muss *Values* natürlich ebenfalls ein Array sein, andernfalls tritt ein Fehler auf. Beide Arrays müssen die gleiche Elementeanzahl haben und die Reihenfolge der Feldnamen muss mit der Reihenfolge der Feldwerte übereinstimmen.

**BEISPIEL:** Eine andere Version des Vorgängerbeispiels.

```
rs.AddNew Array("Anrede", "Vorname", "Nachname", "RaumNr", "VorgesetzterNr"), _
          Array("Herr", "Max", "Mustermann", 10, 20)
```

▶ 12.2.18 ... Datensätze bearbeiten?

## 6.3.3 Löschen von Datensätzen

Die *Delete*-Methode des *Recordset*-Objekts löscht den aktuellen Datensatz, falls die Default-Einstellung *LockType = adLockReadOnly* auf einen anderen Wert gesetzt wurde. Wenn sich das *Recordset*-Objekt im Modus für die sofortige Aktualisierung befindet (*LockType = adLockOptimistic, adLockPessimistic*), entfernt das Ausführen der *Delete*-Methode den aktuellen Datensatz aus der Datenbank. Andernfalls (*LockType = adLockBatchOptimistic*[1]) werden die Datensätze zum Löschen im Zwischenspeicher markiert. Der tatsächliche Löschvorgang findet dann beim Aufrufen der *UpdateBatch*-Methode statt.

**TIPP:** Verwenden Sie die *Filter*-Eigenschaft, um die gelöschten Datensätze anzuzeigen.

**BEISPIEL:** Nur wenn im Moment keine Bearbeitung stattfindet, kann der aktuelle Datensatz gelöscht werden.

```
If rs.EditMode = adEditNone Then
   rs.Delete
   rs.Update
End If
```

1 Falls diese Option vom Provider unterstützt wird.

▶ 12.2.18 ... Datensätze bearbeiten?

Mittels *Delete*-Methode lassen sich nicht nur einzelne, sondern auch ganze Gruppen von Datensätzen löschen.

Syntax:

```
Recordset.Delete [AffectRecords]
```

| Konstante | Bedeutung |
|---|---|
| *adAffectCurrent* | Nur der aktuelle Datensatz wird gelöscht (Default). |
| *adAffectGroup* | Alle Datensätze, die der vorher gesetzten *Filter*-Eigenschaft genügen, werden gelöscht. |

***Tabelle 6.5:*** *Konstanten des* AffectedRecord-*Arguments*

**BEISPIEL:** Alle Datensätze, die sich als Ergebnis der letzten Abfrage im Zwischenspeicher befinden, werden gelöscht.

```
rs.Filter = adFilterFetchedRecords
...
rs.Delete adAffectGroup
```

## 6.3.4 Recordsets filtern

Häufig möchte man nur bestimmte Datensätze aus einer Menge vorhandener Datensätze lesen, ohne dazu jedesmal die Datenbank neu abfragen zu müssen. Die *Filter*-Eigenschaft des *Recordset*-Objekts erfüllt diesen Wunsch. Einem Chamäleon gleich kann sie dreierlei Gestalt annehmen:

- Zeichenfolge
  Diese besteht aus einer oder mehreren einzelnen Klauseln, die durch Operatoren (AND, OR, LIKE) verknüpft sind, z.B. "*RaumNr = 'A20' OR RaumNr = 'A21'*".
- Bookmark-Array
  Die Lesezeichen müssen auf Datensätze im *Recordset*-Objekt verweisen.
- Konstante (siehe Tabelle 6.6).

| Konstante | Bedeutung |
|---|---|
| *adFilterNone* | Entfernt den aktuellen Filter und füllt das Recordset wieder mit den Originaldaten |
| *adFilterPendingRecords* | Zeigt nur geänderte Datensätze, die noch nicht an den Server geschickt wurden (nur für Stapelmodus gültig) |
| *adFilterAffectedRecords* | Zeigt nur die vom letzten *Delete, Resync, UpdateBatch*- oder *CancelBatch* betroffenen Datensätze an |
| *adFilterFetchedRecords* | Zeigt nur die Datensätze im aktuellen Zwischenspeicher an (Ergebnisse der letzten Datenbankabfrage) |
| *adFilterConflictingRecords* | Zeigt Datensätze, die bei der letzten Stapelaktualisierung nicht verarbeitet werden konnten. |

***Tabelle 6.6:*** *Vordefinierte Konstanten für die Filter-Eigenschaft*

**BEISPIEL:** Aus einer Personaltabelle werden alle Personen, deren Nachnamen man in ein Textfeld eingegeben hat, in einem Datengitter angezeigt. Die Anzahl der selektierten Personen erscheint in einem *Label*. Die Eingabe von Platzhaltern (% oder _) ist aufgrund von LIKE möglich.

```
Dim rs As New Recordset
 ....
rs.Open "Personen", , , , adCmdTable
...
If Text1.Text <> "" Then
   rs.filter = "Nachname LIKE '" & Text1.Text & "'"
   Set DataGrid1.DataSource = rs
   Label1.Caption = rs.RecordCount
End If
```

Um den Filter wieder außer Kraft zu setzen, genügt die folgende Anweisung:

```
rs.filter = adFilterNone
```

Alternativ kommt für das Filtern von Datensätzen natürlich auch eine SELECT-Anweisung in Frage.

**BEISPIEL:** Das obige Beispiel auf andere Weise gelöst.

```
If Text1.Text <> "" Then
  rs.Open "SELECT * FROM Personen WHERE Nachname LIKE '" & Text1.Text & "'"
  Set DataGrid1.DataSource = rs
  Label1.Caption = rs.RecordCount

End If
```

Den vollständigen Quelltext finden Sie in:

▶ 12.2.19 ... Datensätze filtern?

**HINWEIS:** Arbeiten Sie in Client/Server-Umgebungen, sollten Sie statt der *Filter*-Eigenschaft besser eine entsprechende WHERE-Klausel in das SQL-Statement aufnehmen. Je nach gewähltem Cursor-Typ wird damit die Netzbelastung wesentlich verringert, da der SQL-Server sich um die Auswahl der Datensätze kümmert.

### 6.3.5 Ungebundene Recordsets erzeugen

ADO-Recordsets sind nicht unbedingt an Datenbankobjekte oder SQL-Abfragen gebunden. So können Sie zur Programmlaufzeit ein neues *Recordset*-Objekt anlegen, das keinerlei Bezug zu irgendwelchen Datenbanken bzw. anderweitig gespeicherten (persistenten) Daten enthält. Damit steht Ihnen eine flexible Alternative zu den dynamischen Arrays aus benutzerdefinierten Datentypen zur Verfügung.

**BEISPIEL:** Erzeugen von Feldern

```
Set rs = New Recordset
rs.Fields.Append "Name", adBSTR
rs.Fields.Append "Geburtsdatum", adDate
```

```
rs.Fields.Append "Telefon", adInteger
```

Jetzt kann das neue Recordset benutzt werden:

```
rs.Open
rs.AddNew
rs!Name = "Müller"
rs!Geburtsdatum = CDate("3.4.75")
rs!Telefon = 123456789
rs.Update
Set DataGrid1.DataSource = rs     ' Anzeige im Datengitter
```

Die komplette Anwendung finden Sie in:

▶ 12.2.20 ... mit ungebundenen Recordsets arbeiten?

## 6.3.6 Recordsets abspeichern

Ein absolutes ADO-Novum ist die Möglichkeit, die Werte eines Recordsets direkt in einer Datei abzulegen. Dazu braucht es sich nicht unbedingt um ungebundene Recordsets zu handeln, auch jedes »normale« (d.h. an eine Datenbank gebundene) *Recordset*-Objekt kann auf diese Weise in eine separate persistente Form überführt werden.

Syntax:

```
rs.Save FileName, [PersistFormat]
```

Zu den Argumenten:

- *FileName*, ist der Dateipfad, wohin das Recordset gespeichert wird.
- *PersistFormat* ist das Datenformat, in welchem das Recordset gespeichert wird. Der momentan einzige gültige Wert ist *adPersistADTG*[1] (Default).

Wie Sie sehen, wird unter ADO der Zugriff auf unterschiedliche Datentypen stark vereinheitlicht.

**BEISPIEL:** Ein (geöffnetes) *Recordset*-Objekt wird im Anwendungspfad abgespeichert. Falls bereits eine gleichnamige Datei existiert, wird diese vorher gelöscht.

```
fName = App.Path & "\Test.dat"
If FileExist(fName) Then Kill fName
rs.Save fName, adPersistADTG
```

Die Funktion *FileExist* ist benutzerdefiniert:

```
Function FileExist (dateiname$) As Boolean
On Error GoTo fehler:
FileExist = Dir$(dateiname) <> ""
Exit Function
fehler:
    FileExist = False
    Resume Next
End Function
```

[1] Advanced Data TableGram

Zu einem späteren Zeitpunkt können Sie die Daten mittels der *Open*-Methode wieder einlesen.

**HINWEIS:** Ein bereits geöffnetes *Recordset*-Objekt müssen Sie vor dem erneuten Öffnen zunächst mittels der *Close*-Methode schließen.

**BEISPIEL:** Schließen des *Recordsets.*

```
rs.Close          ' nur falls Recordset geöffnet ist
rs.Open App.Path & "\Test.dat"
```

## 6.3.7 Bewegen in Recordsets

Zum Durchblättern der Datensätze werden auch unter ADO die bekannten Methoden *MoveFirst*, *MoveNext*, *MovePrevious* und *MoveLast* weiter verwendet. Die »Anschlagkontrolle« erfolgt durch Prüfen der *BOF*- bzw. *EOF*- Eigenschaft.

**HINWEIS:** Vermeiden Sie das Verweilen des Datensatzzeigers auf der *EOF*- bzw. *BOF*-Position, da dies zum Fehler führt (keine gültige Datensatzposition).

**BEISPIEL:** Vorwärtsblättern in einem *Recordset*-Objekt *rsPerson*.

```
Public Sub nextPerson()        '  >
  rsPerson.MoveNext
  If rsPerson.EOF Then rsPerson.MoveLast
End Sub
```

**BEISPIEL:** Der folgende kompakte Eventhandler für die vier üblichen Navigationsschaltflächen *Zum Anfang*, *Vor*, *Zurück*, *Zum Ende* hat sich bereits in vielen praktischen Anwendungen bewährt. Die vier Schaltflächen werden als Steuerelementefeld realisiert (erste Schaltfläche platzieren, die anderen drei über die Zwischenablage hinzufügen (*Kopieren* und *Einfügen*)).

```
Private Sub Command1_Click(Index As Integer)
 With rs
  Select Case Index
   Case 0: .MoveFirst                     '  |<
   Case 1: .MovePrevious: If .BOF Then .MoveFirst    '  <
   Case 2: .MoveNext:     If .EOF Then .MoveLast     '  >
   Case 3: .MoveLast                                 '  >|
  End Select
 End With
End Sub
```

Mit der *Move*-Methode existiert eine weitere Möglichkeit, den Datensatzzeiger zu bewegen, diesmal aber um mehrere Positionen.

Syntax:

```
Recordset.Move NumRecords, [Start]
```

Die Argumente:

- *NumRecords,* ein vorzeichenbehafteter *Long*-Wert, der die Verschiebung der Datensatzposition angibt.

- *Start* ist ein Lesezeichen (*Bookmark*) für die Startposition. Alternativ kann eine der folgenden Konstanten eingesetzt werden:

| Konstante | Move startet ... |
|---|---|
| *adBookmarkCurrent* | ... beim aktuellen Datensatz (Default) |
| *adBookmarkFirst* | ... beim ersten Datensatz |
| *adBookmarkLast* | ... beim letzten Datensatz |

***Tabelle 6.7:*** *Vordefinierte* Bookmark-*Konstanten*

**BEISPIEL:** Der aktuelle Datensatz bewegt sich auf die drittletzte Position.

```
rs.Move -3, adBookmarkLast
```

Mit der *Bookmark*-Eigenschaft des *Recordset*-Objekts kann man sich bestimmte Positionen des Datensatzzeigers »merken«, um später dorthin zurückzukehren.

**BEISPIEL:** Die zwei Schaltflächen *Lesezeichen setzen* und *Zurück zum Lesezeichen* sind als Steuerelementefeld realisiert (*Index*= 0 und *Index*=1). Deshalb genügt ein einziger Eventhandler. Die *Static*-Deklaration der Variablen *vBM* sorgt dafür, dass *vBM* seinen Wert nach Verlassen der Prozedur nicht »vergisst«.

```
Private Sub Command1_Click(Index As Integer)
Static vBM As Variant

Select Case Index
   Case 0: vBM = rs.Bookmark        ' Lesezeichen setzen
   Case 1: rs.Bookmark = vBM        ' zum Lesezeichen zurückkehren
End Select
End Sub
```

**HINWEIS:** Vergewissern Sie sich gegebenenfalls durch Anwenden der *Supports*-Methode, ob alle Navigationsmöglichkeiten (*MovePrevious*, *Bookmark* usw.) unterstützt werden.

## 6.3.8 Daten direkt einlesen

Um Datensätze direkt in einen String einzulesen, bietet sich die *GetString*-Methode an, die den Inhalt des *Recordset*-Objekts als Zeichenfolge zurückgibt.

Syntax:

```
str = rs.GetString(StrFormat, [NumRows], [ColDelimiter],
            [RowDelimiter], [NullExpr])
```

- *StrFormat*
  Der einzig mögliche Wert *adClipString* (Default) legt fest, dass Zeilen durch *RowDelimiter*, Spalten durch *ColumnDelimiter* und NULL-Werte durch *NullExpr* voneinander getrennt werden.

- *NumRows*
  Die gewünschte Anzahl von Datensätzen. Wird *NumRows* nicht festgelegt oder ist es größer als die Zeilenzahl des Recordset, werden alle Zeilen eingelesen.
- *ColDelimiter*
  Trennzeichen zwischen den Spalten (Default = TAB)
- *RowDelimiter*
  Trennzeichen zwischen den Zeilen (WRZL bzw. *vbCrLf*)
- *NullExpr*
  Ausdruck, der anstelle eines NULL-Wertes verwendet werden soll (Default = Leerstring)

**BEISPIEL:** Die fünf ersten Datensätze eines *Recordset*-Objekts werden in einem Label angezeigt. Die einzelnen Spalten sind durch Semikolon und drei Leerzeichen voneinander getrennt, jeder Datensatz beginnt mit einer neuen Zeile.

```
Label1.Caption = rs.GetString( , 5, ";   ")
```

## 6.3.9 Sortieren

Die *Sort*-Eigenschaft eines *Recordset*-Objekts ist eine Zeichenfolge, in welcher (durch Kommas voneinander getrennt) die Feldnamen entsprechend ihrer Sortierfolge angegeben werden. Optional kann, durch ein Leerzeichen getrennt, die Sortierrichtung festgelegt werden:

- *ASC* für aufsteigend (Default)
- *DESC* für absteigend

Die Datensätze werden dabei nicht tatsächlich neu geordnet, lediglich der Zugriff erfolgt entsprechend der festgelegten Sortierung.

**HINWEIS:** Falls die *CursorLocation*-Eigenschaft auf *adUseClient* festgelegt ist (bei Jet-Datenbanken immer), wird zwecks Beschleunigung des Suchvorgangs für jedes in der *Sort*-Eigenschaft festgelegte Feld ein temporärer Index erstellt (falls nicht bereits ein Index vorhanden ist).

**BEISPIEL:** Die in einem Recordset enthaltenen Datensätze einer *Personen*-Tabelle werden in alphabetischer Reihenfolge angezeigt. Personen mit gleichem Nachnamen werden nach fallendem Geburtsdatum geordnet (die jüngsten zuerst).

```
rs.Sort = "Nachname, Geburtsdatum DESC"
```

Durch Festlegen der *Sort*-Eigenschaft auf eine leere Zeichenfolge wird die ursprüngliche Reihenfolge der Datensätze wiederhergestellt. Alle temporär angelegten Indizes werden wieder gelöscht.

**BEISPIEL:** Aufheben der im obigen Beispiel festgelegten Sortierreihenfolge.

```
rs.Sort = ""
```

## 6.3.10 Suchen

Die *Find*-Methode des *Recordset*-Objekts sucht den nächstliegenden Datensatz, der einem vorgegebenen Kriterium entspricht. Falls die Suche erfolglos bleibt, ist der aktuelle Datensatz ungültig *(EOF = True* bzw. *BOF=True*).

Syntax:

```
rs.Find Criterion, [Offset], [Direction], [Bookmark]
```

Die Argumente:

- *Criterion*
  Zeichenkette mit dem Suchkriterium, z.B. "*Geburtsdatum > #30.11.1975#*"
- *Offset*
  Wo beginnt die Suchaktion? Der Default-Wert ist 0, d.h. die Suche startet beim aktuellen Datensatz. Ist der Wert z.B. 2, so wird beim übernächsten Datensatz begonnen.
- *Direction*
  In welcher Richtung (*adSearchForward, adSearchBackward*) soll gesucht werden?
- *Bookmark*
  Lesezeichen für den Datensatz, wo die Suche starten soll.

**BEISPIEL:** Es werden die Angaben zu allen Personen, die *Müller, Müllermann, Mühlmann* o.ä. heißen, im Testfenster ausgedruckt.

```
Dim rs As New Recordset
rs.Open "SELECT * FROM Personen", conn, adOpenStatic
Do Until rs.EOF
  rs.Find "Nachname LIKE 'Mü%'"
  If Not rs.EOF Then          ' notwendig, weil erfolglose Sucherei bei EOF endet!
   Debug.Print rs!Anrede, rs!Vorname, rs!Nachname, rs!Gehalt
   rs.MoveNext
  End If
Loop
```

## 6.3.11 Ereignisse auswerten

Sowohl *Connection-* als auch *Recordset*-Objekte verfügen über Ereignisse. Diese treten meist paarweise auf (vor und nach dem Auslösen einer Recordset-Operation), z.B. als *WillChangeRecord* und *RecordChangeComplete* oder *WillMove* und *MoveComplete*. Eine Zusammenstellung aller Ereignisse finden Sie in ▶ Abschnitt 6.6 bzw. in der Online Dokumentation (zum *ConnectionComplete*-Event und *State*-Eigenschaft siehe ▶ Abschnitt 6.2 asynchroner Verbindungsaufbau).

**WICHTIG:** Will man Ereignisse auswerten, so ist eine Deklaration der entsprechenden Objekte mit dem *WithEvents*-Schlüsselwort unumgänglich.

Innerhalb der Ereignisprozeduren kann eine ganze Reihe von Parametern ausgewertet werden, von denen die wichtigsten in der folgenden Tabelle zusammengestellt sind.

| Parameter | Bedeutung |
|---|---|
| *adReason* | ... liefert Grund, weshalb das Ereignis ausgelöst wurde (z.B. *adRsnAddNew, adRsnUpdate, adRsn-MoveNext, adRsnFirstChange ...*) |
| *adStatus* | ... liefert Status der Operation (z.B. *adStatusOK, adStatusCancel, adStatusErrorsOccured* in einer *Complete*-Eventprozedur) |
| *pRecordset* | ... liefert Referenz auf das aktuelle *Recordset*-Objekt |
| *pError* | ... enthält Verweis auf *Error*-Objekt (*adStatus = adStatusErrorsOccured*) |

***Tabelle 6.8:*** *Parameter, wie sie von einem Recordset-Event übergeben werden*

Stellvertretend für weitere ausschweifende Auslassungen über die Besonderheiten der zahlreichen Ereignisse und ihrer Mutanten sollen die folgenden zwei sinnvollen Anwendungen Licht in die Dunkelheit bringen.

**BEISPIEL:** Die *WillChangeRecord*-Ereignisprozedur eines *Recordset*-Objekts aus der Tabelle *Personen* überprüft, ob bei der Gehaltseingabe für eine bestimmte Person die 5.000 DM-Grenze überschritten wird. Wenn ja, wird die Update-Operation abgebrochen. Gleichzeitig lernen Sie eine weitere Einsatzmöglichkeit für die *EditMode*-Eigenschaft kennen.

```
Private WithEvents rs As Recordset
...
Private Sub rs_WillChangeRecord(ByVal adReason As EventReasonEnum, _
   ByVal cRecords As Long, adStatus As EventStatusEnum, ByVal pRecordset As Recordset)

Dim bCancel As Boolean                            ' Anfangswert = False

If rs.EditMode = adEditDelete Then Exit Sub       ' nach Löschoperation keine Überprüfung
 If adReason = adRsnUpdate Then
  If pRecordset!Gehalt > 5000 Then
    bCancel = True
    Beep
   End If
End If
If bCancel Then adStatus = adStatusCancel        ' Operation wird abgebrochen
End Sub
```

Den kompletten Quelltext finden Sie in:

▶ 12.2.21 ... Recordset-Ereignisse auswerten?

**BEISPIEL:** In der Beispieldatenbank *Personal.mdb* ist jedem Datensatz der *Personen*-Tabelle genau ein Datensatz der Tabelle *Raeume* zugeordnet (Master-Detail-Beziehung). Dazu verweist der Fremdschlüssel *RaumNr* der Tabelle *Personen* auf den Primärschlüssel *Nr* der Tabelle *Raeume*. Beim Bewegen durch das Recordset *rsRaum* soll das Recordset *rsPerson* stets aufs Neue mit den Personen gefüllt werden, die dem aktuellen Raum zugeordnet sind. Die Neubildung von *rsPerson* erfolgt durch Aufruf einer parametrierten Abfrage eines *Command*-Objekts innerhalb der *MoveComplete*-Ereignisprozedur von *rsRaum*.

```
Dim cmd As New Command
Dim rsPerson As New Recordset
Dim WithEvents rsRaum As Recordset         ' wegen MoveComplete
```

Das *Command*-Objekt speichert die parametrierte Abfrage:

```
cmd.CommandText = "SELECT * FROM Personen WHERE RaumNr = ? ORDER BY Nachname"
cmd.CommandType = adCmdText
Set cmd.ActiveConnection = conn
```

Das Recordset-Objekt für die Räume wird erzeugt:

```
Set rsRaum = New Recordset
rsRaum.CursorLocation = adUseClient
rsRaum.Open "SELECT * FROM Raeume ORDER BY Raum", conPers, adOpenKeyset, adLockOptimistic
```

Bewegt man den Datensatzzeiger weiter ...

```
rsRaum.MoveNext
```

... wird das *MoveComplete*-Event von *rsRaum* ausgelöst. Innerhalb dieses Ereignisses erfolgt das Füllen von *rsPerson* mit den Datensätzen, die die parametrierte Abfrage erfüllen:

```
Private Sub rsRaum_MoveComplete(ByVal adReason As EventReasonEnum, _
     ByVal pError As Error, adStatus As EventStatusEnum, ByVal pRecordset As Recordset)

Set rsPerson = cmd.Execute(Parameters:=pRecordset!Nr)

End Sub
```

Den kompletten Quelltext finden Sie in:

▶ 12.2.14 ... ein Listenfeld mit Abfrageergebnissen füllen?

## 6.3.12 Marshaling

Abschließend kommen wir noch zu einem Begriff, der so manchem selbsternannten Datenbankexperten den Angstschweiß auf die Stirn treibt, sobald ihn der Chef um seine Meinung zu diesem Thema fragt.

Es geht um die Eigenschaft *MarshalOptions* eines ADOR-Recordset-Objekts. Was verbirgt sich dahinter?

Unter *Marshaling* versteht man ein Verfahren, bei dem auf dem Client geänderte Remote-Datensätze zurück auf den Server der mittleren Ebene geschrieben werden. Voraussetzung ist ein clientbasiertes *Recordset*-Objekt. Eine Verbesserung der Übertragungsleistung ist durch Anpassen der *MarshalOptions*-Eigenschaft möglich.

| Konstante | Welche Datensätze werden an den Server zurückgeschickt? |
|---|---|
| *adMarshalAll* | Alle |
| *adMarshalModifiedOnly* | Nur die geänderten |

***Tabelle 6.9:*** *Einstellungen der* MarshalOptions-*Eigenschaft*

# 6.4 Zugriff auf ADO-Auflistungen

Jedes der drei ADO-Hauptobjekte *Connection*, *Command* und *Recordset* verfügt über untergeordnete Auflistungen wie *Properties*, *Fields*, *Parameters* und *Errors*, die die gleichnamigen ADO-Einzelobjekte *Property*, *Field*, *Parameter* und *Error* kapseln.

## 6.4.1 Allgemeines

Alle vier ADO-Auflistungen (*Properties, Errors, Fields, Parameters*) haben teilweise gleichlautende Eigenschaften und Methoden, wie sie typisch für alle Collection-Objekte sind:

| Eigenschaft oder Methode | Betrifft | Erklärung |
|---|---|---|
| *Count* | Alle | Read-Only-Eigenschaft, die die Anzahl der in der Auflistung enthaltenen Objekte angibt. |
| *Item* | Alle | Standardmethode für den Zugriff auf die Objekte der Auflistung. |
| *Refresh* | *Parameters, Properties, Fields* | Methode für verschiedene Aktualisierungen. |
| *Delete* | *Parameters, Fields* | Methode, die einzelnes Objekt aus der Auflistung entfernt. |
| *Append* | *Parameters, Fields* | Methode, die neues Objekt an Auflistung anhängt. |
| *Clear* | *Errors* | Methode, die alle Objekte aus der Auflistung entfernt. |

***Tabelle 6.10:*** *Allgemeine Eigenschaften und Methoden der ADO-Auflistungen*

### Count-Eigenschaft

Da das Indizieren stets mit 0 beginnt, muss beim Durchlaufen einer Schleife stets von 0 bis Count–1 gezählt werden. Wenn Sie stattdessen die *For Each ... Next*-Anweisung verwenden, brauchen Sie die *Count*-Eigenschaft nicht.

**BEISPIEL:** Zwei gleichwertige Möglichkeiten zum Durchlaufen der *Errors*-Collection eines *Connection*-Objekts.

```
Dim i As Integer

For i = 0 To conn.Errors.Count-1
   Debug.Print conn.Errors(i).Description
Next i
```

oder

```
Dim e As Error

For Each e in conn.Errors
   Debug.Print e.Description
Next e
```

### Item-Methode

Über die *Item*-Methode ist der Zugriff auf die einzelnen Elemente einer Auflistung möglich. Dass Sie trotzdem beim Quelltextstudium nur selten darauf stoßen, hängt damit zusammen, dass es sich hierbei um die Standardmethode für alle Auflistungen handelt. Jedes Objekt kann bekanntlich nur ein einziges Standardmitglied (egal ob Methode oder Eigenschaft) haben. Standardmitglieder aber kann man einfach weglassen.

**BEISPIEL:** Folgende beiden Anweisungen sind identisch (▶ siehe vorhergehendes Beispiel).

```
Debug.Print conn.Errors.Item(i).Description
Debug.Print conn.Errors(i).Description
```

## 6.4.2 Properties

Bei einem *Property*-Objekt handelt es sich um eine dynamische Eigenschaft, die durch den Datenprovider definiert ist. Unter ADO verfügen *Connection-*, *Command- Recordset-* und *Fields*-Objekt über eine *Properties*-Auflistung.

| Eigenschaft | Bedeutung |
|---|---|
| Attributes | Kennzeichnet ein oder mehrere Merkmale des *Property*-Objekts. |
| *Name* | Name des *Property*-Objekts. |
| *Type* | Datentyp des *Property*-Objekts. |
| *Value* | Spezifischer, vom Datentyp abhängiger Wert des *Property*-Objekts. |

***Tabelle 6.11:*** *Eigenschaften des* Property-*Objekts*

**HINWEIS:** Verwechseln Sie die in der *Properties*-Auflistung enthaltenen »dynamischen« *Property*-Objekte nicht mit den normalen »statischen« Objekteigenschaften!

**BEISPIEL:** Im Direktfenster sollen die Eigenschaften aller Property-Objekte eines geöffneten Recordset-Objekts ausgegeben werden.

```
Dim p As Property

For Each p In rs.Properties
   Debug.Print p.Name, p.Type, p.Value, p.Attributes
Next p
```

Die Abbildung 6.4 zeigt das Ergebnis (*rs* geliefert über *Microsoft OLE DB Provider for SQL-Server*).

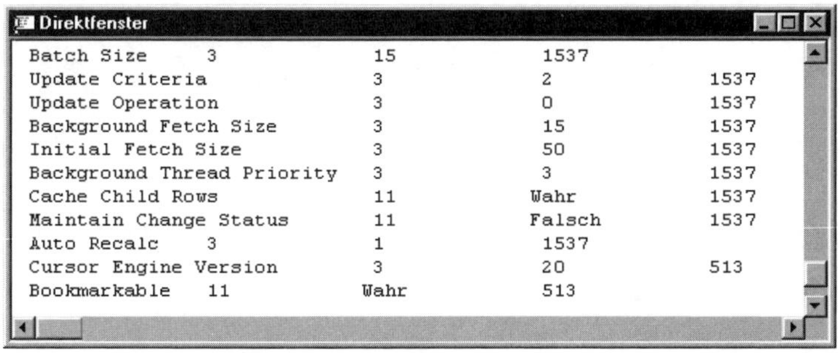


***Abbildung 6.4:*** *Anzeige der Property-Objekte eines Recordset-Objekts (siehe obiges Beispiel)*

**BEISPIEL:** Wenn die (geöffnete) Verbindung Transaktionen unterstützt, soll eine Schaltfläche freigegeben werden.

```
Dim i As Integer

For i = 0 To conn.Properties.Count-1
  If conn.Properties(i).Name = "Transaction DDL" Then
     Command1.Enabled = True
     Exit For
  End if
Next i
```

▶ 12.2.31 ... die Datenbankeigenschaften in Erfahrung bringen?

## 6.4.3 Fields

Ein *Field*-Objekt entspricht einer Spalte im *Recordset*-Objekt.

**BEISPIEL:** Alle Spalten eines *Recordset*-Objekts werden untereinander im Direktfenster aufgelistet.

```
For i = 0 To rs.Fields.Count - 1
   Debug.Print rs.Fields(i).Name
Next i
```

Da *Fields* die Standardeigenschaft eines *Recordset*-Objekts ist, lässt man sie meistens weg.

**BEISPIEL:** Zwei gleichwertige Zuweisungen.

```
rs.Fields("Nachname") = "Mustermann"   ' ausführliche Schreibweise
rs!Nachname = "Mustermann"             ' so aber ist es kürzer
```

Mit der *Append*-Methode lassen sich zur Laufzeit neue Spalten zum Recordset hinzufügen.

**BEISPIEL:** Einige Operationen mit einem ungebundenem[1] ADO-Recordset.

[1] Ein Recordset, welches nicht mit einer Datenbank verbunden ist.

Zunächst die Definition der Struktur:

```
Set rs = New Recordset
rs.Fields.Append "feld1", adChar
rs.Fields.Append "feld2", adInteger
rs.Open
```

Mit *AddNew* können Sie nun in gewohnter Weise das neue Recordset mit Werten füllen:

```
rs.AddNew
rs.Fields("feld1") = "D"
rs.Fields("feld2") = Asc("D")
```

Schneller geht es allerdings, wenn Sie die Werte gleich bei *AddNew* übergeben:

```
rs.AddNew Array("feld1", "feld2"), Array("D", Asc("D"))
```

**HINWEIS:** Die *Refresh*-Methode der *Fields*-Auflistung hinterlässt keine sichtbare Wirkung. Um Änderungen der Datenbankstruktur an ein *Recordset*-Objekt weiterzureichen, sollte entweder *Requery*- oder die *MoveFirst*-Methode verwendet werden (falls das *Recordset*-Objekt keine Lesezeichen unterstützt).

## 6.4.4 Parameters

Ein *Parameter*-Objekt repräsentiert einen Einzelparameter. Es lässt sich mit der *CreateParameter*-Methode des *Command*-Objekts erzeugen.

Syntax:

```
Set Parameter = Command.CreateParameter _
    (Name, Type, Direction, Size, Value)
```

Zu den Argumenten:

- Über die zahlreichen Varianten des *Type*-Arguments (*adBinary, adChar, adInteger, adSingle, adDouble*, ...) informieren Sie sich bitte in der Dokumentation.
- Das *Direction*-Argument gibt an, ob es sich um einen Eingabeparameter, einen Ausgabeparameter (*adParamInput, adParamOutput*) oder beides handelt bzw. ob es der Ausgabewert einer gespeicherten Prozedur sein soll.
- *Size* gibt die maximale Länge in Zeichen oder Byte an, *Value* ist naheliegenderweise der Wert.

Alle Argumente (*Name, Type, Direction, Value*) sind auch als Eigenschaften eines *Parameter*-Objekts direkt verfügbar, hinzu kommen die Eigenschaften *Attributes, NumericScale, Precision*.

**HINWEIS:** Ein neu generiertes *Parameter*-Objekt lässt sich mit der *Append*-Methode an die *Parameters*-Collection anhängen.

**BEISPIEL:** Der folgende auszugsweise Quelltext zeigt, wie man mit einem Parameter *betrag* das Gehalt aller Personen um 50 DM kürzen kann.

```
Dim cmd As New Command
Dim par As New Parameter
```

```
...
cmd.CommandText = "UPDATE personen SET gehalt = gehalt-[betrag]"
...
Set par = cmd.CreateParameter ("betrag",  adCurrency, adParamInput)
cmd.Parameters.Append par
par.Value = 50
...
Set rs = cmd.Execute
```

Den ausführlichen Quelltext finden Sie in

▶ 12.2.17 ... ein Parameter-Objekt erzeugen?

## 6.4.5 Errors

Alle Fehler, an denen der ADO-Provider beteiligt war, werden als *Error*-Objekte der *Errors*-Auflistung des *Connection*-Objekts hinzugefügt. Einzelheiten zu den Fehlern sind den Eigenschaften des jeweiligen *Error*-Objekts zu entnehmen.

| Eigenschaft | Bedeutung |
|---|---|
| *Description* | Fehlerbeschreibung (Zeichenkette) |
| *HelpContext* | Zugriffs-ID für Hilfetext |
| *HelpFile* | Name der Hilfedatei |
| *NativeError* | Providerspezifischer Fehlercode |
| *Number* | Fehlernummer, die das *Error*-Objekt eindeutig kennzeichnet |
| *Source* | Name der Fehlerquelle (z.B. *Microsoft Cursor Engine*) |
| *SQLState* | Fehlercode vom Provider (fünf Zeichen) aufgrund der Ausführung einer SQL-Anweisung. |

***Tabelle 6.12:*** *Eigenschaften des* Error-*Objekts*

**BEISPIEL:** Die folgende Routine zeigt in einem Meldungsfenster nacheinander Nummer und Beschreibung aller Fehler an, die während des Programmablaufs aufgetreten sind.

```
Dim err As Error

On Error GoTo ADOError
...
  normaler Programmablauf
...
ADOError:
  If Errors.Count > 0 Then
    For Each err In Errors
        MsgBox "Fehlernummer: " & err.Number & vbCrLf & err.Description
    Next err
  End If
Resume Next
End Sub
```

**TIPP:** Alle *Error*-Objekte lassen sich mit der *Clear*-Methode aus der *Errors*-Auflistung entfernen.

# 6.5 Unterschiede DAO/RDO und ADO

Obwohl Microsoft ActiveX-Data-Objects (ADO) zweifelsfrei die primäre Datenzugriffstechnologie darstellen, werden aus Gründen der Abwärtskompatibilität und Projektwartung weiterhin auch noch die Remote-Data-Objects (RDO) und Data-Acess-Objects (DAO) unterstützt. Grund genug, sich mit den Unterschieden zwischen diesen Objektmodellen auseinander zu setzen.

Der ADO-Einsatz ist nicht nur auf RDBMS beschränkt, sondern es kann auf beliebige Daten nach einem einheitlichen Modell zugegriffen werden. Allein in dieser Verallgemeinerung liegt schon ein grundlegender Unterschied zu den DAOs, die stets an ein bestimmtes Datenbankobjekt gebunden sind.

## 6.5.1 Besonderheiten Access-SQL

Haben Sie früher für den Zugriff auf *.mdb*-Dateien einen Microsoft Access ODBC-Treiber eingesetzt, können Sie jetzt mit dem nativen Microsoft OLE DB Provider erheblich effizientere Anwendungen entwickeln.

**WICHTIG:** Wenn Sie ältere DAO-Anwendungen für ADO 2.0 umschreiben wollen, sollten Sie auf die abweichende SQL-Syntax der aktuellen Provider-Version *Microsoft.Jet.OLEDB.3.51* achten.

### Platzhalter

Die Jet-spezifische Syntax für Platzhalterzeichen (* und ?) wurde durch die ANSI-Syntax für Platzhalterzeichen ersetzt (% und _).

**BEISPIEL:** Nehmen wir eine Abfrage, die alle Datensätze zurückgibt, bei denen die Daten einer Spalte mit dem Buchstaben »A« beginnen. Während die Klausel in früheren Versionen folgende Syntax hatte:

```
"...WHERE col1 LIKE("A*")",
```

... lautet sie in dieser Version:

```
"...WHERE col1 LIKE("A%")"
```

**HINWEIS:** Beachten Sie bitte, dass Abfragen, die nicht die ANSI-Syntax verwenden, andere Zeilen als früher wiedergeben.

### Parameter

Mit der aktuellen Provider-Version *Microsoft.Jet.OLEDB.3.51* können Sie endlich die Standard-ANSI-Syntax für Parametermarkierungen in Abfragen verwenden. Frühere Versionen haben nur die Microsoft Jet-spezifische Syntax unterstützt, die aus einem in eckigen Klammern eingeschlossenen optionalen Parameternamen besteht. Die vorliegende Provider-Version unterstützt außerdem die ANSI-Syntax, bei der die Parametermarkierung ein Fragezeichen (?) ist.

**BEISPIEL:** Zwei Möglichkeiten für einen Einzelparameter.

```
SELECT * FROM Personen WHERE RaumNr = [p1]
SELECT * FROM Personen WHERE RaumNr = ?
```

## 6.5.2 Cursor-Typen

Die folgende kurzen Erklärungen zu den fundamentalen Begriffen »Recordset« und »Cursor« sind vor allem für den Datenbankneuling gedacht:

- Beachten Sie den Unterschied zwischen einem Visual Basic-Array und einem *Recordset*-Objekt. In letzterem kann stets nur ein einziger Datensatz (Zeile) aktuell sein! Um auf die Felder einer anderen Zeile des Recordsets zuzugreifen, muss zuvor der Datensatzzeiger bewegt werden (*MoveNext* etc.).
- Ein *Cursor* lässt sich als Ergebnismenge einer Abfrage definieren, in der ein Durchsuchen erlaubt und die aktuelle Position bekannt ist. Ohne *Cursor* wäre es aufgrund der ungeordneten Datenmenge nicht möglich, einzelne Datensätze eines Recordsets gezielt anzusprechen. ADO verfügt sowohl über Cursor auf der Server- als auch auf der Clientseite sowie über weitere komplexe Cursor-Typen.

Im ▶ Kapitel 9 finden Sie weitere ausführliche Erläuterungen zur Verwendung von Cursorn.

### CursorType

- *adOpenStatic* ist eine statische Kopie der selektierten Datenmenge, Änderungen durch andere Benutzer bleiben unsichtbar.
- *adOpenForwardOnly* erlaubt nur eine Vorwärtsbewegung, das sonstige Verhalten entspricht einem statischen Cursor. Durch die Beschränkung auf eine Vorwärtsbewegung lassen sich die nötigen Ressourcen für die Cursor-Verwaltung reduzieren.
- *adOpenDynamic* erlaubt das Hinzufügen, Editieren und Löschen von Datensätzen, alle Cursorbewegungen sind möglich, Änderungen durch andere Benutzer sind sichtbar.
- *adOpenKeyset* verhält sich wie dynamischer Cursor, Änderungen durch andere Benutzer bleiben aber unsichtbar.

### Cursorvergleich ADO mit DAO und RDO

Wie die folgende Tabelle zeigt, entsprechen die ADO-Cursor-Typen weitgehend den Typen von DAO und RDO.

| ADO | DAO | RDO |
|---|---|---|
| *adOpenStatic* | *dbOpenSnapshot* | *Static-type rdoResultset* |
| *adOpenForwardOnly* | *dbOpenForwardOnly* | *Forward-only type rdoResultset* |
| *adOpenDynamic* | *dbOpenDynamic* | *Dynamic-type rdoResultset* |
| *adOpenKeyset* | *dbOpenDynaset* | *Keyset-type rdoResultset* |

***Tabelle 6.13:*** *Vergleich der Cursor-Typen*

## 6.5.3 Von DAO nach ADO

Fassen Sie dieses Thema bitte nicht als eine Anleitung zum sofortigen Handeln auf, sondern mehr als eine Gegenüberstellung der beiden Technologien. Gemäß dem Slogan »Never touch a running system!«, sollten Sie an Ihren stabil laufenden DAO-Applikationen absolut nichts ändern. Der Performancegewinn rechtfertigt derartige Experimente keinesfalls.

Versuchen Sie stattdessen, Ihre neuen Anwendungen auf der Basis von ADOs zu entwickeln. Dabei möchten Sie sicherlich Ihren vorhandenen Visual Basic-Code teilweise weiter verwenden. Bei den dafür notwendigen Anpassungsarbeiten sollen Ihnen die folgenden Vergleiche helfen.

#### Bewegen

Das Bewegen durch das Recordset und der Datenzugriff erfolgen so, wie Sie das von den DAOs gewöhnt sind:

```
rs.MoveFirst
While Not rs.EOF
  f1 = rs.Fields("feld1")
  f2 = rs.Fields("feld2")
  rs.MoveNext
Wend
```

#### Erzeugen von Recordsets

Unter DAO können Sie ein *Recordset*-Objekt nur über die *OpenRecordset*-Methode des *Database*-Objekts erzeugen, welches wiederum von einem *Workspace*-Objekt abhängt oder auch direkt mit dem *DBEngine*-Objekt verknüpft sein kann.

**BEISPIEL:** Erzeugen eines Recordsets.

DAO

```
Set db = DBEngine.OpenDatabase("Biblio.mdb")
Set rs = db.OpenRecordset("SELECT * FROM Authors")
```

ADO

```
con.Open "Provider = Microsoft.Jet.OLEDB.3.51; Data Source = "Biblio.mdb"
rs.Open "SELECT * FROM Authors", conn, adOpenKeyset, adLockOptimistic
```

**HINWEIS:** Beachten Sie auch die unter ADO grundsätzlich neue Möglichkeit, ungebundene Recordset-Objekte zu erzeugen!

#### Suchen

Mit der neuen *Find*-Methode vereinheitlicht ADO das Wirrwarr um *Seek und Index* auf der einen Seite (*Table*-Objekte) und *FindFirst* etc. auf der anderen Seite (*Dynaset*-Objekte).

**BEISPIEL:** Suchen

DAO

```
Set dy = db.OpenRecordset("SELECT * FROM personen")
dy.FindFirst "Nachname = 'Müller'"
```

oder

```
Set tb = db.OpenRecordset("personen",dbOpenTable)
tb.index = "nachname"
tb.Seek "=", "Müller"
```

ADO
```
rs.Open "SELECT * FROM Authors", conn, adOpenKeyset, adLockOptimistic
rs.Find "Nachname = 'Müller'"
```

#### Sortieren

Steigen Sie auf ADO um, werden Sie die bekannte *Index*-Eigenschaft vermissen, mit der Sie die Sortierfolge eines *Recordset*-Objekts (*Table*) ändern konnten. Voraussetzung war ein existierender Index.

**BEISPIEL:** Sortieren

DAO
```
rs.Index = "Nachname"
```

ADO
```
rs.Sort = "Nachname"
```

**HINWEIS:** Die *Sort*-Eigenschaft ist unabhängig vom verwendeten Recordset-Typ (Cursor); ein temporärer Index wird gegebenenfalls automatisch erstellt (nur Client-Cursor).

#### Weitere Unterschiede

Einige Features der DAOs werden bisher noch gar nicht von ADO unterstützt. Verwenden Sie diese bisher in Ihren Programmen, kann ein Umstieg (evtl. auf eine gemischte Lösung) nicht empfohlen werden:

- Sie erstellen (Desktop-)Tabellen/Datenbanken zur Laufzeit.
- Sie nutzen die Passwort- und User-Verwaltung von Access-Datenbanken.
- Sie erstellen Abfragen (*QueryDefs*) und möchten diese in der Datenbank speichern.

## 6.5.4 Welche Datenzugriffstechnik sollten Sie benutzen?

Sie haben heutzutage die Qual der Wahl zwischen ADO, ODBC, RDO, DAO für die Microsoft Jet-Engine und DAO für ODBCDirect.

Ohne Frage ist ADO mittlerweile der Microsoft-Standard für den Datenzugriff. Die aktuellen Versionen von Internet Information Server, Internet Explorer, Visual Basic, Visual InterDev, Visual C++ und Visual J++ sind bereits primär für ADO ausgelegt. Das gleiche gilt für Microsoft Office 2000.

ADO ist eine allgemeine Technologie für den Datenzugriff, die in den unterschiedlichsten Umgebungen gleichermaßen funktioniert. Die Möglichkeiten der Wiederverwendbarkeit von Code sind dadurch enorm gestiegen.

Eine neue Datenbankapplikation sollten Sie deshalb immer mit ADO entwickeln, es sei denn, die benötigten Features stehen unter ADO momentan noch nicht zur Verfügung.

Falls Sie aus diesem Grund doch noch mit DAO und RDO arbeiten müssen, sollten Sie die spätere Umsetzung nach ADO stets im Auge behalten, so dass diese mit möglichst geringem Aufwand vollzogen werden kann.

#### ADO, DAO, RDO im Vergleich

Die Tabelle 6.14 stellt die wichtigsten Merkmale gegenüber und soll Ihnen eine Entscheidungshilfe geben.

| Merkmal | ADO 2.0 | DAO 3.5 | RDO 2.0 |
|---|---|---|---|
| Asynchroner Verbindungsaufbau | X | | X |
| Asynchrone Abfragen | X | X | X |
| Batch Updates und Error Handling | X | X | X |
| Disconnected Recordsets | X | | X |
| Ereignisse | X | | X |
| Data Environment | X | | |
| Data Binding | X | | |
| Visual Data Tools | X | | |
| Visual Basic Transact-SQL Debugger | | | X |
| Visual Basic Connection Query Designer | | | X |
| Data Shaping | X | | |
| Persistente Recordsets | X | | |
| Verteilte Transaktionen | X | | X |
| Threadsafe | X | X | X |
| Unabhängig erzeugte Objekte | X | X | X |
| *MaxRows*-Eigenschaft von Abfragen | X | X | X |
| Abfragen als Methoden | X | | X |
| Rückgabe multipler Recordsets | X | X | X |
| Effizienter Microsoft Jet Datenzugriff | X | X | |
| Kompatibilität Microsoft Jet zu SQL Server | | X | |

***Tabelle 6.14:** ADO, DAO und RDO im Vergleich*

## 6.6 ADO-Syntax im Überblick

Die im Vergleich zu DAO viel flachere ADO-Objekthierarchie hat ihren Preis: Als Programmierer werden Sie mit einer unglaublichen Fülle von Eigenschaften, Methoden und Ereignissen konfrontiert, die folgenden Tabellen sollen Ihnen die Übersicht erleichtern. Exaktere Informationen entnehmen Sie bitte der Online-Hilfe, deren Reproduktion nicht zu den Aufgaben des vorliegenden Buchs zählt.

Auf eine nähere Erklärung von Parametern bzw. Konstanten konnte verzichtet werden, da allein aus der Namensgebung man im Allgemeinen die Bedeutung zumindest »erahnt«. Die Default-Eigenschaften sind durch Unterstreichung hervorgehoben.

Konkrete Anwendungen finden Sie im How-to-Teil in ▶ Kapitel 12.

## 6.6.1 Connection-Objekt

| Eigenschaft | Bedeutung |
|---|---|
| *Attributes* | Summe von Konstanten:<br>*adXactCommitRetaining*, *adXactAbortRetaining*<br>(Ausführen zurückgehaltener Bestätigungen bzw. Abbrüche im Zusammenhang mit *CommitTrans* bzw. *RollbackTrans*) |
| *CommandTimeOut* | Zeitdauer, die auf Ausführung eines Befehls gewartet wird |
| *ConnectionString* | Zeichenfolge mit allen Informationen zum Einrichten einer Verbindung |
| *ConnectionTimeout* | Zeitdauer, die auf Herstellung einer Verbindung gewartet wird |
| *CursorLocation* | Konstante für Cursorposition: *adUseNone, adUseClient, adUseServer* |
| *DefaultDatabase* | Standarddatenbank (nur bei Providern mit mehreren DBs) |
| *IsolationLevel* | Isolierungsebene:<br>*adXactUnspecified, adXactChaos, adXactBrowse, adXactCursorStability ...*<br>*adXactCursorStability* gibt z.B. an, dass in einer Transaktion Änderungen aus anderen Transaktionen nur angezeigt werden können, nachdem diese übernommen wurden. |
| *Mode* | Berechtigungen für Ändern der Verbindungsdaten: *adModeUnknown, adModeRead, adModeWrite, adModeReadWrite, adModeShareDenyRead, adModeShareDeny-Write, adModeShareExclusive, adModeShareDenyNone*<br>Ändern nur bei geschlossener Connection! |
| *Provider* | Zeichenkette für Namen des Providers |
| *State* | Verbindungsstatus: *adStateClosed, adStateOpen, adStateConnecting, adStateExecu-ting, adStateFetching* |
| *Version* | ADO-Versionsnummer (Version des Providers in *Properties* enthalten) |

***Tabelle 6.15:*** *Eigenschaften*

| Methode | ausgeführte Operation |
|---|---|
| *Begin Trans, CommitTrans, RollbackTrans* | ... beginnt neue Transaktion,<br>speichert alle vorgenommenen Änderungen bzw.<br>macht alle vorgenommenen Änderungen rückgängig |
| *Cancel* | ... bricht Ausführung eines asynchronen Aufrufs der *Open*- oder *Execute*-Methode ab |
| *Close* | ... schließt Connection-Objekt (sowie alle abhängigen Objekte wie Recordsets), ohne es aber aus dem Speicher zu entfernen |
| *Execute* | ... führt festgelegte Abfrage, SQL-Anweisung, gespeicherte Prozedur oder durch Provi-der festgelegten Text aus<br>(Parameter: *CommandText*, opt.: *RecordsAffected, Options*) |
| *Open* | ... öffnet Verbindung zur Datenquelle<br>(opt. Parameter: *ConnectionString, UserID, Password, Options*) |
| *OpenSchema* | ... fordert Infos über Datenbankschema vom Provider |

***Tabelle 6.16:*** *Methoden*

| Connection-Ereignis | Wird ausgelöst wenn ... |
|---|---|
| *WillConnect, ConnectComplete und Disconnect* | ... die aktuelle Verbindung gestartet oder beendet worden ist. |
| *WillExecute und ExecuteComplete* | ... die Ausführung des aktuellen Befehls auf der Verbindung gestartet oder beendet worden ist. |
| *BeginTransComplete, CommitTransComplete und RollbackTransComplete* | ... die aktuelle Transaktion auf der Verbindung gestartet worden ist, ausgeführt oder zurückgesetzt wird. |
| *InfoMessage* | ... zusätzliche Informationen zur aktuellen Operation vorliegen. |

***Tabelle 6.17:*** *Ereignisse*

## 6.6.2 Command-Objekt

| Eigenschaft | Bedeutung |
|---|---|
| *ActiveConnection* | Zugeordnetes *Connection*-Objekt. |
| *CommandText* | Befehlstext, der an Provider ausgegeben werden soll. |
| *CommandTimeOut* | Zeitdauer, die auf Ausführung eines Befehls gewartet wird. |
| *CommandType* | Typ des Command-Objekts (*adCmdUnknown, adCmdText, adCmdTable, adCmdStoredProc, adCommandFile ...*). |
| *Prepared* | *True*, falls eine kompilierte Version des Befehls vor dessen Ausführung gespeichert werden soll. |
| *State* | Objektstatus (*adStateClosed, adStateOpen*), ReadOnly. |

***Tabelle 6.18:*** *Eigenschaften*

| Methode | Ausgeführte Operation |
|---|---|
| *Cancel* | Bricht Ausführung eines asynchronen Aufrufs der *Execute*- oder *Open*-Methode ab. |
| *CreateParameter* | Erstellt neues *Parameter*-Objekt (optionale Parameter: *Name, Type, Direction, Size, Value*). |
| *Execute* | Führt Abfrage, SQL-Anweisung oder Stored Procedure gemäß *CommandText*-Eigenschaft aus (optionale Parameter:*RecordsAffected, Parameters, Options*). |

***Tabelle 6.19:*** *Methoden*

## 6.6.3 Recordset-Objekt

| Eigenschaft | Bedeutung |
|---|---|
| *AbsolutePage* | Seite, auf welcher der aktuelle Datensatz gespeichert ist:<br>*1... PageCount* |
| *AbsolutePosition* | Ordinalposition des aktuellen Datensatzes:<br>*adPosUnknown, adPosBOF, adPosEOF* |
| *ActiveConnection* | Zugeordnetes *Connection*-Objekt |
| *BOF und EOF* | *True*, wenn sich aktueller Datensatzzeiger vor der ersten oder nach der letzten Zeile befindet. |
| *Bookmark* | Lesezeichen zur eindeutigen Kennzeichnung des aktuellen Datensatzes. |
| *CacheSize* | Anzahl der lokal zwischengespeicherten Datensätze. |
| *CursorLocation* | Position des Cursormoduls: *adUseNone, adUseServer, adUseClient* |
| *CursorType* | Cursortyp: *adOpenForwardOnly, adOpenKeyset, adOpenDynamic, adopen-Static* |
| *EditMode* | Bearbeitungsstatus des aktuellen Datensatzes (ReadOnly): *adEditNone, adEditInProgress, adEditAdd, adEditDelete* |
| *Filter* | Variant-Wert zum Ausblenden von Datensätzen:<br>Zeichenfolge, Bookmark-Array oder Konstante wie *adFilterAffectedRecords, adFilterFetchedRecords, ...*, rückgängig mit *adFilterNone* |
| *LockType* | Art des Sperrens von Datensätzen:<br>*adLockReadOnly, adLockPessimistic, adLockOptimistic, adLockBatchOptimistic* |
| *MarshalOptions* | Art der Datensätze, die durch Marshaling[1] an Server übertragen werden: *adMarshalAll, adMarshalModifiedOnly* |
| *MaxRecords* | Maximale Anzahl von Datensätzen, die als Ergebnis einer Abfrage vom Provider zurückgeliefert werden sollen. |
| *PageCount* | Anzahl der Datenseiten im Recordset. |
| *PageSize* | Anzahl der Datensätze pro Seite. |
| *RecordCount* | Aktuelle Anzahl von Datensätzen. |
| *Sort* | Zeichenkette mit Feldnamen (durch Komma getrennt), nach denen im Recordset sortiert wird. |
| *Source* | Zeichenkette (ReadOnly), die Datenquelle des Recordset angibt: *Command*-Objekt, SQL-Zeichenkette, Tabellenname, Stored Procedure |
| *State* | Aktueller Status beim Ausführen einer asynchronen Methode (ReadOnly):<br>*adStateClosed, adStateOpen, adStateConnecting* |
| *Status* | Status des aktuellen Datensatzes bezüglich Stapelaktualisierungen etc. (ReadOnly):<br>*adRecOK, adRecNew, adRecModified, adRecDeleted, adRecUnmodified, adRecInvalid,adRecPermissionDenied, ...* |

1 Beim *Marshaling* werden Parameter für schnittstellenübergreifende Methoden gepackt und über Thread- oder Prozessgrenzen gesendet.

***Tabelle 6.20:** Eigenschaften*

| Methode | Operation |
|---|---|
| *AddNew* | Erstellt neuen Datensatz, falls Recordset aktualisierbar ist: *[FieldList, Values]* |
| *Cancel* | Beendet Ausführung eines asynchronen Aufrufs der *Execute*- oder *Open*-Methode. |
| *CancelBatch* | Bricht bevorstehende Stapelaktualisierung ab:<br>*[AffectRecords] = adAffectCurrent, adAffectGroup, adAffectAll* |
| *CancelUpdate* | Verwirft Änderungen, die vor Aufruf der *Update*-Methode vorgenommen wurden. |
| *Clone* | Erstellt neues Recordset-Objekt als Duplikat ( *[adLockUnspecified], [adLockReadOnly]*) |
| *Delete* | Löscht aktuellen Datensatz oder eine Gruppe:<br>*[AffectRecords] = adAffectCurrent, adAffectGroup* |
| *Find* | Sucht nächstliegenden Datensatz, der einem Kriterium entspricht: *Criteria, [Offset,Direction,Bookmark]* |
| *GetString* | Liefert Recordset als Zeichenfolge zurück:<br>*StringFormat, [NumRows, ColumnDelimiter, RowDelimiter, NullExpr]* |
| *Move* | Verschiebt Position des aktuellen Datensatzes: *NumRecords, [Start]* |
| *MoveFirst, MoveLast, MoveNext, MovePrevious* | Wechselt zum ersten, letzte, nächsten und vorhergehenden Datensatz |
| *NextRecordset* | Löscht aktuelles *Recordset*-Objekt und liefert nächstes (für zusammengesetzte Befehlsanweisungen oder Stored Procedures) |
| *Open* | Öffnet einen Cursor: *Source, [ActiveConnection, CursorType, LockType, Options]* |
| *Requery* | Aktualisiert Recordset durch erneutes Ausführen der zugrunde liegenden Abfrage |
| *Resync* | Aktualisiert Recordset mit den Daten der zugrunde liegenden Datenbank: *AffectRecords, ResyncValues* |
| *Save* | Speichert Recordset in eine Datei: *FileName, [PersistFormat]* |
| *Supports* | Bestimmt, ob Recordset einen bestimmten Funktionstyp unterstützt: *CursorOptions = adAddNew, adBookmark, adDelete, adUpdate, ...* |
| *Update* | Speichert alle vorgenommenen Änderungen:<br>*[Fields, Values]* |
| *UpdateBatch* | Speichert alle anstehenden Stapelaktualisierungen in Datenbank: *[AffectRecords]* |

***Tabelle 6.21:*** *Methoden*

| Ereignis | Wird ausgelöst, wenn ... |
|---|---|
| *FetchProgress und FetchComplete* | ... Datenabrufoperation fortschreitet oder beendet wird. |
| *WillChangeField und FieldChangeComplete* | ... sich der Wert des aktuellen Feldes ändert oder geändert hat. |
| *WillMove, MoveComplete und EndOfRecordset* | ... sich die aktuelle Zeilenposition ändert, geändert hat oder das Ende des Recordset erreicht wurde. |
| *WillChangeRecord und RecordChangeComplete* | ... sich Daten in der aktuellen Zeile eines Recordset ändern oder geändert haben. |
| *WillChangeRecordset und RecordsetChangeComplete* | ... sich Daten im aktuellen Recordset ändern oder geändert haben. |

***Tabelle 6.22:*** *Ereignisse*

# 7 Druckausgabe



Die Kapitelüberschrift deutet es schon an: In den folgenden Abschnitten wollen wir uns ausgiebig mit allen Möglichkeiten beschäftigen, Berichte aufs Papier zu bringen. Dabei wollen wir uns jedoch nicht nur auf die naheliegende Möglichkeit des in VB integrierten DataReports beschränken, sondern auch sinnvolle Alternativen aufzeigen. Nicht zuletzt bestimmt der Anwendungsfall die Auswahl der Werkzeuge, was in letzter Zeit gern vergessen wird. Viele Einsatzgebiete erfordern immer noch die Druckausgabe auf Endlospapier, was dem seitenorientierten Ansatz unter Windows widerspricht. Hier kann nur die Programmierung auf unterster Ebene weiterhelfen. Gleiches gilt für »exotische« Drucker, die nach wie vor über Escape-Seqenzen angesteuert werden müssen.

## 7.1 DataReport

Hier haben wir es mit einer echten Neuerung von Visual Basic 6 zu tun. Ein in die Entwicklungsumgebung integrierter Berichtsdesigner, der sowohl die direkte Druckausgabe als auch eine Druckvorschau bietet. Zusätzlich werden diverse Datei-Exportformate unterstützt.

Wer bereits Erfahrung mit einem ähnlichen Tool unter Microsoft Access gesammelt hat, wird sich recht schnell an die Bedienung gewöhnen. An dieser Stelle allerdings gleich ein Wermutstropfen: Der integrierte DataReport ist nicht gerade mit Funktionen überladen. Wer anspruchsvollere Berichte generieren will, in die auch zur Laufzeit eingegriffen werden kann, sollte sich den CrystalReport ansehen oder die Möglichkeiten der OLE-Automation nutzen.

### 7.1.1 Überblick

Was ist der DataReport nun genau? Obwohl vielfach von der DataReport-Komponente die Rede ist, handelt es sich zuerst einmal um einen Designer, mit dem Sie neue Objekte, d.h. Reports, erzeugen. Diese Objekte sprechen Sie im weiteren Programmablauf über Methoden und Eigenschaften an.

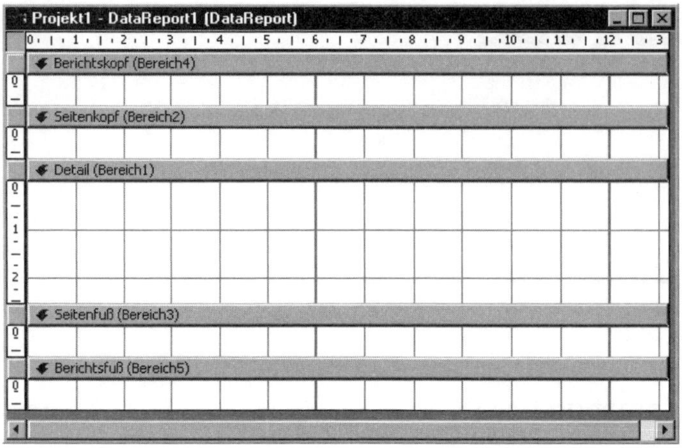


***Abbildung 7.1:*** *Der integrierte DataReport-Designer*

Der wesentlichste Vorteil gegenüber der konventionellen Druckausgabe ist wohl die Möglichkeit, den Report direkt an eine Datenquelle zu binden. Möglich sind neben einfachen Listen auch mehrfach geschachtelte Haupt-/Detailbeziehungen bzw. Gruppierungen nach bestimmten Kriterien.

Im Unterschied zum Formularentwurf mit VB müssen Sie allerdings auf die Verwendung von zusätzlichen Komponenten (Fremdanbieter-OCXe) gänzlich verzichten. Für die Gestaltung des Reports können Sie nur die Komponentenpalette *DataReport* nutzen.

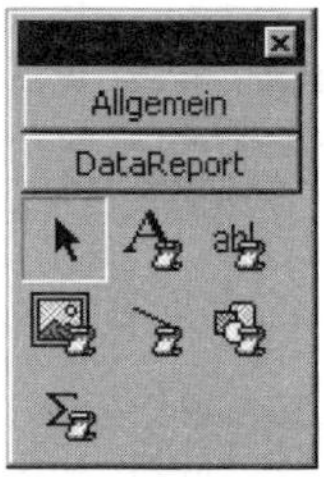


***Abbildung 7.2:*** *Komponentenpalette DataReport*

## Die Abschnitte des Datenbericht-Designers

Ein DataReport gliedert sich grundsätzlich in mehrere Abschnitte, deren Bedeutung in Abbildung 7.3 näher erklärt wird:

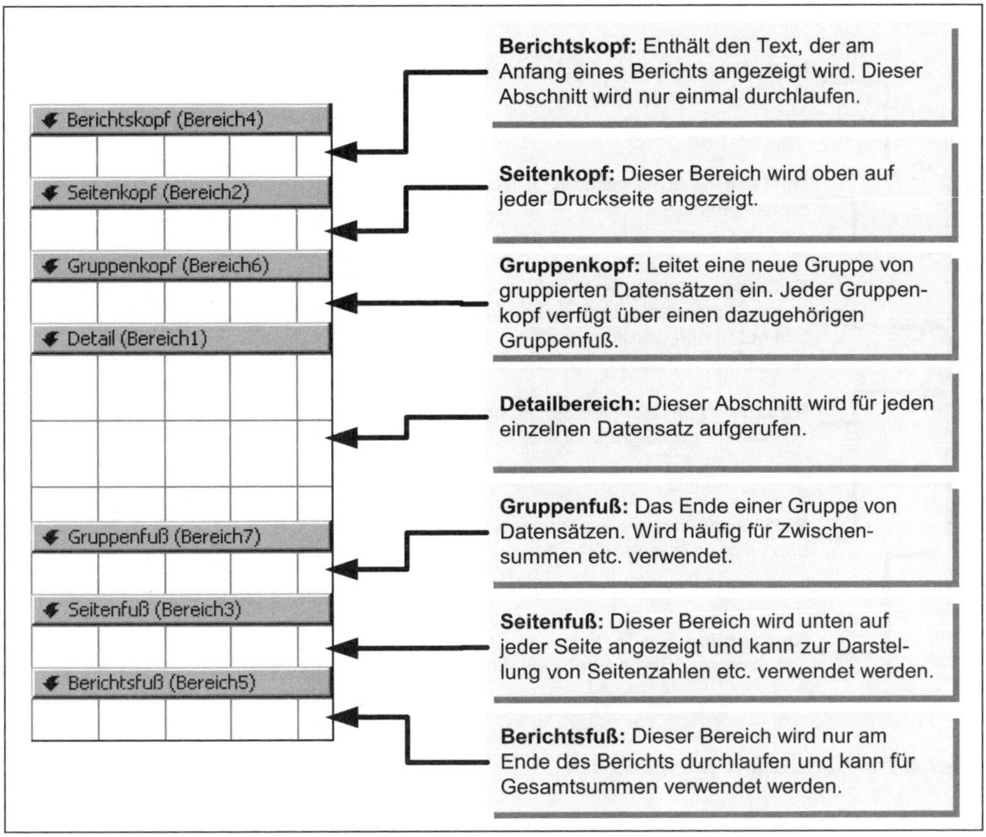


***Abbildung 7.3:*** *Abschnitte eines DataReports*

**HINWEIS:** Benötigen Sie einen Abschnitt nicht, können Sie diesen entweder löschen oder Sie verringern einfach die Höhe dieses Bereichs.

**WICHTIG:** Da der Detailbereich für jeden Datensatz erneut durchlaufen und damit auch gedruckt wird, sollten Sie genau auf dessen Höhe achten. Insbesondere bei großen Datenmengen kann es sonst schnell vorkommen, dass Sie einen Bericht mit Hunderten von Seiten erhalten, auf denen lediglich wenige Datensätze dargestellt sind.

### Steuerelemente des Datenberichts

Beim Hinzufügen eines neuen Datenbericht-Designers zu einem Projekt werden die folgenden Steuerelemente automatisch in der Komponentenpalette platziert:

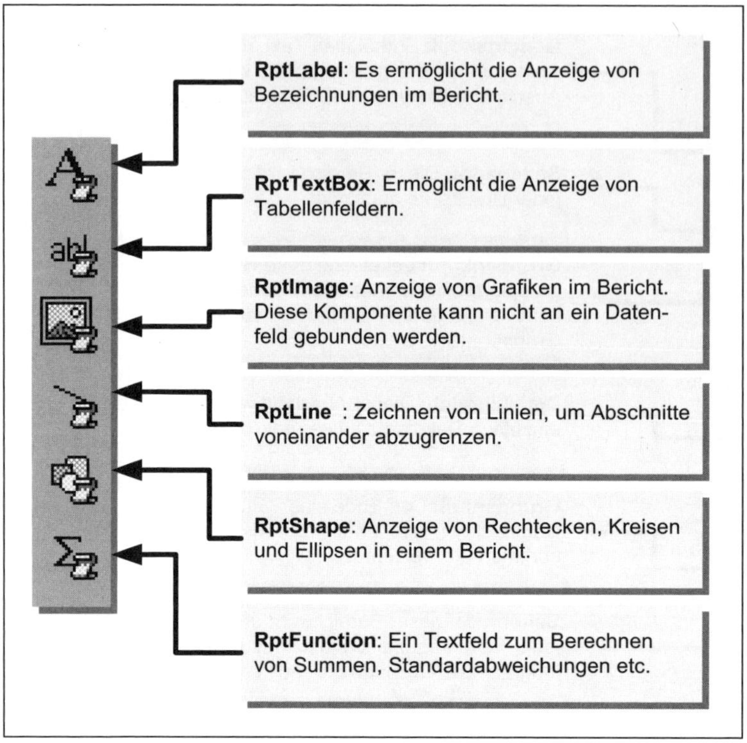


***Abbildung 7.4:*** *Die DataReport-Komponenten*

**HINWEIS:** Wie schon erwähnt, können Sie nur die oben aufgeführten Komponenten in einen Report einfügen. Weiterhin existieren Einschränkungen bei der Auswahl der Reportbereiche. Eine *RptFunction*-Komponente kann nur im Gruppen- oder Berichtsfuß platziert werden.

Die Verwendung der *RptLabel*-Komponente entspricht der einer »normalen« *Lable*-Komponente: Anzeige von statischen Texten (*Caption*-Eigenschaft). Zusätzlich unterstützt diese Komponente einige Platzhalter (%p, %P, %d, %D etc.), über die sich Seitenzahlen oder Datumswerte generieren lassen.

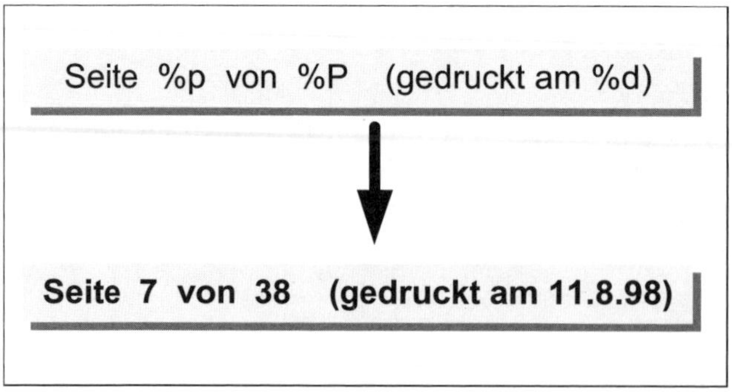


***Abbildung 7.5:*** *Beispiel für die Anzeige von Seitenzahlen*

Eine *RptTextBox* binden Sie genau wie ein normales Textfeld mit Hilfe der Eigenschaften *DataMember* und *DataField* an die Tabelle bzw. Abfrage.

**HINWEIS:** Die Eigenschaft *DataSource* stellen Sie über das *DataReport*-Objekt ein. Handelt es sich um hierarchische Tabellenbeziehungen, müssen Sie diese auch im entsprechenden *Command*-Objekt abbilden.

Speziell für die Ausgabe von Memofeldern kann die Eigenschaft *CanGrow* verwendet werden. Ist diese auf *True* gesetzt, passt der Report automatisch die Höhe der Komponente an.

Die Komponenten *RptImage*, *RptLine* und *RptShape* bedürfen sicher keiner weiteren Erläuterung, wesentlich interessanter ist da schon *RptFunction*. Mit Hilfe dieser Komponente können Sie Berechnungen (Summe, Durchschnitt etc.) auf bestimmte Bereiche des Reports anwenden.

**HINWEIS:** Verwenden Sie diese Komponente zur Berechnung innerhalb von Gruppen oder dem gesamten Report. Berechnungen innerhalb einer Zeile lassen sich mit SQL-Anweisungen realisieren.

### Methoden/Ereignisse

An dieser Stelle wollen wir nur kurz auf die wichtigsten Methoden und Ereignisse eingehen.

| Methode | Beschreibung |
|---|---|
| *Show* | **Show**(*[Modal], [OwnerForm]*)<br>Mit dieser Methode zeigen Sie die Druckvorschau (Preview) an. Optional lässt sich der Report auch modal anzeigen. |
| *PrintReport* | **PrintReport**(*DialogAnzeigen, Bereich, VonSeite, BisSeite*)<br>Der Name sagt es sicher schon, mit dieser Methode wird der eigentliche Druckvorgang gestartet. Der Parameter DialogAnzeigen (True/False) entscheidet darüber, ob der Standard-Drucker-Dialog angezeigt wird. Diese Option ist in fast allen Fällen empfehlenswert, da Sie anderenfalls keine Möglichkeit haben einen anderen Drucker auszuwählen.<br>Mit Bereich bestimmen Sie, ob alle Seiten (rptRangeAllPages) oder nur bestimmte Seiten (rptRangeFromTo) gedruckt werden (siehe dazu auch die beiden letzten Parameter) |
| *ExportReport* | **ExportReport**(*ExportFormat, Dateiname, Überschreiben, DialogAnzeigen, Bereich, VonSeite, BisSeite*)<br>Mit Export ist in diesem Fall die Ausgabe in HTML- oder Textdateien gemeint. Das Format bestimmen Sie über *ExportFormat* (*rptKeyHTML, rptKeyUnicodeHTML, rptKeyText, rptKeyUnicodeText*).<br>HINWEIS: Exportieren Sie umfangreiche Tabellen im HTML-Format , sollten Sie auch einen Blick auf die Dateigröße werfen, bevor Sie den Report ins Internet bzw. Intranet stellen. Der HTML-Export besteht aus einer Datei, in die alle Seiten des Reports eingefügt werden. Eine Aufteilung in einzelne Seiten wie bei Microsoft Access ist nicht möglich (es sei denn Sie exportieren jede Seite in eine eigene Datei).<br>Die weiteren Parameter dürften selbsterklärend sein. |

***Tabelle 7.1:*** *Methoden des* DataReport-*Objekts*

Die vom *DataReport* bereitgestellten Ereignisse sind als absolut unzureichend anzusehen. Eine sinnvolle Gestaltung der Seiten (Farben, Grafik etc.) während der Druckausgabe (z.B. negative Werte rot etc.) ist nicht möglich.

**HINWEIS:** Achtung! Bei *PrintReport* und *ExportReport* handelt es sich um asynchrone Methoden, die Sie mit Hilfe des *ProcessingTimeout*-Ereignisses überwachen und gegebenenfalls abbrechen können.

## 7.1.2 Ein erster einfacher Bericht

Erstellen Sie zunächst ein *DataEnvironment*, in dem Sie eine neue Verbindung zur Datenbank *Personal.mdb* erzeugen. Fügen Sie einen neuen Befehl ein, der die Tabelle *Personen* unter dem Namen *Mitarbeiterliste* einbindet.

Erzeugen Sie nachfolgend über den Menübefehl *Projekt/DataReport hinzufügen* einen neuen Report. Nachdem Sie dem Report über die Eigenschaften *DataMember* (=Mitarbeiterliste) und *Datasource* (=DataEnvironment1) an die Datenbank gebunden haben, können Sie schon zur Tat schreiten: Ziehen Sie einfach den Eintrag *Mitarbeiterliste* per Drag&Drop in den Detailbereich des Reports.

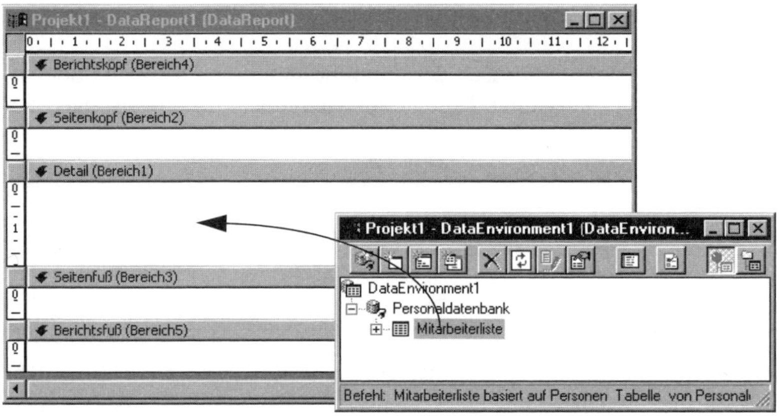


***Abbildung 7.6:*** *Einfügen von Feldern in den Report*

Auch wenn das Ergebnis noch nicht alle Wünsche befriedigt, ist doch schon ein großer Teil der Arbeit erledigt. Sie müssen jetzt nur noch die Komponenten entsprechend Ihren Wünschen anordnen. Löschen Sie gegebenenfalls nicht benötigte Felder. Formatierungen (Schriftart, Farben etc.) können Sie wie auch bei den Formularen über den Eigenschaftendialog zuweisen.

**HINWEIS:** Achten Sie darauf, in welchem Abschnitt Sie die Komponenten platzieren, im Allgemeinen sind die eigentlichen Daten im Detailbereich anzuordnen (nur dieser Bereich wird für jeden betroffenen Datensatz durchlaufen).

**TIPP:** Legen Sie die *DataReport*-Eigenschaften *GridX* und *GridY* auf einen Wert von 5 fest. Die voreingestellten Werte lassen keine sinnvolle Positionierung der Komponenten zu.

Nach diesen ersten Schritten wollen wir natürlich auch sehen, was auf dem Papier erscheint. Dazu binden wir den Report in das Hauptformular unserer Anwendung ein. Platzieren Sie eine Schaltfläche und fügen Sie den folgenden Aufruf in das *Click*-Ereignis ein:

```
Private Sub Command1_Click()
  DataReport1.Show    ' Druckvorschau einblenden
End Sub
```

Damit sind alle Vorarbeiten abgeschlossen, um einen ersten Blick auf unsere Arbeit werfen zu können. Starten Sie das Programm und lassen Sie sich vom Ergebnis überraschen.

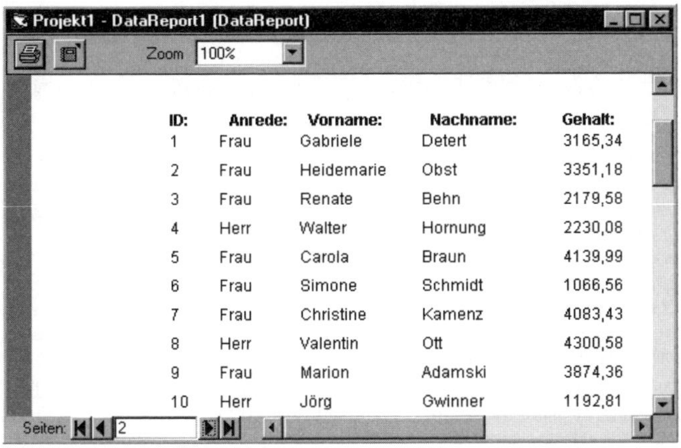


***Abbildung 7.7:** Ansicht der Druckvorschau*

Was jetzt folgt, sind Feinarbeiten. Die Tabelle 7.2 zeigt an einigen Beispielen, wie Sie bestimmte Aufgaben lösen können.

| Aufgabe | Lösung |
|---|---|
| Deckblatt erzeugen | Setzen Sie die Eigenschaft *ForcePageBreak* des Berichtskopfes auf *rptPageBreakAfter*. Auf diese Weise wird auf dem ersten Blatt des Reports lediglich der Inhalt des Berichtskopfes wiedergegeben. Die Seite 2 fängt regulär mit dem Seitenkopf an. |
| Seitenumbruch erzwingen | Alle Berichtsabschnitte verfügen über die Eigenschaft *ForcePageBreak*. Setzen Sie diese je nach Bedarf auf *rptPageBreakNone* (Kein Seitenumbruch), *rptPageBreakBefore* (Seitenumbruch vor dem Abschnitt), *rptPageBreakAfter* (Seitenumbruch nach dem Abschnitt) oder *rptPageBreakBeforeAndAfter* (Seitenumbruch vor und nach dem Abschnitt).<br>Die Verwendung von Seitenumbrüchen bietet sich insbesondere bei Gruppierungen an, wo jede Gruppe auf einer eigenen Seite platziert werden soll.<br>HINWEIS: Beachten Sie, dass nicht jede Option in jedem Abschnitt sinnvoll ist. Ein Seitenumbruch nach dem Seitenkopf würde ein Dokument mit unendlich vielen Seiten erzeugen. Aus diesem Grund werden einige Kombinationen von VB ignoriert. |
| Seitenzahlen einblenden | Fügen Sie eine *RptLabel*-Komponente in den Seitenkopf oder -fuß ein und setzen Sie die *Caption*-Eigenschaft auf »%p«. |
| Gesamtseitenzahl einblenden | Fügen Sie eine *RptLabel*-Komponente in den Seitenkopf oder -fuß ein und setzen Sie die *Caption*-Eigenschaft auf »%P«. |
| Druckdatum einblenden | Fügen Sie eine *RptLabel*-Komponente in den Seitenkopf oder -fuß ein und setzen Sie die *Caption*-Eigenschaft auf »%d« für ein kurzes Datum bzw. »%D« für ein langes Datum. |
| Druckzeit einblenden | Fügen Sie eine *RptLabel*-Komponente in den Seitenkopf oder -fuß ein und setzen Sie die *Caption*-Eigenschaft auf »%t« für ein kurzes Zeitformat bzw. »%T« für ein langes Zeitformat. |
| Den Berichtstitel einblenden | Möchten Sie den mit der *Title*-Eigenschaft festgelegten Berichtstitel einblenden, fügen Sie eine *RptLabel*-Komponente in den Seitenkopf oder -fuß ein und setzen Sie die *Caption*-Eigenschaft auf »%i«. ▶ |

| Aufgabe | Lösung |
|---|---|
| Summe etc. berechnen | Platzieren Sie eine *RptFunction*-Komponente in einen Gruppen- oder dem Berichtsfuß. Setzen Sie die Eigenschaft *FunctionType* auf einen der folgenden Werte:<br>*rptFuncSum* (Summe)<br>*rptFuncAve* (Durchschnitt)<br>*rptFuncMin* (Minimum)<br>*rptFuncMax* (Maximum)<br>*rptFuncRCnt* (Zeilenanzahl/Abschnitt)<br>*rptFuncVCnt* (Anzahl von NOT NULL-Werte)<br>*rptFuncSDEV* (Standardabweichung)<br>*rptFuncSERR* (Standardfehler).<br>Legen Sie nachfolgend das betreffende Tabellenfeld mit den Eigenschaften *DataMember* und *DataField* fest.<br>HINWEIS: Leider sind auf diese Weise keine Seitensummen möglich, da die Komponente nicht im Seitenfuß platziert werden kann. |
| Seitenränder festlegen | Verwenden Sie die Eigenschaften *BottomMargin, TopMargin, RightMargin* und *LeftMargin* zum Einstellen der Seitenränder. Alle Werte müssen leider in Twips angegeben werden.<br>Es bleibt zu hoffen, das die VB-Programmierer wenigstens im Zusammenhang mit dem Report auf die Maßeinheit *Twips* verzichten. Oder wissen Sie, wie breit 835 Twips auf einem Drucker sind? |
| Position der Druckvorschau vorgeben | Verwenden Sie die Eigenschaft *StartupPosition*, um die Anzeigeposition der Druckvorschau zu verändern. Mögliche Werte:<br>*vbStartUpManual* (Keine Starteinstellung)<br>*vbStartUpOwner* (Zentrieren bzgl. Formular)<br>*vbStartUpScreen* (Zentrieren auf dem Bildschirm)<br>*vbStartUpWindowsDefault* (Linke obere Ecke) |
| Querdruck | Wird nicht unterstützt! |
| Spaltensatz oder Etiketten | Wird nicht unterstützt! |
| Ausgabe von RTF-Text | Wird nicht unterstützt! |

***Tabelle 7.2:*** *Möglichkeiten der Berichtsgestaltung*

**WICHTIG:** Die erzeugten Berichte können nur angezeigt bzw. gedruckt werden, wenn ein Drucker auf dem System installiert ist. Prüfen Sie gegebenenfalls über die *Printers.Count*-Eigenschaft die Anzahl der Drucker ab.

```
If Printers.Count > 0 Then
  DataReport1.Show   ' Druckvorschau einblenden
Else
  MsgBox "Bitte installieren Sie einen Drucker!"
End If
```

## 7.1.3 Haupt-/Detailberichte

Als zweites Beispiel soll eine Haupt-/Detailbeziehung dienen. Wir gruppieren die Mitarbeiter nach den Räumen, in denen diese sitzen. Das gewünschte Resultat können Sie der Abbildung 7.8 entnehmen.

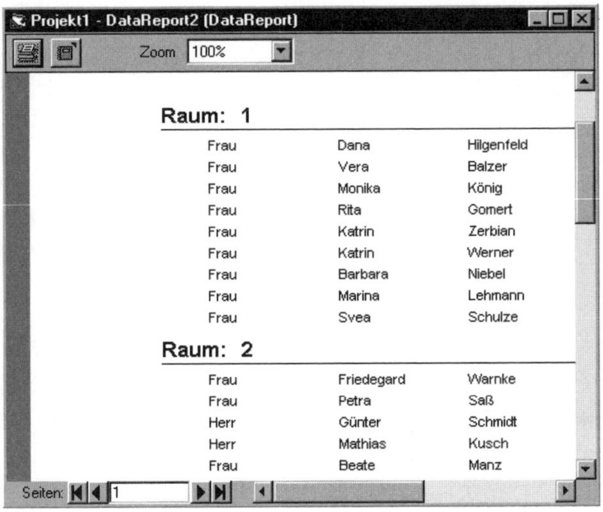


***Abbildung 7.8:*** *Haupt-/Detailbericht in der Druckvorschau*

Erster Schritt ist, wie auch im vorhergehenden Beispiel, die Definition der *Command*-Objekte. Haupttabelle ist *Räume*, untergeordnet wird die Tabelle *Personen*.

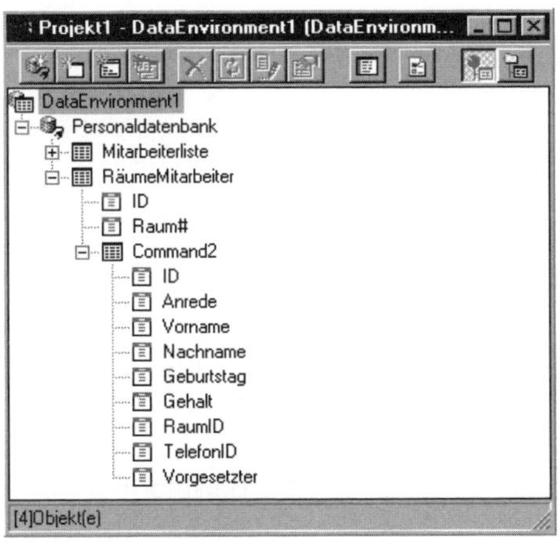


***Abbildung 7.9:*** *Beziehung zwischen Räumen und Mitarbeitern*

Vergessen Sie nicht, beim untergeordneten *Command*-Objekt (*Personen*) die Beziehung zu definieren (Eigenschaften des *Command*-Objekts).

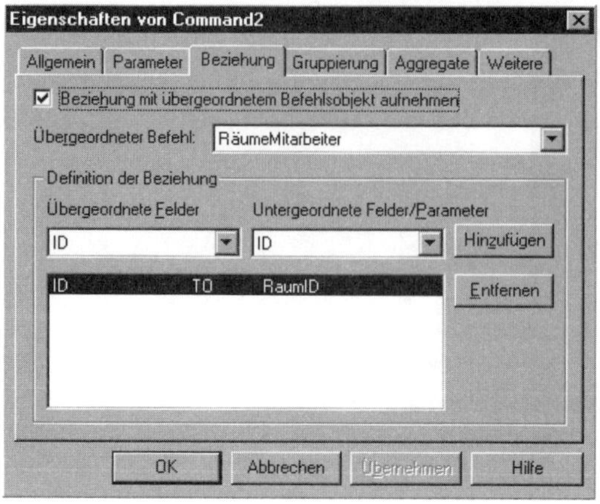


***Abbildung 7.10:*** *Definieren einer Beziehung*

Weisen Sie der *DataMember*-Eigenschaft des *DataReport*-Objekts die Haupttabelle bzw. das darauf basierende *Command*-Objekt zu.

Das Erstellen des Reports beschränkt sich jetzt auf reine Drag&Drop-Aktionen: Erzeugen Sie einen neuen Gruppenkopf (rechte Maustaste im Designer) und ziehen Sie die Haupttabellenelemente in den Gruppenkopf. Die Detailelemente platzieren Sie im Detailbereich.

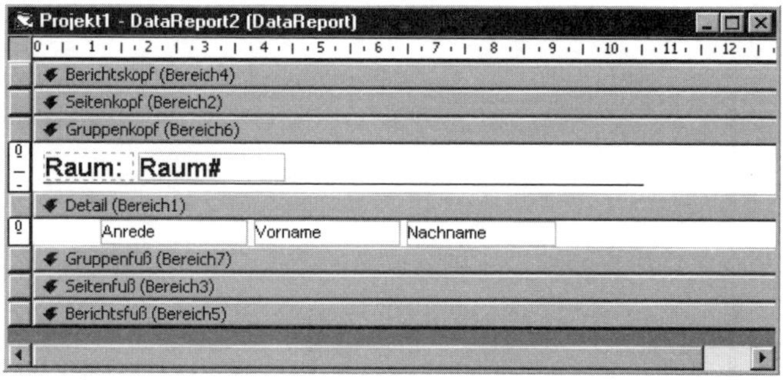


***Abbildung 7.11:*** *Haupt-/Detail-Bericht im Designer*

Die Anzeige bzw. Ausgabe des Reports erfolgt analog zum vorhergehenden Beispiel mit *Show* bzw. *PrintReport*.

Möchten Sie den Report um weitere Haupt-/Detailbeziehungen erweitern, stellen Sie im *Data-Environment* weitere Beziehungen her, fügen weitere Gruppenköpfe in den *DataReport* ein und sortieren die Felder entsprechend ihrer Hierarchie in die jeweiligen Bereiche ein.

### 7.1.4 Exportieren

Wie schon erwähnt, eignet sich der DataReport auch für den Export im HTML- bzw. Text-Format. Allzu viel sollten Sie sich allerdings nicht davon versprechen, der Export beschränkt sich ausschließlich auf die reinen Daten, gestalterische Elemente (Grafiken etc.) werden nicht berücksichtigt. Auch die Optik der Ausgabe lässt zu wünschen übrig: Unsinnige Abstände (wohl die

Umsetzung von Seitenumbrüchen) verunstalten den erzeugten Bericht (so kompliziert ist das Erzeugen von HTML-Seiten doch nicht ...).

Mit

```
DataReport2.ExportReport
```

können Sie sich an einen ersten Export heranwagen. Nach dem Aufruf werden Sie über ein Dialogfeld nach Einzelheiten gefragt. Geben Sie Dateiname sowie Exportformat an und wählen Sie gegebenenfalls die gewünschten Seiten aus.

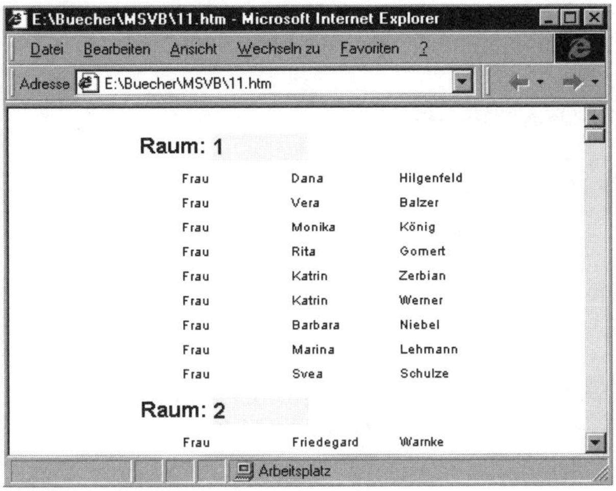


***Abbildung 7.12:*** *Der exportierte Report im Internet Explorer*

# 7.2 CrystalReport

An dieser Stelle wollen wir uns nicht mit dem auf der Visual Basic-CD-ROM enthaltenen CrystalReport 4.5, sondern seinem wesentlich praktikableren Nachfolger beschäftigen. Die Rede ist von der frei verfügbaren CrystalReport Designer-Komponente in der Version 6.0.

Wesentlichster Vorteil gegenüber der Vorgängerversion: Der komplette Reportentwurf wird analog zum DataReport in der Visual Basic IDE vorgenommen. Dazu steht ein entsprechender Designer bereit. Zusätzlich bietet der CrystalReport eine Druckvorschau-Komponente, die im Gegensatz zum DataReport in weiten Bereichen konfiguriert werden kann.

**HINWEIS:** Wir wollen uns in diesem Abschnitt auf einen kurzen Überblick beschränken. Entsprechend des Leistungsumfangs könnte zum CrystalReport ohne weiteres ein ganzes Buch geschrieben werden.

## 7.2.1 Überblick

### Installation

Bevor wir zu den Einzelheiten kommen, sollten Sie den Report installieren (Download-Adresse: *http://www.seagatesoftware.com/scrvbasic/download*). Binden Sie den Report über den Menüpunkt *Projekt/Komponenten* in Ihre Visual Basic-IDE ein.

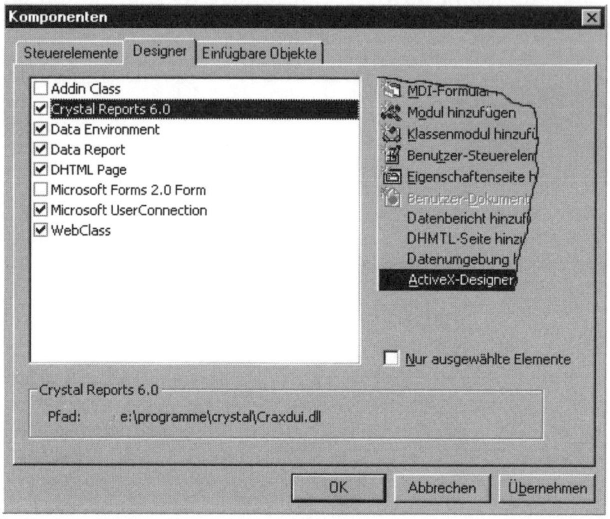


***Abbildung 7.13:*** *Einbindung von CrystalReports 6.0*

Nachfolgend steht Ihnen über den Menüpunkt *Projekt/Crystal Reports 6 hinzufügen* der Designer zur Verfügung.

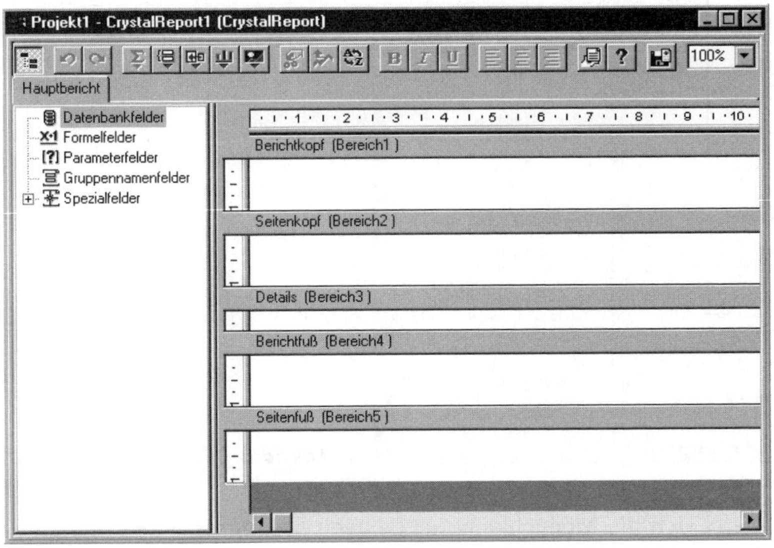


***Abbildung 7.14:*** *Der CrystalReport-Designer*

### Die wichtigsten Funktionen

Der prinzipielle Reportentwurf gestaltet sich ähnlich wie beim DataReport, allerdings verwaltet der CrystalReport seine Datenbankverbindungen weitgehend unabhängig von der VB-Anwendung.

**HINWEIS:** Ein Drag&Drop-Entwurf zwischen DataEnvironment und CrystalReport ist nicht möglich!

Wie auch beim DataReport bringt der Designer seine eigenen Komponenten mit. ActiveX-Controls können nicht eingebunden werden.

Auch wenn es nicht auf den ersten Blick ersichtlich ist, der Funktionsumfang des Designers lässt kaum Wünsche übrig. Neben den Datenbankfeldern lassen sich auch spezielle Formelfelder (Berechnen von Zeilensummen, Formatieren von Zeichenketten, Datumsberechnungen etc.) einbinden. Die Abbildung 7.15 kann nur einen kleinen Ausschnitt des Funktionsumfangs wiedergeben:

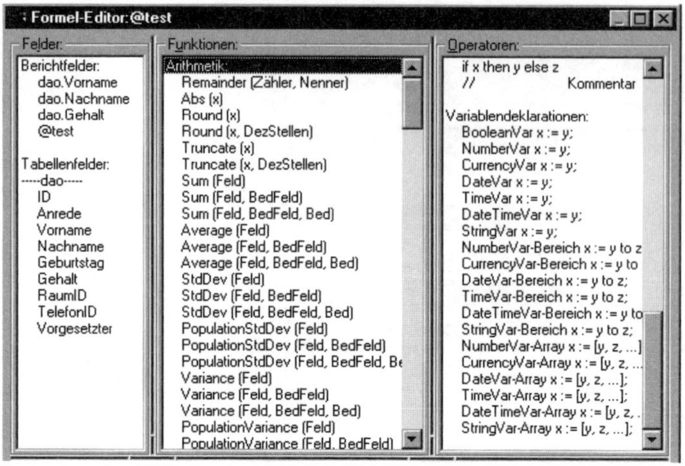


***Abbildung 7.15:** Formeleditor*

Mit den Parameterfeldern bietet sich die Möglichkeit, zur Laufzeit bestimmte Filterkriterien an den Report zu übergeben. Beispielsweise lassen sich nur die Mitarbeiter aus der Personal-Datenbank anzeigen, deren Nachname mit »E« beginnt oder deren Gehalt größer ein bestimmten Wert ist. Vergleichbar sind diese Kriterien mit dem WHERE-Abschnitt einer SQL-Anweisung, in die variable Werte eingefügt sind (wie bei den Parameterabfragen in Microsoft Access).

Beim Start des Reports wird der Wert über ein Dialogfeld abgefragt. Danach schränkt der Report automatisch die Ergebnismenge auf die betreffenden Datensätze ein.

Das Gruppieren innerhalb des Reports übernehmen sogenannte Gruppennamenfelder, wir kommen später noch einmal darauf zurück. Die letzte Gruppe sind die Spezialfelder. Darunter finden sich Funktionen wie Druckdatum, Seitenzahl, aktuelle Seite, Anzahl Datensätze, Titel etc...

In den Report können Sie neben den oben genannten Feldern bzw. Funktionsgruppen auch Gruppen, Gruppenergebnisse, Unterberichte, Diagramme und Bilder einfügen.

### Verbindungen zu Datenbanken

Der CrystalReport unterstützt Datenzugriff über:

- Data Access Objects (DAO),
- Remote Data Objects (RDO) und
- ActiveX Data Objects (ADO).

Auf diese Weise können Sie Verbindungen mit den meisten ISAM-, ODBC- und SQL-Datenquellen aufbauen. Zusätzlich lassen sich DAO-Recordsets, RDO-Resultsets oder ADO-Recordsets in Visual Basic erstellen und mit dem Report verbinden:

```
Dim Report As New CrystalReport1
Private Sub Form_Load()
  Dim ws As DAO.Workspace
  Dim db As DAO.Database
  Dim rs As DAO.Recordset

' Öffnen einer Datenbank
Set ws = DBEngine.Workspaces(0)
Set db = ws.OpenDatabase("personal.mdb")
```

```
' Öffnen der Tabelle/Abfrage
Set rs = db.OpenRecordset("personen")

' Verbinden der Datenbank mit dem Report
Report.Database.SetDataSource rs

' Anzeige Report
CRViewer1.ReportSource = Report
CRViewer1.ViewReport
End Sub
```

Eine weitere Möglichkeit, Daten an den Report zu binden, sind sogenannte Datendefinitionsdateien. Bei diesen Dateien handelt es sich um Textdateien, die Felder und Feldtypen einer Datenbank definieren, ohne aber selbst als Datenquelle zu fungieren. Mit diesen Dateien lassen sich Bericht entwerfen, ohne vom Bestehen einer Datenbank zur Entwurfszeit abhängig zu sein.

Haben Sie eine registrierte Version von Seagate CrystalReports installiert, bietet sich auch die Möglichkeit, sich mit jeder beliebigen Datenquelle zu verbinden, mit der sich Seagate CrystalReports verbinden kann.

## 7.2.2 Ein erster einfacher Bericht

Um einen objektiven Vergleich zwischen dem DataReport und der CrystalReport-Komponente zu ermöglichen, wollen wir das gleiche Beispiel wie beim DataReport verwenden, die Ausgabe einer einfachen Liste mit allen Mitarbeitern (Personal-Datenbank).

Erzeugen Sie zunächst einen neuen Report, indem Sie beispielsweise über den Projekt-Explorer den CrystalReport-Designer aufrufen:

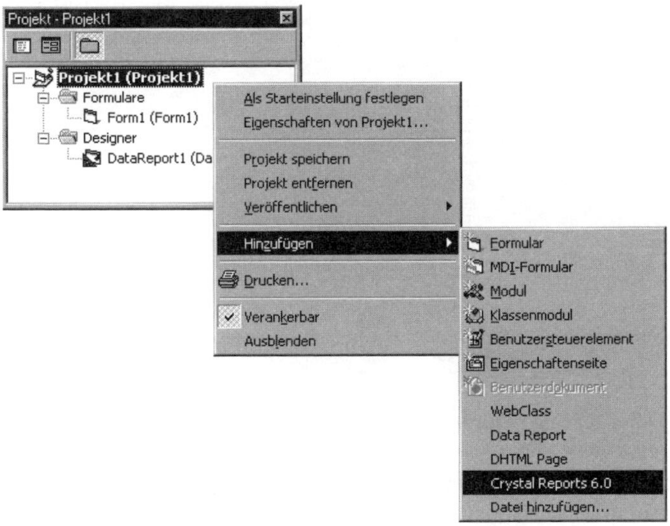


***Abbildung 7.16:*** *Einfügen eines neuen CrystalReports*

Danach stehen Sie schon vor der Qual der Wahl, jede Menge von Assistenten bieten Ihnen ihre Dienste an. Wählen Sie *Standard*, später können Sie auch auf die Dienste dieser teilweise recht lästigen Helfer verzichten.

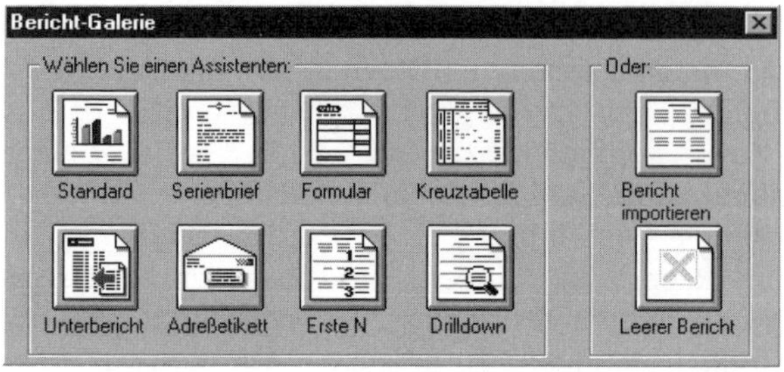


***Abbildung 7.17:*** *CrystalReport: Die Qual der Wahl*

Nachfolgend müssen Sie sich schon wieder entscheiden, welche Art von Datenbindung Sie bevorzugen. Die Empfehlung der Autoren: Verwenden Sie vorläufig noch die bewährte DAO-Technologie, um auf Desktop-Datenbanken (z.B. Access) zuzugreifen.

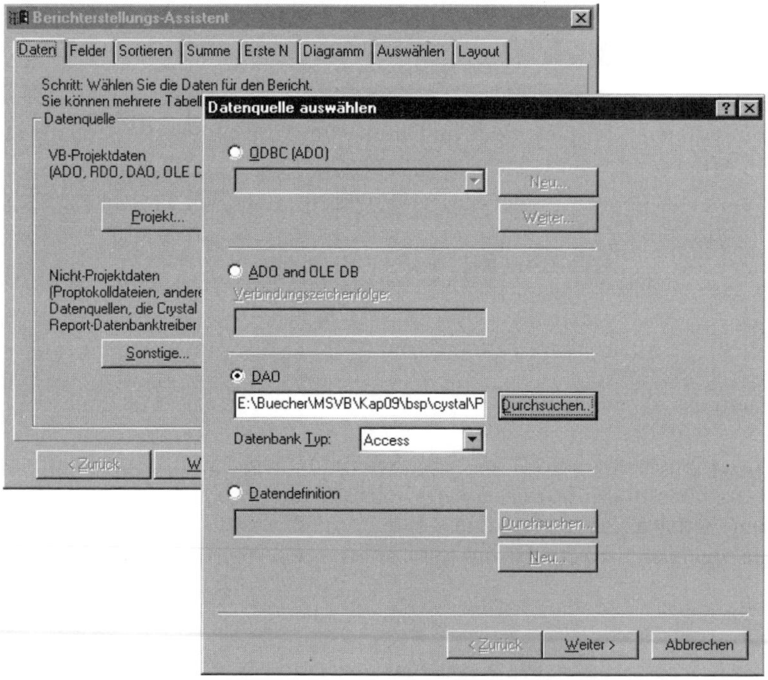


***Abbildung 7.18:*** *Berichts-Assistent (Auswahl der Datenquelle)*

Auf den weiteren Registerkarten des Assistenten können Sie noch Sortierfolge, Summenbildung, Diagramme etc. auswählen. Wir verzichten zunächst auf die weiteren Dienste des Assistenten und erstellen einen leeren Bericht.

Ganz nebenbei werden Sie noch gefragt, ob Ihrem Projekt ein neues Formular hinzugefügt werden soll, in dem die Druckvorschau (CrystalReport SmartViewer-Komponente) angezeigt werden kann. Entscheiden Sie sich in diesem Fall gegen Ihr tiefsitzendes Misstrauen und beantworten Sie die Frage mit *Ja*. Auf diese Weise brauchen Sie sich nicht weiter um die Darstellung und die Verknüpfung des Reports mit der Anwendung zu kümmern.

Danach kehren wir zum Designer zurück. Die Datenbankfelder fügen Sie mittels Drag&Drop aus der Baumansicht des Report-Designers in die schon vom DataReport bekannten Bereiche ein.

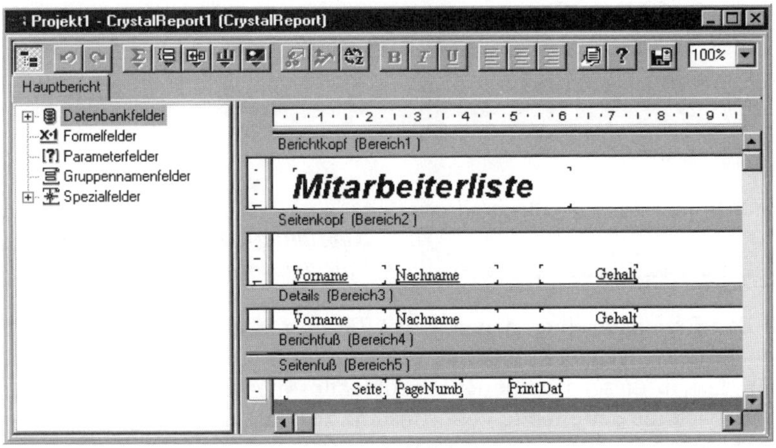


***Abbildung 7.19:*** *Entwurf eines einfachen Berichts*

Und schon ist es soweit, dass wir die Ergebnisse in »Schwarz auf Weiß« betrachten können. Starten Sie einfach das Programm mit der F5-Taste, der Assistent hat eigenmächtig das neu erstellte Vorschauformular zum Startformular der Anwendung gemacht.

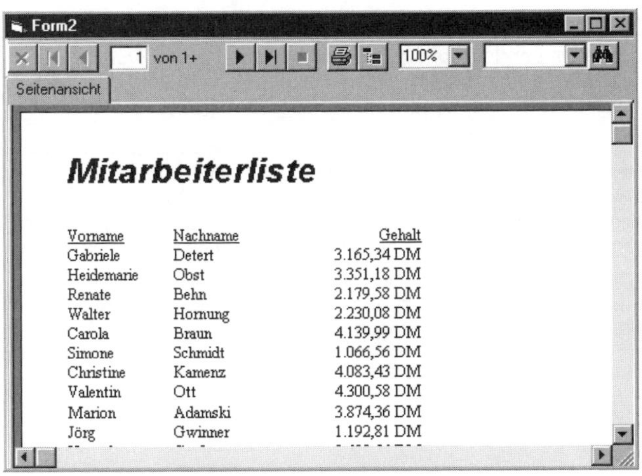


***Abbildung 7.20:*** *Ansicht der Druckvorschau*

Das Ergebnis kann sich sicher schon sehen lassen, als Programmierer interessiert uns allerdings wesentlich mehr, »was unter der Motorhaube steckt«. Werfen wir also einen ersten Blick in den

Quellcode des neuen Formulars und Sie werden überrascht sein, wesentlich mehr Quellcode als Sie vielleicht gedacht haben.

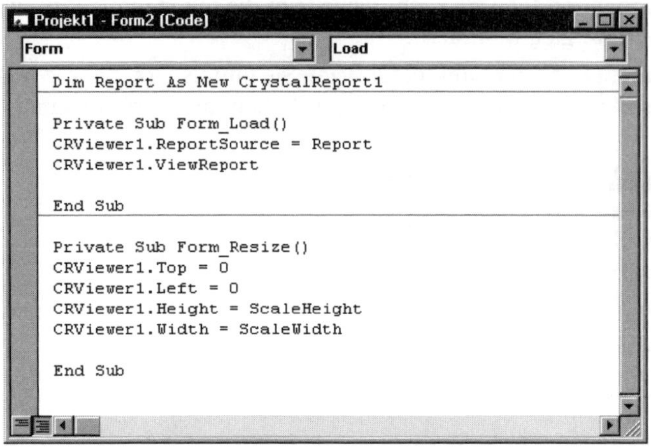


***Abbildung 7.21:*** *Quellcode des Vorschauformulars*

Da wäre zunächst einmal das Erzeugen einer neuen *CrystalReport*-Instanz mittels *New*. Im *FormLoad*-Ereignis werden Druckvorschau-Komponente und Report miteinander verknüpft. Damit dürfte auch klar sein, dass in dieser Komponente problemlos mehrere Reports angezeigt werden können, weisen Sie einfach die betreffende Reportinstanz zu. Dass die Anzeige mit *View-Report* erfolgt, braucht sicher nicht erst erwähnt zu werden.

Das Anpassen der Komponente an die Formulargröße übernehmen die beiden Codezeilen im *FormResize*-Ereignis.

Wie schon beim DataReport möchten wir Ihnen in einer Kurzübersicht die wichtigsten Formatierungsmöglichkeiten vorstellen.

| Aufgabe | Lösung |
|---|---|
| Deckblatt erzeugen | Setzen Sie die Berichtskopf-Eigenschaft *NewPageAfter* auf *True*.<br>Auf diese Weise wird auf dem ersten Blatt des Reports lediglich der Inhalt des Berichtskopfes wiedergegeben. Die Seite 2 fängt regulär mit dem Seitenkopf an. |
| Seitenumbruch erzwingen | Alle Berichtsabschnitte verfügen über die Eigenschaften *NewPageAfter* und *NewPageBefore*. Setzen Sie diese je nach Bedarf auf *True* oder *False*.<br>Die Verwendung von Seitenumbrüchen bietet sich insbesondere bei Gruppierungen an, wo jede Gruppe auf einer eigenen Seite platziert werden soll.<br>HINWEIS: Beachten Sie, dass nicht jede Option in jedem Abschnitt sinnvoll ist. Ein Seitenumbruch nach dem Seitenkopf würde ein Dokument mit unendlich vielen Seiten erzeugen. ▶ |

| Aufgabe | Lösung |
|---|---|
| Seitenzahlen, Druckdatum etc. einblenden | Verwenden Sie die Spezialfelder des Berichts:<br>• Seitenzahlfeld<br>• Gesamtseitenanzahlfeld<br>• Datensatznummerfeld<br>• Gruppennummerfeld<br>• Druckdatumfeld<br>• Druckzeitfeld<br>• Datendatumfeld<br>• Datenzeitfeld<br>• Datum der letzten Änderung<br>• Uhrzeit der letzten Änderung<br>• Berichttitel<br>• Berichtkommentar |
| Seitenränder festlegen | Verwenden Sie das Designer-Kontextmenü: *Designer/Seiteneinrichtung*. Im folgenden Dialogfeld lassen sich alle Seitenränder in Zentimetern (es geht also doch) festlegen. |
| Position der Druckvorschau vorgeben | Ausgehend von der Philosophie der CrystalReport-Komponente, handelt es sich bei der Vorschau um ein ganz normales Visual Basic-Formular, das Sie bequem über *Move* positionieren können. |
| Querdruck | Verwenden Sie das Designer-Kontextmenü: *Designer/Druckereinrichtung*, um die Papierausrichtung festzulegen. |
| Spaltensatz oder Etiketten | Auch dieses Feature ist mit dem CrystalReport kein Problem, erstellen Sie einfach einen neuen Report und wählen Sie den Assistenten für Etiketten. |
| Ausgabe von RTF-Text | Wird nicht unterstützt! |
| Summe etc. berechnen | An dieser Stelle müssen wir etwas weiter ausholen, die Funktionsvielfalt ist so groß, dass wir uns mit diesem Thema in einem eigenen Abschnitt beschäftigen werden. |
| Farbliche und optische Formatierungen | Hier müssen wir zwischen zwei verschiedenen Varianten unterscheiden:<br>• Formatierung zur Entwurfszeit<br>• Formatierung zur Laufzeit<br>Während erstere in ihrer Umsetzung nicht allzu schwierig sein dürfte (Kontextmenü des jeweiligen Elements), stellte die zweite Möglichkeit dem Programmierer ein mächtiges Werkzeug zur Verfügung. Es gibt zwei Ansatzpunkte: Zum einen die bedingte Formatierung, zum zweiten das Ereignismodell des CrystalReports. Wir gehen in dem folgenden Abschnitt auf die Möglichkeiten ein. |

***Tabelle 7.3:*** *Möglichkeiten der Berichtsgestaltung*

## 7.2.3 Sortieren und Gruppieren

Wenden wir uns jetzt einer der häufigsten Gestaltungsoptionen eines Reports zu, dem Sortieren und Gruppieren. Als Beispiel soll ein Report erstellt werden, in dem die Mitarbeiter nach Räumen gruppiert sind. Gehen Sie dazu wie im vorhergehenden Beispiel vor, statt der Einbindung der Tabelle *Personen* nutzen wir in diesem Fall die Möglichkeiten von SQL. Neben den Feldern *Nachname*, *Vorname* und *Anrede* wird aus der Tabelle *Räume* das Feld *Raum#* eingebunden. Mit der WHERE-Klausel stellen wir den Zusammenhang zwischen den beiden Tabellen her.

```
SELECT
   anrede,
   vorname,
   nachname,
   [raum#]
FROM
   personen, räume
WHERE
   personen.raumid = räume.id
```

Nächster Schritt ist das Erzeugen eines »Gruppennamenfeldes« über das Kontextmenü des Report-Designers. Wählen Sie das Feld *Raum#* aus und bestimmen Sie die Sortierfolge.

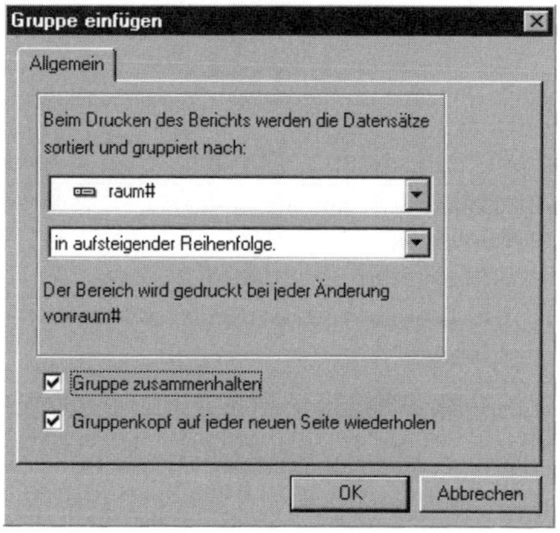


***Abbildung 7.22:*** *Erzeugen eines Gruppennamenfeldes*

Über die Menüleiste des Designers fügen Sie eine neue Gruppe in den Report ein. In welche Report-Bereiche die einzelnen Felder zu kopieren sind, zeigt die Abbildung 7.23 (alle anderen Bereiche wurden zur bessern Übersicht verkleinert).

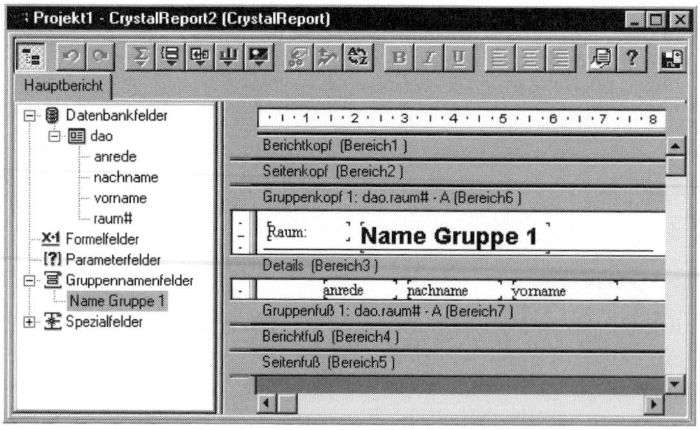


***Abbildung 7.23:*** *Gruppierter Bericht*

**WICHTIG:** Im Gruppenkopf haben die Detaildaten (Personaldaten) nichts verloren. Ausnahme: Sie wollen z.B. Bereiche angeben (von A bis G) oder Ähnliches.

Der Blick auf die Druckvorschau offenbart plötzlich auch den Sinn der Baumansicht am linken Rand. Alle Gruppen tauchen hier als Einträge auf, ein Klick auf den Eintrag und schon wird die gewünschte Gruppe angezeigt.

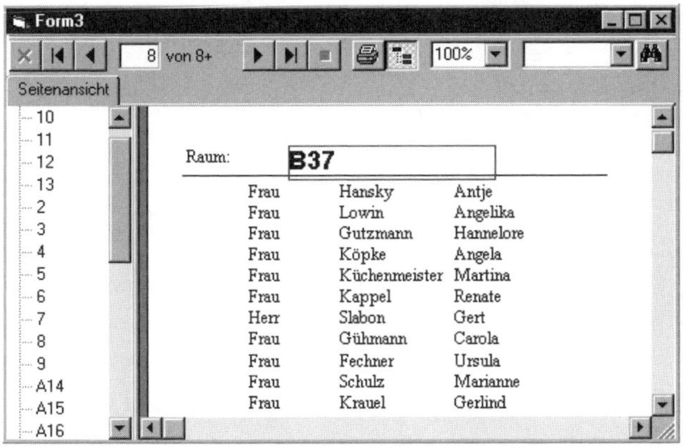


***Abbildung 7.24:*** *Druckvorschau eines gruppierten Berichts*

**TIPP:** Weitere Sortiermöglichkeiten stehen über das Kontextmenü *Bericht/Datensätze sortieren* bereit.

### Parameterfelder

Wie schon in der Übersicht kurz angedeutet, bieten Parameterfeldern die Möglichkeit, zur Laufzeit bestimmte Filterkriterien an den Report zu übergeben. Wir wollen die Anzeige der Mitarbeiter dahingehend einschränken, dass nur Mitarbeiter mit einem bestimmten Anfangsbuchstaben ausgegeben werden.

Erzeugen Sie dazu über das Kontextmenü ein neues Parameterfeld. Im folgenden Dialogfeld können Sie einen Aufforderungstext angeben, der später beim Drucken mit angezeigt wird.

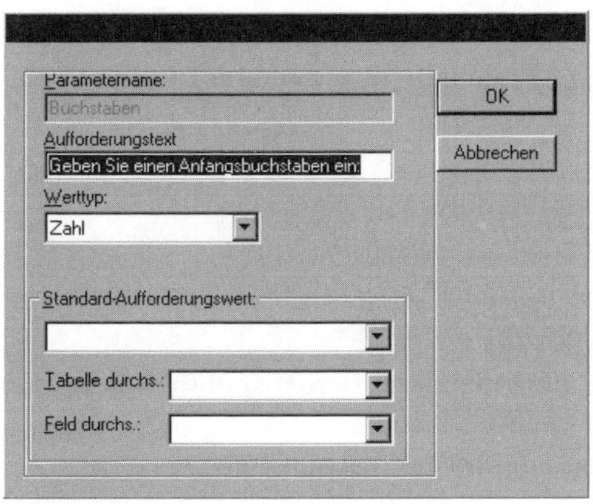


***Abbildung 7.25:*** *Erzeugen eines Parameterfeldes*

Die eigentliche Zuordnung des Parameters erfolgt über den Kontextmenüpunkt *Bericht/Auswahlformel bearbeiten* (Die Menüs sind nicht sehr sinnvoll angeordnet).

Die folgende Abbildung zeigt die verwendete Formel:

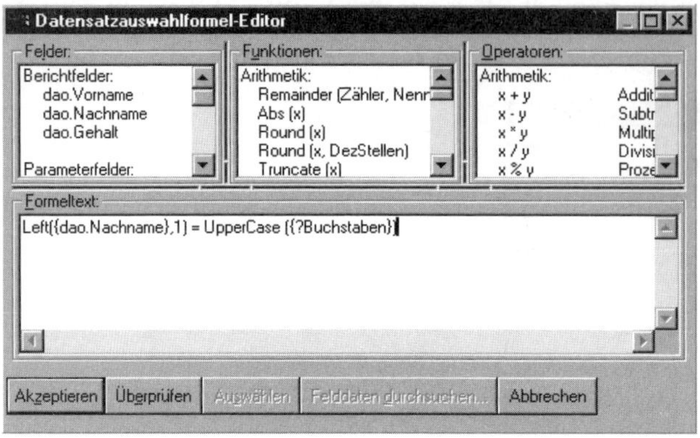


***Abbildung 7.26:*** *Vorgabe eines Datensatzfilters*

Der Aufbau der Formel folgt entweder den Regeln von Basic oder der WHERE-Klausel von SQL-Abfragen. Wir haben uns für letzteres entschieden.

Die *Left*-Funktion extrahiert den ersten Buchstaben des Feldes *Nachname*, das Funktionsergebnis wird mit dem in Großbuchstaben umgewandelten Eingabewert (Parameterfeld) verglichen. Das war es schon, zur Sicherheit können Sie noch die Syntax überprüfen lassen.

Nach dem Start des Programms bzw. der Druckvorschau werden Sie über ein Dialogfeld zur Eingabe des Parameters aufgefordert.

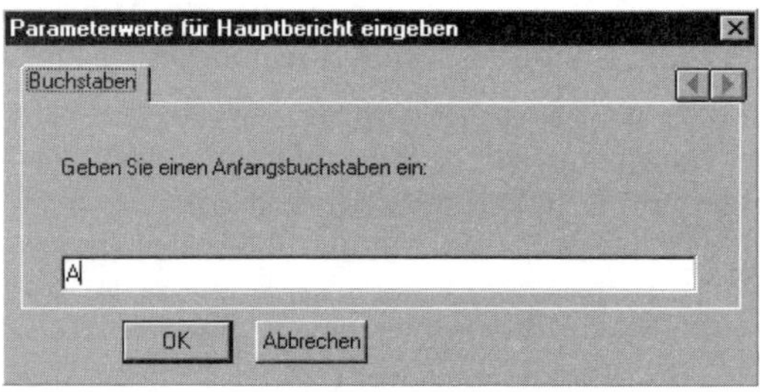


***Abbildung 7.28:*** *Abfrage von Parameterfeldern*

## Berechnungen

Hier sind wir beim wohl komplexesten Thema des CrystalReports angekommen. Mehrere Varianten und Einsatzgebiete bieten sich an:

- SQL-Berechnungen, innerhalb von Datensatzzeilen
- Berechnungen über Gruppen oder den gesamten Bericht
- Berechnungen komplexer Ausdrücke, die mit SQL nicht mehr realisierbar sind (beispielsweise eine Fahrkostenabrechnung nach deutschem Steuerrecht).
- Formatierung von Textfeldern (Verketten, Berechnen von Rechnungsnummern etc.)
- Berechnungen mit Datumsfeldern

Die Empfehlung kann trotz aller Features nur lauten: Verwenden Sie wann immer es geht zum Berechnen SQL-Anweisungen, schneller geht es meist nicht.

An dieser Stelle wollen wir uns auf ein simples Beispiel beschränken. Wir erstellen einen Bericht, in dem neben den Mitarbeiten in den einzelnen Räumen auch die Gesamtzahl der Mitarbeiter pro Raum berechnet wird.

Wählen Sie dazu im bereits erstellt Bericht (das Beispiel mit der Gruppierung) eines der Felder im Detailbereich aus und klicken Sie in der Menüleiste des Designers auf das Summensymbol.

Das nachfolgende Dialogfeld stellt verschiedene Berechnungsmöglichkeiten zur Verfügung, wir entscheiden uns für die Anzahl.

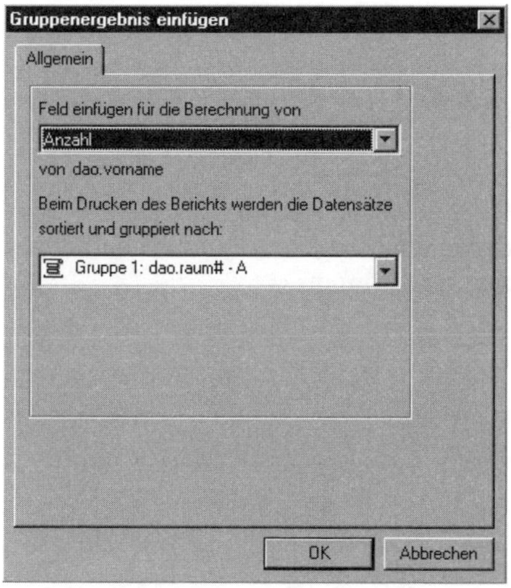


***Abbildung 7.29:*** *Auswahl der Berechnungsfunktion*

Nach dem Schließen des Dialogfeldes finden Sie bereits das fertige Feld vor. Es steht, wie sollte es auch anders sein, im Gruppenfuß.

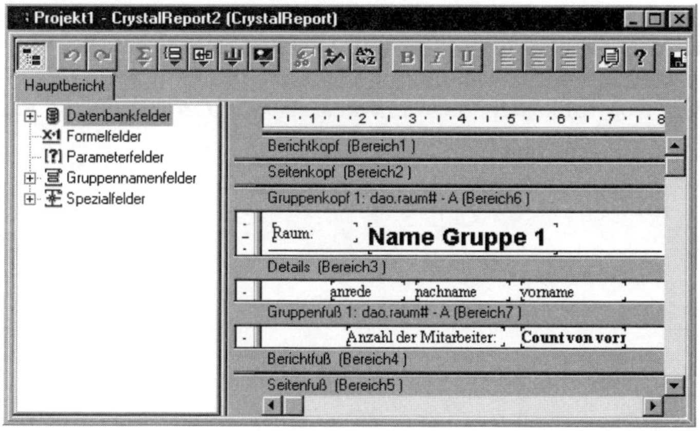


***Abbildung 7.30:*** *Berechnungsfeld im Gruppenfuß*

Ein kurzer Test zeigt das gewünschte Ergebnis.

***Abbildung 7.31:*** *Ausgabe von Gruppenberechnungen*

Neben derart einfachen Berechnungen können Sie mit Hilfe des Formeleditors auch recht komplexe Formeln erstellen, die neben den Datenbankfeldern auf einen reichen Fundus von String-, Array-, Datums- und mathematischen Funktionen zurückgreifen können.

**BEISPIEL:** Verwendung von Funktionen

```
If (Average([{file.MON1}, {file.MON2}, {file.MON3}]) - {file.CURRENTMON})> 0 Then
        Minimum([.25*((Average([{file.MON1}, {file.MON2},
        {file.MON3}) - {file.CURRENTMON}]), 10000])
Else
        0
```

Leider können wir an dieser Stelle nicht weiter auf dieses interessante Thema eingehen, dazu fehlt einfach der Platz.

### Gestalten mit bedingter Formatierung

Bedingte Formatierungen werden mit Hilfe von Formeln realisiert. Möchten Sie beispielsweise die Anzeige eines Bereichs auf bestimmten Seiten unterdrücken, kein Problem. Über das Kontextmenü des betreffenden Bereichs wählen Sie den Menüpunkt *Bereich formatieren*. Im folgenden Dialogfeld klicken Sie neben dem Kontrollkästchen *Unterdrücken (kein Drilldown)* auf das Schaltflächensymbol, um eine logische Bedingung einzugeben.

***Abbildung 7.32:*** *Aktivieren der bedingten Formatierung*

Im vorliegenden Beispiel fällt die Formel recht kurz aus:

```
PageNumber = 1
```

Gleiches trifft auch auf die anderen Formatierungsmöglichkeiten zu. So lässt sich mit

```
If {dao.gehalt} > 4000 Then
        Red
Else
        Black
```

die Farbe des Gehaltfeldes ändern, wenn das Gehalt nach Meinung des Arbeitgebers zu hoch ausfällt.

An dieser Stelle könnten noch Dutzende weitere Beispiele stehen, fast jede Eigenschaft der einzelnen Report-Elemente (Bereiche, Felder etc.) lässt sich über die bedingte Formatierung verändern.

### Gestaltung mit Ereignissen

Eine zweite Variante um das optische Erscheinungsbild zur Laufzeit zu ändern, sind die *Format*-Ereignisse. Jeder Bereich des Berichts kann ein eigenes Format-Ereignis aufweisen. Dieses Ereignis wird immer dann zur Laufzeit aufgerufen, wenn der Bereich angezeigt und formatiert wird.

So lässt sich beispielsweise Visual Basic-Code schreiben, um die Hintergrundfarben von Zeilen zu ändern. Doppelklicken Sie in den Detailbereich und geben Sie den folgenden Code in den Detailbereich Ihres Berichts ein:

```
Private Sub Bereich3_Format(ByVal pFormattingInfo As Object)
Static bColor As Boolean
   If bColor = True Then
      Bereich3.BackColor = crYellow
      bColor = False
```

```
    Else
        Bereich3.BackColor = crNoColor
        bColor = True
    End If
End Sub
```

Wenn Sie Ihre Anwendung jetzt ausführen, wird Ihr Bericht jede zweite Zeile mit gelbem Hintergrund drucken.

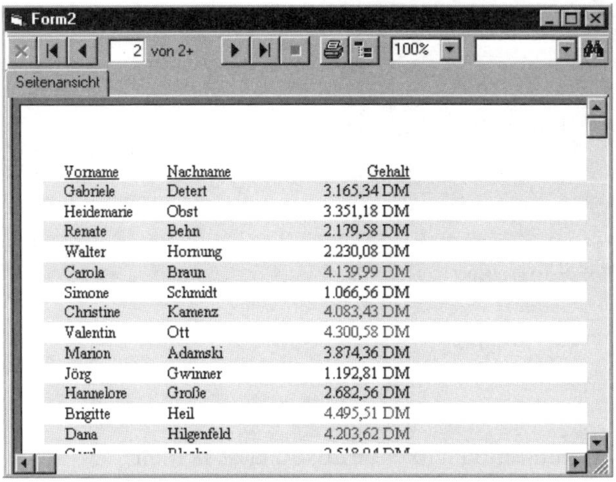


***Abbildung 7.33:*** *Gestaltung von Reports mit Ereignissen*

Ihr Basic-Code kann über die Report-Objekte bzw. deren Eigenschaften Einfluss auf das optische Erscheinungsbild des Reports nehmen.

**HINWEIS:** Verwenden Sie nur kurze Codefragmente. Umfangreiche Berechnungen können die Ausführungsgeschwindigkeit des Reports stark beeinflussen.

Nach diesem kurzen Exkurs wollen wir uns von dem eigentlich recht komfortablen Report-Designer verabschieden und uns einigen weiteren Varianten der Druckausgabe zuwenden.

# 7.3 Drucken über OLE-Automation

Die Überschrift deutet es schon an, wir wollen versuchen, mit Hilfe der bekannten Office-Programme Druckausgaben zu realisieren. Schnell kommt der Verdacht auf, dass der Programmierer versucht, das Brett an der dünnsten Stelle anbohren zu wollen. Doch warum sollen nicht die Möglichkeiten von Office-Programmen genutzt werden, wenn doch häufig der Wunsch besteht, Reportausgaben nachträglich zu bearbeiten oder in umfangreichere Dokumentationen aufzunehmen? Nicht zuletzt bieten sich gerade die Office-Anwendungen an, wenn es um eine sinnvolle Archivierung von Dokumenten geht.

Unser Favorit ist, wie sollte es auch anders sein, Microsoft Word, ein Allroundtalent, was die Gestaltung von ansprechenden Druckausgaben angeht. Als zweite Variante bietet sich insbesondere bei der Verwendung von Jet-Datenbanken Microsoft Access an. Hier kann der integrierte Reportgenerator zeigen, was er kann.

Für die im weiteren vorgestellten Verfahren ist es sinnvoll, wenn wir kurz auf die grundlegenden Möglichkeiten und Funktionen der OLE-Automation eingehen (lassen Sie sich an dieser Stelle nicht von vielfach gebrauchten Begriffen wie »ActiveX« verwirren, die keine klare Technologie bezeichnen).

**HINWEIS:** Ein Nachteil der im Folgenden beschriebenen Verfahrensweise soll natürlich nicht unerwähnt bleiben. Geben Sie Ihre Anwendungen an andere Anwender weiter, muss auf dem jeweiligen Rechner natürlich auch die OLE-Anwendung (Access oder Word) installiert sein.

## 7.3.1 Kurzeinstieg in die OLE-Automation

### Allgemeines

Über OLE-Automation (ein Teilbereich der unter dem Begriff »ActiveX« zusammengefassten Technologien) lassen sich Objekte anderer Applikationen (z.B. Word oder Access) von Ihrem VB Programm quasi fernsteuern. Nach der Definition einer entsprechenden Objektvariablen können Sie auf Eigenschaften und Methoden dieser Objekte genau so zugreifen, als ob es sich um ein Visual Basic-Objekte handeln würde. Auf die gleiche Art und Weise kann übrigens auch VB selbst gesteuert werden. Die Add-Ins machen davon regen Gebrauch.

Wichtigstes Hilfsmittel für den OLE-Programmierer ist der in Visual Basic integrierte Objekt-Katalog. Welche Objekte angezeigt werden, hängt von den Verweisen ab, die Sie unter *Projekt/ Verweise...* eingebunden haben.

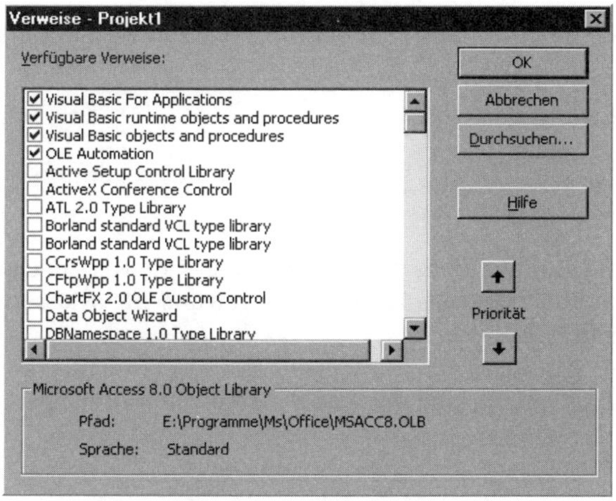


***Abbildung 7.34:*** *Verweise auf ActiveX-Bibliotheken*

Im Objekt-Katalog werden neben den Klassen alle Methoden, Eigenschaften, Ereignisse und Konstanten angezeigt:

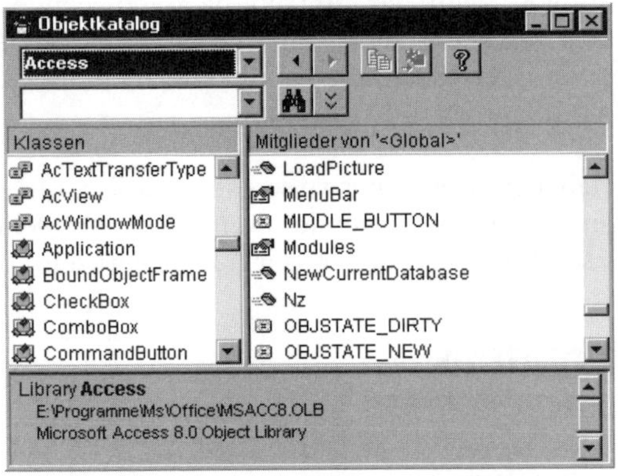


***Abbildung 7.35:*** *Der Objekt-Katalog*

### Programmieren der OLE-Automation

Das Grundprinzip besteht darin, dass Sie in Visual Basic eine Instanz der gewünschten Klasse erzeugen. Mit diesem Objekt können Sie dann wie mit jedem anderen Access-Objekt arbeiten.

Zum Erzeugen der Instanz bieten sich vier Möglichkeiten an:

- *GetObject*-Funktion
- *CreateObject*-Funktion
- *Object*-Eigenschaft der *OLE*-Komponente
- *New*

Für die ersten drei Varianten gilt: Vergessen Sie beim Initialisieren der Objektvariablen nicht die *Set*-Anweisung.

```
Dim objektInstanz As <Klassenname>
Set objektInstanz = <GetObject | CreateObject | OLE.Object>
```

### New

Voraussetzung für die Verwendung von *New* ist eine Referenz auf die entsprechende Klasse. Um neue Referenzen zu erstellen, müssen Sie unter *Projekt/Verweise...* die gewünschte Klassenbibliothek auswählen oder eine neue hinzufügen.

**BEISPIEL:** Erstellen einer Objektvariablen Access als Instanz des Access-Application-Objekts.

```
Dim Access As New Access.Application
```

oder

```
Dim Access As Access.Application
...
Set Access = New Access.Application
```

Je nach Definition wird das Objekt bei ersten Aufruf einer Methode oder Eigenschaft (... *As New*) oder schon beim Zuweisen (*Set* ... = *New*) erstellt.

### GetObject und CreateObject

Grundsätzlich sollten Sie immer versuchen, ein ActiveX-Objekt mit der *GetObject*-Funktion zu erzeugen, da bei dieser Variante eine bereits bestehende Instanz genutzt wird. Schlägt dieser Versuch fehl (*Err = 429*), müssen Sie die *CreateObject*-Funktion verwenden. Sollte auch diese Funktion mit einem Fehler beendet werden, ist entweder die Klasse nicht registriert, oder es steht nicht genügend Arbeitsspeicher zur Verfügung (so etwas soll es geben).

Aufrufparameter ist in den meisten Fällen der Klassenname, Sie können aber auch den Namen einer Datei angeben, die mit einer ActiveX-Komponente verknüpft ist.

**BEISPIEL:** Erzeugen eines Word-Objekts über den Klassennamen.

```
Dim Word As Object

On Error GoTo wordStarten
    ' Versuch, eine bestehende Instanz zu verwenden ...
    Set Word = GetObject(, "word.application")
    If Not Word Is Nothing Then
    ' Arbeiten mit dem Word-Objekt ...
       Word.Visible = True
       Word.Documents.Add
       Set Word = Nothing
   End If
Exit Sub

wordStarten:

    If Err = 429 Then
     ' Die Instanz war nicht vorhanden, wir müssen Word starten ..
      Set Word = CreateObject("word.application")
    Else
    ' Word konnte nicht gefunden werden
      MsgBox "Das war wohl nichts!"
    End If
    Resume Next
```

**BEISPIEL:** Verwendung eines Dateinamens zur Objektdefinition.

```
Dim Word As Object

Set Word = GetObject("c:\Rechnung.doc")
    If Not Word Is Nothing Then
    ' Arbeiten mit dem Word-Objekt ...
      Word.Application.Visible = True
      Word.Application.Documents.Add
      Set Word = Nothing
   End If
```

### Object-Eigenschaft (Objektfeld-Control)

Anders als bei den beiden vorhergehenden Funktionen müssen Sie sich bei der Verwendung der *Object*-Eigenschaft nicht um Klassennamen etc. kümmern, da Sie im Allgemeinen davon ausgehen können, dass sich bereits ein Objekt in der OLE-Komponente befindet. Die *Object*-Eigenschaft ist eigentlich nur »zwischengeschaltet«, um Verwechslungen mit den Eigenschaften und Methoden des Objektfeldes zu vermeiden.

Syntax:

```
OLE.Object.Klassenname.<Eigenschaft | Methode>
```

**BEISPIEL:** Verwenden der *Object*-Eigenschaft bei einem eingelagerten Word-Objekt.

```
OLE1.Object.Application.Selection.TypeText Text:="Beispieltext"
```

Sie können auch statt dieser doch recht umständlichen Variante ein neues Objekt erzeugen, das vom bestehenden Objekt abgeleitet wird:

```
Dim word As Object

Set word = OLE1.Object.Application.Selection
Word.TypeText Text:="Beispieltext"
```

**WICHTIG:** Bevor Sie mit dem Objekt arbeiten können, müssen Sie das Objektfeld aktivieren!

**BEISPIEL:** Aktivieren des Objektfeldes.

```
ole1.Action = acOLEActivate      ' OLE-Steuerelement aktivieren.
```

Bevor Sie jetzt bei all der Theorie verzweifeln, wenden wir uns der Praxis zu.

## 7.3.2 Drucken mit Microsoft Word

Verwenden Sie Word für die Druckausgabe, können Sie zwei verschiedene Varianten einsetzen:

- Sie entwerfen die komplette Seite mit Word und fügen an den relevanten Stellen sogenannte Platzhalter (Formularfelder) ein. Diese werden später aus dem VB-Programm heraus gezielt aufgerufen und mit neuen Inhalten gefüllt. Der Vorteil dieser Variante: Das Word-Dokument kann quasi wie eine Vorlage genutzt werden, der Aufwand ist minimal. Nachteil: Sie müssen die Datei zur Laufzeit in den Word-Editor laden.
- Der komplette Report bzw. das komplette Word-Dokument wird zur Laufzeit aus VB heraus generiert. Vorteil: Das Erstellen von Listen ist mit dieser Variante wesentlich einfacher als mit vorgefertigten Dokumenten. Nachteil: Jede Menge Quellcode.

Der Nachteil der zweiten Variante kann jedoch schnell wieder wettgemacht werden, lassen Sie einfach Word für sich arbeiten. Was ist gemeint? Die Anwort findet sich unter dem Word-Menüpunkt *Extras/Makro/Aufzeichnen*. Öffnen Sie Word und rufen Sie den genannten Menübefehl auf. Alle weiteren Aktionen, die Sie durchführen (Text eingeben, formatieren, Tabellen erstellen etc.) werden durch den Makrorecorder aufgezeichnet. Sie müssen nur noch das aufgezeichnete Makro in Ihr Visual Basic Programm einfügen und geringfügig anpassen.

**BEISPIEL:** Sie erstellen eine neues Dokument und geben eine 16 Punkt große Überschrift ein. Das Resultat ist folgender Bandwurm:

```
Sub Makro1()
'
```

```
' Makro1 Makro
' Makro aufgezeichnet am 13.01.99 von Thomas Kowalski
'
    Documents.Add Template:="E:\Programme\Ms\Vorlagen\Normal.dot", NewTemplate _
        :=False
    With Selection.Font
        .Name = "Times New Roman"
        .Size = 16
        .Bold = False
        .Italic = False
        .Underline = wdUnderlineNone
        .StrikeThrough = False
        .DoubleStrikeThrough = False
        .Outline = False
        .Emboss = False
        .Shadow = False
        .Hidden = False
        .SmallCaps = False
        .AllCaps = False
        .ColorIndex = wdAuto
        .Engrave = False
        .Superscript = False
        .Subscript = False
        .Spacing = 0
        .Scaling = 100
        .Position = 0
        .Kerning = 0
        .Animation = wdAnimationNone
    End With
    Selection.TypeText Text:="Überschrift"
    Selection.HomeKey Unit:=wdLine
End Sub
```

Aus diesem Quellcode-Haufen filtern wir uns erst einmal die relevanten Daten heraus:

```
Sub Makro1()
  Documents.Add
  Selection.Font.Size = 16
  Selection.TypeText Text:="Überschrift"
End Sub
```

Das sieht doch schon viel freundlicher aus, das Resultat beider Makros ist dasselbe. Kopieren Sie nun den Quellcode in Ihre Visual Basic-Anwendung. Erster Schritt ist jetzt das Erzeugen einer Word-Instanz bzw. einer *Word.Application*-Instanz.

```
Private Sub Command1_Click()
Dim Word As Object

On Error GoTo wordStarten
    ' Versuch, eine bestehende Instanz zu verwenden ...
    Set Word = GetObject(, "word.application")
    If Not Word Is Nothing Then
     With Word
       ' Anzeigen von Word, standardmäßig ist Word nicht sichtbar.
       .Visible = True
```

```
      .Documents.Add
      .Selection.Font.Size = 16
      .Selection.TypeText Text:="Überschrift"
    End With
  End If
Exit Sub

wordStarten:

    If Err = 429 Then
     ' Die Instanz war nicht vorhanden, wir müssen Word starten ..
      Set Word = CreateObject("word.application")
    Else
    ' Word konnte nicht gefunden werden
      MsgBox "Das war wohl nichts!"
    End If
    Resume Next
End Sub
```

Wie Sie sehen, haben wir auch gleich eine recht komplexe Fehlerbehandlung eingefügt, der ehemalige Makrocode ist unterstrichen, die einzige Änderung ist der Punkt vor den jeweiligen Befehlen. Ein Problem stellen teilweise die verwendeten Konstanten im Makro dar. Als Abhilfe bietet sich das Direktfenster von Word-VBA an. Geben Sie hier einfach die jeweiligen Konstanten ein, Sie erhalten dadurch den nummerischen Wert.

Eine komplette Anwendung finden Sie im How-to-Teil in ▶ Kapitel 12 unter:

▶ 12.5.2 ... über Word drucken?

## 7.3.3 Drucken mit Microsoft Access

Drucken über Access »schlägt zwei Fliegen mit einer Klappe«. Zum einen können Sie die Daten in der Access-Datenbank speichern, gleichzeitig sind in dieser Datenbank auch die nötigen Berichte enthalten. Dritter Vorteil: Sie können den recht intuitiven Report-Generator von Access zum Berichtsentwurf einsetzen.

Das folgende Beispiel haben wir einmal auf die wesentlichsten Zeilen reduziert, um zu verdeutlichen, dass es wirklich absolut simpel ist, einen Report über Access zu Papier zu bringen. Auf eine Fehlerbehandlung haben wir komplett verzichtet.

**BEISPIEL:** Access-Report aus Visual Basic drucken.

```
Private Sub Command1_Click()
Dim MyAccess As Object

  Set MyAccess = GetObject("c:\ole\personal.mdb")
  MyAccess.DoCmd.OpenReport "Personalliste"
End Sub
```

Das Beispiel ist mit wenigen Worten beschrieben. Nach dem erfolgreichen Erstellen einer Access-Instanz über die *GetObject*-Funktion (gegebenenfalls müssen Sie den Pfad anpassen), können wir schon auf das *DoCmd*-Objekt von Access zugreifen.

Syntax:

```
DoCmd.OpenReport Berichtsname[, Ansicht][, Filtername] _
                 [, Bedingung]
```

Wie Sie sehen, ist auch das Übergeben von Filtern oder Bedingungen (entspricht einer WHERE-Klausel bei SQL) kein Problem. Weitere Informationen und Beispiele dazu finden Sie in der Online-Hilfe zu Microsoft Access unter dem Stichwort »DoCmd«.

**HINWEIS:** Wie bei Word gilt auch hier: Setzen Sie die *Visible*-Eigenschaft nicht auf *True*, bleibt Access unsichtbar.

# 7.4 Low-Level-Druckausgabe

Nicht in jedem Fall können die bisher genannten Möglichkeiten alle Anforderungen erfüllen. Aus diesem Grund wenden wir uns in diesem abschließenden Abschnitt noch kurz diesem Thema zu. Allerdings sollten Sie sich vom Attribut »Low-Level« nicht abschrecken lassen: Mit den doch recht umständlichen Möglichkeiten aus den angeblich »guten alten« DOS-Tagen haben die im Folgenden vorgestellten Varianten nichts mehr gemein. Probleme mit Escape-Sequenzen etc. dürften Sie nur in Ausnahmefällen beschäftigen.

## 7.4.1 Das VB-Printer-Objekt

Visual Basic stellt uns für die Druckausgabe ein *Printer*-Objekt zur Verfügung, das wesentliche Teile der Drucker-API kapselt und uns so von unnötigen Routineaufgaben entlastet. Dieser Vorteil wird allerdings auch mit einigen Einschränkungen erkauft, die sich nur mit API-Programmierung umgehen lassen.

Das *Printer*-Objekt weist gegenüber den anderen VB-Objekten einige Besonderheiten auf, beispielsweise gibt es nur ein einziges davon. Das dürfte auf den ersten Blick nicht ganz einsichtig sein, da man ja mehrere Drucker unter Windows installieren kann. Der Grund für diese Einschränkung ist darin zu suchen, dass immer nur ein einziger Drucker als Standarddrucker definiert ist.

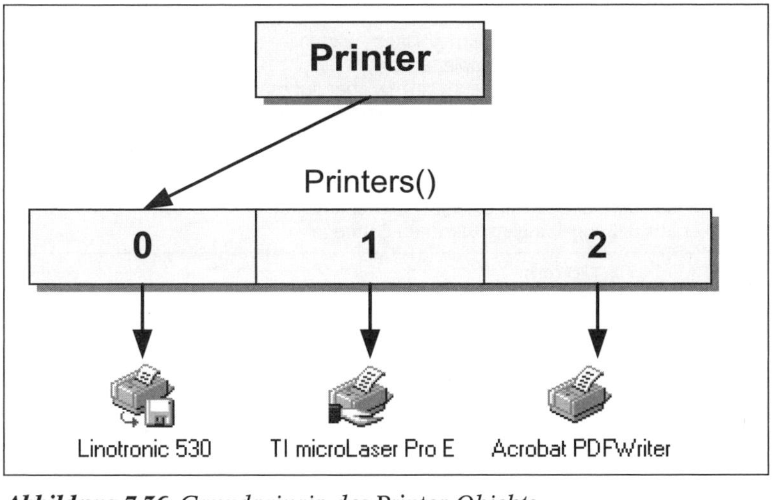


***Abbildung 7.36:** Grundprinzip des* Printer-*Objekts*

Neben den Standardmethoden (über die z.B. auch eine Form verfügt) *Circle*, *Line*, *PSet*, *Print*, *TextHeight*, *TextWidth* bietet der Printer noch die zusätzlichen Methoden *EndDoc* (Druckauftrag abschließen), *NewPage* (Seitenvorschub) und *KillDoc* (Druckauftrag abbrechen), die für die Druckeransteuerung von Bedeutung sind.

**BEISPIEL:** Einfache Druckausgabe mit VB.

```
Printer.Print "bla bla..."
Printer.NewPage               ' neue Seite
Printer.EndDoc                ' Ausgabe schließen
```

**HINWEIS:** Vergessen Sie nie die *EndDoc*-Methode, der Druckauftrag wird sonst erst mit dem Ende Ihres Programms abgeschickt!

| Eigenschaft | Beschreibung/Hinweise |
|---|---|
| *ColorMode* | 1 Monochrome Druckausgabe (Graustufen)<br>2 Farbige Druckausgabe |
| *DeviceName, DriverName, Port* | Informationen über den aktuellen Drucker.<br>Beispiel: Linotronic, winspool, LPT1: |
| *Duplex* | Legt fest, ob und wie eine Seite beidseitig bedruckt wird. Der Drucker muss diese Möglichkeit natürlich unterstützen. |
| *Fonts* | Array mit den verfügbaren Druckerschriftarten. Die Anzahl der Druckerschriftarten liefert die Eigenschaft FontCount. |
| *hDC* | Der Gerätekontext, den Sie für die Ausgabe mittels GDI-Funktionen benötigen. |
| *Height, Width* | Die äußeren Blattabmessungen in Twips. Zur Umrechnung in Millimeter teilen Sie den Wert durch 56,7. |
| *Orientation* | 1 Vertikal<br>2 Horizontal |
| *Page* | Anzahl der gedruckten Seiten seit dem letzten BeginDoc. |
| *PaperBin* | 1 Papier vom oberen Behälter<br>2 Papier vom unteren Behälter<br>3 Papier vom mittleren Behälter<br>4 Auf manuelles Einlegen von Einzelblättern warten<br>5 Umschläge vom Umschlagspapiereinzug<br>6 Umschläge vom Umschlagspapiereinzug, aber auf manuelles Einlegen warten.<br>7 (Default) Papier aus dem aktuell voreingestellten Behälter<br>8 Papier vom Traktor-Einzug<br>9 Papier aus dem kleinen Papierbehälter<br>10 Papier aus dem großen Papierbehälter.<br>11 Papier aus dem Einzug mit dem großen Papiervorrat<br>14 Papier aus der angehängten Kassetten-Cartridge |
| *PaperSize* | 8 DIN A3, 297 x 420 mm<br>9 DIN A4, 210 x 297 mm<br>10 DIN A4 klein, 210 x 297 mm<br>11 DIN A5, 148 x 210 mm<br>12 DIN B4, 250 x 354 mm<br>13 DIN B5, 182 x 257 mm[1] ▶ |

| Eigenschaft | Beschreibung/Hinweise |
|---|---|
| *PrintQuality* | 1 Entwurfsauflösung<br>2 Geringe Auflösung<br>3 Mittlere Auflösung<br>4 Hohe Auflösung<br>Der Rückgabewert ist die Auflösung in DPI (Dots Per Inch) |
| *ScaleHeight, ScaleWidth* | Der Druckbereich des Blattes in eingestellten Einheiten. |
| *ScaleMode* | Die sinnvollste Einstellung dürfte Millimeter sein (6). |
| *Zoom* | Die Druckausgabe wird auf Zoom-Prozent skaliert. |

1 Weitere Werte entnehmen Sie bitte der Online-Hilfe.

***Tabelle 7.4:** Printer-Eigenschaften*

#### Konfigurieren des Druckers

Bevor wir zum eigentlichen Drucken kommen, müssen wir uns mit der Auswahl eines Druckers und dessen Konfiguration beschäftigen.

Unter Windows können zwar mehrere Ausgabegeräte (Drucker) installiert werden, ein Drucker ist aber immer als Standardausgabegerät ausgewählt. Dieser Standarddrucker wird automatisch dem *Printer*-Objekt von VB zugewiesen, d.h. alle Eigenschaften, die Sie über das *Printer*-Objekt abfragen, beziehen sich auf diesen Drucker.

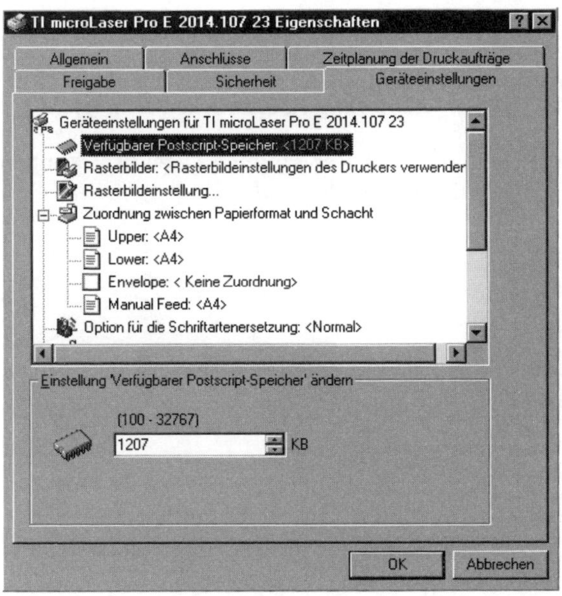


***Abbildung 7.37:** Druckerkonfiguration unter Windows NT*

Wie können wir nun aber den Drucker aus dem Programm heraus wechseln? Das Ändern der entsprechenden Einträge in der Systemsteuerung ist sicher keine gute Idee. Zwei Wege bieten sich an:

- Anzeige eines Dialogfeldes
- Auswahl über die *Printers*-Collection

Auf den zweiten Punkt gehen wir am Ende des Abschnitts ein. Beginnen wir mit den Dialogfeldern:

Verantwortlich für das Drucker-Dialogfeld ist das Steuerelement *Comdlg32.ocx*, mit dem Sie die Standarddialoge in Ihre VB-Programme einbinden können. Neben weiteren Dialogen sind auch zwei Dialogfelder für die Druckerkonfiguration dabei.

Zum einen wird ein Dialogfeld für die Druckausgabe, zum anderen ein Dialogfeld zur Druckerkonfiguration angeboten. Sie können diese Dialogfelder durch das Einfügen des oben genannten *Comdlg32.ocx* in die Form einbinden und beide über ein und dieselbe Methode aufrufen:

```
CommonDialog1.ShowPrinter
```

Nach dem Aufruf erscheint standardmäßig das Dialogfeld *Drucken*:

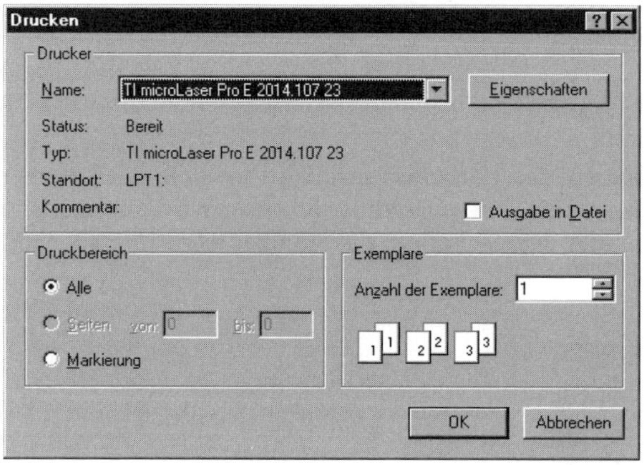


***Abbildung 7.38:*** Drucken-*Dialogfeld*

Neben der Auswahl von bestimmten Druckbereichen, der Umleitung in eine Datei usw. können Sie über die Schaltfläche *Eigenschaften* das Eigenschaften-Dialogfeld aufrufen.

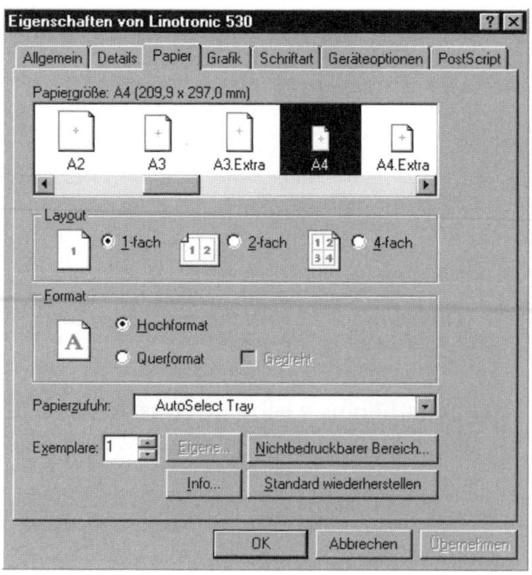


***Abbildung 7.39:*** Eigenschaften-*Dialogfeld*

Ein weiteres Dialogfeld (Drucker einrichten) erhalten Sie angezeigt, wenn das Flag *PD_PRINTSETUP* gesetzt ist.

Im Dialogfeld zur Druckereinrichtung haben Sie die Möglichkeit, einen neuen Standarddrucker auszuwählen, das Druck-/Seitenformat zu ändern sowie den druckerspezifischen Optionsdialog aufzurufen. Beachten Sie, dass sich Änderungen in diesem Dialogfeld nur nach einem Aufruf der *EndDoc*-Methode auf das *Printer*-Objekt auswirken.

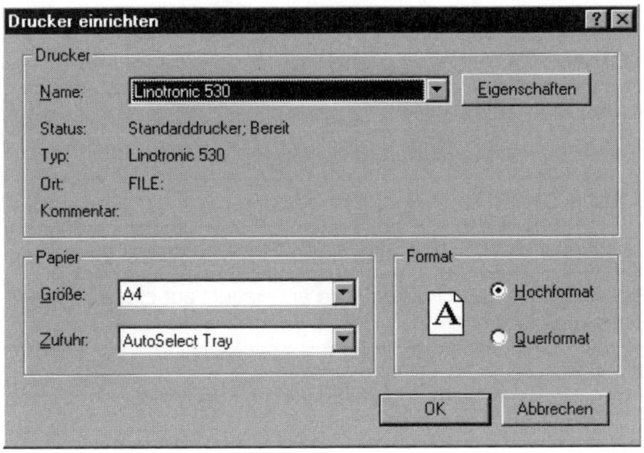


***Abbildung 7.40:*** *Dialogfeld zur Druckereinrichtung*

Das *CommonDialog*-Control verfügt über einige interessante Eigenschaften, die zum Teil vor dem Aufruf gesetzt werden können, zum Teil der Rückgabe von Werten dienen:

| Eigenschaft | Beschreibung |
|---|---|
| *Copies* | Anzahl der Kopien (Druckausgabedialog) |
| *DialogTitle* | Überschrift der Dialogfelder |
| *FromPage*<br>*ToPage* | Druckbereich, d.h. von Seite bis Seite (Druckausgabedialog), diese Eigenschaften sind nur verfügbar, wenn das Flag *PD_PAGENUMS* gesetzt ist. |
| *hDC* | Handle auf den Standarddrucker. Wenn das *PD_RETURNDC*-Flag gesetzt ist, wird der *hDC* des ausgewählten Druckers zurückgegeben. Ist das *PD_RETURNIC*-Flag gesetzt, bekommen Sie einen Handle auf einen Informationskontext. |
| *PrinterDefault* | Setzen Sie diese Eigenschaft auf *True*, können Sie nach einem *Printer.EndDoc* (unbedingt nötig, da sonst der alte Drucker beibehalten wird) auf den neu ausgewählten Standarddrucker zugreifen, andernfalls können Sie nur die Eigenschaft *hDC* für die Druckausgabe mit GDI-Routinen nutzen. |

***Tabelle 7.5:*** *Wichtige Eigenschaften des Comdlg32.ocx* (als Druckerdialog)

In obiger Tabelle blieb eine wichtige Eigenschaft unerwähnt: *Flags*. Diese Eigenschaft verdient eine eigene Tabelle, da sie sich aus einer Kombination folgender Konstanten zusammensetzt, die auch in der *MSComDlg*-Objektbibliothek im Objektkatalog aufgelistet sind:

| Option | Beschreibung |
|---|---|
| *cdlPDAllPages* | Aktiviert das Optionsfeld *Alles*. |
| *cdlPDDisablePrintToFile* | Sperrt die Option *Ausdruck in Datei*. |
| *cdlPDHidePrintToFile* | Versteckt die Option *Ausdruck in Datei*. |
| *cdlPDNoPageNums* | Sperrt die Option *Seiten* und die zugehörigen Felder. |
| *cdlPDNoSelection* | Sperrt die Option *Markierung*. |
| *cdlPDNoWarning* | Verhindert die Anzeige eines Meldungsfeldes, falls kein Standarddrucker installiert ist. |
| *cdlPDPageNums* | Setzt oder liefert den Status der *Seiten*-Option. |
| *cdlPDPrintSetup* | Zeigt das Dialogfeld *Drucker einrichten* anstatt das Dialogfeld *Drucken* an. |
| *cdlPDPrintToFile* | Setzt oder liefert den Status der Option *Ausgabe in Datei*. |
| *cdlPDReturnDC* | Über *hDC* wird ein Handle auf den DC des Standarddruckers zurückgegeben. |
| *cdlPDReturnIC* | Anstatt eines Handles auf den DC des Druckers wird ein Handle auf einen Informationskontext des Druckers zurückgegeben. |
| *cdlPDSelection* | Setzt oder liefert den Status des Optionsfeldes *Auswahl*. |
| *cdlPDShowHelp* | Zeigt die *Hilfe*-Schaltfläche an. |

***Tabelle 7.6:*** *Optionen für die Flags*-Eigenschaft

**HINWEIS:** Beachten Sie, dass einige Optionen nur für das *Printersetup*-Dialogfeld geeignet sind!

**BEISPIEL:** Auswahl eines neuen Standarddruckers mit nachfolgender Textausgabe.

```
CommonDialog1.Flags = cdlPDPrintSetup
CommonDialog1.ShowPrinter
Printer.EndDoc
Printer.Print " Hello Visual Basic User!"
Printer.EndDoc
```

### Drucker-Setup ohne Standard-Dialoge

Möchte man den Drucker ohne bzw. mit einem eigenen Dialogfeld konfigurieren, können Sie auf die *Printers*-Collection zurückgreifen. Diese Sammlung enthält alle unter Windows installierten Drucker.

**BEISPIEL:** Durch folgende einfache Zuweisung wechseln Sie den voreingestellten Drucker.

```
Set Printer = Printers(3)
```

Zusammen mit den neuen Eigenschaften des *Printer*-Objekts können Sie auch ein eigenes Dialogfeld erstellen, die die verfügbaren Drucker anzeigt.

**BEISPIEL:** Eine *ComboBox* mit den Druckernamen füllen.

```
For i% = 0 To Printers.Count - 1
    combo1.AddItem (Printers(i%).DeviceName)
```

```
Next i
```

Nach dem Klick auf einen Eintrag wechselt dann der Drucker:

```
Private Sub combo1_Click()
        Set Printer = Printers(combo1.ListIndex)
End Sub
```

### Drucken von Text und Grafik

Kommen wir nun zur eigentlichen Druckausgabe. Prinzipiell laufen alle Grafikausgaben auf dem Drucker nach dem in Abbildung 7.40 gezeigten Schema ab, Text wird in diesem Fall lediglich als spezielle Form der Grafik angesehen.

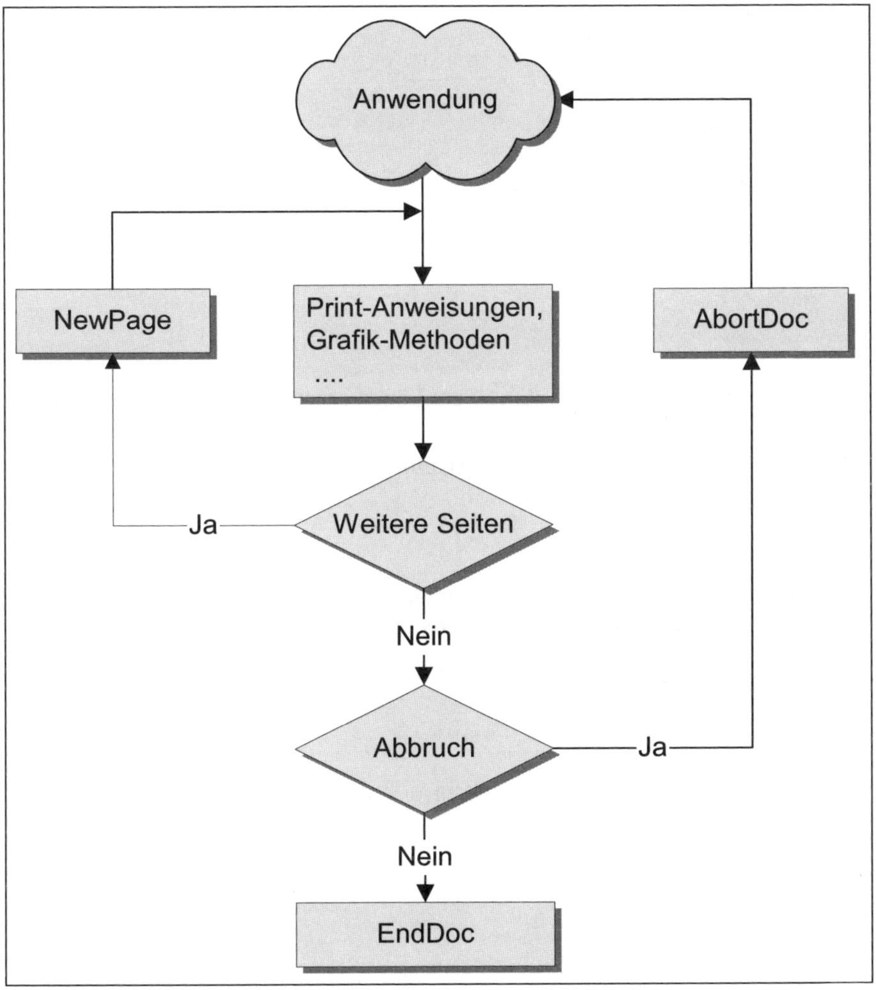


***Abbildung 7.41:*** *Grundprinzip der Druckausgabe*

Die Ausgabe von Grafiken auf dem Drucker entspricht weitgehend der Ausgabe von Grafiken in einem Fenster oder Bildfeld. Bereits mit der einfachen Anweisung

```
Printer.Line (0, 0)-(40, 0)
Printer.EndDoc
```

können Sie eine Linie auf dem Drucker ausgeben. Das gleiche ist auch mit allen anderen Grafikmethoden (*PSet, Circle, Print etc.*) möglich.

In diesem Zusammenhang kommt uns die Fähigkeit geräteunabhängiger Ausgabe unter Windows sehr entgegen. Das Setzen der *ScaleMode*-Eigenschaft auf 6 (Millimeter) stellt sicher, dass sowohl auf einem Nadeldrucker mit 150 dpi als auch auf einem Laserdrucker mit 600 dpi eine Linie immer dieselbe Länge hat. Die Qualität beider Ausdrucke wird sich natürlich unterscheiden.

**BEISPIEL:** Druckausgabe in Millimetern.

```
Dim breite!, s$
    Printer.ScaleMode = 6   ' Millimeter
    breite = Printer.ScaleWidth
    Printer.Line (0, 0)-(100, 0)
    s = Format(breite, "0,0#") & " mm"
    Printer.CurrentX = (breite - Printer.TextWidth(s)) \ 2
    Printer.CurrentY = 10
    Printer.FontName = "Arial"
    Printer.FontSize = 24
    Printer.Print s
    Printer.EndDoc
```

Auf dem Drucker wird eine horizontale Linie von 10 cm Länge erzeugt, in der Mitte des Blattes erscheint die maximal mögliche Druckbreite.

Um Sie an dieser Stelle nicht erneut mit trockenen Ausführungen zu langweilen, möchten wir Ihnen gleich noch ein Beispiel vorstellen:

**BEISPIEL:** Druckausgabe einer Textdatei.

Die folgende Prozedur erwartet als Übergabeparameter den Dateinamen (wird vom Standard-Dialog geliefert), den linken Rand in Millimetern sowie die Zeilenanzahl pro Blatt:

```
Sub printFile (dateiname$, leftborder%, lines%)
Dim zw$, i%, blattbreite%,la%
    Printer.ScaleMode = 6                                  ' Millimeter
    blattbreite = Printer.Width / 56.7
    la = leftborder - (blattbreite - Printer.ScaleWidth) / 2    ' linke Anfangsposition
    i = 1
    Open cmDialog1.Filename For Input As #1
        While Not EOF(1)
            Line Input #1, zw
            Printer.CurrentX = la
            Printer.Print zw
            If i = lines Then
                Printer.NewPage
                i = 0
            End If
            i = i + 1
```

```
        Wend
    Close #1
    Printer.EndDoc
End Sub
```

Der anschließende Aufruf (inkl. Dateidialog):

```
Sub Command1_Click ()
Dim zw$
    cmDialog1.Filename = "*.*"
    cmDialog1.Flags = &H1000                ' Warnung, wenn Datei nicht vorhanden ist
    cmDialog1.ShowOpen                      ' der Aufruf als Dateidialog zum Öffnen
    If cmDialog1.Filename <> "" Then
       printFile CStr(cmDialog1.Filename), 30, 20     ' 30mm linker Rand, 20 Zeilen/Seite
    End If
End Sub
```

**HINWEIS:** Vergessen Sie nicht den *EndDoc*-Befehl am Ende der Druckausgabe. VB führt diesen Befehl zwar automatisch aus, aber erst beim Beenden Ihrer Anwendung.

## 7.4.2 API-Druckausgabe

Mit dem Zugriff auf die API entfernen wir uns von den doch recht komfortablen Objekten. Warum dieser Aufwand? Als Antwort möchten wir Ihnen eine eigentlich ganz einfache Aufgabe stellen: Versuchen Sie, über das *Printer*-Objekt einen Text im Winkel vom 90° auszugeben. Sie werden feststellen, dass es nicht geht. Abhilfe schaffen hier nur ein paar Zeilen API-Code.

Grundlage des GDI-Programmierung ist ein sogenannten Device Context, kurz DC. Mit diesem bestimmen Sie, auf welches Ausgabegerät sich der GDI-Befehl bezieht. Als VB-Programmierer kommen Sie auf zwei verschiedenen Wegen schnell und unkompliziert an diesen DC:

- über das *Printer*-Objekt (Eigenschaft *hDC*),
- über den *CommonDialog* (Eigenschaft *hDC*).

Danach ist eigentlich alles ganz einfach. Sie binden die nötigen GDI-Funktionen per *Declare*-Statement ein und rufen die Funktionen mit dem o.g. Device Context auf. Doch halt! Ein Problem müssen Sie noch umgehen: Bevor Sie den ersten GDI-Befehl aufrufen, muss noch das Visual Basic *Printer*-Objekt veralbert werden. Dazu geben Sie einfach ein einfaches Leerzeichen mittels *Print*-Methode aus.

**HINWEIS:** Drucken von gedrehtem Text

' Einbinden der GDI-Funktionen

```
Declare Function CreateFont Lib "gdi32" Alias "CreateFontA" (ByVal H As Long, ByVal W As Long, _
ByVal E As Long, ByVal O As Long, ByVal W As Long, ByVal I As Long, ByVal u As Long, _
ByVal S As Long, ByVal C As Long, ByVal OP As Long, ByVal CP As Long, ByVal Q As Long, _
ByVal PAF As Long, ByVal F As String) As Long
Declare Function SelectObject Lib "gdi32" (ByVal hdc As Long, ByVal hObject As Long) As Long
Declare Function DeleteObject Lib "gdi32" (ByVal hObject As Long) As Long
Declare Function TextOut Lib "gdi32" Alias "TextOutA" (ByVal hdc As Long, ByVal x As Long, _
ByVal y As Long, ByVal lpString As String, ByVal nCount As Long) As Long
```

```
Global x&, y&
```

' Eine Hilfsfunktion, die uns das mühevolle Übergeben der Parameter erleichtert

```
Sub DC_textout(x&, y&, Winkel%, größe%, Text$)
Dim hfont&, fontold&, Bold&
Dim dc  As Long

    If Text = "" Then Exit Sub
    dc = Printer.hdc
    If Printer.FontBold Then Bold = 700 Else Bold = 400

    hfont = CreateFont(-größe, 0, Winkel * 10, 0, Bold, Printer.FontItalic, _
            Printer.FontUnderline, 0, 1, 4, &H10, 2, 4, Printer.FontName)
    fontold = SelectObject(dc, hfont)
    I = TextOut(dc, x, y, Text, Len(Text))

    ' Wiederherstellen der alten Schrift
    I = SelectObject(dc, fontold)
    I = DeleteObject(hfont)

End Sub
```

' Text rotieren lassen

```
Sub drehen()
Dim I%, n%
    n = 100
    For I = 100 To 500 Step 15

        If n > 10 Then
            n = n - 2
        Else
            If n > 2 Then n = n - 1
        End If
        DC_textout x, y, I, n, "         rotierender Text"
    Next I
End Sub
```

' Die Funktionsaufrufe

```
Private Sub Command1_Click()
 Printer.ScaleMode = vbPixels
 Printer.FontName = "Arial"
 x = Printer.ScaleWidth \ 2
 y = Printer.ScaleHeight \ 2
 Printer.Print " x"
 drehen
 Printer.EndDoc
End Sub
```

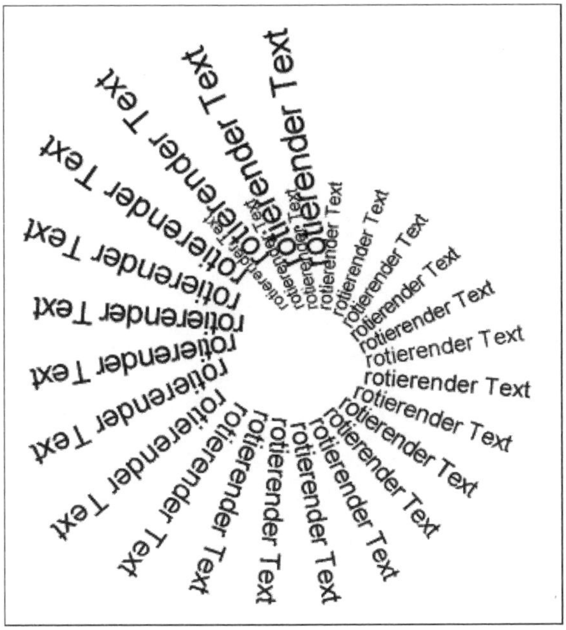


*Abbildung 7.42: Das Endergebnis auf dem Drucker*

**HINWEIS:** Verwenden Sie für den Test Ihrer Programme den Acrobat-PDF-Writer. Auf diese Weise vermeiden Sie unnötige Papierverschwendung und Sie kommen dem Traum vom papierlosen Büro (vielleicht) etwas näher.

### 7.4.3 Direkte Druckausgabe

»Es war einmal ...«, so müsste dieser Abschnitt beginnen. Erinnern Sie sich noch an die Möglichkeiten der Druckerausgabe unter DOS? Wenn ja, dann dürften Ihnen die folgenden Zeilen bekannt vorkommen.

```
Open "LPT1" For output As #1
Print #1 ,"bla bla ..."              ' Ausgabe Text
Print #1 , Chr(12)                   ' Neue Seite
Close #1                             ' Ausgabe schließen
```

Die gleiche Vorgehensweise ist auch unter Windows bzw. Visual Basic 6 möglich, sollte jedoch weitgehend vermieden werden. Zum einen verschenken Sie die Möglichkeiten, die der jeweilige Druckertreiber bietet, zum anderen machen Sie Ihr Programm wieder hardwareabhängig. Dies insbesondere, wenn es darum geht, bestimmte Zeichensätze auszuwählen oder bestimmte Schriftattribute (Kursiv, Fett etc.) zu aktivieren. Zwangsläufig werden Sie sich wieder mit den bekannten (und berüchtigten) Escape-Seqenzen beschäftigen müssen. Die Folge: Ihr Programm läuft mit dem Drucker des Herstellers A, aber nicht mehr mit einem Drucker des Herstellers B. Warum dann dieser Aufwand? Die Antwort findet sich – wie so oft – in den praktischen Gegebenheiten. Beispielsweise werden in vielen Banken spezielle Formular- und Scheckbuch-Drucker eingesetzt, für die es keine sinnvollen Windows-Treiber gibt.

# 8 Objektorientierte Programmierung



Der Spaghetticode, wie er zu DOS-Zeiten zuhauf produziert wurde, hatte das gute, alte, prozedurale Basic in Verruf gebracht. Sein objektorientierter Windows-Nachfolger Visual Basic war aber von Anfang an eine gut strukturierte Sprache, die mit dem schlechten Benehmen seiner Vorfahren nichts mehr gemein hatte.

Der Inhalt gliedert sich sowohl in praxisbezogene als auch in mehr abstrakte Teile:

- Anhand von mehreren praktischen Beispielen lernen Sie die Verwendung von Datenzugriffsklassen in einer einfachen Zweischichten-Architektur kennen. Darüber hinaus erhalten Sie einen Eindruck von Mehrschichten-Architekturen und lernen in diesem Zusammenhang Begriffe wie »Verteilte Anwendungen«, COM, DCOM und die Bedeutung des Microsoft Transaction Servers (MTS) kennen.
- Sie werden in einige Grundbegriffe der *Unified Modelling Language* (UML) eingeführt, was Sie zur Arbeit mit dem *Microsoft Visual Modeler* befähigt.

Den Autoren ist klar, dass in diesem knappen Kapitel die aufgeführten Themen nur angesprochen und keinesfalls erschöpfend behandelt werden können. Für den Einsteiger in Sachen Objektorientierter Programmierung (OOP) dürfte der angebotene Mix aus Theorie und Praxis aber genügend brisanten Zündstoff beinhalten, um zum selbständigen Weitermachen zu ermuntern.

## 8.1 Klassenorientierter Datenzugriff unter VB 6

In einer objektorientierten Sprache wie Visual Basic können Daten und Unterprogramme zu Objekten verschmolzen werden, man kann im Sinne der Kapselung von Informationen nicht mehr »hineinblicken«.

Seit Visual Basic 4.0 besteht die Möglichkeit, Objekte in einem Klassenmodul (**.cls*) zu definieren. Ein solches Modul ist quasi ein Behälter für seine Klassenmitglieder (Eigenschaften, Methoden, Ereignisse), die mit öffentlicher (*public*) oder privater (*private*) Sichtbarkeit eingebunden werden können.

### 8.1.1 Zweischichten-Architektur

Klassenmodule ermöglichen es, einen unkontrolliert wuchernden Programmcode in eine objektorientierte Schichtenstruktur zu packen, die wesentlich übersichtlicher ist. Ein solches *Mehrschichtenmodell* ist dadurch gekennzeichnet, dass die Module einer Schicht jeweils nur Module der nachgeordneten Schicht importieren, d.h. der Client instantiiert die Objekte des Servers!

So erhalten wir im einfachsten Fall eine sogenannte Zweischichten-Architektur, die eine saubere Entkopplung der Benutzeroberfläche von der Programmlogik ermöglicht (siehe Abbildung 8.1).

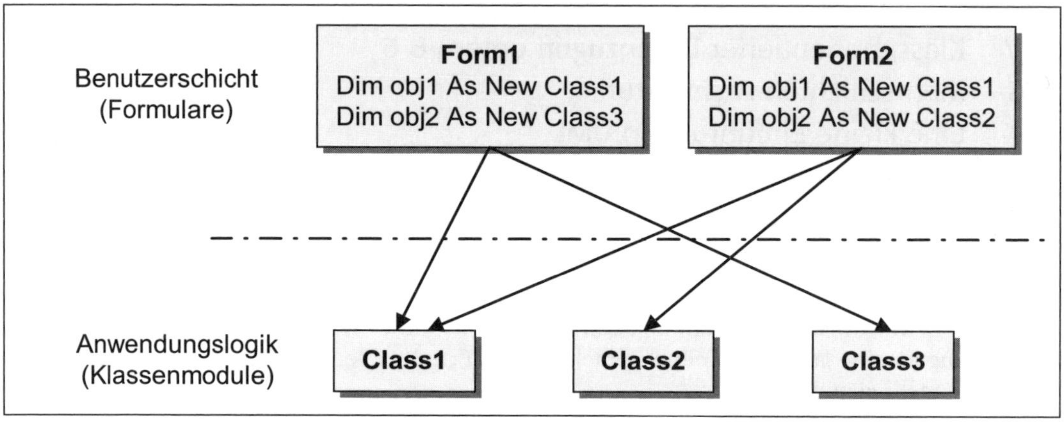


***Abbildung 8.1:*** *Importbeziehungen unter Visual Basic in einer Zweischichten-Architektur*

Die Importbeziehung ist ganz allgemein eine Beziehung zwischen Klassen. Die Klasse *Form1* in obiger Abbildung importiert z.B. *Class1* und *Class3*, die für die Spezifikation von Komponentenobjekten bzw. Parametern von Operationen und/oder für die Implementierung von Operationen in *Form1* benötigt werden. Die *Class1* und *Class3* werden dadurch für *Form1* sichtbar.

Die Reihenfolge des Programmentwurfs widerspricht bisherigen Gepflogenheiten, bei denen immer die Gestaltung der Benutzerschnittstelle am Anfang stand. Die Vorgehensweise ist aber typisch für das Denken in Schichtenmodellen: Ohne Kenntnisse der Eigenschaften und Methoden des Servers kann der Client nicht programmiert werden. Begonnen wird also immer mit der Datenzugriffsklasse, welche keine weiteren Klassen importiert, d.h. wir beginnen mit der Anwendungslogik! Die Benutzerschicht wird erst zum Schluss »aufgesetzt« und kann später problemlos ausgetauscht werden, wobei ein weiterer entscheidender Vorzug der Objektorientierten Programmierung deutlich werden dürfte, die Möglichkeit der Wiederverwendbarkeit von Code[1].

Doch genug der allgemeinen Theorie – im folgenden sollen einige Datenzugriffsklassen an Hand konkreter Beispiele vorgestellt werden!

### 8.1.2 Gepufferter Zugriff auf typisierte Dateien

Es muss nicht immer gleich eine Datenbank sein, wenn es darum geht, Datensätze auf die Festplatte auszulagern, in vielen Fällen bieten typisierte Dateien die einfachere und speicherplatzschonendere Alternative. Allerdings ist es bei kleineren Datenbanken nicht mehr zeitgemäß, we-

1 Auf die damit zusammenhängende Problematik von Entwurfsmustern (Pattern) kann leider hier nicht näher eingegangen werden.

gen jedes einzelnen Datensatzes auf die Festplatte zuzugreifen, da darunter die Performance stark leiden kann. Zweckmäßig ist ein Einlesen aller Datensätze in den Arbeitsspeicher zu Beginn, wobei sich ein dynamisches Array als Puffer anbietet. Zurück auf die Festplatte kann dann nach Gutdünken des Anwenders während bzw. am Ende der Arbeitssitzung kopiert werden[1].

Die vorgestellte Lösung basiert auf einer wiederverwendbaren Zweischichten-Architektur. Nach geringfügiger Modifikation lassen sich beide Klassen als Muster (Pattern) für ähnliche Problemstellungen einsetzen.

### Oberfläche

Fügen Sie über *Extras/Menü-Editor* das abgebildete *Datei*-Menü hinzu und platzieren Sie eine *CommonDialog*-Komponente.

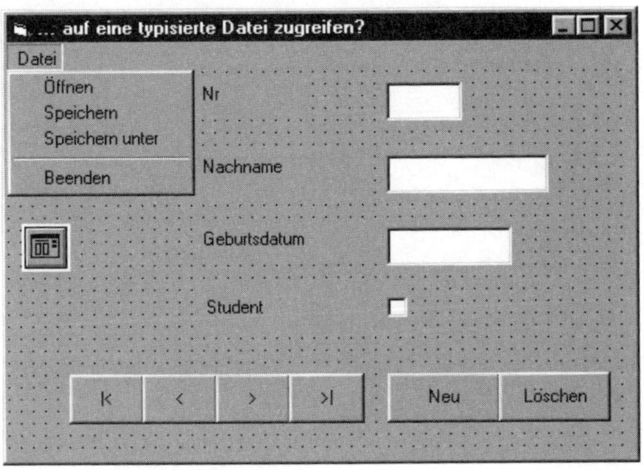


***Abbildung 8.2:*** *Entwurfsansicht eines Formulars*

Alle Schaltflächen werden als Steuerelementefeld mit den Indizes 1 bis 6 realisiert.

### Quelltext für Klassenmodul

```
' Klasse BusinessDataTier (Schicht mit Objektmodell und Persistenz)
Option Explicit
```

Die folgende Anweisung sorgt dafür, dass die Indizierung unseres dynamischen Arrays nicht mit 0, sondern mit 1 beginnt. Bei Kopierzugriffen auf typisierte Dateien ist dies ohnehin von Vorteil, da auch deren Datensatzzeiger ab 1 aufwärts zählt.

```
Option Base 1               ' Array-Indizierung beginnt mit 1
```

Die Datensatzstruktur:

```
Private Type TPerson
 nachname As String * 20
 geburtstag As Date
 student As Boolean
End Type
```

1 Die meisten Windows-Programme arbeiten nach diesem Prinzip.

Das Pufferarray und weitere private Klassenmitglieder:

```
Private dynArray() As TPerson
Private pers As TPerson    ' Hilfsvariable für Längenbestimmung

Private max%                      ' Anzahl DS
Private pos%                      ' aktuelle Position
Private file%                     ' Filenummer
```

Das *Initialize*-Event tritt auf, sobald eine Instanz der Klasse gebildet wird. Wir nutzen es zum Setzen der Anfangsbedingungen:

```
Private Sub Class_Initialize()
 pos = 1: max = 1
 ReDim dynArray(max)
End Sub
```

Nun zu den Bewegungsmethoden:

```
Public Sub vor()
 pos = pos + 1
 If pos > max Then pos = max
End Sub

Public Sub zurueck()
 pos = pos - 1
 If pos < 1 Then pos = 1
End Sub

Public Sub erster()
 pos = 1
End Sub

Public Sub letzter()
 pos = max
End Sub
```

Die Kapselung der Klasseneigenschaften durch Zugriffsmethoden:

```
Public Property Get nr() As Integer   ' ReadOnly
 nr = pos
End Property

Public Property Get nachname() As String
 nachname = dynArray(pos).nachname
End Property

Public Property Let nachname(value As String)
 dynArray(pos).nachname = value
End Property

Public Property Get geburtstag() As Date
 geburtstag = dynArray(pos).geburtstag
End Property
```

```
Public Property Let geburtstag(value As Date)
 dynArray(pos).geburtstag = value
End Property

Public Property Get student() As Boolean
 student = dynArray(pos).student
End Property

Public Property Let student(value As Boolean)
 dynArray(pos).student = value
End Property
```

Das Erzeugen und das Löschen eines Datensatzes passiert ausschließlich im Pufferspeicher:

```
Public Sub neu()
Dim i%
 max = max + 1
 ReDim Preserve dynArray(max)
 For i = max To pos + 1
  dynArray(i) = dynArray(i - 1)
 Next i
 pos = pos + 1
 dynArray(pos).nachname = ""
End Sub

Public Sub entferne()
Dim i%
 If max = 1 Then Exit Sub              ' der letzte DS darf nicht gelöscht werden
 If MsgBox("Soll Datensatz wirklich gelöscht werden?", 36, "Achtung!") = 6 Then
   If pos = max Then pos = pos - 1: GoTo marke
   For i = pos + 1 To max
    dynArray(i - 1) = dynArray(i)
   Next i
marke:  max = max - 1
   ReDim Preserve dynArray(max)
 End If
End Sub
```

Die Klasse exportiert auch die persistenten Methoden *leseDatei* und *schreibeDatei*, mit welcher alle Datensätze von der Festplatte in das dynamische Array gelesen bzw. von dort auf die Festplatte geschrieben werden:

```
Private Sub oeffneDatei(name As String)
 file = FreeFile
 Open name For Random As file Len = Len(pers)
 ' Wenn die Datei noch nicht existiert, wird sie angelegt!!!
End Sub

Public Sub leseDatei(name As String)        ' Datei => dyn. Array!
Dim i%
 Call oeffneDatei(name)
 max = LOF(file) \ Len(pers)
 ReDim dynArray(max)
 For i = 1 To max
```

```
  Get file, , dynArray(i)
 Next i
 Close file
 pos = 1
End Sub

Public Sub schreibeDatei(name As String)    ' dyn. Array => Datei
Dim i%
 max = UBound(dynArray)
 Call oeffneDatei(name)
 For i = 1 To max
  Put file, , dynArray(i)
 Next i
 Close file
End Sub
```

### Quelltext für Benutzerschicht

```
Option Explicit
```

In einer Mehrschichten-Architektur bindet die obere Schicht eine Instanz der unteren Schicht ein:

```
Private aktPerson As New BusinessDataTier
```

Typisch für eine Benutzerschicht sind die Methoden *maskeSpeichern* und *maskeAnzeigen*:

```
Sub maskeSpeichern()
On Error GoTo fehler
 With aktPerson
  .nachname = Text1(0).Text
  If Text1(1).Text <> "" Then .geburtstag = CDate(Text1(1).Text)
  .student = Check1.value
 End With
 Exit Sub
fehler:
 Resume Next
End Sub

Sub maskeAnzeigen()
On Error GoTo fehler
 With aktPerson
  Text1(0).Text = .nachname
  Text1(1).Text = Format$(.geburtstag, "dd.mm.yyyy")
  Check1.value = -.student
  Text2.Text = Str$(.nr)
 End With
 Text1(0).SetFocus
 Exit Sub
fehler:
 Resume Next
End Sub
```

Unser Datenbanknavigator:

```
Private Sub Command1_Click(Index As Integer)
 maskeSpeichern
 With aktPerson
  Select Case Index
    Case 1: .zurueck
    Case 2: .vor
    Case 3: .letzter
    Case 4: .erster
    Case 5: .neu
    Case 6: .entferne
  End Select
 End With
 maskeAnzeigen
End Sub
```

Das Dateimenü ist ebenfalls als Muster (Pattern) zu verwenden. Die Programmierung beginnt mit dem Zuweisen der Starteigenschaften des *CommonDialogs*:

```
Private Sub Form_Load()
 With CommonDialog1
  .Flags = &H802    ' Warnung vor Überschreiben
  .Filter = "Personendatei (*.dat)|*.dat"
  End With
```

Die *Enabled*-Eigenschaft der Menüoption *Speichern* hat gleichzeitig die Rolle einer »Zustandsvariablen«, mit der man feststellen kann, ob bereits ein Dateiname zugewiesen wurde:

```
  mnuFSave.Enabled = False
End Sub
```

Das Zusammenspiel der Menüaufrufe:

```
Private Sub aenderung()
  If MsgBox("Änderungen speichern?", 36, "Frage") = 6 Then
   If mnuFSave.Enabled Then
      mnuFSave_Click
                      Else
      mnuFSaveAs_Click
   End If
  End If
End Sub

Private Sub mnuFOpen_Click()   ' Datei öffnen
  aenderung
  With CommonDialog1
  .ShowOpen
  If .FileName = "" Then Exit Sub
  aktPerson.leseDatei (.FileName)
```

Ein kleiner Trick: die *Caption*-Eigenschaft des Formulars dient auch als Zwischenspeicher für den Dateinamen:

```
  Me.Caption = .FileName
  mnuFSave.Enabled = True
 End With
 maskeAnzeigen
End Sub

Private Sub mnuFSave_Click()   ' Datei speichern
        maskeSpeichern
        aktPerson.schreibeDatei (Me.Caption)
End Sub

Private Sub mnuFSaveAs_Click()  ' Datei speichern unter
 maskeSpeichern
 With CommonDialog1
  .ShowSave
  If .FileName = "" Then Exit Sub
  aktPerson.schreibeDatei (.FileName)
  Me.Caption = .FileName
  mnuFSave.Enabled = True
 End With
 Exit Sub
End Sub
```

Die Schlussaktivitäten:

```
Private Sub mnuFExit_Click()
  Unload Me
End Sub

Private Sub Form_Unload(Cancel As Integer)
 aenderung
 Set aktPerson = Nothing      ' Instanz vernichten
End Sub
```

Das Vernichten der erzeugten Objekte ist am Programmende zwar nicht unbedingt nötig, man sollte es sich aber trotzdem zur Gewohnheit werden lassen, da eine Benutzerschicht ja auch aus mehreren Formularen bestehen kann, die zur Laufzeit wechselseitig geöffnet bzw. geschlossen werden.

### Test

Ein Menüpunkt *Datei/Neu* ist nicht erforderlich, da automatisch nach dem Programmstart der mit einem Datensatz gefüllte Pufferspeicher bereits vorhanden ist. Fügen Sie neue Datensätze hinzu, speichern Sie verschiedene Dateien ab und öffnen Sie sie wieder. Eine leere Datei gibt es nicht, denn mindestens ein Datensatz verbleibt, man kann diesen nicht löschen, sondern nur überschreiben.

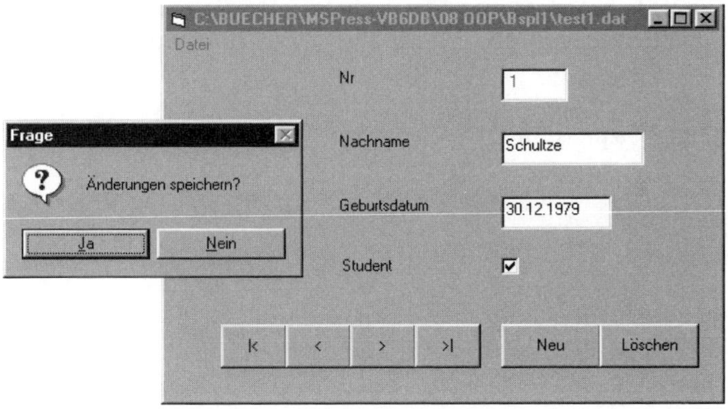


***Abbildung 8.3:*** *Programmtest*

**Bemerkungen**

Beim Löschen von Datensätzen verbleiben diese in der Datei, falls sie nicht durch neu hinzugekommene Datensätze überschrieben werden. Die mögliche Speicherplatzverschwendung ist vernachlässigbar gering und dürfte überhaupt nur dann in Erscheinung treten, wenn aus einer vormals sehr umfangreichen Datei sehr viele Datensätze gelöscht wurden.
Ein Ausweg wäre das Abspeichern der Datei unter einem neuen Namen und das anschließende Entfernen der alten Datei per Hand. Wer sich daran stört, könnte vor dem Speichern die *Kill*-Anweisung einfügen, die eine bereits vorhandene Datei löscht. Das Neuanlegen erfolgt automatisch beim Öffnungsversuch.

Unter ADO 2.0 gibt es eine weitere Möglichkeit für das persistente Speichern nutzerdefinierter Datensätze. Weitere Hinweise dazu finden Sie im How-to-Teil in ▶ Kapitel 12 unter:

▶ 12.2.20 ... mit ungebundenen Recordsets arbeiten?

## 8.1.3 Zugriff auf ADO-Recordsets

In VB6 können Klassen auch komplette ADO-*Recordset*-Objekte als Eigenschaften zurückgeben, was völlig neue Perspektiven für die mehrschichtige Anwendungsentwicklung eröffnet, wie das im weiteren Verlauf dieses Kapitels noch deutlicher werden soll[1]. Im einfachsten Fall kann also eine in einem Klassenmodul als *Public* deklarierte ADO-*Recordset*-Variable als Klasseneigenschaft wirksam werden.

**BEISPIEL:** Die Schnittstelle der Klasse beinhaltet die *Recordset*-Eigenschaft *person*.

```
Public person As New ADO.Recordset
```

[1] Als *DataSource* gekennzeichnete Klassen kommunizieren mit dem Frontend über Recordsets und stellen somit eine neue Form von Middle-Tier Komponenten dar.

Allerdings verbietet es die »reine« OOP-Lehre, dass man Eigenschaften auf die gezeigte Weise offenlegt. Das Kapseln durch Eigenschaftenprozeduren verlangt zwar einen höheren Aufwand, ist aber die sauberere Lösung.

**BEISPIEL:** Eine Version des Vorgängerbeispiels für OOP-Fanatiker.

```
Private rsPerson As New ADO.Recordset

Public Property Get person() As ADO.Recordset
 Set person = rsPerson
End Property

Public Property Let person(ps As ADO.Recordset)
 Set rsPerson = ps
End Property
```

Auf die Wiedergabe kompletter Beispiele wollen wir verzichten, da Sie im How-to-Teil (siehe ▶ Kapitel 12) dieses Buchs mehrere aussagekräftige Rezepte zu dieser Problematik finden:

▶ 12.2.28 ... eine Warenkorb-Applikation programmieren?

▶ 12.2.14 ... ein Listenfeld mit Abfrageergebnissen füllen?

## 8.1.4 ADO-Datenklassenmodule

Als Spezialfall von ADO-Recordset-Klassen sind die sogenannten Datenklassenmodule zu verstehen, die als benutzerdefinierte ADO-Datenquellen fungieren und die jeweils mehrere Datenmitglieder (*DataMember*) haben können, d.h. ähnlich wie ein *DataEnvironment* verschiedene *Recordset-* (bzw. *Command*-Objekte) verwalten. Die neue Klasseneigenschaft *vbDataSource-Behaviour* legt fest, ob die Klasse ADO-Datenquelle ist. Wenn ja (1-*vbDataSource*), dann gibt es außer *Initialize* und *Terminate* noch ein drittes Event: *GetDataMember*. Dieses Ereignis wird immer dann ausgelöst, wenn sich ein neuer Datennutzer an die Datenquelle koppelt. Entsprechend der *DataMember*-Eigenschaft des Datennutzers wird im *GetDataMember*-Eventhandler das zurückzugebende *Recordset*-Objekt festgelegt.

Im vorliegenden Beispiel wird eine Benutzerschnittstelle zur Datenbank *Personal.mdb* erstellt. Außer den allgemeinen Personendaten sollen der Vorgesetzte der aktuellen Person angezeigt werden und der Raum, in welchem die aktuelle Person arbeitet.

Die Beziehungen zwischen den interessierenden Tabellenfeldern zeigt die folgende Abbildung.

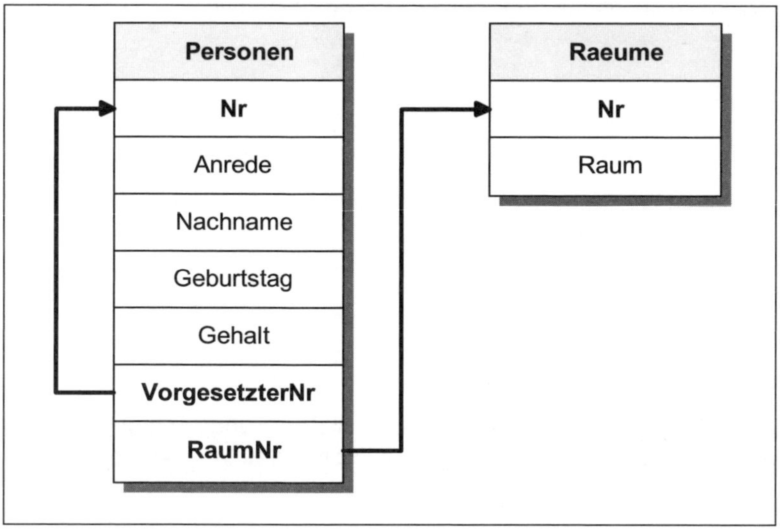


***Abbildung 8.4:** Verknüpfungen zwischen den Tabellen*

### Vorbereitungen

Öffnen Sie ein neues Visual Basic-Projekt (Standard-EXE) und binden Sie über das Menü *Projekt/Verweise* ... die benötigten ADO 2.0-Bibliotheken ein:

- *Microsoft ActiveX Data Objects 2.0 Library (Msado15.dll)*
- *Microsoft Data Binding Collection (Msbind.dll)*

Fügen Sie über das Menü *Projekt/Komponenten* ... die *DataComboBox* zur Werkzeugsammlung hinzu:

- Datenklassenmodul *Microsoft DataList Controls 6.0 (OLEDB) (Msdatlst.ocx)*

Das Klassenmodul *datKlasse* kapselt den Datenzugriff, wobei verschiedene Möglichkeiten des Anbindens von Steuerelementen an die von der Klasseninstanz übergebenen Recordsets demonstriert werden.

Wählen Sie das Menü *Projekt/Klassenmodul hinzufügen*, ändern Sie den Klassennamen in *datKlasse* und setzen Sie die *DataSourceBehaviour*-Eigenschaft auf *vbDataSource*.

```
Option Explicit
```

Drei globale Objektvariablen sind zu definieren. Da wir später für *rsPerson* eine *MoveComplete*-Ereignisbehandlung durchführen wollen, muss hier mit *WithEvents* deklariert werden:

```
Private WithEvents rsPerson As Recordset     ' wegen MoveComplete-Event
Private rsRaum As Recordset
Private rsVorgesetzter As Recordset
```

Die entscheidenden Dinge passieren beim Initialisieren der Klasse – Das Herstellen der Datenbankverbindung und das Öffnen der *Recordset*-Objekte:

```
Private Sub Class_Initialize()
Dim conPers As New Connection
```

Wir gehen davon aus, dass sich die Datenbank im Projektverzeichnis befindet:

```
With conPers
  .Provider = "Microsoft.Jet.OLEDB.3.51"
  .Open App.Path & "\PERSONAL.MDB"
End With
```

Die drei Datenelemente nach außen bekannt geben:

```
With DataMembers
  .Add "Personen"
  .Add "Raeume"
  .Add "Vorgesetzte"
End With
```

Die Instanzenbildung der drei *Recordset*-Objekte wird auf lokaler Ebene vorgenommen, so dass wir uns am Ende um das Entfernen der Objekte aus dem Speicher nicht mehr zu kümmern brauchen:

```
Set rsPerson = New Recordset
Set rsRaum = New Recordset
Set rsVorgesetzter = New Recordset
```

Die Öffnungsreihenfolge der *Recordset*-Objekte ist keinesfalls gleichgültig, wenn, wie in unserem Fall, Eventhandler zu besetzen sind. So löst das Öffnen von *rsPerson* eine ganze Flut von Events aus, u.a. auch *MoveComplete*. Da aber im Eventhandler *rsPerson_ MoveComplete* auch auf *rs-Vorgesetzter* zugegriffen wird, kommt es zum Fehler, falls dieses Recordset zu diesem Zeitpunkt noch nicht geöffnet ist.

```
rsVorgesetzter.Open "SELECT Nr, Anrede, Nachname FROM Personen ", conPers, _
adOpenStatic, adLockOptimistic

rsPerson.Open "SELECT * FROM Personen ORDER BY Nachname", conPers, adOpenStatic, _
   adLockOptimistic

rsRaum.Open "SELECT * FROM Raeume", conPers, adOpenStatic, adLockOptimistic

End Sub
```

Im folgenden Standard-Event einer datengebundenen Klasse wird entschieden, welches der drei *Recordset*-Objekte an den Datennutzer geliefert wird:

```
Private Sub Class_GetDataMember(DataMember As String, Data As Object)
  Select Case DataMember
  Case "Personen": Set Data = rsPerson
  Case "Raeume": Set Data = rsRaum
  Case "Vorgesetzte": Set Data = rsVorgesetzter
  Case "": Set Data = rsPerson
 End Select
End Sub
```

In diesem Eventhandler wird der zur aktuellen Person gehörende Vorgesetzte ermittelt (Master-Detail-Beziehung):

```
Private Sub rsPerson_MoveComplete(ByVal adReason As EventReasonEnum, ByVal pError As Error, _
  adStatus As EventStatusEnum, ByVal pRecordset As Recordset)
 On Error Resume Next            ' wegen Delete
 If pRecordset.BOF Or pRecordset.EOF Then Exit Sub
 rsVorgesetzter.MoveFirst
 Do While Not rsVorgesetzter.EOF
  If rsVorgesetzter!Nr = pRecordset!VorgesetzterNr Then
   Exit Do
        Else
   rsVorgesetzter.MoveNext
  End If
 Loop
End Sub
```

**HINWEIS:** Die Nachbildung einer Master-Detail-Beziehung durch Vergleich der Schlüssel innerhalb einer Schleife ist keinesfalls die optimalste Variante, da dies bei umfangreichen Datenbeständen zu starken Performanceeinbußen führt. Günstiger wäre eine parametrisierte SQL-Abfrage oder der Einsatz einer *DataCombo-* oder *DataListBox* (ähnlich wie es im folgenden Form-Modul für die Anzeige der Räume praktiziert wird).

### Oberfläche

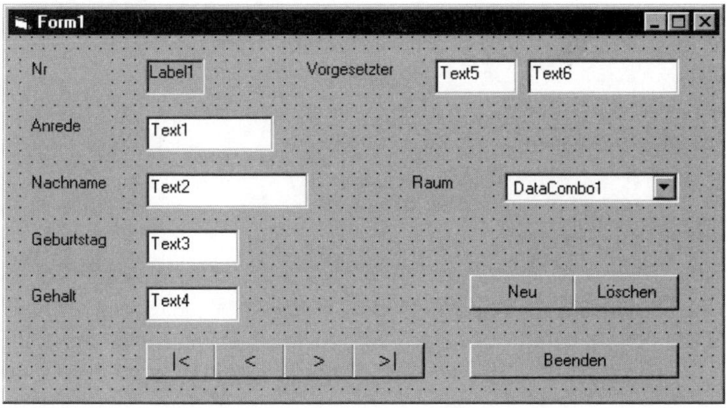


***Abbildung 8.5:*** *Benutzerschnittstelle des Beispiels*

Die fünf Navigationsschaltflächen werden im Interesse vereinfachter Programmierung (gemeinsamer Eventhandler!) als Steuerelementefeld realisiert.

### Formularmodul

```
Option Explicit
```

Unser Frontend arbeitet auf einer Instanz des Middle-Tiers:

```
Private datKl As datKlasse
```

Ein *BindingCollection*-Objekt vereinfacht die Programmierung der Eingabemaske (siehe unten):

```
Private bindKolPersonen As BindingCollection
```

Das Anbinden der Steuerelemente an die Datenquelle erfolgt einmalig beim Programmstart:

```
Private Sub Form_Load()

  Set datKl = New datKlasse
  Set bindKolPersonen = New BindingCollection
```

Für das Anzeigen der Personen (Mastertabelle) benutzen wir eine bequeme Binding-Collection, zu welcher wir die entsprechenden Textfelder hinzufügen:

```
  With bindKolPersonen
   .DataMember = "Personen"
   Set .DataSource = datKl
   .Add Label1, "Caption", "Nr"
   .Add Text1, "Text", "Anrede"
   .Add Text2, "Text", "Nachname"
   .Add Text3, "Text", "Geburtstag"
   .Add Text4, "Text", "Gehalt"
  End With
```

Die Textfelder zur Anzeige der Detaildaten (Vorgesetzte) werden in Handarbeit angebunden:

```
   Text5.DataMember = "Vorgesetzte"
   Set Text5.DataSource = datKl
   Text5.DataField = "Anrede"
   Text6.DataMember = "Vorgesetzte"
   Set Text6.DataSource = datKl
   Text6.DataField = "Nachname"
```

Die Räume werden in *DataCombo1* angezeigt:

```
  With DataCombo1
' Masterdaten:
   .DataMember = "Personen"
  Set .DataSource = datKl
  .DataField = "RaumNr"
' Detaildaten:
  .RowMember = "Raeume"
  Set .RowSource = datKl
  .BoundColumn = "Nr"
  .ListField = "Raum"
  End With
End Sub
```

Die Navigationsschaltflächen:

```
Private Sub Command1_Click(Index As Integer)
 Select Case Index
   Case 0: datKl.firstPerson
   Case 1: datKl.previousPerson
   Case 2: datKl.nextPerson
   Case 3: datKl.lastPerson
   Case 4: datKl.newPerson
   Case 5: datKl.delPerson
```

```
 End Select
End Sub
```

**Bemerkungen**

Ein ähnliches Beispiel, aber auf der Basis von DAO, finden Sie als Anwendung für den Visual Modeler am Ende dieses Kapitels.

# 8.2 Mehrschichten-Architektur

Hatten wir bis jetzt die mehrschichtige Anwendungsentwicklung unter Visual Basic 6 vorwiegend an Hand von praktischen Beispielen beleuchtet und uns dabei lediglich auf eine Zweischichten-Architektur beschränkt, so wollen wir nun die Dinge etwas abstrakter betrachten und auf mehrschichtige Anwendungen ausdehnen, wie sie auch mit dem zur Enterprise-Version von VB 6 mitgelieferten Tool *Visual Modeler* analysiert und entwickelt werden können.

## 8.2.1 Dreischichten-Modell

Eine enorme praktische Bedeutung hat mittlerweile das Dreischichten-Modell[1] (*3 Tier Software Architecture*) erreicht (siehe Abbildung 8.6).

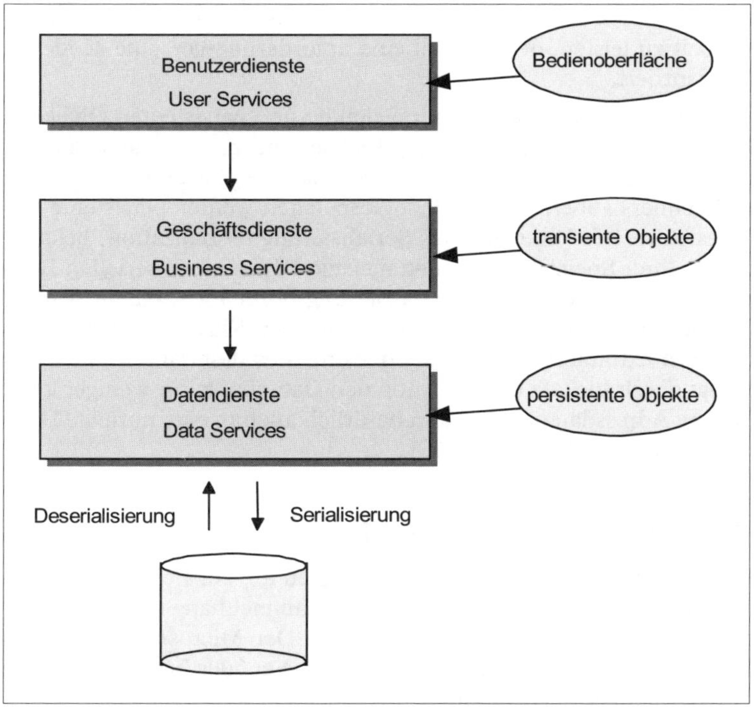


***Abbildung 8.6:*** *Das Prinzip eines 3-Tier-Modells*

1 Auch der *Microsoft Transaction Server* (MTS) bedient sich dieser Technologie.

Die Notwendigkeit zu 3-Tier-Modellen entstand vor allem aus den Erfordernissen verteilter Anwendungen und den folgenden zwei allgemeinen Merkmalen von Client-/Server-Szenarien:

- Die Anzahl der gleichzeitigen Serverzugriffe kann sehr unterschiedlich sein und ist nicht vorhersehbar. Niemand weiß z.B., ob aus einer Internet-Datenbank im nächsten Moment weniger als 10 oder mehr als 100 Leute Daten »saugen« wollen.
- Die clientseitige Hardwareausstattung ist sehr unterschiedlich und geht auch in Richtung einfacherer Desktop-Rechner. Eine Entlastung der Clients von aufwendiger Verarbeitungslogik scheint demnach unvermeidbar, um allen Nutzern die Möglichkeit des Serverzugriffs zu bieten.

Wie die Abbildung 8.6 zeigt, besteht ein 3-Tier-Modell aus den folgenden Schichten:

- Benutzerdienste (User Services)
- Geschäftsdienste (Business Services)
- Datendienste (Data Services)

Die *Benutzerdienste* kapseln das User-Interface. Unter VB besteht diese Schicht im Allgemeinen aus Formularklassen. Aufgabe ist die Entgegennahme von Benutzereingaben und deren Weiterleitung an die mittlere Schicht, bzw. die Ausgabe von Informationen, die in der mittleren Schicht verarbeitet wurden. Man sollte deshalb in die Klassen der Benutzerdienste möglichst keine oder nur sehr wenig »Intelligenz« hineinprogrammieren.

Damit dürfte auch die Aufgabe der *Geschäftsdienste* klar sein. Die darin enthalten Klassen repräsentieren das Objektmodell mit der Anwendungslogik. Hier haben Sie als Entwickler im Allgemeinen den Hauptteil der Arbeit zu leisten, der sich auf eine anforderungsgerechte Modellierung der Geschäftsprozesse konzentriert.

Die *Datendienste* besorgen die Transformation zwischen transienten und persistenten Objekten. Transiente Objekte sind flüchtig, sie existieren als In-memory-Objekte nur zur Programmlaufzeit. Von Persistenz (Beharrlichkeit) sprechen wir immer dann, wenn Daten das Ende einer Applikation oder das Ausschalten eines Rechners »überleben« sollen. Gespeichert werden persistente Objekte im Allgemeinen auf der Festplatte mit Hilfe eines als Serialisierung (Serialization) bekannten Mechanismus, sie erzeugen zu ihrer Speicherung in den meisten Fällen einen seriellen Bytestrom (Stream). Der umgedrehte Vorgang wird als Deserialisierung bezeichnet, einem (leeren) persistenten Objekt wird die serialisierte Form eines Objekts der gleichen Klasse angeboten. Das Objekt liest diesen Datenstrom und extrahiert die relevanten Werte – es deserialisiert sich. Die Realisierung der Persistenz erfolgt durch Einsatz einer relationalen Datenbank, für weniger komplexe Anforderungen, wie z.B. eine Adressdatenbank, kann natürlich auch in eine normale Datei gespeichert werden (siehe erstes Beispiel in diesem Kapitel).

## 8.2.2 Transaktionsbasierte Anwendungen

Viele Geschäftsprozesse laufen als transaktionsbasierte Anwendungen ab, ein Beispiel wäre das Überweisen von Geld von einem Bankkonto auf ein anderes. Im Zusammenhang mit Transaktionen gewinnt das Dreischichten-Modell zunehmend an Bedeutung. Der Microsoft Transaction Server (MTS) ist eine in der Mittelschicht angesiedelte Anwendung, die auf der Basis von DCOM die Entwicklung server-zentrierter Applikationen vereinfacht.

### Client/Server versus Dreischichten-Modell

Bislang werden transaktionsbasierte Anwendungen meist als Zweischichten-Modell realisiert, wobei sich die Verarbeitungslogik auf beide Schichten verteilt. Die Anwendungsprogrammierung beschränkt sich dabei i.A. auf die Clientseite (Frontend), während als Backend z.B. der Microsoft SQL Server oder ein Oracle-Server zur Verfügung steht. Letztere kapseln die Funktionalitäten des Datenzugriffs (Transaktionsmanagement, Indizierung usw.). Erste Aufgabe des Programmierers war die Entkopplung der Datenbankfunktionalität von der eigentlichen Problemlösung, die im Allgemeinen auf SQL-Abfragen basiert.

Gegenwärtig kommen deshalb mehr und mehr Dreischichten-Modelle zum Einsatz, bei denen die Verarbeitungslogik auf die Mittelschicht ausgelagert wird.

Ein Transaktionsserver (wie z.B. der MTS) hat neben der Kapselung von Verarbeitungslogik die Aufgabe, die Kommunikation zwischen Client und Server zu vereinfachen, d.h. die Anzahl der Serverzugriffe zu minimieren und die Netzbelastung zu verringern.

**BEISPIEL:** Es sind Geldtransaktionen von 1.000 Clients auf 10 Datenbankserver durchzuführen. Im ungünstigsten Fall (worst case) wären dann 1.000 Clients mit 10 Servern verbunden, d.h. 10.000 Sitzungen müssten verwaltet werden. Wenn aber ein Transaktionsserver eingesetzt wird, so verringert sich diese Anzahl erheblich. Unter der Annahme, dass ein Transaktionsserver gleichzeitig die Verbindung zu 100 Clients und zu allen 10 Servern aufrechterhalten kann, wären insgesamt 10 Transaktionsserver notwendig. Damit sind insgesamt nur noch 10 mal (100 Clients plus 10 Server) = 1.100 Sitzungen zu verwalten, was nur noch 11% der ursprünglichen Netzbelastung entspricht.

Der Einsatz von Transaktionsservern bietet neben der Reduzierung der zu verwaltenden Verbindungen aber noch weitere Vorteile:

- Verbesserung des Verbindungs-Managements
- Verminderung der Rechenbelastung der Server
- Verbesserung der Verwaltung von Objekten
- Verbesserung des Ressourcen-Managements

Gerade in verteilten Umgebungen wird vom Transaktionsserver einiges an »Intelligenz« erwartet, eine besondere Bedeutung haben dabei die Schnittstellen zwischen den Komponenten, die beim MTS dem DCOM-Standard genügen müssen.

## 8.2.3 Component Object Model (COM)

COM definiert eine Standardschnittstelle für die Kommunikation von Objekten, wobei die verwendete Programmiersprache (C++, Delphi, Java, Visual Basic) nebensächlich ist, da eine strenge Trennung zwischen Schnittstelle und Implementierung erfolgt. Damit ist auch eine wichtige Voraussetzung für die Wiederverwendbarkeit von Code gegeben.

Mit dem 1993 für Windows 3.1 eingeführten OLE (Object Linking and Embedding) hatte Microsoft bereits eine Technologie geschaffen, die es ermöglichte, Objekte zwischen verschiedenen Anwendungen auszutauschen. Mit der Weiterentwicklung zu OLE2 entstand COM als einheitliches Objektmodell.

COM Objekte erscheinen in binärer (kompilierter) Form, es handelt sich um Serverobjekte[1], die von einem Clientprogramm verwendet werden können, d.h. der Client bildet Instanzen, indem er sie in seinen Speicher lädt.

Ein COM-Interface kann auch mehrere Schnittstellen haben, deren Beschreibung mittels Interface Definition Language (IDL) erfolgt.

---

1 Genaugenommen müsste man von Objektklassen sprechen.

Mussten anfangs Client- und Serverobjekt auf demselben Computer existieren, änderte sich das im Jahr 1996 mit dem Erscheinen von Windows NT 4.0: COM wurde zu DCOM (Distributed Component Object Model) erweitert, so dass Client- und Serverobjekt nunmehr auf verschiedenen vernetzten Computern laufen können.

Das Prinzip des Einsatzes von DCOM in einer Dreischichten-Architektur:

- Der Client (UserTier) bildet die Benutzerschnittstelle (Frontend) und hat lediglich die Aufgabe, die Bedienereingaben entgegenzunehmen und die Daten der Anwendung in ansprechender grafischer Form darzustellen.
- Die mittlere Schicht (Middle Tier) beinhaltet die eigentliche Verarbeitungslogik und ist in Form von DCOM-Objekten auf dem NT-Server implementiert. Wird clientseitig vom Anwender eine Aktion ausgelöst, so wird diese in Form eines Methodenaufrufs an die mittlere Schicht weitergeleitet und dort verarbeitet.
- Die Daten der Anwendung werden im DataTier bzw. Backend gespeichert, was im Allgemeinen eine SQL-Datenbank ist. Die Kommunikation zwischen Middle- und DataTier erfolgt über Datenzugriffsmethoden eines darauf aufsetzenden Objektmodells (DAO, RDO, ADO).

### 8.2.4 Der Microsoft Transaction Server

Der MTS stellt eine Ablaufumgebung für DCOM-Objekte zur Verfügung, mit der sich die Mittelschicht von 3-Tier-Anwendungen relativ einfach entwickeln lässt. Dabei wird DCOM um bestimmte Eigenschaften ergänzt:

- Automatisches Transactions-Management
- Installation und Verteilung von DCOM-Objekten
- Erweitertes Sicherheitskonzept

Visual Basic-Komponenten sind auch unter dem MTS einsetzbar – es gibt unter VB 6 eine neue Klasseneigenschaft *MTSTransactionMode* für Klassen (nur ActiveX-DLLs), die durch MTS erzeugt wurden.

**HINWEIS:** Transaktionen lassen sich nur mit einem server-seitigen Cursor durchführen!

Wer tiefer in diese Problematik eindringen möchte, kommt um ein ausgiebiges Studium der sehr umfangreichen Dokumentation und der mitgelieferten Beispielanwendung (*Island Hopper News*) nicht umhin.

Da jeder ernsthafte VB-Programmierer in Zukunft wohl kaum an UML vorbeikommen wird, sollen zunächst einige wichtige Begriffe vorgestellt werden.

## 8.3 Eine kleine Einführung in UML

Die *Unified Modelling Language* (UML) dient der einheitlichen Beschreibung von Softwaresystemen, wie z.B. Datenbankapplikationen, Grafikprogrammen, Echtzeitanwendungen. Sie besteht aus verschiedenen Diagrammtypen, die wiederum verschiedene grafische Elemente besitzen. Für ein und denselben Sachverhalt gibt es mitunter mehrere Darstellungsarten. Im Folgenden sollen die Grundelemente von UML im Überblick und in kompakter Form vorgestellt werden, wie sie als Voraussetzung für die Arbeit mit dem *Microsoft Visual Modeler* [1] notwendig sind, auf welchen wir am Ende des Kapitels näher eingehen werden.

### 8.3.1 Der Prozess

Um eine Vorstellung zu gewinnen, wie und wo die einzelnen UML-Techniken (Diagramme) einsetzbar sind, sollten wir uns zunächst über die verschiedenen Phasen eines Software-Entwicklungsprozesses Klarheit verschaffen:

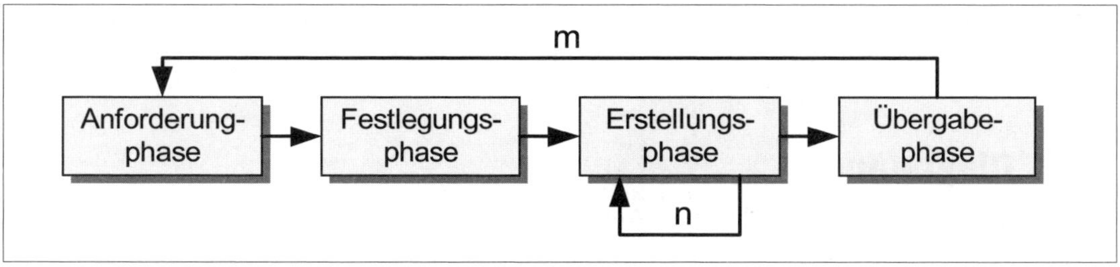


***Abbildung 8.7:*** *Phasen eines Software-Entwicklungsprozesses*

Die Abbildung zeigt vier Phasen:

- In der *Anforderungsphase* werden Funktionen und Projektumfang grob abgesteckt.
- Die *Festlegungsphase* dient der Bestimmung weiterer Details im Hinblick auf ein *High-Level*-Design. Außerdem wird eine Planung vorgenommen.
- In der *Erstellungsphase* wird das Softwaresystem (bzw. Teile davon) gefertigt. Dies geschieht im Allgemeinen iterativ: Nachdem ein Teil programmiert ist, wird getestet, anschließend werden weitere Funktionen hinzugefügt, getestet usw. (siehe Pfeil *n* in Abbildung 8.7)[2].
- Nachdem ein gewisses Niveau erreicht ist, kommt die Software in die *Übergabephase*. Dazu wird sie in das Gesamtsystem integriert, es finden Optimierungen und Abnahmetests für die Kunden statt. Fehler werden zwar beseitigt, eine Funktionserweiterung findet hier jedoch nicht statt.

Wider alle anders lautenden Meinungen und Modellen verläuft ein solcher Entwicklungsprozess stets spiralförmig, wobei alle Phasen mehrfach abgearbeitet werden (siehe Pfeil *m* in Abbildung 8.7). Bei jedem Durchlauf wird eine Teilmenge der Kundenforderungen zugrunde gelegt, die daraus resultierenden Zwischenprodukte müssen voll funktionsfähig sein. Die gesamte Spirale wird so lange durchlaufen, bis das Endprodukt vorliegt.

Durch diese iterative Vorgehensweise wird gewährleistet, dass das System in kleinen Schritten entsteht und nicht in einer Art »Urknall«, wie das z.B. bei einem linearen Entwicklungsprozess der Fall ist (»Wasserfall«-Modell).

1 Der *Microsoft Visual Modeler 2.0* gehört zu den Enterprise-Tools von VB 6 und ist eine abgerüstete Version des Tools *Rational Rose 98* der Firma *Rational*, die mittlerweile eine gewisse Marktführerschaft unter den UML-Werkzeugherstellern (CASE-Tools) erreicht hat.

2 Wir werden dieses sogenannte Round Trip-Engineering später mit dem *Microsoft Visual Modeler 2.0* (bzw. *Rational Rose 98*) praktizieren.

Bevor man sich überhaupt in die Anforderungsphase begibt, sollte natürlich immer eine konkrete Problembeschreibung vorliegen. Das Geschäft muss verstanden sein, bevor man es organisatorisch regeln kann! Die Aufgabe, sprich das sogenannte Szenario, muss bis zu einem gewissen Grad beschrieben sein, bevor die Anforderungen an die Software fixiert werden können. Kurz gesagt: Design setzt Analyse voraus!

Das Problemverständnis braucht jedoch nicht perfekt und sehr detailliert zu sein, bevor erste Lösungsideen entwickelt werden. Es sollte nur etwas Vorlauf haben.

Bevor Sie sich an allzu komplexe Szenarien wagen, sollten Sie eines bedenken: Jedes System ist Teil eines größeren Systems, oder andersherum betrachtet: Jedes System kann in Komponenten (Teilsysteme) zerlegt werden. Diese Eigenschaft kann dazu genutzt werden, um Entwicklungsprozess und Ergebnismodelle, die dabei entstehen, in verschiedenen Schichten zusammenzufassen.

## 8.3.2 Diagramme

Diagramme sind visuelle Modelle, quasi Ansichten der Realität, die den Zweck haben, einen bestimmten Sachverhalt darzustellen. Die im Folgenden aufgelisteten sieben Typen von UML-Diagrammen sind vergleichbar mit verschiedenen Modellansichten auf das System, z.B. vergleichbar mit Bauplänen für Häuser, wo es auch einen Lageplan, Grundrisse, Außenansichten, Installationspläne etc. gibt.

- Use-Case-Diagramme
- Klassen-Diagramme
- Interaktions-Diagramme
- Package-Diagramme
- Zustands-Diagramme
- Aktivitäts-Diagramme und
- Implementierungs-Diagramme.

Die Tabelle 8.1 zeigt Eigenschaften und Einsatzgebiete jedes Diagrammtyps bezogen auf die eingangs erörterten vier Phasen des Software-Entwicklungsprozesses.

| Diagrammtyp | Phase | Einsatzgebiet |
|---|---|---|
| Use-Case-Diagramm | Anforderung, Festlegung | Geschäftsprozesse, allgemeine Einsatzmöglichkeiten |
| Klassen-Diagramm | Festlegung, Erstellung | Fast überall, denn das Klassendiagramm ist das wichtigste UML-Diagramm! |
| Interaktions-Diagramm | Anforderung, Festlegung, Erstellung, Übergabe | Zeigt Nachrichtenfluss und Zusammenwirken der Objekte im zeitlichen Ablauf |
| – Sequenz-Diagramm | | zeitliche Aufrufstruktur mit wenigen Klassen |
| – Kollaborations-Diagramm | | zeitliche Aufrufstruktur mit wenigen Nachrichten |
| Package-Diagramm | Erstellung | Groborientierung, in welchem Modul man welche Klasse findet, Aufteilung in Unterprojekte, Bibliotheken, Übersetzungseinheiten ▶ |

| Diagrammtyp | Phase | Einsatzgebiet |
|---|---|---|
| Zustands-Diagramm | Anforderung, Festlegung, Erstellung, Übergabe | Darstellung des dynamischen Verhaltens |
| Aktivitäts-Diagramm | Festlegung, Erstellung | Bei parallelen Prozessen, Geschäftsprozesse |
| Implementierungs-Diagramm | Festlegung, Erstellung, Übergabe | Besonders für Darstellung von verteilten Anwendungen, Komponenten und Implementierungsaspekten (Übersetzungseinheiten, ausführbare Programme, Hardwarestruktur) |
| – Komponentendiagramm | | Zusammenhänge der Software |
| – Verteilungsdiagramm | | Hardwareaufbau |

***Tabelle 8.1:*** *Typen von UML-Diagrammen*

Sie brauchen sich von der Vielfalt der Modellierungsmöglichkeiten nicht abschrecken zu lassen. Für Ihr konkretes Problem brauchen Sie meist nicht alle Diagrammtypen. Üben Sie sich also in der Kunst des Beschränkens auf die für Ihr Entwurfsproblem wirklich relevanten UML-Werkzeuge.

### 8.3.3 Use-Case

Use-Cases sind vor allem nützlich, um erste Vorstellungen über die Anforderungsphase zu gewinnen, wo sie vor allem der Beschreibung des der Aufgabenstellung zugrunde liegenden *Szenarios* dienen. Aber auch in den übrigen Phasen des Software-Entwicklungsprozesses haben sie Bedeutung. Allgemein beschränken sie sich auf das Zusammenwirken von sogenannten *Aktoren* mit einem System. Meist handelt es sich bei den Aktoren um Personen, die nach ihrem Rollenverhalten im Bezug auf das System (nicht nach den Menschen!) unterschieden werden.

Unter einem *Use-Case* wird eine typische Handlung verstanden, die ein Aktor mit dem System ausführt, z.B. Use-Case *Aktienkauf* durch den Aktor *Anleger* (siehe Abbildung 8.8). Hier kann auch der Bankangestellte selbst in der Rolle eines Anlegers sein.

Die Use-Cases werden als Ellipsen dargestellt. Um zu zeigen, welche Aktoren an welchen Use-Cases beteiligt sind, werden Verbindungslinien eingezeichnet.

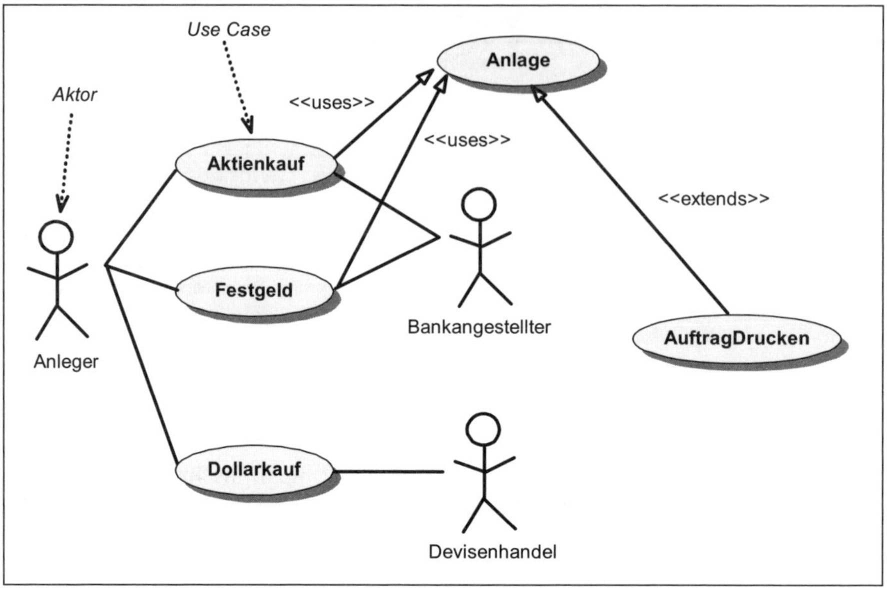


***Abbildung 8.8:*** *Beispiel eines Use-Case-Diagramms*

Die Abbildung zeigt zwei weitere Verbindungstypen zwischen Aktoren und Use-Cases: *<<uses>>* und *<<extends>>*.

- Der Verbindungstyp *<<uses>>* wird verwendet, wenn mehrere Use-Cases einen ähnlichen Aufbau haben und Verhalten durch Kopieren wiederholt dargestellt werden müsste. Es ist besser, das gemeinsame Verhalten in einen separaten Use-Case zu verlagern und <<uses>>-Verbindungen zu den untergeordneten Use-Cases zu zeichnen. Im Beispiel benutzen die Use-Cases *Aktienkauf* und *Festgeld* die Funktionalität von *Anlage*.
- Auch der Verbindungstyp *<<extends>>* verlagert Verhalten in einen anderen Use-Case, die Zielsetzung unterscheidet sich aber von *<<uses>>*. Im abgebildeten Beispiel stellt der Use-Case *AuftragDrucken* eine zusätzliche Funktionalität für den Use-Case *Anlage* zur Verfügung (beachten Sie bitte die Pfeilrichtung!).

## 8.3.4 Zustandsdiagramm

Ähnlich wie ein Automat kann auch ein Programm verschiedene Zustände einnehmen. Eintreffende Ereignisse bewirken den Übergang von einem Zustand zu einem anderen. Die folgende Abbildung zeigt das Zustandsüberführungsdiagramm einer kleinen CAD-Anwendung. Durch Mausereignisse (*MouseClick*, *MouseDown*, *MouseUp*, *MouseMove*) werden Symbole (Bauelemente) von einem Menü selektiert, auf der Zeichenfläche abgelegt und miteinander verbunden.

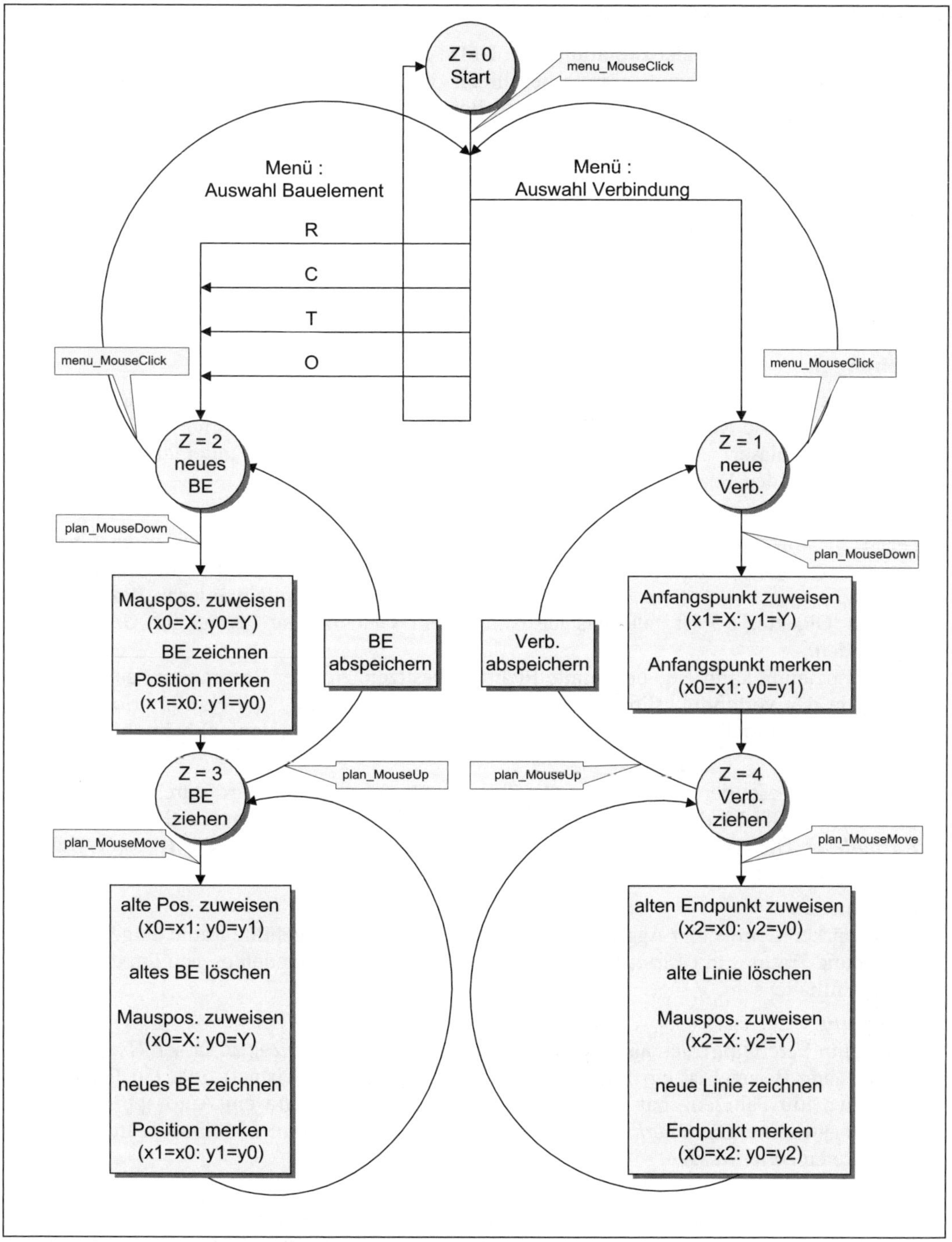


***Abbildung 8.9:*** *Beispiel eines Zustandsdiagramms*

## 8.3.5 Klassendiagramm

Dieses Diagramm ist zentraler Bestandteil der UML, denn kaum ein Entwurfsprozess dürfte ohne es auskommen. Das Klassendiagramm beschreibt die statische Struktur der Objekte in einem System sowie die gegenseitigen Beziehungen. Beim Ermitteln der Klassen werden Sie als Entwickler aber im Großen und Ganzen allein gelassen, hierfür gibt es spezielle Techniken[1]. Die UML beschreibt lediglich Notation und Semantik der beiden grundsätzlichen Kategorien:

- *Objekte*
  Konzept, Abstraktion oder Gegenstand mit klarer Abgrenzung und präziser Bedeutung, z.B. »das blaue Fahrrad«.
- *Klassen*
  Beschreibung von Gruppen von Objekten mit ähnlichen Eigenschaften, z.B. *Fahrrad*.

### Beziehungen

Die folgende Abbildung zeigt ein stark vereinfachtes Beispiel für das Klassendiagramm eines Bankautomaten. Die Klassen sind die zentralen Elemente und werden durch Rechtecke dargestellt (z.B. Kartenleser) [2]. Die gefundenen Klassen werden durch Linien miteinander verbunden, welche die folgenden Beziehungen repräsentieren:

- *Assoziation*
  Das ist die allgemeinste Beziehung zwischen zwei Klassen – über ihre Realisierung wird dabei nichts ausgesagt. An einer Assoziation können noch Multiplizitäten, d.h. Zahlen oder Zahlenbereiche, angegeben werden. Diese bestimmen die Anzahl der miteinander in Beziehung stehenden Objekte. So ist beispielsweise an einem Geldautomat genau ein User-Interface vorhanden.
  Jede Assoziation kann eine bestimmte Richtung besitzen, zu ihrer Bestimmung dient der Pfeil am Ende der Verbindungslinie. Zugriffe können dann nur in Pfeilrichtung erfolgen[3]. Eine Assoziation mit Pfeil kann unter Visual Basic als Zeiger (Klassenreferenz) betrachtet werden.
- *Aggregation*
  Dies ist eine besondere Assoziation (*Ist-Teil-von-Beziehung*) und wird durch eine Raute am Endpunkt der Verbindungslinie dargestellt, wie z.B. zwischen den Klassen *Geldautomat* und *Kartenleser*. Die Assoziation sagt aus, dass eine Klasse *Kartenleser* in der Klasse *Geldautomat* enthalten ist.
- *Komposition*
  Diese stärkere Form einer Aggregation und wird durch eine ausgefüllte Raute dargestellt (siehe Beziehung *Tresor* und *Geldautomat*). Bei einer Komposition handelt es sich um das physikalische Enthaltensein.
- *Vererbung*
  Man kann Vererbung auch als *Spezialisierung* und *Generalisierung* auffassen (*Ist-ein-Beziehung*). Zum Beispiel ist ein Kartenleser ein ID-Gerät (siehe Beispiel) oder ein PKW ist ein Fahrzeug. Ein Fahrzeug hat generelle Attribute eines Autos und ein Auto spezialisiert die Fahrzeugattribute. Die *Oberklasse* »vererbt« ihre Eigenschaften und Methoden an die von ihr abgeleiteten *Unterklassen*.

---

1 *CRC-Karten* (Class, Responsibility and Collaboration) oder *Substantiv Technik*.

2 Eine strenge visuelle Unterscheidung zwischen Objekten und Klassen ist im Klassendiagramm nicht vorgesehen, beide benutzen die gleichen Symbole. Objekte werden von den Klassen lediglich dadurch unterschieden, dass ihre Bezeichnung unterstrichen ist.

3 Man verwendet dafür auch den Begriff der Navigationsfähigkeit (engl. *Navigability*).

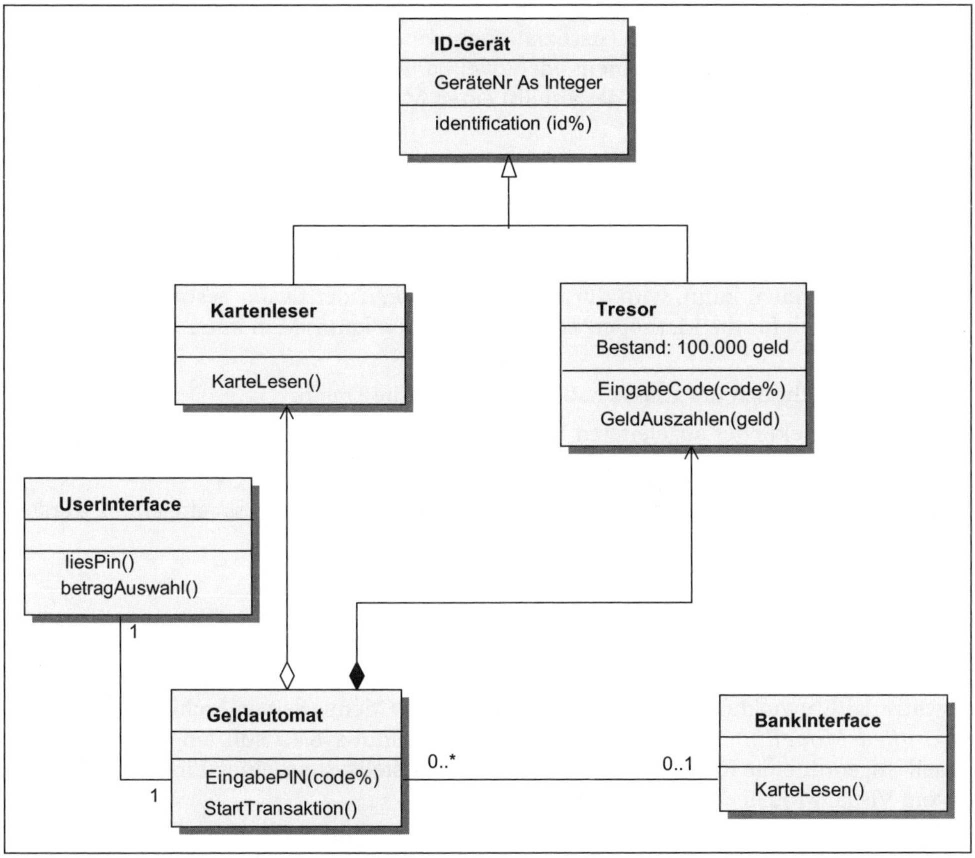


***Abbildung 8.10:*** *Beispiel eines Klassendiagramms*

Hier ein weiteres Beispiel für die Vererbung von Beziehungen in Form eines stark vereinfachten Klassendiagramms, in welchem nur die Namen der Klassen, nicht aber deren Interface angegeben ist:

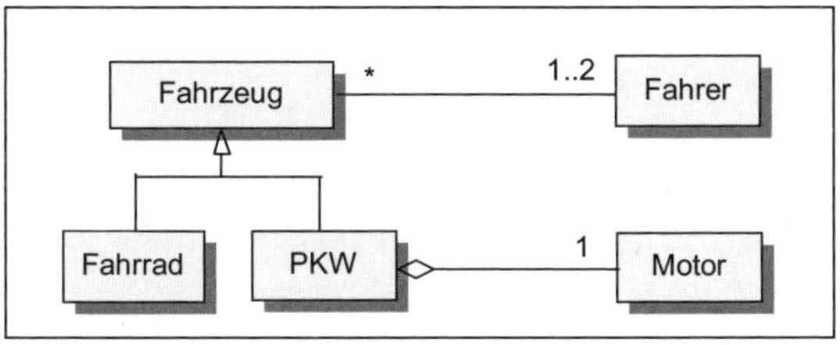


***Abbildung 8.11:*** *Einfaches Klassendiagramm*

Wenn von einer Klasse, die mit einer anderen Klasse assoziiert ist, eine Unterklasse abgeleitet wird, so werden auch die Beziehungen (Assoziationen) vererbt. Im obigen Beispiel ist demnach ein Fahrrad ebenso wie ein PKW mit einem oder zwei Fahrern assoziiert. Dagegen kann nur ein PKW (im Diagramm als Aggregatklasse dargestellt) einen Motor haben.

#### Attribute, Methoden, Sichtbarkeit

Eine Klasse besteht aus Attributen und Methoden. Attribute stellen die Eigenschaften der Objekte dieser Klasse dar und bilden den Datenbestand der Klasse. Was mit diesen Daten passieren soll, legen die Methoden fest. Unter Visual Basic sind dies Funktionen und Prozeduren.

Wer auf die Daten zugreifen kann, wird durch die *Sichtbarkeit* der Daten bestimmt, die sowohl für die Attribute als auch für die Methoden angegeben werden kann. Man unterscheidet folgende Sichtbarkeiten:

- *private*: Nur die Methoden der Klasse haben Zugriff auf die Daten.
- *protected*: Auch Objekte der abgeleiteten Klassen haben Zugriff.
- *public*: Der Zugriff ist uneingeschränkt möglich.

Sichtbarkeiten können frühestens nach der Festlegungsphase (siehe Prozess) eingeführt werden.

## 8.4 Visual Modeler

Unter den neuen Enterprise Tools von VB 6 befindet sich auch der *Microsoft Visual Modeler*, eine etwas abgerüstete Version des Programms *Rose 98* der Firma *Rational*. Dieses erstaunliche Tool unterstützt die Entwicklung moderner mehrschichtiger Client-/Server-Architekturen auf der Basis der *Unified Modelling Language* (UML). Die Abbildung 8.12 soll am Beispiel der im 3-Tier-Modell angeordneten Klassendiagramme für das Bestellsystem einer Firma einen ersten Eindruck vom Visual Modeler vermitteln.

**HINWEIS:** Der *Visual Modeler* unterstützt in der aktuellen Version nur folgende Typen von UML-Diagrammen: *Klassendiagramm, Komponentendiagramm* und *Verteilungsdiagramm*.

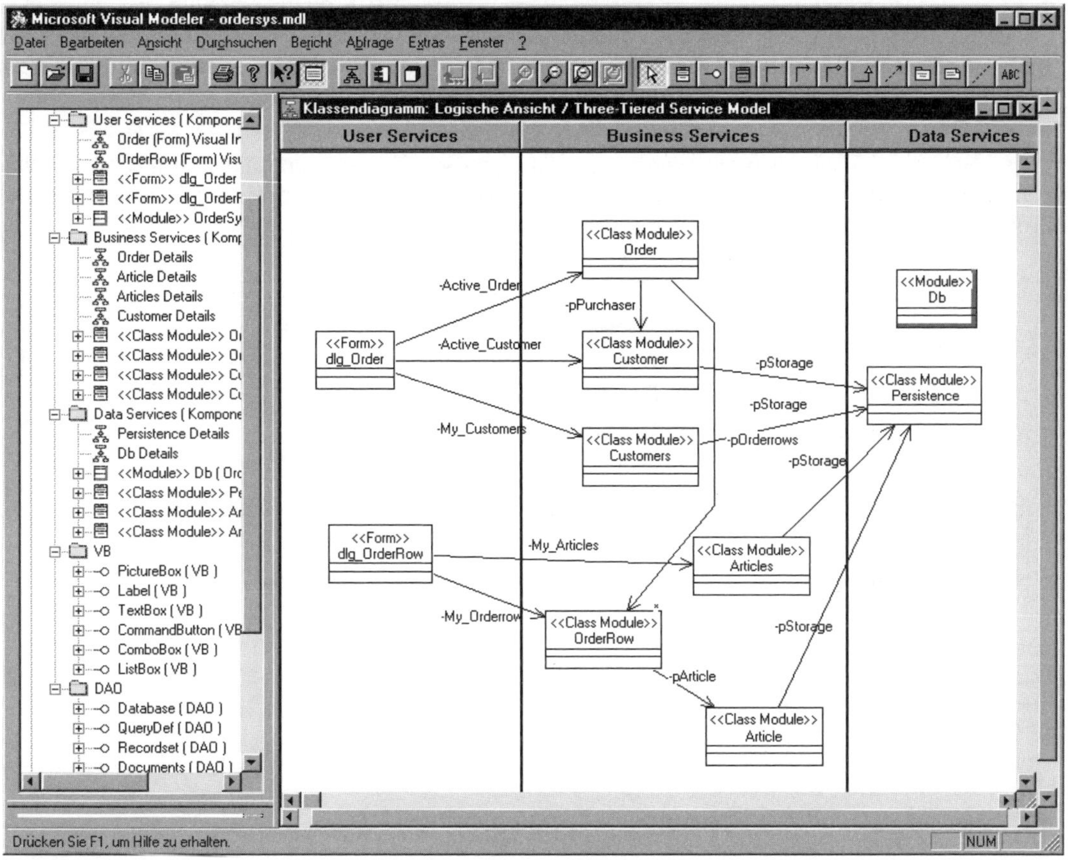


***Abbildung 8.12:*** *Das Klassendiagramm eines VB-Projekts im Visual Modeler*

## 8.4.1 Round Trip Engineering

Wenn Sie mit den Symbolen der *Unified Modelling Language* (UML) vertraut sind, steht einem ersten Kontakt mit dem Visual Modeler nichts mehr im Wege. Das Tool kann auf verschiedene Weise aufgerufen werden:

- Sie können ihn direkt starten (über Dienstprogramme der Microsoft Visual Studio 6.0 Enterprise Edition) und in seiner visuellen Entwicklungsumgebung Klassendiagramme zusammenstellen. Die einzelnen UML-Objekte werden in der *Werkzeugsammlung* auf der Symbolleiste angeboten. Ein fertiger Entwurf wird als **.mdl*-Datei abgespeichert. Bei fertig vorliegenden Klassendiagrammen ist der *Code Generierungs Assistent* (Menü *Extras/Code generieren*) in der Lage (oder besser gesagt, er gibt sich die größte Mühe) aus diesen zunächst nur grafisch vorliegenden Informationen den Quellcode eines Visual Basic Projekts zu generieren. Oft ist er allerdings mit dieser Aufgabe schlichtweg überfordert, was teilweise auch an unzureichenden oder fehlerhaften Entwürfen des Klassendiagramms seine Ursache hat.

- Effektiver ist es, wenn Sie zuerst eine Rohversion Ihres VB-Projekts erstellen und dann über das *Add-Ins*-Menü den *Reverse Engineering Assistent* aufrufen. Dieser wird Ihnen in der Regel ein ganz brauchbares Klassendiagramm liefern[1], an welchem Sie weiter herumdoktern können, um dann erneut zu VB zurückzukehren.

Wie Sie sehen, versteht man unter *Round Trip Engineering* ein zyklisches Hin und Her zwischen Visual Basic und Visual Modeler, wobei im ständigen Wechsel zwischen abstrakten Klassendiagrammen und konkretem VB-Quellcode eine kontinuierliche Erweiterung und Verbesserung des Projektentwurfs angestrebt wird (siehe Abbildung 8.13).

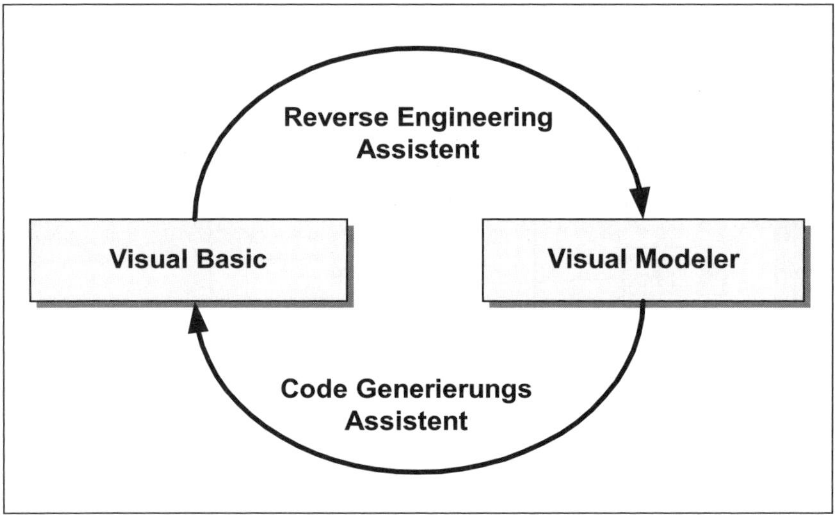


***Abbildung 8.13:*** *Round Trip Engineering*

Das folgende kleine Beispiel scheint mit Kanonen auf Spatzen zu schießen, kann Ihnen aber dennoch einen ersten Eindruck vermitteln.

## 8.4.2 Erste Etappe: VB-Projekt erstellen

Zunächst brauchen wir für unsere Experimente ein geeignetes Versuchskaninchen, also ein VB-Projekt, welches einerseits zwar in Dreischichten-Architektur aufgebaut ist, andererseits aber mit möglichst wenig Aufwand zu programmieren ist[2]. Wir nehmen dazu eine einfache Personaldatenbank mit einer Tabelle *Kunden*, auf die wir mittels altbewährter DAO-Technologie zugreifen werden.

### Abfragen hinzufügen

Unter Microsoft Access fügen wir mehrere Abfragen zur Datenbank hinzu, die, wie Sie sehen, auch parametrisiert sein können. In unserem Beispiel benutzen wir allerdings nur *QueryKunde*.

---

1 Leider unterstützt die aktuelle Version des Visual Modeler zwar DAO-, aber noch keine ADO-Bibliotheken.

2 Laden Sie sich das Beispiel von der Buch-CD-ROM (Verzeichnis *Kap08\Bsp1*).

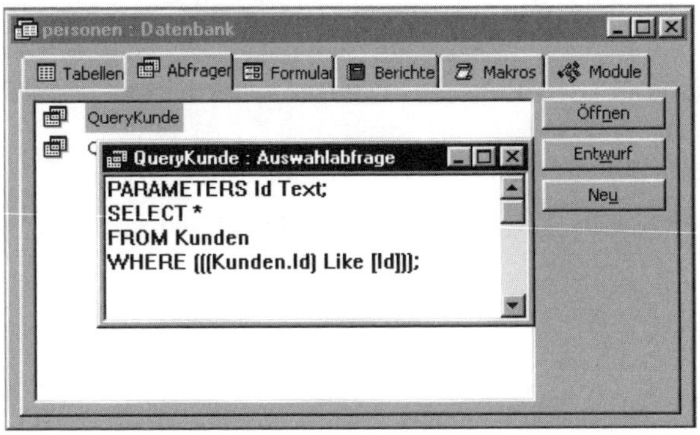


***Abbildung 8.14:*** *Die Abfragedefinition unter Microsoft Access*

**WICHTIG:** Warum sind in der Datenbank gespeicherte Queries einer normalen SQL-Abfrage vorzuziehen? Hierfür sprechen ganz einfach die Performance-Gründe. Erstellen Sie beispielsweise ein *Recordset*-Objekt (Typ *Dynaset*), welches das Ergebnis einer SQL-Abfrage über mehrere umfangreiche Tabellen ist, so kann das Warten auf die Antwort Sie zu einer ungewollten Kaffeepause zwingen. Bei einem *QueryDef*-Objekt hingegen wird die Abfrage vorher optimiert und direkt in der Datenbank gespeichert, die Ausführungszeiten verringern sich teilweise drastisch.

### Code-Modul hinzufügen

Nicht immer sollte man alles gewaltsam in eine Klasse stopfen. In unserem Fall ist es zweckmäßiger, das Öffnen der Datenbank in ein normales Modul zu verlagern, da wir auf dieses direkt von der Benutzerschicht aus zugreifen können.

```
Option Base 0
Public Db As Database
```

Die einzige Prozedur[1] des Moduls öffnet die Datenbank und liefert eine Vollzugsmeldung:

```
Public Function OpenDb(dbname As String) As Boolean
    On Error GoTo fehler
    Set Db = Workspaces(0).OpenDatabase(dbname)
    OpenDb = True
    Exit Function
fehler:
    Resume beende
beende:
    Exit Function
End Function
```

Geben Sie dem Code-Modul den Namen *DatBank* und speichern Sie es ab.

### Klasse *Persistence* (Schicht der Datendienste)

Die zur Schicht der Datendienste gehörende Klasse *Persistence* ist ein gutes Beispiel für ein brauchbares Musters (Pattern) zum persistenten Speichern von beliebigen Geschäftsobjekten,

[1] Sog. *Freies Unterprogramm*, da keine Methode eines Objekts.

der Einsatz dieser Klasse beschränkt sich also nicht nur auf eine einzige Tabelle, wie hier demonstriert wird!.

Die Klasse basiert auf existierenden Tabellen und vordefinierten Abfragen eines im Codemodul *Db* instantiierten DAO-Datenbankobjekts[1].

Binden Sie über das Menü *Projekt/Verweise...* die *Microsoft DAO 3.51 Object Library* ein.

Fügen Sie Ihrem Projekt ein neues Klassenmodul mit dem Namen *Persistence* hinzu:

```
Option Base 0

Private pRecordset As Recordset
Private pQueryDef As QueryDef
Private pRecordsExists As Boolean   'Flag für Existenz von Records

Public Property Get theRs() As Recordset
    Set theRs = pRecordset
End Property

Public Property Get theQueryDef() As QueryDef
    Set theQueryDef = pQueryDef
End Property
```

Verbindung herstellen zu einem existierenden Abfrage-Objekt in der Datenbank:

```
Public Sub Connect(QueryName As String)
On Error GoTo fehler
  Set pQueryDef = Db.QueryDefs(QueryName)
Exit Sub
fehler:
    Resume beende
beende:
    Exit Sub
End Sub
```

Ausführen der SQL-Abfrage, Recordset liefern, Flag setzen:

```
Public Sub Execute()
    On Error GoTo fehler
    Set pRecordset = pQueryDef.OpenRecordset()
    pRecordset.MoveFirst
    If Not pRecordset.EOF Then
        pRecordsExists = True
    Else
        pRecordsExists = False     ' leer
    End If
    Exit Sub
fehler:
 pRecordsExists = False            ' falsche ID
End Sub
```

Die Eigenschaft, ob die Abfrage Datensätze zurückgeliefert hat:

---

1 Die Datenbank sowie alle Abfragen sollten natürlich vorher unter Access angelegt werden!

```
Public Property Get RecordsExists() As Boolean
  RecordsExists = pRecordsExists
End Property
```

Beim Initialisieren der Klasse wird eine neue Abfragedefinition zugrunde gelegt:

```
Private Sub Class_Initialize()
    Set pQueryDef = New QueryDef
    pRecordsExists = False
End Sub
```

### Klasse *Kunde* (Schicht der Geschäftsdienste)

Fügen Sie dem Projekt ein weiteres Klassenmodul mit dem Namen *Kunde* hinzu.

```
Option Base 0

Private pId As Long

Private pName As String
Private pGeburt As Date
Private pStudent As Boolean
Private pStorage As Persistence    ' Persistence-Klasse einbinden
```

Persistent → Transient:

```
Public Sub readKunde()
 With pStorage
  pId = .theRs!Id
  If Not IsNull(.theRs!name) Then pName = .theRs!name
  If Not IsNull(.theRs!Geburt) Then pGeburt = .theRs!Geburt
  If Not IsNull(.theRs!student) Then pStudent = .theRs!student
 End With
End Sub
```

Transient → Persistent:

```
Public Sub writeKunde()
 With pStorage
    .theRs.Edit
    .theRs!name = pName
    .theRs!Geburt = pGeburt
    .theRs!student = pStudent
    .theRs.Update
 End With
End Sub
```

Initialisieren eines Kunden-Objekts:

```
Private Sub clearKunde()
    pName = " "         ' in Access leere Zeichenfolge zulassen!
    pGeburt = 0
    pStudent = False
End Sub
```

Die Bewegungsmethoden:

```
 Public Sub vor()
  writeKunde
  With pStorage.theRs
   .MoveNext
   If .EOF Then .MoveLast
  End With
  readKunde
 End Sub

Public Sub zur()
 writeKunde
  With pStorage.theRs
   .MovePrevious
   If .BOF Then .MoveFirst
  End With
  readKunde
 End Sub
```

Die Methoden zum Einfügen und Löschen:

```
Public Sub neu()
 writeKunde
 With pStorage.theRs
  .AddNew
  clearKunde
  .Update
  .MoveLast
 End With
 readKunde
End Sub

Public Sub entferne()
If MsgBox("Kunde löschen?", 32 + 4, "Achtung!") = 6 Then
 With pStorage.theRs
  .Delete
  .MoveNext
  If .EOF And Not .BOF Then .MoveLast
 End With
 readKunde
 End If
End Sub
```

Die Zugriffs-Prozeduren für die Eigenschaften:

```
Public Property Get KuId() As Long        ' Read-Only
    KuId = pId
End Property

Public Property Get name() As String
    name = pName
End Property
Public Property Let name(value As String)
    pName = value
```

```
End Property

Public Property Get Geburt() As Date
 Geburt = pGeburt
End Property

Public Property Let Geburt(value As Date)
    pGeburt = value
End Property

Public Property Get student() As Boolean
 student = pStudent
End Property

Public Property Let student(value As Boolean)
    pStudent = value
End Property
```

Beim Initialisieren:

```
Private Sub Class_Initialize()
  Set pStorage = New Persistence
  pStorage.Connect ("QueryKunden")  ' Persistence-Objekt auf
                                    ' gewünschte Abfrage setzen
  pStorage.Execute                  ' Abfrage ausführen
  pStorage.theRs.MoveFirst          ' das zurückgegebene Recordset
  readKunde       ' Attribute des ersten Kunden werden zugewiesen
 End Sub
```

Beim Schließen:

```
Private Sub Class_Terminate()
  Set pStorage = Nothing
End Sub
```

### Klasse *Form1* (Schicht der Benutzerdienste)

Die Benutzeroberfläche (User-Interface bzw. Benutzerdienste) bildet die oberste Schicht im Dreischichten-Modell. In unserem Fall dient sie zum Anzeigen, Speichern, Hinzufügen und Löschen von Objekten der Klasse *Kunde*.

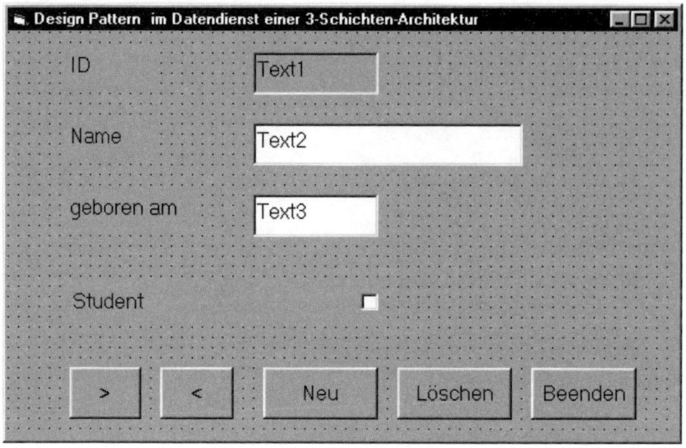


***Abbildung 8.15:*** *Entwurfsansicht des Formulars*

Der Quellcode bedarf wohl keiner ausführlichen Erläuterungen:

```
Option Explicit

Private aktKunde As New Kunde    ' eine Instanz der darunter liegenden
                                 ' Schicht (Geschäftsobjekt)

Private Sub Form_Load()          ' Programmstart
 If OpenDb(App.Path & "\DB\personen.mdb") Then    ' aus Codemodul Db.bas
  MaskeAnzeigen                   ' erste Person anzeigen
    Else
        MsgBox ("Datenbank konnte nicht geöffnet werden!")
        End
    End If
 End Sub

Sub MaskeSpeichern()            ' Benutzerebene => Geschäftsebene
On Error GoTo fehler
 With aktKunde
  .name = Text2.Text
  If Text3.Text <> "" Then .Geburt = CDate(Text3.Text)
  .student = -Check1.value
 End With
 Exit Sub
fehler:
End Sub

Sub MaskeAnzeigen()                  ' Geschäftsebene => Benutzerebene
 With aktKunde
   Text1.Text = .KuId
   Text2.Text = .name
   Text3.Text = Format$(.Geburt, "dd.mm.yyyy")
   Check1.value = -.student
 End With
End Sub

Private Sub Command1_Click()     ' vorwärts (>)
```

```
  MaskeSpeichern
  aktKunde.vor
  MaskeAnzeigen
 End Sub

Private Sub Command2_Click()    ' rückwärts (<)
  MaskeSpeichern
  aktKunde.zur
  MaskeAnzeigen
 End Sub

Private Sub Command4_Click()   ' Neu
 MaskeSpeichern
 aktKunde.neu
 MaskeAnzeigen
End Sub

Private Sub Command5_Click()  ' Objekt löschen
 aktKunde.entferne
 MaskeAnzeigen
End Sub

Private Sub Command3_Click()    ' Programmende
 Unload Me
End Sub


Private Sub Form_Unload(Cancel As Integer)
 Set aktKunde = Nothing           ' Freigeben des Objekts
End Sub
```

**Ergänzung**

In der Datenbank *Personen.mdb* ist zu Testzwecken eine weitere Abfrage (*QueryKunde*) definiert:

```
PARAMETERS Id Text;
SELECT *
From Kunden
WHERE (((Kunden.Id) Like [Id]));
```

Anstatt wie bisher auf alle, könnte man damit von der Klasse *Kunde* aus mit folgendem Code auf einzelne Datensätze zugreifen:

```
pStorage.Connect("QueryKunde")
pStorage.theQueryDef.Parameters!Id = pId
pStorage.Execute
```

## 8.4.3 Zweite Etappe: Einsatz des Visual Modeler

- Öffnen Sie Ihr Visual Basic Projekt *Kunden.vbp*.
- Im *Add-Ins*-Menü rufen Sie den *Reverse Engineering Assistent* auf. Falls dieser im Menü nicht angeboten wird, müssen Sie über den Add-In-Manager die beiden DLLs *Visual Modeler Add-In* und *Visual Modeler Menus Add-In* laden.

- Der Assistent fordert Sie nun auf, ein neues Modell (*mdl*-Datei) anzulegen, klicken Sie also auf *Neu...*

Der Visual Modeler wird im Hintergrund geladen. Nach der Begrüßung durch den *Reverse Engineering Assistent* klicken Sie auf *Weiter* und selektieren im Dialogfeld *Auswahl von Projektelementen* all die Klassen, auf denen Ihr VB-Projekt basiert.

Vorsicht ist bei den ActiveX-References geboten. Das Einfügen dieser zahlreichen Klassen kann endlos lang dauern[1] und Ihre Geduld auf eine harte Probe stellen! Für Ungeduldige empfiehlt sich deshalb ein gänzlicher Verzicht auf die ActiveX-References, was lediglich zur Folge hat, dass später die entsprechenden Objekte in den Klassendiagrammen fehlen. Auch in unserem Beispiel wollen wir aus besagten Gründen auf das Einbinden der ActiveXe verzichten (siehe Abbildung 8.16).

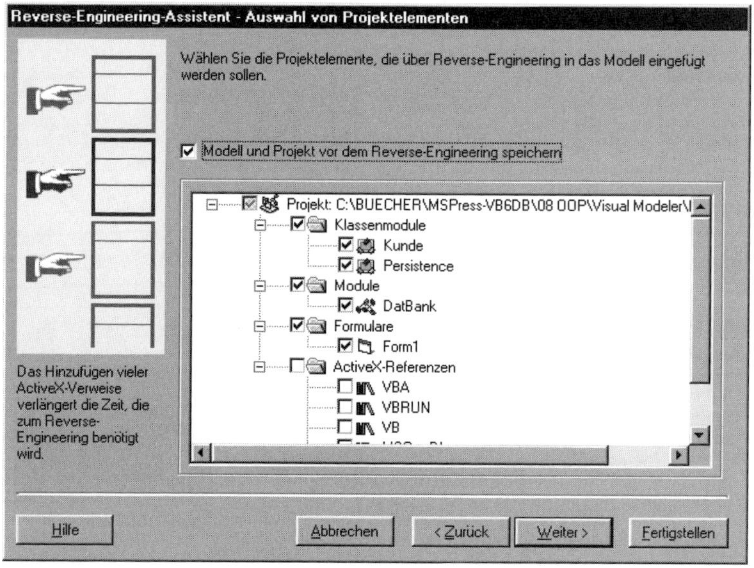


***Abbildung 8.16:*** *Auswahl der Projektelemente (Vorsicht bei den ActiveX-Referenzen!)*

- Im nächsten Dialogfeld (*Zuweisung von Projektelementen*) ordnen Sie den Ebenen des 3-Tier-Modells die entsprechenden Klassen bzw. Bibliotheken zu. Das Zuweisen geht einfach per Drag&Drop, Sie wählen oben das entsprechende Projektelement aus und legen es (unten links!) auf den Folder der gewünschten logischen Ansichtsebene ab.

1 30 Min. und mehr in Abhängigkeit von Ihrer Hardware!

In unserem Beispiel gehört *Form1* natürlich in die Ebene der Benutzerdienste, während die Klasse *Kunde* offensichtlich der mittleren Ebene (Geschäftsdienste) zuzuordnen ist Auf die Ebene der Datendienste ziehen Sie die beiden übrigen Module (*Persistence* und *DatBank*).

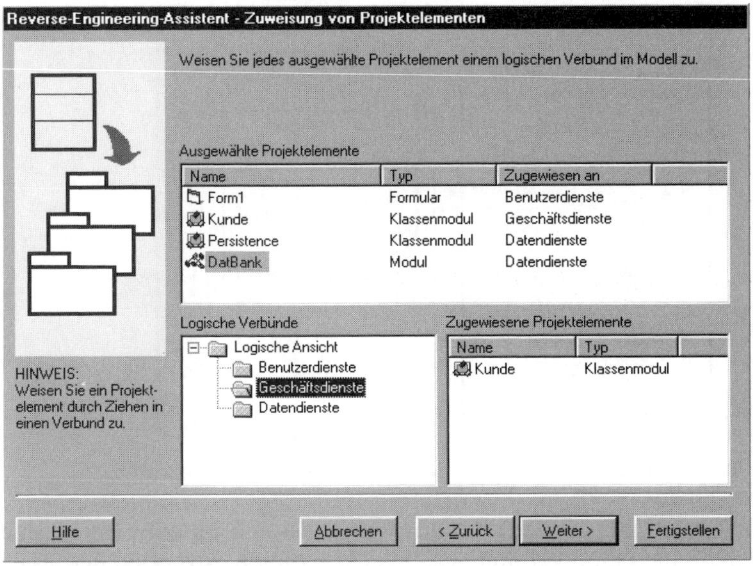


***Abbildung 8.17:*** *Per Drag&Drop ziehen Sie die Projektelemente auf eine der drei logischen Ebenen*

- Das folgende Dialogfeld weist Sie unverblümt darauf hin, dass Sie jetzt längere Zeit zu warten haben, denn zahlreiche Klassen (allein mehr als 60 davon stammen aus der VB-Library mit ihren insgesamt mehreren Tausend Klassenmitgliedern, d.h. Attributen, Methoden usw.) muss der Wizard abarbeiten[1]. Klicken Sie auf *Fertigstellen* und gönnen Sie sich in der Zwischenzeit eine Kaffeepause[2].
- Der Wizard präsentiert das Ergebnis seiner überaus harten Arbeit auf einer ProtokollSeite. Eventuelle Warnings sind, bezogen auf unser Beispiel, meist harmloser Natur. Klicken Sie auf *Schließen*, um das Klassendiagramm im Visual Modeler zu betrachten.

1 Allerdings verringert sich diese Zeit drastisch, wenn Sie auf die ActiveX-Referenzen verzichtet haben.
2 Normalerweise wird nur in diesem ersten Zyklus des Reverse Engineering Ihre Geduld derart strapaziert.

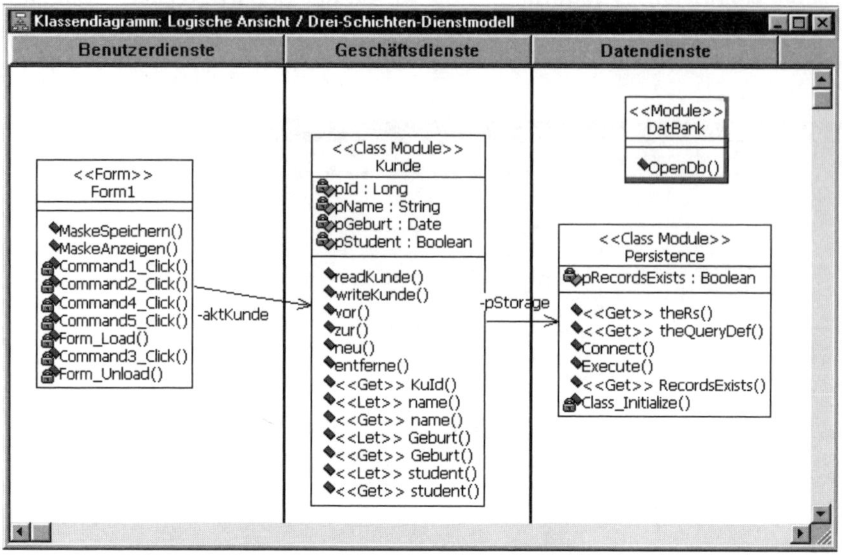


***Abbildung 8.18:*** *Das vom Reverse Engineering Assistent erstellte Klassendiagramm*

- Jetzt können Sie detailliertere Untersuchungen vornehmen. Klicken Sie z.B. (rechte Maustaste, *Spezifikation öffnen...*) auf eine Verbindungslinie (Assoziation) zwischen den Klassen, um zu sehen, welche Objektvariablen von welcher Klasse abgeleitet wurden. Das vorangestellte Minuszeichen (–) verweist auf die Richtung der Assoziation. In Abbildung 8.18 erkennen Sie die Objektvariablen *aktKunde* und *pStorage*.
- Jetzt können Sie Änderungen am Modell vornehmen, z.B. neue Klassendiagramme einfügen und Beziehungen zwischen Ihnen herstellen. Die entsprechenden Symbole entnehmen Sie der Werkzeugleiste (oben). Um nach dem vorläufigen Abschluss dieses ersten Schrittes den entsprechenden Visual Basic Code zu generieren, markieren Sie in der Komponentenansicht (links) die Komponente *Project1.EXE* und wählen im Kontextmenü den Eintrag *Code generieren*. Es meldet sich der *Code-Generierungs-Assistent*, der quasi das Pendant zum *Reverse Engineering Assistent* ist. Um das Ergebnis überschaubar zu halten, empfiehlt sich im Testfenster *Allgemeine Optionen* das Deaktivieren *von Testcode hinzufügen* und *Err-Raise in alle generierten Methoden hinzufügen*. Danach kehren Sie zum Visual Basic-Fenster zurück und betrachten das Ergebnis.

**HINWEIS:** Vor dem Schließen des Visual Modelers vergessen Sie bitte nicht, die Modelldatei vorher abzuspeichern, am besten gleich mit ins VB-Projektverzeichnis und unter dem Namen (*Kunden.mdl*).

### Bemerkungen

- Die sehr intuitive Entwicklungsumgebung und die ziemlich umfangreiche Dokumentation des Visual Modeler machen es möglich, dass auf weitere Bediendetails verzichtet werden kann.
- Auf der Buch-CD-ROM ist auch eine erheblich komplexere Modelldatei *Ordersys.mdl* enthalten, durch deren Studium man tiefere Einblicke gewinnt und aus welcher auch die in unserem Beispiel verwendete Klasse *Persistence* unverändert entnommen wurde.

# 9 ODBC/Netzwerk/Sicherheit



Mit dem folgenden Kapitel möchten wir Ihnen einige spezielle Techniken im Zusammenhang mit der Datenbankprogrammierung unter VB vorstellen, die auf die vorhergehenden Kapitel aufbauen. Neben der ODBC-Schnittstelle, der wohl am weitesten verbreiteten Datenbankschnittstelle, sollen auch die Möglichkeiten zum Im- und Export zur Sprache kommen. Der Schwerpunkt des Kapitels beschäftigt sich mit den Problemen und Möglichkeiten von Netzwerk-Applikationen auf der Basis von Client-Server und File-Server-Anwendungen. Abschließend wenden wir uns der User-Verwaltung in Access-Datenbanken sowie der Optimierung von Datenbankoperationen zu.

## 9.1 ODBC-Verbindungen

Bevor Sie in Visual Basic eine ODBC[1]-Verbindung verwenden können, muss diese erst einmal definiert werden. In diesem Abschnitt soll es deshalb im Wesentlichen um die Programmierung von ODBC-Verbindungen mit Hilfe der Datenzugriffsobjekte (DAOs) gehen. Als Alternative bietet sich noch die manuelle Konfiguration einer ODBC-Datenquelle an, auf die wir gleich zu Beginn kurz eingehen.

### 9.1.1 Der ODBC-Manager

Für das manuelle Erstellen von ODBC-Verbindungen verwenden Sie den ODBC-Manager, den Sie in der Systemsteuerung finden.

**HINWEIS:** Als VB 6 Benutzer müssen Sie unbedingt die 32-Bit-Variante verwenden, 16 Bit-ODBC-Verbindungen können nicht aus einem 32-Bit-Programm genutzt werden!

[1] Open Database Connectivity

Bei der Einrichtung werden Sie zunächst aufgefordert, einen ODBC-Treiber auszuwählen. Die sich dann öffnende Maske wird durch den jeweiligen Treiber (herstellerabhängig) bereitgestellt, der Inhalt kann sich also von den nachfolgenden Abbildungen unterscheiden (MS-SQL-Server). Die wesentlichen Angaben dürften jedoch in allen Fällen die gleichen sein:

- Name der Verbindung
- Standort der Datenbank (eine physische Datei oder auch eine Netzwerkadresse)
- Sprachtreiber bzw. ANSI/ASCII-Umwandlung
- Schreibschutz bzw. Multiuser-Verhalten
- Sortierfolgen
- Protokoll-Optionen
- Cache-Größen etc.

**BEISPIEL:** ODBC-Connection zu einem MS-SQL-Server aufbauen.

**HINWEIS:** Legen Sie zuerst einen Namen für Ihre Datenquelle fest. Die Bezeichnung hat nichts mit der verwendeten Datenbank und/oder Tabelle zu tun, es handelt sich lediglich um eine Beschreibung, über die Sie später auf diese Datenquelle zugreifen können. Mit der Angabe *Server* bestimmen Sie den Rechner, auf dem der SQL-Server läuft. Handelt es sich um den gleichen PC, auf dem Sie auch mit VB arbeiten, geben Sie *local* bzw. *lokal* an.

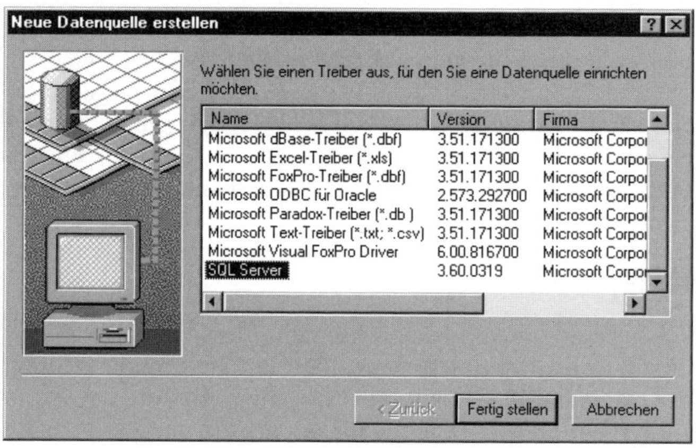


***Abbildung 9.1:*** *Auswahl der Datenquelle im ODBC-Treiber*

Ob Sie die ASCII-ANSI-Konvertierung aktivieren müssen, werden Sie spätestens dann feststellen, wenn zum Beispiel die Umlaute in den VB-Steuerelementen falsch angezeigt werden.

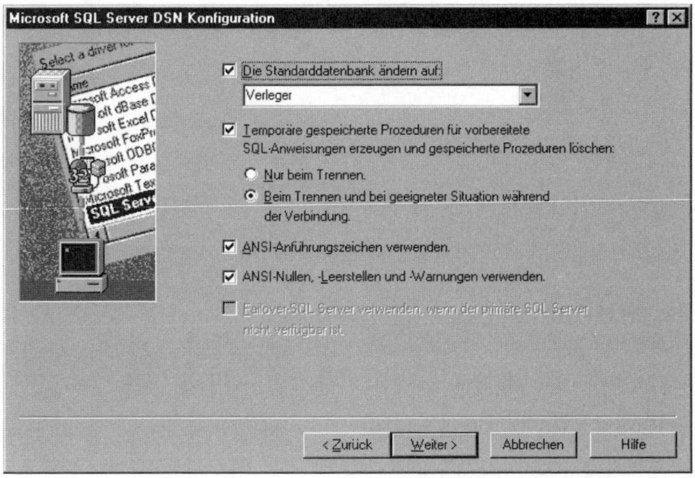


***Abbildung 9.2:*** *Maske für ODBC-SQL-Server Setup*

Den Namen der Datenbank brauchen Sie zu diesem Zeitpunkt noch nicht anzugeben, beim ersten Aufruf wird dieser automatisch abgefragt. Sollte es bei der späteren Einbindung der ODBC-Datenbank zu Problemen kommen, überprüfen Sie als erstes die verwendete Sprachversion. Insbesondere landestypische Zeichen (z.B. ß, ä, ü ...) in Tabellen- bzw. Spaltennamen führen bei falscher Sprachversion zu einem Verbindungsfehler (»Tabelle nicht gefunden ...« etc.).

Nach diesen Schritten sind alle Vorarbeiten abgeschlossen, und Sie können sich wieder Ihrer eigentlichen Aufgabe, der VB-Programmierung, zuwenden.

## 9.1.2 Erstellen einer ODBC-Verbindung (DAO)

Wie Sie eine ODBC-Verbindung manuell einrichten, wurde bereits im vorherigen Abschnitt gezeigt, die gleiche Funktionalität wird auch durch die Methode *RegisterDatabase* des *DBEngine*-Objekts bereitgestellt.

Syntax:

```
DBEngine.RegisterDatabase DBName, Treiber, OhneAnzeige, Attribute
```

Die Tabelle 9.1 erklärt die Argumente:

| Argument | Beschreibung |
|---|---|
| *DBName* | Ein Aliasname für die ODBC-Verbindung. Diesen Namen müssen Sie später beim Öffnen der Datenbank angeben. |
| *Treiber* | Der Name des ODBC-Treibers (z.B. »SQL Server«). |
| *OhneAnzeige* | Bei *True* wird kein ODBC-Dialogfeld angezeigt. In diesem Fall muss jedoch *Attribute* alle zum Öffnen der Verbindung relevanten Informationen enthalten (Datenbankname etc.). |
| *Attribute* | Die zum Öffnen der Verbindung nötigen Informationen, wie Datenbankname, Zeichensatz etc. Die einzelnen Parameter sind durch ein Wagenrücklaufzeichen (Chr(13)) voneinander zu trennen. |

***Tabelle 9.1:*** *Argumente zum Registrieren einer Datenbank*

**BEISPIEL:** Erstellen einer ODBC-Verbindung zur Datenbank *Verleger*, Server *A*, Servertyp *MS-SQL-Server.*

```
Dim Attr As String

Attr = "Description=Ein erster Test" & Chr$(13)
Attr = Attribs & "OemToAnsi=Yes" & Chr$(13)
Attr = Attribs & "Server=A" & Chr$(13)
Attr = Attribs & "Database=Verleger"

DBEngine.RegisterDatabase "SQLProbe", "SQL Server", True, Attr
```

**HINWEIS:** Das Ergebnis können Sie im ODBC-Manager kontrollieren.

Der eigentliche Eintrag wird nicht wie bisher in der ODBC-INI, sondern in der Registrierdatenbank verwaltet.

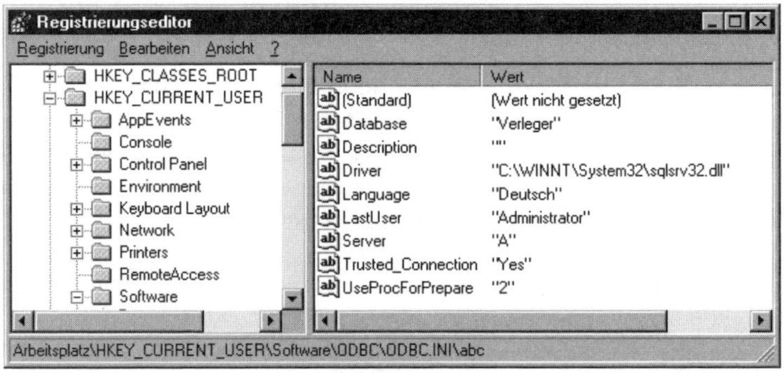


***Abbildung 9.3:*** *Eintrag in der Registrierdatenbank*

## 9.1.3 Öffnen einer ODBC-Verbindung (DAO)

Bevor Sie anfangen, den ODBC-*Connect*-String mühevoll »zusammenzubasteln«, machen Sie es sich doch einfach! Geben Sie für *Connect* »ODBC;« an und starten Sie Ihre Anwendung. VB zeigt automatisch die ODBC-Dialogfelder an, in denen Sie die gewünschte Verbindung auswählen. In Ihrem Programm müssen Sie sich jetzt nur noch den *Connect*-String anzeigen lassen:

```
Dim db As DATABASE
Set db = OpenDatabase("", , "ODBC;")
MsgBox db.Connect
```

Das angezeigte Ergebnis könnte wie folgt aussehen:

```
ODBC;DSN=Verlegerdatenbank;UID=sa;PWD=;APP=Projekt1;WSID=486;LANGUAGE=Deutsch;DATABASE=Verleger
```

Die Parameter im Einzelnen:

- Kennung für ODBC-Datenquelle
- Name der Datenquelle
- UserID

- Passwort
- Anwendungsname
- WorkstationID
- Sprache
- Datenbankname

Das Erstellen der Verbindung sollte jetzt kinderleicht sein:

```
Dim db As DATABASE
Dim td As TableDef

Set db = OpenDatabase("Test.mdb")

' neues TableDef-Objekt erstellen
Set td = db.CreateTableDef("Verbindung zu SQL Server")

' Verbindungsoptionen einstellen
td.Connect = "ODBC;DSN=SQLProbe;UID=sa;PWD=;WSID=i586;" & _
             "LANGUAGE=Deutsch; DATABASE=Verleger"

' Tabellenname
td.SourceTableName = "autoren"
```

Sollen trotzdem Passwort und UserID abgefragt werden, nehmen Sie diese aus dem String heraus oder fragen Sie diese über ein eigenes Dialogfeld ab.

Natürlich können Sie auch mit DAOs eine Verbindung zum SQL-Server herstellen. Beim Öffnen der Datenbank geben Sie statt des Datenbanknamens *ODBC* ein, der *Connect*-Parameter entspricht dem oben ermittelten *Connect*-String.

**BEISPIEL:** ODBC-*Database*-Objekt erstellen.

```
Dim db as Database
Set db = OpenDatabase("ODBC",False,False,"ODBC; " & "DSN=Verlegerdatenbank;" & _
"UID=sa;PWD=;APP=Projekt1;WSID=486;LANGUAGE=Deutsch; " & "DATABASE=Verleger")
```

## 9.1.4 Öffnen einer ODBC-Verbindung (ADO)

Auch ADO bietet nach wie vor die Möglichkeit, ODBC-Connections als Grundlage für Datenbankverbindungen zu nutzen. Die offensichtlichste Möglichkeit, über das *DataEnvironment* mit Hilfe eines ODBC-DB-Providers, ist Ihnen sicher nicht entgangen.

**BEISPIEL:** Der erzeugte Connection-String für eine SQL-Server-Verbindung

```
Provider=MSDASQL.1;Persist Security Info=False;Extended Properties="DRIVER=SQL Server;SERVER=P200;APP=Visual
Basic;WSID=P200;DATABASE=Verleger;Trusted_Connection=Yes"
```

Weniger bekannt ist eine zweite Variante, die einem etwas Schreibarbeit abnimmt – der Programmierer ist bekanntlich dankbar für jede Entlastung.

**BEISPIEL:** Mit dem folgenden Aufruf erreichen Sie das gleiche wie im vorstehenden Beispiel (die Aufrufsyntax erinnert stark an das DAO-Beispiel aus dem vorhergehenden Abschnitt).

```
Dim con As ADODB.Connection

Set con = New ADODB.Connection
con.ConnectionString = "DRIVER={SQL Server};SERVER=P200;UID=sa;PWD=;DATABASE=Verleger"
con.open
```

### 9.1.5 Konfigurieren von ODBC-Verbindungen

Die Verwendung von ODBC-Verbindungen bringt auch einige Besonderheiten mit sich, auf die es Rücksicht zu nehmen gilt. Dies betrifft insbesondere Timeout-Einstellungen. Die Tabelle 9.2 fasst die wichtigsten Eigenschaften zusammen.

| Eigenschaft | Objekt | Bemerkung |
|---|---|---|
| *LoginTimeout* | *DBEngine* | Legt fest, nach wieviel Sekunden eine Fehlermeldung angezeigt wird, falls das Login an der ODBC-Quelle fehlschlägt. |
| *ODBCTimeout* | *QueryDef* | Legt fest, nach wieviel Sekunden eine Fehlermeldung angezeigt wird, falls eine Anfrage (Query) an die ODBC-Quelle fehlschlägt. |
| *QueryTimeout* | *Database* | Gibt an, wie viele Sekunden die Jet-Engine wartet, bevor ein Fehler aufgrund einer Zeitüberschreitung auftritt, wenn eine Abfrage auf einer ODBC-Datenbank ausgeführt wird. |
| *CacheSize, CacheStart* | *Recordset (Dynaset)* | *CacheSize* legt die Anzahl von lokal gepufferten Datensätzen fest, die aus einer ODBC-Datenquelle stammen.<br>*CacheStart* legt einen Wert fest, der das Lesezeichen des ersten Datensatzes im *Recordset*-Objekt angibt, der zwischengespeichert werden soll (z.B. ab Satz 200). |

***Tabelle 9.2:** Eigenschaften von ODBC-Verbindungen*

Im Zusammenhang mit einem MS SQL-Server können Sie über die SQL-DMO weitere serverspezifische Optionen setzen.

Wie Sie die erstellten ODBC-Verbindungen dazu nutzen können, Tabellen in Ihre VB-Anwendung einzubinden, zeigt der folgende Abschnitt.

## 9.2 Einbinden externer Tabellen

Access-Datenbanken bieten mit der Einbindung von externen Datenquellen ein besonderes Feature, um dem Desktop-Programmierer die Arbeit zu erleichtern. Diese Art des Datenzugriffs unterscheidet sich grundsätzlich vom reinen Import. Die Daten bleiben in ihrem bestehenden Datenformat, lediglich aus der Sicht des Programmierers handelt es sich um eine Access-Tabelle (mit einigen Einschränkungen), die für die weitere Bearbeitung zur Verfügung steht.

Grundsätzlich bieten sich zwei Varianten an, jedoch nur letztere kann empfohlen werden:

- Direktes Öffnen der externen Tabelle mit *OpenDatabase*.
- Einbinden der externen Tabelle.

Die erste Variante ist zwar flexibler, dafür dauert der Verbindungsaufbau aber etwas länger, da VB bzw. die Datenbank-Engine bei der Einbindung einer Tabelle einige Zusatzinformationen speichert, die einen späteren Verbindungsaufbau beschleunigen sollen. Gespeichert werden diese Informationen in einer Access-Datenbank, über die auch alle weiteren Zugriffe laufen (Öffnen der Tabelle, Einfügen, Löschen, Suchen etc.).

**HINWEIS:** Diese Form der Einbindung von Fremddaten wird durch ADO derzeit nicht unterstützt.

## 9.2.1 Einrichten einer Verbindung

Das Erstellen einer Verbindung ist relativ einfach, alles, was Sie dazu brauchen, ist ein geöffnetes *Database*-Objekt (die Access-Datenbank, in der die Verbindung gespeichert werden soll). Als zweites erzeugen Sie ein neues *TableDef*-Objekt, dem Sie einen Bezeichner zuweisen, der den Access-Richtlinien für Tabellennamen entspricht. Verwenden Sie dazu die *CreateTableDef*-Methode des *Database*-Objekts.

```
Set td = db.CreateTableDef("Verbindung zur Tabelle XYZ")
```

Der nächste Schritt gilt dem Festlegen der Verbindungsoptionen. Diese sind vom Datenbankformat der Quelltabelle abhängig.

```
...
td.Connect = "FoxPro 2.5;DATABASE=c:\foxpro"
```

Als Connect-Strings kommen die folgenden Zeichenfolgen in Frage:

| Datenbanktyp | Kennzeichen |
|---|---|
| Access | "[Datenbank];" |
| dBASE III | "dBASE III;" |
| dBASE IV | "dBASE IV;" |
| dBASE 5 | "dBASE 5.0;" |
| Paradox 3.x | "Paradox 3.x;" |
| Paradox 4.x | "Paradox 4.x;" |
| Paradox 5.x | "Paradox 5.x;" |
| FoxPro 2.0 | "FoxPro 2.0;" |
| FoxPro 2.5 | "FoxPro 2.5;" |
| FoxPro 2.6 | "FoxPro 2.6;" |
| Excel 3.0 | "Excel 3.0;" |
| Excel 4.0 | "Excel 4.0;" |
| Excel 5.0 | "Excel 5.0;" |
| Excel 7.0 | "Excel 7.0;" |
| Excel 95 / 97 | "Excel 8.0;" |
| HTML-Import | "HTML Import;" |
| HTML-Export | "HTML Export;" ▶ |

| Datenbanktyp | Kennzeichen |
|---|---|
| Text | "Text;" |
| ODBC | "ODBC; DATABASE=Datenbankname; UID=Benutzer; PWD=Kennwort; DSN=Datenquelle; LOGINTIMEOUT=Sekunden" |

***Tabelle 9.3:*** *Connect-Strings für Datenbanken*

Legen Sie zum Schluss noch den Tabellennamen fest und speichern Sie die Tabellendefinition:

```
...
td.SourceTableName = "Kunden"
db.TableDefs.Append td
```

### 9.2.2 Reaktivieren einer Verbindung

Sollte sich die Position der eingebundenen Tabelle ändern, brauchen Sie nicht die Verbindung zu löschen. Es genügt, wenn Sie den neuen Pfad angeben und die Methode *RefreshLink* aufrufen.

**BEISPIEL:** Aktualisieren der Verbindungsparameter.

```
Dim db As Database
Dim td As TableDef

Set db = OpenDatabase(...)
Set td = db.Tabledefs![Eingebundene Tabelle XYZ]
td.Connect = " dBASE 5;DATABASE=c:\dbNeu"
td.RefreshLink
```

### 9.2.3 Löschen einer Verbindung

Eine Verbindung löschen Sie, wenn Sie den entsprechenden Eintrag aus der *TableDefs*-Auflistung entfernen. Verwenden Sie dazu die *Delete*-Methode:

```
dD.TableDefs.Delete "Eingebundene Tabelle XYZ"
```

**HINWEIS:** Natürlich löschen Sie mit *Delete* nur die Verbindung und nicht die verbundene Tabelle!

## 9.3 Arbeiten mit Fremdformaten

In diesem Abschnitt wollen wir uns ausnahmsweise mal nicht mit Access-Datenbanken beschäftigen. Allerdings soll es hier nicht um einen Vergleich »Was ist besser oder schneller?« gehen, sondern lediglich um Hinweise und Tips zur Arbeit mit bestehenden Datenbanken.

Viele erfahrene Programmierer stehen vor dem Problem, einerseits die neuen Möglichkeiten von VB nutzen zu wollen, andererseits aber auch weiter mit alten Daten in Fremdformaten arbeiten zu müssen. Insbesondere unter den DOS-Umsteigern finden sich viele xBase-Programmierer, die nicht einfach von heute auf morgen ihre Datenbanken umbauen wollen bzw. können. Dass man dabei nicht alles über Bord werfen muss, sollen die folgenden Ausführungen zeigen.

**HINWEIS:** Die folgenden Ausführungen beziehen sich weitgehend auf die DAOs, da die ADOs lediglich mit Hilfe von ODBC auf Fremddatenbanken zugreifen kann.

## 9.3.1 dBASE- und FoxPro-Datenbanken

Wer kennt nicht *dBASE*, den Klassiker unter den Datenbankformaten? Fast jedes Programm bietet dafür eine Schnittstelle an, sei es zum Import von Stücklisten oder für die Ausgabe von Adressen etc., man kann fast schon von einem Standard sprechen. Leider ist dieses Format etwas in die Jahre gekommen und entspricht keinesfalls mehr dem heutigen Stand. Das dürfte aber in den wenigsten Fällen der Grund für eine Konvertierung in das Access-Format sein. Lohnenswertes Ziel dürfte vielmehr die Weiternutzung der bestehenden Datenbank unter der VB-Oberfläche sein.

Grundsätzlich könnten Sie unter VB auch mit xBase-Daten arbeiten, allerdings müssen Sie auf einige Besonderheiten Rücksicht nehmen. Der wohl wesentliche Unterschied besteht darin, dass es sich bei einer xBase-Datenbank nicht nur um eine einzige Datei handelt, sondern um mehrere separate Files. Jede Tabelle, jeder Index etc. beansprucht, im Unterschied zu Access-Datenbanken, eine separate Datei. Damit sind wir auch schon beim ersten Problem angekommen. Um eine Analogie zwischen Access und xBase zu schaffen ist es nötig, alle xBase-Dateien in ein Verzeichnis zu kopieren. Dieses Verzeichnis wird dann als *Datenbank* bezeichnet.

**HINWEIS:** Bei Verweisen auf xBase-Datenbanken handelt es sich immer um Pfadangaben, die Dateinamen entsprechen den einzelnen Tabellen bzw. Indizes.

Aus obiger Vorgehensweise ergibt sich eine weitere Einschränkung: Tabellennamen müssen meist der 8+3-Konvention von DOS entsprechen (keine Leerzeichen etc.). Da dies beim Export von Access-Tabellen schnell zum Problem werden kann, sollten Sie unter VB gänzlich auf die Verwendung langer Tabellennamen bzw. Leerzeichen verzichten. Was für die Tabellennamen gilt, lässt sich auch auf die Spaltenbezeichnungen übertragen. Auch hier schränkt das xBase-Format den Programmierer auf zehn Zeichen ein.

Die Tabelle 9.4 stellt die wichtigsten Datentypen von Access und xBase gegenüber.

| xBase | Access |
|---|---|
| Character | *Text* |
| Logical | *Boolean* |
| Numeric | *Single* |
| Float | *Double* |
| Date | *Date/Time* |
| Memo | *Memo* |

***Tabelle 9.4:*** *Datentypenvergleich xBase/Access*

Auf Zählerfelder müssen Sie im xBase-Format verzichten, es sei denn, Sie programmieren einen eigenen Zähler.

Ein Thema, das bei der Einbindung von xBase-Daten keinesfalls vergessen werden darf, ist die Unterstützung von Indizes (aus Gründen der Performance unbedingt zu empfehlen). Bevor die Engine mit den vorhandenen dBase- (*.ndx* oder *.mdx* ) bzw. Foxpro- (*.idx* oder *.cdx*) Indizes arbeiten kann, müssen Sie diese in einer *.inf*-Datei deklariert haben. Diese Datei trägt denselben Namen wie die indizierte Tabelle. Den Grundaufbau können Sie nachfolgendem Beispiel entnehmen.

**BEISPIEL:** Tabelle *Telefon* (Ort, Vorwahl), beide Spalten indiziert (Index *Telefon.mdx*)

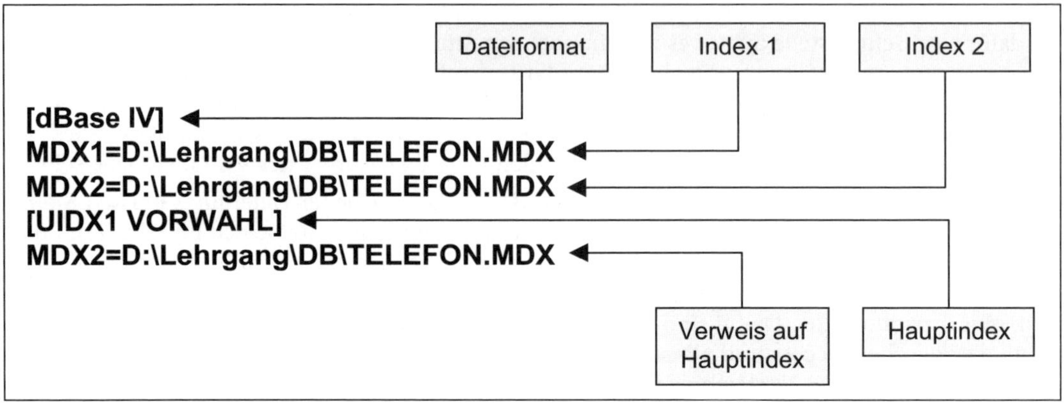


***Abbildung 9.4:*** *Aufbau einer .inf-Datei*

Die *.inf*-Datei müssen Sie leider »zu Fuß« erstellen, oder Sie verwenden Microsoft Access und binden die Tabelle über den Menüpunkt *Datei/Externe Daten* ein. Access fragt in letzterem Fall nach den zugehörigen Indizes. Haben Sie die Indizes eingebunden, werden diese bei Änderungen an der Tabelle natürlich ebenfalls aktualisiert.

Ein weiteres Problem werfen die gelöschten Datensätze auf, die in xBase-Tabellen über das Lösch-Flag gekennzeichnet werden (diese Datensätze werden erst mit dem PACK-Kommando physisch entfernt). Die *CompactDatabase*-Methode der Datenbank-Engine ist in diesem Zusammenhang nicht zu gebrauchen, dazu müssten Sie schon über dBASE bzw. FoxPro verfügen.

Wie die Engine mit gelöschten Datensätzen umgeht, bestimmt der Eintrag *Deleted* in der Registrierdatenbank. Die Abbildung 9.5 zeigt die Position der Einträge.

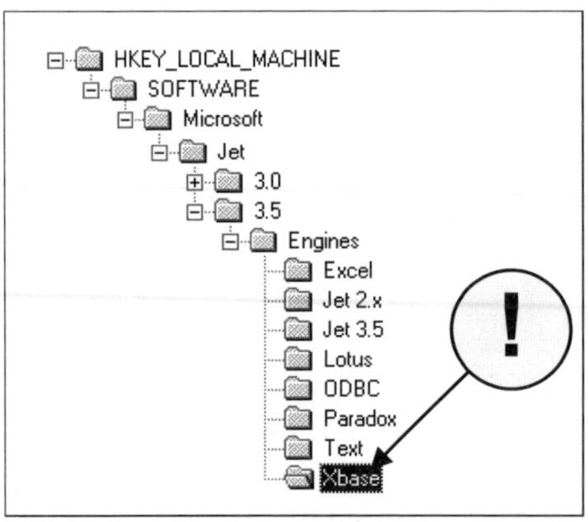


***Abbildung 9.5:*** *Einträge in der Registrierung*

Neben den Optionen für gelöschte Datensätze finden sich noch weitere Einstellungsparameter.

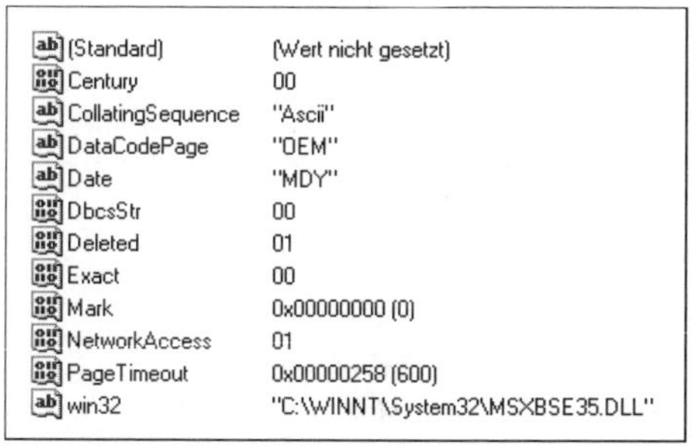


***Abbildung 9.6:*** *Weitere Einträge in der Registrierung*

Der Wert 1 für *Deleted* entspricht dem dBASE-Befehl SET DELETED ON. Damit wird die Engine angewiesen, gelöschte Datensätze zu ignorieren. Ist der Wert auf 0 eingestellt, werden gelöschte Datensätze wie jeder normale Datensatz behandelt, lassen sich also bearbeiten und anzeigen.

Für die Einbindung von dBASE- bzw. FoxPro-Tabellen verwenden Sie einen der folgenden Connect-Strings.

| Connect-Strings |
|---|
| "dBASE III;" |
| "dBASE IV;" |
| "dBASE 5.0;" |
| "FoxPro 2.0;" |
| "FoxPro 2.5;" |
| "FoxPro 2.6;" |

***Tabelle 9.5:*** *Connect-Strings*

Anstatt des Datenbanknamens geben Sie den Pfad an.

**BEISPIEL:** Einbinden einer dBASE IV-Tabelle.

```
Dim db As Database
Dim td As TableDef
Dim dy As Recordset

Set db = OpenDatabase("c:\Test.mdb")

' neues TableDef-Objekt erstellen
Set td = db.CreateTableDef("Verbindung zu dBase Tabelle")

' Verbindungsoptionen einstellen
td.Connect = "dBASE IV;DATABASE=c:\dbase"
td.SourceTableName = "Kunden"

' Tabellendefinition in Datenbank einfügen
db.TableDefs.Append td
```

```
' Zugriff auf die Tabelle
Set dy = db.OpenRecordset("Verbindung zu dBase Tabelle")
...
```

**BEISPIEL:** Direktes Öffnen einer dBASE IV-Tabelle (langsamer als Einbinden).

```
Dim db As Database
Dim dy As Recordset

' Datenbank öffnen
Set db = OpenDatabase("c:\dbase\", False, False, "dBASE IV;")
' Recordset erstellen
Set dy = db.OpenRecordset("Kunden")
```

**BEISPIEL:** Einbinden einer FoxPro-Tabelle.

```
Dim db As Database
Dim td As TableDef

         ' aktuelle Datenbank verwenden
Set db = CurrentDB()

' neues TableDef-Objekt erstellen
Set td = db.CreateTableDef("Verbindung zu FoxPro Tabelle")

' Verbindungsoptionen einstellen
td.Connect = "FoxPro 2.5;DATABASE=c:\foxpro"
td.SourceTableName = "Kunden"

' Tabellendefinition in Datenbank einfügen
db.TableDefs.Append td
```

## 9.3.2 Paradox-Datenbanken

Im Unterschied zu den xBase-Formaten sind die Differenzen zwischen Paradox- und Access-Format relativ gering. Dies zeigt sich auch in einer wesentlich einfacheren Einbindung der Paradox-Dateien. Für Tabellennamen gelten zwar teilweise auch die Einschränkungen des FAT-Dateisystems (8+3), dafür können aber die Feldnamen bis zu 25 Zeichen enthalten (auch Leerzeichen). Die Datentypen stimmen ebenfalls weitestgehend überein, wie die Tabelle 9.6 zeigt.

| Paradox | Access |
|---|---|
| Alpha | Text |
| Number | Double |
| Short | Integer |
| Long | Long Integer |
| Currency | Currency |
| Date | Date/Time |
| Memo | Memo |

***Tabelle 9.6:** Datentypen Paradox/Access*

Allerdings werden die Feldtypen *OLE*, *Graphic*, *Binary* und *Formated Memo* nicht unterstützt.

Die Arbeit mit den Indizes gestaltet sich absolut problemlos, die Index-Datei (*.px*) wird automatisch im aktuellen Verzeichnis gesucht.

Ein Hindernis bei der Einbindung kann allerdings die interne Sortierfolge der Datenbank sein. Wichtig ist, dass der Eintrag *CollatingSequence* in der Registrierdatenbank (▶ 9.3.1 dBASE- und FoxPro-Datenbanken) mit der in der Datenbank verwendeten Sortierfolge übereinstimmt. Die Engine verwendet standardmäßig *ASCII*, viele Tabellen sind allerdings mit »International« sortiert.

Neben der Sortierfolge ist häufig auch die Datei *Pdoxusrs.net* ein Problem bei der Einbindung von Paradox-Daten. Diese Datei wird für den Multiuser-Zugriff benötigt. In der Registrierdatenbank muss unter *ParadoxNetPath* der korrekte Pfad für die Datei eingetragen sein. Dies gilt natürlich für alle Client-Anwendungen im Netz, andernfalls kann es zu Locking-Problemen kommen.

Für den Connect-String können Sie einen der folgenden Werte verwenden:

| Connect-String |
|---|
| Paradox 3.x |
| Paradox 4.x |
| Paradox 5.x |

***Tabelle 9.7:*** *Connect-Strings*

Wie auch bei xBase-Datenbanken geben Sie anstatt des Datenbanknamens einen Pfad an.

**BEISPIEL:** Einbinden einer Paradox-Tabelle, Login-Passwort *geheim*.

```
Dim db As Database
Dim td As TableDef
Dim dy As Recordset

Set db = OpenDatabase("Test.mdb")

' neues TableDef-Objekt erstellen
Set td = db.CreateTableDef("Verbindung zu Paradox Tabelle")

' Verbindungsoptionen einstellen
td.Connect = "Paradox 4.x;DATABASE=c:\paradox;PWD=geheim"
td.SourceTableName = "Kunden"

' Tabellendefinition in Datenbank einfügen
db.TableDefs.Append td

' Zugriff auf die Tabelle
Set dy = db.OpenRecordset("Verbindung zu Paradox Tabelle")
...
```

**BEISPIEL:** Direktes Öffnen einer Paradox-Tabelle (langsamer als Einbinden!).

```
Dim db As Database
Dim dy As Recordset

' Datenbank öffnen
Set db = OpenDatabase("c:\paradox\", False, False, "Paradox 4.x")
' Recordset erstellen
Set dy = db.OpenRecordset("Kunden")
```

## 9.3.3 Exportieren von Daten

Unter VB haben Sie folgende Möglichkeiten für einen Export:

- *Data Report* und *Crystal Report* mit den verschiedenen Ausgabeformaten
- SQL-Befehle (SELECT INTO, INSERT INTO)

In diesem Abschnitt wollen wir speziell auf den zweiten Punkt eingehen. Wie Sie SQL-Befehle in Ihr Programm einbinden, haben Sie bereits in Abschnitt 4.2 erfahren. Für den Export bietet sich in erster Linie die SELECT...INTO-Anweisung an, mit der Daten in eine noch nicht existierende Tabelle kopiert werden können.

Verwenden Sie in o.g. Anweisung zusätzlich die Klausel IN, können Sie die Abfrageergebnisse auch in einer externen Tabelle speichern. Das Datenformat hängt vom verwendeten Aufruf ab.

**BEISPIEL:** Export der Tabelle *Artikel* im dBASE IV-Format.

```
SELECT * INTO artikel IN 'c:\' 'dBase IV;' FROM artikel
```

**HINWEIS:** Achten Sie besonders auf die Schreibweise für das Exportformat![1]

**BEISPIEL:** Export der Tabelle *Artikel* im Access-Format.

```
SELECT artikel.* INTO probe IN 'c:\daten\export.mdb' FROM artikel
```

Die Datenbank muss in diesem Fall bereits vorhanden sein, die Tabelle wird angelegt. Sollte die Tabelle schon existieren, tritt ein Laufzeitfehler auf (3010).

**BEISPIEL:** Import einer dBASE-Tabelle.

```
SELECT * INTO import FROM test IN 'c:\' 'dBase IV;'
```

In die aktuelle Datenbank (Tabelle *Import*) wird die Datei *C:\Test.dbf* importiert.

Die SQL-Anweisung können Sie entweder in einer Aktionsabfrage speichern und diese später aufrufen (eventuell mit Parametern), oder Sie verwenden die *Execute*-Methode des *Database*-Objekts.

[1] Die Autoren haben mehrere Stunden damit verbracht, einen Fehler zu beseitigen, für den ein fehlendes Leerzeichen die Ursache war!

**BEISPIEL:** Daten in eine Textdatei exportieren.

Leider ist keine entsprechende Methode oder Funktion in das Datenbankobjekt von Visual Basic integriert. Wie Sie aber sehen werden, stellt die Realisierung mit den vorhandenen Hilfsmitteln kein allzu großes Problem dar. Um einen portablen Code zu erhalten, wurde die Funktionalität in einer Prozedur zusammengefasst.

Zum Laden der Datenbank verwenden wir das *CommonDialog*-Control:

```
Private Sub Command1_Click()
    CommonDialog1.Filter = "Access (*.mdb)|*.mdb"
    CommonDialog1.ShowOpen
    dateiname = CommonDialog1.filename
End Sub
```

Nach Anklicken der Schaltfläche *Exportieren* wird die Datenbank geöffnet und ein Recordset (Typ *Dynaset*) angelegt:

```
Private Sub Command2_Click()
Dim dy As Recordset, db As DATABASE
    If dateiname = "" Then Exit Sub
    Set db = OpenDatabase(dateiname)
    Set dy = db.OpenRecordset(Text1.Text)
    Export dy, ";", Text2.Text
End Sub
```

Die letzte Anweisung ruft die Export-Prozedur auf, welche als Parameter einen bereits initialisierten *Recordset*, das Trennzeichen sowie einen vollständigen Dateinamen empfängt.

```
Sub Export (dy As Recordset, trenn$, f$)

Dim s$, i%
   Open f For Output As #1              ' Datei öffnen.
   While Not dy.EOF                     ' solange nicht Dateiende
     s = ""
     For i = 0 To dy.Fields.Count - 1   ' für alle Tabellenspalten
        s = s & dy.Fields(i) & trenn
     Next i
     Print #1, s                        ' Zeichenfolge schreiben.
     dy.MoveNext                        ' nächster Datensatz
   Wend
   Close #1
End Sub
```

Auf Fehlerhandling etc. wurde in der Prozedur verzichtet. Es dürfte jedoch kein Problem darstellen, diese Ergänzungen nachträglich einzufügen.

Als Trennzeichen zwischen den Datensätzen haben sich hauptsächlich Komma, Tabulator bzw. Semikolon eingebürgert. Alle Trennzeichen setzen voraus, dass keine derartigen Zeichen in den einzelnen Feldern vorkommen.

**HINWEIS:** Sollten Sie, was zu erwarten ist, die deutschen Einstellungen in Windows gesetzt haben, werden Gleitkommawerte durch Visual Basic mit dem Komma als Dezimaltrennzeichen konvertiert!

Eine weitere Einschränkung betrifft die Memofelder. Nicht alle Programme sind in der Lage Strings einzulesen, die länger als 256 Zeichen sind. Die einzelnen Zeilen sollten also im Normalfall nicht länger sein.

**BEISPIEL:** Export mit dem Text-Treiber (Jet).

Im Zusammenhang mit dem Export von Daten in eine Textdatei sollte auch nicht der Texttreiber der Datenbank-Engine vergessen werden.

Wie schon erwähnt, bietet sich mit der SQL-Anweisung INSERT INTO unter anderem auch eine Möglichkeit, Textdateien zu erzeugen. Über das dabei verwendete Format entscheiden die Einstellungen in der Registrierdatenbank.

Zuständig ist der Schlüssel

*\HKEY_LOCAL_MACHINE\SOFTWARE\Microsoft\Jet\3.5\Engines\Text*

der folgende Einträge aufweist:

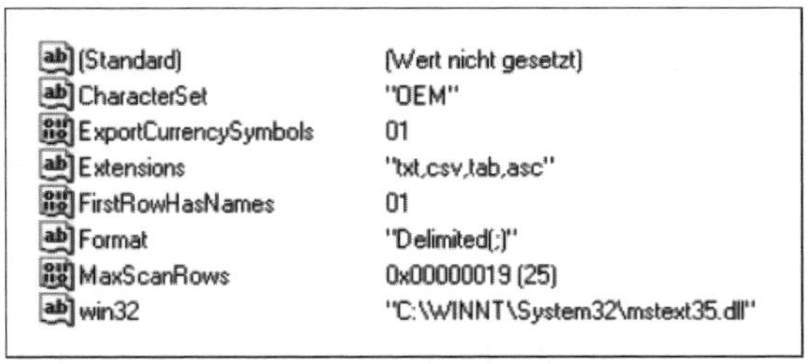


***Abbildung 9.7:*** *Registry-Einträge*

Wichtig dürften vor allem die Einträge *Format*, *FirstRowHasNames* und *CharacterSet* sein:

| Eintrag | Wert | Beschreibung |
|---|---|---|
| Format | TabDelimited | Tabulator-Trennzeichen zwischen den Spalten. |
| | CSVDelimited | CSV-Format (Zeichenketten in Anführungszeichen, Trennzeichen ist das Komma). |
| | Delimited (X) | X steht für ein beliebiges Trennzeichen (außer dem Anführungszeichen). |
| FirstRowHasNames | 00 | In der ersten Zeile stehen keine Spaltennamen. |
| | 01 | In der ersten Zeile stehen die Spaltennamen. |
| CharacterSet | OEM | AnsiToOem-Konvertierung wird vorgenommen. |
| | ANSI | Speichern im ANSI-Format. |

***Tabelle 9.8:*** *Bedeutung der Registry-Einträge*

Der eigentliche Export ist mit zwei Quellcodezeilen erledigt:

```
Dim db As Database
Set db = OpenDatabase(dateiname)
db.Execute "SELECT * INTO artikel IN 'c:\' 'Text;' FROM artikel"
```

Brauchen Sie mehr Flexibilität, empfiehlt sich die zuerst gezeigte VB-Variante.

# 9.4 Zugriffstechniken im Netzwerk

Haben wir uns bisher nur mit lokalen Datenbanken beschäftigt, die von maximal einem Anwender gleichzeitig benutzt werden können, wollen wir uns jetzt den Möglichkeiten und Problemen in Netzwerken zuwenden. Vorteile ergeben sich im Wesentlichen auf Anwenderseite, dem Programmierer bringt der Umstieg meist nur eine Menge zusätzlicher Arbeit. Das soll jedoch nicht heißen, dass Sie als Entwickler keinerlei Vorteile davon haben, denn Änderungen und Wartungsarbeiten an einem einmal fertig gestellten netzwerkfähigen Projekt sind wesentlich unkomplizierter als bei der Anpassung dutzender Einzelplatzversionen.

Bevor wir ins Detail der Netzwerkprogrammierung herabsteigen, sollten wir einen Blick auf die verschiedenen Grundprinzipien werfen.

## 9.4.1 Client-Server/File-Server

Die Begriffe Client-Server und File-Server tauchen in (fast) jedem Beitrag zum Thema Datenbanken im Netz auf. Aus Anwendersicht sind die Grundprinzipien äquivalent, in beiden Fällen wird von einem oder mehreren Computern auf ein und dieselbe Datenbank zugegriffen.

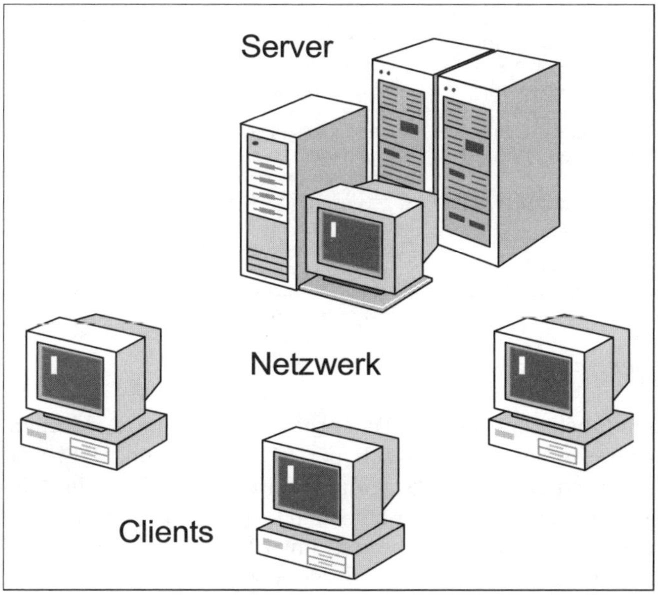


***Abbildung 9.8:*** *Netzwerkzugriff auf Datenbank*

Die Netz-Topologie spielt in diesem Zusammenhang eine untergeordnete Rolle, wichtig ist nur, dass alle Anwender Zugriff auf den Rechner haben, der die Datenbank verwaltet.

Gänzlich unterschiedlich ist allerdings die Schnittstelle zu dieser Datenbank. Während beim File-Server die einzelnen Arbeitsstationen auf Dateiebene (physisch) mit der Datenbank arbeiten, greifen beim Client-Server-Prinzip die Clients nur noch auf logischer Ebene auf die Datei zu, die eigentliche Datei- bzw. Verwaltungsstruktur ist überhaupt nicht relevant.

Möchte ein Client mit der Datenbank arbeiten (z.B. eine Tabelle öffnen), muss er eine Anfrage (z.B. SQL-SELECT) an den Server senden. Dieser (nicht der Client!) bearbeitet und optimiert die Abfrage, prüft die Zugriffsberechtigungen und sendet gegebenenfalls die Daten über das Netz an den Client zurück.

Ein File-Server hingegen kann nur die nackte Dateistruktur bereitstellen. Sind Daten abzufragen, muss die Arbeitsstation alle Tabellen/Indizes, die die Abfrage betreffen, über das Netz laden und die Daten lokal bearbeiten. Für den Datenschutz ist jede einzelne Arbeitsstation selbst verantwortlich. Dies trifft auch auf die Zugriffsverwaltung bei Multiuser-Betrieb zu. Beim Client-Server-Prinzip wird dies zentral geregelt, beim File-Server-Prinzip muss jede Arbeitsstation selbst für das Sperren von Seiten bzw. Datensätzen sorgen (LDB-Datei von Access-Datenbanken).

Die wichtigsten Vor- und Nachteile beider Prinzipien zeigt die folgende Tabelle:

| Kriterium | File-Server | Client-Server |
|---|---|---|
| Sicherheit | Die physische Datei ist ungeschützt, jede Arbeitsstation besitzt Schreib-/Leserechte. Für die interne Sicherheit muss jede AS[1] selbst sorgen. | Die physische Datei kann mit allen Mitteln des Servers geschützt werden (z.B. nicht sichtbar). Die interne Sicherheit gewährleistet die Server-Engine. |
| Geschwindigkeit/ Netzbelastung | Jede Abfrage erfordert den vollen Zugriff auf alle beteiligten Tabellen, sowie deren Übertragung. Jede AS[1] muss verhältnismäßig großzügig ausgestattet sein, um eine halbwegs akzeptable Geschwindigkeit zu erreichen. | Geringe Netzbelastung, da nur die angeforderten Daten übertragen werden müssen. Durch Multiprozessor-Server lassen sich auch höchste Anforderungen an die Geschwindigkeit befriedigen. |
| Datenintegrität | Jede Anwendung ist für die Datenintegrität selbst verantwortlich, entsprechend hoch ist die Fehleranfälligkeit. Änderungen an der Datenbankstruktur wirken sich auf alle AS-Programme aus. | Die Integritätsregeln sind auf dem Server abgelegt und werden auch dort verwaltet. Fehlerhafte Daten werden durch den Server abgewiesen. Eine Erweiterung bzw. eine Änderung der Datenbankstruktur hat im Wesentlichen nur Einfluss auf den Server. |

[1] Arbeitsstation

***Tabelle 9.9:*** *Vergleich beider Server-Varianten*

Stellen Sie sich vor, Sie wollen in einer Tabelle mit 300.000 Datensätzen einen Eintrag löschen. Ein SQL-Server bewältigt diese Aufgabe in Windeseile. Nach der SQL-Anweisung DELETE FROM ... wird über das Netz höchstens noch eine Vollzugsmeldung zurückgesendet. Beim File-Server müssen hingegen zunächst einmal alle Datensätze der betroffenen Tabelle auf den lokalen Computer geladen werden. Ein normales Netzwerk (z.B. Ethernet) mit 10 MBit/s Übertragungsgeschwindigkeit ist da schon ein paar Sekunden beschäftigt. Außerdem wollen ja vielleicht auch noch andere Teilnehmer mit der Tabelle bzw. dem Netzwerk arbeiten. Die Vorteile der Client-Server-Technologie dürften allein schon an diesem Beispiel klar erkennbar sein.

Eine einfache File-Server-Datenbank können Sie schon mit zwei Windows 95/98-PCs aufbauen. Sie speichern die Datenbank auf einem Rechner und geben das Verzeichnis im Netzwerk frei. Binden Sie auf dem zweiten Rechner das Verzeichnis ein, haben Sie die Möglichkeit, gleichzeitig von zwei Arbeitsstationen aus auf eine Datenbank zuzugreifen. Wer nicht über zwei PCs verfügt, kann das Verhalten nachvollziehen, indem er zwei Instanzen eines VB-Programms auf einem PC ausführt.

Eine Client-Server-Datenbank erfordert schon etwas mehr Aufwand (vor allem finanzieller Art). Sie brauchen neben dem Client, der zum Beispiel unter Windows 95/98 läuft, einen Server (unter

UNIX, Windows NT oder OS/2). Zusätzlich müssen Sie die SQL-Server-Software kaufen. Dies könnte zum Beispiel Informix, Oracle oder MS-SQL-Server sein.

In diesem Buch wollen wir uns auf den MS-SQL-Server beschränken, sinngemäß lassen sich die Ausführungen jedoch auch auf die anderen SQL-Server übertragen. Dies trifft auch zu, wenn es sich zum Beispiel um einen Informix-Server handelt, der unter UNIX läuft. Das Betriebssystem spielt an dieser Stelle eine untergeordnete Rolle, wichtig ist nur, dass beide Rechner auf das gleiche Netzprotokoll aufsetzen.

Wie Sie der Abbildung 9.9 entnehmen können, befindet sich auf der Client-Seite zwischen Anwendung (z.B. VB) und Netzwerkinterface eine zweite Schicht. Dabei handelt es sich entweder um bestimmte Libraries, mit denen über das Netzwerk direkt auf den jeweiligen SQL-Server zugegriffen werden kann (DLLs), einen OLEDB-Provider oder um einen ODBC-Treiber. Alle Varianten haben ihre Vor- und Nachteile.

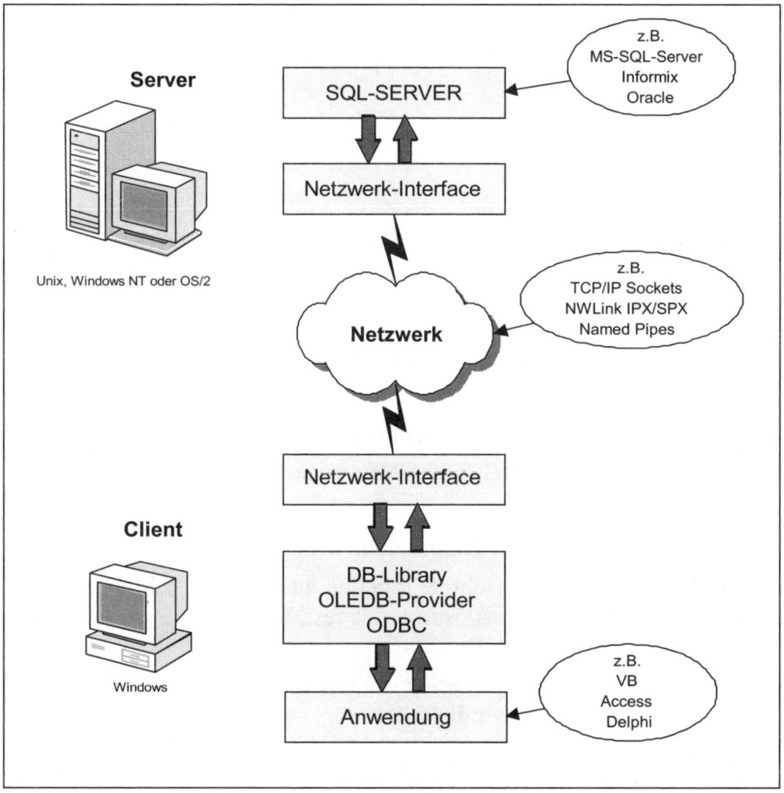


***Abbildung 9.9:*** *Grundprinzip Client-Server*

Die Libraries bieten schnellen Zugriff und bessere Kontrolle über die Datenbank, haben jedoch den entscheidenden Nachteil, dass die Anwendung nicht mehr auf einen anderen SQL-Server portierbar ist. Die ODBC-Schnittstelle arbeitet mit einem Befehlssatz, der von den verschiedensten Herstellern unterstützt wird. Die Portierung auf einen anderen Server hat, wenn überhaupt, nur minimale Auswirkungen auf Ihre Anwendung. Allerdings erkaufen Sie sich diese Vorteile mit einer geringeren Performance. Weiterhin haben Sie keine Möglichkeit, serverspezifische Features zu nutzen. Dritte Variante: Sie verwenden den mit VB6 ausgelieferten OLEDB-Provider für SQL-Server.

## 9.4.2 SQL-Server

Der erste Schritt zur Einbindung eines SQL-Servers ist die Installation der SQL-Client-Software auf den einzelnen Client-PCs. Diese Aufgabe übernimmt im Allgemeinen der Systemverwalter bzw. der Administrator des SQL-Servers. Nähere Informationen zu diesem Thema finden Sie in den Handbüchern des jeweiligen Produkts. In diesem Zusammenhang sei noch auf einen beliebten Fehler hingewiesen: Sowohl Server als auch Client müssen auf das gleiche Netzwerkprotokoll eingestellt werden. Beim MS-SQL-Server ist dies zum Beispiel »Named Pipes«. Überprüfen Sie die Einstellung mit dem SQL-Client-Konfigurations-Programm.

Sie als VB-Programmierer müssen vor Einbindung der SQL-Server-Datenbank den benötigten ODBC-Treiber installieren. Sollte dies noch nicht der Fall gewesen sein, müssen Sie das VB-Setup-Programm erneut ausführen.

Unter VB bieten sich für den Zugriff auf die SQL-Server-Tabellen sechs Varianten an:

- Einbindung der Tabellen
- Erstellen von SQL-Pass-Through-Abfragen
- Verwenden von Stored Procedures
- Verwendung des OLEDB-Providers
- ODBCDirect-Verbindungen
- RDO-Verbindungen

Auf die beiden letzten Punkte gehen wir in den ▶ Abschnitten 9.4.5 und 9.4.6. gesondert ein, da es sich hier um ein etwas komplexeres Thema handelt.

### Einbinden der Tabellen

Der einfachste Weg, mit SQL-Server-Daten zu arbeiten, ist die Einbindung der gewünschten Tabellen (VISDATA):

- Wählen Sie den Menübefehl *Dienstprogramm/Eingebundene Tabellen...*
- Im folgenden Dialogfeld müssen Sie auf die Schaltfläche *Neu* klicken.
- Unter Connect-String wählen Sie *ODBC*.
- Danach können Sie über den ODBC-Dialog eine Datenquelle wählen.
- Nach der Login-Prozedur lassen sich die gewünschten Tabellen auswählen. Achten Sie dabei auf das kleine Kontrollkästchen am unteren Fensterrand, das festlegt, ob das Passwort mitgespeichert werden soll.

Mit der eingebundenen SQL-Server-Tabelle können Sie so arbeiten, als ob es sich um eine lokale Tabelle handeln würde (abgesehen von der Geschwindigkeit).

**HINWEIS:** Eingebundene Tabellen können editiert und erweitert werden. Die Tabellenstruktur lässt sich allerdings nicht ändern.

Wie Sie eine Tabelle vom Programm aus einbinden, zeigt ▶ Abschnitt 9.2.

### SQL-Pass-Through-Abfragen

Die zweite Variante für den Zugriff auf den SQL-Server bietet sich mit sogenannten SQL-Pass-Through-Abfragen. In diesem Fall wird der SQL-String nicht durch die Datenbank-Engine bearbeitet, sondern direkt an den SQL-Server geschickt. Dieser optimiert die Abfrage und sendet gegebenenfalls Daten zurück. Eigentlich eine feine Sache, könnte man denken, wäre da nicht ein kleiner, aber wesentlicher Haken:

Über SQL-Pass-Through eingebundene Tabellen sind immer schreibgeschützt, können also nicht bearbeitet werden. Wollen Sie dennoch Aktualisierungen vornehmen, müssen Sie diese ebenfalls mit SQL-Anweisungen realisieren (UPDATE, INSERT ...).

Das soll uns aber nicht davon abhalten, SQL-Pass-Through-Abfragen in unsere Programme einzubauen. Für die Anzeige in Listenfeldern, umfangreichere Berechnungen etc. genügt meist eine schreibgeschützte Datenbasis. Ein weiteres Einsatzgebiet sind Datendefinitionsabfragen (CREATE TABLE etc.) und Administrierungsbefehle (GRAND, REVOKE).

Wie Sie eine SQL-Pass-Through-Abfrage über die DAOs erzeugen, zeigt der ▶ Abschnitt 5.2.6 in Kapitel 5.

**BEISPIEL:** Erstellen einer SQL-Pass-Through-Abfrage.

```
Dim db As DATABASE
Dim qd As QueryDef

Set db = ws.OpenDatabase(...)
Set qd = db.CreateQueryDef("SQL-Pass-Through-Abfrage")
qd.Connect = "ODBC;DSN=BeispielSQL;UID=sa;PWD=;DATABASE=verleger"
qd.SQL = "SELECT * FROM verleger"
```

Als zweite Variante bietet sich das *Data*-Control an. Setzen Sie dazu einfach die *Options*-Eigenschaft auf 64 (*dbSQLPassThrough*). Der *Connect*-Eigenschaft übergeben Sie eine gültige ODBC-Verbindungszeichenfolge, unter *RecordSource* geben Sie jetzt den SQL-String im SQL-Server-Syntax an.

### Stored Procedures

Eigentlich handelt es sich hier ebenfalls um SQL-Pass-Through-Abfragen, lediglich der Aufruf unterscheidet sich etwas. Vor dem Namen der Stored Procedure müssen Sie noch die EXECUTE-Anweisung einfügen, sonst wird die Prozedur vom Server nicht richtig erkannt.

Stored Procedures eignen sich hervorragend als Schnittstelle zwischen VB-Anwendung und SQL-Server, beschränken sie doch die Netzbelastung auf das absolute Minimum.

**BEISPIEL:** Erstellen der Prozedur auf dem SQL-Server.

```
CREATE PROCEDURE reptq1 AS
SELECT V_id, Titel_id, Preis, Erscheinungsdatum
FROM Titel
WHERE Preis is NOT NULL
ORDER BY V_id
```

Der SQL-Aufruf in VB (*Database*-Objekt oder *Data*-Control):

```
EXECUTE reptq1
```

Natürlich ist die zurückgegebene Datenbasis einer Stored Procedure, wie bei einer SQL-Pass-Through-Abfrage, schreibgeschützt.

**HINWEIS:** Entwickler, die ihre SQL-Anwendung lokal testen (z.B. unter Windows NT), sollten die Multitasking-Option auf »gleich schnelle Reaktionszeit« einstellen, damit der Rechner nicht ganz »einschläft«. Anderenfalls kann es passieren, dass die Timeout-Zeit für eine ODBC-Anfrage abläuft.

### Verwendung des OLEDB-Providers

Diese mit Visual Basic 6 eingeführte Variante setzt die Verwendung der ADOs voraus.

**BEISPIEL:** Erzeugen einer Verbindung zum MS-SQL-Server *PPro* unter Verwendung der integrierten Sicherheit.

```
Dim con As New Connection

con.ConnectionString = "Provider=SQLOLEDB.1; Integrated Security=SSPI; " & _
        "Persist Security Info=False; Initial Catalog=Verleger; Data Source=PPro"
con.Open
```

In diesem Zusammenhang können Sie auch die Vorteile der asynchronen Verarbeitung von SQL-Anweisungen nutzen, Sie müssen nicht unbedingt auf das Ende von komplexen Operationen warten.

**BEISPIEL:** Asynchrones Löschen von Datensätzen auf dem SQL-Server. Nach dem Ende der Bearbeitung soll ein Dialogfeld die Anzahl der betroffenen Datensätze anzeigen.

Deklaration des Connection-Objekts (wichtig ist die Verwendung von *With Events*)

```
Private WithEvents conn1 As Connection
```

Öffnen der Verbindung (auch die Verbindung wird asynchron geöffnet):

```
Private Sub Command3_Click()
  conn1.ConnectionString = "Provider=SQLOLEDB.1; Integrated Security=SSPI; " & _
 "Persist Security Info=False; Initial Catalog= Verleger; Data Source=PPro"
 conn1.Open Options:=adAsyncConnect         ' Asynchroner Verbindungsaufbau
End Sub
```

Starten der asynchronen »Löschorgie«:

```
Private Sub Command4_Click()
  conn1.Execute "DELETE FROM authors", , adAsyncExecute
End Sub
```

Mit Hilfe des *ExecuteComplete*-Ereignisses können wir uns über den Erfolg (bzw. Misserfolg) und die Anzahl der betroffenen Datensätze unterrichten lassen.

```
Private Sub conn1_ExecuteComplete(ByVal RecordsAffected As Long, _
                              ByVal pError As ADODB.Error, adStatus As ADODB.EventStatusEnum, _
                              ByVal pCommand As ADODB.Command, _
                              ByVal pRecordset As ADODB.Recordset, _
                              ByVal pConnection As ADODB.Connection)
  Beep
  MsgBox "gelöschte Records: " & CStr(RecordsAffected)
End Sub
```

**HINWEIS:** Im Übrigen möchten wir Sie an dieser Stelle auf das ▶ Kapitel 6 (ADO) verweisen, das detailliert auf die Verwendung der ADOs eingeht.

## 9.4.3 Multiuser-Zugriff (DAO)

Eines der heikelsten Themen der Datenbankprogrammierung ist der Multiuser-Betrieb. Arbeiten mehrere Personen am gleichen Datenbestand, sind Überschneidungen kaum auszuschließen. Aus diesem Grund bietet die Access-Engine vier verschiedene Strategien an:

- Sperren der gesamten Datenbank
- Sperren einer einzelnen Tabelle
- Optimistic Locking
- Pessimistic Locking

Während die ersten beiden Varianten recht restriktiv sind und wohl nur in Ausnahmefällen zum Einsatz kommen können (Administrieren der Datenbank, komprimieren etc.), bieten die letzten beiden Varianten gute Ansätze.

**HINWEIS:** Unter VB gibt es grundsätzlich keine Möglichkeit zum *Recordlocking*, es sind immer mehrere Datensätze von der Sperrung betroffen.

Ursache für diese »Einschränkung« ist die Form, wie die Daten organisiert sind. Gesperrt wird immer eine sogenannte »Seite«, nicht der einzelne Record. Die Seitengröße ist auf 2 KByte beschränkt. Wie viele Records sich in einer Seite befinden, hängt von der Größe der einzelnen Datensätze ab.

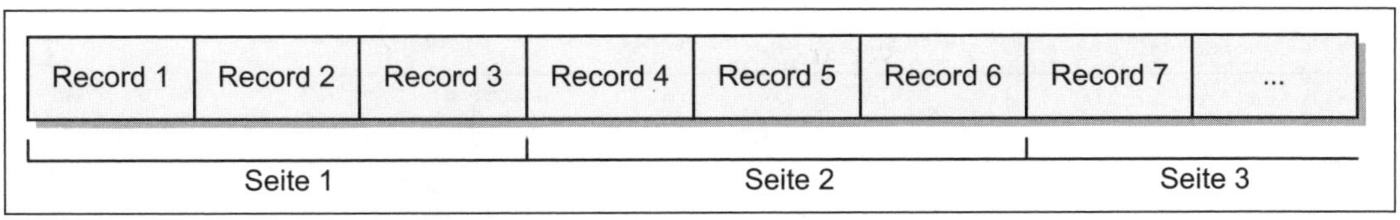


***Abbildung 9.10:*** *Abbildung der Records in Seiten*

Arbeiten Sie zum Beispiel mit dem Datensatz 47, müssen Sie damit rechnen, dass eventuell die Sätze 46 und 48 ebenfalls gesperrt sind.

**HINWEIS:** Arbeiten Sie mit externen Datenbanken (dBASE, FoxPro...), verwendet die Engine *Recordlocking*.

### Optimistic und Pessimistic Locking

Beim *Optimistic Locking* wird zum Zeitpunkt des Speicherns die aktuelle Seite gesperrt, d.h. die Seite ist nur während der Aktualisierung mittels *Update* gesperrt (*Recordset.LockEdits = False*).

```
... nicht gesperrt
dy.Edit
... nicht gesperrt ....
dy.Update      ' geperrt!
... nicht gesperrt
```

Diese Variante garantiert eine möglichst kurze Sperrdauer, hat allerdings auch einige Nachteile. Beispielsweise können Nutzer A und Nutzer B den Datensatz gleichzeitig bearbeiten. Speichert Nutzer A den Datensatz ab, ist es Nutzer B nicht mehr möglich, seine Änderung ebenfalls zu speichern. Das Resultat ist eine Fehlermeldung bei Nutzer B.

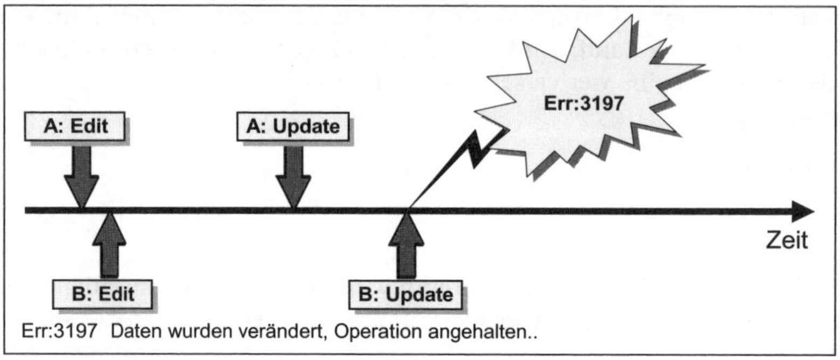


***Abbildung 9.11:*** *Laufzeitfehler (A=B=Optimistic Locking)*

Etwas anders verhält es sich mit der *Pessimistic Locking*-Variante: Nach einem *Edit* bzw. einem *AddNew* ist die zugehörige Seite für alle anderen Nutzer so lange gesperrt, bis der Datensatz mit *Update* übernommen bzw. mit *CancelUpdate* verworfen wird (*Recordset.LockEdits = True*).

```
... nicht gesperrt
dy.Edit
... gesperrt ....
dy.Update
... nicht gesperrt
```

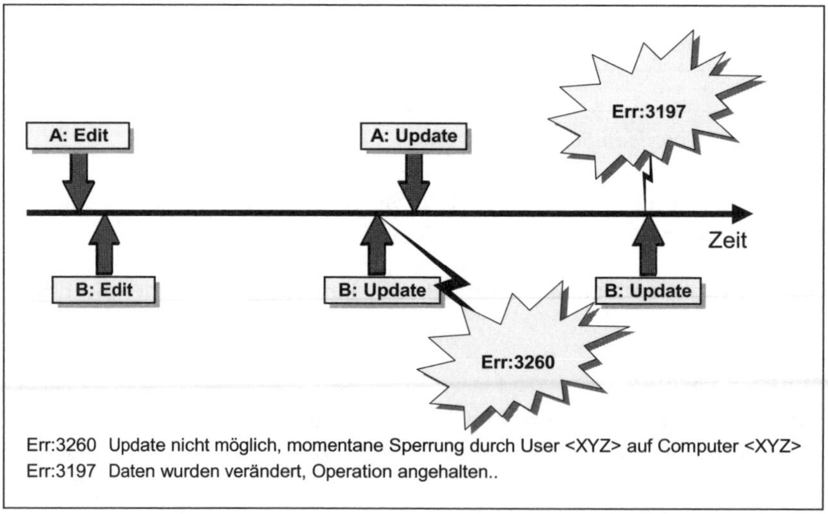


***Abbildung 9.12:*** *Laufzeitfehler (A=Pessimistic Locking, B=Optimistic Locking)*

Wie Sie sehen, ist es dem zweiten Nutzer zwar möglich, den Datensatz für die Bearbeitung zu öffnen, speichern kann er diesen aber unter keinen Umständen.

Besser als die gemischte Variante ist eine einheitliche Verwendung des Pessimistic Lockings:

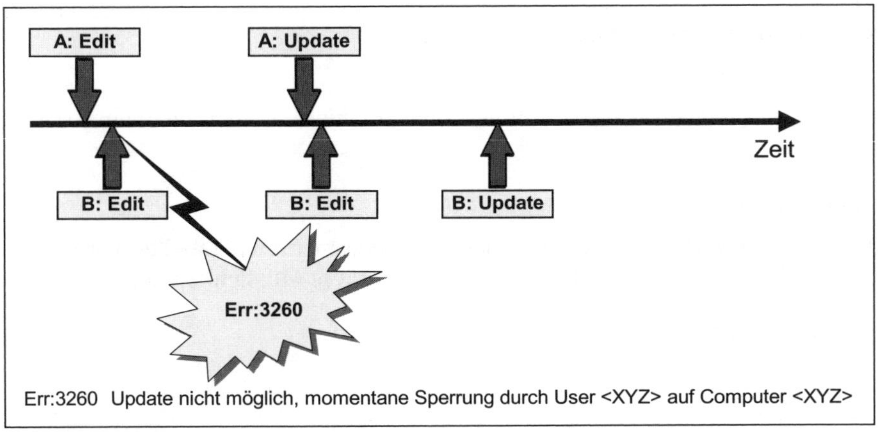


***Abbildung 9.13:*** *Laufzeitfehler (A=Pessimistic Locking, B=Pessimistic Locking)*

Nutzer B erhält keine Chance, den Datensatz überhaupt zu öffnen. Allerdings sollten Sie nicht vergessen, dass Nutzer B damit auch nicht die restlichen Datensätze der gesperrten Seite bearbeiten kann. Aus diesem Grund sollte der Zeitraum zwischen Öffnen und Schließen des Datensatzes möglichst kurz gewählt werden. Eventuell verwenden Sie den Timer, um gesperrte Datensätze nach einer Timeout-Zeit wieder freizugeben.

Aus dem gezeigten Verhalten resultiert auch die unbedingte Notwendigkeit einer gezielten Fehlerbehandlung, d.h. einer Reaktion auf die Runtime-Fehler 3260 und 3197.

In einigen Fällen bietet es sich an, mit einer Funktion zu testen, ob der gewünschte Datensatz gesperrt ist oder nicht:

```
Function IsLocked (Rs As Recordset)
On Error GoTo openFehler

IsLocked = False
Rs.Edit                          ' Versuch den Datensatz zu öffnen
Rs.CancelUpdate               ' Abbruch des Editierens
Exit Function

openFehler:                   ' konnte nicht geöffnet werden
IsLocked = True
Resume Next
Exit Function
End Function
```

### Sperren der gesamten Datenbank

Dies ist nur sinnvoll, wenn Sie grundlegende Änderungen an der Datenbank vornehmen wollen (Tabellen hinzufügen, löschen etc.). Setzen Sie dazu einfach den zweiten Parameter der *OpenDatabase*-Methode auf *True*.

**BEISPIEL:** Sperren der Datenbank.

```
Dim db As DATABASE
Set db = DBEngine.Workspaces(0).OpenDatabase("FIRMA.MDB", True)
...
```

Sollte die Datenbank bereits genutzt werden, tritt ein Laufzeitfehler auf, den Sie abfangen müssen.

### Sperren einzelner Tabellen

Möchten Sie umfangreichere Veränderungen an einer oder auch mehreren Tabellen vornehmen (z.B. Aktualisierung von Preisen mit UPDATE etc.), bietet sich diese Möglichkeit an.

**BEISPIEL:** Sperren einer Tabelle.

```
Dim db As DATABASE
Dim dy  As Recordset
    Set db = DBEngine.Workspaces(0).OpenDatabase("z:\db.mdb")
    Set dy = db.OpenRecordset("Tabelle1", dbOpenDynaset, dbDenyWrite)
```

Alle anderen Benutzer haben keine Schreibrechte an der Datenbank, lediglich der Lesezugriff ist erlaubt. Wollen Sie diesen ebenfalls entziehen, müssen Sie zusätzlich die Option *dbDenyRead* angeben. Wie beim Sperren der Datenbank gilt auch hier: Bereits geöffnete Tabellen können Sie mit oben genannten Optionen nicht öffnen. Sie müssen warten, bis die Tabelle freigegeben wird.

Beide genannten Möglichkeiten sollten Sie allerdings sparsam einsetzen, da diese mit einer Multiuser-Umgebung kaum zu vereinbaren sind[1].

### Multiuser-Zugriff und Data-Control

Wenn Sie glauben, damit haben Sie das Thema schon überstanden, müssen wir Sie enttäuschen. Leider zeigt das *Data*-Control in diesem Zusammenhang ein etwas eigenartiges Verhalten. Grundsätzlich arbeitet das Control bzw. arbeiten die gebundenen Controls mit Optimistic Locking, d.h. das Sperren erfolgt nur während der Datensatzübernahme. Voraussetzung ist allerdings, dass die *Options*-Eigenschaft auf 512 (*dbSeeChanges*) gesetzt ist.

Möchten Sie Pessimistic Locking realisieren, müssen Sie die *Edit*-Methode vor der Bearbeitung des Datensatzes explizit aufrufen (eventuell sollten die gebundenen Controls vorher gegen Eingabe geschützt werden).

## 9.4.4 Multiuser-Zugriff (ADO)

Leider ist es nötig, auf ADOs und DAOs getrennt einzugehen. Microsoft teilt an dieser Stelle die Programmierer in Pessimisten und Optimisten ein. Pessimisten (Leute, die mit *Pessimistic Locking* arbeiten) müssen sich mit der weiteren Verwendung der DAOs zufrieden geben, da die ADOs im Zusammenhang mit der Verwendung von Access-Datenbanken kein *Pessimistic Locking* unterstützen (*Client-Cursor* unterstützen lediglich *Optimistic Locking*). Die Optimisten

[1] Oder möchten Sie sich vielleicht andauernd über ein Meldungsfeld ärgern, das Ihnen mitteilt, dass momentan kein Zugriff möglich ist?

werden mit den ADOs sicher zufrieden sein, es gilt weiterhin alles, was im vorhergehenden Abschnitt zu diesem Thema gesagt wurde.

**HINWEIS:** Für den absoluten Pessimisten gibt es jedoch nach wie vor die Möglichkeit, die Datenbank bzw. Tabelle schreibgeschützt zu öffnen: Setzen Sie einfach den Lock-Typ auf 1 (*adLockReadOnly*).

### 9.4.5 Grundlagen ODBCDirect

Auch wenn mit ADO schon der Nachfolger vor der Tür steht, wollen wir nicht darauf verzichten, einige grundlegenden Ausführungen zum Thema »ODBCDirect« vorzustellen.

Mit dieser Technik kann unter Umgehung der Jet-Engine direkt auf ODBC-Datenquellen zugegriffen werden. Der Vorteil liegt auf der Hand: Die Jet-DLL muss nicht mehr geladen werden, was sich positiv auf die Speicherbelegung und damit auf die Performance auswirkt.

Weitere Features der ODBCDirect-Schnittstelle:

- Asynchrone Abfragen (Ihre Anwendung braucht nicht auf die Rückmeldung des Servers zu warten).
- Stapelaktualisierungen (mehrere Datenoperationen werden als Stapel an den Server gesendet).
- Cursor-Unterstützung.

Der Mehraufwand gegenüber der Programmierung mit Hilfe der Jet-Engine hält sich in Grenzen. Lediglich ein neues Objekt (*Connection*), das starke Ähnlichkeit mit einem *Database*-Objekt hat, kommt hinzu.

Im Gegensatz zu Microsoft Access ist es in VB problemlos möglich, auch bei ODBCDirect-Verbindungen die Vorteile von datengebundenen Controls zu nutzen. In diesem Fall müssen Sie jedoch die *DefaultType*-Eigenschaft auf 1 (ODBC) festlegen.

**HINWEIS:** Verwenden Sie in SQL-Anweisungen, die Sie im Zusammenhang mit der ODBC-Direct-Schnittstelle einsetzen, immer die Syntax der ODBC-Datenquelle (z.B. MS-SQL-Server). Access-SQL-Befehle können Sie nicht mehr verwenden[1].

Ein zu verschmerzender Verlust bei der ODBCDirect-Programmierung dürfte das *TableDe*-Objekt sein, das nicht mehr verfügbar ist. Der Profi bevorzugt ohnehin SQL-Anweisungen, um Tabellen und Indizes zu erstellen. An dieser Stelle sind auch die Einschränkungen von SQL beim Entwurf von Tabellen nicht mehr gegeben.

#### Übersicht

Die folgende Abbildung zeigt alle Objekte und Auflistungen, die Sie im Zusammenhang mit ODBCDirect nutzen können.

[1] Alle SQL-Befehle, die Sie in den folgenden Beispielen finden, sind ausschließlich auf einem MS-SQL-Server getestet worden. Insbesondere die Syntax von Tabellenerstellungsanweisungen (DDL) variiert bei unterschiedlichen Anbietern stark.

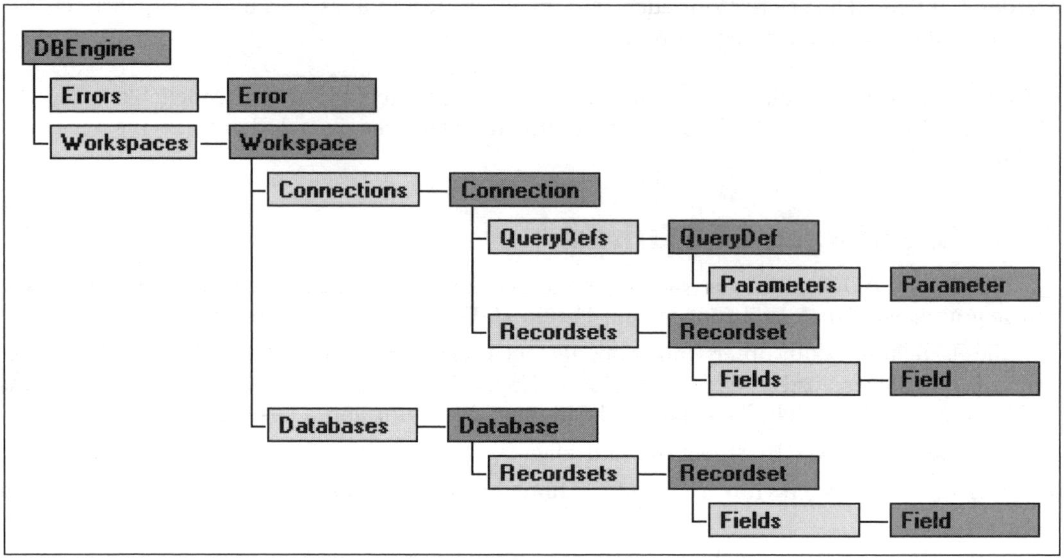


***Abbildung 9.14:** Übersicht der* ODBCDirect-*Objekte*

Wie üblich bildet das *DBEngine*-Objekt die Grundlage des Objektmodells. Davon ausgehend können Sie, wie auch bei den Jet-Objekten, eigene *Workspaces* erstellen, in denen Sie die Verbindung (*Connection* oder *Database*) zur ODBC-Datenquelle herstellen. Innerhalb einer *Connection* können Sie dann mit *OpenRecordset* ein *Recordset*-Objekt erzeugen, das über fast alle Eigenschaften und Methoden von Jet-*Recordset*-Objekten verfügt. Doch der Reihe nach ...

### Bereitstellen von Arbeitsbereichen

Erster Schritt zur Verbindung mit einer ODBC-Datenquelle ist die Definition eines Arbeitsbereiches. Im Unterschied zur bisherigen Vorgehensweise (siehe ▶ Kapitel 5) müssen Sie beim Erstellen eines neuen Workspace den Typ explizit angeben, sonst wird standardmäßig ein Jet-Arbeitsbereich erstellt.

**HINWEIS:** Den Defaulttyp können Sie über die *DefaultType*-Eigenschaft des *DBEngine*-Objekts festlegen.

Weiterhin ist es empfehlenswert, bereits an dieser Stelle Username und Passwort zur Anmeldung am Server zu übergeben. Anderenfalls müssen Sie diese in den ODBC-Connect-String aufnehmen.

**BEISPIEL:** Erstellen einer neuen Arbeitsumgebung *Test*, Username *Mayer*, Passwort *geheim*.

```
Dim ws As Workspace
Set ws = DBEngine.CreateWorkspace("Test", "Mayer", "geheim", dbUseODBC)
```

Der nächste Schritt ist das Öffnen einer Datenbank bzw. einer Connection. An dieser Stelle sollten Sie sich allerdings vom bekannten *Database*-Objekt verabschieden. Dieses kann zwar auch in ODBCDirect-Arbeitsbereichen genutzt werden, ist jedoch nur noch aus Gründen der Abwärtskompatibilität vorhanden. Abgelöst wird das *Database*- durch ein *Connection*-Objekt.

### Öffnen von Connections

War der bisherige Ablauf noch relativ einfach, werden Sie beim Öffnen der Connection über die Methode *OpenConnection* mit einer Vielzahl von Optionen konfrontiert.

Syntax:

```
Workspace.OpenConnection (Name, Optionen, Readonly, Connect)
```

Der Parameter *Name* stellt entweder den Namen einer bereits existierenden ODBC-Datenquelle (ODBC-Manager) dar oder ist ein frei gewählter Bezeichner. In diesem Fall muss allerdings der Parameter *Connect* diese Information bereitstellen. Sollte noch keine gültige ODBC-Datenquelle vorhanden sein, müssen Sie diese entweder über den ODBC-Manager anlegen, oder Sie verwenden die Methode *RegisterDatabase* des *dBEngine*-Objekts.

Über das Argument *Optionen* bestimmen Sie, ob und wann das Dialogfeld zur Auswahl einer ODBC-Datenquelle angezeigt werden soll.

| Konstante | Beschreibung |
|---|---|
| *dbDriverNoPrompt* | Der ODBC-Treiber-Manager verwendet die Verbindungszeichenfolge in Name bzw. Connect. Falls Sie nicht genügend Informationen angegeben haben, tritt ein Laufzeitfehler auf. |
| *dbDriverPrompt* | Der ODBC-Treiber-Manager zeigt das Dialogfeld *ODBC-Datenquellen* an. Die Vorgaben aus Name bzw. Connect werden angezeigt. |
| *dbDriverComplete* | Falls Argumente in Connect fehlen, wird das Dialogfeld *ODBC-Datenquellen* angezeigt. Andernfalls wird die Verbindung aufgebaut (Standard). |
| *dbDriverCompleteRequired* | Entspricht *dbDriverComplete*, der ODBC-Treiber unterdrückt jedoch Fragen nach Informationen, die nicht zum Verbindungsaufbau benötigt werden. |

***Tabelle 9.10:*** *Optionen für OpenConnection*

Jeweils eine der oben genannten Konstanten können Sie optional mit *dbRunAsync* kombinieren. In diesem Fall wird die Methode asynchron ausgeführt, d.h. die Programmausführung wird mit der nächsten Anweisung fortgesetzt, ohne darauf zu warten, ob die Verbindung hergestellt werden konnte.

**HINWEIS:** Nutzen Sie die Möglichkeit einer asynchronen Ausführung, müssen Sie vor dem Einsatz des *Connection*-Objekts sicherstellen, dass es initialisiert ist. Verwenden Sie dazu die *StillExecuting*-Eigenschaft, die erst dann *False* zurückgibt, wenn die Methode erfolgreich beendet wurde. Möchten Sie die asynchrone Ausführung abbrechen, rufen Sie die *Cancel*-Methode auf.

**BEISPIEL:** Öffnen einer Connection.

```
Dim ws As Workspace
Set ws = DBEngine.CreateWorkspace("Test", "Mayer", "geheim", dbUseODBC)
Set con = ws.OpenConnection("Test", dbDriverComplete, False, _
"ODBC;DATABASE=Info;DSN=TestenSQLServer")
```

oder

```
...
Set con = ws.OpenConnection("TestenSQLServer", dbDriverComplete, False)
```

In beiden Fällen existiert bereits eine ODBC-DataSource, die über den ODBC-Manager erstellt wurde.

Damit ist die Verbindung zur ODBC-Datenquelle hergestellt. Sie können jetzt SQL-Anweisungen ausführen (*Execute*-Methode), *Recordsets* bzw. *QueryDefs* erzeugen (*OpenRecordset* bzw. *CreateQueryDef*) und diverse Eigenschaften der Connection abfragen.

### Arbeiten mit den Daten

Grundsätzlich sollten Sie an dieser Stelle zwischen zwei verschiedenen Aktionen unterscheiden:

- Es werden Datensätze aus einer oder auch aus mehreren Tabellen zurückgegeben, gegebenenfalls sollen auch Änderungen bzw. Aktualisierungen möglich sein.
- Auf dem Server werden Aktionen ausgeführt, die keine Rückgabewerte liefern (Aktionsabfrage).

Im ersten Fall müssen Sie ein *Recordset*- oder ein *QueryDef*-Objekt erzeugen, im zweiten Fall kommen Sie mit der *Execute*-Methode aus.

### Das Ausführen von Aktionsabfragen (Execute)

Das *Connection*-Objekt bietet mit der *Execute*-Methode einen einfachen Weg, SQL-Anweisungen an den Server zu senden. Dabei kann es sich um Anweisungen zum Erstellen, Verändern und Löschen von Tabellen, Views usw. handeln (CREATE ...). Weiterhin lassen sich Lösch- und Änderungsabfragen (UPDATE, DELETE) sowie Anfügeabfragen (INSERT INTO) ausführen.

**HINWEIS:** Bei den übergebenen SQL-Anweisungen handelt es sich nicht um Access-SQL. Je nach Serveranwendung variiert die erforderliche SQL-Syntax.

Neben einer SQL-Anweisung können Sie optional einen weiteren Parameter angeben, der darüber Auskunft gibt, ob die Abfrage asynchron (*dbRunAsync*) ausgeführt werden soll. Kombinieren Sie den Wert mit der Konstanten *dbExecDirect*, wird auf die interne Ausführung der Anweisung *SQLPrepare* verzichtet.

**BEISPIEL:** Ausführen einer SQL-Anweisung.

```
...
con.Execute ("CREATE TABLE Telefonvorwahl (ort VarChar(37), vorwahl Varchar(7) )")
```

Nach der Ausführung der *Execute*-Methode können Sie über die *RecordsAffected*-Eigenschaft die Anzahl der betroffenen Datensätze bestimmen.

**BEISPIEL:** Auswertung von *RecordsAffected*.

```
con.Execute ("DELETE FROM Telefonvorwahl WHERE ort LIKE 'M%' ")
MsgBox "Es wurden " & con.RecordsAffected & " Datensätze gelöscht!", vbInformation
```

Sollte die SQL-Anweisung fehlschlagen, brauchen Sie auch auf eine detaillierte Fehlermeldung nicht zu verzichten. Über die *Errors*-Collection des *Workspace*-Objekts haben Sie Zugriff auf alle vom SQL-Server zurückgegebenen Fehlercodes. Im Gegensatz dazu liefert das *Err*-Objekt lediglich die letzte Fehlermeldung, die meist wenig aussagekräftig bzw. sogar irreführend ist.

**BEISPIEL:** Ausgabe von Fehlermeldungen (bei DELETE tritt ein Fehler auf, da die Tabelle *Telefon* nicht existiert).

```
On Error GoTo fehler
Dim con As Connection
Dim ws As Workspace
Dim errx As Object

Set ws = DBEngine.CreateWorkspace("Test", "Mayer","Mayer", dbUseODBC)

Set con = ws.OpenConnection("Test", dbDriverComplete, False,"ODBC;DATABASE=Info; " & _
        "DSN=TestenSQLServer")

con.Execute ("DELETE FROM Telefon WHERE ort LIKE 'M%' ")
...

fehler:
    For Each errx In DBEngine.Errors
        MsgBox errx.Description
    Next errx
    ...
```

Das Resultat sind zwei Meldungsfelder mit folgendem Inhalt:

***Abbildung 9.15:*** *Erste Fehlermeldung*

***Abbildung 9.16:*** *Zweite Fehlermeldung*

Eine Abfrage der Fehlermeldung über das *Err*-Objekt hätte lediglich die zweite Meldung zur Folge gehabt.

### Erstellen von Recordset-Objekten

Wenn Sie Datensätze abrufen, ändern oder gar neu hinzufügen möchten, dann ist ein *Recordset* die richtige Wahl. Im Gegensatz zur bereits in der Vorgängerversion möglichen SQL-Pass-Through-Abfrage können Sie mit ODBCDirect-Recordset-Objekten so arbeiten, als wenn es sich um eine lokale Datenbank handelt. Allerdings variiert die Funktionalität je nach verwendetem ODBC-Treiber.

Wie auch bei lokalen Datenbanken werden verschiedene Typen von *Recordset*-Objekten unterschieden:

- *Snapshot* (es handelt sich um eine statische Ergebnismenge),

- *Dynamic* (die Ergebnismenge kann editiert bzw. erweitert werden, Änderungen anderer Nutzer sind sichtbar),
- *ForwardOnly* (die Ergebnismenge kann nur vom ersten zum letzten Datensatz durchlaufen werden),
- *Dynaset* (die Ergebnismenge kann editiert bzw. erweitert werden).

Allen Typen gemeinsam ist eine fehlende Möglichkeit zur Suche innerhalb der Datenmenge (*FindFirst*, *Seek*), es stehen lediglich Selektionsbefehle mit den entsprechenden Klauseln beim Erstellen des Recordsets zur Verfügung (SELECT ... WHERE).

Ausgangspunkt für ein *Recordset*-Objekt ist, wie auch bei den Jet-Objekten, eine geöffnete Datenbank (hier ist es eine *Connection*). Mit der *OpenRecordset*-Methode bestimmen Sie Art und Funktionalität des erstellten Recordsets.

Syntax:

```
OpenRecordset (Quelle, Typ, Optionen, Sperren)
```

Welche Daten in der Ergebnismenge enthalten sind, bestimmen Sie mit dem Parameter *Quelle*, bei dem es sich um eine SQL-SELECT-Anweisung oder auch eine Stored Procedure handeln kann. Wichtig ist nur, dass Daten von der SQL-Anweisung zurückgegeben werden.

Für den Typ können Sie eine der folgenden Konstanten verwenden:

- *dbOpenDynamic*
- *dbOpenDynaset*
- *dbOpenSnapshot*
- *dbOpenForwardOnly*

Beim Parameter *Optionen* ist die Auswahl relativ klein. Sie können lediglich wählen, ob es sich um eine asynchrone Abfrage handelt (*dbRunAsync*) und ob die *SQLPrepare*-Anweisung übersprungen werden soll (*dbExecDirect*).

Über das Argument *Sperren* lassen sich weitere Optionen festlegen. Die folgende Übersicht gibt Auskunft:

| Konstante | Beschreibung |
|---|---|
| *dbReadOnly* | Die Datenmenge ist schreibgeschützt. |
| *dbPessimistic* | Die den aktuellen Datensatz beinhaltende Datenbankseite wird mit dem Aufruf der *Edit*-Methode gesperrt und erst mit einem Update bzw. einem *CancelUpdate* wieder freigegeben. |
| *dbOptimistic* | Die den aktuellen Datensatz beinhaltende Datenbankseite wird nur für den Zeitpunkt der Datensatzaktualisierung (Update) gesperrt. |
| *dbOptimisticValue* | Verwendet teilweise Gleichzeitigkeit, die auf Zeilenwerten basiert. |
| *dbOptimisticBatch* | Aktiviert die teilweise Stapelaktualisierung (Voraussetzung: die *DefaultCursorDriver*-Eigenschaft des *Workspace*-Objekts ist auf *dbUseClientBatchCursor* festgelegt). |

***Tabelle 9.11:*** *Werte für das Argument Sperren*

Nach so viel Theorie ist der Hilfeschrei nach einem kleinen Beispiel unüberhörbar.

**BEISPIEL:** Auswahl aller Datensätze der Tabelle *Telefonvorwahl* aus der Datenbank *Info*. Der *DataSourceName* ist *TestenSQLServer*. Die Anmeldung erfolgt als User *Mayer* mit Passwort *mayer*.

```
Dim rs As Recordset
Dim con As Connection
Dim ws As Workspace

Set ws = DBEngine.CreateWorkspace("Test", "mayer", "mayer", dbUseODBC)
Set con = ws.OpenConnection("Test", dbDriverComplete + dbDriverComplete, False, _
        "ODBC;DATABASE=Info;DSN=TestenSQLServer")
Set rs = con.OpenRecordset("SELECT * FROM Telefonvorwahl", _
          dbOpenDynamic, 0, dbOptimistic)
```

**BEISPIEL:** Arbeiten mit Stored Procedures.

Befindet sich auf dem SQL-Server eine Stored Procedure *AlleOrtMitA*, die mit

```
CREATE PROCEDURE AlleOrtMitA
AS SELECT * FROM telefonvorwahl WHERE ort LIKE 'A%'
```

erzeugt wurde, können Sie den *Recordset* wie folgt definieren:

```
Set rs = con.OpenRecordset("Execute AlleOrtMitA", dbOpenDynamic, 0, dbOptimistic)
```

**HINWEIS:** Enthält die SQL-Anweisung mehr als ein SELECT-Statement, können Sie mit der Methode *NextRecordset* zur zweiten bzw. dritten Ergebnismenge wechseln.

### Datenzugriff

An dieser Stelle hat sich im Vergleich zu den Jet-Objekten am wenigsten geändert. Wesentlichste Einschränkung ist, wie schon erwähnt, dass es keine Möglichkeit zum Suchen von Datensätzen gibt.

Änderungen an Datensätzen werden wie bisher mit *Edit* eingeleitet und mit *Update* bzw. *Cancel Update* abgeschlossen. Das Löschen bzw. Einfügen geschieht analog zu den Jet-Objekten mit *Delete* bzw. *AddNew*.

Was bei den Jet-Objekten meist nur am Rande beachtet wurde, ist bei ODBCDirect unbedingt zu empfehlen. Die Rede ist von der *Updatable*-Eigenschaft, die darüber Auskunft gibt, ob die Datenmenge schreibgeschützt ist oder nicht.

**BEISPIEL:** Einfügen eines Datensatzes.

```
Dim rs As Recordset
Dim con As Connection
Dim ws As Workspace

Set ws = DBEngine.CreateWorkspace("Test", "Mayer", _
"Mayer", dbUseODBC)
Set con = ws.OpenConnection("Test", dbDriverComplete, False, _
"ODBC;DATABASE=Info;DSN=TestenSQLServer")

Set rs = con.OpenRecordset("Telefonvorwahl", dbOpenDynaset, 0, dbOptimistic)
If Not rs.Updatable Then Exit Sub
```

```
rs.AddNew
rs!vorwahl = "030"
rs!Ort = "Berlin"
rs.Update
```

**HINWEIS:** Soll die Datenmenge editierbar sein, ist unbedingt ein eindeutiger Index zu definieren (z.B. ein Zählerfeld).

Das Sortieren von Daten sollten Sie mit einer ORDER BY-Klausel beim Öffnen des Recordsets vornehmen, da ein nachträgliches Verändern nicht mehr möglich ist. Das gleiche trifft auf Filteroperationen zu, die sich mit einer WHERE-Klausel realisieren lassen.

**HINWEIS:** Weitere Informationen zu den Datensatzoperationen finden Sie in ▶ Kapitel 5.

In den bisherigen Ausführungen ist schon mehrfach die Rede von *Cursors* und *Batch-Operationen* gewesen, ohne dass wir näher darauf eingegangen sind.

### Cursor

Der Cursor, um den es hier geht, hat wenig mit einem Mauszeiger zu tun. Doch der Reihe nach ...

Sollen Daten zeilenweise bearbeitet werden, gibt es ein Problem: Relationale Datenbanken orientieren sich nicht am einzelnen Datensatz, sondern an der Ergebnismenge. *Cursors* können diese Diskrepanz überbrücken, indem sie es Anwendungen ermöglichen, Ergebnisse zeilenweise abzurufen. Ein Cursor ist im Prinzip eine definierte Ergebnismenge, in der Anwendungen die Daten zeilenweise bearbeiten können. Hinter den einzelnen Typen von Recordsets verbergen sich demzufolge verschiedene Cursor-Typen. So basiert ein *ForwardOnly*-Recordset auf einem Cursor, der lediglich eine »Vorwärtsbewegung« in der Datenmenge zulässt.

Verwaltet der Server den Cursor bzw. die dazu nötigen Schlüssel, wird von einem Server-Cursor gesprochen, anderenfalls handelt es sich um einen Client-Cursor. Dass die Art und Weise der Cursorverwaltung einen wesentlichen Einfluss auf den Datentransfer im Netzwerk hat, dürfte klar ersichtlich sein. Ein Server-Cursor reduziert bei großen Datenmengen den Datentransfer, kann aber bei stark ausgelasteten Servern mit geringen Ressourcen schnell zum Problem werden. In der Regel werden jedoch Client-Cursors verwendet, bei denen der Server die Daten an den Client sendet. Der Client verwaltet die für den Cursor erforderlichen temporären Ressourcen.

Welchen Typ von Cursor Sie verwenden, bestimmt die *DefaultCursorDriver*-Eigenschaft des *Workspace*-Objekts. Von einer Änderung dieser Eigenschaft sind allerdings nur die *Connection*-Objekte betroffen, die nach einer Änderung erstellt wurden.

### Batch-Operationen

Einen Cursor-Typ wollen wir uns doch etwas näher ansehen. Gemeint ist *dbUseClientBatchCursor*, der es ermöglicht, mehrere Datensatzoperationen auf dem Client auszuführen, ohne dass eine Kommunikation mit dem Server stattfindet. Erst nach Abschluss aller Aktualisierungen werden die Änderungen auf den Server übertragen. Man spricht von einer Batch-Operation oder einer Stapelaktualisierung. Da alle Änderungen lokal gespeichert werden, ist auch kein Datentransfer im Netz nötig, was je nach Einsatzfall die Performance erheblich steigert.

**BEISPIEL:** Übertragen einer lokalen Access-Tabelle auf einen SQL-Server.

```
On Error GoTo fehler
```

```
Dim db As Database
Dim rs As Recordset
Dim con As Connection
Dim rs2 As Recordset
Dim ws As Workspace
Dim errx As Object

Set ws = DBEngine.CreateWorkspace("Test", "Mayer", "Mayer", dbUseODBC)
```

Cursor-Typ festlegen:

```
ws.DefaultCursorDriver = dbUseClientBatchCursor
```

Verbindung öffnen:

```
Set con = ws.OpenConnection("Test", dbDriverComplete, False, _
"ODBC;DATABASE=Info; DSN=TestenSQLServer")
```

Tabelle und Index auf dem Server erstellen:

```
con.Execute ("CREATE TABLE Telefonvorwahl (lfdnr numeric(10,0)  IDENTITY(0,1), " & _
             "ort VarChar(37), vorwahl Varchar(7) )")
con.Execute ("CREATE UNIQUE INDEX hauptindex ON telefonvorwahl (ort,vorwahl)")
```

Recordset öffnen und in den Batch-Modus schalten (*dbOptimisticBatch*):

```
Set rs = con.OpenRecordset("Telefonvorwahl", dbOpenDynamic, 0, dbOptimisticBatch)
```

Falls die Datenbasis schreibgeschützt ist, beenden:

```
If Not rs.Updatable Then Exit Sub
```

Öffnen der lokalen Tabelle:

```
Set db = CurrentDb()
Set rs2 = db.OpenRecordset("SELECT * FROM Telefonvorwahl")
```

Für alle Datensätze:

```
While Not rs2.EOF
    rs.AddNew
    rs!vorwahl = rs2!vorwahl
    rs!Ort = rs2!Ort
    rs.Update
    rs2.MoveNext
    DoEvents
Wend
```

**HINWEIS:** Bis zu diesem Zeitpunkt befindet sich kein einziger Datensatz auf dem SQL-Server, die Daten wurden lediglich lokal abgelegt!

Die Datensätze könnten jetzt beliebig verändert oder auch gelöscht werden, Auswirkungen hat dies lediglich auf die Client-Daten.

Übernahme der Client-Daten auf den Server:

```
rs.Update (dbUpdateBatch)

Exit Sub

fehler:
    For Each errx In DBEngine.Errors
        MsgBox errx.Description
    Next errx
```

Dass eine derartige Hauruck-Aktion nicht immer problemlos abläuft, dürfte in der Natur der Sache liegen. Andere Nutzer könnten ebenfalls mit den gleichen Daten gearbeitet haben. Beim Aktualisieren kommt es dann zum Problem.

Zwei mögliche Szenarien zur Lösung bieten sich an:

**Variante 1 (»Der Rücksichtslose«):** In diesem Fall verhalten Sie sich wie die sprichwörtliche Axt im Walde. Was andere Nutzer zwischenzeitlich eventuell mit den Daten gemacht haben, geht Sie gar nichts an. Alle Änderungen, die Sie vorgenommen haben, werden auch vom Server übernommen. Rufen Sie dazu die *Update*-Methode wie folgt auf:

```
rs.Update (dbUpdateBatch, True)
```

**Variante 2 (»Der Feinfühlige«):** Möchten Sie auf Änderungen anderer User reagieren, rufen Sie *Update* ohne den zweiten Parameter auf:

```
rs.Update (dbUpdateBatch)
```

Änderungen anderer Nutzer an Datensätzen, die Sie ebenfalls bearbeitet haben, bleiben erhalten, Ihre Änderungen werden nicht übernommen. Eine Rückmeldung, dass es zu Problemen gekommen ist, erfolgt nicht etwa mit einem Laufzeitfehler, sondern über die beiden Eigenschaften *BatchCollisionCount* und *BatchCollisions* (Liste von Bookmarks). Sie haben damit die Möglichkeit, Konflikte individuell zu lösen.

**HINWEIS:** Nutzen Sie in diesem Zusammenhang die Eigenschaften *Value* (Wert des Feldes nach der *Update*-Aktion), *OriginalValue (Wert des Feldes* vor der *Update-Aktion) und VisibleValue (Inhalt des Feldes in der Datenbank) des Field*-Objekts im aktuellen Datensatz.

**BEISPIEL:** Problemlösung, wobei jeder einzelne Datensatz explizit übernommen wird.

```
...
rs.Update dbUpdateBatch

For l = 0 to rst.BatchCollisionCount - 1
  rs.BookMark = rs.BatchCollisions(l)
  ' Hier könnte eine detallierte Prüfung stattfinden ...
  rs.Update dbUpdateCurrentRecord, True
Next l
```

## 9.4.6 Grundlagen zu RDO

Mit Remote Data Objects (kurz RDO) steht dem VB-Programmierer eine weitere Variante für den Zugriff auf Datenbanken zur Verfügung, die allerdings langfristig durch ADO abgelöst werden soll.

Nach der Lektüre des letzten Abschnitts werden Sie sich sicher fragen, wozu noch eine weitere Schnittstelle? Die Anwort ist eigentlich recht einfach, mit ODBCDirect haben Sie bereits einen Ableger der RDOs kennengelernt, wandelt doch die Datenbank-Engine die ODBCDirect-Aufrufe in Zeiger auf entsprechende RDO-Objekte um, sobald die *DefaultType*-Eigenschaft des *DBEngine*-Objektes auf *dbUseODBC* gesetzt ist. ODBCDirect wendet sich vorrangig an Programmierer, die sowohl lokale als auch Remote-Datenbanken in ihren Projekten unterstützen müssen, die Unterschiede in der Objekthierarchie wurden bewusst klein gehalten.

Wenn von einem Ableger die Rede ist, bedeutet dies auch, dass zum Beispiel nicht alle RDO-Funktionen in ODBCDirect verfügbar sind. Dies betrifft insbesondere die Realisierung von Ereignisprozeduren, die eine asynchrone Programmierung (zum Beispiel bei Abfragen) wesentlich erleichtern.

### Übersicht

Die folgende Abbildung zeigt alle Objekte und Auflistungen, die Sie im Zusammenhang mit RDO nutzen können.

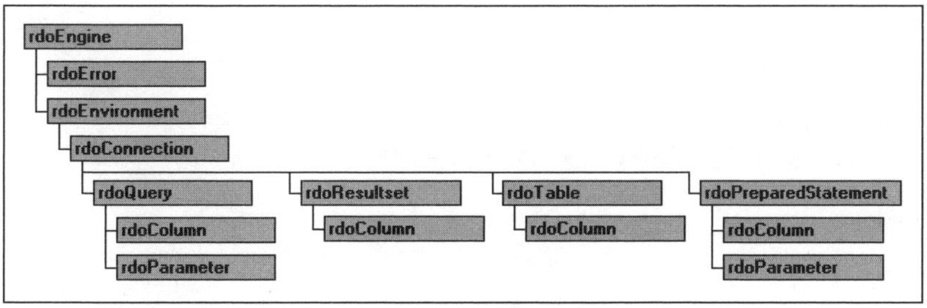


***Abbildung 9.17:** Objekthierarchie der Remote Data Objects*

Die Analogie zu den DAOs dürfte auf den ersten Blick ersichtlich sein.

| RDO | DAO | Beschreibung |
|---|---|---|
| rdoEngine | dbEngine | Das Basisobjekt. Wird automatisch angelegt, wenn die Anwendung zum ersten Mal auf RDO zugreift. |
| rdoEnvironment | Workspace | Eine Gruppe von Verbindungen, Gültigkeitsbereich für Transaktionen eines bestimmten Users.<br>Die erste Instanz wird automatisch erzeugt und kann mit<br>Set env = rdoEngine.rdoEnvironments(0)<br>abgerufen werden. |
| rdoConnection | Database | Eine Verbindung zur Remote-Datenquelle bzw. einer Datenbank.<br>Eine Instanz kann mit<br>Set con = rdoEnvironment(0).OpenConnection()<br>erzeugt werden.<br>Alternativ lässt sich das Objekt auch von einem *RemoteData*-Steuerelement ableiten. ▶ |

| RDO | DAO | Beschreibung |
|---|---|---|
| rdoResultset | Recordset | Die Ergebnismenge einer Abfrage. |
| rdoTable | TableDef | Stellt die gespeicherte Definition einer Basistabelle oder eine SQL-Sicht dar und wird beim ersten Verweis automatisch erzeugt. |
| rdoQuery | QueryDef | Eine SQL-Abfragedefinition mit oder ohne Parameter.<br>Erzeugen mit:<br>rdoConnections(x).CreateQuery |
| rdoColumn | Field | Stellt eine Tabellenspalte mit ihrem Datentyp und ihren Eigenschaften dar. |

***Tabelle 9.12:*** *Gegenüberstellung von DAOs und RDOs*

### Herstellen einer Verbindung

Zwei kleine Beispiele sollen Ihnen zeigen, dass die Arbeit mit den RDOs nicht komplizierter als mit DAOs oder ODBCDirect ist.

**BEISPIEL:** Öffnen einer Connection (MS-SQL-Server-Beispieldatenbank *Verleger*). Im Erfolgsfall wird ein *RemoteData*-Control mit dieser Datenquelle verbunden, indem *DataSourceName*, *Connect* und *SQL*-Eigenschaft entsprechend festgelegt werden. Ein Aufruf der *Refresh*-Methode erzwingt die Neuanzeige und damit die Aktualisierung des gebundenen Grids.

```
Dim con As RDO.rdoConnection
Dim env As RDO.rdoEnvironment

Private Sub Command1_Click()
   Set env = rdoEngine.rdoEnvironments(0)
   Set con = env.OpenConnection("TestSQL", rdDriverNoPrompt, "DSN=TestSQL;UID=sa;PWD=;" + _
           "DATABASE=Verleger")
   MSRDC1.DataSourceName = con.Name
   MSRDC1.Connect = con.Connect
   MSRDC1.SQL = "SELECT * FROM verleger"
   MSRDC1.Refresh
End Sub
```

Eine weitere Variante zum dynamischen Verknüpfen eines *RemoteData*-Control bietet sich mit der *Resultset*-Eigenschaft, die einem Recordset beim *Data*-Control entspricht.

**BEISPIEL:** Zuweisen der *Resultset*-Eigenschaft zur Laufzeit.

```
Dim con As rdoConnection
Dim env As rdoEnvironment
Dim rs As rdoResultset

Private Sub Command1_Click()
   Set env = rdoEngine.rdoEnvironments(0)
   Set con = env.OpenConnection("TestSQL", rdDriverNoPrompt, "DSN=TestSQL;UID=sa;PWD=;" + _
           DATABASE=Verleger")
   Set rs = con.OpenResultset("SELECT * FROM verleger", rdOpenKeyset)
   Set MSRDC1.Resultset = rs
   MSRDC1.Refresh
End Sub
```

### Auswerten von Ereignissen

Eine der wichtigsten Vorteile von RDO 2.0 gegenüber DAO besteht in der Möglichkeit, über die RDOs spezifische Ereignisse auswerten zu können. Allerdings bedarf die Unterstützung von Ereignisprozeduren etwas Vorbereitung, die betreffenden Objekte müssen mit dem Schlüsselwort *WithEvents* deklariert werden (ein von ADO bekanntes Feature).

**BEISPIEL:** Auswertung des *Connect*-Events zur Anzeige einer Message bzw. zum Öffnen eines *Resultset*-Objekts (Abfrage). Auf die Fehlerbehandlung haben wir verzichtet, um das Beispiel nicht unnötig aufzublähen.

```
Private WithEvents con As rdoConnection
Private env As rdoEnvironment
Dim rs As rdoResultset
```

Nun der Versuch, die Verbindung asynchron zu öffnen. Aus diesem Grund kann die *Open-Resultset*-Methode nicht einfach eine Zeile später aufgerufen werden, sondern erst nach dem erfolgreichen Verbindungsaufbau (*Connect*-Ereignis):

```
Private Sub Command1_Click()
   Set env = rdoEngine.rdoEnvironments(0)
   Set con = env.OpenConnection("TestSQL", rdDriverNoPrompt, "DSN=TestSQL;UID=sa;" + _
            "PWD=DATABASE=Verleger", , rdAsyncEnable)
End Sub
```

Die Ereignisprozedur:

```
Private Sub con_Connect(ByVal ErrorOccurred As Boolean)
  If ErrorOccurred Then
    MsgBox "Kein Connect möglich", 16, "Problem"
  Else
    MsgBox "Connect erfolgt", 64, "Hinweis"
    Set rs = con.OpenResultset("SELECT * FROM verleger", rdOpenKeyset)
    Set MSRDC1.Resultset = rs
    MSRDC1.Refresh
  End If
End Sub
```

Beachten Sie, dass die Anwendung auch reaktionsfähig bleibt, wenn keine Verbindung hergestellt werden kann (während der Timeout-Zeit).

**HINWEIS:** Wie schon bei ODBCDirect erwähnt, bedarf die Arbeit mit asynchronen Methodenaufrufen einer sorgfältigen Vorarbeit, um Nebeneffekte zu vermeiden (im obigen Beispiel könnte der Anwender z.B. doppelt auf den Button klicken und damit zweimal die gleiche Methode aufrufen).

Die folgende Tabelle gibt Auskunft über die möglichen Ereignisse bzw. die zugeordneten Objekte:

| Objekt | Ereignis | Beschreibung |
|---|---|---|
| *rdoEngine* | *InfoMessage* | Wenn Informationsmeldungen zur *rdoErrors*-Auflistung hinzugefügt werden. |
| *rdoEnvironment* | *BeginTrans* | Nach Abschluss der *BeginTrans*-Methode. |
| | *CommitTrans* | Nach Abschluss der *CommitTrans*-Methode |
| | *RollbackTrans* | Nach Abschluss der *RollbackTrans*-Methode. |
| *rdoConnection* | *BeforeConnect* | Vor Aufruf von *SQLDriverConnect*. |
| | *Connect* | Nach Ablauf der Timeout-Zeit bzw. nachdem die Verbindung hergestellt wurde. |
| | *Disconnect* | Nachdem die Verbindung geschlossen wurde. |
| | *QueryComplete* | Nachdem die Abfrage abgeschlossen ist. |
| | *QueryTimeout* | Nachdem *QueryTimeout* abgelaufen ist. |
| | *WillExecute* | Vor Ausführung einer Abfrage. |
| *rdoResultset* | *Associate* | Nach dem Zuordnen eines neuen Objekts. |
| | *ResultsChange* | Nachdem sich die Zeilenmenge geändert hat. |
| | *Dissociate* | Nachdem die Verbindung geschlossen ist. |
| | *QueryComplete* | Nachdem eine Abfrage abgeschlossen wurde. |
| | *RowStatusChange* | Nachdem sich der Zustand der aktuellen Zeile (durch Bearbeiten, Löschen, Einfügen) geändert hat. |
| | *RowCurrencyChange* | Nachdem der Zeiger auf die aktuelle Zeile neu positioniert worden ist. |
| | *WillAssociate* | Bevor dem Objekt eine neue Verbindung zugeordnet wird. |
| | *WillDissociate* | Bevor die Verbindung geschlossen wird. |
| | *WillUpdateRows* | Bevor der Server aktualisiert wird. |
| *rdoColumn* | *DataChanged* | Wenn der Wert der Spalte geändert wurde. |
| | *WillChangeData* | Bevor Daten in der Spalte geändert werden. |

***Tabelle 9.13:** Objekte und zugehörige Ereignisse*

### Abfragen der Datenbankstruktur

Sind Sie am internen Aufbau der Datenbank interessiert, können Sie ähnlich wie in einer Access-Datenbank (*TableDef*) mit Hilfe des *rdoTable*-Objekts weitere Informationen einholen. Ein kleines Beispielprogramm gibt die Datenbankstruktur im Debug-Fenster aus:

**BEISPIEL:** Ausgabe der Datenbankstruktur.

```
Private con As rdoConnection
Private env As rdoEnvironment

Private Sub Command1_Click()
Dim t As rdoTable
Dim c As rdoColumn
   Set env = rdoEngine.rdoEnvironments(0)
```

```
  Set con = env.OpenConnection("TestSQL", rdDriverNoPrompt, "DSN=TestSQL;UID=sa; " + _
                                "PWD=DATABASE=Verleger")
  Debug.Print con.Connect
  For Each t In con.rdoTables
     Debug.Print t.Name & "(" & t.Type & ")"
     For Each c In t.rdoColumns
       Debug.Print Chr(9) & c.Name
     Next c
  Next t
End Sub
```

Das Ergebnis könnte wie folgt aussehen:

```
DSN=TestSQL;UID=sa;PWD=;WSID=P200;DATABASE=Verleger
Angestellte(TABLE)
     Ang_id
     Vname
     Initial
     Nname
     Job_id
     Job_lvl
     V_id
     Anst_datum
Auftrag(TABLE)
     B_id
     Auftragsnr
```

Über die Eigenschaften des *Column*-Objekts lassen sich noch weitere Informationen über die einzelne Tabellenspalte ermitteln (z.B. Datentyp, Größe etc.). Das Grundprinzip dürfte jedoch klar sein.

An dieser Stelle wollen wir das interessante Thema »Remote Data Objekts« beenden[1].

# 9.5 User-Verwaltung/Sicherheit

Eine einfache Möglichkeit, Datenbanken zu schützen, haben Sie bereits im Kapitel über die DAOs kennengelernt. Das dort verwendete Verfahren ist zwar relativ sicher, hat aber den Nachteil, nicht flexibel genug zu sein. Entweder kann der Nutzer auf die gesamte Datenbank zugreifen oder er kann es nicht. Der folgende Abschnitt zeigt weitere Verfahren und deren Realisierung mit der Datenbank-Engine.

**HINWEIS:** Dieser Abschnitt bezieht sich ausschließlich auf die DAOs. Die ADOs stellen momentan keine entsprechenden Methoden oder Objekte zur Verfügung.

## 9.5.1 Sicherheit und Datenbank-Engine

Das von Access-Datenbanken verwendete Sicherheitsmodell bietet Zugriffsschutz auf Benutzerebene. Einzelne Nutzer können wiederum in Gruppen erfasst werden, was die Verwaltung wesentlich vereinfacht.

Vordefiniert ist lediglich der Nutzer *Administrator*, kurz *Admin*. Weiterhin gibt es in jeder Access-Datenbank zwei Nutzergruppen: Administratoren und Benutzer. Solange Sie kein

1 Wem das alles noch nicht reicht, der sei an das ODBC-API bzw. das VBSQL-API verwiesen, zwei weitere Möglichkeiten, von VB aus Kontakt zu Datenbanken aufzunehmen.

Administratoren-Passwort zugewiesen haben, merken Sie nichts vom internen Sicherheitsmodell. Das heißt jedoch noch lange nicht, dass es deaktiviert ist.

**HINWEIS:** In diesem Zusammenhang werden Sie sicher über den Begriff »Owner« oder »Besitzer« stolpern. Damit ist der Nutzer gemeint, der die zu sichernden Datenbankobjekte erstellt hat (z.B. eine Tabelle oder die gesamte Datenbank).

Informationen über die vorhandenen Nutzer und Nutzergruppen sowie deren Passwörter werden in der Systemdatenbank *System.mdw* abgelegt. Die eigentliche Vergabe von Rechten sieht komplizierter aus als sie ist. Es muss zwischen den Rechten einer Gruppe und den Rechten einer einzelnen Person unterschieden werden.

**BEISPIEL:** Weisen Sie der Gruppe *Buchhalter* die Berechtigungen an der Tabelle *Gehälter* zu, können alle Nutzer, die der Gruppe *Buchhalter* zugeordnet sind, auf diese Tabelle zugreifen, auch wenn die einzelne Person diese Rechte nicht hat. Die Abbildung 9.18 soll dies verdeutlichen.

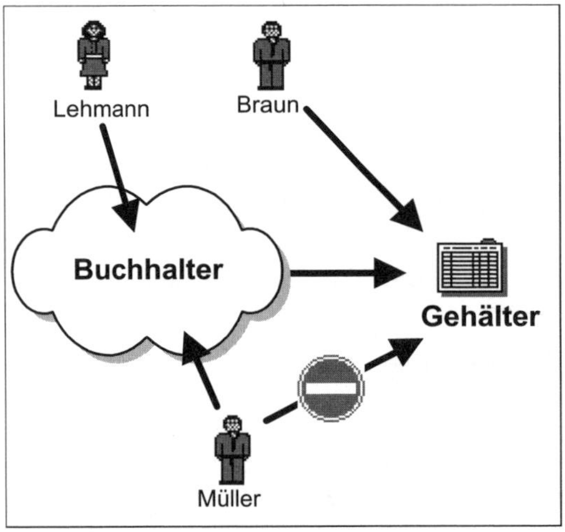


***Abbildung 9.18:** Zugriffsrechte in einer Access-Datenbank*

Lehmann und Müller sind beide der Gruppe *Buchhalter* zugeordnet und können dadurch auf die Tabelle *Gehälter* zugreifen, Müller als Nutzer hat keinen Zugriff (z.B. wenn er aus *Buchhalter* entfernt wird). Etwas anders sieht es mit Braun aus, der zwar nicht Mitglied der Gruppe ist, dafür aber Nutzerrechte hat, die den Zugriff auf *Gehälter* erlauben.

In diesem Zusammenhang sei noch einmal an die Thematik »Abfragen« erinnert. Eine Option der SQL-Abfrage war *WITH OWNERACCESS OPTION*. Ist diese Option angegeben, kann ein Nutzer die SQL-Abfrage auf den zugrunde liegenden Tabellen ausführen, auch wenn ihm die Rechte an den Tabellen selbst fehlen. Für die Abfrage werden die Rechte der Person verwendet, die die Abfrage erzeugt hat (der Owner). Wird der Owner der Abfrage gelöscht, kann die Abfrage nicht mehr ausgeführt werden.

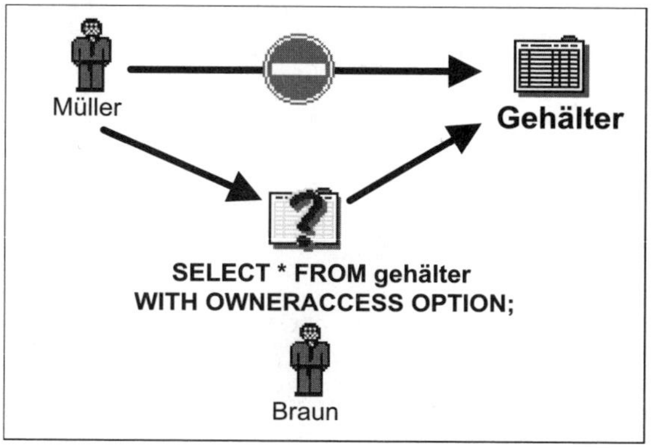


***Abbildung 9.19:*** *Beispiel WITH OWNER-ACCESS OPTION (Braun ist der Owner)*

## 9.5.2 Erstellen neuer Benutzer und Gruppen

Bevor Sie Rechte an Nutzer oder Gruppen vergeben können, müssen Sie diese registrieren. Die Abbildung 9.20 zeigt die Teile der Datenbank-Engine, mit denen Sie sowohl User und Usergruppen hinzufügen als auch verändern können.

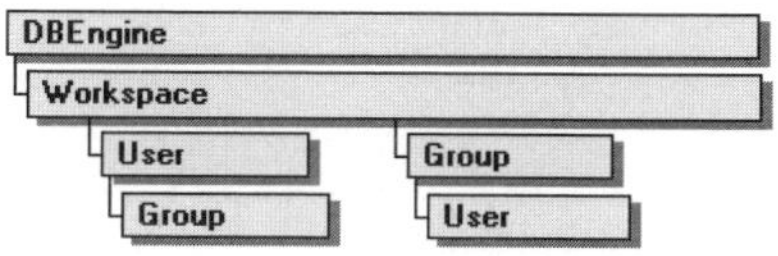


***Abbildung 9.20:*** *Objekte der DBEngine zur Benutzerverwaltung*

**BEISPIEL:** Hinzufügen der Gruppe *Buchhalter.*

```
Dim ws As Workspace
Dim newGroup As GROUP

Set ws = DBEngine.Workspaces(0)
' der zweite Parameter ist die PID
Set newGroup = ws.CreateGroup("Buchhalter", "6537462")
ws.Groups.Append newGroup
ws.Groups.Refresh
```

**BEISPIEL:** Hinzufügen der Personen *Müller* und *Braun.*

```
Dim ws As Workspace
Dim newUser As User
Dim UserName$, UserPID$, UserPW$

UserName = "Müller"
UserPID = "93285"
UserPW = "Müller"

Set ws = DBEngine.Workspaces(0)
Set newUser = ws.CreateUser(UserName, UserPID, UserPW)
```

```
ws.Users.Append newUser
' Müller wird der Gruppe "Buchhalter" zugeordnet
newUser.Groups.Append ws.CreateGroup("Buchhalter")

UserName = "Braun"
UserPID = "746834"
UserPW = "Braun"

Set newUser = ws.CreateUser(UserName, UserPID, UserPW)
ws.Users.Append newUser
' Braun wird der Gruppe "Administratoren" zugeordnet
newUser.Groups.Append ws.CreateGroup("Admins")
```

**BEISPIEL:** Nachträgliches Zuordnen von *Braun* zur Gruppe *Buchhalter.*

```
Dim ws As Workspace
Dim newUser As User

Set ws = DBEngine.Workspaces(0)

Set newUser = ws.Users("Braun")
newUser.Groups.Append ws.CreateGroup("Buchhalter")
```

**BEISPIEL:** Neues Festlegen des Passwortes von *Braun.*

```
Dim ws As Workspace

Set ws = DBEngine.Workspaces(0)
ws.Users("Braun").NewPassword "Braun", "geheim"
```

**BEISPIEL:** Entfernen von *Braun* aus der Gruppe *Administratoren.*

```
On Error Resume Next
Dim us As User
Set us = DBEngine.Workspaces(0).Users("Braun")
us.Groups.Delete "admins"
```

Die obigen Beispiele haben nun hoffentlich alle noch offenen Fragen im Zusammenhang mit Gruppen und Nutzern beantwortet. Wie schon erwähnt, ist bis zum jetzigen Zeitpunkt noch keine Datenbank im Spiel, die Informationen über User und Gruppen werden ja in der Systemdatenbank abgelegt.

Damit können wir uns der Vergabe von Rechten zuwenden ...

## 9.5.3 Vergabe von Rechten

Zugriffsrechte für Objekte, das können zum Beispiel Tabellen oder auch ganze Datenbanken sein, werden nicht etwa am Objekt selbst gespeichert, sondern im zugehörigen *Document*-Objekt. Die Rechte selbst setzen sich aus der Kombination der folgenden Konstanten zusammen, die über die *Permissions*-Eigenschaft zugewiesen oder gelesen werden können.

| Konstante | Beschreibung |
|---|---|
| *dbSecNoAccess* | Kein Zugriff auf das Objekt. |
| *dbSecFullAccess* | Voller Zugriff auf das Objekt. |
| *dbSecDelete* | Objekt kann gelöscht werden. |
| *dbSecReadSec* | Sicherheitsbezogene Informationen des Objekts können gelesen werden. |
| *dbSecWriteSec* | Zugriffsberechtigungen können geändert werden. |
| *dbSecWriteOwner* | Einstellung der Owner-Eigenschaft kann geändert werden, d.h. ein anderer Nutzer kann zum Besitzer werden. |

***Tabelle 9.14:** Konstanten für Zugriffsrechte*

Beim *Container*-Objekt für Tabellen oder bei allen *Document*-Objekten in einer *Documents*-Auflistung sind die in der Tabelle 9.15 enthaltenen Einstellungen oder Rückgabewerte möglich.

| Konstante | Beschreibung |
|---|---|
| *dbSecCreate* | Neue Dokumente können erstellt werden. |
| *dbSecReadDef* | Tabellendefinition (einschließlich Spalten- und Indexinformationen) kann gelesen werden. |
| *dbSecWriteDef* | Tabellendefinition (einschließlich Spalten- und Indexinformationen) kann geändert oder gelöscht werden. |
| *dbSecRetrieveData* | Daten aus dem *Document*-Objekt können abgerufen werden. |
| *dbSecInsertData* | Datensätze können hinzugefügt werden. |
| *dbSecReplaceData* | Datensätze können geändert werden. |
| *dbSecDeleteData* | Datensätze können gelöscht werden. |

***Tabelle 9.15:** Einstellungen beim Container-Objekt für Tabellen*

Beim *Container*-Objekt für Datenbanken oder bei allen *Document*-Objekten in einer *Documents*-Auflistung sind die in der folgenden Tabelle aufgeführten Einstellungen oder Rückgabewerte möglich.

| Konstante | Benutzer oder Gruppe |
|---|---|
| *dbSecDBAdmin* | Erteilt dem Benutzer die Erlaubnis, die Datenbank replizierbar zu machen und das Datenbankkennwort zu ändern. |
| *dbSecDBCreate* | Kann neue Datenbanken erstellen (nur beim *Container*-Objekt für Datenbanken in der Systemdatenbank [*System.mdw*] zulässig). |
| *dbSecDBExclusive* | Exklusiver Zugriff |
| *dbSecDBOpen* | Datenbank kann geöffnet werden. |

***Tabelle 9.16:** Einstellungen beim Container-Objekt für Datenbanken*

**HINWEIS:** Bei der Vergabe von Rechten sollten Sie nicht zu kleinlich verfahren. Einige Berechtigungen müssen zugewiesen werden, ansonsten kann die Datenbank nicht korrekt geöffnet werden. Dies trifft z.B. auf die Systemtabellen zu. Am einfachsten ist es, wenn Sie jeden Nutzer zusätzlich zur Gruppe *Benutzer* hinzufügen.

**BEISPIEL:** Herrn Braun werden alle Rechte an der Tabelle *Gehälter* zugewiesen.

```
Dim DB As DATABASE
Dim D As Document

Set DB = CurrentDb
Set D = DB.Containers!Tables.Documents("tabelle1")
D.username = "Braun"
D.Permissions = D.Permissions Or dbSecFullAccess
```

**BEISPIEL:** Der Gruppe *Buchhalter* werden die Leserechte an der Tabelle *Gehälter* erteilt.

```
Dim DB As DATABASE
Dim D As Document

Set DB = CurrentDb
Set D = DB.Containers!Tables.Documents("tabelle1")
D.username = "Buchhalter"
D.Permissions = D.Permissions Or dbSecRetrieveData
```

Etwas anders sieht es aus, wenn Sie einem Nutzer oder einer Gruppe das Erstellen von Datenbanken verbieten wollen. In diesem Fall wird die Information in der Systemdatenbank abgelegt.

**BEISPIEL:** Die Gruppe *Buchhalter* darf keine neuen Datenbanken erstellen.

```
Dim DB As DATABASE
Dim c As Container

Set DB = DBEngine(0).OpenDatabase(SysCmd(acSysCmdGetWorkgroupFile))
Set c = DB.Containers!Databases
c.username = "Buchhalter"
c.Permissions = c.Permissions And Not dbSecDBCreate
```

Für alle, die mit den logischen Operatoren noch nicht klarkommen:

Entziehen eines Rechtes: *Permissions = Permissions And Not <Recht>*
Bewilligen eines Rechtes: *Permissions = Permissions Or <Recht>*

## 9.5.4 Verschlüsseln von Access-Datenbanken

Alle bisher vorgestellten Verfahren haben einen wesentlichen Nachteil: Man kann zwar innerhalb der Datenbank verschiedene Sicherheitsstufen einführen, die physische Datei bleibt jedoch vollkommen ungeschützt. Ist ein ungebetener Gast an Informationen interessiert, kann er sich mit einem simplen Dateieditor tiefe Einblicke verschaffen[1]:

[1] Die Struktur ist zwar nicht so einfach wie der Aufbau von dBASE-Dateien, es lassen sich jedoch genügend Einzelheiten erkennen.

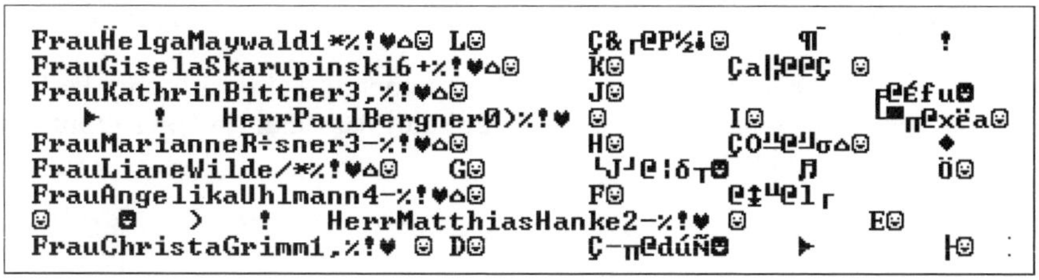


***Abbildung 9.21:*** *Ausschnitt aus einer ungeschützten Access-Datenbank*

Wer sich an dieser Schwachstelle stört, der kann die Datenbank verschlüsseln. Bevor Sie damit aber beginnen, sollten Sie bedenken, dass jede Verschlüsselung zu Performance-Einbußen führt, denn bevor die Daten gelesen oder geschrieben werden können, muss die Engine erst eine entsprechende Konvertierung vornehmen.

Für alle, die eine geschützte Datenbank weitergeben wollen, ergibt sich ein zusätzliches Problem:

**HINWEIS:** Verschlüsselte Datenbanken lassen sich nicht mit den konventionellen Packprogrammen (ZIP, ARJ etc.) komprimieren. Ursache ist die Verwürfelung der Daten, die das Erkennen redundanter Informationen ausschließt.

Eine Möglichkeit zum Verschlüsseln bietet sich mit der *CompactDatabase*-Methode des Objektes *DBEngine* an.

**BEISPIEL:** Verschlüsseln einer Access-Datenbank.

```
DBEngine.CompactDatabase "C:\Telefon.mdb","F:\geheim.mdb","",dbEncrypt
```

Der letzte Parameter weist die Engine an, die Datenbank *Telefon.mdb* zu verschlüsseln und unter dem Namen *Geheim.mdb* zu speichern.

Einige Besonderheiten sind allerdings zu beachten:

- Sie müssen die Datenbank exklusiv öffnen können, d.h. kein anderer Nutzer hat die Datenbank geöffnet.
- Quell- und Zieldatenbank dürfen nicht identisch sein, die verschlüsselte Datei kann immer nur unter einem anderen Dateinamen gespeichert werden. Löschen Sie gegebenenfalls anschließend die alte Datei mit *Kill* und benennen Sie die neue Datei mit *Name* um.
- Aus oben genannten Gründen muss auf der Festplatte genügend Platz für zwei Dateien sein. Auf gepackten Laufwerken benötigt die neue Datenbank mehr Platz als die alte!

Ist die Datenbank mit einem Kennwort geschützt, müssen Sie dieses als fünften Parameter an die Methode übergeben.

**BEISPIEL:** Verschlüsseln einer Access-Datenbank.

```
DBEngine.CompactDatabase "C:\db1.mdb","c:\verschlüsselt.mdb","", dbEncrypt, ";pwd=geheim"
```

Zum Entschlüsseln einer Datenbank verwenden Sie die Konstante *dbDecrypt*.

## 9.6 Optimierung

Wenn man davon ausgeht, dass der Datenbankentwurf der bestimmende Faktor für eine Performance-Steigerung Ihrer Datenbankapplikation ist, dürfte klar sein, dass man mit der Optimierung bereits in diesem Frühstadium beginnen muss.

### 9.6.1 Indizes

Schon beim Tabellenentwurf bestimmen Sie durch den Einsatz von Indizes die spätere Ausführungsgeschwindigkeit. Prinzipiell gilt: Alle wichtigen Felder einer Tabelle sollten indiziert sein. Allerdings hat die Medaille auch ihre Kehrseite: Je mehr Indizes erstellt werden, um so größer ist die Datenbank und um so langsamer wird der Einfügevorgang (bzw. das Löschen), müssen doch mit jedem eingefügten Datensatz auch alle Indextabellen aktualisiert werden. Da aber beim Hinzufügen von Datensätzen selten hohe Ansprüche in Bezug auf die Geschwindigkeit gestellt werden, sollte man diese Nachteile im Interesse einer hohen Abfragegeschwindigkeit in Kauf nehmen[1]. Prinzipiell sollten immer die Felder indiziert werden, nach denen sortiert oder in denen gesucht wird. Weiterhin sollten Sie alle Felder indizieren, die in Verknüpfungen verwendet werden. Allerdings bestehen zwischen den einzelnen Indextypen gewisse Geschwindigkeitsunterschiede. Für die Suche nach einem Datensatz eignet sich ein Primärschlüssel am besten. Fast die gleiche Geschwindigkeit erreichen Sie mit einem eindeutigen Index. In zusammengesetzte Indizes sollten Sie aber nur die unbedingt notwendigen Felder einbeziehen.

### 9.6.2 Abfrage-Optimierung

Hauptziele der Optimierung von Datenbanken sind im Allgemeinen Suchvorgänge und Abfragen. Um auch in Access ein Maximum an Performance zu erreichen, hat Microsoft die *Rushmore*-Technologie von FoxPro in die Datenbank-Engine von Access übernommen.

Was kann Rushmore? Grundsätzliche wird mit der Rushmore-Technologie nur der Zugriff auf Datensatzgruppen beschleunigt. Das betrifft beispielsweise Vergleiche mit einem der folgenden Operatoren <, >, =, <=, >=, <>, BETWEEN, LIKE, IN, die wiederum mit AND bzw. OR verknüpft sein können. Nicht optimiert werden Suchzugriffe mit SEEK oder der Zugriff auf die gesamte Datenbank. Allerdings müssen Sie einige Regeln beachten, damit die Rushmore-Technologie überhaupt effektiv umgesetzt werden kann. Wichtig ist vor allem die Indizierung der Vergleichsfelder. Bei Vergleichen mit dem LIKE-Operator sollten Sie keine Platzhalter vor dem Suchstring einfügen (z.B. LIKE "*ai"), derartige Abfragen lassen sich nicht optimieren! Weiterhin sollten Sie, wo immer es geht, auf Basic-Code und selbstdefinierte Funktionen (z.B. IIF) innerhalb von SQL-Abfragen verzichten, da sich auch diese Teile der Abfrage nicht optimieren lassen.

Sollen die Datensätze in einer Ergebnismenge gezählt werden, überlassen Sie am besten Access die Wahl des Feldes, indem Sie z.B. statt SELECT COUNT(name) ... einen Platzhalter verwenden: SELECT COUNT(*) ...

Haben Sie einen Index mit umgekehrter Sortierfolge erstellt und ist der Vergleichsoperator nicht »=«, dann kann die Abfrage nicht optimiert werden.

1 Die physische Größe der Datenbank dürfte bei den heutigen Festplattenpreisen wohl kaum mehr eine Rolle spielen.

**BEISPIEL:** Nachfolgend finden Sie einige Beispiele für optimierbare Ausdrücke.

```
SELECT ...
FROM ...
WHERE name = 'Mayer' AND vorname='Hans'
```

Der obige Ausdruck kann dann optimal eingesetzt werden, wenn sowohl das Feld *Name* als auch das Feld *Vorname* indiziert sind. Die Abfrage wird in zwei Einzelabfragen zerlegt, die Ergebnismengen werden mit AND verknüpft.

```
SELECT ...
FROM ...
WHERE name = 'Mayer' OR plz='03345'
```

Die Abfrage besteht ebenfalls aus zwei Einzelabfragen, die Ergebnismengen werden jedoch vereinigt, da das Zutreffen einer Bedingung genügt.

### 9.6.3 Weitere Möglichkeiten

Neben den oben genannten Faktoren haben Sie noch weitere Einflussmöglichkeiten auf die Leistungsfähigkeit Ihrer Datenbank:

- Ändert sich die Ergebnismenge einer Abfrage selten, so sollten Sie anstatt der Abfrage besser eine Tabelle erstellen. Diese kann schneller und effektiver verarbeitet werden.
- Die Ergebnismenge einer Abfrage sollte nur die Felder enthalten, die unbedingt gebraucht werden (SELECT * FROM... möglichst vermeiden!).
- Komprimieren Sie ab und zu die Datenbank. Auf diese Weise wird die interne Datenstruktur wieder optimiert.
- Verwenden Sie in Netzwerken die Aktenkoffer-Replikation, so dass nur auf lokale Daten zugegriffen werden muss.
- Verwenden Sie Transaktionen, wenn Sie mehrere Datensätze verändern!
- Setzen Sie *CacheStart*, *CacheSize* und *FillCache* ein (externe Daten)!
- Nutzen Sie SQL-Pass-Through-Abfragen und Stored Procedures (externe Daten)!
- Verlagern Sie möglichst viel Funktionalität in den SQL-Server (externe Daten)!
- Ersetzen Sie DAOs durch SQL-Abfragen!
- Verknüpfen Sie Tabellen, anstatt diese direkt zu öffnen (externe Daten)!
- Verwenden Sie *Clone* statt *OpenRecordset*, um ein neues *Recordset*-Objekt zu erstellen!
- Handelt es sich um kleinere Datenmengen, die schreibgeschützt bleiben können, verwenden Sie ein *Snapshot*-Objekt!
- Verwenden Sie die Option *dbForwardOnly* beim Erstellen von Recordsets!
- Konvertieren Sie die Access-Datenbank in eine MDE-Datei! Auf diese Weise wird einerseits der enthaltene Programmcode kompiliert, andererseits wird die Datenbank komprimiert.

Nicht zuletzt dürfte auch der verfügbare Arbeitsspeicher eine wichtige Rolle spielen. Wie immer unter Windows 95/98 gilt auch hier: je mehr desto besser. Für eine mittlere Access-Datenbank sollten Sie Ihrem Rechner schon mindestens 16 MByte Arbeitsspeicher gönnen[1].

---

1 Für Windows NT dürfen es noch ein paar MB mehr sein!

## 9.6.4 ADO/DAO/ODBCDirect/ODBC – Was ist schneller?

Nach all den theoretischen Ergüssen in den vorhergehenden Abschnitten bleibt für viele nur eine entscheidende Frage: Welche Technologie ist schneller, lohnt sich ein Umstieg?

Sollten Sie jemanden finden, der Ihnen eine eindeutige Antwort geben kann, kein Problem; die Autoren erklären sich bereit diese Meinung eindeutig und mit Beispiel zu widerlegen.

Grundsätzlich gilt: Je mehr Programmierkomfort, je mehr Objekte und Klassen, desto langsamer das spätere Programm. Andererseits spielt im Interesse einer sicheren und einfachen Programmierung nicht immer die letzte 1/10 Sekunde eine Rolle. Aus diesem Grund sollten im Allgemeinen praktische Erwägungen für die Auswahl der Technologie zu Rate gezogen werden.

| Kriterium | Bemerkung |
|---|---|
| Anzahl der User | Mit diesem Kriterium fällt die Entscheidung zwischen einer File-Server- und einer Client-Server-Lösung. Ab 5 bis 10 Usern (abhängig von der Datenmenge) sollte der Wechsel zu Client-Server-Lösungen erwogen werden, auch wenn hier wesentlich mehr Arbeit auf den Programmierer zukommt. |
| Anzahl der Datensätze | Mit steigendem Datenaufkommen kann der einzelnen Computer durch eine Client-Server-Lösung entlastet werden. Backup-Strategien lassen sich bei einem CS-System wesentlich einfacher realisieren. |
| Größe des Netzwerks und Geschwindigkeit | Ein vielfach unterschätztes Kriterium ist die Geschwindigkeit des Netzwerks. Eine Client-Cursor-Lösung, die mit einem 10-MBit-Ethernet nur träge reagiert ist, bei 100 MBit und großzügigem Arbeitsspeicher die schnellste Variante (ein effektiver Datendurchsatz von 4 bis 5 MByte/s ist realisierbar). Ein auf dem Server verwalteter Cursor kann da schnell zum Schlusslicht werden, da der Verwaltungsaufwand in keinem Verhältnis zur Zeitersparnis steht. Mit zunehmender User-Anzahl schwindet allerdings dieser Vorteil auch schnell dahin. |
| Art der Datensatz-manipulation | Grundsätzlich gilt: Jede Art von Cursorn ist vom Prinzip her uneffektiv. Nutzen Sie wo immer es geht die Vorteile von SQL. Wird auf wenige Datensätze zugegriffen (z.B. um eine Änderung vorzunehmen), empfiehlt sich die Verwendung von Server-Cursorn. Müssen mehrere Datensätze mehrfach durchlaufen werden, stellen clientseitige Cursor die bessere Wahl dar. |
| Geschäftsprozesse/ Komplexität | Mit steigender Komplexität sollte der Übergang zum 3-Schicht-Modell mit eigenem Server erwogen werden. Zum einen wird eine transparentere Programmstruktur erreicht, zum zweiten lassen sich Änderungen wesentlich einfacher realisieren. |
| Internet-Applikation | Hier steht außer Frage, dass im Zusammenhang mit ASP oder DHTML nur die ADOs in Frage kommen. |

***Tabelle 9.17:** Entscheidungshilfe für die Auswahl der Datenbanktechnologie*

Nicht zuletzt bestimmen auch einige Programmierfeatures, welchen Typ von Cursor Sie einsetzen müssen. So stehen die Möglichkeiten der hierarchischen Recordsets nur bei Verwendung eines clientbasierten Cursors zur Verfügung. Ähnliche Einschränkungen existieren leider auch bei der Verwendung der datengebundenen Grids.

**HINWEIS:** Das in Rezept ▶ 12.2.27 (... ADO mit DAO und RDO vergleichen?) gezeigte Beispiel soll lediglich einen ersten Test und Vergleich der Technologien ermöglichen. Die Zeitmessung auf der Basis einer *While Not EOF*-Schleife müsste eigentlich bestraft werden, da derartige Operationen niemals mittels Cursor-Programmierung realisiert werden sollten.

# 10 Internet/Intranet



Ein Thema, das seit geraumer Zeit immer mehr Anwendungsgebiete berührt, ist der Daten- und Informationsaustausch im Internet. Wie sollte es auch anders sein: Auch als VB-Programmierer bleiben Sie davon nicht verschont. Sei es, dass Sie lediglich einige HTML-Seiten im firmeneigenen Intranet veröffentlichen wollen/müssen oder dass Sie gar eine komplexe Datenbankanbindung im Internet bereitstellen möchten.

Mit der vorliegenden VB-Version bereitet es Ihnen kaum Probleme, Ihre Vorstellungen zu verwirklichen. Da verwirrt schon eher die Fülle der Möglichkeiten:

- Anzeige von HTML-Seiten in einem Webbrowser-Steuerelement
- Nutzen von E-Mail-Systemen
- Einsatz des Internet-Übertragungs-Steuerelements (HTTP und FTP)
- Verwenden des WinSock-Steuerelements (TCP und UDP)
- Unterstützung von Hyperlinks (ActiveX-Documents und -Controls)
- ActiveX-Dokumente in HTML-Seiten einbetten
- Im- und Export von Daten im HTML-Format (über DAO/ADO)
- Dynamische HTML-Seiten mit IDC/HTX
- Active Server Pages mit ADO-Anbindung
- DHTML-Seiten
- Einbetten von VBScript
- IIS-Anwendungen (WebClasses)

Aus diesem Grund möchten wir Ihnen im vorliegenden Kapitel die wichtigsten Technologien kurz vorstellen, ohne zu weit auf die Einzelheiten einzugehen, der Mittelpunkt dieses Buches ist die Datenbankprogrammierung.

Hauptanwendungsgebiet der meisten Technologien ist und bleibt das Intranet, gegen eine Verwendung im Internet sprechen einige Argumente:

- Inkompatibilitäten zwischen den beiden wichtigsten Webclients führen dazu, dass einige Möglichkeiten nicht oder nur unzureichend unterstützt werden (VBScript, ActiveX, DHTML).
- Die Verwendung von ASP bzw. WebClasses birgt diverse Sicherheitsprobleme auf der Serverseite, für die nicht jeder Administrator sensibel genug ist.
- Je nach Tageszeit sind die Datentransferraten so niedrig, dass es fast schon zwangsläufig zu Timeouts etc. führen muss.
- Nicht zuletzt spielen auch Sicherheitsaspekte bei Datenbanktransaktionen im Web eine nicht unerhebliche Rolle.

# 10.1 Übersicht

Auf grundsätzliche und langatmige Ausführungen zum Thema Internet möchten wir an dieser Stelle verzichten[1]. Statt dessen zeigen wir Ihnen an einigen Beispielen, wie Sie die wichtigsten Technologien einsetzen können. Auf einige Begriffe wollen wir dennoch kurz eingehen.

## 10.1.1 Internet

Mit *Internet* wird ein globales Netzwerk von Computern bezeichnet, die über gemeinsame Protokolle (TCP/IP) miteinander kommunizieren. Innerhalb des Internets werden verschiedene Dienste angeboten, von denen WWW und FTP zu den bekanntesten gehören.

Innerhalb des WWW werden Dokumente angeboten, die mit geeigneten Programmen (Browser) in einer grafischen Oberfläche angezeigt werden können.

Die einzelnen Dokumente lassen sich über sogenannte Hyperlinks mit weiteren Dokumenten, Grafiken etc. verknüpfen. Hyperlinks können als markierte Wörter, Grafiken, Schaltflächen bzw. maussensitive Flächen in Erscheinung treten.

Jedes Dokument innerhalb des Web besitzt eine eindeutige Adresse, die als URL (Uniform Resource Locator) bezeichnet wird.

## 10.1.2 Intranet

Das Intranet könnte als kleiner Bruder des Internets bezeichnet werden, lassen sich doch alle Ausführungen zum Internet auch auf das Intranet übertragen. Mit einer Ausnahme: Bei Intranets handelt es sich um lokale Netzwerke, die zur Kommunikation bzw. zum Datenaustausch innerhalb des Unternehmens eingesetzt werden. Das schließt jedoch nicht aus, dass aus einem Intranet heraus auch auf Inhalte des Internets zugegriffen werden kann.

Für beide Netzvarianten gilt folgender grundsätzlicher Aufbau[2]:

---

1 Literatur zu diesem Thema ist ja mittlerweile reichlich vorhanden.
2 Es darf auch jeder andere Browser bzw. Server sein.

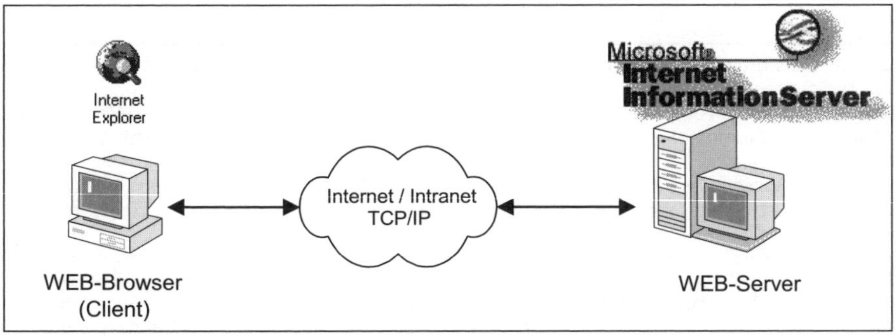


***Abbildung 10.1:*** *Grundprinzip des Internets/Intranets*

Auf der Client-Seite könnte als Browser beispielsweise der MS Internet Explorer unter den Betriebssystemen Windows 3.x/95/98 oder Windows NT eingesetzt werden. Als Server bietet sich der MS Internet Information Server an, der als Dienst in einer Windows NT-Umgebung eingebunden werden kann. Mit entsprechenden Schnittstellen (ODBC, ADO) ist dann auch der Zugriff auf eine Datenbank (Access, SQL-Server) möglich. Grundvoraussetzung ist in jedem Fall ein installiertes TCP/IP-Netzwerk.

Der Nutzen der neuen Technologie dürfte vor allem im firmeneigenen Intranet zu erkennen sein, wo es darum geht, betriebliche Abläufe und Kommunikation zu optimieren. Insbesondere die Möglichkeiten der interaktiven HTML-Seiten dürften ein zukunftsträchtiges Einsatzgebiet sein.

### 10.1.3 TCP/IP und UDP

Mit TCP/IP (*Transmission Control Protocol/Internet Protocol*) wird eine Reihe von Netzwerkprotokollen bezeichnet, die einen Datenaustausch in Computernetzwerken ermöglichen. Die Protokolle sind nicht an ein Betriebssystem gekoppelt, d.h. es ist problemlos möglich, dass ein Windows 98-Computer mit einer Unix-Maschine verbunden wird.

TCP/IP eignet sich gleichermaßen für die Kommunikation im Internet als auch im LAN (Lokales Netzwerk).

Innerhalb der TCP/IP-Protokoll-Familie werden unter anderem folgende Protokolle unterschieden:

- TCP (Transmission Control Protocol),
- UDP (User Datagram Protocol),
- IP (Internet Protocol).

Die folgende Tabelle gibt einen Überblick über diese Protokolle:

| Protokoll | Beschreibung |
|---|---|
| TCP | Es handelt sich hier um einen verbindungsorientierten Paketübertragungsdienst, der entweder auf das IP-Protokoll aufsetzt oder darin eingebettet ist. TCP garantiert die Übertragung der Datenpakete, gewährleistet die Einhaltung der richtigen Reihenfolge und ist mit einer Prüfsummenfunktion ausgestattet, die sowohl den Paketvorspann als auch die Paketdaten auf Fehler hin überprüft. Für den Fall, dass ein TCP/IP-Paket bei der Übertragung über das Netzwerk beschädigt wird bzw. verloren geht, sorgt TCP für eine erneute Übertragung dieses Pakets. Aufgrund dieser Zuverlässigkeit ist TCP das ideale Protokoll für sitzungsbasierte Datenübertragungen, Client-Server-Anwendungen sowie z.B. E-Mail. |
| UDP | Im Unterschied zu TCP handelt es sich um einen verbindungslosen Datagrammdienst, bei dem weder die Übermittlung noch die korrekte Reihenfolge der übermittelten Datenpakete garantiert ist. Vorteil: Durch die fehlenden Prüfungen und Bestätigungen werden Netzwerkressourcen nicht unnötig belastet. |
| IP | Das Internet Protocol übernimmt für alle anderen Protokolle der TCP/IP-Familie die Verteilung der Datenpakete. Es stellt ein hocheffektives, verbindungsloses Verteilungssystem für Computerdaten dar. Für IP-Pakete kann weder das Eintreffen an ihrem Zielpunkt noch die richtige Reihenfolge der Übertragung garantiert werden. Das im Protokoll enthaltene Prüfsummenverfahren dient lediglich zur Bestätigung der Integrität des IP-Vorspanns. Eine Gewähr für die Richtigkeit und die korrekte Reihenfolge der im IP-Paket enthaltenen Daten besteht daher nur bei Anwendung höherer Protokolle. |

***Tabelle 10.1:*** *Internet-Protokolle*

## 10.1.4 URL, HTTP und HTML

Der WWW-Zugang mittels Browser wird auf drei verschiedenen Ebenen gesteuert:

- Adressierung und Darstellungsweise (URL),
- Übertragungsprotokoll (HTTP),
- Darstellung der Daten (HTML).

### URL

URL steht für *Uniform Ressource Locator* und ist die Adresse einer Ressource im Internet. Beispielsweise geben Sie in einem Webbrowser einen URL an, um damit eine Datei im Internet zu lokalisieren. Die physikalische Adresse einer solchen Ressource ist die IP-Adresse. Der URL stellt lediglich eine lesbarere Form der IP-Adresse dar:

IP-Adresse: 194 .188.188.255
URL: Http://www.doko.de/

Vereinfacht kann ein URL als der Dateiname im Netzwerk betrachten werden, da sich die meisten URLs auf eine Datei im Netzwerk beziehen.

URLs können aber auch auf Referenzen innerhalb einer solchen Datei oder auch auf andere Ressourcen im Netzwerk, wie z.B. Datenbankabfragen oder Befehlsausgaben, verweisen.

Die folgende Abbildung soll die Syntax verdeutlichen:

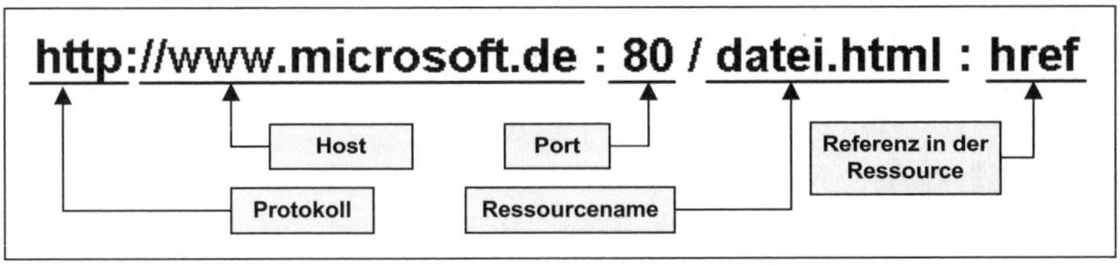


***Abbildung 10.2:** URL-Syntax*

Ein URL besteht aus zwei Hauptkomponenten:

- dem Protokollbezeichner und
- dem Ressourcenamen.

Das obige Beispiel benutzt das für Hypertextdokumente typische HTTP-Protokoll.

Der Ressourcename beinhaltet die komplette Adresse. Das Format hängt vom verwendeten Protokoll ab. Für viele Formate wird der Ressourcename die folgenden Elemente enthalten:

- **Hostname**: Der Name des Servers, auf dem sich die Ressource befindet.
- **Portnummer**: Der Port, zu dem verbunden wird (optional).
- **Dateiname**: Der Pfadname zur eigentlichen Ressource.
- **Referenz**: Ein Hinweis zu einem benannten Zielpunkt in der Ressource (wird normalerweise benutzt, um eine spezielle Stelle in der Datei aufzurufen).

Für viele Protokolle sind nur Host- und Dateiname erforderlich, während Port- und Referenznummer optional sind.

Das Besondere an URL (Uniform Ressource Locator) ist, dass nicht nur der Zugriffsweg dargestellt wird[1], sondern auch noch die Zugriffsmethode (also das Protokoll).

Eine URL-Adresse kann darüber hinaus Informationen enthalten, die der Webserver verarbeiten muss, bevor er eine HTML-Seite zurückliefert. Die Daten werden an den URL angefügt. Der Webserver übergibt die Daten zur Verarbeitung an ein Programm oder Script und liefert das Ergebnis in Form einer Webseite zurück.

### HTTP

Das HTTP (Hyper Text Transfer Protocol) bezeichnet den Dienst (WWW), den man im Internet ansprechen möchte. Weitere Dienste sind FTP, GOPHER, TELNET oder NEWS. Die HTML-Standards beinhalten die Definition von HTTP.

### HTML

HTML (Hypertext Markup Language) ist ein Extrakt aus der Metasprache SGML und wurde mit dem Ziel entwickelt, eine von Hard- und Software völlig unabhängige Sprache zu schaffen. HTML beschreibt nur noch die logische Dokumentenstruktur und liefert keinerlei konkrete Gestaltungselemente. Aus diesem Grund ist es auch möglich, HTML als reinen ASCII-Text zu erzeugen. Die Gestaltung bleibt letztendlich dem darstellenden Programm (Browser) überlassen, die dazu notwendigen Beschreibungswerkzeuge, in spitze Klammern eingeschlossene sogenannte »Tags«, sind bereits festgelegt.

1 so wie wir es für die Schreibweise von DOS-Pfaden kennen

Man unterscheidet zwischen dem reinen (ASCII-) HTML-Dokument (HTM-Extension) und dem, was schließlich durch den Browser auf den Bildschirm gebracht wird. Letzteres wird sinnigerweise *HTML-Seite*, *-Page* oder *-Layout* genannt.

## 10.2 Hyperlinks

Bei einem Hyperlink handelt es sich entweder um eine

- URL-Angabe, d.h. eine Ressource im Internet oder Intranet oder um
- eine Datei oder Anwendung auf der lokalen Festplatte oder im LAN.

Ein Hyperlink zu Microsoft Office-Dokumenten könnte auch zu einer bestimmten Position oder einem bestimmten Objekt innerhalb des gesuchten Dokuments springen.

Hyperlinks können Sie im Gegensatz zu den Office-Produkten nur in ActiveX-Komponenten einsetzen. Navigiert wird über das *Hyperlink*-Objekt, das zu diesem Zweck die folgenden drei Methoden zur Verfügung stellt:

- *GoBack* (vorherige HTML-Seite),
- *GoForward* (nächste HTML-Seite) und
- *NavigateTo* (URL)

Handelt es sich um ein ActiveX-Control und befindet sich dieses nicht in einer HTML-Seite, wird ein entsprechender Browser gestartet. Bei ActiveX-Dokumenten dürfte der Fall klar sein, diese befinden sich in einer HTML-Seite, der Browser braucht also nur zum neuen Ziel zu wechseln.

**BEISPIEL:** Sprung zur Microsoft-Homepage

```
Hyperlink.NavigateTo "http:\\www.microsoft.com"
```

Wie Sie Hyperlinks mit Hilfe der Windows-Shell realisieren, zeigt

▶ 12.4.1 ... einen Internet-Link in mein Programm einbauen?

## 10.3 Exportieren von Daten im HTML-Format

Ist vom HTML-Export die Rede, müssen wir gleich einschränkend dazu erwähnen, dass es sich um reine Datenbanktabellen handelt, die mittels SQL-Anweisung ins HTML-Format exportiert werden können. Ein kleines Beispiel zeigt, wie es geht.

**BEISPIEL:** Export der Tabelle *Personen* in die Datei *Mitarbeiter.htm* (DAO)

```
Dim ws As Workspace
Dim db As Database

Set ws = DBEngine.Workspaces(0)
Set db = ws.OpenDatabase("C:\Inetpub\wwwroot\db\personal.mdb")
db.Execute ("SELECT * INTO [Mitarbeiter.htm] IN 'c:\' 'HTML Export;' FROM personen")
...
```

Wem das zu einfach ist, der kann auch den Reportgenerator dazu verwenden, um HTML-Seiten zu erstellen (siehe dazu ▶ Kapitel 7). Allerdings kann dies nur eine Notlösung sein, da selbst größte Datenmengen immer auf einer HTML-Seite gespeichert werden. Die daraus resultierenden Transferzeiten sind jenseits von »Gut und Böse«.

Wer bereits mit Microsoft Access gearbeitet hat, dem werden noch die drei Exportmöglichkeiten im HTML-Format in Erinnerung sein:

- Statische HTML-Seite
- Dynamische HTML-Seite über IDC/HTX-Dateien
- Dynamische HTML-Seite über ASP-Dateien

Diesen Komfort bietet Visual Basic nicht, mit dem Hintergrundwissen über diese Formate ist es jedoch ein Leichtes, die o.g. Möglichkeiten in/mit VB zu realisieren.

Allerdings können wir die Thematik im Rahmen dieses Buches nur streifen, insbesondere die ASP-Programmierung ist viel zu komplex, um auf wenigen Seiten abgehandelt zu werden.

## 10.4 Statische HTML-Seiten

Der einfachste und schnellste Weg, Informationen im Web bereitzustellen, bietet sich mit einer statischen HTML-Seite, die auf dem Webserver abgelegt wird. Diese Seite enthält bereits alle Informationen, die zurückgegeben werden, wenn der Client ein Anforderung schickt.

Den Ablauf innerhalb des Netzes verdeutlicht die folgende Abbildung:

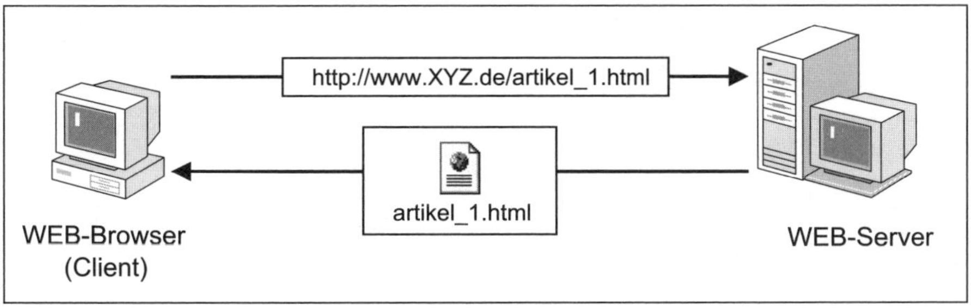


***Abbildung 10.3:*** *Anforderung einer statischen HTML-Seite*

Jede Änderung an der zugrunde liegenden Datenbasis erfordert das erneute Generieren der HTML-Seite. Damit dürfte auch das Einsatzgebiet klar erkennbar sein. Lediglich Informationen, die sich selten oder nie ändern, sollten auf diese Weise publiziert werden. Allerdings hat diese Form der Veröffentlichung auch einen wesentlichen Vorteil, denn der Zugriff auf den Inhalt der HTML-Seite ist relativ schnell, da nicht erst eine Datenbankabfrage durchgeführt werden muss.

Nachträglichen Verbesserungen der HTML-Layouts steht nichts im Wege, öffnen Sie das HTML-File als Textdatei und fügen Sie die zusätzlich gewünschten Optionen (Schriftarten etc.) hinzu:

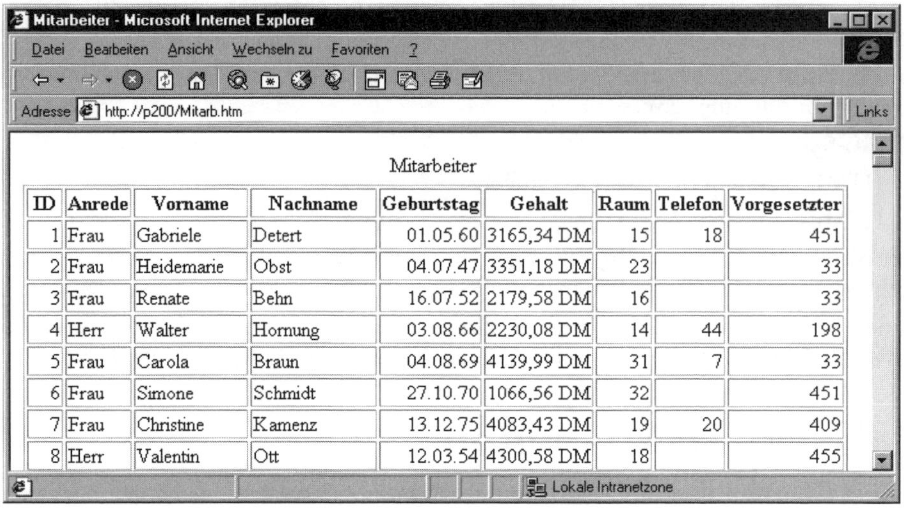



Mitarbeiter

| ID | Anrede | Vorname | Nachname | Geburtstag | Gehalt | Raum | Telefon | Vorgesetzter |
|---|---|---|---|---|---|---|---|---|
| 1 | Frau | Gabriele | Detert | 01.05.60 | 3165,34 DM | 15 | 18 | 451 |
| 2 | Frau | Heidemarie | Obst | 04.07.47 | 3351,18 DM | 23 | | 33 |
| 3 | Frau | Renate | Behn | 16.07.52 | 2179,58 DM | 16 | | 33 |
| 4 | Herr | Walter | Hornung | 03.08.66 | 2230,08 DM | 14 | 44 | 198 |
| 5 | Frau | Carola | Braun | 04.08.69 | 4139,99 DM | 31 | 7 | 33 |
| 6 | Frau | Simone | Schmidt | 27.10.70 | 1066,56 DM | 32 | | 451 |
| 7 | Frau | Christine | Kamenz | 13.12.75 | 4083,43 DM | 19 | 20 | 409 |
| 8 | Herr | Valentin | Ott | 12.03.54 | 4300,58 DM | 18 | | 455 |

***Abbildung 10.4:*** *Beispiel für eine statische HTML-Seite*

Für den Aufruf der neuen HTML-Seite genügt ein einfacher Verweis in einer übergeordneten HTML-Seite.

Verweis auf die HTML-Seite *Mitarbeiter.htm*

```
<A HREF="Mitarbeiter.htm">Liste der Mitarbeiter</A>
```

Aufbau einer exportierten HTML-Seite

```
<HTML><HEAD>
<META HTTP-EQUIV="Content-Type" CONTENT="text/html; charset=windows-1252">
<TITLE>Mitarbeiter</TITLE>
</HEAD>
<BODY>
<TABLE BORDER>
<CAPTION>Mitarbeiter</CAPTION>
<TR>
<TH>ID</TH>
<TH>Anrede</TH>
<TH>Vorname</TH>
<TH>Nachname</TH>
<TH>Geburtstag</TH>
<TH>Gehalt</TH>
<TH>Raum</TH>
<TH>Telefon</TH>
<TH>Vorgesetzter</TH>
</TR>
<TR>
<TD ALIGN=RIGHT>1</TD>
<TD>Frau</TD>
<TD>Gabriele</TD>
<TD>Detert</TD>
<TD ALIGN=RIGHT>01.05.60</TD>
```

```
<TD ALIGN=RIGHT>3165,34 DM</TD>
<TD ALIGN=RIGHT>15</TD>
<TD ALIGN=RIGHT>18</TD>
<TD ALIGN=RIGHT>451</TD>
</TR>
<TR>
<TD ALIGN=RIGHT>2</TD>
<TD>Frau</TD>
<TD>Heidemarie</TD>
<TD>Obst</TD>
<TD ALIGN=RIGHT>04.07.47</TD>
<TD ALIGN=RIGHT>3351,18 DM</TD>
<TD ALIGN=RIGHT>23</TD>
<TD><BR></TD>
<TD ALIGN=RIGHT>33</TD>
</TR>
<TR>
<TD ALIGN=RIGHT>3</TD>
<TD>Frau</TD>
<TD>Renate</TD>
<TD>Behn</TD>
<TD ALIGN=RIGHT>16.07.52</TD>
<TD ALIGN=RIGHT>2179,58 DM</TD>
<TD ALIGN=RIGHT>16</TD>
<TD><BR></TD>
<TD ALIGN=RIGHT>33</TD>
</TR>
...
```

Wie Sie sehen, handelt es sich um eine ganz normale Textdatei, die wir ohne Probleme in VB erzeugen können. Lediglich die Verwendung der einzelnen Tags (damit sind die Steuerzeichen innerhalb der Datei gemeint) ist etwas diffizil.

Ein Beispiel, wie Sie auf einfachste Art und Weise auch optisch ansprechende HTML-Seiten (inklusive Grafik) über VB generieren, zeigt der How-to-Teil unter:

▶ 12.4.4 ... HTML-Dateien generieren?

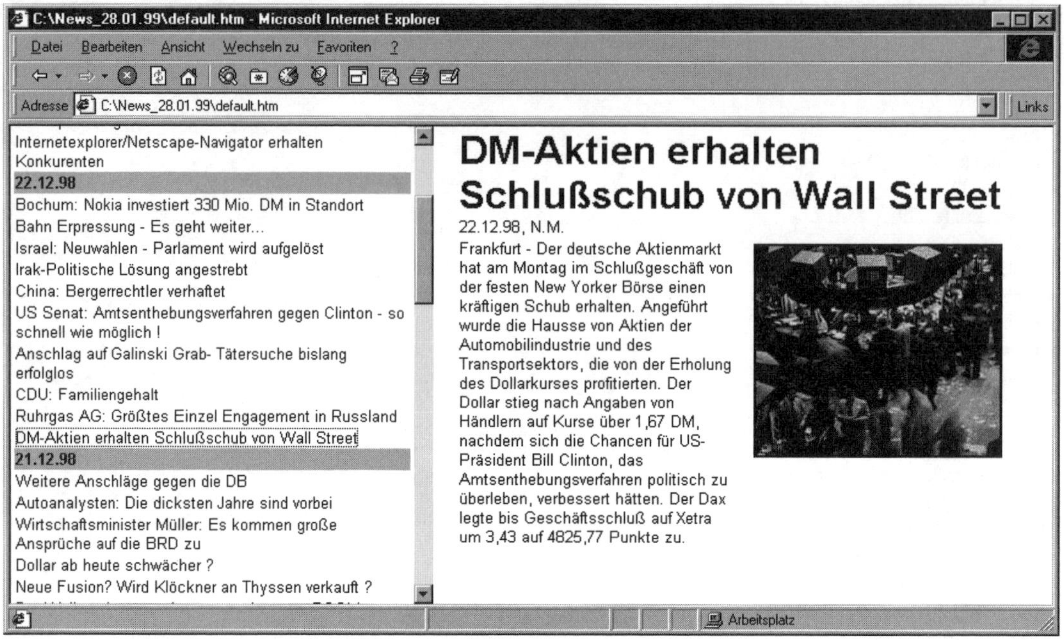


***Abbildung 10.5:*** *Mit VB generierte (statische) HTML-Seite*

# 10.5 Dynamische HTML-Seiten (IDC/HTX)

In diesem Abschnitt wollen wir uns den etwas anspruchsvolleren dynamischen HTML-Seiten zuwenden. Dynamisch deshalb, weil derartige HTML-Seiten erst dann erzeugt werden, wenn eine Clientanfrage vorliegt. Diese wird vom Webserver über die ODBC-Schnittstelle in Form einer SQL-Abfrage an die Datenbank weitergereicht. Aus dem Abfrageergebnis wird eine HTML-Seite generiert und an den Client zurückgesendet. Die folgende Abbildung verdeutlicht das Grundprinzip:

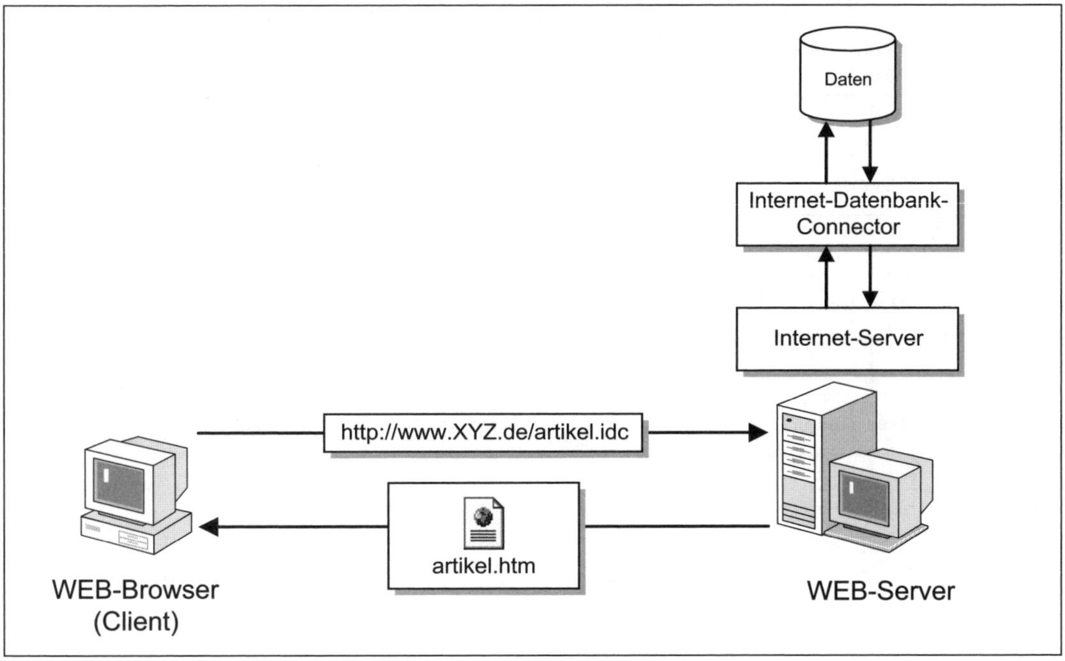


***Abbildung 10.6:*** *Grundprinzip dynamischer HTML-Seiten*

In diesem Zusammenhang werden Sie mit zwei verschiedenen Dateien konfrontiert, die beide für den Inhalt der neuen HTML-Seite verantwortlich zeichnen. Es handelt sich um eine Datei mit der Extension IDC (*Internet Database Connector*) und eine mit HTX (*HTML eXtension*).

Die IDC-Datei enthält Informationen, die zum Herstellen der ODBC-Verbindung und zur Ausführung der SQL-Anweisung erforderlich sind. Weiterhin enthält sie auch den Namen der zugehörigen HTX-Datei, die als Vorlage für das eigentliche HTML-Dokument dient.

Bevor wir näher auf diese Dateien eingehen, wollen uns den Datenzugriff auf der Serverseite etwas genauer betrachten:

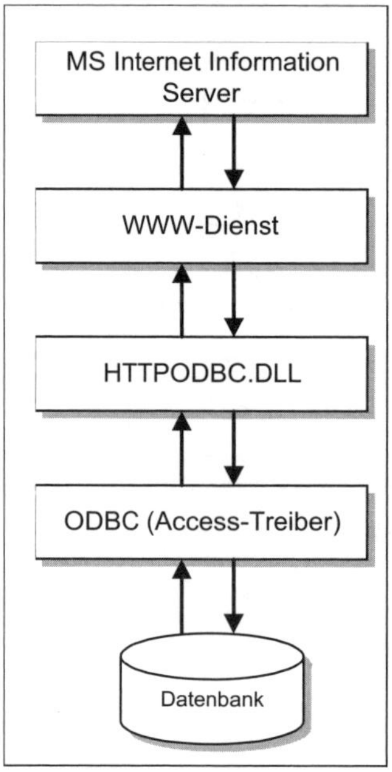


***Abbildung 10.7:*** *Grundprinzip des Internet-Datenbank-Connectors*

Der Zugriff auf die Datenbank bzw. die ODBC-Datenquelle erfolgt über den Internet-Datenbank-Connector (*Httpodbc.dll*), eine Komponente des Internet Information Server. Dabei handelt es sich um eine ISAPI[1] DLL.

Auf dem Server muss eine ODBC-Datenquelle definiert sein, die auf Ihre Access-Datenbank zugreift. Voraussetzung ist der Microsoft Access Desktop Treiber (*Odbcjt32.dll*), der normalerweise beim Setup des Microsoft Internet Information Server installiert wird.

**HINWEIS:** Achten Sie beim Einrichten der ODBC-Quelle darauf, dass Sie eine System-Datenquelle erzeugen, da nur diese vom Internet-Datenbank-Connector erkannt werden (Schaltfläche *System-DSN*).

## 10.5.1 Wie läuft eine Datenbankabfrage ab?

Folgende Schritte werden ausgeführt:

1. Ausgangspunkt ist die Anfrage des Clients, der als URL eine IDC-Datei an den Server übergibt. Auf dem Server ist mit dieser Extension die Datei *Httpodbc.dll* verknüpft.
2. Der Internet Information Server lädt die Datei *Httpodbc.dll* und übergibt die Informationen des URL.
3. Der Internet-Datenbank-Connector stellt eine Verbindung mit der ODBC-Datenquelle her und führt die in der IDC-Datei enthaltene SQL-Anweisung aus.
4. Die zurückgegebenen Daten werden in die HTML-Erweiterungsdatei (HTX) eingefügt.

[1] Internet Server API

5. Das vervollständigte Dokument wird vom IDC an den Internet Information Server zurückgegeben, von wo es wiederum an den Client gesendet wird.
6. Die HTML-Seite wird im Browser angezeigt.

Sehen wir uns eine IDC-Datei einmal genauer an.

## 10.5.2 Aufbau der IDC-Datei

Für das Zustandekommen einer Verbindung (bzw. für eine erfolgreiche Abfrage) müssen mindestens drei Einträge enthalten sein:

- **DataSource**: Eine gültige ODBC-Datenquelle.
- **Template**: Der Name der Vorlagedatei, in die das Ergebnis eingefügt wird.
- **SQLStatement**: Eine SQL-Anweisung (ODBC-Syntax), die an die Datenquelle gesendet wird.

Optional können noch Angaben über Username und Passwort enthalten sein, wenn dies zum Öffnen der Datenquelle unumgänglich ist.

Als Basic-Programmierer müssen Sie hier selbst aktiv werden, Access Basic-Programmierer haben es da etwas leichter (Assistent bzw. *DoCmd*-Objekt).

**BEISPIEL:** Eine einfache IDC-Datei.

```
Datasource:Personal
Template:Beispiel1.htx
SQLStatement:SELECT * FROM [personen]
Password:
Username:
```

**HINWEIS:** Mehr zum Thema »SQL-Anweisungen« finden Sie im ► Kapitel 4.

Sind Sie im Besitz von Microsoft FrontPage, kommen Sie auch auf wesentlich komfortablere Weise zu Ihrer IDC-Datei. Gut versteckt, findet sich im Verzeichnis ...*\Frontpage\pages\fpidcwiz.wiz* die Datei *Fpidcwiz.exe. Dabei handelt es sich um* einen Assistent zum Erstellen von IDC-Dateien.

Am einfachsten erstellen Sie eine neue Textdatei und benennen diese in **.idc* um. Der Dateityp ist automatisch mit dem eben genannten Assistenten verknüpft.

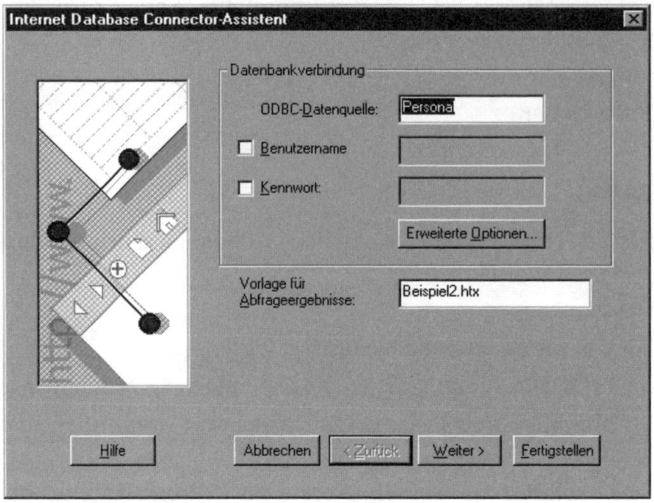


***Abbildung 10.8:*** *Der Frontpage-Assistent*

## 10.5.3 Aufbau der HTX-Datei

Etwas komplexer ist der Aufbau der HTX-Datei, bei der es sich prinzipiell um eine ganz normale HTML-Datei handelt. Wie Sie dem folgenden Beispiel entnehmen können, wird eine Tabelle definiert. Im Unterschied zur statischen HTML-Seite finden sich für die Einträge des Tabellenrumpfes jedoch Platzhalter (z.B. *%nachname%*), die vom Internet-Server mit den gewünschten Daten ersetzt werden.

**BEISPIEL:** Grundaufbau einer HTX-Datei.

```
<html>

<head>
<meta HTTP-EQUIV="Content-Type" CONTENT="text/html;charset=windows-1252">
<title>Artikel</title>
</head>

<body>

<p><font face="Arial" size="6" color="#0000FF"><strong>Mitarbeiterliste</strong></font></p>

<table BORDER="1" BGCOLOR="#ffffff" CELLSPACING="0">
  <font FACE="Arial" COLOR="#000000"><THEAD>

  <tr>
    <th BGCOLOR="#c0c0c0" BORDERCOLOR="#000000"></font><font size="2" face="Arial"
    color="#000000">ID</font><font FACE="Arial" COLOR="#000000"></font></th>
    <th BGCOLOR="#c0c0c0" BORDERCOLOR="#000000"><font size="2" face="Arial" color="#000000">Anrede</font><font
    FACE="Arial" COLOR="#000000"></font></th>
    <th BGCOLOR="#c0c0c0" BORDERCOLOR="#000000"><font size="2" face="Arial" color="#000000">Vorname</font><font
    FACE="Arial" COLOR="#000000"></font></th>
    <th BGCOLOR="#c0c0c0" BORDERCOLOR="#000000"><font size="2" face="Arial" color="#000000">Nachname</font><font
    FACE="Arial" COLOR="#000000"></font></th>
    <th BGCOLOR="#c0c0c0" BORDERCOLOR="#000000"><font size="2" face="Arial" color="#000000">Geburtstag</font><font
```

```
    FACE="Arial" COLOR="#000000"></font></th>
    <th BGCOLOR="#c0c0c0" BORDERCOLOR="#000000"><font size="2" face="Arial" color="#000000">Gehalt</font><font
    FACE="Arial" COLOR="#000000"></font></th>
  </tr>
</THEAD>
<TBODY>
<%begindetail%> <tr VALIGN="TOP">
    <td BORDERCOLOR="#c0c0c0" ALIGN="RIGHT"><%Id%>
<p><font size="2" face="Arial" color="#000000"><br>
    </font></td>
    <td BORDERCOLOR="#c0c0c0"><%anrede%>
<p><font size="2" face="Arial" color="#000000"><br>
    </font></td>
    <td BORDERCOLOR="#c0c0c0"><%vorname%>
<p><font size="2" face="Arial" color="#000000"><br>
    </font></td>
    <td BORDERCOLOR="#c0c0c0"><%nachname%>
<p><font size="2" face="Arial" color="#000000"><br>
    </font></td>
    <td BORDERCOLOR="#c0c0c0"><%geburtstag%>
<p><font size="2" face="Arial" color="#000000"><br>
    </font></td>
    <td BORDERCOLOR="#c0c0c0" ALIGN="RIGHT"><%gehalt%>
<p><font size="2" face="Arial" color="#000000"><br>
    </font></td>
  </tr>
<%enddetail%></TBODY>
<TFOOT>
</TFOOT>
</table>
</body>
</html>
```

Diese Datei mit VB zu erstellen, dürfte insbesondere für den HTML-Anfänger nicht ganz einfach sein, die Dokumentation des Internet Information Server ist an dieser Stelle jedoch recht informativ.

Einfacher geht es mit FrontPage, wo Sie die Seite wie gewohnt entwerfen können. Die Platzhalter fügen Sie über den Menübefehl *Bearbeiten/Datenbank/Spaltenwert* ein.

***Abbildung 10.9:*** *HTX-Datei im FrontPage-Editor*

# 10.6 Dynamische HTML-Seiten mit Parametern

Die im vorhergehenden Abschnitt verwendeten Abfragen hatten einen wesentlichen Nachteil: Für den Anwender existierte keinerlei Möglichkeit, das Ergebnis bzw. den Inhalt der Abfrage zu beeinflussen, da der SQL-String bereits vollständig in der IDC-Datei abgelegt war.

Leistungsfähigere Webseiten lassen sich über Parameter programmieren. Als Parameter können die Namen und Werte von Steuerelementen in HTML-Formularen (z.B. <INPUT...>) dienen. Diese werden vom Browser an den Server gesendet und in die SQL-Anweisung der IDC-Datei eingesetzt. Das erzeugte Abfrageergebnis basiert damit auf den Vorgaben des Anwenders.

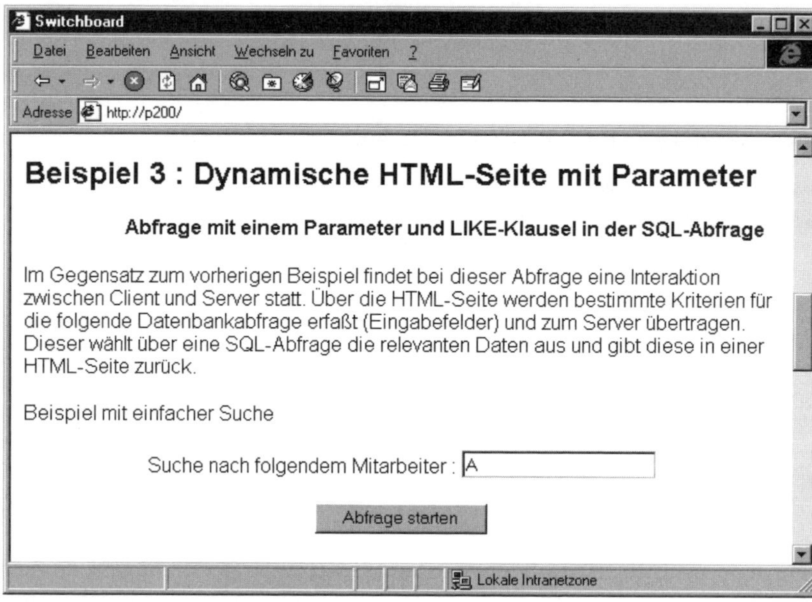


***Abbildung 10.10:*** *Beispiel für eine Eingabemöglichkeit in HTML-Seiten*

Für den Aufruf mit Parametern brauchen wir jedoch noch eine zusätzliche HTML-Seite, auf welcher die Werte für den SQL-String abgefragt werden. Die obige Abbildung zeigt dafür ein einfaches Beispiel.

## 10.6.1 Wie sieht der dazugehörige HTML-Text aus?

Eingaben in HTML-Seiten werden in sogenannten Formularen vorgenommen, die neben Schaltflächen auch einfache Eingabemöglichkeiten (Eingabefelder, Listenfelder etc.) bereitstellen.

Der Tag <form ... > leitet die Definition eines Formulars ein. Innerhalb des Tags sind zwei Angaben von Interesse: ACTION und METHOD. ACTION bestimmt die Aktion, die ausgeführt wird, wenn die Schaltfläche im Formular angeklickt wird (in unserem Fall muss die gewünschte IDC-Datei angegeben werden). Der Parameter METHOD ist immer auf POST festzulegen, da wir die Daten an den Server senden wollen.

**BEISPIEL:** HTML-Quellcode für die obige Abbildung 10.10.

```
...
<form ACTION="Beispiel2.IDC?" METHOD="POST">
  <div align="center"><center><p><font face="Arial">Suche nach folgendem Mitarbeiter : <input
  TYPE="TEXT" NAME="Text1" VALUE="A" size="20"> </font></p>
  </center></div><div align="center"><center><p><font face="Arial"><input TYPE="submit"
  VALUE="Abfrage starten"> </font></p>
  </center></div>
</form>
...
```

Für die eigentliche Eingabe verwenden wir ein Textfeld (Input-Typ TEXT), dessen Defaultwert (Value) wir mit »A« festlegen. Die Schaltfläche wird mit dem Input-Typ SUBMIT erzeugt.

## 10.6.2 Verwendung von Parametern in der IDC-Datei

Nachdem der Anwender die Möglichkeit erhalten hat, Daten in das Formular einzugeben, müssen wir uns darum kümmern, diese in der IDC-Datei auszuwerten. Im Allgemeinen dürfte es sich darum handeln, Kriterien für die SELECT-Abfrage festzulegen.

Sie können die Inhalte der Eingabe-Controls wie Konstanten in die SQL-Abfrage einbauen. Beachten Sie dabei, dass sowohl vor als auch hinter dem Namen des jeweiligen Controls Prozentzeichen (%) einzufügen sind.

**BEISPIEL:** Auswerten des Eingabefeldes *Text1* als Suchkriterium in der SQL-Abfrage (IDC-Datei).

```
Datasource:Personal
Template:Beispiel2.htx
SQLStatement:SELECT * FROM [personen] WHERE nachname like '%text1%%%'
Password:
Username:
```

Ein Problem stellen die geforderten Prozentzeichen vor und hinter dem Parameter dar, da diese auch in der SQL-Anweisung als Platzhalter Verwendung finden. Aus diesem Grund werden SQL-Platzhalter durch zwei Prozentzeichen gekennzeichnet. Die später nötige Konvertierung für die ODBC-Abfrage nimmt der IDC vor, indem Parameter durch die übergebenen Werte und doppelte Prozentzeichen durch einfache ersetzt werden.

Gibt der Anwender im obigen Beispiel in das Textfeld den String »An« ein, würde folgende SQL-Abfrage erzeugt werden:

```
SQLStatement:SELECT * FROM [personen] WHERE nachname like 'An%'
```

## 10.6.3 Eingabe mehrerer Parameter

Der Unterschied zur bisherigen Abfrage ist relativ gering, es ist lediglich ein höherer Schreibaufwand für die zusätzlichen Felder erforderlich.

**BEISPIEL:** Eingabe von zwei Kriterien für die SQL-Abfrage.

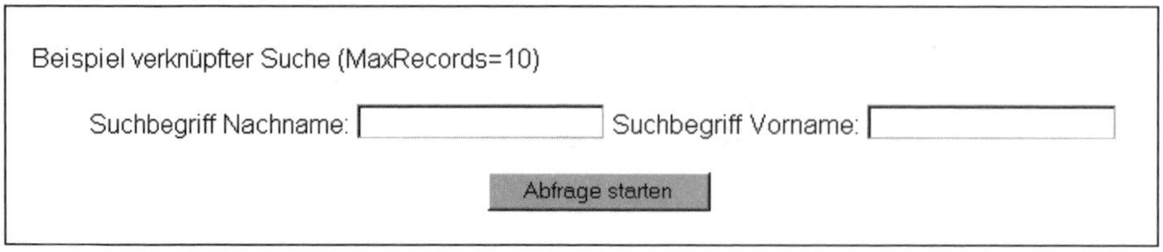


***Abbildung 10.11:*** *Die resultierende Eingabemaske*

Der HTML-Code:

```
...
<form ACTION="Beispiel3.IDC?" METHOD="POST">
  <div align="center"><center><p><font face="Arial">
  Suchbegriff Nachname: <input TYPE="TEXT"
  NAME="Text2" size="20"> Suchbegriff Vorname:
  <input TYPE="TEXT" NAME="Text3" size="20"> </font></p>
  </center></div><div align="center"><center><p><font face="Arial">
  <input TYPE="submit"
  VALUE="Abfrage starten"> </font></p>
  </center></div>
</form>
...
```

Die IDC-Datei:

```
Datasource:Personal
Template:Beispiel3.htx
SQLStatement:SELECT * FROM [personen] WHERE (nachname LIKE '%text2%%%')AND (vorname LIKE '%text3%%%')
MaxRecords:10
Password:
Username:
```

Vielleicht ist Ihnen schon der zusätzliche Eintrag *MaxRecords* in der IDC-Datei aufgefallen. Damit können Sie die Anzahl der Detaildatensätze in der Ergebnismenge reduzieren. Dieses Feature dürfte vor allem bei großen Datenmengen und einer Internet-Verbindung von Interesse sein, wird doch so die Größe der resultierenden HTML-Seite auf ein festgelegtes Maximum beschränkt.

## 10.6.4 Auswahl in einem Listenfeld

Dass sich der HTML-Programmierer nicht allein auf Eingabefelder beschränken muss, zeigt die folgende Problemstellung.

**BEISPIEL:** In einem Listenfeld werden alle Buchstaben angezeigt. Der Anwender hat damit die Möglichkeit, ein oder auch mehrere Einträge zu wählen und nachfolgend eine Abfrage zu starten:

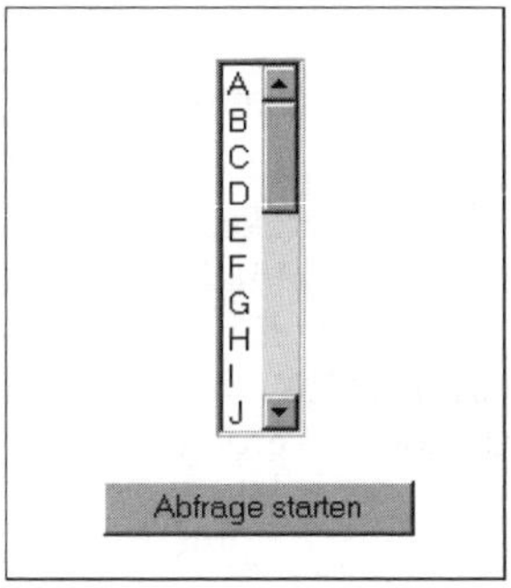


***Abbildung 10.12:** Das Listenfeld im HTML-Formular*

Die Definition des Eingabeformulars:

```
...
<form ACTION="Beispiel4.IDC?" METHOD="POST">
  <div align="center"><center><p><font face="Arial"><select MULTIPLE NAME="Listenfeld"
  SIZE="10">
    <option value="A">A</option>
    <option value="B">B</option>
    <option value="C">C</option>
    <option value="D">D</option>
    <option value="E">E</option>
    <option value="F">F</option>
    <option value="G">G</option>
...
    <option value="W">W</option>
    <option value="X">X</option>
    <option value="Y">Y</option>
    <option value="Z">Z</option>
  </select> </font></p>
  </center></div><div align="center"><center><p><font face="Arial"><input TYPE="submit"
  VALUE="Abfrage starten"> </font></p>
  </center></div>
</form>
...
```

In der IDC-Datei erweitern wir das SQL-Statement um eine IN-Klausel:

```
Datasource:Personal
Template:Beispiel4.htx
SQLStatement:SELECT * FROM [personen] WHERE LEFT(nachname,1) IN ('%listenfeld%') ORDER BY nachname
Password:
Username:
```

Weitere Ausführungen zum Programmieren von Formularen in HTML-Seiten sind aus Platzgründen an dieser Stelle leider nicht mehr möglich. Das Grundprinzip dürfte jedoch erkennbar sein.

**HINWEIS:** Die oben genannten HTML-Seiten, von denen nur Auszüge abgedruckt sind, finden Sie auf der Buch-CD-ROM (*Kap10\idc_htx*).

# 10.7 Active Server Pages (ASP)

Mit den Active-Server Pages kurz ASP kommen wir zu einer wesentlich moderneren und leistungsfähigeren Variante der Programmierung von Internet-Anwendungen.

Bei ASP handelt es sich um eine Umgebung für *serverseitige Scripte*, die zum Erstellen und Ausführen interaktiver Webanwendungen verwendet werden können. Besonders leicht haben es hier die Visual Basic Programmierer: Standard-Scriptsprache für ASP ist *VBScript*, ein enger Verwandter von VB6. Wer mag, kann seine Scripte auch mit Microsoft *JScript*, *PERL*, *REXX* oder *Python* schreiben (die drei letzten Sprachen müssen über Drittanbieter bezogen werden).

## 10.7.1 Wie funktioniert ASP?

Grundsätzlich handelt es sich bei einer ASP-Datei um eine normale HTML-Datei, in die mittels spezieller Tags Script-Code eingebettet ist.

**BEISPIEL:** Eine einfache ASP-Datei zur Anzeige von Datum und Uhrzeit.

```
<HTML>
  <HEAD>
     <TITLE>Test</TITLE>
  </HEAD>
  <BODY>
    <%
    Dim uhrzeit
    Uhrzeit = DateAdd("h",9,Now)
    Response.Write "Aktuelle Zeit: " CStr(Uhrzeit)
   %>
  </BODY>
</HTML>
```

Vielleicht fragen Sie sich, warum beim Datum mit *DateAdd* »gerechnet« wird? Die Antwort beschreibt auch gleich das Modell von ASP: Da die Scripte auf dem Webserver (ein USA-Server) ausgeführt werden, gilt für die *Time*-Funktion auch die Zeit des Servers. Soll die Seite in Deutschland korrekt angezeigt werden, muss die Zeitverschiebung berücksichtigt werden.

Der technische Ablauf ist recht einfach beschrieben: Wird durch den Browser (Client) eine *.asp*-Datei vom Server angefordert, durchsucht der Server die ASP-Seite nach Script-Code. Dieser wird nachfolgend ausgeführt und das erhaltene Endergebnis an den Client zurückgegeben. Der Client erhält also lediglich den reinen HTML-Quellcode der ursprünglichen ASP-Seite sowie die zusätzlich mittels Script erzeugten HTML-Codes.

Für den Client handelt es sich bei der ASP-Seite um eine ganz normale HTML-Datei, in der sich im Regelfall kein Script-Code mehr befindet. Damit brauchen Sie sich auch keine Gedanken um den Typ des Browsers zu machen, ASP-Dateien können mit jedem Browser korrekt angezeigt werden.

**HINWEIS:** Ein Vorteil von ASP-Seiten besteht somit darin, dass diese nicht von anderen Benutzern kopiert werden können (der Quellcode ist ja nicht mehr enthalten).

Für die Verwendung von ASP müssen allerdings auch einige Voraussetzungen erfüllt sein:

- Sie brauchen einen ASP-tauglichen Internet-Server (MS Internet Information Server oder MS Personal Webserver in den aktuellen Versionen).
- Da die Scripte auf dem Server ausgeführt werden, ist dieser bei entsprechenden Zugriffszahlen auch entsprechend ausgelastet. Es werden relativ hohe Ansprüche an die Performance des Serversystems gestellt.
- Das Verzeichnis mit den ASP-Dateien muss auf dem Webserver freigegeben sein (Script- oder Execute-Berechtigung muss aktiviert sein).
- Sollen durch die ASP-Scripte Dateien auf dem Server erzeugt werden (z.B. um Textdateien zu erzeugen etc.), muss für diese Verzeichnisse eine Freigabe erfolgt sein (siehe Abbildung 10.13).

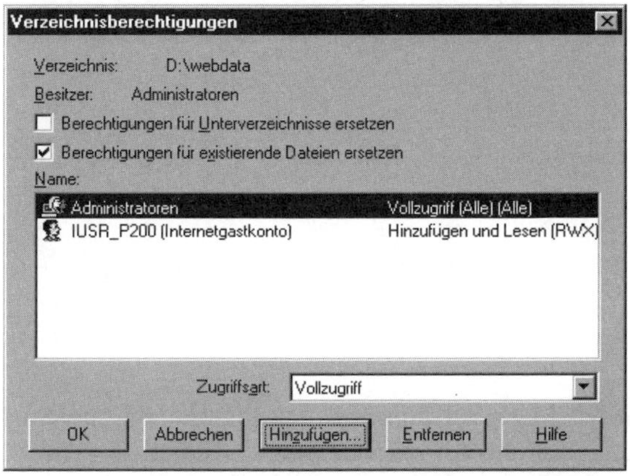


***Abbildung 10.13:*** *Schreibrechte für ASP-Scripts setzen*

## 10.7.2 Schnelleinstieg in VBScript/ASP

In diesem Abschnitt möchten wir Ihnen lediglich einige grundlegende Information vermitteln, die Ihnen das Verständnis der nachfolgenden Beispiele erleichtern sollen. Weitere Informationen über ASP bzw. VBScript finden Sie in der MSDN-Library:

- *MSDN Library/Tools und Technologien/Active Server Pages*
- *MSDN Library/Plattform-SDK/Internet/Intranet/Scripting*

### Grundsätzliches

Wie schon im ersten ASP-Beispiel gezeigt, werden die beiden Begrenzungszeichen <% und %> verwendet, um Script-Befehle vom restlichen HTML-Code zu trennen. Zwischen diesen beiden Trennzeichen schreiben Sie Ihren Code so, wie Sie es auch von einem VB-Programm gewohnt sind.

Interessant dürfte in jedem Fall die Möglichkeit sein, Ausgaben in die HTML-Datei zu integrieren. Dazu bieten sich zwei Varianten an:

- Direkte Integration von Script-Ausgaben in den HTML-Code.
- Ausgabe über das *Response*-Objekt (*Write*-Methode).

Während die erste Variante mit wenig Code auskommt, dafür jedoch teilweise sehr unübersichtlich wird, müssen Sie bei der zweiten Variante mehr schreiben, erhalten jedoch ein wesentlich übersichtlicheres Endergebnis.

**BEISPIEL:** Direkte Integration der Script-Ausgaben.

```
<HTML>
<BODY>
   Datum: <%= Now %>
</BODY>
</HTML>
```

Das von *Now* zurückgegebene Datum (inkl. Uhrzeit) wird an der aktuellen Stelle in den HTML-Code eingefügt.

**BEISPIEL:** Ausgabe mittels *Response.Write*.

```
<HTML>
<BODY>
<%
Response.Write "Datum: " & Now
%>
</BODY>
</HTML>
```

Auch bei diesem Beispiel wird die Ausgabe an der aktuellen Stelle im Quellcode vorgenommen. Das Resultat ist in beiden Fällen gleich.

### Einstellen der Default-Script-Sprache

Grundsätzlich ist der verarbeitende Server in der Lage, verschiedene Scriptsprachen zu verarbeiten. Deshalb ist es wichtig zu wissen, welche Sprache auf dem Server als Standard gesetzt ist. Nach der Installation ist dies im Allgemeinen VBScript. Sollte dies nicht der Fall sein oder verwenden Sie mehrere Scriptsprachen, können Sie mittels

```
<%@ LANGUAGE=VBScript %>
```

dem Server mitteilen, dass nachfolgende Scripte in VBScript geschrieben wurden.

### Variablen

Wie auch in VB-Programmen ist die Deklaration von Variablen nicht nötig, aber empfehlenswert. Allerdings werden Sie an dieser Stelle mit einer wesentlichen Einschränkung gegenüber VB konfrontiert: VBScript kennt nur den recht langsamen *Variant*-Datentyp.

Die Deklaration erfolgt wie bekannt mittels *Dim*, *Public* oder *Private*.

**BEISPIEL:** Verwendung von Variablen

```
<HTML>
<BODY>
<%
Dim A, B, C
A = 10
B = 20
C = A + B
Response.Write "Ergebnis: " & CStr(C)
%>
```

```
</BODY>
</HTML>
```

Es ist auch möglich, Script- bzw. ASP-Seiten-übergreifende Variablen zu deklarieren, wir wollen uns an dieser Stelle allerdings nicht weiter damit beschäftigen.

### Prozeduren/Funktionen

Sollten Sie nach den ersten Beispielen, die Befürchtung haben, auf Prozeduren und Funktionen müssen Sie verzichten: Keine Sorge, auch hier sind derartige Konstrukte ohne Probleme realisierbar.

**BEISPIEL:** Funktionsaufruf in einem Script.

```
<HTML><BODY>
<%
Dim A, B, C
A = 10
B = 20
Response.Write "Ergebnis: " & Addition(A, B)

Function Addition (s1, s2)
  Addition = s1 + s2
End Function
%>
</BODY></HTML>
```

### Auswerten von Formulareingaben

Neben den Möglichkeiten der Ausgabe interessiert den Programmierer sicherlich auch die Eingabe. Im Fall der ASP-Seiten sind dies die Standard-Formular-Komponenten (Textfeld, Listenfeld etc.). Wie kommen Sie an die entsprechenden Inhalte?

An dieser Stelle müssen wir etwas weiter ausholen. Das allgemeine Szenario dürfte nach folgendem Muster ablaufen: Der Webuser nimmt seine Eingaben in einer ganz normalen Webseite (natürlich mit einem Formular) vor. Ziel dieser Eingaben ist die ASP-Seite *Beispiel.asp*, in der die Eingabewerte weiterverarbeitet werden.

**BEISPIEL:** Grundaufbau der Formularseite.

```
<html>
<body>
<form method="POST" action="beispiel.asp">
  <p><input type="text" name="T1" size="20">
  <input type="submit" value="Abschicken" name="B1"></p>
</form>
</body>
</html>
```

Wie Sie sehen, werden die Formulareingaben nach dem Anklicken der *Submit*-Schaltfläche an die gewünschte ASP-Seite geschickt. Hier können wir uns dann um die Auswertung der Eingaben kümmern. Dazu können Sie über das *Request-Objekt* die gewünschten Informationen abrufen.

**BEISPIEL:** Abfrage des Textfeldes aus dem vorhergehenden Beispiel.

```
<HTML><BODY>
<%
Dim A
A = Request.Form("T1")
...
%>
</BODY></HTML>
```

Was Sie mit den erhaltenen Informationen anfangen, bleibt Ihnen überlassen. Der Nachteil dieses Vorgehens soll nicht verschwiegen werden: Fehleingaben etc. stellen Sie erst bei der Verarbeitung des Scripts in der ASP-Seite fest. Demgegenüber sind Sie nicht darauf angewiesen, dass der Client (Browser) Scripte verarbeiten kann.

### Einschränkungen in VBScript

Gegenüber seinem großen Bruder Visual Basic hat VBScript einige Einschränkungen, mit denen der ASP-Programmierer leben muss (und wohl auch kann).

| Kategorie | Funktion/Schlüsselwort nicht verfügbar |
|---|---|
| Ablaufsteuerung | *DoEvents, GoSub...Return, GoTo, On Error GoTo, On...GoSub, On...GoTo*<br>Zeilennummern, Zeilenmarken<br>*With...End With* |
| *Auflistung* | *Add, Count, Item, Remove* |
| *Bedingte Kompilierung* | *#Const, #If...Then...#Else* |
| Datei-Eingabe/Ausgabe | Alle Standard Eingabe-/Ausgabe-Befehle |
| Datenfelder | *Base-Option*<br>(Deklaration von Feldern mit Untergrenze <> 0) |
| Datentypen | Alle integrierten Datentypen außer *Variant*<br>*Type...End Type* |
| Datums-/Zeitangaben | ***Date***-Anweisung, ***Time***-Anweisung<br>***Timer*** |
| *DDE* | *LinkExecute, LinkPoke, LinkRequest, LinkSend* |
| Deklaration | *Declare* (zur Deklaration von DLLs)<br>*New*<br>*Optional, ParamArray*<br>*Property Get, Property Let, Property Set*<br>*Static* |
| *Fehlerbehandlung* | *Erl, Error, On Error...Resume, Resume, Resume Next* |
| *Fehlersuche* | *Debug.Print, End, Stop* |
| Finanzmathematische Funktionen | Alle finanzmathematischen Funktionen |
| *Konvertierung* | *CVar, CVDate, Str, Val* |
| Objekte | *Clipboard, Collection* |
| Objektbearbeitung | *TypeOf* ▶ |

| Kategorie | Funktion/Schlüsselwort nicht verfügbar |
|---|---|
| Objektverwendung | Zugriff auf Auflistungen mittels Ausrufezeichen (!) |
| Operatoren | *Like* |
| Option-Anweisungen | *Def Typ, Option Base, Option Compare, Option Private Module* |
| Select Case | Ausdrücke, die das *Is*-Schlüsselwort oder einen beliebigen Vergleichsoperator enthalten.<br>Ausdrücke, die einen Wertebereich mit dem *To*-Schlüsselwort enthalten. |
| Zeichenfolgen | Zeichenfolgen fester Länge<br>*LSet, RSet, Mid, StrConv* |

***Tabelle 10.2:*** *Einschränkungen in VBScript*

### Wichtige Information für Webadministratoren

Wie selbst erlebt, wissen nicht alle Internet-Provider, wie ein NT-Server korrekt eingerichtet wird. Dem Autor dieses Buches war es möglich, mittels ASP-Script den NT-Server des Providers (ein US-Provider) zu durchsuchen (Laufwerke, Verzeichnisse und Dateien auszulesen). Da der Autor auf Unverständnis beim Provider stieß (Tenor: »Ich mache keine Fehler!«), musste eine etwas härtere Demonstration gewählt werden. Nach Vorankündigung konnte ohne Probleme ein Verzeichnis gelöscht werden, was dann für das nötige Interesse auf Seiten des Providers sorgte.

Das Grundproblem: Auf einem NT-Server sind standardmäßig alle Verzeichnisse mit der Standardfreigabe (*Jeder*-Vollzugriff) versehen. Zu *Jeder* zählt nun mal auch der anonyme Webuser, der per HTTP eine ASP-Seite aufruft.

Wer die Möglichkeit hat, per FTP eine ASP-Seite auf den Server zu transferieren, kann nachfolgend auch dieses Script ausführen lassen. Mit Hilfe eines *FileSystemObject*-Objekts stehen Ihnen dann alle Türen offen.

**BEISPIEL:** ASP-Datei, mit der Dateien/Verzeichnisse auf dem Server gelöscht werden können (die gewünschte Datei kann komfortabel in einer vorhergehenden Eingabemaske eingegeben werden):

```
<HTML><BODY><%
Dim filen, fso, f, s
  Response.Write "Lösche ... <br>"
  Set fso = CreateObject("Scripting.FileSystemObject")
  fso.DeleteFolder Request.Form("delete_was"), true
  Response.Write "Fertig !! <br>"
%></BODY></HTML>
```

Übrigens können Sie auf diese Weise auch Verzeichnisse auf dem Server verschieben oder kopieren, ohne die Dateien mit FTP noch einmal zu übertragen (eine wesentliche Zeitersparnis).

**HINWEIS:** Vorsicht mit der Verwendung von ASP-Scripten. Überprüfen Sie, auf welche Verzeichnisse *Jeder* bzw. der *Webuser* Zugriff hat.

### 10.7.3 Einfaches Auswerten eines Eingabeformulars

In den folgenden Abschnitten wenden wir uns nach so viel Theorie wieder der Praxis zu. Erstes Beispiel ist ein Eingabeformular, dessen Eingabewerte mittels ASP ausgewertet werden.

**BEISPIEL:** Der Quelltext des Eingabeformulars.

```
<html>
<head>
<title>Beispiel 1</title>
</head>
<body>
<h1><font face="Arial" size="4">Beispiel1: Beispiel-Formular</font></h1>
<p><font face="Arial" size="2">Bitte füllen Sie die Eingabefelder aus:</font></p>

<form METHOD="POST" ACTION="beispiel1.asp">
  <table border="0" cellspacing="6" width="279" bgcolor="#C0C0C0">
    <tr>
      <td width="68" align="right" bgcolor="#C0C0C0"><font face="Arial" size="2">Nachname:</font></td>
      <td width="196" bgcolor="#C0C0C0"><font face="Arial" size="2"><input NAME="Nachname"
      size="20"></font></td>
    </tr>
    <tr>
      <td width="68" align="right" bgcolor="#C0C0C0"><font face="Arial" size="2">Vorname:</font></td>
      <td width="196" bgcolor="#C0C0C0"><font face="Arial" size="2"><input NAME="Vorname"
      size="20"></font></td>
    </tr>
    <tr>
      <td width="68" align="right" bgcolor="#C0C0C0"><font face="Arial" size="2">geboren:</font></td>
      <td width="196" bgcolor="#C0C0C0"><font face="Arial" size="2"><input NAME="Geburtstag"
      size="20"></font></td>
    </tr>
    <tr>
      <td width="68" align="right" bgcolor="#C0C0C0"><font face="Arial" size="2">Gehalt:</font></td>
      <td width="196" bgcolor="#C0C0C0"><font face="Arial" size="2"><input NAME="Gehalt"
      size="9"></font></td>
    </tr>
    <tr>
      <td width="68" align="right"></td>
      <td width="196"><div align="right"><p><font face="Arial" size="2"><input TYPE="submit"
      value="Absenden"></font></td>
    </tr>
  </table>
</form>
</body>
</html>
```

Das Resultat im Browser:

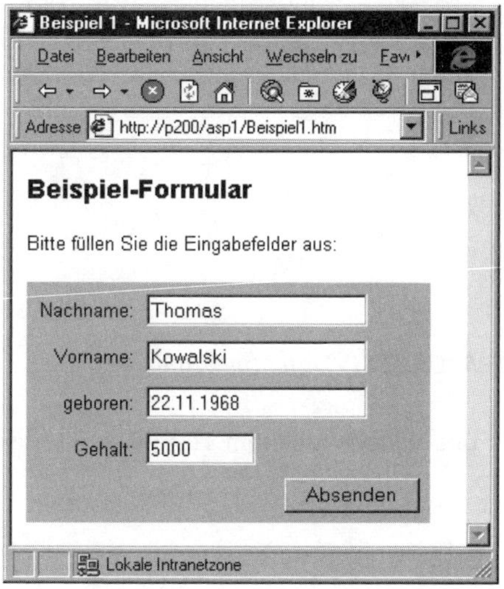


***Abbildung 10.14:*** *Eingabeformular im Browser*

Das obige Formular ruft die folgende ASP-Seite auf:

```
<HTML><HEAD><TITLE>Beispiel 1 Antwortformular</TITLE></HEAD><BODY>
<%
    Dim nachname, vorname, geboren, gehalt
    nachname = Request.Form("Nachname")
    vorname  = Request.Form("Vorname")
    geboren  = Request.Form("Geburtstag")
    gehalt   = Request.Form("gehalt")
    Response.Write "Hallo " & vorname & " " & nachname & ",<br><br>"
    Response.Write "Vielen Dank für Ihre Bemühungen. "
    Response.Write "Sie sind " & CStr(datediff("y",CDate(geboren),date())) & "  Tage alt !<br>"
    if gehalt > 12000 then
      Response.Write "Ihr Gehalt ist OK."
    else
      Response.Write "Sie brauchen eine Gehaltserhöhung!"
    end if
    %>
  </BODY>
</HTML>
```

Wie Sie sehen, verwendet das Script das *Response*-Objekt zur Gestaltung der Seite.

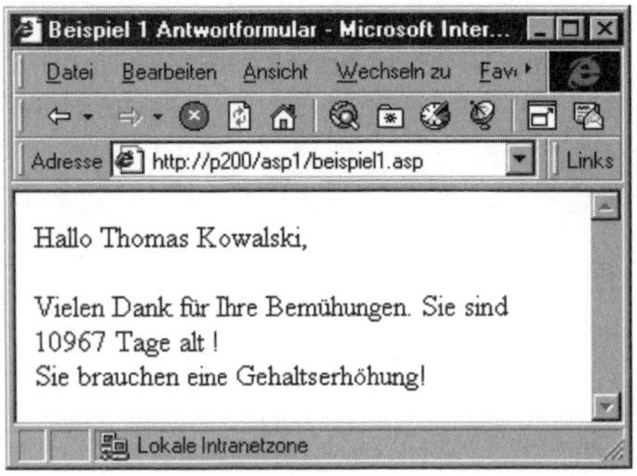


***Abbildung 10.15:*** *Die ASP-Datei im Browser*

Nach diesem doch recht einfachen Beispiel können wir uns wieder unserem Hauptthema, der Datenbankprogrammierung, zuwenden.

## 10.7.4 Anzeige von Tabellendaten

Haupteinsatzgebiet von ASP-Scripten dürften die recht komfortablen Möglichkeiten der Datenbankprogrammierung sein. Dreh- und Angelpunkt sind in diesem Fall die ADOs, die über ODBC-Connections die Datenbankinhalte zur Verfügung stellen.

**HINWEIS:** Für die weiteren Beispiele ist es notwendig, dass Sie eine ODBC-Connection (*Personal* erzeugen, die mit der Datei *Personal.mdb* verknüpft ist.

Bevor wir zu umfangreicheren Beispielen kommen, soll im Folgenden lediglich der Inhalt der Tabelle *Personen* vom ASP-Script angezeigt werden. Sie können dieses ASP-Script direkt aufrufen, ein zusätzliches Formular ist nicht notwendig.

**BEISPIEL:** Grundprinzip des Datenbankzugriffs mittels ADO.

```
<HTML><HEAD><TITLE>Beispiel 2</TITLE></HEAD><BODY>
<H1>Einfaches Anzeigen von Tabellendaten</H1>
<%
```

Zuerst einmal brauchen wir einige Konstanten für die *Open*-Methode des *Recordset*-Objekts:

```
    Const adOpenForwardOnly = 0
    Const adLockReadOnly = 1
```

Variablendeklaration und einfache Fehlerbehandlung:

```
    Dim conn, rs
    On Error Resume Next
```

Erzeugen der gewünschten ADO-Objekte:

```
    Set conn = CreateObject("ADODB.Connection")
    Set rs = CreateObject("ADODB.Recordset")
```

Was folgt, dürfte Ihnen bereits recht bekannt vorkommen. Die *Connection* wird geöffnet, nachfolgend können wir ein *Recordset*-Objekt (schreibgeschützt) öffnen und auslesen. Beachten Sie, dass keine Datensätze auf den Client (Browser) übertragen werden, der Datenbankzugriff läuft komplett auf dem Server ab! Lediglich die Informationen, die Sie mittels *Response*-Objekt ausgeben, werden an den Client übertragen.

```
    conn.Open "Personal"
    If Err = 0 Then
      rs.Open "SELECT nachname, vorname FROM personen ORDER BY nachname", _
              conn, adOpenForwardOnly, adLockReadOnly
      While Not rs.EOF
        Response.Write rs.Fields("Nachname") & ", " & rs.Fields("Vorname") & "<br>"
        rs.MoveNext
      Wend
    Else
      Response.Write "Fehler beim Öffnen der Datenbank ..."
    End If
    rs.Close
    conn.Close
    %>
  </BODY>
</HTML>
```

***Abbildung 10.16:*** *Ansicht der ASP-Seite im Browser*

**TIPP:** Bevor Sie sofort ein ASP-Script mit Datenbankzugriff schreiben, testen Sie Ihren Quellcode besser in der VB-IDE. Anstatt des *Response*-Objekts können Sie das Testfenster verwenden (*Debug.Print*). Der Vorteil dieses »Umwegs«: Sie können alle Vorteile der IDE (Debugger, Testfenster etc.) nutzen.

## 10.7.5 Realisierung von Abfragen

In den seltensten Fällen sollen alle Datensätze an den Client zurückgegeben werden. Insbesondere in Internet-Anwendungen muss die Zahl der Datensätze aus Zeitproblemen begrenzt werden. Wir nutzen dazu eine Eingabemaske, in der *Nachname* bzw. der *Vorname* als Suchkriterium vorgegeben werden können. Das entsprechende Suchformular finden Sie auf der Buch-CD-ROM (*Kap10\asp*), an dieser Stelle beschäftigt uns nur die zugehörige ASP-Datei.

**BEISPIEL:** Gezielte Auswahl von Datensätzen.

```
<HTML><HEAD><TITLE>Beispiel 2</TITLE></HEAD><BODY>
<H1>Personaldaten (Suche)</H1>
  <%
  Const adOpenForwardOnly = 0
  Const adLockReadOnly = 1

  Dim conn, rs
  Dim nachname, vorname, suche

  On Error Resume Next

  nachname = Request.Form("Nachname")
  vorname  = Request.Form("Vorname")

  if nachname = "" then nachname = "%"
  if vorname = "" then vorname = "%"

  Response.Write "Suche nach Nachname = '" & nachname & "' und Vorname ='" & _
                 vorname & "' <br><br><hr>"

  suche = "WHERE nachname LIKE '" & nachname & "' AND vorname LIKE '" & vorname & "'"

  Set conn = CreateObject("ADODB.Connection")
  Set rs = CreateObject("ADODB.Recordset")

  conn.Open "Personal"
  If Err = 0 Then
    rs.Open "SELECT nachname, vorname FROM personen " & suche & " ORDER BY nachname", _
            conn, adOpenForwardOnly, adLockReadOnly
    While Not rs.EOF
      Response.Write rs.Fields("Nachname") & ", " & rs.Fields("Vorname") & "<br>"
      rs.MoveNext
    Wend
  Else
    Response.Write "Fehler beim Öffnen der Datenbank ..."
  End If
  rs.Close
  conn.Close
  %> </BODY></HTML>
```

Der grundsätzliche Ablauf: Aus den Eingaben des Suchformulars wird eine WHERE-Klausel für die nachfolgende Datenbankabfrage zusammengebaut. Der restliche Ablauf entspricht dem vorhergehenden Beispiel.

Für den Client müssen jetzt nur noch die zutreffenden Datensätze bearbeitet und zurückgegeben werden. Zur Sicherheit können Sie auch die Anzahl der Datensätze mittels TOP-Statement (nach dem SELECT) beschränken, die Webuser werden es Ihnen danken.

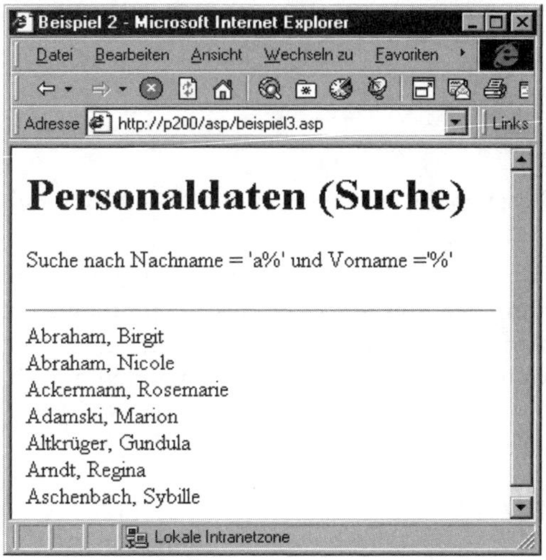


***Abbildung 10.17:*** *Die Suchergebnisse im Browser*

## 10.7.6 Speichern von Daten auf dem Server

Neben der reinen Ausgabe von Daten eignen sich ASP-Dateien auch zum Speichern von Formulardaten auf dem Server. Selbstverständlich ist ADO auch in diesem Fall der »Mittler zwischen den Welten«.

**WICHTIG:** Möchten Sie Daten auf dem Server speichern, vergessen Sie nicht, den Cursor-Typ anzupassen!

**BEISPIEL:** Speichern der Formulardaten auf dem Server.

```
<HTML><HEAD><TITLE>Beispiel 2</TITLE></HEAD><BODY>
<H1>Personaldaten (Eingabe)</H1>
  <%
  Const adOpenKeyset = 1
  Const adLockOptimistic = 3
  Dim conn, rs
  'On Error Resume Next

  Set conn = CreateObject("ADODB.Connection")
  Set rs = CreateObject("ADODB.Recordset")

  conn.Open "Personal"
  If Err = 0 Then
    rs.Open "Personen", conn, adOpenKeyset, adLockOptimistic
    rs.AddNew
    rs.Fields("Nachname")  = Request.Form("Nachname")
    rs.Fields("Vorname")   = Request.Form("Vorname")
    rs.Fields("Raum")      = 1
```

```
      rs.Update
      rs.Close
      Response.Write "Datensatz gespeichert !"
    Else
      Response.Write "Fehler beim Öffnen der Datenbank ..."
    End If
    conn.Close
    %>
  </BODY>
</HTML>
```

Auf eine gezielte Fehlerbehandlung haben wir an dieser Stelle bewusst verzichtet, um das Beispiel nicht unnötig kompliziert zu gestalten.

Nach dem vorangegangenen Beispiel dürften Sie einen ersten Überblick über die Möglichkeiten und Grenzen von ASP gewonnen haben. Nach Meinung der Autoren stellt diese Technologie die derzeit sinnvollste Lösung zur Realisierung von aktiven Webinhalten dar, da einerseits eine recht flexible Programmierung möglich ist, andererseits kaum Ansprüche an den verwendeten Webclient gestellt werden.

## 10.8 Dynamic HTML (DHTML)

Mit Dynamic HTML wollen wir Ihnen eine weitere Variante der HTML-Programmierung vorstellen. Allerdings müssen wir gleich zu Beginn darauf hinweisen, das gerade diese Variante die höchsten Ansprüche an die Umgebung stellt. Gemeint ist die ausschließliche Verwendbarkeit von DHTML auf dem Internet Explorer (ab Version 4). Daraus ergibt sich auch schon das Haupteinsatzgebiet: Intranets mit homogener Client-Struktur.

Ein weiteres Problem sollte nicht unterschätzt werden: Während sich bei den bisherigen Varianten immer der Server um die Abarbeitung der Scripte gekümmert hat, ändert sich hier das Bild. Der Client übernimmt all diese Aufgaben. Der Vorteil: Der Client kann schnell auf Ereignisse reagieren und zum Beispiel Fehlerprüfungen vornehmen.

Nachteilig wirkt sich der Datenzugriff aus: Entweder Sie stellen im Intranet entsprechende Serververbindungen bereits (z.B. SQL-Server) oder Sie müssen die Daten in *Recordsets* (oder auch *Variant*-Arrays) verpacken und diese als Parameter an den Client übertragen. Nach der Bearbeitung werden diese Daten gegebenenfalls an den Server zurückgeschickt (wieder verpackt in einem *Recordset*). Während die erste Variante für relativ einfache Programmieraufgaben im Netzwerk genutzt werden kann (zur VB-Programmierung besteht lediglich der Unterschied, dass die Oberfläche aus einem HTML-Formular besteht), können mit der zweiten Variante auch recht komplexe Geschäftsmodelle mit Hilfe der 3-Tier-Architektur realisiert werden.

Da sich der Einsatz im Wesentlichen auf das Intranet beschränkt, bleibt jedoch die Frage nach dem Vorteil von DHTML gegenüber einem normalen VB-Programm offen. Einziges Argument dürfte die leichte Verteilung und Wartbarkeit der Applikation im Netzwerk sein.

Wir möchten dennoch nicht darauf verzichten, Ihnen an zwei Beispielen die Verwendung zu demonstrieren. Statt eines SQL-Servers (über den nicht jeder verfügt) greifen wir auf eine lokale Access-Datenbank zu.

## 10.8.1 Grundsätzliches

Prinzipiell handelt es sich bei DHTML-Projekten um einfache HTML-Dateien, die mit einer ActiveX-DLL verbunden sind (die Einbindung erfolgt über einen Object-Tag).

**BEISPIEL:** Kopf einer DHTML-Seite.

```
<!--METADATA TYPE="MsHtmlPageDesigner" startspan--><object id="DHTMLPage1" classid="clsid:A19F7703-B9E3-11D2-A9E8-00804898FA90" width=0 height=0></object><!--METADATA TYPE="MsHtmlPageDesigner" endspan-->
...
```

Damit wird auch klar, dass diese ActiveX-DLL vor dem ersten Aufruf installiert werden muss (CAB-File). Neben der bereits genannten DLL sind auch die VB-Runtime- und die DHTML-Runtime-Bibliothek auf dem Client zu installieren (gegebenenfalls noch ADO-Librarys etc., zusammen ca. 1,5 MByte).

Der Quellcode ist komplett von der HTML-Seite getrennt und befindet sich in der ActiveX-DLL, die Sie natürlich mit der VB-IDE erstellen. Die Verknüpfung von HTML-Datei und Quellcode (Ereignisse) ist recht einfach, da die IDE ebenfalls einen HTML-Designer bietet, mit dem sich auch Formulare erstellen lassen.

Doch lassen wir das Beispiel für sich selbst sprechen.

## 10.8.2 Schreiben von Datensätzen in einer DHTML-Anwendung

Um ein DHTML-Projekt zu erstellen, wählen Sie als Projekttyp einfach *DHTML-Anwendung*. VB erstellt ihnen daraufhin den entsprechenden Programmrumpf (ein Modul und die leere HTML-Seite).

Rufen Sie als erstes den HTML-Designer auf und fügen Sie die gewünschten Komponenten (Textfelder etc.) in das HTML-Formular ein. Beachten Sie, dass es sich um eine eigene Gruppe von Komponenten handelt, die nicht mit den normalen Komponenten kompatibel sind.

Unser Beispielformular soll es ermöglichen, Datensätze in die *Personal*-Tabelle einzufügen, den Grundaufbau der Seite entnehmen Sie bitte der Abbildung 10.18.

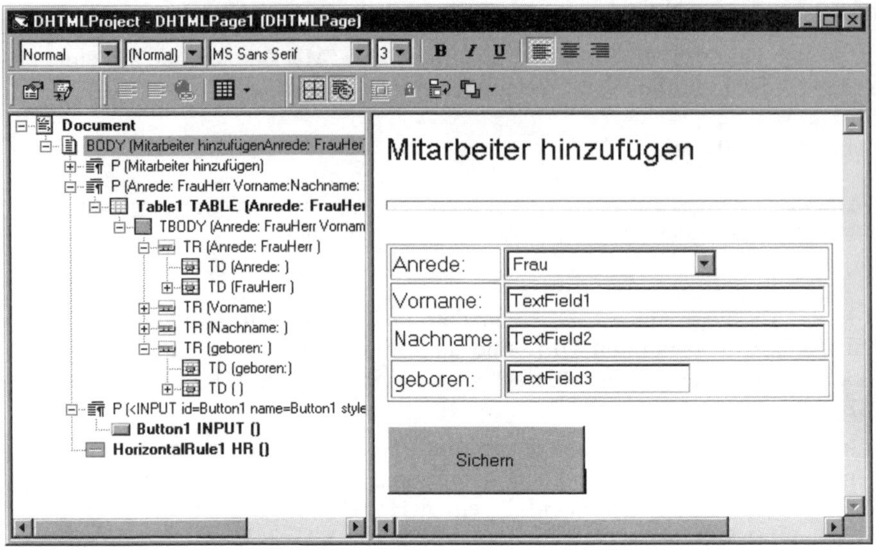


***Abbildung 10.18:*** *Grundaufbau der DHTML-Seite*

Den Quellcode fügen Sie auf die bekannte Art und Weise zu den Komponenten hinzu: Doppelklicken Sie auf die Schaltfläche, um die Ereignisprozedur zu programmieren.

Der folgende Quellcode unterscheidet sich in nichts von einem normalen VB-Programm, wir greifen auf das im Projekt enthaltenen *DataEnvironment* mittels ADO-Objekte zu.

```
Private Function Button1_onclick() As Boolean
On Error GoTo fehler
   DataEnvironment1.Mitarbeiter

   With DataEnvironment1.rsMitarbeiter
     .AddNew
      ![Nachname] = TextField2.Value
      ![Vorname] = TextField1.Value
      ![Raum] = 1
      ![Geburtstag] = CDate(TextField3.Value)
      .Update
      .Close
   End With
   TextField1.Value = ""
   TextField2.Value = ""
   Exit Function

fehler:
   Resume Next
   Exit Function
End Function
```

Bei der Fehlerbehandlung können Sie im Gegensatz zur ASP-Programmierung wieder alle Möglichkeiten nutzen. Ein DHTML-Projekt ist im Grunde ein ganz normales VB-Programm, lediglich die Oberflächenprogrammierung unterscheidet sich etwas. So werden die Inhalte der Komponenten zum Beispiel über die *Value*-Eigenschaft ausgelesen.

An dieser Stelle können wir auch schon unsere Neugier befriedigen, nach dem Start mit F5 öffnet sich der Internet Explorer mit dem entworfenen HTML-Formular.

***Abbildung 10.19:*** *Unser Formular im IE*

Geben Sie sinnvolle Werte in das Formular ein und klicken Sie auf *Sichern*; das war es schon.

## 10.8.3 Darstellen von Datensätzen (Navigieren)

Die Darstellung der Datensätze gestaltet sich ebenfalls recht einfach, wichtig ist jedoch, dass Sie in das Projekt einen Verweis auf die *Microsoft Data Binding Collection* einfügen. Damit brauchen wir uns später nicht mehr darum zu kümmern, nach einem Datensatzwechsel die Komponenten mit den neuen Feldinhalten zu füllen, diese Aufgabe übernimmt ein *BindingCollection*-Objekt für uns.

Erzeugen Sie zunächst eine neue DHTML-Seite, die Sie wie in der Abbildung 10.20 gezeigt gestalten.

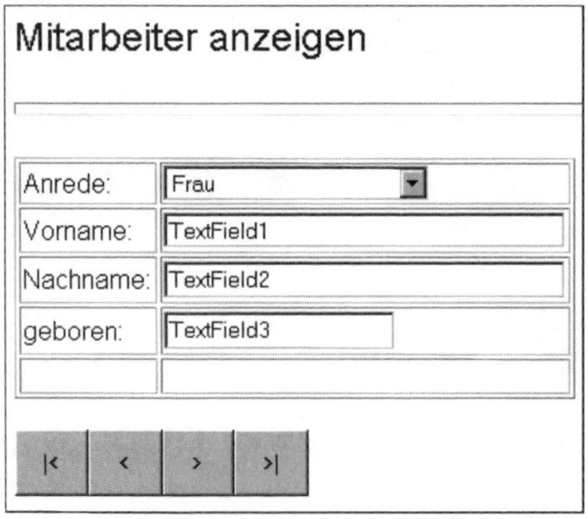

***Abbildung 10.20:*** *Grundaufbau des Anzeigeformulars*

In den Deklarationsabschnitt des Formulars nehmen Sie anschließend die folgende Deklaration auf:

```
Dim colBind As BindingCollection
```

Die Bedeutung der folgenden Ereignisprozeduren dürfte auf den ersten Blick ersichtlich sein, es handelt sich um die Programmierung der vier Bewegungstasten.

```
Private Function Button1_onclick() As Boolean
  DataEnvironment1.rsMitarbeiter.MoveFirst
End Function

Private Function Button11_onclick() As Boolean
  DataEnvironment1.rsMitarbeiter.MovePrevious
End Function

Private Function Button12_onclick() As Boolean
  DataEnvironment1.rsMitarbeiter.MoveNext
End Function

Private Function Button13_onclick() As Boolean
  DataEnvironment1.rsMitarbeiter.MoveLast
End Function
```

Wie schon erwähnt, soll die *BindingCollection* uns die Aufgabe abnehmen, die Feldinhalte in die Komponenten einzulesen. Dazu müssen wir der Collection allerdings auch mitteilen, welches Feld mit welcher Komponente zu verknüpfen ist.

```
Private Sub DHTMLPage_Load()
   Set colBind = New BindingCollection
   With colBind
      Set .DataSource = DataEnvironment1
      .DataMember = "Mitarbeiter"
      .Add Select1, "Value", "Anrede"
      .Add TextField1, "Value", "Vorname"
      .Add TextField2, "Value", "Nachname"
      .Add TextField3, "Value", "Geburtstag"
   End With
End Sub
```

Wie Sie sehen, wird für jedes darzustellende Feld ein neues Objekt in der Collection erzeugt. Dabei wird die Komponente, die Eigenschaft sowie der Feldname in der Datenbank übergeben. Die Collection selbst wird über die *DataSource*-Eigenschaft an die Datenquelle gebunden und von dieser mit den nötigen Informationen versorgt.

Haben Sie bitte Verständnis dafür, dass wir an dieser Stelle nicht weiter auf das Thema »DHTML-Programmierung« eingehen können, da es sich um ein doch recht spezielles Thema handelt. Insbesondere die interaktiven Möglichkeiten zur dynamischen Gestaltung der HTML-Seite müssen an dieser Stelle einfach zu kurz kommen.

## 10.9 IIS-Anwendungen

Abschließend wollen wir uns noch kurz den IIS-Anwendungen zuwenden. Die Bezeichnung »IIS-Anwendung« leitet sich von Microsoft Internet Information Server ab, dem Microsoft-Webserver, auf dem IIS-Anwendungen laufen. Bei dieser Technologie gibt es viele Parallelen zur ASP-Programmierung, so läuft die Anwendung ebenfalls auf dem Server, die aufrufenden Clients müssen nicht Script-tauglich sein, da lediglich einfacher HTML-Code an den Client gesendet wird. Die Anforderungen an den Server sind die gleichen wie bei ASP:

- Sie brauchen einen ASP tauglichen Internet-Server (MS Internet Information Server oder MS Personal Webserver in den aktuellen Versionen).
- Da die Scripte auf dem Server ausgeführt werden, ist dieser bei entsprechenden Zugriffszahlen auch entsprechend ausgelastet. Es werden relativ hohe Ansprüche an die Performance des Serversystems gestellt.
- Das Verzeichnis mit der ASP-Datei (diese ruft die IIS-Anwendung auf) muss auf dem Webserver freigegeben sein (Script- oder Execute-Berechtigung muss aktiviert sein).

Der wesentlichste Unterschied zu ASP: Während in ASP-Seiten interpretierter Quellcode abgearbeitet werden muss, kann eine IIS-Anwendung auf kompilierte ActiveX-DLLs zugreifen. Schnittstelle zwischen IIS und Ihrem VB-Code sind sogenannte *WebClasses*, die von einem ASP-Script auf dem Server angesteuert werden. Diese *WebClasses* stellen wiederum *WebItems* zur Verfügung, die für das Erzeugen des eigentlichen HTML-Codes verantwortlich sind.

Da es sich um »normale« ActiveX-DLLs handelt, steht auch die komplette VB-IDE für die Anwendungsentwicklung zur Verfügung. Insbesondere den Debugger wird ein ASP-Programmierer sicher schon vermisst haben.

Allerdings gibt es derzeit noch einige Probleme, insbesondere die Zusammenarbeit mit anderen Entwicklungstools (FrontPage etc.) ist noch rudimentär.

An dieser Stelle möchten wir uns aus Platzgründen auf ein einfaches Beispiel beschränken, bei dem Daten vom Server abgefragt werden.

### 10.9.1 Grundsätzliches

Erstellen Sie ein neues Projekt, können Sie bereits den Typ »IIS-Anwendung« auswählen. VB erstellt nachfolgend schon ein komplettes Grundgerüst für eine derartige Anwendung, Sie können den Test sofort mit F5 durchführen. Das Projekt besteht aus einer ASP-Seite, die einen Link auf die entsprechende ActiveX-DLL enthält.

Was Sie in der Abbildung 10.21 sehen, ist schon die erste erzeugte HTML-Seite der IIS-Anwendung.

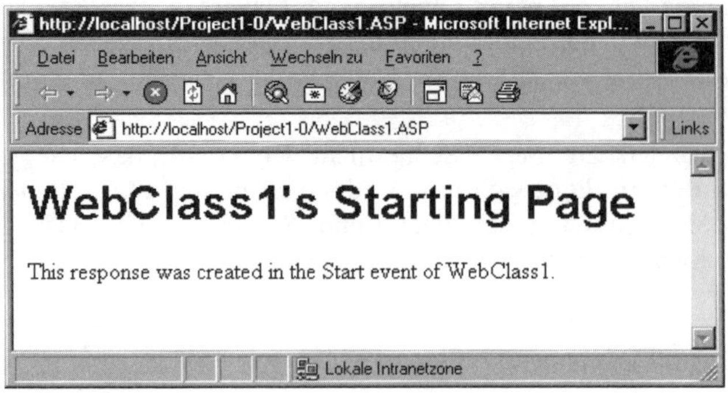


***Abbildung 10.21:*** *Test der IIS-Anwendung*

**HINWEIS:** Zum Entwickeln und Testen von IIS-Anwendungen ist die Installation des MS-IIS eine unabdingbare Voraussetzung.

Wesentlich interessanter dürfte für den Programmierer der dahinter stehende Quellcode sein. Sehen wir uns also einmal das VB-Projekt genauer an. Neben dem WebClass-Designer findet sich auch schon etwas Quellcode (des Ergebnis haben wir ja bereits bewundert).

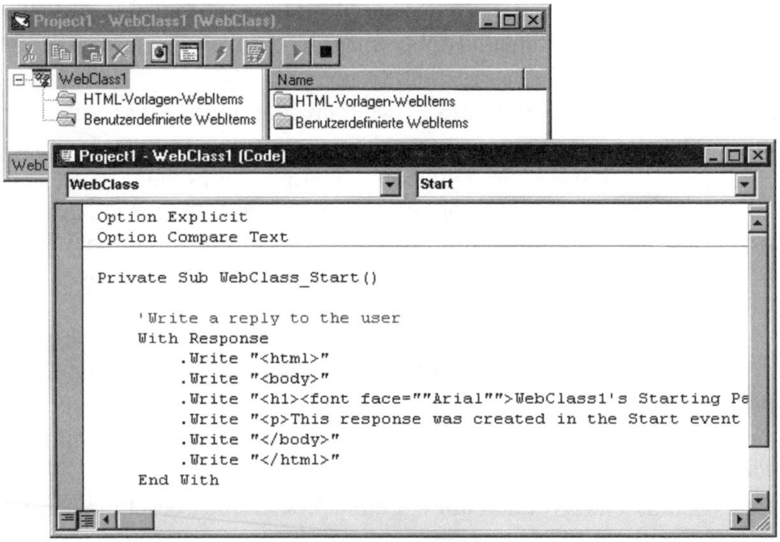


***Abbildung 10.22:*** *WebClass-Designer*

Mit dem *Response*-Objekt findet sich auch ein alter Bekannter der ASP-Programmierung wieder, mittels *Write* wird die neue HTML-Seite erstellt. Im Unterschied zur ASP-Programmierung müssen wir uns an dieser Stelle nicht auf die wenigen VBScript-Befehle beschränken, wir können alle Register von Visual Basic ziehen.

Etwas hätten wir fast vergessen. Ganz nebenbei hat VB auch eine ASP-Datei erstellt, die die IIS-Anwendung einbindet:

```
<%
Response.Buffer=True
Response.Expires=0

If (VarType(Application("~WC~WebClassManager")) = 0) Then
        Application.Lock
        If (VarType(Application("~WC~WebClassManager")) = 0) Then
                Set Application("~WC~WebClassManager") = _
              Server.CreateObject("WebClassRuntime.WebClassManager")
        End If
        Application.UnLock
End If

Application("~WC~WebClassManager").ProcessNoStateWebClass "Project1.WebClass1", _
                Server, _
                Application, _
                Session, _
                Request, _
                Response
%>
```

Was hat es nun mit den *WebItems* auf sich, bisher ist noch kein derartiges Objekt im Projekt enthalten?

Die Antwort leitet sich aus der Abarbeitung des ASP-Scripts bzw. der Klasse ab. Nach dem Aufruf wird automatisch das Ereignis *WebClass_Start* mit dem bereits gezeigten Quellcode abgearbeitet. Da es recht umständlich wäre, für jede Aktion eine eigene DLL zu erstellen, lassen sich in einer DLL mehrere Aktionen unterbringen. Diese werden über die *WebItems* angesprochen. IIS-Anwendungen unterscheiden zwei verschiedene *WebItem*-Typen:

- HTML-Vorlagen-WebItems und
- Benutzerdefinierte WebItems.

Der Unterschied liegt in der Form, wie die HTML-Seite generiert wird. Bei den benutzerdefinierten *WebItems* müssen Sie die komplette HTML-Datei erzeugen. Bei den Vorlagen fügen Sie in den vorhandenen HTML-Code weitere HTML-Anweisung ein.

Zum gezielten Aufrufen dieser *WebItems* bzw. der damit verknüpften Prozeduren müssen Sie an den URL den gewünschten *WebItem* anhängen:

**BEISPIEL:** Aufrufen von *WebItem1*.

```
http://localhost/Project1-0/WebClass1.ASP?WCI=webitem1
```

## 10.9.2 Abfragen von Daten mit IIS-Anwendungen

Prinzipiell könne wir an dieser Stelle das komplette ASP-Projekt aus dem vorhergehenden Abschnitt übernehmen, der Quellcode ist (fast) derselbe:

```
Private Sub WebItem1_Respond()
Dim conn As ADODB.Connection
Dim rs As ADODB.Recordset

    Set conn = New Connection
    Set rs = New Recordset
```

```
    conn.Open "Personal"
    If Err = 0 Then
      rs.Open "SELECT nachname, vorname FROM personen ORDER BY nachname", _
              conn, adOpenForwardOnly, adLockReadOnly
      While Not rs.EOF
        Response.Write rs.Fields("Nachname") & ", " & rs.Fields("Vorname") & "<br>"
        rs.MoveNext
      Wend
    Else
      Response.Write "Fehler beim Öffnen der Datenbank ..."
    End If
    rs.Close
    conn.Close
End Sub
```

**HINWEIS:** Erstellen Sie eine ODBC-Connection *Personal*, die mit der *Personal*-Tabelle verknüpft ist.

Starten Sie nun das Projekt und geben Sie in die Befehlszeile des Internet Explorers den folgenden URL ein:

```
http://localhost/Project1-0/WebClass1.ASP?WCI=webitem1
```

Der Server stellt Ihnen nachfolgend die gewünschten Daten bereit.

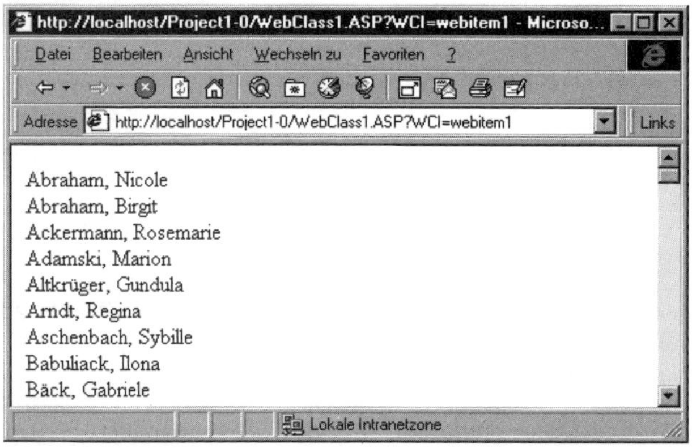


***Abbildung 10.23:*** *Ausführung der IIS-Anwendung*

Ein wichtiger Unterschied zu den ASP-Beispielen: Sie können das *Recordset*-Objekt auch global erzeugen und in verschiedenen *WebItems* bzw. mehrfach nutzen. Was einerseits von Vorteil ist (die Abfrage muss nur einmal ausgeführt werden), ist gleichzeitig auch ein Nachteil (auf dem Server kann ein immenser Speicherbedarf entstehen).

Auf weitere Beispiele zum Thema IIS-Anwendungen wollen wir an dieser Stelle verzichten, nach obigem Muster lassen sich auch die anderen ASP-Beispiele mit *WebClasses* umsetzen.

Fazit: Wer bisher geglaubt hat, mit Visual Basic und SQL alle Aufgabengebiete abdecken zu können, wird enttäuscht feststellen, dass auch noch mindestens HTML zum unverzichtbaren Knowhow des Windows-Programmierers gehört, will man nicht als Internet-Muffel ins Abseits geraten. Allerdings sollten Sie auch nicht gleich jede neue Technologie einsetzen, nichts entwickelt sich so schnell wie das Web, und was heute noch uptodate ist, ist morgen schon vergessen.

# 11 Techniken



In diesem Kapitel werden in loser Reihenfolge einige Themen vorgestellt, die sich nicht so recht in die anderen Kapitel einordnen ließen, die aber für den Alltag des Datenbankprogrammierers ebenfalls von Interesse sind.

Sie erfahren:

- wie man Laufzeitfehler mit dem Debugger aufspürt,
- wie man Dialog- und Meldungsfelder erzeugt,
- wie man Installationsdisketten erstellt und
- wie man Hilfedateien programmieren kann.

Sicherlich gibt es noch zahlreiche weitere interessante Gebiete, auf die aber aus Umfangsgründen verzichtet werden mußte.

## 11.1 Arbeit mit dem Debugger

Ein Programm, das auf Anhieb funktioniert, gibt es nicht. Besonders übel sind die Fehler, die erst zur Laufzeit auftreten und denen man deshalb oft nur schwer auf die Schliche kommt. Grund genug, den in die VB-Entwicklungsumgebung integrierten Debugger etwas genauer unter die Lupe zu nehmen.

### 11.1.1 Einige Grundlagen

Beim Debugging spielt der aktuelle Modus des Programms (Entwurfsmodus, Ausführungsmodus oder Unterbrechungsmodus) eine entscheidende Rolle. Die Beschriftung der VB-Titelleiste informiert Sie, in welchem der drei Modi sich das Programm gegenwärtig befindet. Gleichzeitig zeigt Ihnen der Zustand der Schaltflächen *Starten*, *Unterbrechen* und *Beenden* die möglichen Alternativen zum Wechseln des aktuellen Modus (siehe Abbildung 11.1).

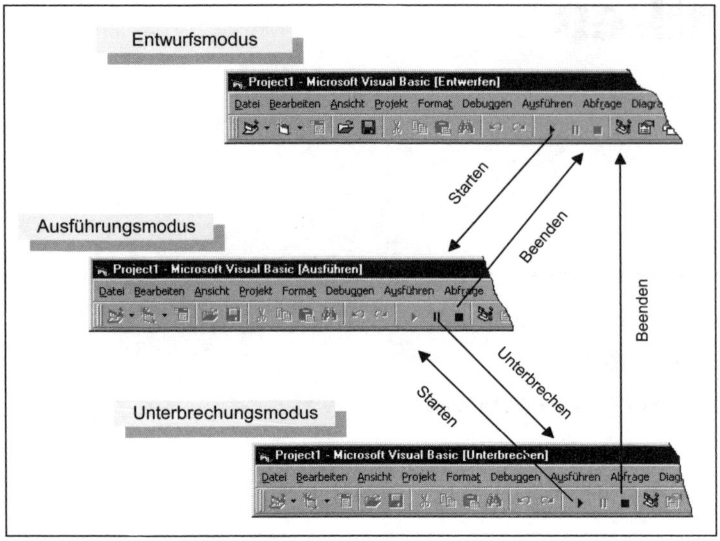


***Abbildung 11.1:*** *Die drei Betriebszustände der Visual Basic Entwicklungsumgebung*

Das eigentliche Debugging wird in der Regel im Unterbrechungsmodus vollzogen.

**TIPP:** Überprüfen Sie zuerst immer den aktuellen Modus, wenn es Schwierigkeiten bei der Fehlersuche geben sollte.

Die Zeile, an welcher die Programmausführung unterbrochen ist, erscheint im Allgemeinen gelb hinterlegt.

**HINWEIS:** Über das Menü *Ansicht* lassen sich die folgenden Debugging-Fenster aufrufen:

- *Direktfenster*
  Unabhängig von irgendeinem anderen Programm können Sie in diesem Fenster nach Belieben mit Visual Basic-Anweisungen herumexperimentieren. Außerdem leitet die *Print*-Methode des *Debug*-Objekts ihre Ausgaben in dieses Fenster.
- *Überwachungsfenster*
  Der Wert bestimmter Variablen bzw. Ausdrücke (Watch-Expressions) kann hier während der Laufzeit überwacht werden. Bei Erfüllung bestimmter Bedingungen wird das Programm angehalten (Unterbrechungsmodus).
- *Lokalfenster*
  Sie können sich hier, vorausgesetzt das Programm befindet sich im Unterbrechungsmodus, Namen, Wert und Typ aller im Stack befindlichen Variablen und Objekte der aktuellen Prozedur anzeigen lassen.

Aus der Anzahl der Einträge im Menü *Debuggen* (bzw. in der hier dargestellten Symbolleiste *Debuggen*, die Sie über das Menü *Ansicht/Symbolleisten* öffnen) erkennen Sie die Vielfalt der Debugging-Werkzeuge:

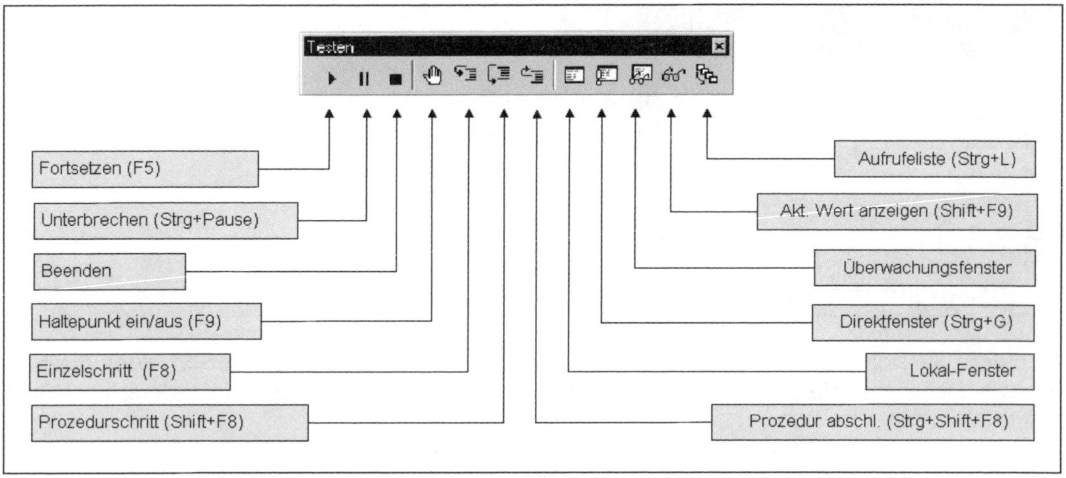


***Abbildung 11.2:*** *Die Debugging-Werkzeuge*

Vielen Fehlerteufeln kommen Sie nur durch schrittweises Abarbeiten des Quelltextes auf die Schliche. Sie können dabei zwischen mehreren Varianten wählen:

- Im *Single-Step* (Einzelschritt-)Modus durchlaufen Sie das Programm (mit F8) zeilenweise. Nach der Ausführung einer Anweisung liegt der Unterbrechungsmodus vor.
- Bei umfangreicheren Programmen ist das zeilenweise Abarbeiten recht mühsam. Abhilfe schafft hier der *Procedure-Step*-(Prozedurschritt-) Modus (mit Umschalt+F8). Zwar wird nach wie vor jede einzelne Zeile verarbeitet, innerhalb von Unterprogrammen wird allerdings nicht mehr angehalten.
- Am komfortabelsten dürfte das Setzen von *Breakpoints* (Haltepunkten) sein. Sie können dazu den Cursor in die entsprechende Anweisung platzieren und die Taste F9 drücken. Starten Sie das Programm wie gewohnt, die Ausführung wird an genau dieser Stelle unterbrochen. Auch das Setzen mehrerer Haltepunkte ist möglich.

Im Folgenden sollen Ihnen die wichtigsten Debugging-Techniken am konkreten Beispiel demonstriert werden.

## 11.1.2 Praktisches Debugging-Beispiel

Sie können als Versuchsobjekt durchaus Ihren eigenen Quelltext verwenden oder aber, wie wir, das auf der Buch-CD-ROM enthaltene Programm *Berechnung geografischer Entfernungen* laden (\\Kap11\Debug).

Der praktische Sinn des kleinen Beispiels ist die Entfernungsbestimmung (Luftlinie) zwischen zwei Orten nach dem *Lehrsatz des Pythagoras*, wobei die Ortskoordinaten (in km relativ zur Stadt Altenburg) in der einzigen Tabelle *Orte* der sich im Anwendungsverzeichnis befindlichen Datenbank *Test.mdb* abgespeichert sind (siehe Abbildung 11.3).

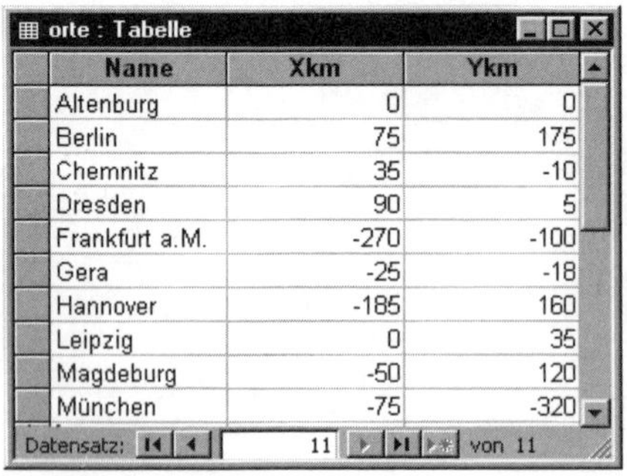

orte : Tabelle

| Name | Xkm | Ykm |
|---|---|---|
| Altenburg | 0 | 0 |
| Berlin | 75 | 175 |
| Chemnitz | 35 | -10 |
| Dresden | 90 | 5 |
| Frankfurt a.M. | -270 | -100 |
| Gera | -25 | -18 |
| Hannover | -185 | 160 |
| Leipzig | 0 | 35 |
| Magdeburg | -50 | 120 |
| München | -75 | -320 |

Datensatz: 11 von 11

***Abbildung 11.3:*** *Der Inhalt der Beispieldatenbank*

Wundern Sie sich nicht, wenn dieses Programm zunächst nur Unsinn produziert, denn der Sinn unserer Debugging-Übung besteht letztlich auch im Aufspüren und Beseitigen der eingebauten Fehler.

### Schrittweises Abarbeiten

Starten Sie das Programm diesmal nicht wie gewohnt mit F5, sondern mit F8 (Einzelschritt). Durch wiederholtes Drücken von F8 können Sie den Programmfortschritt im Codefenster verfolgen (gelber Pfeil).

**HINWEIS:** Lassen Sie sich nicht beirren, wenn nach Erscheinen des Formulars die Taste F8 zunächst ohne Wirkung bleibt. Sie müssen natürlich erst einmal die notwendigen Bedienereingaben vornehmen (einen Eintrag aus einer der Comboboxen auswählen), ehe Sie mit F8 weitermachen können.

Arbeiten Sie die Anweisungen nicht im Einzel-, sondern im Prozedurschritt (Umschalt+F8) ab; so stellen Sie fest, dass die Anweisungen innerhalb der aufgerufenen Prozeduren (z.B. *berechneEntfernung*) nicht mehr einzeln durchlaufen werden.

Nach jedem Schritt können Sie sich die aktuellen Werte der Variablen per QuickInfo anzeigen lassen, indem Sie einfach mit dem Mauszeiger auf dem entsprechenden Quelltexteintrag verweilen (siehe Abbildung 11.4).

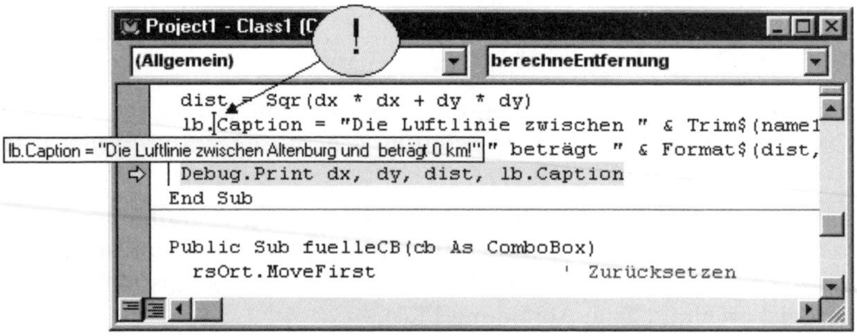


***Abbildung 11.4:*** *Im Unterbrechungsmodus werden die aktuellen Variablenwerte als QuickInfo angezeigt, wenn Sie den Mauszeiger über den Quelltext bewegen*

Aber noch komfortablere Möglichkeiten bieten sich, wenn Sie das Dialogfeld *Aktuellen Wert anzeigen* aufrufen.

**BEISPIEL:** Setzen Sie den Cursor z.B. in die Variable *dist* innerhalb der Prozedur *berechneEntfernung* und klicken Sie dann in der *Debuggen*-Symbolleiste auf die Schaltfläche mit der Brille :

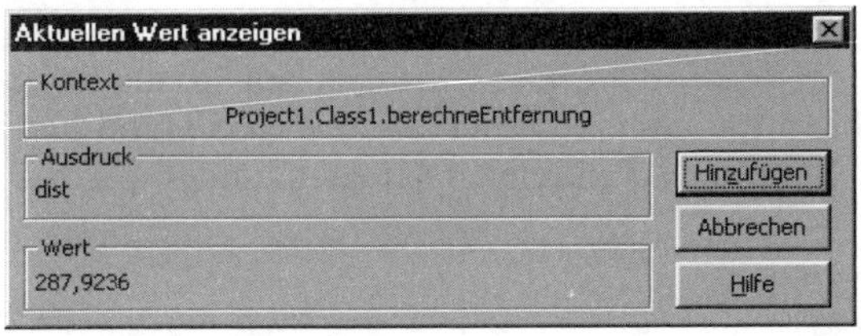


***Abbildung 11.5:*** *Anzeige des Wertes einer Variablen*

Über die Schaltfläche *Hinzufügen* können Sie Überwachungsausdrücke festlegen, doch dazu kommen wir später.

## 11.1.3 Haltepunkte setzen und entfernen

Um sich nicht immer wieder mühselig vom Programmstart bis zur interessierenden Quelltextzeile mittels F8 bzw. Umschalt+F8 »durcharbeiten« zu müssen, sollten Sie einen Haltepunkt (Breakpoint) an die betreffende Stelle setzen. Das geht ziemlich einfach: Klicken Sie mit der Maus auf den linken breiten Rand des Quelltextfensters, so erscheint ein dicker brauner Punkt (eben der Breakpoint). Außerdem wird die gesamte Zeile markiert. Auf diese Weise können Sie mehrere Haltepunkte an verschiedenen Stellen Ihres Programms platzieren.

Wenn Sie jetzt das Programm wie gewohnt mit F5 starten, stoppt es am ersten Breakpoint, und Sie können sich von nun ab mit F8 (Umschalt+F8) weiterbewegen oder aber mit F5 zum nächsten Breakpoint gehen.

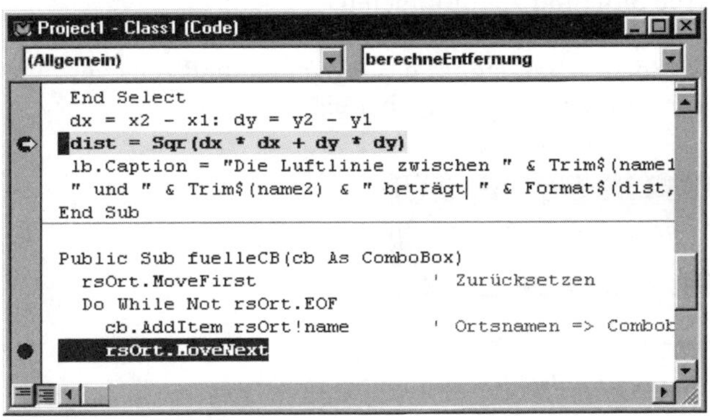


***Abbildung 11.6:*** *Die Programmabarbeitung stoppt an einem Haltepunkt*

Genauso einfach wie das Hinzufügen ist das Entfernen von Breakpoints: Klicken Sie drauf, so verschwinden sie wieder. Über das *Debuggen*-Menü bzw. mit Strg+Umschalt+F9 können Sie alle Haltepunkte auf einmal löschen.

**TIPP:** Klicken Sie auf die Schaltfläche (oder Strg+Pause), um bei laufendem Programm den *Unterbrechungsmodus* auch ohne Vorhandensein eines Fehlers bzw. Breakpoints zu erzwingen.

### Unterbrechungsbedingungen festlegen

Wollen Sie den Zustand des Programmes nur untersuchen, wenn Variablen einer bestimmten Bedingung genügen, so sollten Sie eine *Unterbrechungsbedingung* festlegen.

**BEISPIEL:** Das Programm *Berechnung der geografischer Entfernungen* soll dann stoppen, wenn die Distanz zwischen zwei Orten größer 100 km ist. Öffnen Sie über das Menü *Debuggen/Überwachung hinzufügen* ... das in Abbildung 11.7 gezeigte Dialogfeld und tragen Sie die Unterbrechungsbedingung ein:

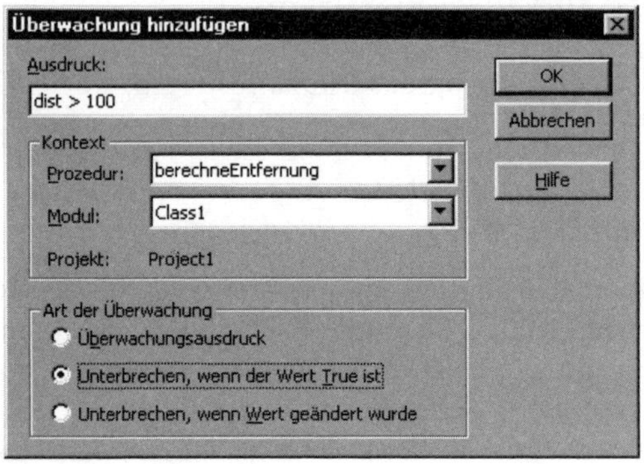


***Abbildung 11.7:** Hinzufügen eines Überwachungsausdrucks*

### Überwachungsausdrücke eingeben

Außer Unterbrechungsbedingungen können Sie auch noch *Überwachungsausdrücke* eingeben. Im Unterbrechungsmodus können Sie sich dann jederzeit das Überwachungsfenster heranholen ( -Schaltfläche), um sich über die aktuelle Situation zu informieren.

**BEISPIEL:** Bei Eintreffen einer Bedingung (*dist > 100*) stoppt das Programm und zeigt verschiedene Überwachungsausdrücke an, die Sie vorher hinzugefügt hatten.

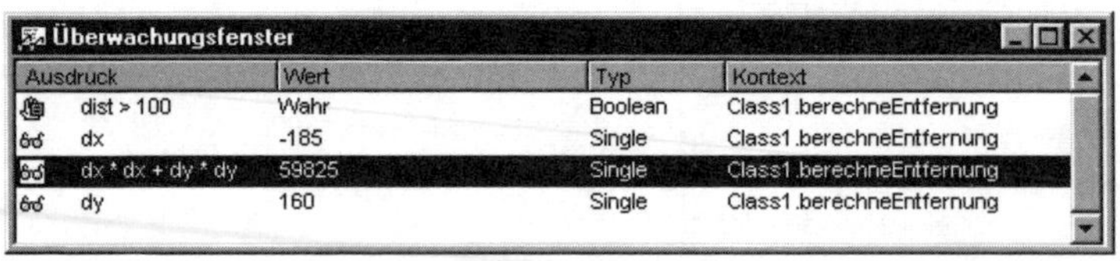


***Abbildung 11.8:** Eine Überwachungsbedingung und drei Überwachungsausdrücke*

**TIPP:** Klicken sie mit der rechten Maustaste in das Überwachungsfenster, so können Sie weitere Unterbrechungsbedingungen bzw. Überwachungsausdrücke hinzufügen.

### Lokalfenster nutzen

Umfassende Informationen über alle (lokalen) Variablen und Objekte erhalten Sie nach Aufruf des Lokalfensters (Schaltfläche der *Debugging*-Symbolleiste). Das Programm muss sich dazu im Unterbrechungsmodus befinden. Das Lokalfenster, welches Sie auch über das *Ansicht*-Menü aufrufen, zeigt die momentanen Werte aller Variablen an, die in der aktuellen Prozedur vorkommen

**BEISPIEL:** Das zum Vorgängerbeispiel gehörende Lokalfenster.

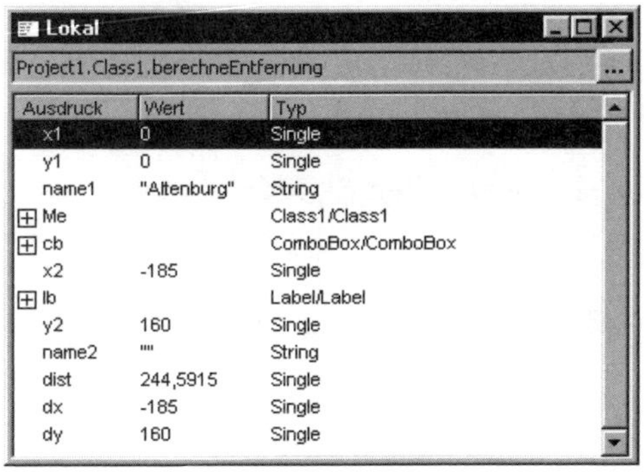


***Abbildung 11.9:*** *Das Lokalfenster zeigt die aktuellen Werte von Variablen an*

### Direktfenster verwenden

Sie rufen das Direktfenster am einfachsten mit Strg+G bzw. über die entsprechende Schaltfläche der *Debuggen*-Symbolleiste auf. Geben Sie eine Befehlszeile ein, nach Drücken der Enter-Taste wird die Anweisung ausgeführt. Das Ergebnis erscheint dann in der nächsten Zeile.

**BEISPIEL:** Das Programm befindet sich im Unterbrechungsmodus, und Sie wollen sich über die *Print*-Anweisung Zwischenergebnisse anzeigen lassen.

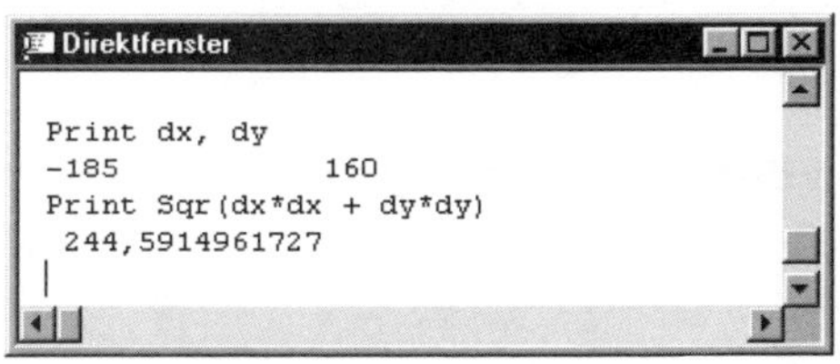


***Abbildung 11.10:*** *Arbeiten mit dem Direktfenster*

Die Vorgehensweise erinnert sehr an die gute alte Basic-Zeit, wo noch ausschließlich im Textmodus gearbeitet wurde und die Ausgabe über die *Print*-Anweisung erfolgte.

Auch beliebige Basic-Sprachkonstrukte können Sie im Direktfenster ausprobieren, wobei Sie völlig unabhängig von einem konkreten Programm sind.

**HINWEIS:** Eine vorherige Variablendeklaration im Direktfenster ist nicht erforderlich und auch nicht möglich.

**BEISPIEL:** Nach Eingabe von

```
For i = 1 To 5: ? "Hallo" : Next i
```

und Enter erhalten Sie folgendes Ergebnis:

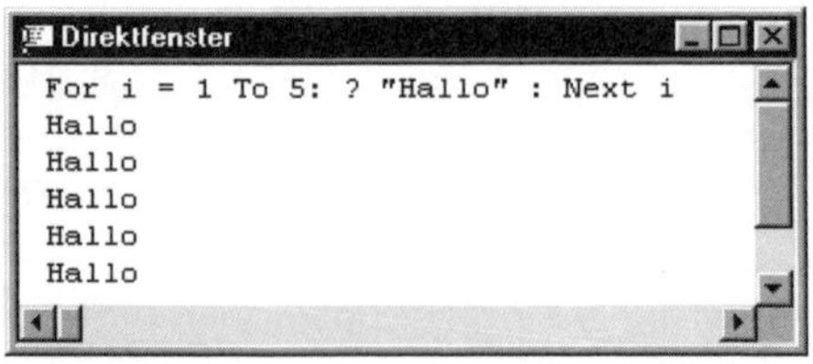


***Abbildung 11.11:*** *Sprachkonstrukte im Direktfenster ausprobieren*

Wie Sie sehen, kann die *Print*-Anweisung auch mit einem Fragezeichen (?) abgekürzt werden.

## Werte über das *Debug*-Objekt ausgeben

Die *Print*-Methode des *Debug*-Objekts ermöglicht es Ihnen auch, sich zur Laufzeit Zwischenergebnisse im Direktfenster ausgeben zu lassen.

**BEISPIEL:** Fügen Sie am Ende der Prozedur *berechneEntfernung* die folgende Zeile ein:

```
Debug.Print dx, dy, dist, lb.Caption
```

und starten Sie mit F5. Im Direktfenster (Strg+G) sehen Sie untereinander die vom Programm vorgenommenen Ausgaben (siehe Abbildung 11.12).

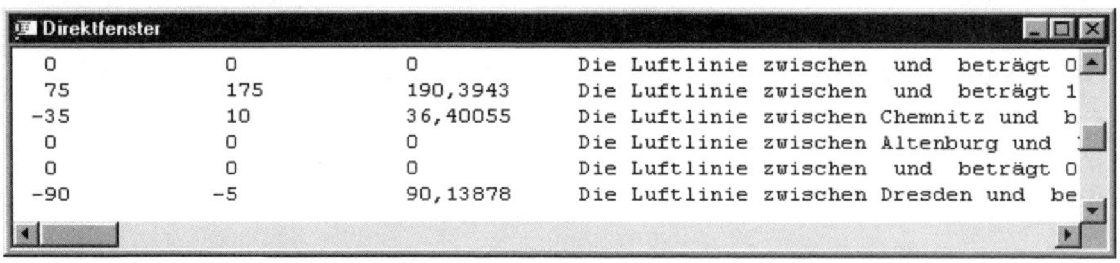


***Abbildung 11.12:*** *Ausgaben in das Direktfenster über das Debug*-Objekt

Darüber hinaus können Sie auch »per Hand« weitere VB-Anweisungen eingeben und so in den Programmablauf gezielt eingreifen.

## Bemerkungen

- In das auf der Buch-CD-ROM enthaltene Testprogramm *Berechnung geografischer Entfernungen* wurde bewusst ein kleiner Fehler eingebaut, der sich in einer lückenhaften bzw. falschen Anzeige der Entfernung äußert. Durch Debugging können Sie die Ursache leicht ermitteln. Wer sofort die Lösung wissen möchte, sollte die im gleichen Verzeichnis abgelegte *Readme.txt*-Datei öffnen.
- Das Testprogramm bietet zahlreiche weitere Möglichkeiten zum Debugging-Training, wenn Sie bewusst weitere Laufzeitfehler provozieren (z.B. falscher Datenbanknamen).

# 11.2 Meldungsfelder und Inputboxen

Mit den Windows-typischen *MessageBox-* bzw. *InputBox*-Funktionen kann man ohne großen Programmieraufwand Zwischenergebnisse oder Warnungen anzeigen oder auch Werte eingeben. Aus diesem Grund können diese Dialogfeld-Funktionen auch sehr gut für Testzwecke bzw. anstatt des Debuggers zur Fehlersuche eingesetzt werden. Diese Windows-Dialoge sind modal, d.h. das Programm kann erst nach Schließen des Meldungsfeldes fortgesetzt werden.

### Einfache MsgBox-Anweisung

Für einfachste Ansprüche genügt der Aufruf von *MsgBox* mit einem einzigen Argument.

**BEISPIEL:** Die Anweisung

```
MsgBox "Die Gesamtkosten betragen " & gesKosten
```

erzeugt das folgende Meldungsfenster:

***Abbildung 11.13:*** *Meldungsfeld*

Wie Sie sehen, kann man beliebige Variablen quasi wie Strings zum Meldungstext hinzuaddieren.

**HINWEIS:** Auf die Beschriftung der Titelleiste haben Sie bislang keinen Einfluss, diese entspricht dem im Hauptfenster angezeigten Anwendungstitel.

Wer Wert auf eine formatierte Anzeige legt, sollte das Beispiel wie folgt programmieren:

```
MsgBox "Die Gesamtkosten betragen " & Format$(gesKosten, "Currency")
```

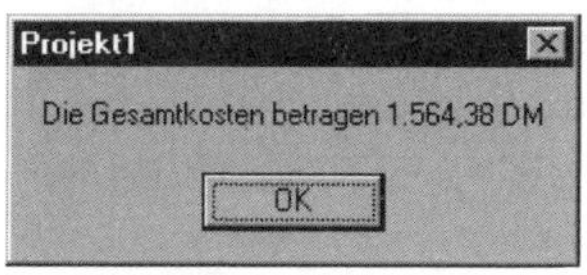


***Abbildung 11.14:*** *Und noch ein Meldungsfeld, diesmal mit formatierter Anzeige*

**BEISPIEL:** Einen Zeilenumbruch können Sie durch Einfügen von *Chr(10)* oder auch *Chr(13)* erzwingen.

```
MsgBox "Die Gesamtkosten betragen " & Chr(10) & Format$(gesKosten, "Currency")
```

### Ausführliche MsgBox-Anweisung

Individuellere Gestaltungsmöglichkeiten ergeben sich erst dann, wenn Sie die weiteren (optionalen) Argumente der *MsgBox*-Anweisung verwenden.

Syntax:

```
MsgBox( prompt[, buttons][, title][, helpfile, context])
```

Für den Meldungstext (*prompt*) und den Fenstertitel (*title*) dürften sich weitere Erklärungen erübrigen. *helpfile* und *context* sind im Zusammenhang mit dem Bereitstellen von Hilfefunktionen von Bedeutung. Genauer beleuchtet werden muss der *buttons*-Parameter, der das Aussehen des Dialogfeldes aus der Summe der folgenden drei Werte für Schaltflächen, Symbol und Standardvorgabe bestimmt:

| Code | Bedeutung |
|---|---|
| 0 | Kein Symbol (Standardvorgabe) |
| 16 | Stoppzeichen |
| 32 | Fragezeichen |
| 48 | Hinweis |
| 64 | Informationszeichen |

***Tabelle 11.1:*** *Konstanten für Symbole*

**BEISPIEL:** Meldungsfeld mit Stoppzeichen.

```
MsgBox "Dateizugriff verweigert!", 16, "Problem"
```

***Abbildung 11.15:*** *Meldungsfeld mit Stoppzeichen*

### MsgBox-Funktion

Soll das Meldungsfeld mehrere Schaltflächen haben, so ergibt das natürlich erst dann einen Sinn, wenn man auch den Status der gewählten Schaltfläche auswerten kann. Anstelle der *MsgBox*-Anweisung sollten Sie dann die *MsgBox*-Funktion verwenden. Die Parameterleiste hat die gleiche Syntax wie die *MsgBox*-Anweisung. Zum *buttons*-Parameter sind allerdings noch folgende Codewerte hinzuzuaddieren:

| Code | Schaltfläche(n) |
|---|---|
| 0 | OK |
| 1 | OK, Abbrechen |
| 2 | Abbrechen, Wiederholen, Ignorieren |
| 3 | Ja, Nein, Abbrechen |
| 4 | Ja, Nein |
| 5 | Wiederholen, Abbrechen |

***Tabelle 11.2:*** *Konstanten für Schaltflächenauswahl*

Welche der Schaltflächen beim Aufruf den Fokus hat, bestimmen Sie durch Hinzuaddieren des folgenden Codes zum *buttons*-Parameter:

| Code | Bedeutung |
|---|---|
| 0 | Die erste Schaltfläche ist die Standardvorgabe |
| 256 | Die zweite Schaltfläche ist die Standardvorgabe |
| 512 | Die dritte Schaltfläche ist die Standardvorgabe |

***Tabelle 11.3:** Codes für Default-Auswahl*

| Konstante | Wert | Bemerkung |
|---|---|---|
| *vbOK* | 1 | Schaltfläche *OK* gedrückt |
| *vbCANCEL* | 2 | Schaltfläche *Abbrechen* gedrückt |
| *vbABORT* | 3 | Schaltfläche *Abbruch* gedrückt |
| *vbRETRY* | 4 | Schaltfläche *Wiederholen* gedrückt |
| *vbIGNORE* | 5 | Schaltfläche *Ignorieren* gedrückt |
| *vbYES* | 6 | *Ja*-Schaltfläche gedrückt |
| *vbNO* | 7 | *Nein*-Schaltfläche gedrückt |

***Tabelle 11.4:** Rückgabewerte der MsgBox*-Funktion

**BEISPIEL:** Für die Ja/Nein-Abfrage genügt:

```
If MsgBox("Aktuelle Datei Löschen?", 32 + 4, "Frage") = 6 Then
    Kill "C:\Test.Exe"
End If
```

***Abbildung 11.16:** Meldungsfeld mit Ja/Nein-Abfrage*

**BEISPIEL:** Als krönender Abschluss ein nicht ganz ernstzunehmendes Meldungsfeld, mit dem Sie ahnungslose Anwender in Angst und Schrecken versetzen können.

```
Select Case MsgBox("Achtung! Ihre Festplatte wird formatiert!", _
                   32 + 2, "Frage")
        Case 3  ' Abbruch
        Case 4  ' Wiederholen
        Case 5  ' Ignorieren

End Select
```

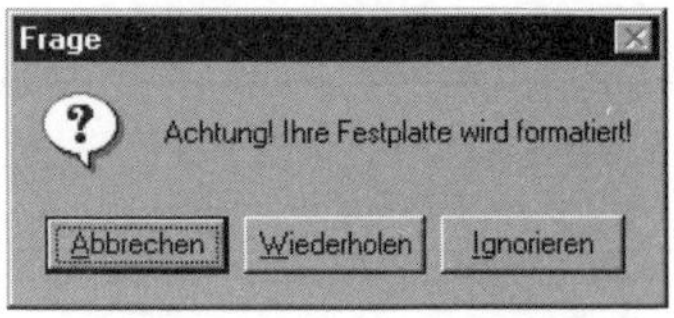


***Abbildung 11.17:*** *Meldungsfeld*

## 11.2.1 InputBox-Funktion

Ähnlich wie die *MsgBox*-Funktion ist die *InputBox*-Funktion aufgebaut. Wie bereits der Name suggeriert, dient sie vorrangig der Eingabe von Werten. Bedienung und Aussehen sind allerdings so mittelalterlich, dass Sie nur in »Notfällen« von der *InputBox*-Funktion Gebrauch machen sollten. Verwenden Sie stattdessen lieber eine selbstgestaltete Eingabemaske mit Textfeldern in einem Formular, wo Sie auch Eingabeprüfungen durchführen können.

Syntax:

```
InputBox(prompt[,title] [, default] [, xpos] [, ypos] _
[, helpfile, context])
```

Da die Parameter selbsterklärend sind bzw. denen der *MsgBox*-Funktion entsprechen, soll sich die Erklärung auf ein Beispiel beschränken.

BEISPIEL: Verwendung der Inputbox

```
Dim n%
answ = InputBox("Anzahl der Unbekannten","Eingabe der Ordnung", "4")
n = Val(answ)
```

erzeugt die folgende Inputbox, deren Rückgabewert (*answ*) nach dem Schließen zugewiesen wird:

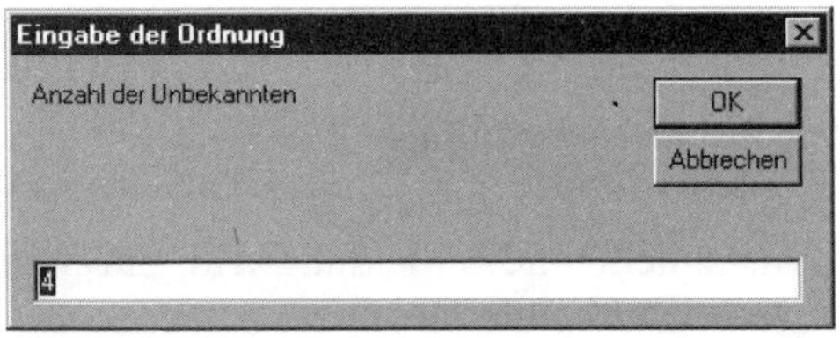


***Abbildung 11.18:*** *Inputbox*

# 11.3 Verpackungs- und Weitergabe-Assistent

Wenn Sie Ihr VB-Projekt fertig entwickelt haben und weitergeben wollen, so sollten Sie dafür ein professionelles Setup-Programm erstellen. Waren als Weitergabemedien früher Installationsdisketten die Regel, so haben sich jetzt CD-ROMs als Standardmedium durchgesetzt. Mehr und mehr gewinnt auch der Vertrieb über das Internet an Bedeutung.

Da ein VB-Programm nicht nur aus einer EXE-Datei besteht, sondern zumindest die Runtime-Library *Msvbvm60.dll* (1,4 MB!) benötigt und meist noch zahlreiche weitere DLL- und OCX- Dateien bzw. Objektbibliotheken braucht, fallen selbst bei kleineren Applikationen etliche MByte an Daten an, die in die entsprechenden Verzeichnisse des Fremdrechners zu kopieren sind.

Für das Anfertigen von Installationsdateien unter VB 6 gibt es zwei grundsätzliche Möglichkeiten:

- Sie benutzen den Verpackungs- und Weitergabe-Assistent.
- Sie verwenden ein eigenes Visual Basic-Projekt, mit welchem Sie ein individuelles Setup-Programm erstellen.

Wir werden uns hier nur mit der ersten Möglichkeit beschäftigen können, da diese schneller zum Ziel führt. Wer aber seinem Setup-Programm eine persönliche Note verleihen möchte und darüber hinaus individuelle Funktionen bzw. Abfragen einbauen will, der sollte sich das Projekt *Setup1.vbp* aus dem Verzeichnis *C:\Programme\Microsoft Visual Studio\VB 98\Wizards\PDWizard\Setup1* in die IDE laden. Damit haben Sie ein mit reichlich Kommentaren ausgestattetes Programmgerüst zur Verfügung, welches Sie entsprechend Ihren Vorstellungen modifizieren können.

**HINWEIS:** Falls Sie ein benutzerdefiniertes Setup auf der Basis von *Setup1.vbp* entwickeln wollen, sollten Sie zunächst eine Sicherheitskopie des ...*\Setup1*-Projektverzeichnisses anfertigen.

Im Folgenden wollen wir beispielhaft ein Standard-Setup-Paket für die kleine Datenbankapplikation

▶ 12.2.28 ... eine Warenkorb-Applikation programmieren?

erstellen, zu welcher auch die Access-Datenbank *Legenstein.mdb* mitgeliefert werden soll.

## 11.3.1 Vorbereitungen

Bevor Sie den Verpackungs- und Weitergabe-Assistenten starten, sollten Sie noch einige wenige Punkte abarbeiten bzw. überprüfen:

- Geben Sie der Projektdatei einen aussagekräftigeren Namen als die Standardbezeichnung *Projekt1.vbp*, denn dies ist dann der Programmname, wie er auch auf dem Fremdrechner erscheinen soll. In unserem Beispiel ändern wir den Projektnamen in *Warenkorb.vbp*.
- Erzeugen Sie einen Folder (z.B. *Warenkorb_Install*), welcher später die Installationsdateien aufnehmen soll.
- Laden Sie Ihr Projekt in die VB-Entwicklungsumgebung.
- Überprüfen Sie über die Menüs *Projekt/Verweise...* und *Projekt/Komponenten...* die geladenen Bibliotheken und Komponenten. Deaktivieren Sie die nicht benötigten Verweise bzw. Komponenten.
- Verwenden Sie etwa absolute Pfadangaben, wie z.B. für das Datenbankverzeichnis? Dies dürfte häufig der Fall sein, z.B. wenn das Projekt eine *Data-* oder *Adodc*-Komponente oder ein *DataEnvironment* verwendet. Hier sollten Sie schleunigst Abhilfe schaffen, entweder durch nachträglichen Einbau eines Dateidialogs, in welchem sich der Anwender selbst die Datenbank herbeiklicken kann, oder die Datenbank befindet sich, wie in unserem Beispiel, im Anwendungsverzeichnis.
- Komprimieren Sie eventuell die Datenbank, um nicht unnötigen Ballast weiterzugeben (unter Microsoft Access Menübefehl: *Extras/Datenbank Dienstprogramme/ Datenbank komprimieren*).
- Führen Sie einen Abschlusstest des Programms durch. Dazu empfiehlt sich auch das Erstellen eine EXE-Datei (Menü *Datei/ Warenkorb.exe erstellen...*) und deren Aufruf.

## 11.3.2 Installationsdateien erstellen

Starten Sie den Verpackungs- und Weitergabe-Assistent über das *Add-Ins*-Menü von Visual Basic. Falls das Add-In noch nicht sichtbar ist, müssen Sie es über den Add-In-Manager hinzufügen.

**HINWEIS:** Sie können den Verpackungs- und Weitergabe-Assistent auch von außerhalb der VB-Entwicklungsumgebung über das Windows-Startmenü aufrufen, allerdings über eine ziemlich lange Verkettung von Untermenüs, wie es die Abbildung 11.19 zeigt.

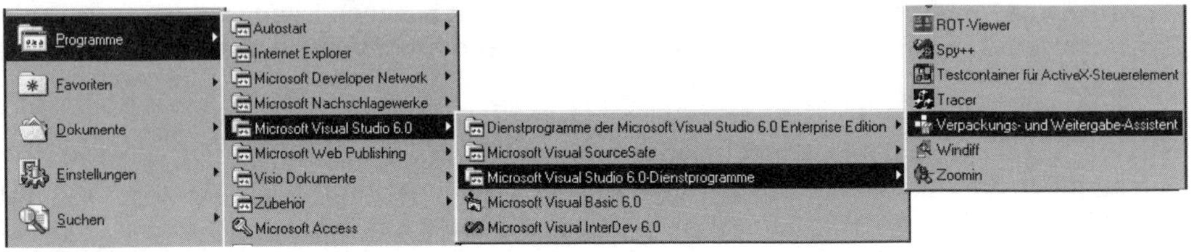


***Abbildung 11.19:*** *Aufruf des Paket- und Weitergabe-Assistenten über das Windows-Startmenü*

- Klicken Sie auf *Verpacken*, anschließend können Sie erneut kompilieren, falls Sie die vorhandene EXE-Datei aktualisieren wollen, bzw. noch keine angelegt haben.

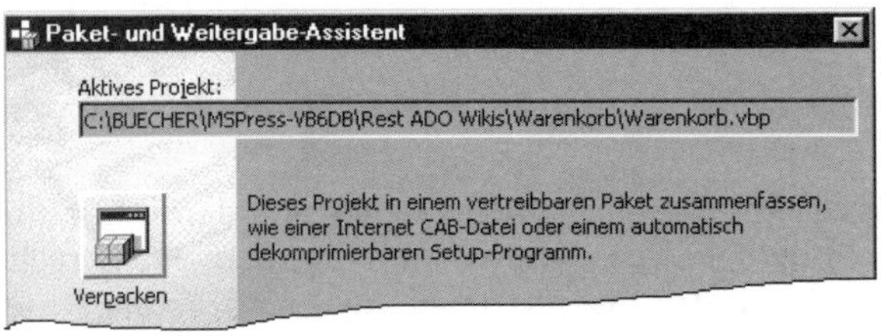


***Abbildung 11.20:*** *Die Startseite des Assistenten (Ausschnitt)*

- Wählen Sie im nachfolgenden Dialogfeld als Pakettyp *Standardmäßiges Setup-Paket* aus.
- Jetzt erscheint ein Dialogfenster, in welchem Sie das Verzeichnis festlegen, in welches der Paket- und Weitergabe-Assistent die von ihm erstellten Dateien ablegen soll (*\Warenkorb_Install*).
- Das folgende Dialogfenster zeigt eine umfangreiche Liste der Dateien, die der Paket- und Weitergabe-Assistent entdeckt hat und die im Paket enthalten sein müssen. Klicken Sie hier nicht leichtfertig auf *Weiter*, sondern überlegen Sie, ob der Assistent nicht doch etwas vergessen hat. In unserem Fall betrifft das die Datenbank *Legenstein.mdb*, die Sie über die Schaltfläche *Hinzufügen...* in die Liste aufnehmen. Dies betrifft auch evtl. vorhandene Hilfedateien und solche Bibliotheken, die von Ihnen nicht unter dem VB-Menü *Projekt/Verweise...* eingebunden worden sind (z.B. solche, die Sie über *CreateObject* erzeugt haben).

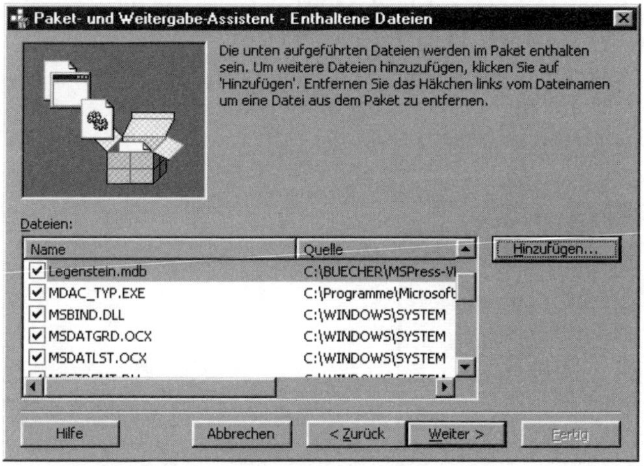


***Abbildung 11.21:*** *Hinzufügen von Dateien*

- Nur falls es wirklich nicht anders geht, sollten Sie im folgenden Dialogfeld die Option *Mehrere CAB-Dateien* wählen, denn hierbei könnte schnell eine 10er-Packung Disketten gebraucht werden. Ansonsten produziert der Assistent nur eine einzige große CAB-Datei, die Sie z.B. auf eine CD-ROM brennen oder auf eine ZIP-Diskette kopieren können.
- Die folgenden Dialogfelder können Sie in der Regel bei den Standardvorgaben belassen. Falls Sie die Zielverzeichnisse dennoch ändern wollen, müssen Sie im Dialogfeld *Installationsorte* die entsprechende Spalte ändern.

***Abbildung 11.22:*** *In der rechten Spalte ändern Sie nur im Bedarfsfall den Installationsort*

- Nachdem Sie weitere, sehr gut selbsterklärende Dialogfelder absolviert haben und auf *Fertig* geklickt haben, setzt hektische Betriebsamkeit ein. Der Assistent braucht ein Weilchen, bis die CAB-Datei fertig ist und liefert Ihnen sogar einen Abschlussbericht. In diesem Bericht weist er u.a. auf eine BAT-Datei hin, die sich im *Support*-Unterverzeichnis befindet und die Ihnen spätere Änderungen an den Installationsdateien erleichtert, da diese dann ohne Assistent möglich sind. Außerdem erfolgt oft ein Verweis auf DCOM98, welches auf Windows95/98-Zielrechnern vorher korrekt installiert sein muss (▶ siehe folgender Abschnitt).

- Im Installationsverzeichnis präsentiert der Verpackungs- und Weitergabe-Assistent das Ergebnis seiner Anstrengungen. Wenn Sie auf den *CAB*-Folder doppelklicken, können Sie sich einen Überblick über die enthaltenen Dateien verschaffen.

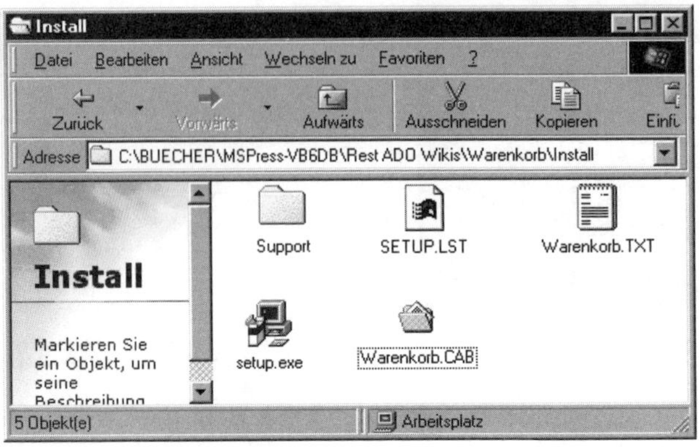


***Abbildung 11.23:*** *Der Inhalt des Installationsverzeichnisses*

## 11.3.3 Installieren/Deinstallieren

Für die Weitergabe brauchen Sie nur die **.cab*- und die **.lst*-Datei(en) und das Programm *Setup.exe* (normalerweise also nur drei Dateien, falls Sie keine Disketten verwenden).

**WICHTIG:** Wenn sich das Programm auf Ihrem eigenen PC problemlos installieren lässt, ist dies noch lange kein Beweis für eine funktionierende Installation auf einem Fremdrechner. Ideal wäre es, wenn Sie auf einen möglichst »jungfräulichen« Computer zugreifen können, auf dem eine möglichst ältere Windows 95-Version (ohne Internet Explorer, Visual Basic oder Access) installiert ist.

**WICHTIG: (für Installationen auf Windows 95/98-Rechnern):** Falls Sie in Ihrem Programm ADO-Datenzugriffsfunktionen verwenden, was bei modernen Datenbankapplikationen durchaus die Regel sein dürfte, muss zunächst das Programm *Dcom98.exe* (bzw. *Dcm98cfg.exe*) auf dem Zielrechner ausgeführt werden, um dort DCOM zu installieren, bevor das eigentliche Setup gestartet wird. Die DCOM-Installationsprogramme finden Sie auf Ihrer Visual Basic-CD-ROM im Unterverzeichnis *\Dcom98*.

Die Installation wird durch Aufruf *von Setup.exe* gestartet. Vorher sollten aber unbedingt alle laufenden Anwendungen (auch der Explorer!) geschlossen werden, damit im Bedarfsfall bereits vorhandene Bibliotheken aktualisiert werden können. In diesem Zusammenhang sollten Sie sich von einem Meldungsfenster nicht schockieren lassen, welches zu einem Neustart des Rechners auffordert und dies ruhig (mit angehaltenem Atem) über sich ergehen lassen. Danach müssen Sie das Setup erneut aufrufen.

**HINWEIS:** In der Datei *St6unst.log* – die Sie keinesfalls löschen dürfen – werden alle Installationsaktivitäten (Registry-Einträge etc.) gespeichert, so dass eine spätere Deinstallation des Programms problemlos möglich ist. Rufen Sie dazu in bekannter Manier die Windows-Systemsteuerung auf (Symbol *Software*, Schaltfläche *Hinzufügen/Entfernen*).

In der Datei *C:\Programme\Microsoft Visual Studio\Readmevb.htm* finden Sie unter anderem viele Hinweise und Problemlösungen zum Verpackungs- und Weitergabe-Assistenten.

# 11.4 WinHelp-Hilfedateien

Zu einer professionellen Visual Basic-Applikation gehört, genauso wie zu jedem anderen Windows-Programm, eine Hilfedatei. Zwei prinzipielle Einsatzmöglichkeiten bieten sich an:

- Bedienhandbuch als eigenständiges »Electronic Book« anfertigen
- Hilfefunktionen bereitstellen, die vom VB-Programm aus aufgerufen werden

Beide Varianten lassen sich durchaus miteinander kombinieren.

## 11.4.1 Übersicht

Die Windows-Hilfe ist ein Hypertextsystem – man kann von bestimmten Stellen im Text oder in Bildern (sogenannten *Hotspots*) zu anderen Themen springen. Um eigene Hilfedateien programmieren zu können, brauchen Sie den Microsoft Help Workshop. Diesen finden Sie – wie nicht anders zu erwarten – auf der Visual Basic-CD-ROM Nr. 3.

▶ *x:\Common\Tools\Vb\Hcw\Setup.exe* (*x* steht für den Laufwerkbuchstaben Ihres CD-ROM-Laufwerks)

Der Help Workshop besteht aus mehreren Dateien, von denen wohl der Help-Compiler *Hcw.exe* die wichtigste ist. Alle Dateien auf einen Blick:

- *Hcw.exe* (Help-Compiler)
- *Shed.exe* (Hotspot-Editor für Grafiken)
- *Mrbc.exe* (DOS-Programm für anpassungsfähige Bitmap-Auflösung)
- *Hcw.hlp* und *Shed.hlp* (Hilfedateien für *hcw.exe* und *shed.exe*)

**HINWEIS:** Beachten Sie, dass die mit dem Microsoft Help-Workshop entwickelten Hilfedateien nur mit dem 32-Bit-Helpviewer betrachtet werden können. Unter Windows 3.x ist das Anzeigen nicht möglich.

## 11.4.2 Etappen der Hilfe-Entwicklung

Unterschätzen Sie nicht die Arbeit, die da auf Sie zukommt. Der Aufwand für das Erstellen einer »standesgemäßen« Hilfe kann durchaus mit dem Entwicklungsaufwand für die eigentliche Datenbankapplikation vergleichbar sein.

Folgende mehr oder weniger aufwendige Etappen sind zu durchlaufen:

- Aufbereitung des Materials (DOCs zusammenstellen)
- Schreiben der Themendatei *(*.rtf)*
- Formatieren der Themendatei
- Anlegen einer Steuerdatei (*.*hpj*) für den Help-Compiler
- Anlegen einer Inhaltsdatei (*.*cnt*) für den Help-Compiler
- Kompilieren der Hilfetexte mit *Hcw.exe*
- Einbinden der Hilfe-Datei (*.*hlp*) in die VB-Applikation

Den Help-Workshop brauchen Sie nur für die Etappen 4, 5 und 6, der Rest muss mit anderen Programmen bewerkstelligt werden (Word, VB).

## 11.4.3 Schreiben der Themendatei

Eine Hilfedatei kann mit jedem Textverarbeitungsprogramm geschrieben werden, das eine Exportmöglichkeit für das Rich Text Format (RTF) bietet (z.B. Word für Windows).

**HINWEIS:** Die Windows-Hilfe unterstützt natürlich auch Farben. Legen Sie deshalb alle Hemmungen ab, die aus dem gewohnten Umgang mit tristen Schwarzweiß-Dokumenten resultieren könnten.

### Seitentrennung

Die Windows-Hilfe ist seitenorientiert aufgebaut. Von einer normalen Seite einer Textverarbeitung unterscheidet sich eine Hilfeseite (Topic) dadurch, dass sie auch länger als eine DIN A4-Seite sein kann. Überschreitet der darstellbare Bereich die vorgegebenen Fensterabmessungen, so werden automatisch vertikale Bildlaufleisten eingeblendet.

Wir sollten die Entscheidung über Beginn und Ende jeder einzelnen Seite unserer Hilfedatei möglichst frühzeitig treffen. Es ist zu empfehlen (keine Bedingung!), dass jede Hilfeseite mit einer Überschrift beginnt.

**Formatierung:** Das Ende einer Hilfeseite wird durch einen eingefügten (manuellen) Zeilenumbruch festgelegt.

### Hilfeseite als Jump oder PopUp?

Wie Sie aus dem praktischen Umgang mit der Windows-Hilfe bereits wissen, werden Hilfeseiten durch das Anklicken sogenannter Hotspots (auch Hyperlinks genannt) aufgerufen. Für die Darstellung einer Hilfeseite gibt es zwei grundsätzliche Möglichkeiten:

Wenn die Seite als *Jump* aufgerufen wird, so nimmt sie das gesamte Hilfefenster für sich in Anspruch. Auf die vorhergehende Hilfeseite können Sie mit der *Zurück*-Schaltfläche wechseln. Im Hilfetext ist die (in der Regel grün markierte) Absprungstelle eines *Jumps* mit einer durchgehenden Linie unterstrichen.

Bei einem *PopUp* erscheint die Hilfeseite in einem »schwebenden« Fenster, welches die darunter liegende Hilfeseite teilweise verdeckt. Ein PopUp-Fenster verschwindet nach einem Mausklick oder einer Tastatureingabe wieder von der Bildfläche.

Ob eine Hilfeseite als *Jump* oder als *PopUp* dargestellt wird, entscheidet allein die Formatierung beim Aufruf. Es ist also möglich, die gleiche Hilfeseite einmal als *Jump* und ein anderes Mal als *PopUp* darzustellen. Trotzdem sollten Sie das Erscheinungsbild einer Hilfeseite nur in Ausnahmefällen ändern, d.h. sie sollten die umfangreicheren Basisinformationen generell in *Jumps* abspeichern und in *PopUps* nur kürzere Texte (Hinweise, Definitionen, Beispiele) aufnehmen.

**Formatierung:** Wenn der Aufruf einer Hilfeseite als *Jump* erfolgen soll, so unterstreichen Sie den Hotspot doppelt. Soll hingegen die Hilfeseite als *PopUp* erscheinen, so ist nur mit einer einfachen Linie zu unterstreichen.

**BEISPIEL:** Nachfolgend sehen Sie einen RTF-Text mit zwei Hotspots:

Betriebsgrundausrüstung und Gebrauchsgüter

Bemerkungen

- Beachten Sie, dass die Hotspots später noch durch Zieladressen (Contextstrings) vervollständigt werden müssen.
- Auch Bitmaps können durch einfache bzw. doppelte Unterstreichung als Hotspots markiert werden.

### NonScrolling-Regionen

Besonders bei längeren Hilfeseiten (Jumps) ist es zweckmäßig, wenn die Überschrift fest am oberen Rand des Hilfefensters positioniert wird und demzufolge beim Blättern nicht verschwindet. Ein solcher nicht scrollbarer Bereich (auch Non-Client-Area genannt) kann neben Überschriften auch einfache Erläuterungen, Verweise zu verwandten Themen bzw. zu Beispielen oder auch Grafiken enthalten.

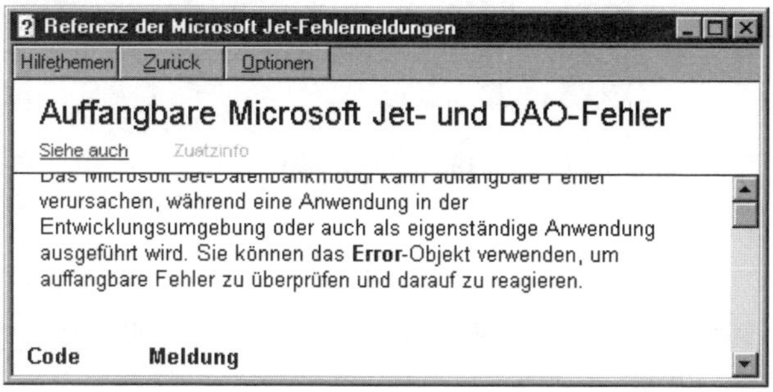


***Abbildung 11.24:*** *Hilfefenster mit Non-Scrolling-Region*

**Formatierung:** NonScrolling-Regionen entstehen durch die spezielle Formatierung *Absätze nicht trennen* (Word-Menü *Format/Absatz*, Registerkarte *Textfluss*).

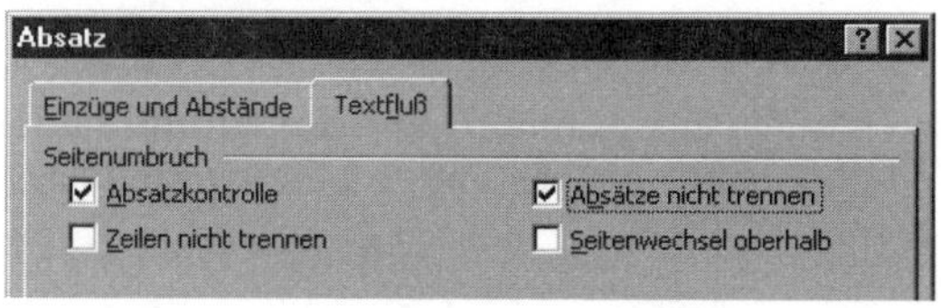


***Abbildung 11.25:*** *Formateinstellung für Non-Scrolling-Region in Microsoft Word*

### Einbinden von Grafiken

Insgesamt lassen sich vier verschiedene Grafikformate verarbeiten:

| Dateityp | Extension | Bemerkung |
|---|---|---|
| Bitmap | **.bmp* | Grafik im Windows-Bitmapformat |
| Metafile | **.wmf* | Grafik im Windows-Metafileformat |
| Hypergrafik | **.shg* | Bitmap- oder Metafile-Grafik mit Hotspots (mit *Shed.exe* zu erstellen) |
| Multiple-Resolution-Bitmap | **.mrb* | Mehrere Versionen einer Bitmap für unterschiedliche Bildschirmauflösungen (mit *Mrbc.exe* zu erstellen) |

***Tabelle 11.5:*** *Unterstützte Grafikformate*

Es gibt zwei prinzipielle Möglichkeiten, um eine Grafik in das RTF-Dokument einzubinden:

*Einfügen* — Bei dieser Methode (*Einfügen/Grafik*) speichern Sie die BMP- oder WMF-Grafik direkt im Dokument ab. Der Speicherplatzbedarf der RTF-Datei wächst allerdings dadurch erheblich an.

*Verknüpfen* — Dafür stehen drei unterschiedliche Formatierungen zur Verfügung, die in geschweifte Klammern einzuschließen sind:
*bml*Grafik linksbündig platzieren,
*bmr*Grafik rechtsbündig platzieren,
*bmc*Grafik wird innerhalb des Textes positioniert.

**BEISPIEL:** Rechtsbündiges Einfügen einer Hypergrafik

```
{bmr BILD1.SHG}
```

Sie können die gleiche Bitmap mehrfach mit unterschiedlicher Farbtiefe anbieten. WinHelp wählt dann automatisch die Bitmap aus, die sich für den Bildschirm des Anwenders am besten eignet.

**BEISPIEL:** Bitmap *Bild1* in drei verschiedenen Versionen zur Verfügung stellen.

```
{bmc monoBild1.bmp; 16Bild1
```

Ein ausführliches Beispiel zum Einbinden von Bitmaps und zum Umgang mit dem Hotspot-Editor finden Sie in:

▶ 12.5.8 ... eine Hilfedatei erstellen und einbinden?

## 11.4.4 Formatieren mit Fußnoten

### Übersicht

Ein Hypertext-Dokument verfügt über Sprungmarken und weitere Inhalts- und Steuerinformationen, die für den Microsoft Help-Compiler im RTF-Dokument als bestimmte benutzerdefinierte Fußnoten codiert werden müssen. Später, in der fertigen Hilfedatei, bleiben diese Fußnoten natürlich unsichtbar:

| Fußnote | Bezeichnung | Bemerkungen |
|---|---|---|
| # | ContextString (ThemenID) | Sprungmarke (Label), zu der von einem Hotspot aus gesprungen werden kann. |
| $ | Title (Thementitel) | Titel der Hilfeseite, wie er in den Dialogfeldern *Gefundene Themen* und *Lesezeichen*, im Fenster *Bisherige Themen* und auf der Registerkarte *Suchen* angezeigt wird. |
| K | KeyWord (Schlüsselwort) | Liste mit Stichwörtern, nach denen im Hilfeindex gesucht werden kann. |
| + | BrowseSequence (Anzeigereihenfolge) | Liste, die die Reihenfolge beim Durchblättern der Hilfeseiten definiert. |
| * | Build Tag (Erstellungsmarke) | Kennung, ob dieses Thema in die Hilfedatei übernommen werden soll. |

***Tabelle 11.6:** Fußnotenzeichen zur Formatierung*

Sie erzeugen eine Fußnote, indem Sie die Einfügemarke direkt vor die entsprechende Stelle im Text setzen (Menü *Einfügen/Fußnote*) und als Option *Benutzerdefiniert* ein Fußnotenzeichen (siehe Tabelle 11.6) angeben:

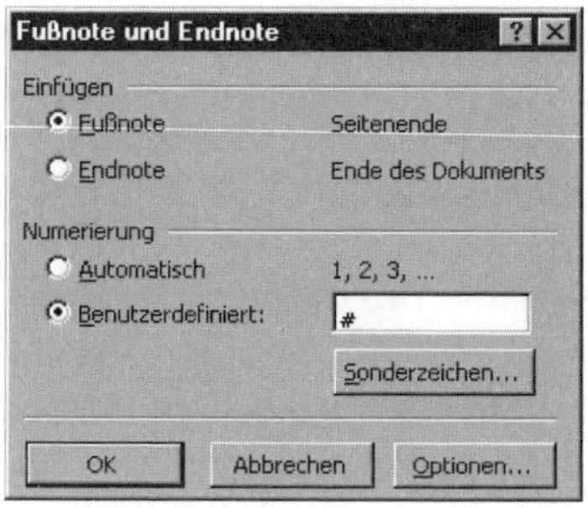


***Abbildung 11.26:*** *Einfügen einer benutzerdefinierten Fußnote*

Mehrere Fußnotenzeichen können direkt hintereinander gesetzt werden:

K$#Betriebsgrundausrüstungen und Gebrauchsgüter

***Abbildung 11.27:*** *Beispiel für einen formatierten RTF-Text*

Nun zu den einzelnen Fußnoten-Formatierungen:

### ContextStrings (#)

Diese bezeichnen eine Zielmarke, zu welcher gesprungen werden kann. Bei der Namensgebung (im Fußnotentext) sollten Sie sich an folgende Regeln halten:

- ContextStrings dürfen maximal 255 Zeichen lang sein und können Leerzeichen enthalten. Verwenden Sie jedoch keine führenden oder nachgestellten Leerzeichen.
- Verzichten Sie auf reservierte Zeichen (# = + @ * % !) und beginnen Sie einen ContextString nicht mit einer Zahl, wenn die ID gleichzeitig auch in der [MAP]-Sektion der Projektdatei aufgeführt werden soll (siehe ► Abschnitt 11.4).
- Beginnen Sie die ContextStrings, die direkt von VB aus aufgerufen werden sollen, mit den Zeichen IDH_. Der Help Workshop erzeugt eine Warnmeldung, wenn nicht alle vorhandenen IDH_-ContextStrings in der [MAP]-Sektion des HPJ-Projektfiles aufgeführt wurden.

**BEISPIEL:** Für eine #-Fußnotenzeile:

```
# BGA
```

**HINWEIS:** Pro Hilfeseite sind mehrere ContextStrings möglich, beim Aufruf erscheint dann im Allgemeinen nicht der Anfang der Hilfeseite, sondern die Stelle, an der sich der entsprechende ContextString befindet.

### Hotspots komplettieren

Haben Sie die Hotspots (ThemenIDs) bereits als Jump oder PopUp markiert (einfache oder doppelte Unterstreichung), so ergänzen Sie jetzt die entsprechenden ContextStrings, damit klar wird, wohin gesprungen werden soll:

Setzen Sie die Einfügemarke direkt hinter den Hotspot (kann auch Bitmap sein), und geben Sie dann den ContextString ein, zu dem Sie springen möchten.

**HINWEIS:** Zwischen Hotspot und ContextString darf kein Leerzeichen stehen!

Markieren Sie den ContextString als »verborgenen Text« (Word-Menü *Format/Zeichen*, Registerkarte *Schrift*).

Damit Sie den verborgenen Text bei der Bearbeitung des RTF-Dokuments auch sehen, müssen Sie die Option *Verborgener Text* aktivieren (Word-Menü *Extras/Optionen*, Registerkarte *Ansicht*).

Wenn Sie den Hotspot später in der Standardtextfarbe (nicht grün) sehen möchten, fügen Sie am Anfang des ContextStrings ein Sternchen (*) ein (oder %, das bewirkt auch noch das Fehlen der Unterstreichung).

Soll ein Sprung zu einem ContextString in einer *anderen Hilfedatei* ausgeführt werden, so fügen Sie am Ende des ContextStrings das Zeichen @ und den Namen der anderen Hilfedatei hinzu.

### KeyWords (K) definieren

Geben Sie als K-Fußnotentext eine Liste von Schlüsselwörtern zum Thema der Hilfeseite ein:

- Trennen Sie die einzelnen Schlüsselwörter durch Semikolons voneinander.
- Verzichten Sie auf die Enter-Taste (Wagenrücklaufzeichen).

Die Groß-/Kleinschreibung sollte beachtet werden, der Help Workshop nimmt jedoch an, dass Schlüsselwörter, die sich nur in der Groß-/Kleinschreibung unterscheiden, identisch sind.

**BEISPIEL:** Für eine K-Fußnotenzeile gilt:

K Betriebsgrundausrüstungen; Gebrauchsgüter; Abschreibungen

### KeyWords zweiter Ebene

Innerhalb einer Hilfeseite sollte man das gleiche Schlüsselwort (KeyWord) nicht mehrfach vergeben. Als Resultat würde dann im Ergebnis einer Indexsuche der gleiche Thementitel mehrfach erscheinen. Als Ausweg bieten sich Schlüsselwörter zweiter Ebene an, die außerdem auch noch für mehr Übersicht sorgen.

***Abbildung 11.28:*** *Gestufte Sucheinträge für Hilfethemen*

- Geben Sie in der K-Fußnote der Hilfeseite den Eintrag für das Schlüsselwort erster Ebene ein, gefolgt von einem Semikolon (;).
- Geben Sie direkt hinter dem Semikolon den Eintrag für die erste Ebene erneut ein, gefolgt von einem Komma (,) oder einem Doppelpunkt (:).
- Geben Sie direkt dahinter ein Leerzeichen, den Eintrag für die zweite Ebene und dann ein Semikolon ein.

### Bemerkungen

- Die Einträge erscheinen im Index in alphabetischer Reihenfolge. Dies gilt unabhängig von ihrer Reihenfolge im Fußnotentext.
- Leerzeichen vor und hinter Schlüsselwörtern werden entfernt.

### Titles ($) definieren

Pro Hilfeseite sollte es nur einen einzigen Thementitel geben. Allerdings ist ein Thementitel nur dann sinnvoll, wenn auch Schlüsselwörter bzw. KeyWords (K-Fußnoten) für diese Seite existieren oder wenn eine Volltextsuche möglich ist.

Im Unterschied zu den ContextStrings (#-Fußnote), die im Hilfefenster nicht erscheinen, sehen Sie den Thementitel ($-Fußnote) in mehreren Bereichen des Hilfefensters, z.B. im Dialogfeld *Gefundene Themen* (unterster Bereich in Abbildung 11.29).

***Abbildung 11.29:** Registerkarte* Suche *der Online-Hilfe*

### BrowseSequences (+)

Die einzelnen Hilfeseiten stehen zunächst lose nebeneinander, sind also nicht miteinander über eine Art »Seitennummern« gekoppelt. Um in der Hilfedatei blättern zu können, muss eine Anzeigereihenfolge (BrowseSequence) festgelegt werden:

- Sie können Browse-Sequenzen nur dann nutzen, wenn Sie in der Projektdatei die entsprechenden Schaltflächen aktiviert haben. Fügen Sie dazu in der [CONFIG]-Sektion den Makroaufruf *BrowseButtons()* hinzu.
- Wenn Sie in Zeichenfolgen für Browse-Sequenzen Zahlen verwenden, geben Sie Nullen als Platzhalterzeichen ein (001, 002, 003 usw.).

Um später leichter Themen hinzufügen zu können, verwenden Sie für die einzelnen Fußnoten in einer Sequenz den gleichen Namen, jedoch keine Zahlen. Der Help Workshop ordnet Ihre Anzeigereihenfolge später in der Reihenfolge, in der die Themen erscheinen.

**HINWEIS:** Wenn die Hilfedatei nur über eine einzige Anzeigesequenz verfügt, können Sie als Fußnotentext *auto* einsetzen. Die Hilfeseiten erscheinen dann in der gleichen Reihenfolge wie in der Themendatei.

**BEISPIEL:** BrowseSequence-Fußnotentext:

+ Thema1

### BuildTags (*)

Mit Erstellungsmarken lässt sich bestimmen, ob und welche Hilfeseiten der RTF-Themendatei in die HLP-Datei übernommen, d.h. kompiliert werden. Sie können allerdings auch gänzlich auf *BuildTags* verzichten, denn Themen ohne *BuildTags* werden grundsätzlich kompiliert.

- Fügen Sie die Fußnote (*) an den Anfang der Hilfeseite vor alle anderen Fußnotenzeichen ein.

- Geben Sie als Fußnotentext eine oder mehrere *BuildTags* ein (Groß-/Kleinschreibung spielt keine Rolle). Trennen Sie die einzelnen Marken durch Semikola (;).

Stellen Sie sicher, dass Sie in der [*BuildTags*-]Sektion Ihrer Projektdatei (*.hpj*) die Themen angegeben haben, die Sie kompilieren möchten.

**BEISPIEL:** Dies ist ein Beispiel für einen *BuildTag*-Fußnotentext:

```
* ThemaA; ThemaB; ThemaC
```

## 11.4.5 Die HPJ-Projektdatei

Damit die RTF-Themendatei überhaupt kompiliert werden kann, muss zuvor eine HPJ-Projektdatei im ASCII-Format erstellt werden. Auch bei dieser Arbeit unterstützt Sie der Microsoft Help Workshop.

### Aufbau der Projektdatei

Der Aufbau einer Projektdatei entspricht dem einer normalen INI-Datei.

**BEISPIEL:** Projektdatei

```
[OPTIONS]
HCW=0
COMPRESS=12 Hall Zeck
LCID=0x407 0x0 0x0 ;Deutsch (Deutschland)
FTS=1d
REPORT=Yes
CONTENTS=BGAGG
TITLE=Beispiel für Hilfe
COPYRIGHT=ProfDob & Co
HLP=.\help1.hlp

[FILES]
.\Help1.rtf

[MAP]
BGAGG=100
IDH_1=1
IDH_2=2
IDH_3=3
IDH_4=4

[WINDOWS]
help1="Hilfe zu BGA",(653,102,360,600),21252,(r14876671),(r12632256),f3

[CONFIG]
BrowseButtons()
```

Ein Ändern der Einträge ist nicht auf direktem Weg möglich, sondern nur über spezielle Dialogfelder, die sich nach einem Doppelklick auf den entsprechenden Eintrag oder durch einen Klick auf die dem Sektionsnamen entsprechende Schaltfläche am rechten Rand des HPJ-Fensters öffnen.

Es folgt eine Erläuterung wichtiger Sektionen und Abschnitte einer HPJ-Datei:

| Sektion | Abschnitt | Erklärung |
|---|---|---|
| [OPTIONS] | COMPRESS<br>CONTENTS<br>REPORT<br>TITLE<br>COPYRIGHT<br>CNT<br>FTS | Kompressionsrate der Hilfedatei<br>Contextstring für Seite mit Inhaltsverzeichnis<br>Ausgabe von Fehlermeldungen (Yes, No)<br>Überschrift im Hilfefenster<br>Text für das *About*-Dialogfeld<br>Name der zugehörigen Inhaltsdatei<br>Optionen für Volltextsuche |
| [FILES] | | Namen aller einzubindenden RTF-Dateien |
| [MAP] | | Zuordnung von Contextstrings zu HelpContextIDs |
| [CONFIG] | | Eintrag von Makros zur Initialisierung |
| [WINDOWS] | | Definition des Erscheinungsbildes des Hilfefensters |

***Tabelle 11.7:*** *Sektionen und Abschnitte einer HPJ-Datei*

**Bemerkungen**

- Die [Options]-Sektion steht immer an erster Stelle der Projektdatei.
- COMPRESS sollte im Interesse kurzer Compilerzeiten zur Entwurfszeit ausgeschaltet bleiben.
- Die [Files]-Sektion darf niemals fehlen!
- Bei Verwendung von Browse-Sequenzen muss die [Config]-Sektion mit dem Makroeintrag *BrowseButtons()* besetzt werden.
- Die [Windows]-Sektion nutzt die folgende (selbsterklärende) Syntax:

```
typeName = "Caption",(horizPosition, vertPosition, Width, Height), Sizing, (clientRGB), (nonScrollingRGB), topMost
```

## 11.4.6 Kompilieren und Anzeigen

Mit der Schaltfläche *Save and Compile* sichern Sie die Einstellungen der HPJ-Datei und starten den Compiler. Nach einer mehr oder weniger langen Wartezeit erscheint ein Fenster mit Warnungen (Warnings) und Fehlermeldungen (Errors). Letztere sind unbedingt ernst zu nehmen, während es sich bei den Warnings meist um relativ harmlose »Meckereien« handelt (z.B. einen überflüssigen Contextstring), welche allerdings die Funktionsfähigkeit der Hilfedatei nicht ernsthaft gefährden können.

Wenn Sie Compiler-Einstellungen ändern wollen, so starten Sie nicht über die Schaltfläche *Save and Compile*, sondern über den Menüpunkt *File/Compile...* Dann erscheint ein Dialogfeld, in welchem Sie u.a. auch festlegen können, ob das Hauptfenster des Help Workshops während des Kompilierens verschwinden soll (Voreinstellung).

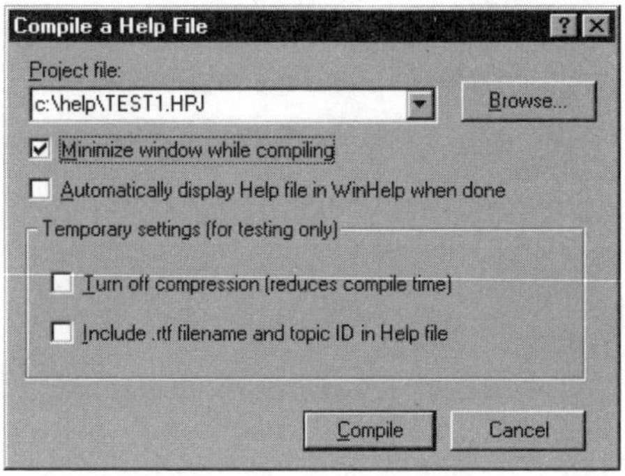


***Abbildung 11.30:*** *Das Dialogfeld des Compilers*

Zur Anzeige und zum Testen der Hilfedatei gibt es mehrere Möglichkeiten:

- Die Hilfefile wird automatisch nach dem Beenden des Übersetzungsvorgangs gestartet (Kontrollkästchen in Compiler-Dialogfeld aktivieren).
- Sie verlassen den Help Workshop und starten die Hilfedatei direkt von Windows aus (Doppelklick auf das Symbol).
- Sie klicken in der Werkzeugleiste des Help Workshops auf die ?-Schaltfläche und wählen im sich öffnenden Dialogfeld zwischen mehreren Varianten wie z.B. der Einzelanzeige einer bestimmten Hilfeseite (entsprechend HelpContextID-Eintrag in [MAP]-Sektion) oder der Anzeige als Jump oder PopUp. Außerdem lassen sich zu Vergleichszwecken auch andere Hilfedateien testen.

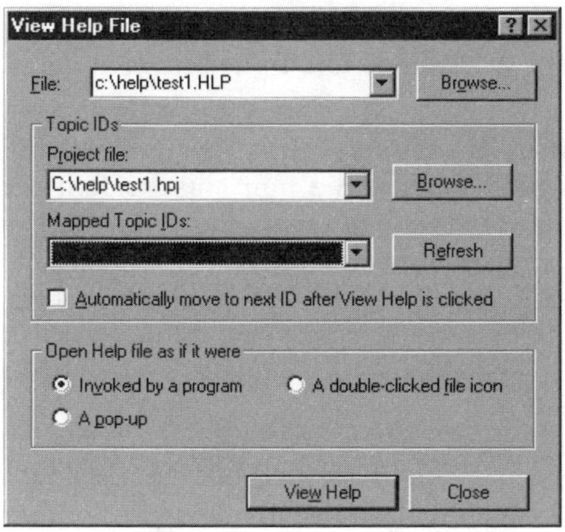


***Abbildung 11.31:*** *Das Dialogfeld* View Help File

## 11.4.7 Die CNT-Inhaltsdatei

Sie können, müssen aber nicht, Ihre Hilfedatei durch eine Inhaltsdatei (Content-File) bereichern. Das dürfte vor allem dann für mehr Übersicht sorgen, wenn die Hilfedatei aus einer größeren Anzahl von Hilfeseiten besteht.

### Ansicht

Das durch eine CNT-Datei definierte Inhaltsverzeichnis erscheint nach Öffnen der Hilfe auf der Registerkarte *Inhalt*:

***Abbildung 11.32:*** *Registerkarte* Inhalt

Die Buchsymbole dienen nur zur Strukturierung. Sie können aufgeklappt werden, auch eine hierarchische Staffelung mehrerer Ebenen ist möglich. Die eigentlichen Topics, hinter denen sich die Hilfeseiten verbergen, befinden sich auf der untersten Ebene.

### Erzeugen der Inhaltsdatei

Bevor Sie beginnen, sollten Sie sich das Inhaltsverzeichnis Ihres RTF-Dokuments zurechtlegen. Wählen Sie dann den Menüpunkt *File/New* des Help Workshops und im anschließenden Dialogfeld den Eintrag *Help Contents*.

Geben Sie einen Namen und einen Titel für die Inhaltsdatei ein und klicken Sie anschließend auf die Schaltfläche *Add Above...*. Im folgenden Dialogfeld müssen Sie nun entscheiden, ob im Inhaltsverzeichnis das Buchsymbol erscheinen soll (es handelt sich dann nur um eine Überschriftenebene) oder ob eine Hilfeseite (Topic) aufgerufen werden soll. Wir wollen mit der Überschrift des ersten Abschnitts beginnen, klicken Sie also die *Heading*-Option an und tragen Sie den Titel ein:

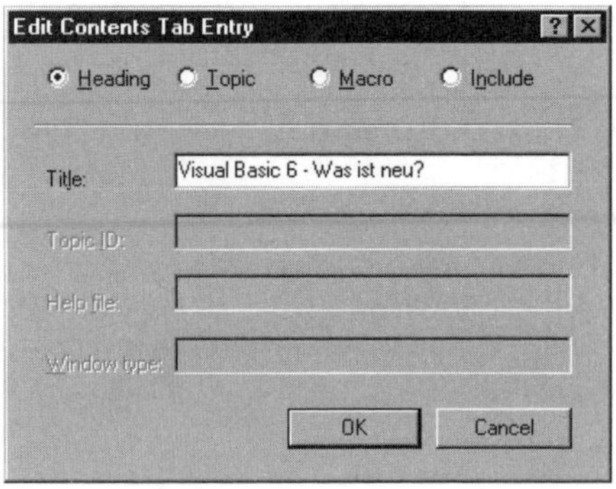


***Abbildung 11.33:*** *Optionen und Titel der Inhaltsdatei*

Nach dem Schließen des Dialogfelds über die Schaltfläche *OK* befinden Sie sich wieder im CNT-Fenster. Dann klicken Sie auf die Schaltfläche *Add Below...*, wählen aber diesmal im Dialogfeld die Option *Topic*. Außer dem Titel wird diesmal noch die Themen-ID abgefragt, die dem von uns vergebenen Contextstring entsprechen muss.

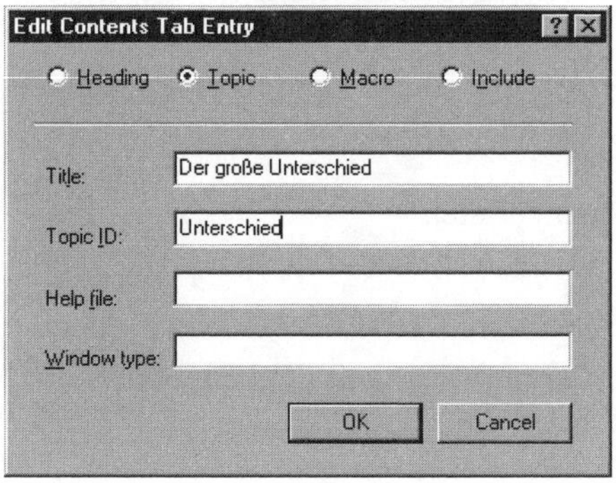


***Abbildung 11.34:*** *Eintragen der Topic-ID einer Inhaltsdatei*

Dieses Hin und Her wiederholen Sie, bis das Inhaltsverzeichnis komplett ist.

Um möglichst bequem die IDs der entsprechenden Fußnoten zu gewinnen, empfiehlt es sich, in einem zweiten (verkleinerten) Fenster die Textverarbeitung mit der geöffneten RTF-Datei laufen zu lassen.

### Abspeichern und Testen

Haben Sie das CNT-Fenster geschlossen und die Inhaltsdatei abgespeichert, stellen Sie fest, dass im Arbeitsverzeichnis eine neue CNT-Datei hinzugekommen ist.

Der Rest ist schnell erledigt. Öffnen Sie im Help Workshop die dazugehörige HPJ-Projektdatei und kompilieren Sie diese. Nach dem Start der fertigen Hilfedatei wird sich Ihnen diesmal das eingangs gezeigte Fenster mit dem funktionsfähigen Inhaltsverzeichnis präsentieren.

## 11.4.8 Help-Makros

Mit Makros können Sie einer Hilfe-Datei weitere Funktionalität verleihen, z.B.:

- Aufruf von Dialogfeldern
- Hinzufügen/Entfernen von selbstdefinierten Schaltflächen und Menüs
- Positionieren von Fenstern
- Ausführen von DLLs
- Druckeransteuerung
- Aufrufen anderer Windows-Programme

**BEISPIEL:** Der Makroaufruf:

```
CreateButton('CT','&Kopieren Thema', 'CopyTopic()')
```

erzeugt eine neue Schaltfläche.

Für das Einbinden von Makros bieten sich verschiedene Möglichkeiten an, z.B.:

- Einfügen in die HPJ-Projektdatei ([Config]-Sektion). Diese Makros werden bei jedem Öffnen der Hilfedatei abgearbeitet.
- Einbau von Makros in Fußnoten der RTF-Themendatei. Diese Makros werden bei jedem Aufruf der entsprechenden Hilfeseite ausgeführt.
- Makroaufruf in einem Hotspot, dem Namen des Makros ist ein Ausrufezeichen(!) voranzustellen.

Mit Hilfe von Makros lassen sich mit geringem Aufwand sogar interaktive Lernprogramme erzeugen.

**BEISPIEL:** Der folgende Hotspot-Eintrag in einer RTF-Themendatei:

```
{bmc lgStart.bmp}!EF("Lehrgang.exe db12")
```

ruft nach einem Mausklick auf die Bitmap das Programm *Lehrgang.exe* mit dem Parameter *db12* auf.

## 11.4.9 Einbinden in Visual Basic

Soll unsere Hilfedatei von einer VB-Applikation aus aufgerufen werden, so gibt es dafür zwei prinzipielle Möglichkeiten:

- Aufruf über die *HelpContextIDs* der Steuerelemente
- Direktaufruf über *WinHelp*-Funktion

### Aufruf über HelpContextID

Bevor Sie diese Art der Hilfestellung verwenden, müssen Sie dem VB-Projekt den Namen einer existierenden Hilfedatei zuweisen (*Projekt/Eigenschaften von Projekt...*).

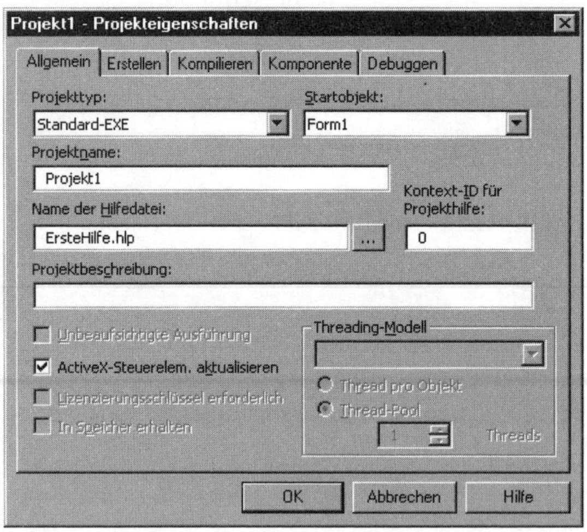


***Abbildung 11.35:*** *Zuweisen der Hilfedatei*

Wenn ein Steuerelement den Fokus hat und Sie die F1-Taste drücken, kann eine bestimmte Hilfeseite aufgerufen werden. Voraussetzung ist, dass Sie die Eigenschaft *HelpContextID* des Steuerelements (entsprechend dem Eintrag in [Map]-Sektion der Projektdatei) zugewiesen haben. Sie können auch die *HelpContextID*-Eigenschaft für das Formular setzen. Dann wird die entsprechende Hilfeseite für den Fall aufgerufen, dass das gerade aktive Steuerelement keine *HelpContextID* besitzt.

**BEISPIEL:** Die folgenden Anweisungen:

```
Private Sub Form_Load()
   App.HelpFile = "Help1.hlp"
   Me.HelpContextID = 100
   Text1.HelpContextID = 10
End Sub
```

weisen der Anwendung die Hilfedatei *Help1.hlp* zu und setzen den Hilfekontext für das Formular und für das Textfeld *Text1*.

### Aufruf über die *WinHelp*-Funktion

Die Windows-API-Funktion *WinHelp* bietet weitaus flexiblere Zugriffsmöglichkeiten auf die Hilfedatei. Die Deklaration sieht folgendermaßen aus:

```
Declare Function WinHelp Lib "USER32" Alias "WinHelpA" (ByVal hWnd&, _
ByVal lpHelpFile$, ByVal wCommand&, dwData As Any) As Long
```

Die Parameter besitzen folgende Bedeutung:

| | |
|---|---|
| *hWnd* | Handle des Fensters |
| *lpHelpFile* | Name der Hilfedatei |
| *wCommand* | Art der Suche (ContextID, Schlüsselwort), Beenden |
| *dwData* | Angeforderter Topic |

Für die Parameter *wCommand* und *dwData* existieren vordefinierte Konstanten:

| Konstante | Beschreibung | Format von *dwData* |
|---|---|---|
| Help_Context | Zeigt die Hilfeseite entsprechend der ContextID | *LongInteger*-Zahl mit der ContextID |
| Help_Contents | Ruft das Inhaltsverzeichnis auf (entspricht [Contents]-Sektion in HPJ-Projekdatei) | wird ignoriert |
| Help_HelpOnHelp | Lädt *Winhelp.hlp* und zeigt den entsprechenden Topic | wird ignoriert |
| Help_SetIndex | Setzt einen bestimmten Topic als Index-Topic | *LongInteger*-Zahl mit der ContextID |
| Help_ContextPopUp | Zeigt die Hilfeseite als PopUp-Fenster an | Eine *LongInteger*-Zahl mit der ContextID |
| Help_Key | Zeigt den ersten Topic in der KeyWord-Liste, der mit dem *dwData*-Parameter übereinstimmt | Ein Zeiger (*Long*) auf einen String mit dem gesuchten KeyWord |
| Help_PartialKey | Zeigt die zum KeyWord gefundene Hilfeseite an | Ein Zeiger (*Long*) auf einen String mit dem gesuchten KeyWord |
| Help_Quit | Die Hilfedatei wird geschlossen | wird ignoriert |

***Tabelle 11.8:*** *Konstanten für* wCommand und dwData

**BEISPIEL:** Die Anweisung:

```
Call WinHelp(Me.hWnd, "d:\test\help1.hlp", HELP_KEY, ByVal "BGA")
```

ruft die mit dem ContextString *BGA* markierte Hilfeseite auf.

**BEISPIEL:** Mit folgendem Code können Sie Makro-Kommandos von einem Textfeld (*Feld1*) übernehmen und an die Hilfedatei weiterreichen:

```
Private Sub Befehl1_Click()
 s = Feld1.Value
 Call WinHelp(Me.hWnd,"d:\test\help1.hlp", HELP_COMMAND, ByVal s)
End Sub
```

Das Hilfefenster muss zum Zeitpunkt des Aufrufs geöffnet sein!

**BEISPIEL:** Der Aufruf:

```
Call WinHelp(Me.hWnd,"d:\test\help1.hlp", HELP_QUIT, 0&)
```

schließt die Hilfedatei und sollte generell beim Schließen der Anwendung ausgeführt werden.

**BEISPIEL:** Der folgende Aufruf lässt das Hilfe-Dialogfeld erscheinen und kann z.B. durch den Menüeintrag *Hilfefenster* oder *?* ausgelöst werden:

```
Call WinHelp(hwnd, "d:\test\help1.hlp", HELP_FINDER, 0)
```

Abschließend sei noch auf eine Möglichkeit hingewiesen, wie Sie die *WinHelp*-Funktion auch direkt vom Microsoft Help Workshop aus testen können. Rufen Sie dazu den Menüpunkt *Test/ WinHelpAPI ...* auf und tragen Sie den entsprechenden *wCommand*-Parameter und die *Context ID* für die gewünschte Hilfeseite ein.

### 11.4.10 Mehrere Hilfedateien einbinden

Es ist nicht immer notwendig, dass Sie alle Hilfeseiten in eine einzige Hilfedatei packen. In vielen Fällen ist es zweckmäßiger, wenn sich die Hilfedatei bausteinartig aus verschiedenen einzelnen Hilfedateien zusammensetzt, da so jederzeit mit geringem Aufwand eine Erweiterung bzw. Anpassung möglich ist. Die Verbindungen zwischen den Dateien werden erst zur Laufzeit hergestellt. Für den Anwender ist es nicht ersichtlich, ob die Hilfeinformationen aus einer oder aus mehreren Dateien stammen.

Bei der folgenden Anleitung wird vorausgesetzt, dass Sie bereits eine Hilfedatei, z.B. *Hilfedatei.hlp* angelegt haben und dass die zugehörige Projektdatei, z.B. *Hilfedatei.hpj* existiert. Es geht also im Folgenden nur noch darum, weitere Hilfedateien hinzuzufügen.

Um mehrere Hilfedateien (**.hlp*) zu verwalten, muss eine Inhaltsdatei (**.cnt*) erstellt werden.

- Bevor Sie beginnen, sollten Sie sich griffbereit eine Übersicht aller vorhandenen Hilfedateien und der zugehörigen Hilfeseiten (Topics) mit ihren Contextstrings zurechtlegen.
- Starten Sie den Help Workshop (*hcw.exe*) und wählen Sie *File/New...*
- Wählen Sie im Dialogfeld den Eintrag *Help Contents*.

- Geben Sie als *Default filename* den Namen der standardmäßigen Hilfedatei ein, z.B. *Hilfedatei.hlp*.
- Geben Sie als *Default title* einen Titel ein, z.B. *Inhaltsverzeichnis*.
- Klicken Sie dann auf die Schaltfläche *Add Above...*
- Im folgenden Dialogfeld müssen Sie nun entscheiden, ob im Inhaltsverzeichnis das aufklappbare Buchsymbol erscheinen soll (es handelt sich dann um eine Überschriftenebene bzw. *Heading*) oder das Symbol mit dem Fragezeichen (es handelt sich dann um den Aufruf einer Hilfeseite bzw. *Topic*). Wir beginnen mit der Eingabe des Titels, z.B. *Inhaltsverzeichnis*.
- Nach dem OK wieder im Hauptfenster, klicken Sie nun auf die Schaltfläche *Add Below...*
- Während beim Heading nur ein Titel abgefragt wird, muss beim Topic außerdem noch die TopicID (d.h. der Contextstring = #Fußnote im RTF-Dokument) eingegeben werden und die dazugehörige Hilfedatei, falls es sich um eine andere handelt, als eingangs unter *Default filename* angegeben wurde.
- Erstellen Sie auf diese Art und Weise das komplette Inhaltsverzeichnis und speichern Sie es z.B. als *Hilfedatei.cnt* dort ab, wo sich auch die Datei *Hilfedatei.hlp* und die übrigen Hilfedateien befinden.
- Öffnen mit *File/Open* im Help Workshop die zugehörige Projektdatei *Hilfedatei.hpj* und kompilieren Sie sie.
- Nach dem Aufruf von *Hilfedatei.hlp* wird sich Ihnen das Fenster mit dem Inhaltsverzeichnis präsentieren, von welchem aus Sie auch zu Hilfeseiten verzweigen können, die sich in anderen Hilfedateien befinden.

**Bemerkungen**

- Nicht nur vom Inhaltsfenster, sondern auch direkt von einer Hilfedatei aus können Sie Sprünge zu anderen Hilfedateien vornehmen. Falls eine Hilfedatei nicht gefunden wird, werden die entsprechenden Topics im Inhaltsfenster nicht angezeigt.
- Um Überschneidungen beim Index zu vermeiden, sollten Sie mit der Report-Option eine Liste von Schlüsselwörtern erstellen lassen.
- Falls später (beim Anwender) Hilfedateien hinzugefügt werden, erscheinen die Änderungen erst dann im Inhaltsverzeichnis, wenn Sie per Handeingabe oder per Setup die Hilfedatei mit folgendem Befehl reinitialisiert haben: *winhelp -g filename.hlp*
  (*filename.hlp* ist der Name der Hilfedatei, die reinitialisiert (ergänzt) werden soll).

# 11.5 Kurzeinführung in HTML-Help

Microsofts HTML-Help ist die aktuelle Generation von Autorensystemen zur Hilfeprogrammierung und benutzt zur Anzeige die vorhandenen Komponenten des Internet Explorers (ab 3.01):

Folgende Formate bzw. Technologien werden unterstützt:

- HTML
- ActiveX
- Java
- JavaScript/VBScript
- Bildformate *.jpeg*, *.gif*, *.png*

Zum Entwicklungssystem gehören:

- ActiveX-Control oder Java-Applet zwecks Einfügen in HTML-Files
- HTML-Workshop (*Hhw.exe*)
- Bildbearbeitungsprogramm (*Flash.exe*)
- Anzeigeprogramm für HTML-Files (*Hh.exe*)
- Anleitung zum Erstellen eines Hilfesystems und zur Bedienung des HTML-Workshops
- Referenz zu HTML, HTML-API und zum Konvertieren vorhandener Hilfedateien (*.hlp*) in HTML-Hilfedateien (*.chm*).

Sie finden die Programme in einem separaten Verzeichnis, wie *C:\Programme\HTML Workshop*.

## 11.5.1 Der HTML Help Workshop

Dieses komplexe Autorentool unterstützt Sie bei der Anfertigung von HTML-Hilfedateien:

- Erstellen eines Projekt-Files (*.hhp*)
- Formatieren von Hilfeseiten (*.htm, .html*)
- Erstellen von Inhaltsdateien (*.hhc*)
- Indexfiles (Navigieren zwischen den Topics)
- Einbinden von Bild- und Multimediadateien
- Hilfefenster und Styles definieren
- Hilfedateien kompilieren (*.chm*)
- Testen und Debuggen von Hilfedateien

Die folgenden Ausführungen sollen Ihnen den Einstieg erleichtern.

## 11.5.2 Unterschiede zwischen WinHelp und HTMLHelp

Wer früher bereits Hilfedateien entwickelt hat, dem werden die Analogien sofort ins Auge stechen:

| | Microsoft WinHelp | Microsoft HTMLHelp |
|---|---|---|
| Compiler | *hcw.exe* | *hhw.exe* |
| Hilfedatei | *.hlp* | *.chm* |
| Projektfile | *.hpj* | *.hhp* |
| Topicfiles | *.rtf* (z.B. mit Word erstellt) | *.htm* (z.B. mit *Microsoft FrontPage* erstellt) |
| Indexfiles | #K-Fußnoten | *.hhk* |
| Inhaltsdatei | *.cnt* | *.hhc* |
| Bildformate | *.bmp/.wmf* | *.gif/.jpg* |

***Tabelle 11.9:*** *Vergleich zwischen* WinHelp *und* HTMLHelp

Auch die Bedienoberfläche des neuen HTML Help-Workshops ähnelt der des Vorgängers zum Verwechseln.

## 11.5.3 Bedienung am Beispiel

Die Hilfe zur HTML-Help ist teilweise ziemlich verwirrend. Hier der Versuch, einen besseren Einstieg zu vermitteln:

- Schreiben Sie mit einem HTML-Editor (z.B. Word oder *Microsoft FrontPage Express*) die einzelnen Hilfeseiten. Fügen Sie Hotspots ein, so dass jede Seite erreichbar ist.
- Öffnen Sie den Microsoft HTML-Workshop (*C:\Programme\Hhw.exe*).
- Wählen Sie im Dialogfeld *Project* den Befehl *File/New*.
- Unaufgefordert drängt Ihnen nun ein Wizard seine Dienste auf. An dem Dialogfeld mit der Option *Convert WinHelp Project* gehen Sie achtlos vorbei, das Häkchen setzen Sie nur in dem Fall, wenn Sie ein bereits existierendes älteres Hilfeprojekt (*.hpj*) in das neue HTML-Format konvertieren wollen. Dies dürfte besonders für den Umsteiger hilfreich sein, beantworten sich doch durch Vergleich des ursprünglichen mit dem konvertierten Projektfile viele Fragen von selbst.
- Über die Schaltfläche *Browse* spezifizieren Sie Ihr *.hhp*-Projektfile. Zweckmäßigerweise legen Sie es im gleichen Verzeichnis an, in welchem sich auch die *.htm*-Dateien befinden (z.B. als *Garten.hhp*).
- Wählen Sie die Option *Htm-Files*, da Sie die HTML-Dateien ja bereits erstellt haben.
- Im nächsten Fenster fügen Sie über *Add* die *.htm*-Dateien hinzu:

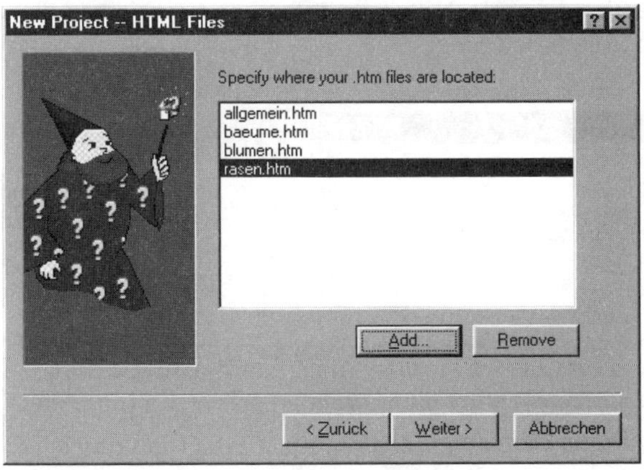


***Abbildung 11.36:*** *Das Hinzufügen der HTML-Seiten ist abgeschlossen*

- Klicken Sie nacheinander auf die vorletzte (*Save project, contents and index files*) und auf die letzte Schaltfläche (*Save all project files and compile*) der linken (senkrechten) Symbolleiste des HTML-Help-Workshops. Im Logfenster (rechts) können Sie sich vom Erfolg überzeugen.

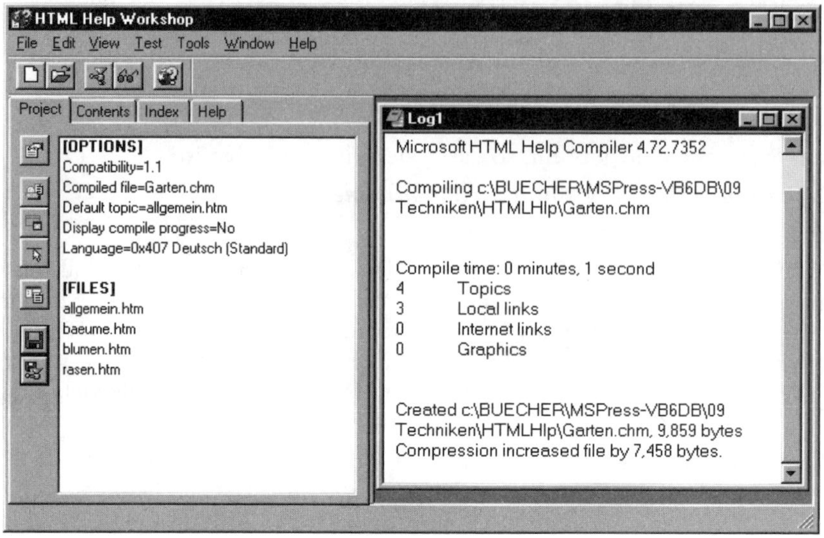


***Abbildung 11.37:*** *Das Hauptfenster des HTML-Workshops*

- Wählen Sie *View compiled file* (vorletzte Schaltfläche in der oberen Symbolleiste), so können Sie in einem einzelnen Hilfefenster bereits die erste Hilfeseite sehen und sich über die von Ihnen angelegten Links zu den anderen Seiten bewegen:

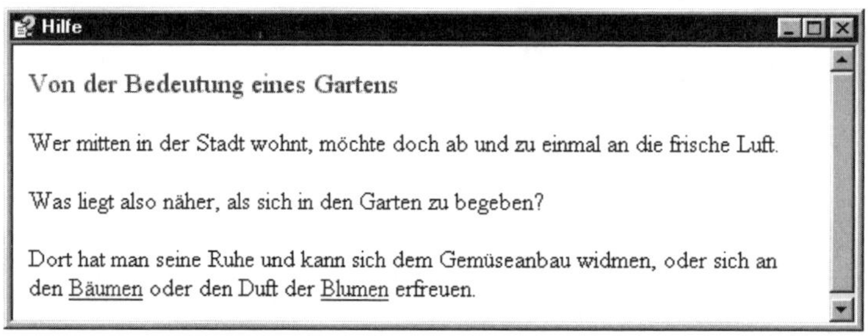


***Abbildung 11.38:*** *Vorschau auf die kompilierte Hilfedatei*

- Um das Inhaltsverzeichnis zu erstellen, öffnen Sie die Contents-Seite, bestätigen die Option *Create a new contents file* und speichern es als *Garten.hhc* im Projektverzeichnis.
- Klicken Sie auf die Schaltfläche *Insert a heading* (links, zweite von oben).
- Wählen Sie als *Entry Title*: *Mein Garten*. Klicken Sie auf die *Edit*-Schaltfläche im Dialogfeld *Path or URL* und stellen Sie oben das Projektfile *Garten.hhp* und unten über die *Browse*-Schaltfläche die Seite *Allgemein.htm* ein.
- Klicken Sie auf die Schaltfläche *Insert a page* (links, dritte von oben). Das Meldungsfeld *Do yo want to insert at the beginning?* quittieren Sie mit *Nein*.
- Weisen Sie auf die gleiche Art die *html*-Dateien der ersten untergeordneten Seite zu.

- Die gleiche Prozedur wiederholen Sie für alle weiteren untergeordneten Seiten. Beginnen Sie dabei immer im Hauptfenster mit der Schaltfläche *Insert a page*. Benutzen Sie hier keine *Add*-Schaltfläche, sonst kommt es zu einem Compilerfehler!
- Nach Verlassen des HTML-Workshops öffnen Sie die Hilfe, indem Sie auf die kompilierte Hilfedatei *Garten.chm* doppelklicken.

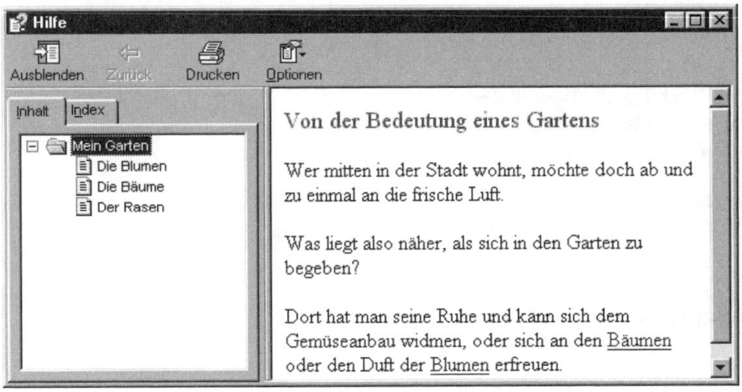


***Abbildung 11.39:** Hilfefenster mit Inhaltsseite*

- Das Hinzufügen einer Indexdatei (*Garten.hkk*) funktioniert ähnlich wie bei einer Inhaltsdatei. Diesmal öffnen Sie die Indexseite über die Schaltfläche *Insert a keyword*. Die einzelnen Keywords ordnen Sie auf analoge Weise (*Edit*-Schaltfläche) den jeweiligen *htm*-Seiten zu. Das Ergebnis im Hilfefenster (nach Verlassen des Workshop) zeigt die folgende Abbildung.

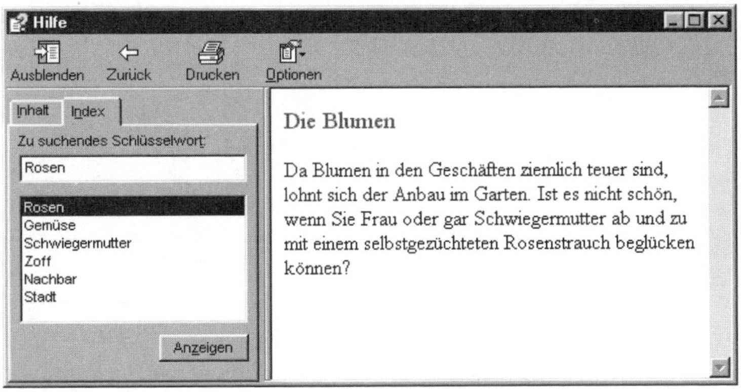


***Abbildung 11.40:** Indexsuche im Hilfefenster*

### 11.5.4 Einbinden in Visual Basic

Leider ist eine Antwort auf diesen »Hilferuf« weder der Online-Help noch der gedruckten VB6-Dokumentation zu entnehmen. Die Lösung des Problems liegt in der OCX-Datei *Hhctrl.ocx*, die hier ähnlich wie die altbekannte *WinHelp*-API-Funktion »angezapft« wird:

```
Option Explicit

Private Const HH_DISPLAY_TOPIC = &H0

Private Declare Function HtmlHelp Lib "hhctrl.ocx" Alias "HtmlHelpA" _
(ByVal hwndCaller As Long, ByVal pszFile As String, _
 ByVal uCommand As Long, ByVal dwData As Long) As Long

Private Sub ShowHTMLHelp(HFile As String)
  Call HtmlHelp(0, HFile, HH_DISPLAY_TOPIC, ByVal 0&)
End Sub
```

Hier der Aufruf im *Click*-Ereignis einer Schaltfläche:

```
Private Sub mnuHlp_Click()            ' Hilfefenster öffnen
  Call ShowHTMLHelp(App.Path & "\Garten.chm")
End Sub
```

Voraussetzung für die Funktionsfähigkeit des obigen Beispiels ist das Vorhandensein einer kompilierten HTML-Hilfedatei (hier *Garten.chm*) im Anwendungsverzeichnis.

# 12 How-to



## 12.1 Wie kann ich ... (Allgemeines)?

### 12.1.1 ... einen Wert runden?

Funktionen: *Int, Round, CDbl*

Bei Berechnungen aller Art hat man oft damit zu kämpfen, das Ergebnis mit einer vorgegebenen Stellengenauigkeit anzuzeigen. Die im Folgenden vorgestellte Funktion löst dieses Problem.

#### Oberfläche

Zur Laufzeit sollte sich dieser Anblick bieten:

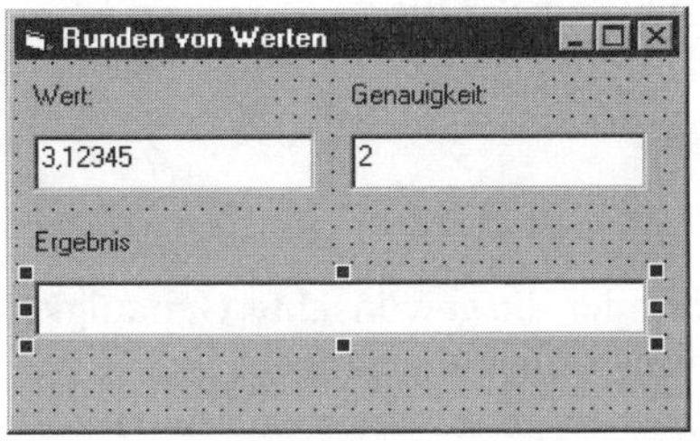


***Abbildung 12.1:*** *Laufzeitansicht*

Die *Enabled*-Eigenschaft des unteren Textfeldes setzen Sie auf *False*. Damit gleich nach Programmstart etwas zu sehen ist, tragen Sie in die *Text*-Eigenschaften von *Text1* und *Text2* etwas Sinnvolles ein.

### Listing

Beginnen wir mit der Hauptsache, nämlich unserer Rundungsfunktion, welcher als Argumente eine Gleitkommazahl und die gewünschte Genauigkeit (Anzahl von Nachkommastellen) zu übergeben sind:

```
Function Round(value As Double, prec As Integer) As Double
   Round = Int((value * 10 ^ prec) + 0.5) / 10 ^ prec
End Function
```

Der Rest unseres Programmes dient lediglich der Demonstration obiger Funktion. Die folgende Sub kümmert sich um die Konvertierung der Eingabewerte und um die Fehlerbehandlung:

```
Private Sub ausführen()
On Error GoTo fehler
Text3.Text = CStr(Round(CDbl(Text1.Text), CInt(Text2.Text)))
Exit Sub
fehler:
 Text3.Text = "Fehler bei der Eingabe"
 Resume Next
End Sub
```

Der Aufruf erfolgt nach Programmstart und nach Eingaben in die beiden oberen Textfelder:

```
Private Sub Form_Load()
 ausführen
End Sub

Private Sub Text1_Change()
 ausführen
End Sub
Private Sub Text2_Change()
 ausführen
End Sub
```

Um zu verhindern, dass als Dezimaltrennzeichen ein Punkt eingegeben wird:

```
Private Sub Text1_KeyPress(KeyAscii As Integer)
 If KeyAscii = 46 Then KeyAscii = 44
End Sub
```

Das Ergebnis wird sofort sichtbar, wenn Sie den Wert der Zahl oder die gewünschte Genauigkeit ändern. Unsinnige Eingaben werden durch die Fehlerbehandlung sicher abgefangen.

## 12.1.2 ... Schleifen mit der ESC-Taste abbrechen?

API-Funktion: *GetAsyncKeyState*

Wer kennt sie nicht, die Meldung *Abbruch mit ESC*? Aber wie lässt sich dieses Feature in die eigene Anwendung integrieren?

Anstatt umständlich mit *DoEvents* herumzudoktern, gibt es eine elegantere Möglichkeit, um eine Endlosschleife oder eine lange Bearbeitungsschleife abzubrechen.

### Oberfläche

Eine Schaltfläche mit der Beschriftung *Start* – schon kann es mit einem kleinen Test losgehen.

### Listing

Wir programmieren eine Endlosschleife, um den Computer »auszulasten«:

```
Private Declare Function GetAsyncKeyState Lib "user32" (ByVal vKey As Long) As Integer
Private Const VK_ESCAPE = &H1B

Private Sub Command1_Click()                          ' Start
  Command1.Caption = "Schleife läuft !!!"
  Do While True
    If (GetAsyncKeyState(VK_ESCAPE)) <> 0 Then Exit Do
  Loop
  Command1.Caption = "Fertig !!!"
End Sub
```

### Test

Klicken Sie auf die *Start*-Schaltfläche, so haben Sie eine Endlosschleife zum Leben erweckt, die Visual Basic-IDE vollständig blockieren würde, wäre da nicht die rettende ESC-Taste:

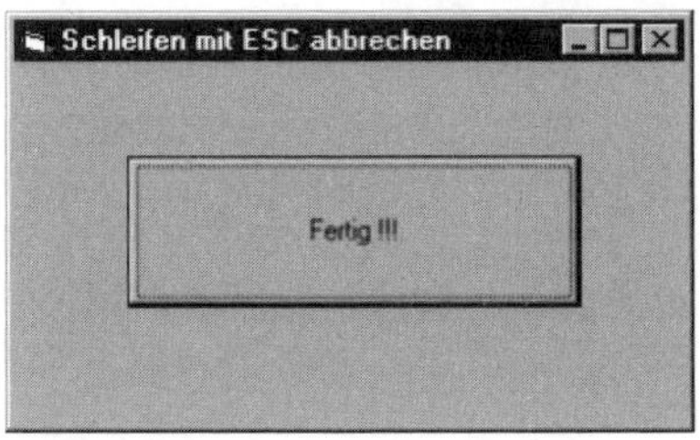


***Abbildung 12.2:*** *Laufzeitansicht*

### Bemerkung

Um die Totalblockade der IDE nach dem Klick auf *Start* zu vermeiden, können Sie die *DoEvents*-Anweisung in die Schleife einfügen:

```
Do While True
   DoEvents
   If (GetAsyncKeyState(VK_ESCAPE)) <> 0 Then Exit Do
Loop
```

## 12.1.3 ... ein Datum auf Wochenende prüfen?

Funktionen *Weekday*, *Mod*

Die hier vorgestellte Funktion liefert *True*, falls es sich bei dem übergebenen Datum um einen Sonnabend oder einen Sonntag handelt.

### Oberfläche

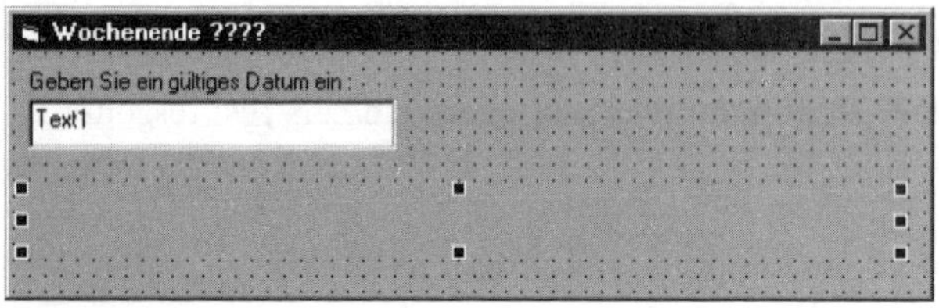


***Abbildung 12.3:*** *Entwurfsansicht*

### Listing

Einfach aber wirkungsvoll:

```
Function ISWeekend(datum As Date) As Boolean
  ISWeekend = (Weekday(datum) Mod 6 = 1)
End Function
```

Zu Beginn wird das aktuelle Datum angezeigt und überprüft:

```
Private Sub Form_Load()
 Text1.Text = CStr(Date)
End Sub
```

Auf jede Änderung im Textfeld wird reagiert, was natürlich auch eine entsprechende Fehlerbehandlung erforderlich macht:

```
Private Sub Text1_Change()
 On Error GoTo fehler
 If ISWeekend(CDate(Text1.Text)) Then
   Label1.Caption = "Der " & CStr(CDate(Text1.Text)) & " ist ein Wochenende"
 Else
   Label1.Caption = "Der " & CStr(CDate(Text1.Text)) & " ist ein Wochentag ..."
 End If
Exit Sub
fehler:
   Label1.Caption = "Kein Datum ..."
   Exit Sub
   Resume Next
End Sub
```

Dann die alles entscheidende Frage: Muss man denn am 11.11.1999 überhaupt zur Arbeit gehen?

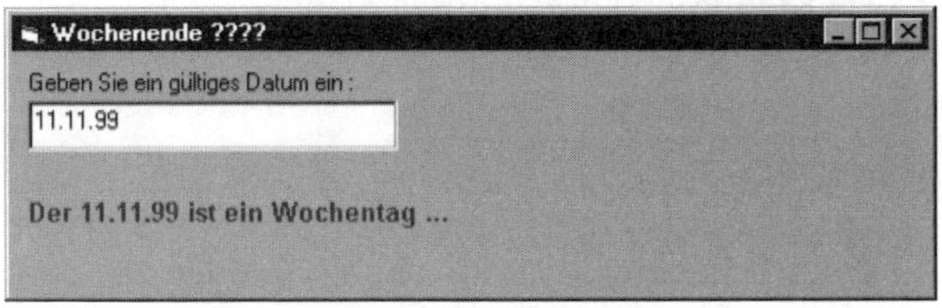


***Abbildung 12.4:*** *Programmtest*

Wie Sie sehen: Leider ja!

## 12.1.4 ... das Anwendungsverzeichnis ermitteln?

Funktionen: *IIf*, *Right*; *App.Path*-Eigenschaft

In vielen Applikationen werden Dateien bzw. Datenbanken gleich mit in das Anwendungsverzeichnis (oder in ein Unterverzeichnis desselben) kopiert, so dass der Anwender kein separates Dialogfeld zum Öffnen bzw. Speichern braucht.

Bekanntlich liefert die altbekannte *CurDir*-Funktion bereits den aktuellen Anwendungspfad, wozu also dann noch Eulen nach Athen tragen? Die Antwort: Wenn Sie ein Programm innerhalb der VB-Entwicklungsumgebung testen, liefert *CurDir* nicht den Pfad des Projektverzeichnisses, sondern den von Visual Basic. Die im Folgenden vorgestellte Lösung arbeitet sowohl in der IDE als auch in der fertigen *Exe*-Datei korrekt.

### Oberfläche

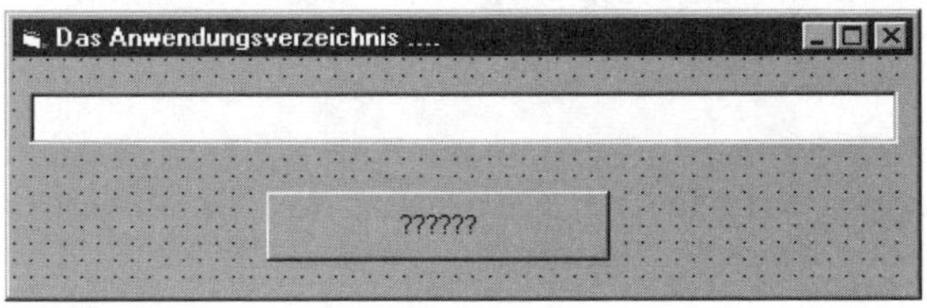


***Abbildung 12.5:*** *Entwurfsansicht*

### Listing

Verwendung findet die *Path*-Eigenschaft des Applikations-Objekts.

```
Private Function getDir() As String
 getDir = App.Path & IIf(Right(App.Path, 1) = "\", "", "\")
End Function
```

Die etwas aus dem Rahmen fallende *IIf*-Anweisung hat die Syntax

IIf(*expr*, *truePart*, *falsePart*)

und bewirkt das Anhängen eines Backslash (\), wenn das letzte Zeichen von *App.Path* kein Backslash (\) ist.

Der Aufruf:

```
Private Sub Command1_Click()
  Text1.Text = getDir
End Sub
```

Zu Vergleichszwecken soll auch noch die *CurDir*-Funktion ausgeführt werden:

```
Private Sub Command2_Click()
  Text1.Text = CurDir
End Sub
```

Testen Sie die *getDir*-Funktion zunächst in der VB-Entwicklungsumgebung. Wählen Sie dann das Menü *Datei/Projekt1.exe erstellen...*, verlassen Sie Visual Basic und testen Sie erneut. In beiden Fällen erhalten Sie das gleiche Ergebnis:

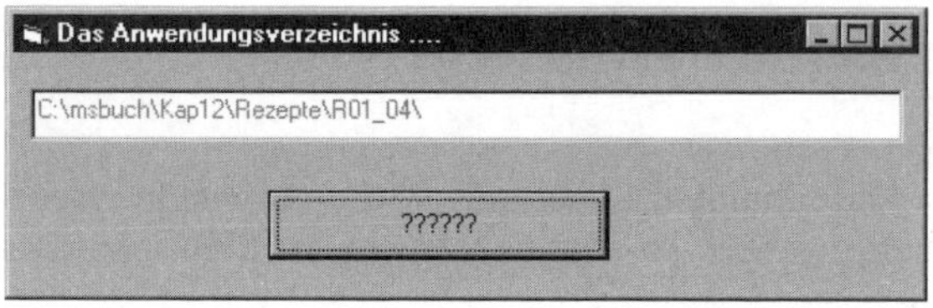


***Abbildung 12.6:*** *Programmtest*

Wiederholen Sie das Experiment mit der *CurDir*-Funktion. Diese wird in der VB-IDE ein abweichendes Ergebnis liefern, wie z.B. *D:\Programme\Microsoft Visual Studio\VB98*.

## 12.1.5 ... Programmeinstellungen sichern?

Funktionen: *SaveSetting, DeleteSetting, GetSetting*

Normalerweise gehen nach Beenden eines Programms alle vom Anwender gesetzten Parameter wieder verloren, es sei denn, man lagert sie vorher auf die Festplatte aus und liest sie beim erneuten Programmstart wieder ein (INI-Datei).

Aber das Problem lässt sich auch ohne umständliche Dateioperationen auf verblüffend einfache Weise in den Griff bekommen. Die Anweisungen *SaveSetting*, *GetSetting* und *DeleteSetting* speichern, lesen oder löschen einen Eintrag in der Windows-Registry.

### Oberfläche

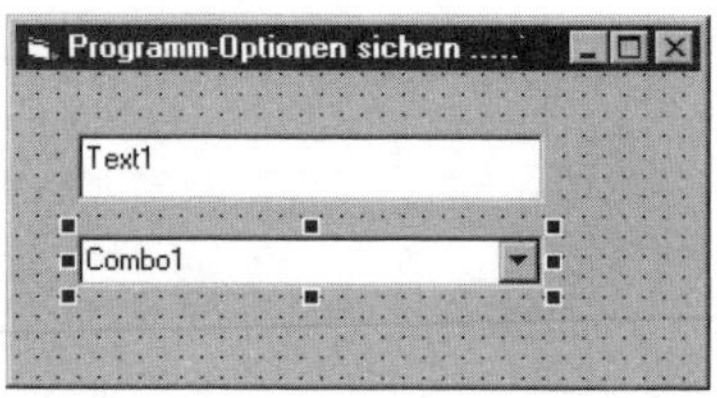


***Abbildung 12.7:*** *Entwurfsansicht*

### Listing

Logischerweise müssen wir mit dem Beenden des Programmes beginnen. Der Inhalt der Textbox sowie die Stellung der ComboBox wird in der Registry unter dem Schlüssel *Testprogramm* abgelegt:

```
Private Sub Form_Unload(Cancel As Integer)
  SaveSetting App.Title, "Optionen", "Text1.Text", Text1.Text
  SaveSetting App.Title, "Optionen", "Combo1.ListIndex", Combo1.ListIndex
End Sub
```

Beim Programmstart:

```
Private Sub Form_Load()
  Combo1.AddItem ("Anton")
  Combo1.AddItem ("Berta")
  Combo1.AddItem ("Cäsar")
  Combo1.AddItem ("Dora")
  Combo1.AddItem ("Emil")
```

Die vorherigen Einstellungen werden restauriert:

```
  Text1.Text = GetSetting(App.Title, "Optionen", "Text1.Text")
  Combo1.ListIndex = GetSetting(App.Title, "Optionen", "Combo1.ListIndex", 2)
End Sub
```

Starten Sie das Programm und nehmen Sie irgendwelche Einträge vor:

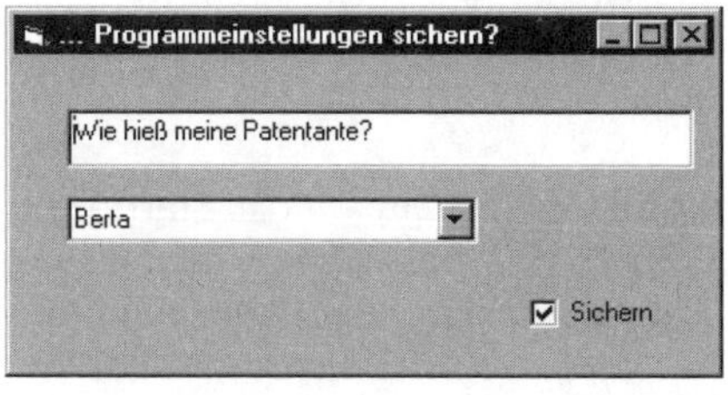


***Abbildung 12.8:*** *Programmtest*

Öffnen Sie mit dem Registrierungseditor (*Regedit.exe*) die Registry und schauen Sie unter dem Schlüssel *HKEY_CURRENT_USER\Software\VB and VBA Program Settings\Testprogramm\Optionen* nach:

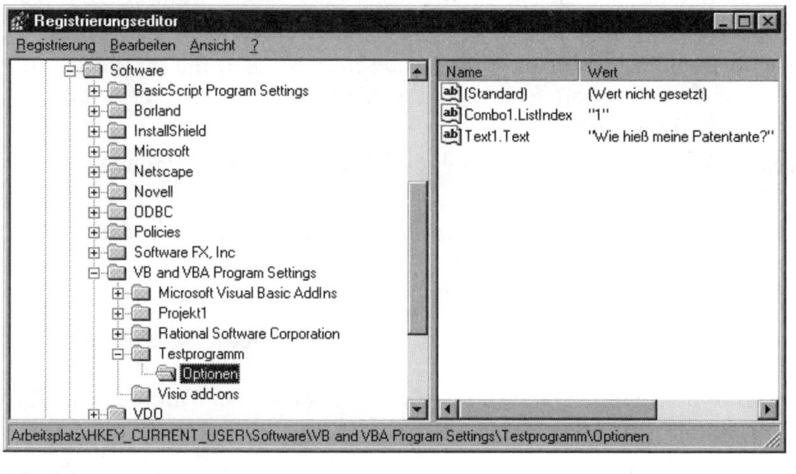


***Abbildung 12.9:*** *Registrierungseditor*

Um die Schlüsseleinträge wieder zu löschen, verlassen Sie das Programm bei deaktiviertem Häkchen.

### Bemerkung

Eine der zahlreichen Anwendungsmöglichkeiten wäre z.B. der automatische Eintrag des Providers sowie der Benutzerkennung beim Aufruf eines Internet-Programms[1].

# 12.2 Wie kann ich ... (Datenbanken)?

## 12.2.1 ... Verbindungsinformationen in einer UDL-Datei speichern?

Datalink-Datei; *Adodc*-Control: *ConnectionString*-, *RecordSource*-Eigenschaft; *Text*-Control: *DataSource*-, *DataField*-Eigenschaft

Die *ConnectionString*-Eigenschaft des ADO-Datensteuerelements (oder eines beliebigen *Connection*-Objekts) besteht in der Regel aus vielen einzelnen Angaben über Provider, Datenbankpfad, Cursortyp, Zugriffsrechte etc... Es besteht die Möglichkeit, diese Angaben in einer DataLink-Datei zu speichern, so dass man diese Werte nicht immer wieder neu zuweisen muss.

### Bedienoberfläche

**HINWEIS:** Wir brauchen nur ein ADO-Datensteuerelement und ein Textfeld auf das Startformular zu setzen. Aktivieren Sie vorher über das Menü *Projekt/Komponenten...* den Eintrag *Microsoft ADO Data Control 6.0 (OLEDB)*, um das *Adodc*-Control auf die Werkzeugsammlung zu platzieren.

### UDL-Datei erstellen

- Klicken Sie auf die kleine Schaltfläche neben dem *ConnectionString*-Eintrag im Eigenschaftenfenster.
- Wählen Sie im Dialogfeld die Option *OLE-Datenbankdatei verwenden* und klicken Sie auf die Schaltfläche *Durchsuchen*.
- Es öffnet sich ein neues Dialogfeld *Datenlinkdatei auswählen*. Klicken Sie mit der rechten Maustaste auf eine beliebige Stelle im Dateifenster und wählen Sie im Kontextmenü den Eintrag *Neu* und dann *Microsoft Data Link*.
- Klicken Sie mit der rechten Maustaste auf diese Datei und ändern Sie über *Umbenennen* den Namen, z.B. in *TestLink.udl*.
- Wählen Sie dann im Kontextmenü den Eintrag *Eigenschaften* und stellen Sie in den nachfolgenden Dialogfeldern die Verbindungsparameter ein.
- Verlassen Sie den Assistenten über die *OK*-Schaltfläche.
- Im Eigenschaftenfenster von *Adodc1* müssten Sie jetzt bei *ConnectionString* etwa folgenden Eintrag finden:
  *FILE NAME=C:\Programme\Gemeinsame Dateien\SYSTEM\ole db\Data Links\TestLink.UDL*

Die folgende Abbildung verdeutlicht noch einmal diese Schritte.

---

1 Sein Passwort sollte man aus naheliegenden Gründen nicht speichern.

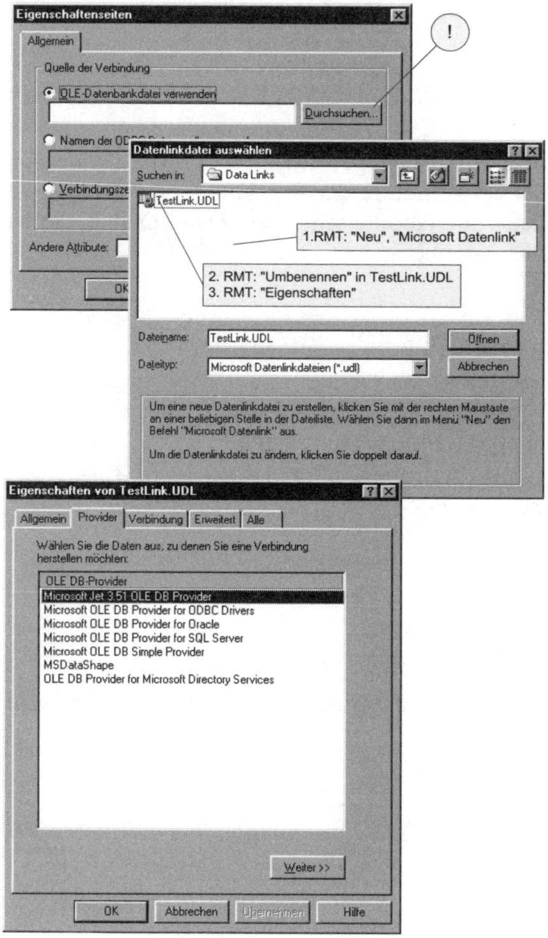


***Abbildung 12.10:*** *Dialogfelder (RMT=Rechte Maustaste)*

## Programm fertigstellen

- Weisen Sie jetzt noch die *RecordSource*-Eigenschaft für *Adodc1* zu. Im Dialogfeld wählen Sie den Befehlstyp aus (z.B. *adCmdTable*) und den Tabellennamen (z.B. *Authors*).
- Binden Sie jetzt *DataSource* von *Text1* an *Adodc1* und *DataField* z.B. an *Author* an.
- Starten Sie das Programm (F5) und testen Sie die Verbindung.

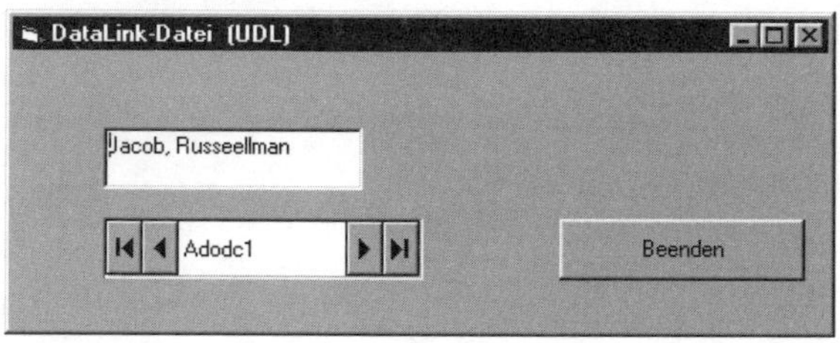


***Abbildung 12.11:*** *Laufzeitansicht*

## 12.2.2 ... ein DataEnvironment frei an eine Datenbank anbinden?

*DataEnvironment*: *Connection-*, *Command*-Objekt, *Initialize*-Event; *DataGrid*-Control: *DataSource-*, *DataMember*-Eigenschaft; *CommonDialog*-Control: *FileName*-Eigenschaft

Beim Entwurf einer Datenumgebung müssen Sie einen absoluten Pfad zur Lokalisierung der Datenbank eingeben. Das hat den Nachteil, dass Ihr Programm in der Regel auf einem Fremdrechner versagt, da dort die Datenbank nicht gefunden wird. Abhilfe schafft ein Datei-Dialog, der bei Programmstart erscheint und mit welchem Sie die Datenbank auswählen können.

### Oberfläche

Öffnen Sie ein neues Projekt (Standard-EXE) und platzieren Sie auf die Startform eine *CommonDialog-* und eine *DataGrid*-Komponente. Falls diese Komponenten in der Werkzeugsammlung fehlen, müssen Sie über das Menü *Projekt/Komponenten...* das *Microsoft Common Dialog Control 6.0* und das *Microsoft DataGrid Control 6.0 (OLEDB)* einbinden.

Wählen Sie das Menü *Projekt/Data Environment hinzufügen* und richten Sie auf gewohnte Weise eine Datenbankverbindung ein, z.B. mit *Personal.mdb.*

Fügen Sie einen Befehl hinzu (*Command1*), z.B.:

```
SELECT * FROM Personen ORDER BY Nachname
```

Die genaue Vorgehensweise ist im Einführungsbeispiel (Kapitel 1) erklärt.

Setzen Sie die *DataSource*-Eigenschaft von *DataGrid1* auf *DataEnvironment1* und die *DataMember*-Eigenschaft auf *Command1*.

### Quelltext

Doppelklicken Sie im Datenumgebungs-Designer auf *DataEnvironment1* und füllen Sie den Rahmencode für das *Initialize*-Event wie folgt aus:

```
Private Sub DataEnvironment_Initialize()
 With Form1.CommonDialog1
  .DialogTitle = "Wählen Sie eine Datenbank aus!"
  .Filter = "Jet-Datenbank (*.mdb)|*.mdb"
  .ShowOpen
  If .FileName = "" Then Exit Sub
   DataEnvironment1.Connection1.Open .FileName
 End With
End Sub
```

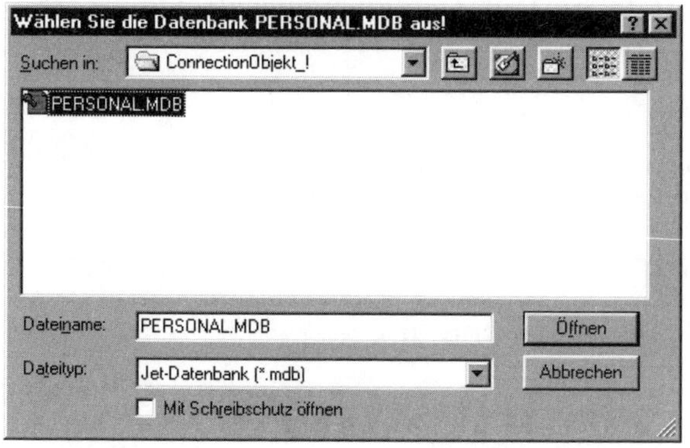


***Abbildung 12.12:** Datei-Dialogfeld*

Nach der Datenbankauswahl erscheinen die mit *Command1* definierten Datensätze im Datengitter.

#### Bemerkungen

Um während der Laufzeit beliebig die Datenbankanbindung wechseln zu können, sollten Sie anstatt eines *DataEnvironment* besser ein *Connection*-Objekt verwenden:

▶ 12.2.4 ... ein Connection-Objekt erstellen?

### 12.2.3 ... die Datenbank ins Anwendungsverzeichnis kopieren?

*DataEnvironment*; *DataGrid*-Control: *DataSource*-Eigenschaft; *App*-Objekt: *Path*-Eigenschaft; *Split-*, *Join*-Funktion; nullbasiertes String-Array

Besonders bei der Weitergabe kleinerer Datenbankapplikationen ist es üblich, die Datenbank direkt in das Anwendungsverzeichnis zu kopieren bzw. in ein Unterverzeichnis[1]. Dadurch wird die Funktionsfähigkeit der Anwendung auch auf Fremdrechnern gewährleistet (sieht man einmal von anderen Fehlerquellen ab, die sich nicht auf ein falsches Datenbankverzeichnis beziehen). Die im Folgenden vorgeschlagene Lösung bezieht sich auf Anwendungen mit einem *DataEnvironment*.

#### Bedienoberfläche

Öffnen Sie ein neues Projekt (Standard-EXE) und platzieren Sie auf die Startform ein *Label* und eine *DataGrid*-Komponente. Falls Letztere in der Standard-Werkzeugsammlung fehlt, muss sie über das Menü *Projekt/Komponenten...* als *Microsoft DataGrid Control 6.0 (OLEDB)* eingebunden werden.

Wählen Sie das Menü *Projekt/Data Environment hinzufügen* und richten Sie auf gewohnte Weise eine Datenbankverbindung ein, z.B. mit *Personal.mdb*.

Fügen Sie einen Befehl hinzu (*Command1*), z.B.:

```
SELECT * FROM Personen ORDER BY Nachname
```

Die genaue Vorgehensweise ist im Einführungsbeispiel (Kapitel 1) erklärt.

---

[1] Dies wurde so auch bei den meisten Beispielen auf der Buch-CD-ROM praktiziert.

Setzen Sie die *DataSource*-Eigenschaft von *DataGrid1* auf *DataEnvironment1* und die *DataMember*-Eigenschaft auf *Command1*.

#### Listing

Doppelklicken Sie im Datenumgebungs-Designer auf *DataEnvironment1* und fügen Sie die folgende Funktion in den allgemeinen Abschnitt des Codefensters (Modulebene) ein:

```
Private Function changeItem$(aString$, itemName$, itemValue$)
 Dim i%, allItems$()
 allItems = Split(aString, ";")              ' liefert nullbasiertes String-Array
 For i = LBound(allItems) To UBound(allItems)
  If allItems(i) Like itemName & "*" Then
   allItems(i) = itemName & "=" & itemValue
   Exit For
  End If
 Next i
 changeItem = Join(allItems, ";")
End Function
```

Die Funktion durchsucht einen durch Semikolons (;) aufgeteilten String (*aString$*) nach einem bestimmten Eintrag (*itemName$*) und weist diesem einen neuen Wert (*itemValue$*) zu. Rückgabewert der Funktion ist der korrigierte String.

**HINWEIS:** Die Funktion *changeItem* ist ein nützliches Beispiel für die mit VB 6 neu eingeführten Stringverarbeitungsfunktionen *Split* und *Join*.

Der Aufruf der Funktion (und die Kontrollausgabe des Connectionstrings) erfolgt im *Initialize*-Event:

```
Private Sub DataEnvironment_Initialize()
 With DataEnvironment1.Connection1
  .ConnectionString = changeItem(.ConnectionString, "Data Source", App.Path & "/Personal.mdb")
  Form1.Label1.Caption = .ConnectionString
 End With
End Sub
```

#### Bemerkungen

- Der Einsatz von *changeItem* ist nicht nur auf den hier gezeigten Anwendungsfall beschränkt, sondern nach geringfügigen Modifikationen (wie z.B. Ändern des Trennzeichens »;«) auch zum »Auseinanderpflücken« und »Wiederzusammensetzen« ähnlicher Zeichenkettenauflistungen geeignet.
- Das Label dient für Sie lediglich als Information über den Aufbau des Connectionstrings.
- Wenn Sie die Datenbank nicht direkt in das Projektverzeichnis kopieren wollen, können Sie dafür auch ein Unterverzeichnis anlegen, welches Sie natürlich beim Aufruf der *changeItem*-Funktion dem Datenbanknamen voranstellen müssen z.B. */DataBase/Personal.mdb*.

### 12.2.4 ... ein Connection-Objekt erstellen?

*Connection*-Objekt: *ConnectionString-*, *CursorLocation-*, *CursorType*-Eigenschaft, *Open*-Methode; Provider: Jet-DB, SQL-Server

Als Alternative zum *DataEnvironment* bzw. zum *Adodc*-Control bietet sich für den fortgeschrittenen Programmierer auch das Erstellen eines *Connection*-Objekts an. Haben Sie sich einmal an *Connection*-Objekte gewöhnt, so werden Sie die übersichtliche Programmierung zu schätzen wissen.

Im vorliegenden Beispiel wollen wir die beiden gebräuchlichsten Varianten demonstrieren:

- *Connection*-Objekt für Jet-Datenbank
  Dazu ist vorher die Datenbank *Personal.mdb* ins Projektverzeichnis zu kopieren.
- *Connection*-Objekt für SQL-Server
  Zugriff auf die im Microsoft SQL-Server 6.5 enthaltene *Verleger*-Datenbank.

Zur Anzeige von Datensätzen verwenden wir das *DataGrid*-Control.

### Bedienoberfläche

Öffnen Sie ein neues Projekt (Standard-EXE). Zunächst sollten Sie die benötigten ADO-Komponenten/Bibliotheken einbinden:

- Klicken Sie mit der rechten Maustaste auf die Werkzeugsammlung und wählen Sie im Kontextmenü den Eintrag *Komponenten....* Fügen Sie das Steuerelement *Microsoft DataGrid Control 6.0 (OLEDB)* zur Werkzeugsammlung hinzu.
- Wählen Sie das Menü *Projekt/Verweise...* und fügen Sie die *Microsoft ActiveX DataObjects 2.0 Library* hinzu.

Zum Austesten verwenden Sie die Oberfläche laut folgender Laufzeitabbildung. Die Label-Komponente (oben) dient zur vergleichsweisen Anzeige der doch ziemlich umfangreichen *ConnectionString*-Eigenschaft des *Connection*-Objekts.

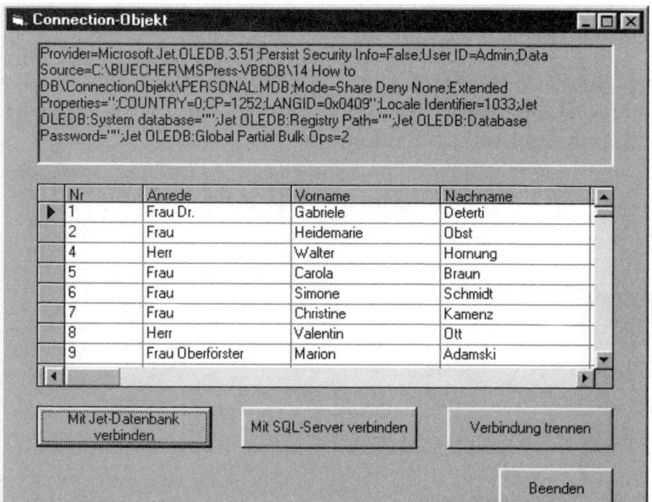


***Abbildung 12.13:*** *Oberfläche*

### Listing

Um Probleme beim Entfernen von Objekten zu vermeiden, empfiehlt es sich auch hier, auf globaler Ebene nur die Referenz auf das *Connection*-Objekt zu deklarieren und die Instanzenbildung (*New*) auf Prozedurebene zu verlagern.

```
Option Explicit
Private con As Connection                          ' Referenz auf Connection-Objekt
```

Zunächst der Jet-Zugriff:

```
Private Sub verbindenJet()
 Set con = New Connection                        ' Connection-Objekt wird erzeugt
 con.CursorLocation = adUseClient                ' Wichtig!!!  siehe Hinweis!
 con.Provider = "Microsoft.Jet.OLEDB.3.51"
 con.Open App.Path & "\PERSONAL.MDB"             ' Datei befindet sich im Projektverzeichnis
 Label1.Caption = con.ConnectionString           ' Kontrollanzeige
End Sub
```

Der Aufruf und die Anzeige:

```
Private Sub Command1_Click()
 Dim rs As New Recordset
 verbindenJet
 rs.Open "Personen", con, adOpenKeyset, adLockOptimistic
 Set DataGrid1.DataSource = rs                  ' Anzeige der Tabelle "Personen" im DataGrid
End Sub

Private Sub Command3_Click()
 On Error Resume Next
 con.Close
End Sub
```

Bereits hier können Sie das Projekt kompilieren und den Zugriff auf *Personal.mdb* testen (Ergebnis siehe Abbildung 12.13).

**HINWEIS:** Eine Jet-Datenbank kann keinen serverseitigen Cursor verwalten! Falls Sie die *CursorLocation*-Eigenschaft des *Connection*-Objekts auf ihrem Standardwert *adUseServer* belassen, kann es zu schwer nachvollziehbaren Fehlfunktionen kommen!

Im vorliegenden Beispiel weist Sie das *DataGrid* mit folgender mysteriöser Meldung auf eine fehlerhafte Cursor-Einstellung hin[1]:

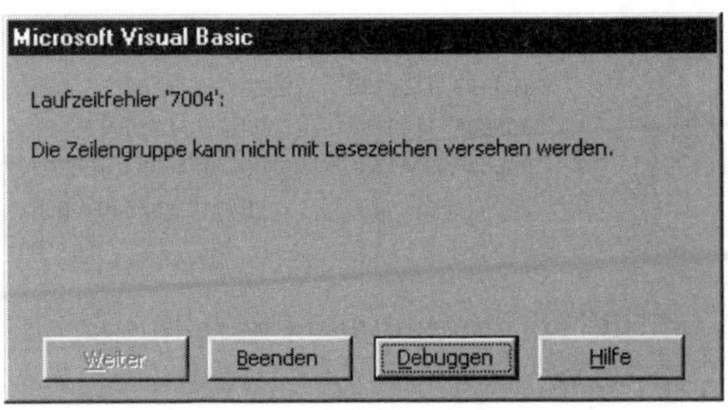


***Abbildung 12.14:*** *Fehlermeldung*

[1] Nicht immer haben Sie solches Glück. Ein angebundenes Kombinationsfeld z.B. scheint zu funktionieren, tückischerweise werden aber bestimmte Datensätze einfach nicht angezeigt.

Nun zum zweiten Teil, dem SQL-Server-Zugriff auf die *Verleger*-Datenbank. Unter Verwendung des in Windows NT integrierten Sicherheitsmechanismus kann auf Benutzerkennung etc. verzichtet werden und von Ihnen ist lediglich als *Data Source* der Name Ihres Servers einzutragen (beim Autor *Pentium300*):

```
Private Sub verbindenSQL()              ' Verbinden mit Verleger auf SQL-Server
 Set con = New Connection
 con.CursorLocation = adUseServer
  con.Open "Provider=SQLOLEDB.1; Integrated Security=SSPI; " & _
         "Persist Security Info=False; Initial Catalog=Verleger; Data Source=Pentium300"
 Label1.Caption = con.ConnectionString
End Sub
```

Um obige doch ziemlich wirre Verbindungszeichenfolge der *Open*-Methode für Ihre spezielle Netzwerksituation exakt zu ermitteln, sollten Sie von einem Trick Gebrauch machen:

- Vorübergehend ein *DataEnvironment* in das Projekt einfügen und dessen *Connection*-Objekt auf gewohnte Weise mit dem SQL-Server verbinden (bei dieser Gelegenheit kann auch getestet werden, ob die Verbindung überhaupt funktioniert).
- Die *ConnectionSource*-Zeichenkette aus dem Eigenschaftenfenster von *Connection1* herauskopieren und in den Quelltext einfügen.
- Das *DataEnvironment* wieder aus dem Projekt entfernen.

Der Aufruf:

```
Private Sub Command2_Click()
 Dim rs As New Recordset
 verbindenSQL
 rs.Open " Autoren ", con, adOpenKeyset, adLockOptimistic
 Set DataGrid1.DataSource = rs
End Sub
```

Bevor mit dem Ausprobieren begonnen werden kann, sollte natürlich der Serverdienst gestartet und der Netzwerkzugriff möglich sein (der *ConnectionString* laut Abbildung 12.15 weist darauf hin, dass der Zugriff vom Laptop des Autors aus erfolgte).

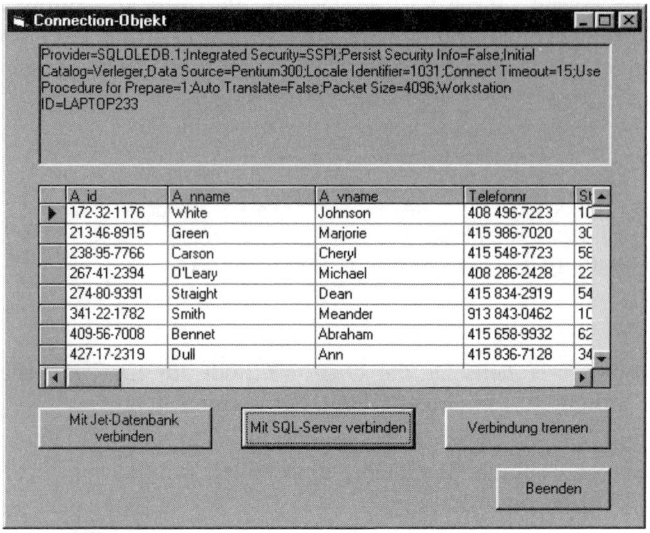


***Abbildung 12.15:*** *Laufzeitansicht*

#### Bemerkungen

- Aus Gründen der Übersichtlichkeit wurde auf eine ausgefeilte Fehlerbehandlung verzichtet. Trotzdem dürfte das Programm stabil laufen, so dass Sie in beliebiger Reihenfolge lokale und SQL-Server-Verbindungen öffnen, editieren und schließen können.
- Eine Version des MS-SQL-Servers 6.5 (Lizenz für fünf Benutzer) ist in der Enterprise-Version von VB 6 enthalten.

## 12.2.5 ... mehrere Connections in einer Datenklasse kapseln?

Datenklassenmodul: *DataBehaviour*-Eigenschaft, *GetDataMember-*, *Initialize-*, *Terminate-*Event; Provider: Jet-DB, SQL-Server

Diese Demo soll zeigen, wie die Verbindung zu mehreren OLE DB-Providern (Jet- und SQL-Server) in einem Datenklassenmodul gekapselt werden kann. Dem Einsteiger sei empfohlen, sich zunächst das Vorgängerbeispiel anzuschauen, denn nur noch ein kleiner Schritt trennt Sie von dort von einer richtigen datengebundenen Klasse.

#### Bedienoberfläche

Diese entspricht dem Vorgängerbeispiel. Lediglich auf die Schaltfläche *Verbindung trennen* wurde diesmal verzichtet.

#### Listing für Datenklassenmodul

**HINWEIS:** Fügen Sie über das Menü *Projekt/Verweise...* die folgende Bibliothek hinzu: *Microsoft ActiveX Data Objects 2.0 Library.*

Wählen Sie den Menüpunkt *Projekt/Klassenmodul hinzufügen* und ändern Sie die folgenden Eigenschaften des Klassenmoduls: *DataSourceBehaviour = vbDataSource* und *Name = ConnClass*.

```
Option Explicit
Private conn As Connection
```

In unserem Fall hat die Klasse nur zwei Datenmitglieder:

```
Private rsPerson As Recordset
Private rsAutor As Recordset
```

Beim Initialisieren der Klasse werden die Datenelemente bekanntgemacht (worauf man notfalls auch verzichten kann), sowie die (zunächst noch leeren) Instanzen der Datenelemente gebildet:

```
Private Sub Class_Initialize()
 With DataMembers
  .Add "Personen"
  .Add "Autoren"
 End With
 Set rsPerson = New Recordset
 Set rsAutor = New Recordset
End Sub
```

Die Verbindung zur Jet-Datenbank wird in einer Klassenmethode vorgenommen:

```
Public Sub verbindenJet(dbPfad As String)                    ' verbinden mit MDB-Datenbank
 Set conn = New Connection
 conn.CursorLocation = adUseClient
 conn.Provider = "Microsoft.Jet.OLEDB.3.51"
 conn.Open dbPfad
End Sub
```

Wie Sie sehen, brauchen wir für die Verbindungsaufnahme zum SQL-Server einiges mehr an Parametern (siehe Vorgängerbeispiel):

```
Public Sub verbindenSQL(serverName As String, dbName As String) ' verbinden mit SQL-Server
 Set conn = New Connection
 conn.CursorLocation = adUseServer
 conn.Provider = "SQLOLEDB.1"
 conn.Open "Integrated Security=SSPI; Persist Security Info=False; " & _
          "Initial Catalog=" & dbName & " ;Data Source=" & serverName
End Sub
```

Kaum nützlich, aber dafür sehr aufschlussreich ist folgende *ReadOnly*-Eigenschaft, die den kompletten *ConnectionString* zurückgibt:

```
Public Property Get conStr() As String
 conStr = conn.ConnectionString
End Property
```

Im Folgenden werden die zwei Beispiel-Datenelemente (sprich *Recordset*-Objekte) zugewiesen. Statt diese wie üblich im *Initialize*-Event zu öffnen, praktizieren wir dies hier im *GetDataMember*-Event.

```
Private Sub Class_GetDataMember(DataMember As String, Data As Object)
 Select Case DataMember
```

```
  Case "Personen"
   rsPerson.Open "SELECT * FROM Personen ORDER BY Nachname", conn, adOpenKeyset, adLockOptimistic
   Set Data = rsPerson
  Case "Autoren"
   rsAutor.Open "SELECT * FROM Autoren ORDER BY A_nname", conn, adOpenKeyset, adLockOptimistic
   Set Data = rsAutor
 End Select
End Sub
```

Die im *Initialize*-Event erzeugten Instanzen sollten im *Terminate*-Event wieder gelöscht werden:

```
Private Sub Class_Terminate()
 Set rsPerson = Nothing
 Set rsAutor = Nothing
End Sub
```

### Listing für Formular

Im Vergleich mit dem Vorgängerbeispiel ist der Code klarer und überschaubarer geworden:

```
Option Explicit
Private datObj As ConnClass          ' Referenz auf Klasse

Private Sub Form_Load()
 Set datObj = New ConnClass          ' Objekt als Instanz der Klasse
 Set DataGrid1.DataSource = datObj
End Sub

Private Sub Command1_Click()          ' Verbinden mit Personal.mdb auf File-Server
 datObj.verbindenJet (App.Path & "/Personal.mdb")
 DataGrid1.DataMember = "Personen"   ' Personen-Tabelle anzeigen
 Label1.Caption = datObj.conStr      ' Verbindungs-Info anzeigen
End Sub

Private Sub Command2_Click()        ' Verbinden mit Verleger auf SQL-Server
 datObj.verbindenSQL "Pentium300", "Verleger"
 DataGrid1.DataMember = "Autoren"   ' Autoren-Tabelle anzeigen
 Label1.Caption = datObj.conStr     ' Verbindungs-Info anzeigen
End Sub

Private Sub Command4_Click()         ' Beenden
 Unload Me
End Sub
```

### Bemerkungen

- Das Resultat unterscheidet sich nicht vom Vorgängerbeispiel.
- Durch Hinzufügen eines Datei-Dialogfeldes bzw. einer Eingabemaske können Sie das Programm mit beliebigen Server-Standorten verbinden.
- Durch Ergänzen der Klasse um weitere Datenmitglieder wäre z.B. auch Zugriff auf andere Abfragen möglich.

## 12.2.6 ... ein Recordset mit der Open-Methode öffnen?

*ADO-Recordset*-Objekt: *ActiveConnection*-Eigenschaft, *Open*-Methode, *CursorType-*, *Lock-Type*-Argument; *Command*-Objekt: *CommandText*-Eigenschaft, SQL-String

Am häufigsten werden Recordsets mit Hilfe ihrer *Open*-Methode erzeugt, wobei zwei Arten von Argumenten in Frage kommen:

- SQL-String
- *Command*-Objekt

Die vorliegende Demo vergleicht beide Alternativen.

### Bedienoberfläche

Öffnen Sie ein neues Projekt (Standard-EXE) und fügen Sie über das Menü *Projekt/Verweise...* die *Microsoft ActiveX Data Objects 2.0 Library* hinzu.

Platzieren Sie drei Schaltflächen und ein *DataGrid*-Control auf das Startformular. Das DataGrid erscheint erst in der Werkzeugsammlung, nachdem Sie *Microsoft Data Grid Control 6.0 (OLEDB)* über das Menü *Projekt/Komponenten...* eingebunden haben.

### Listing für Formular

```
Option Explicit
Private con As Connection
```

Die Verbindung zur Datenbank (befindet sich im Anwendungsverzeichnis) wird bei beim Programmstart hergestellt:

```
Private Sub Form_Load()
 Set con = New Connection
 con.CursorLocation = adUseClient
 con.Provider = "Microsoft.Jet.OLEDB.3.51"
 con.Open App.Path & "\PERSONAL.MDB"
End Sub
```

Als erste Alternative werden der *Open*-Methode ein SQL-String, das *Connection*-Objekt sowie Parameter für *CursorType* und *LockType* übergeben:

```
Private Sub Command1_Click()
 Dim rs As New Recordset
 rs.Open "SELECT * FROM Personen ORDER BY Nachname", con, adOpenKeyset, adLockOptimistic
 Set DataGrid1.DataSource = rs
 End Sub
```

Etwas umständlicher gestaltet sich das Öffnen über ein *Command*-Objekt, weil dieses vorher zu definieren ist:

```
Private Sub Command2_Click()
 Dim comm As New Command
 Dim rs As New Recordset
 comm.CommandText = "SELECT * FROM Personen ORDER BY Gehalt DESC"
 comm.CommandType = adCmdText
 Set comm.ActiveConnection = con
```

```
 rs.Open comm, , adOpenKeyset, adLockOptimistic
 Set DataGrid1.DataSource = rs
End Sub
```

**HINWEIS:** Da die Instanzenbildung (*New*) von *Recordset*- und *Command*-Objekten innerhalb einer Prozedur erfolgt, ist auch automatisch für die Freigabe des belegten Speicherplatzes bei Verlassen der Prozedur gesorgt.

Der saubere Weg zum Trennen der Verbindung:

```
Private Sub Command3_Click()
 Unload Me
End Sub

Private Sub Form_Unload(Cancel As Integer)
 con.Close
End Sub
```

## 12.2.7 ... ein Recordset über Execute-Methoden zuweisen?

*ADO-Recordset*-Objekt; *Connection*-Objekt: *Execute*-Methode; *Command*-Objekt: *CommandText*-, *CommandType*-Eigenschaft, *Execute*-Methode; SQL-Strings (UPDATE); Parameterabfragen; Aktionsabfragen; *DataGrid*-Control

Neben der *Open*-Methode kann auch die *Execute*-Methode zum Öffnen eines Recordsets verwendet werden, wofür zwei Objekte in Frage kommen:

- *Connection*-Objekt
- *Command*-Objekt

Die vorliegende Demo zeigt einen Vergleich beider Varianten.

### Bedienoberfläche

Öffnen Sie ein neues Projekt (Standard-EXE) und fügen Sie über das Menü *Projekt/Verweise...* die *Microsoft ActiveX Data Objects 2.0 Library* hinzu.

Platzieren Sie drei Schaltflächen und ein *DataGrid*-Control auf das Startformular. Das DataGrid erscheint in der Werkzeugsammlung, nachdem Sie *Microsoft Data Grid Control 6.0 (OLEDB)* über das Menü *Projekt/Komponenten...* eingebunden haben.

### Formular-Listing

```
Option Explicit
Dim con As Connection
```

Zum Programmstart kümmern wir uns um die Herstellung der Verbindung zu der im Anwendungsverzeichnis befindlichen Datenbank *Personal.mdb*:

```
Private Sub Form_Load()
 Set con = New Connection
 con.CursorLocation = adUseClient
 con.Provider = "Microsoft.Jet.OLEDB.3.51"
```

```
 con.Open App.Path & "\PERSONAL.MDB"
End Sub
```

Zunächst wollen wir zeigen, wie ein Recordset über die *Execute*-Methode des *Connection*-Objekts zuzuweisen ist. Diese Variante eignet sich besonders für Aktionsabfragen, wie in unserem Fall das Herabsetzen des Gehalts aller Mitarbeiter um 200,-DM:

```
Private Sub Command1_Click()
 Dim anzahl%, sql$
 sql = "UPDATE personen SET gehalt = gehalt-200 WHERE gehalt > 2000"
 Set rs = con.Execute(sql, anzahl, adCmdText)
 MsgBox Str$(anzahl)
 Set rs = con.Execute("SELECT Anrede, Vorname, Nachname, Gehalt FROM personen ORDER BY Nachname")
 Set DataGrid1.DataSource = rs
End Sub
```

Als zweite Alternative soll das Öffnen eines Recordset über die *Execute*-Methode eines *Command*-Objekts demonstriert werden, die sich besonders gut für die Übergabe von Parametern eignet. In unserem Fall werden alle Personen herausgefiltert, deren Nachnamen als zweiten Buchstaben ein »o« hat und als letzten Buchstaben ein »i«:

```
Private Sub Command2_Click()
 Dim comm As New Command
 comm.CommandText = "SELECT * FROM Personen WHERE Nachname LIKE ?"
 comm.CommandType = adCmdText
 Set comm.ActiveConnection = con

 Dim rs As New Recordset
 Set rs = comm.Execute(Parameters:="_o%i")
 Set DataGrid1.DataSource = rs
End Sub
```

**HINWEIS:** Der SQL-Dialekt unter ADO 2.0 hat sich gegenüber dem von DAO geringfügig geändert. Statt der Jokerzeichen »*« (für beliebige Zeichenfolge) und »?« (für ein beliebiges Zeichen) werden jetzt »_« und »%« verwendet. Das Zeichen »?« steht hingegen für einen unbenannten Parameter.

```
Private Sub Command3_Click()
 Unload Me
End Sub

Private Sub Form_Unload(Cancel As Integer)
 con.Close
End Sub
```

## 12.2.8 ... Fehler im ADO-Datensteuerelement abfangen?

*ADO-DataControl*: *Error*-Event; *Recordset*-Objekt: *Bookmark-*, *Editmode*-Eigenschaft, *Cancel Update*-Methode.

Arbeiten Sie mit dem *ADO-DataControl*, ist Ihnen sicher auch schon das *Error*-Ereignis aufgefallen. Das vorliegende Beispiel soll etwas mehr Licht in das Dunkel bringen, was Sie mit der Ereignisroutine anfangen können.

Ein Blick auf den Event-Code zeigt zwar eine beeindruckende Anzahl von Parametern, Sie werden jedoch feststellen, dass Sie einen großen Teil davon nicht brauchen:

```
Private Sub Adodc1_Error(ByVal ErrorNumber As Long, _
                         Description As String, _
                         ByVal Scode As Long, _
                         ByVal Source As String, _
                         ByVal HelpFile As String, _
                         ByVal HelpContext As Long, _
                         fCancelDisplay As Boolean)
```

Wichtig ist in jedem Fall der Parameter *fCancelDisplay*, mit dem Sie festlegen, ob die normale Fehlermeldung trotz der Fehlerbehandlung im *Error*-Ereignis angezeigt werden soll.

Für das vorliegende Beispiel haben wir die Testbedingungen etwas verschärft, die meisten Felder der Tabelle *Personen* müssen bestimmten Kriterien entsprechen (Not NULL etc.).

### Oberfläche

Den Grundaufbau der Oberfläche entnehmen Sie bitte der folgenden Abbildung. Das ADODC-Steuerelement müssen Sie über *Projekt/Verweise* ... hinzufügen.

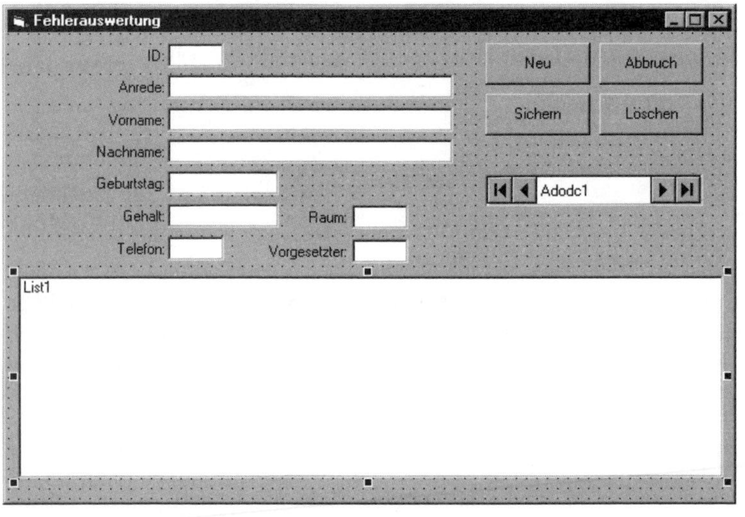


***Abbildung 12.16:*** *Entwurfsansicht*

Das Listenfeld am unteren Rand dient uns als Protokollfenster, in dem die anfallenden Fehlermeldungen angezeigt werden.

**Listing**

Unsere Fehlerbehandlung:

```
Private Sub Adodc1_Error(ByVal ErrorNumber As Long, Description As String, _
                         ByVal Scode As Long, ByVal Source As String, _
                         ByVal HelpFile As String, ByVal HelpContext As Long, _
                         fCancelDisplay As Boolean)
Dim b As Variant
```

Wir schreiben den Fehler in das Listenfeld:

```
  List1.AddItem ("Fehler [" & CStr(ErrorNumber) & "]:" & Description)
```

und schalten die Anzeige der Fehlermeldungen aus:

```
  fCancelDisplay = True
```

Sollte ein Fehler auftreten, wenn sich das *Recordset* im Editmodus befindet, bieten wir die Alternative, die Eingabe zu wiederholen oder abzubrechen:

```
  If Adodc1.Recordset.EditMode = adEditInProgress Then
     If MsgBox("Ihre Änderung war fehlerhaft, was möchten Sie tun?", vbRetryCancel) = _
     vbCancel Then
       b = Adodc1.Recordset.Bookmark
       Adodc1.Recordset.CancelUpdate
       Adodc1.Recordset.Bookmark = b
     End If
```

Ähnlich gehen wir beim Einfügemodus vor:

```
  ElseIf Adodc1.Recordset.EditMode = adEditAdd Then
     If MsgBox("Der Datensatz konnte nicht eingefügt werden! Was möchten Sie tun?", _
     vbRetryCancel) = vbCancel Then
       Adodc1.Recordset.CancelUpdate
       Adodc1.Refresh
     End If
  End If
End Sub
```

Die Routinen für die einzelnen Schaltflächen (auf eine Fehlerbehandlung an dieser Stelle wird bewusst verzichtet):

```
Private Sub Command1_Click()
  Adodc1.Recordset.AddNew
End Sub

Private Sub Command2_Click()
  Adodc1.Recordset.CancelUpdate
  Adodc1.Refresh
End Sub

Private Sub Command3_Click()
  Adodc1.Recordset.Update
```

```
End Sub

Private Sub Command4_Click()
  Adodc1.Recordset.Delete
  Adodc1.Recordset.MoveNext
  If Adodc1.Recordset.EOF Then Adodc1.Recordset.MoveLast
End Sub

Private Sub Form_Load()
  List1.Clear
End Sub
```

### Test

Nach dem Start sollten Sie einen Datensatz verändern (z.B. die Anrede in »Fräulein« ändern).

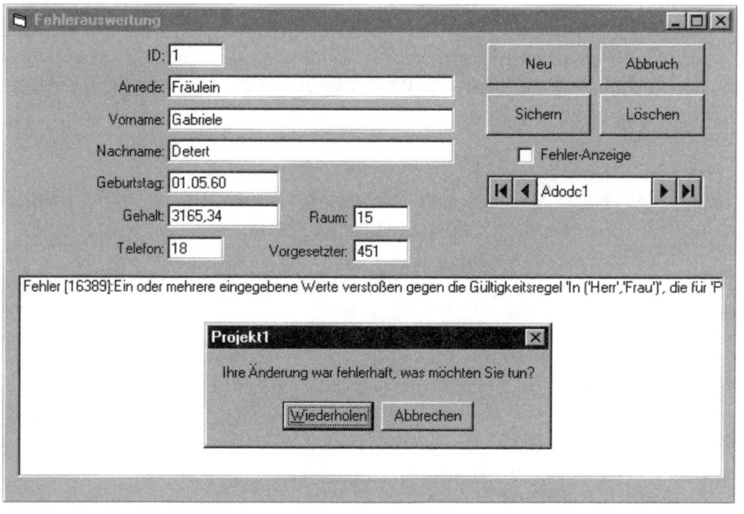


***Abbildung 12.17:** Programmtest*

Wie Sie sicher feststellen werden, wird nach einem Wechsel des Datensatzes über das *ADODC*-Steuerelement die gewünschte Fehlerbehandlung angesprochen. Das geschieht nicht, wenn Sie beispielsweise die *Sichern*-Schaltfläche anklicken. Hier tritt nach wie vor ein Fehler auf, der durch einen *On Error*-Handler behandelt werden muss.

## 12.2.9 ... eine DataCombo-Box ohne Code anbinden?

*DataCombo-*, *DataList-*, *Adodc*-Control: *ConnectionString-*, *RecordSource*-Eigenschaft; Bound Controls: *DataSource-*, *DataField*-Eigenschaften

Es soll gezeigt werden, wie mittels DataComboBox (bzw. DataListBox) eine Master-Detail-Beziehung zur Entwurfszeit herzustellen ist, ohne dass man dazu eine einzige Codezeile schreiben müsste. Voraussetzung ist die Verwendung des ADO-DataControls.

Ziel des Beispielprogramms ist die Anzeige/Zuweisung von Personen der Datenbank *Personal.mdb* und der ihnen zugeordneten Räume.

### Bedienoberfläche

Ein *Adodc*-Control hat stets nur ein Datenmitglied (*DataMember*), da man sich ja nur durch ein einziges Recordset (Tabelle, Abfrage) bewegen kann, in unserem Fall durch die Tabelle *Personen*. Für die Verknüpfung mit der Detailtabelle *Raeume* wäre also noch ein zweites Datenmitglied erforderlich, welches durch ein *DataEnvironment* mit einem *Command*-Objekt bereitgestellt werden könnte. Um nicht mit Kanonen auf Spatzen zu schießen, wird aber auf das DataEnvironment verzichtet und stattdessen ein zweites, zur Laufzeit unsichtbares, *Adodc*-Control eingesetzt.

Bevor Sie mit dem Entwurf der Benutzerschnittstelle beginnen, fügen Sie über Strg+T die benötigten ADO-Komponenten in die Werkzeugsammlung ein: *Microsoft ADO Data Control 6.0 (OLEDB)* und *Microsoft Data List Controls 6.0 (OLEDB)*.

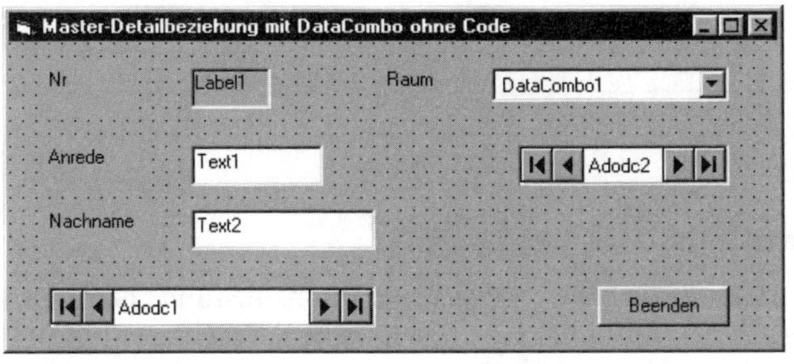


***Abbildung 12.18:*** *Entwurfsansicht*

### Eigenschaften zuweisen

Auf den Assistenten zur Festlegung der *ConnectionString*-Eigenschaft für die beiden *Adodc*-Controls kann man locker verzichten, wenn man den String entsprechend folgender Tabelle direkt ins Eigenschaftenfenster einträgt und die übrigen Eigenschaften auf ihren Standardwerten belässt. Unter der Voraussetzung, dass sich die Datenbank PERSONAL.MDB im Anwendungsverzeichnis befindet, kann auf die Angabe eines absoluten Pfads und die damit verbundenen Probleme verzichtet werden.

**TIPP:** Beachten Sie die exakte Reihenfolge der Zuweisung laut Tabelle, so hilft Ihnen das Eigenschaftenfenster mit entsprechenden Vorschlägen weiter, so dass Sie in den meisten Fällen nur noch anzuklicken brauchen.

| Objekt | Eigenschaft | Wert |
|---|---|---|
| Adodc1 | ConnectionString | Provider=Microsoft.Jet.OLEDB.3.51;<br>Persist Security Info=False;<br>Data Source= PERSONAL.MDB |
| | RecordSource | Personen |
| Adodc2 | ConnectionString | siehe *Adodc1* |
| | RecordSource | SELECT Nr, Raum FROM Raeume |
| | Visible | False |
| Label1 | DataSource | Adodc1 |
| | DataField | Nr |

▶

| Objekt | Eigenschaft | Wert |
|---|---|---|
| Text 1 | DataSource | Adodc1 |
| | DataField | Anrede |
| Text2 | DataSource | Adodc1 |
| | DataField | Nachname |
| DataCombo1 | DataSource | Adodc1 |
| | DataField | RaumNr |
| | RowSource | Adodc2 |
| | BoundColumn | Nr |
| | ListField | Raum |

***Tabelle 12.1:*** *Steuerelemente-Eigenschaften*

## 12.2.10 ... ein Datenklassenmodul erstellen?

Datenklassenmodul: *DataSourceBehaviour*-Eigenschaft, *DataMembers*-Auflistung, *GetDataMember-*, *Initialize-*, *Terminate*-Event; *Connection*-Objekt: *CursorLocation*-Eigenschaft; ADO-*Recordset*-Objekt: *MoveFirst-*, *MoveLast*-Methode

Eine Alternative zum *DataEnvironment* bzw. zum ADO-Datensteuerelement sind für den fortgeschrittenen Programmierer die Datenklassenmodule. Diese selbstdefinierten Datenquellen können später mit geeigneten Benutzerschnittstellen (Frontends) verbunden werden, wobei die Kommunikation über ADO-*Recordset*-Objekte erfolgt.

Im vorliegenden Demoprogramm erstellen wir ein Datenklassenmodul, welches eine Verbindung zur Datenbank *Personal.mdb* kapselt und Recordsets der Tabellen *Personen* und *Raeume* exportiert.

**HINWEIS:** Das Projekt selbst hat keine Benutzerschnittstelle und ist deshalb für sich allein nicht lauffähig. Die erzeugte Klasse wird aber in anderen Rezepten verwendet, z.B. in

▶ 12.2.11 ... eine DataCombo-Box zur Laufzeit anbinden?

### Vorbereitungen

Öffnen Sie ein neues Projekt (Standard-EXE) und fügen Sie ein neues Klassenmodul hinzu (*Projekt/Klassenmodul hinzufügen*). Klicken Sie im Projekt-Explorer mit der rechten Maustaste auf *Class1* und öffnen Sie die Eigenschaften-Ansicht. Setzen Sie die *DataSourceBehaviour*-Eigenschaft der Klasse auf *vbDataSource* und ändern Sie den Namen in *datKlasse*.

Über das Menü *Projekt/Verweise...* binden Sie die Bibliothek *Microsoft ActiveX Data Objects 2.0 Library* ein.

### Listing

Für unser Beispiel soll die Datenquelle lediglich zwei Datenmitglieder (DataMember) haben, also zwei Recordsets exportieren:

```
Option Explicit

Private con As Connection
Private rsPerson As Recordset
Private rsRaum As Recordset
```

Beim Initialisieren der Klasse wird die Verbindung zur Datenbank hergestellt und es erfolgt das Öffnen der Datenelemente (*Recordset*-Objekte).

```
Private Sub Class_Initialize()
 Set conPers = Connection

 With conPers
  .CursorLocation = adUseClient        ' nicht vergessen!!!
  .Provider = "Microsoft.Jet.OLEDB.3.51"
  .Open App.Path & "\PERSONAL.MDB"
 End With
 Set rsPerson = New Recordset
 rsPerson.Open "SELECT * FROM Personen ORDER BY Nachname", conPers, adOpenStatic, _
            adLockOptimistic
 Ser rsRaum = New Recordset
 rsRaum.Open "SELECT * FROM Raeume", conPers, adOpenStatic, adLockOptimistic
End Sub
```

**WICHTIG:** Falls das Zuweisen eines clientseitigen Cursor vergessen wird[1], kommt es bei der Verbindung mit Jet-Datenbanken (**.mdb*) besonders bei umfangreicheren Datenbeständen zu Problemen[2]. Standardmäßig ist nämlich ein serverseitiger Cursor voreingestellt (CursorLocation = *adUseServer*), Jet-Datenbanken können aber nur einen clientseitigen Cursor verwalten.

Im *GetDataMember*-Event (ausgelöst vom Datennutzer durch Zuweisen der *DataSource*- bzw. *RowSource*-Eigenschaft) erfolgt die Auswahl des Datenelements:

```
Private Sub Class_GetDataMember(DataMember As String, Data As Object)
 Select Case DataMember
  Case "Personen": Set Data = rsPerson
  Case "Raeume": Set Data = rsRaum
  Case "": Set Data = rsPerson
 End Select
End Sub
```

Zur Navigation stellt die Klasse die Methoden zum Vorwärts- und Rückwärtsblättern zur Verfügung, die natürlich noch durch weitere (zum Anfang, zum Ende, neuer DS, DS löschen) ergänzt werden könnten.

```
Public Sub nextPerson()
  rsPerson.MoveNext
  If rsPerson.EOF Then rsPerson.MoveLast
End Sub
```

1 Leider ist genau dies in vielen Beispielen der Online-Hilfe der Fall.
2 Tückischerweise funktioniert eine Jet-Anwendung auch mit serverseitigem Cursor dann einwandfrei, wenn ein Recordset nur aus wenigen Dutzend Datensätzen besteht.

```
Public Sub previousPerson()
 rsPerson.MovePrevious
 If rsPerson.BOF Then rsPerson.MoveFirst
End Sub
```

Der Kehraus für die *Recordset*-Objekte:

```
Private Sub Class_Terminate()
 Set rsPerson = Nothing
 Set rsRaum = Nothing
End Sub
```

Speichern Sie das Projekt ab. Für die weitere Verwendung ist lediglich die Datei *datKlasse.cls* von Interesse, die Sie (wie in einigen der folgenden Beispiele praktiziert) als Datenquelle in beliebige Projekte einbinden können.

**Bemerkungen**

- Bei der Deklaration von Objektvariablen verwendet man aus Gründen der Schreibersparnis oft gleichzeitig das Schlüsselwort *New*[1], z.B.
  *Private rsPerson As New Recordset*
  Sauberer ist allerdings die von uns gewählte Praxis, dass man Objektreferenz und Instanzenbildung in zwei separaten Anweisungen erledigt, z.B.:
  *Private rsPerson As Recordset* (auf Modulebene)
  ...
  *Set rsPerson = New Recordset* (auf Prozedurebene)
- In der Dokumentation wird den ADO-Objekten meist der Klassenbezeichner ADOB (für *Microsoft ActiveX Data Objects Library*) vorangestellt, z.B.
  *Set rsPerson = New ADOB.Recordset*
  Wir verzichten darauf, da wir in unseren ADO-Projekten die alte DAO-Bibliothek nicht gleichzeitig mit einbinden und Verwechslungen deshalb ausgeschlossen sind. Für obige Quelltextzeile steht deshalb einfacher
  *Set rsPerson = New Recordset*
- Sie können durchaus auch ein normales Klassenmodul (*dataSourceBehavior = vbNone*) als Datenquelle verwenden. In mancher Hinsicht bleiben Sie dabei flexibler bei der Durchführung von Abfragen. Ein Beispiel finden Sie unter:

▶ 12.2.14 ...ein Listenfeld mit Abfrageergebnissen füllen?

## 12.2.11 ... eine DataCombo-Box zur Laufzeit anbinden?

Datenklassenmodul: *GetDataMember*-Event; ADO-*Recordset*-Objekt; *DataList-*, *DataCombo-*, *BindingCollection*-Objekt: *DataMember-*, *RowMember-*,*DataSource-*, *RowSource*-Eigenschaft

Die ADO-Nachfolger von *DBList-* und *DBCombo* sind *DataList* und *DataCombo*. Sie sind codekompatibel zu ihren Vorgängern, haben also (fast) die gleichen Eigenschaften und Methoden, so dass ein Umstellen bestehender DAO-Projekte auf ADO 2.0 nicht allzu schwer sein dürfte. Dies trifft allerdings nur für den Fall zu, wenn die datenspezifischen Eigenschaften bereits

[1] Das geht allerdings nicht bei *WithEvents*-Deklarationen, wenn also auch die Ereignisse der Klasse mit übernommen werden sollen.

zur Entwurfszeit zugewiesen, d.h. an ein bestehendes DataEnvironment angebunden werden. Etwas komplizierter wird es, wenn es sich um eine benutzerdefinierte Datenquelle handelt, deren Anbindung erst zur Laufzeit erfolgen kann. Hier ist also ein bequemes »Zusammenklicken« im Eigenschaftenfenster nicht mehr möglich.

In der folgenden Demo soll das gleiche Problem gelöst werden wie in

▶ 12.2.9 ... eine DataCombo-Box ohne Code anbinden?

### Bedienoberfläche

Erstellen Sie bitte eine Oberfläche nach folgendem Muster:

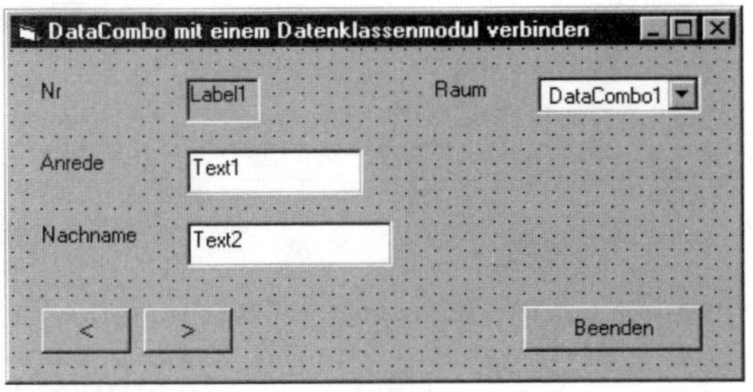


***Abbildung 12.19:*** *Entwurfsansicht*

Ob Sie ein *DataCombo*-Control (wie in der Abbildung gezeigt) oder ein *DataList*-Control nehmen, bleibt Ihnen überlassen. Der Programmiercode ist identisch. Die beiden Navigationsschaltflächen *Command1(0)* und *Command1(1)* werden im Interesse einer vereinfachten Programmierung als Steuerelementefeld realisiert.

### Listing

Binden Sie das Datenklassenmodul *datKlasse.cls* ein (Menü *Projekt/Klassenmodul hinzufügen*, Registerkarte *Vorhanden*). Siehe dazu das Rezept:

▶ 12.2.10 ... ein Datenklassenmodul erstellen?

**HINWEIS:** Besser ist es, wenn Sie das Datenklassenmodul *datKlasse.cls* und die Datenbank *Personal.mdb* vorher in Ihr Anwendungsverzeichnis kopieren, da sonst lediglich eine Verknüpfung eingefügt wird, die später zu Fehlern führen könnte.

*DataList*- und *DataCombo*-Steuerelemente erscheinen in der Werkzeugsammlung, nachdem Sie die *Microsoft DataList Controls 6.0 (OLE DB)* eingebunden haben (mit der rechten Maustaste auf die Werkzeugsammlung klicken, Eintrag *Komponenten* auswählen).

```
Option Explicit
Private datKl As datKlasse        ' Referenz auf Datenklassenmodul
```

Anstatt zur Entwurfszeit werden die Steuerelemente erst bei Programmstart mit der Datenquelle per Code verbunden:

```
Private Sub Form_Load()
```

Zunächst muss eine Instanz unseres Datenklassenmoduls erzeugt werden:

```
Set datKl = New datKlasse
```

Nun zum Anbinden des Labels und der beiden Textfelder. Da unser Datenklassenmodul zwei Datenmitglieder hat, muss zunächst durch Zuweisen der *DataMember*-Eigenschaft klargemacht werden, auf welches der Datenmitglieder (hier das Recordset-Objekt *rsPerson*) sich die *DataSource*-Eigenschaft beziehen soll:

```
Label1.DataMember = "Personen"
Set Label1.DataSource = datKl
Label1.DataField = "Nr"
Text1.DataMember = "Personen"
Set Text1.DataSource = datKl
Text1.DataField = "Anrede"
Text2.DataMember = "Personen"
Set Text2.DataSource = datKl
Text2.DataField = "Nachname"
```

Es folgt das Anbinden der DataComboBox, welche über eine Fremdschlüsselbeziehung die Tabelle *Raeume* (Detaildaten) mit der Tabelle *Personen* (Masterdaten) verknüpft. Zunächst werden, wie oben bereits bei den Textfeldern praktiziert, die entsprechenden Masterdaten durch aufeinanderfolgende Zuweisung der *DataMember* und der *DataSource*-Eigenschaften selektiert. Anschließend geschieht das Gleiche mit den Detaildaten, nur dass hier die Datenquelle mit *RowMember* und *RowSource* auszuwählen ist:

```
 With DataCombo1
' Masterdaten anbinden:
   .DataMember = "Personen"
  Set .DataSource = datKl
  .DataField = "RaumNr"      ' Fremdschlüssel
' Detaildaten anbinden:
  .RowMember = "Raeume"
  Set .RowSource = datKl
  .BoundColumn = "Nr"        ' Primärschlüssel
  .ListField = "Raum"        ' dieses Feld wird in der ComboBox angezeigt
  End With
End Sub
```

Die beiden Navigationsschaltflächen rufen die entsprechenden Bewegungsmethoden der Datenquelle auf:

```
Private Sub Command1_Click(Index As Integer)
 Select Case Index
   Case 0: datKl.previousPerson
   Case 1: datKl.nextPerson
   End Select
End Sub
```

**Bemerkung**

Eine Lösung des umgekehrten Problems, nämlich die Anzeige aller Personen, die in einem bestimmten Raum arbeiten, wird im folgenden Rezept vorgestellt:

▶ 12.2.14 ... ein Listenfeld mit Abfrageergebnissen füllen?

## 12.2.12 ... ein ADO-DataControl mit BindingCollection verwenden?

*Adodc*-Control; *BindingCollection*-Objekt: *Add*-Methode; *App*-Objekt: *Path*-Eigenschaft

In diesem Beispiel wird eine einfache Eingabemaske für die Tabelle *Personen* der Datenbank *Personal.mdb* realisiert, wobei das ADO-DataControl erst zur Laufzeit angebunden wird. Eine *BindingCollection* vereinfacht das Ankoppeln der Steuerelemente an das ADO-DataControl.

### Bedienoberfläche

Befördern Sie mittels Strg+T das Microsoft *ADO DataControl 6.0 (OLEDB)* auf die Werkzeugsammlung und stellen Sie die Benutzerschnittstelle entsprechend der Abbildung zusammen.

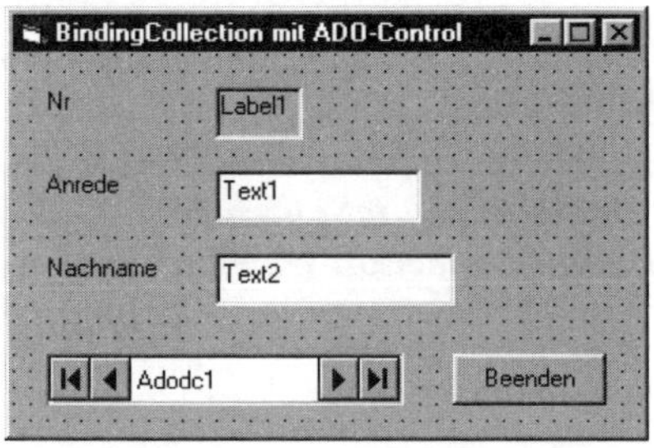


***Abbildung 12.20:** Entwurfsansicht*

Im Eigenschaftenfenster haben Sie diesmal nichts verloren, da wir alles per Code erledigen wollen.

### Formular-Listing

Stellen Sie einen Verweis auf die Bibliothek *Microsoft DataBinding Collection* her (Menü *Projekt/Verweise...*).

```
Option Explicit

Private bindColPers As BindingCollection

Private Sub Form_Load()
 set bindColPers = New Bindingcollection
```

Zunächst wird das ADO-DataControll mit der Datenbank *PERSONAL.MDB* verbunden, die sich auch diesmal im Anwendungsverzeichnis befindet:

```
  Adodc1.ConnectionString = "Provider=Microsoft.Jet.OLEDB.3.51;Persist Security Info=False;" & _
   "Data Source=" & App.Path & "\Personal.mdb;Mode=Read|Write|Share Deny None"
  Adodc1.RecordSource = "SELECT Nr, Anrede, Nachname FROM Personen ORDER BY Nachname"
```

Anschließend wird die BindingCollection definiert:

```
  With bindColPers
   .Add Label1, "Caption", "Nr"
```

```
    .Add Text1, "Text", "Anrede"
    .Add Text2, "Text", "Nachname"
    .Add Text3, "Text", "Geburtstag"
     Set .DataSource = Adodc1
  End With
End Sub
```

**TIPP:** Um den *ConnectionString* für das ADO-DataControl auf einfache Weise zu gewinnen, sollten Sie die Verbindung zunächst auf gewohnte Weise mit dem Verbindungsassistenten erzeugen und dann den *ConnectionString* aus dem Eigenschaftenfenster heraus- und in den Quelltext hineinkopieren (anschließend mit *App.Path* wie oben gezeigt modifizieren). Den Wert im Eigenschaftenfenster können Sie wieder löschen.

## 12.2.13 ... mich vom Nutzen einer BindingCollection überzeugen?

ADO-*BindingCollection*-Objekt: *DataMember-*, *DataSource-* Eigenschaft; Datenklassenmodul; Bound Controls: *DataSource-*, *DataMember-*, *DataField*-Eigenschaft

Das Anbinden von Standardsteuerelementen wie *TextBox*, *Label* etc. an benutzerdefinierte Datenquellen kann recht aufwendig sein, da pro Control *DataMember*, *DataSource-* und *DataField*-Eigenschaft zuzuweisen sind. Die Verwendung eines *BindingCollection*-Objekts führt insbesondere bei umfangreicher Eingabemaske zu einer deutlichen Verringerung des Programmieraufwands.

### Bedienoberfläche

Der Grundaufbau der Oberfläche:

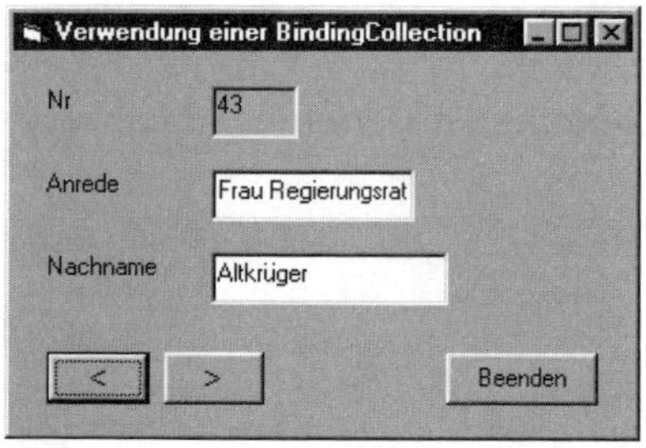


***Abbildung 12.21:*** *Programmoberfläche*

### Listing

Stellen Sie einen Verweis auf die Bibliothek *Microsoft DataBinding Collection* her (Menü *Projekt/Verweise...*).

Binden Sie das Datenklassenmodul *datKlasse.cls* ein (Menü *Projekt/Klassenmodul hinzufügen*, Registerkarte *Vorhanden*). Siehe dazu das Rezept:

▶ 12.2.10 ... ein Datenklassenmodul erstellen?

Um die Realisierung mit *BindingCollection* und die herkömmliche Realisierung miteinander vergleichen zu können, wird eine Konstante *mitBindingColl* eingeführt:

```
Option Explicit
Private datKl As datKlasse

Private bindColPers As BindingCollection
Private Const mitBindingColl = True   ' später zu Vergleichszwecken in False ändern!

Private Sub Form_Load()
 Set datKl = New datKlasse
 If mitBindingColl Then
' Variante 1: eine bequeme BindingCollection:
  Set bindColPers = New BindingCollection
  With bindColPers
   .DataMember = "Personen"
   Set .DataSource = datKl
   .Add Label1, "Caption", "Nr"
   .Add Text1, "Text", "Anrede"
   .Add Text2, "Text", "Nachname"
  End With
                  Else
 ' Variante 2: der etwas umständlichere Weg ohne BindingCollection:
   Label1.DataMember = "Personen"
   Set Label1.DataSource = datKl
   Label1.DataField = "Nr"
   Text1.DataMember = "Personen"
   Set Text1.DataSource = datKl
   Text1.DataField = "Anrede"
   Text2.DataMember = "Personen"
   Set Text2.DataSource = datKl
   Text2.DataField = "Nachname"
 End If
End Sub
```

Um die Navigation müssen Sie sich natürlich auch kümmern:

```
Private Sub Command1_Click(Index As Integer)
 Select Case Index
   Case 1: datKl.previousPerson
   Case 2: datKl.nextPerson
   End Select
End Sub
```

**Bemerkungen**

- Ändern Sie zu Vergleichszwecken den Wert der Konstante *mitBindingColl* in *False* und kompilieren Sie das Projekt erneut. Die Funktion ändert sich nicht.

## 12.2.14 ... ein Listenfeld mit Abfrageergebnissen füllen?

*DataList*-Control; ADO-*Recordset*-Objekt: *With Events*-Deklaration, *MoveComplete*-Event; *Command*-Objekt: *Execute*-Methode, SQL-Abfragen mit Parametern; Master-Detail-Beziehungen; datengebundene Klasse: *DataSourceBehavior*-Eigenschaft, *Property Let*-, *Property Get*-Methoden

Die Darstellung von Master-Detail-Beziehungen ist kein Problem, solange man sich durch die Mastertabelle bewegt und dabei nur den über eine Fremdschlüsselbeziehung verknüpften Detaildatensatz anzeigt. So wurden in den Rezepten:

- ▶ 12.2.9 ... eine DataComboBox ohne Code anbinden?
- ▶ 12.2.11 ... eine DataComboBox zur Laufzeit anbinden?

der Raum (Tabelle *Raeume*) in einer DataComboBox angezeigt, in welchem die entsprechende Person (Tabelle *Personen*) sitzt.

Etwas komplizierter wird es, wenn man das Problem von der umgekehrten Seite aus betrachten will, d.h. beim Bewegen durch die Tabelle *Raeume* sollen in einem Listenfeld alle dazugehörigen Personen angezeigt werden.

Die vorgestellte Lösung verwendet ein normales Klassenmodul (*DataSourceBehavior = vbNone*).

## Bedienoberfläche

Starten Sie ein neues Projekt (Standard-EXE) und fügen Sie mit Strg+T die *Microsoft DataList-Controls 6.0 (OLEDB)* zur Werkzeugsammlung hinzu. Gestalten Sie dann die in nachfolgender Abbildung gezeigte Bedienoberfläche:

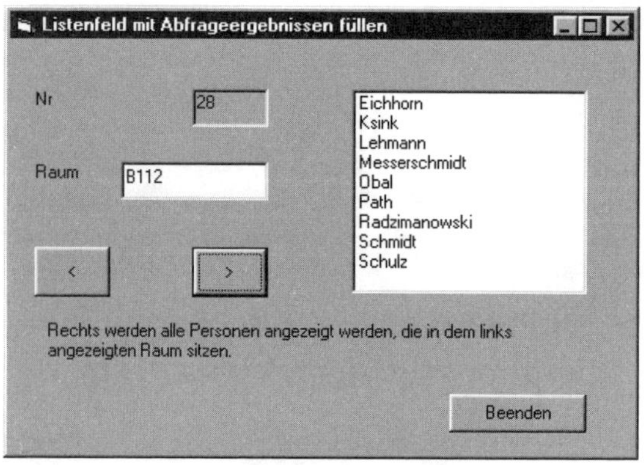


***Abbildung 12.22:*** *Laufzeitansicht der Bedienoberfläche*

## Listing für Klassenmodul

Wählen Sie das Menü *Projekt/Klassenmodul hinzufügen*. Ändern Sie die *Name*-Eigenschaft des Klassenmoduls in *datKlasse*.

Zunächst die Deklarationen der benötigten Objekte, was ein vorheriges Einbinden der *Microsoft ActiveX DataObjects 2.0 Library* voraussetzt (Menü *Projekt/Verweise...*):

```
Option Explicit
Private conPers As Connection
Private comm As Command
Private rsPerson As Recordset
Private WithEvents rsRaum As Recordset
```

Die Schnittstelle der Klasse:

```
Public Property Get person() As Recordset
 Set person = rsPerson
End Property

Public Property Get raum() As Recordset
 Set raum = rsRaum
End Property

Public Property Let raum(rm As Recordset)
 Set rsRaum = rm
End Property

Public Sub nextRaum()
  rsRaum.MoveNext
  If rsRaum.EOF Then rsRaum.MoveLast
End Sub

Public Sub previousRaum()
 rsRaum.MovePrevious
 If rsRaum.BOF Then rsRaum.MoveFirst
End Sub
```

Nun zu den Details der Implementierung:

```
Private Sub Class_Initialize()
 Set conPers = New Connection
 With conPers
  .CursorLocation = adUseClient
  .Provider = "Microsoft.Jet.OLEDB.3.51"
  .Open App.Path & "\PERSONAL.MDB"
 End With

 Set comm = New Command
 comm.CommandText = "SELECT * FROM Personen WHERE RaumNr = ? ORDER BY Nachname"
 comm.CommandType = adCmdText
 Set comm.ActiveConnection = conPers

 Set rsPerson = New Recordset

 Set rsRaum = New Recordset
 rsRaum.CursorLocation = adUseClient
 rsRaum.Open "SELECT * FROM Raeume ORDER BY Raum", conPers, adOpenKeyset, adLockOptimistic

End Sub
```

Da wir oben das Recordset-Objekt *rsPerson* mit *With Events* deklariert haben, steht uns der folgende Eventhandler zur Verfügung:

```
Private Sub rsRaum_MoveComplete(ByVal adReason As EventReasonEnum, ByVal pError As Error, _
adStatus As EventStatusEnum, ByVal pRecordset As Recordset)
 On Error Resume Next
```

Jetzt zur Hauptsache – bei der parametrisierten Abfrage wird *rsPerson* neu gebildet:

```
 Set rsPerson = comm.Execute(Parameters:=pRecordset!Nr)
End Sub
```

#### Listing für Formular

Die allgemeinen Deklarationen:

```
Option Explicit
Private datCls As datKlasse
```

Die Verbindung zur Datenklasse wird beim Start hergestellt:

```
Private Sub Form_Load()
 Set datCls = New datKlasse
 Set Label1.DataSource = datCls.raum
 Label1.DataField = "Nr"
 Set Text1.DataSource = datCls.raum
 Text1.DataField = "Raum"
 Set DataList1.RowSource = datCls.person
 DataList1.ListField = "Nachname"
End Sub
```

Die Bewegungstasten:

```
Private Sub Command1_Click(Index As Integer)
 Select Case Index
  Case 0: datCls.previousRaum
  Case 1: datCls.nextRaum
 End Select
```

**WICHTIG:** Die DataList muss nach jeder Veränderung des Recordset aktualisiert werden:

```
 Set DataList1.RowSource = datCls.person
End Sub
```

#### Bemerkungen

- Damit dieses Beispiel funktioniert, muss sich die Datenbank *Personal.mdb* im Anwendungsverzeichnis befinden.
- Die Verwendung normaler Klassenmodule (*DataSourceBehavior = vbNone*) anstatt datengebundener (*DataSourceBehavior = vbDataSource*) ermöglicht in vielen Fällen eine flexiblere Programmierung. Für vorliegendes Beispiel wäre eine datengebundene Klasse weniger zweckmäßig, da das *GetDataMember*-Event in der Regel nur beim erstmaligen Anbinden eines Datennutzers ausgelöst wird und spätere Änderungen der Recordsets (etwa durch parametrisierte Abfragen) ohne Auswirkung bleiben.

## 12.2.15 ... eine asynchrone Verbindung aufbauen?

*Connection*-Objekt: *With Events*-Deklaration, *Open*-Methode; *Options*-Eigenschaft, *adAsyncConnect*, *ConnectComplete*-Event

Mit dem vorliegenden Beispiel möchten wir Ihnen den asynchronen Verbindungsaufbau zu einer Datenquelle demonstrieren.

### Bedienoberfläche

Entwerfen Sie bitte eine Oberfläche nach folgendem Muster:

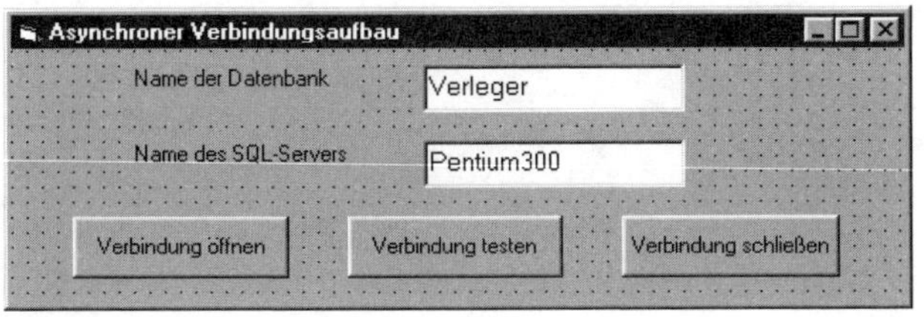


***Abbildung 12.23:*** *Entwurfsansicht*

### Listing

Deklarieren Sie das *Connection*-Objekt mit *WithEvents*, anderenfalls können wir nicht auf die erfolgreiche Verbindungsaufnahme reagieren:

```
Option Explicit
Private WithEvents conn1 As Connection

Private Sub Form_Load()
 Set conn1 = New Connection
 Command2.Enabled = False
 Command3.Enabled = True
End Sub
```

Wir initialisieren die Verbindungsaufnahme, die eigentliche Verbindung besteht jedoch erst, nachdem das *ConnectComplete*-Ereignis aufgetreten ist:

```
Private Sub Command3_Click()  ' Verbindung öffnen
 conn1.ConnectionString = "Provider=SQLOLEDB.1; Integrated Security=SSPI; " & _
 "Persist Security Info=False; Initial Catalog=" & _
 Text1.Text & "; Data Source=" & Text2.Text
 conn1.Open Options:=adAsyncConnect
End Sub
```

Im Erfolgsfall schalten wir die Schaltfläche *Verbindung schließen* frei:

```
Private Sub conn1_ConnectComplete(ByVal pError As Error, adStatus As EventStatusEnum, _
                                  ByVal pConnection As Connection)
 If adStatus = adStatusErrorsOccurred Then
  MsgBox pError.Description, 16, "Verbindungsfehler"
  Command3.Enabled = True
  Command2.Enabled = False
 ElseIf adStatus = adStatusOK Then
  Command2.Enabled = True
  Command3.Enabled = False
 End If
End Sub
```

Während des Verbindungsaufbaus können Sie den aktuellen Zustand abfragen:

```
Private Sub Command1_Click()  ' Verbindung testen
 If conn1.State = adStateOpen Then
  MsgBox "Die Verbindung ist geöffnet!", 64, "Info"
 Else
  MsgBox "Die Verbindung ist ungültig!", 16, "Info"
 End If
End Sub
Private Sub Command2_Click()  ' Verbindung schließen
 conn1.Close
 Command3.Enabled = True
 Command2.Enabled = False
End Sub
Test
```

Testen Sie das Zusammenspiel der einzelnen Schaltflächen und provozieren Sie auch einmal einen Fehler.

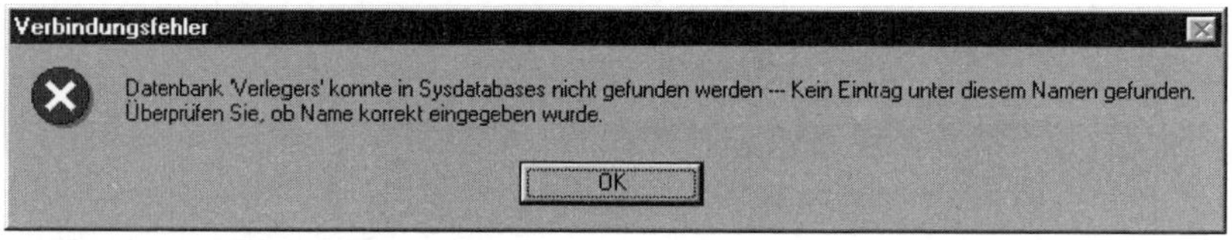


***Abbildung 12.24:*** *Programmtest*

## 12.2.16 ... Transaktionen durchführen?

*Connection*-Objekt: *IsolationLevel*-, *Mode*-Eigenschaft, *BeginTrans*-, *CommitTrans*-, *RollbackTrans*-Methode, *Properties*-Auflistung; ADO-*Recordset*-Objekt: *Requery*-Methode; *DataGrid*-Control; *Trim*-Funktion

Transaktionen ermöglichen ein sicheres Ausführen von abhängigen Datenbankzugriffen. Außerdem erzielt man meist einen Geschwindigkeitsvorteil, da mehrere Kommandos zunächst zwischengespeichert und dann auf einmal ausgeführt werden (siehe auch ▶ Kapitel 6). Die folgende kleine Demo zeigt den Einsatz von Transaktionsmethoden am Beispiel der SQL-Server-Datenbank *Verleger*.

**HINWEIS:** Transaktionen sind nur möglich, wenn die *Properties*-Auflistung des *Connection*-Objekts die Eigenschaft *Transaction DDL* enthält und diese einen Wert größer 0 hat.

### Bedienoberfläche

**HINWEIS:** Für unser Testprogramm benötigen wir zwei Schaltflächen und ein *DataGrid*-Steuerelement. Aktivieren Sie über das Menü *Projekt/Komponenten...* den Eintrag *Microsoft DataGrid Control 6.0 (OLEDB)*, um das *DataGrid*-Control auf die Werkzeugsammlung zu platzieren.

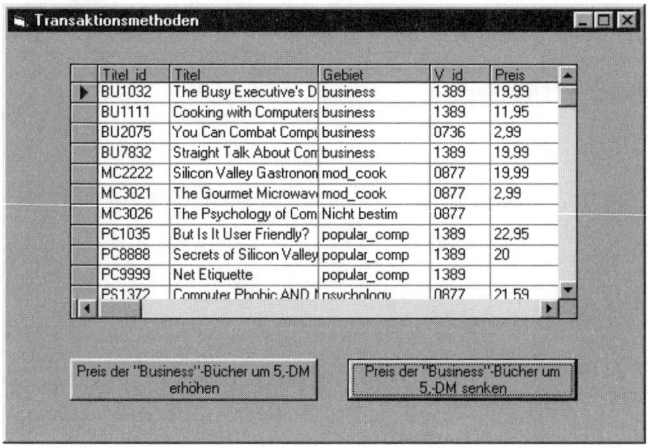


***Abbildung 12.25:*** *Programmoberfläche*

## Formular-Listing

```
Option Explicit

   Dim conn1 As Connection
   Dim rs As Recordset
```

Öffnen der Verbindung:

```
Private Sub verbinden()
  Set conn1 = New Connection
  conn1.CursorLocation = adUseServer
  conn1.ConnectionTimeout = 30
  conn1.Open "Provider=SQLOLEDB.1; Integrated Security=SSPI; " & _
        "Persist Security Info=False; Initial Catalog=Verleger; Data Source=Pentium300"
End Sub
```

Öffnen des *Recordsets*:

```
Private Sub Form_Load()
  Set rs = New Recordset
  verbinden
  rs.Open " Titel ", conn1, adOpenKeyset, adLockPessimistic, adCmdTable
  Set DataGrid1.DataSource = rs
 End Sub
```

Verändern des Preises aller Titel des Gebiets *business*:

```
Private Sub businessPreisAendern(betrag As Single)
conn1.BeginTrans
    Do Until rs.EOF
       If Trim(rs!Gebiet) = "business" Then
        rs!Preis = rs!Preis + Val(betrag)
        rs.Update
      End If
      rs.MoveNext
```

```
  Loop
  rs.MoveFirst
```

Fragen, ob die Preisänderung übernommen werden soll:

```
  If MsgBox("Änderungen übernehmen?", vbYesNo) = vbYes Then
    conn1.CommitTrans
  Else
    conn1.RollbackTrans
  End If
  rs.Requery
 End Sub

Private Sub Command1_Click()
 businessPreisAendern (5)
End Sub

Private Sub Command2_Click()
 businessPreisAendern (-5)
End Sub
```

### Ergänzungen

Die *IsolationLevel*-Eigenschaft definiert das Verhalten der Datenbank, wenn mehrere Clients gleichzeitig Transaktionen durchführen. Die folgende Programmergänzung, die Sie noch vor dem Öffnen der Verbindung in den Quelltext einfügen, ermöglicht einen exklusiven Datenbankzugriff (durch Setzen der *Mode*-Eigenschaft) und ein isoliertes Ausführen von Transaktionen:

```
 conn1.Mode = adModeShareExclusive
 conn1.IsolationLevel = adXactIsolated
```

Um das Beispiel praxisnah auszuprobieren, sollten Sie das Programm auf mehreren Clientrechnern installieren und von dort aus versuchen, gleichzeitig auf den Server zuzugreifen.

## 12.2.17 ... ein Parameter-Objekt erzeugen?

*Command*-Objekt: *Execute*-Methode, *Parameters*-Auflistung: *Append*-Methode, *Parameter*-Objekt; SQL (UPDATE)

*Parameter*-Objekte sind Mitglieder der *Parameters*-Collection eines *Command*-Objekts und kapseln einzelne Werte für parametrisierte Abfragen (▶ Kapitel 6) .

Die folgende Demo zeigt eine Anwendung für die Jet-Datenbank *Personal.mdb*, die sich auch hier im Anwendungsverzeichnis befindet.

### Bedienoberfläche

Aktivieren Sie über das Menü *Projekt/Komponenten...* den Eintrag *Microsoft DataGrid Control 6.0 (OLEDB),* um das *DataGrid*-Control auf die Werkzeugsammlung zu platzieren.

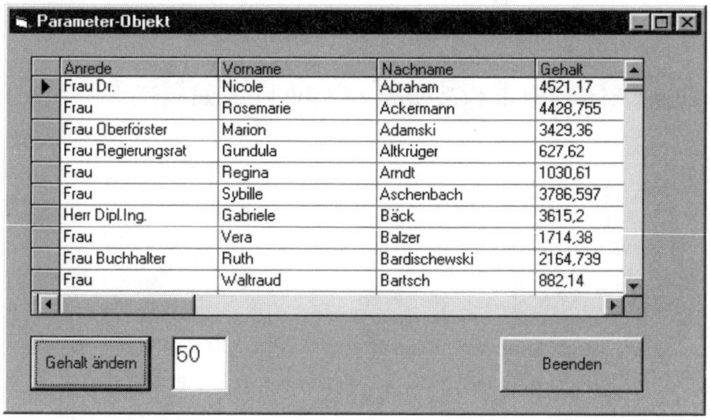


***Abbildung 12.26:*** *Programmoberfläche*

## Formular-Listing

```
Option Explicit
Dim con As Connection
Dim rs As Recordset
```

Die folgende Prozedur hat mit dem *Parameter*-Objekt wenig zu tun, sie dient lediglich der geordneten Anzeige einiger Personenangaben im DataGrid:

```
Private Sub anzeigen()
 Dim sql As String
 sql = "SELECT Anrede, Vorname, Nachname, Gehalt FROM personen ORDER BY Nachname"
 rs.Open sql, con
 Set DataGrid1.DataSource = rs
End Sub
```

Beim Starten des Programms sind zunächst die üblichen Routineaufgaben zu erledigen:

```
Private Sub Form_Load()
 Set con = New Connection
 con.CursorLocation = adUseClient
 con.Provider = "Microsoft.Jet.OLEDB.3.51"
 con.Open App.Path & "\PERSONAL.MDB"
 Set rs = New Recordset
 anzeigen
End Sub
```

Jetzt endlich wird es interessant, per Schaltflächenklick soll das Gehalt aller Personen um einen variablen Betrag geändert werden:

```
Private Sub Command1_Click()
```

Zuerst muß ein *Command*-Objekt definiert werden. Der veränderliche Parameter *betrag* erscheint im SQL-String in eckigen Klammern:

```
 Dim comm As New Command
 comm.CommandText = "UPDATE personen SET gehalt = gehalt+[betrag]"
```

```
comm.CommandType = adCmdText
Set comm.ActiveConnection = con
```

Nun wird ein dazu passendes *Parameter*-Objekt für das *Command*-Objekt erzeugt:

```
Dim par As New Parameter
Set par = comm.CreateParameter("betrag", adCurrency, adParamInput)
comm.Parameters.Append par
par.Value = Val(Text1.Text)
```

Die parametrisierte Abfrage wird ausgeführt:

```
 Set rs = comm.Execute
 anzeigen
End Sub
```

**TIPP**: Anstatt Parameter in eckige Klammern einzuschließen, ist dafür auch ein Fragezeichen (?) möglich.

## 12.2.18 ... Datensätze bearbeiten?

ADO-*Recordset*-Objekt: *EditMode*-Eigenschaft, *Delete-*, *AddNew-*,*Update-*, *Requery*-Methode; *Connection*-Objekt: *Errors*-Auflistung

Die folgende Demo zeigt am Beispiel der Datenbank PERSONAL.MDB die Auswirkungen des aktuellen Bearbeitungsstatus (Editieren, Neu, Löschen) auf die *EditMode*-Eigenschaft. Sie lernen dabei auch den Einsatz der Methoden *AddNew*, *Delete*, *Update* und *Requery* eines *Recordset*-Objekts kennen, sowie eine einfache Fehlerdiagnose.

### Bedienoberfläche

Das *Microsoft DataGrid Control 6.0 (OLEDB)* befördern Sie über das Menü *Projekt/Komponenten...* auf die Werkzeugsammlung.

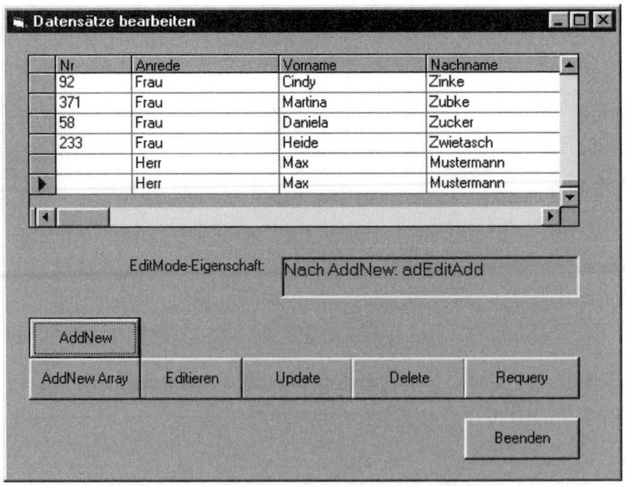


***Abbildung 12.27:*** *Programmoberfläche*

### Quellcode

Binden Sie zunächst über das Menü *Projekt/Verweise* die *Microsoft ActiveX DataObjects 2.0 Library* ein.

```
Option Explicit
Private con As Connection
Private rs As Recordset
```

Die folgende Hilfsfunktion dechiffriert für uns den Wert der *EditMode*-Eigenschaft, indem sie einen String zurückliefert, der im Label angezeigt werden soll.

```
Private Function getEMod(Info As String, intEMod As Integer)
Select Case intEMod
 Case adEditNone
  getEMod = "adEditNone"
 Case adEditInProgress
  getEMod = "adEditInProgress"
 Case adEditAdd
  getEMod = "adEditAdd"
 End Select
 getEMod = Info & ": " & getEMod
End Function
```

Beim Laden des Formulars wird die Verbindung zur Datenbank hergestellt, die sich hier im aktuellen Verzeichnis befindet.

```
Private Sub Form_Load()
 Set con = New Connection
 con.CursorLocation = adUseClient
 con.Provider = "Microsoft.Jet.OLEDB.3.51"
 con.Open App.Path & "\PERSONAL.MDB"
```

Das *Recordset*-Objekt wird geöffnet und angezeigt:

```
 Set rs = New Recordset
 Set rs.ActiveConnection = con
 rs.CursorType = adOpenKeyset
 rs.LockType = adLockOptimistic
 rs.Open "SELECT * FROM Personen ORDER BY Nachname", , , , adCmdText
 Set DataGrid1.DataSource = rs
End Sub
```

Das Einfügen eines neuen Datensatzes wird anhand von zwei unterschiedlichen Aufrufkonventionen der *AddNew*-Methode demonstriert. Zunächst die einfachere Version:

```
Private Sub Command1_Click()  ' einfaches AddNew
 rs.AddNew
 rs!Anrede = "Herr"
 rs!Nachname = "Mustermann"
 rs!Vorname = "Max"
 rs!RaumNr = 10
 rs!VorgesetzterNr = 20
```

```
 Label1.Caption = getEMod("Nach AddNew", rs.EditMode)
End Sub
```

Ein gleichwertiges Ergebnis erzielt man mit dieser Variante:

```
Private Sub Command6_Click()   ' AddNew mit Fields und Values-Argumenten
 rs.AddNew Array("Anrede", "Vorname", "Nachname", "RaumNr", "VorgesetzterNr"), _
          Array("Herr", "Max", "Mustermann", 10, 20)
 Label1.Caption = getEMod("Nach AddNew", rs.EditMode)
End Sub
```

Um eine Änderung zu demonstrieren, wird ein Feld des aktuellen Datensatzes umbenannt:

```
Private Sub Command5_Click()   ' Editieren
 rs!Nachname = "Mußkopf"
 Label1.Caption = getEMod("Nach Editiern", rs.EditMode)
End Sub
```

Änderungen an vorhandenen Datensätzen bzw. neue Datensätze werden erst nach Aufruf der *Update*-Methode in die Datenbank übernommen:

```
Private Sub Command2_Click()  ' Update
 rs.Update
 Label1.Caption = getEMod("Nach Update", rs.EditMode)
End Sub
```

Um die neuen bzw. geänderten Datensätze in alphabetischer Sortierreihenfolge im *DataGrid* anzuzeigen, erfolgt mit *Requery* eine erneute Abfrage:

```
Private Sub Command7_Click()
 rs.Requery
End Sub
```

Da das Löschen von Datensätzen im Allgemeinen immer eine ziemlich heikle Sache ist, wird hier nebenbei auch noch der Einsatz einer Fehlerdiagnose gezeigt.

```
Private Sub Command4_Click()    ' Delete
Dim e As Error
On Error GoTo ADOError
 If rs.EditMode = adEditNone Then
  If MsgBox(rs!Vorname & "  " & rs!Nachname & " löschen?", 36, "Vorsicht") = 6 Then
   rs.Delete
   Label1.Caption = getEMod("Nach Delete", rs.EditMode)
   rs.Update
  Else
   Beep
  End If
 End If
 Exit Sub
ADOError:
 Beep
 For Each e In con.Errors
  Debug.Print e.Description
```

```
    Debug.Print e.NativeError
    Debug.Print e.SQLState
    Debug.Print e.Source
  Next e
End Sub
```

**Bemerkungen**

- Anstatt auf die Schaltfläche *Editieren* zu klicken, können Sie auch direkt im *DataGrid* Änderungen vornehmen.
- Wenn *AddNew* mit Argumenten aufgerufen wird, erfolgt ein automatisches Update, Sie brauchen in diesem Fall also nicht die *Update*-Schaltfläche anzuklicken.
- Eventuell aufgetretene Fehler beim Löschen können Sie im Debugfenster (Menü *Ansicht/ Direktfenster* bzw. Strg+G) besichtigen.

## 12.2.19 ... Datensätze filtern?

ADO-*Recordset*-Objekt: *Filter*-, *RecordCount*-Eigenschaft, *Requery*-Methode; SELECT-Anweisung; *Trim*-Funktion

Die *Filter*-Eigenschaft eines *Recordset*-Objekts ermöglicht es, dass nur bestimmte Datensätze zur Anzeige gelangen (▶ Kapitel 6). Im Unterschied zu einer SQL-Abfrage sind alle anderen Datensätze aber ebenfalls noch im Recordset enthalten, sie werden nur ausgeblendet. Die vorliegende Demo vergleicht beide Varianten anhand der im Anwendungsverzeichnis befindlichen Datenbank *Personal.mdb*.

**Bedienoberfläche**

**HINWEIS:** Aktivieren Sie über das Menü *Projekt/Komponenten...* den Eintrag *Microsoft DataGrid Control 6.0 (OLEDB)*, um das *DataGrid*-Control auf die Werkzeugsammlung zu platzieren.

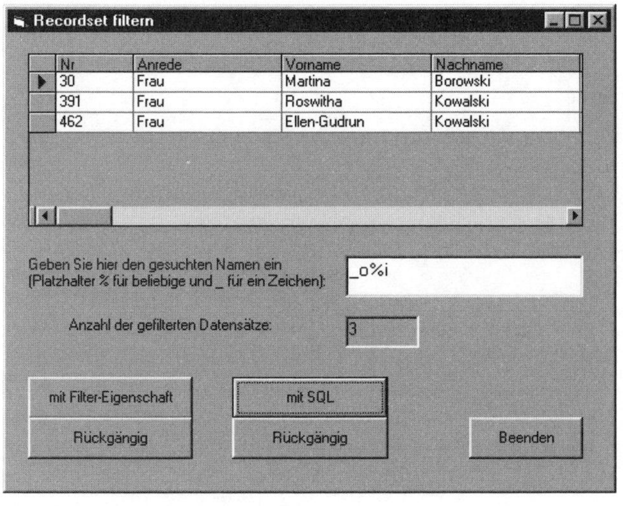


***Abbildung 12.28:*** *Programmoberfläche*

#### Formular-Quelltext

**HINWEIS:** Fügen Sie über das Menü *Projekt/Verweise...* die folgende Bibliothek hinzu: *Microsoft ActiveX Data Objects 2.0 Library*

```
Option Explicit
Private con As Connection
Private rs As Recordset
Private strName As String
```

Die übliche Eröffnung:

```
Private Sub Form_Load()
 Set con = New Connection
 con.CursorLocation = adUseClient
 con.Provider = "Microsoft.Jet.OLEDB.3.51"
 con.Open App.Path & "\PERSONAL.MDB"

 Set rs = New Recordset
 Set rs.ActiveConnection = con
 rs.CursorType = adOpenKeyset
 rs.LockType = adLockOptimistic
 rs.Open "Personen", , , , adCmdTable
 Set DataGrid1.DataSource = rs
End Sub
```

Zunächst die Realisierung über die *Filter*-Eigenschaft:

```
Private Sub Command1_Click()  ' mit Filter-Eigenschaft
 strName = Trim(Text1.Text)   ' evtl. LZ weg
 If strName <> "" Then
  rs.Filter = "Nachname" & " LIKE '" & strName & "'"
  Label3.Caption = rs.RecordCount
  rs.Requery
 End If
End Sub

Private Sub Command2_Click()          ' Filter rückgängig
 rs.Filter = adFilterNone
 Label3.Caption = rs.RecordCount
 rs.Requery
End Sub
```

Nun zur SQL-Variante:

```
Private Sub Command7_Click()   ' mit SQL
Dim sql As String
 strName = Trim(Text1.Text)    ' eventuelle LZ weg
 If strName <> "" Then
  rs.Close
  sql = "SELECT * FROM Personen WHERE Nachname LIKE '" & strName & "'"
  rs.Open sql, , , , adCmdText
  Label3.Caption = rs.RecordCount
  rs.Requery
```

```
 End If
End Sub

Private Sub Command4_Click()          ' SQL rückgängig
 rs.Close
 rs.Open "Personen", , , , adCmdTable
 Label3.Caption = rs.RecordCount
 rs.Requery
End Sub
```

### 12.2.20 ... mit ungebundenen Recordsets arbeiten?

ADO-*Recordset*-Objekt: *Save-*, *AddNew-*, *Update-*, *Delete*-Methoden; *Kill*-Prozedur, *Dir*-Funktion

Zu den zahlreichen Neuerungen von VB 6 zählt auch, dass *Recordset*-Objekte nicht zwangsläufig mit einer Datenbank verbunden sein müssen. Jeder kann sich also zur Laufzeit eigene *Recordset*-Objekte »zusammenbasteln«und diese bei Bedarf auf die Festplatte auslagern.

#### Bedienoberfläche

**HINWEIS:** Aktivieren Sie über das Menü *Projekt/Komponenten...* den Eintrag *Microsoft DataGrid Control 6.0 (OLEDB)*, um das *DataGrid*-Control auf die Werkzeugsammlung zu platzieren.

Setzen Sie die *Enabled*-Eigenschaft der Schaltfläche *Command2* (*Müller eintragen*) auf *False.*

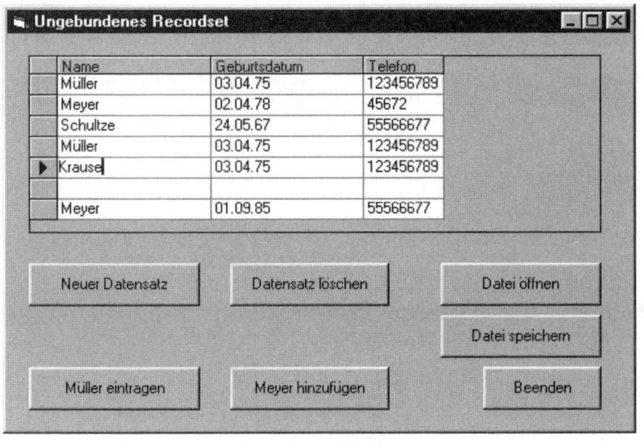


***Abbildung 12.29:*** *Programmoberfläche*

Die Schaltfläche *Meyer hinzufügen* fügt einen neuen Datensatz für eine Person mit dem Nachnamen *Meyer* ans Ende des Recordsets an, während die Schaltfläche *Neuer Datensatz* nur einen neuen leeren Datensatz erzeugt.

#### Formular-Listing

**HINWEIS:** Fügen Sie über das Menü *Projekt/Verweise...* die folgende Bibliothek hinzu: *Microsoft ActiveX Data Objects 2.0 Library.*

```
Option Explicit
Private rs As Recordset
Private fName As String
```

Zunächst basteln wir uns eine Hilfsfunktion, die die Existenz einer Datei feststellt:

```
Function FileExist(datName$) As Boolean
 On Error GoTo fehler
 FileExist = Dir$(datName) <> ""
 Exit Function
fehler:
 FileExist = False
 Resume Next
End Function
```

Bei Programmstart wird das neue *Recordset*-Objekt angelegt und dessen Struktur definiert. Das Öffnen funktioniert, wie Sie sehen, ganz ohne *Connection*-Objekt:

```
Private Sub Form_Load()
 fName = App.Path & "\Test.dat"
 Set rs = New Recordset
 rs.Fields.Append "Name", adBSTR
 rs.Fields.Append "Geburtsdatum", adDate
 rs.Fields.Append "Telefon", adInteger
'Jetzt kann das Recordset benutzt werden:
 rs.Open
 Set DataGrid1.DataSource = rs      ' Anbinden an Datengitter
End Sub
```

Alles weitere funktioniert auf bekannte Weise.

Erst wenn mindestens ein Datensatz vorhanden ist, kann dieser per Schaltflächenklick mit Werten gefüllt werden (Freigabe von *Command2*):

```
Private Sub Command1_Click()       ' Neuer leerer Datensatz
 rs.AddNew
 Command2.Enabled = True
End Sub
```

Die Schaltfläche *Müller eintragen* überschreibt den aktuellen Eintrag mit einem *Müller-Dummy*:

```
Private Sub Command2_Click() ' Müller eintragen
 rs!Name = "Müller"
 rs!Geburtsdatum = CDate("3.4.75")
 rs!Telefon = 123456789
 rs.Update
End Sub
```

Die Schaltfläche *Meyer hinzufügen* soll eine weitere Möglichkeit des Aufrufs der *AddNew*-Methode demonstrieren. Hier wird ein neuer Datensatz mit einem *Meyer-Dummy* ans Ende des Recordsets angehängt:

```
Private Sub Command5_Click()  ' Meyer hinzufügen
 rs.AddNew Array("Name", "Geburtsdatum", "Telefon"), Array("Meyer", CDate("1.9.85"), 55566677)
 rs.Update
End Sub
```

Nun zum persistenten Speichern. Da das Überschreiben einer evtl. vorhandenen gleichnamigen Datei nicht funktioniert, löschen wir diese rigoros mit *Kill*:

```
Private Sub Command7_Click()   ' Datei speichern
  If FileExist(fName) Then Kill fName   ' Aufruf einer selbstdefinierten Funktion
  rs.Save fName, adPersistADTG
End Sub
```

Um das als Datei gespeicherte Recordset wieder zu öffnen, muss es vorher geschlossen werden:

```
Private Sub Command4_Click()  ' Datei öffnen
 rs.Close
 rs.Open fName
 rs.Requery                  ' Anzeige im Datengitter
End Sub
```

Das Löschen einzelner Datensätze geschieht in unserem Beispiel kurz und schmerzlos:

```
Private Sub Command6_Click()
 rs.Delete
End Sub
```

Und schließlich noch der standesgemäße Abgang:

```
Private Sub Command3_Click()   ' Beenden
 Unload Me
End Sub

Private Sub Form_Unload(Cancel As Integer)
 rs.Close
End Sub
```

**Bemerkungen**

- Die beiden Schaltflächen *Müller eintragen* und *Meyer hinzufügen* dienen nur der Bequemlichkeit und zur Demonstration. Sie können natürlich die Eintragungen auch direkt im Datengitter vornehmen.
- Wie Sie sehen, funktioniert das Ganze fast ohne Fehlerbehandlung, damit Sie nicht unnötig abgelenkt werden.

## 12.2.21 ... Recordset-Ereignisse auswerten?

ADO-*Recordset*-Objekt: *WillChangeRecord*-Event, *MoveNext*-, *CancelUpdate*-Methode, *Bookmark*-, *EditMode*-Eigenschaft; *StdDataFormat*-Objekt: *Format*-Event; *BindingCollection*-Objekt; *Connection*-Objekt: *Errors*-Auflistung

Diese Demo soll Ihnen nicht nur die Auswertung von ADO-Ereignissen, sondern auch noch einige andere Techniken demonstrieren, wie das Bewegen durch ein Recordset, das Hinzufügen, Löschen und Rückgängigmachen von Datensätzen, außerdem das Formatieren mit Hilfe eines *Format*-Objekts.

Ziel ist die Programmierung einer Eingabemaske für die Tabelle *Personen* der Datenbank *Personal.mdb*, die sich im Anwendungsverzeichnis befindet.

### Bedienoberfläche

Den Grundaufbau der Oberfläche entnehmen Sie bitte der folgenden Abbildung.

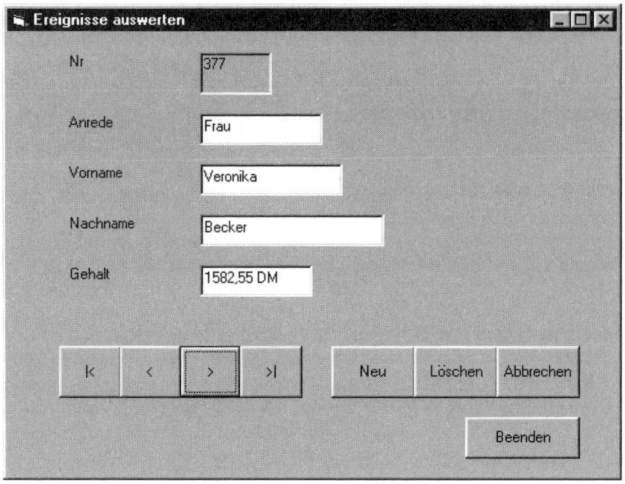


***Abbildung 12.30:*** *Programmoberfläche*

**TIPP**: Textfelder und Schaltflächen realisieren Sie als Steuerelementefeld, um diese Controls bequem über deren *Index*-Eigenschaft ansprechen zu können.

### Formular-Listing

Binden Sie über das Menü *Projekt/Verweise* die *Microsoft ActiveX Data Objects 2.0 Library*, die *Microsoft Data Binding Collection* und die *Microsoft Data Formatting Object Library* ein.

```
Option Explicit
Private con As Connection
```

Zum bequemen Anbinden der Eingabefelder nehmen wir ein *BindingCollection*-Objekt:

```
Dim bColl As New BindingCollection
```

Sowohl für das *Recordset*- als auch für das *Format*-Objekt sollen Ereignisse ausgewertet werden:

```
Private WithEvents rs As Recordset
Dim WithEvents fCurrency As StdDataFormat
Const gLimit = 5000                     ' Gehaltslimit = 5.000,00 DM
```

Der Programmvorspann dürfte Ihnen bereits hinlänglich bekannt vorkommen:

```
Private Sub Form_Load()
 Set con = New Connection
```

```
 con.CursorLocation = adUseClient
 con.Provider = "Microsoft.Jet.OLEDB.3.51"
 con.Open App.Path & "\PERSONAL.MDB"

 Set rs = New Recordset
 Set rs.ActiveConnection = con
 rs.CursorType = adOpenKeyset
 rs.LockType = adLockOptimistic
 rs.Open "SELECT * FROM Personen ORDER BY Nachname", , , , adCmdText
```

Interessant wird es beim Zuweisen des *Format*-Objekts:

```
 Set fCurrency = New StdDataFormat
 fCurrency.Type = fmtCustom
 fCurrency.Format = "#,000.00 DM"
```

Das Anbinden der Eingabemaske bietet bis auf das *Gehalt*-Feld keine Besonderheiten. Letzteres erhält ein Format-Objekt für die ordentliche Ausgabe in DM.

```
 Set bColl.DataSource = rs
 bColl.Add Label1, "Caption", "Nr"
 bColl.Add Text1(0), "Text", "Anrede"
 bColl.Add Text1(1), "Text", "Vorname"
 bColl.Add Text1(2), "Text", "Nachname"
 bColl.Add Text1(3), "Text", "Gehalt", fCurrency   ' mit Format-Objekt!
End Sub
```

Die Bedienung aller Navigationsschaltflächen ist in einem einzigen Eventhandler zusammengefasst:

```
Private Sub Command1_Click(Index As Integer)
Dim e As Error
Dim bm As Variant               ' Lesezeichen
On Error GoTo ADOError
With rs
  Select Case Index
   Case 0: .MoveFirst                             '  |<
   Case 1: .MovePrevious: If .BOF Then .MoveFirst  '  <
   Case 2: .MoveNext:     If .EOF Then .MoveLast   '  >
   Case 3: .MoveLast                              '  >|
   Case 4: .AddNew                      ' Neu
           rs!RaumNr = 10: rs!Vorgesetzter!Nr = 20
   Case 5:
   If MsgBox(rs!Vorname & "  " & rs!Nachname & " löschen?", 36, "Vorsicht") = 6 Then
            .Delete
            .MoveNext: If .EOF Then .MoveLast

   End If
   Case 6: bm = .Bookmark: .CancelUpdate: .Requery: .Bookmark = bm          ' Abbrechen
  End Select
 End With
 Exit Sub
ADOError:
 Beep
```

```
 For Each e In con.Errors
  Debug.Print e.Description
  Debug.Print e.NativeError
  Debug.Print e.SQLState
  Debug.Print e.Source
 Next e
End Sub
```

Aufgetretene ADO-Fehler lassen sich im Direktfenster begutachten:

```
ADOError:
 Beep
 For Each e In con.Errors
  Debug.Print e.Description
  Debug.Print e.NativeError
  Debug.Print e.SQLState
  Debug.Print e.Source
 Next e
End Sub
```

Last but not least die beiden Ereignisprozeduren. Im *Format*-Ereignis des *fCurrency*-Objekts wird bei Überschreiten des Limits die Schrift im Gehaltsfeld rot.

```
Private Sub fCurrency_Format(ByVal DataValue As StdFormat.StdDataValue)
 If CCur(DataValue) > gLimit Then
  Text1(3).ForeColor = vbRed
 Else
  Text1(3).ForeColor = vbBlack
 End If
End Sub
```

Das *WillChange*-Event des *Recordset*-Objekts wird kurz vor Übernahme der Änderungen, d.h. unmittelbar bevor das *Update* wirksam wird, ausgelöst. Beim Überschreiten des Gehaltslimits wird also buchstäblich im letzten Moment die Notbremse gezogen.

```
Private Sub rs_WillChangeRecord(ByVal adReason As EventReasonEnum, ByVal cRecords As Long, _
                        adStatus As EventStatusEnum, ByVal pRecordset As Recordset)
 Dim bCancel As Boolean                         ' Anfangswert = False
 If rs.EditMode = adEditDelete Then Exit Sub    ' nach Löschen kein Gehaltsvergleich
 If adReason = adRsnUpdate Then
  If pRecordset!Gehalt > gLimit Then
    bCancel = True
    Beep
   End If
 End If
 If bCancel Then adStatus = adStatusCancel
End Sub
```

#### Bemerkungen

- Das Programm weigert sich standhaft, die roten Zahlen zu übernehmen, mit der *Rückgängig*-Schaltfläche lösen Sie die Blockade.
- Experimentieren Sie, löschen Sie Datensätze (um die DB ist es nicht schade) und machen Sie die Operationen wieder rückgängig.

## 12.2.22 ... Verbund-Recordsets einsetzen?

ADO-*Recordset*-Objekt: *NextRecordset*-Methode, *Fields*-Auflistung; Verbund-SQL-Anweisung (SELECT)

**HINWEIS:** Verbund-Recordsets beinhalten im Allgemeinen das Ergebnis mehrerer SELECT-Abfragen (▶ Kapitel 6). Im vorliegenden Rezept wird der Zugriff auf Daten eines Verbund-Recordsets mit Hilfe der *NextRecordset*-Methode demonstriert. Grundlage ist die Datenbank *Verleger* des SQL-Servers.

Die *NextRecordset*-Methode steht bei einem clientbasierten Cursor nicht zur Verfügung, ist also für Jet-Datenbanken nicht geeignet!

### Bedienoberfläche

Ein Formular mit einer Schaltfläche und einem Textfeld zur Eingabe des Servernamens genügt, da wir die Ausgabe im Direktfenster (Debugger) vornehmen werden.

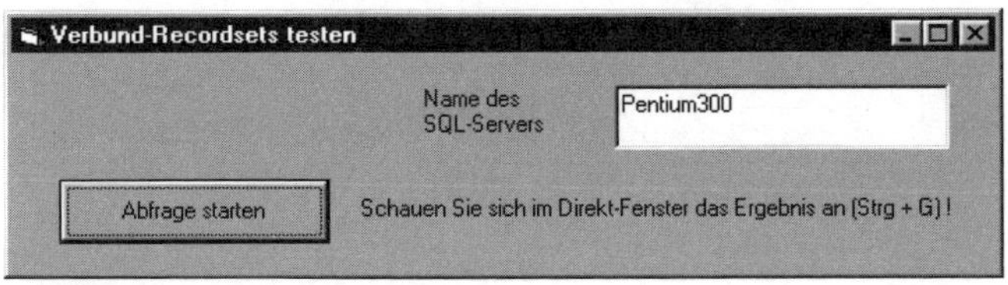


***Abbildung 12.31:** Laufzeitansicht*

### Formular-Listing

**HINWEIS:** Fügen Sie über das Menü *Projekt/Verweise...* die folgende Bibliothek hinzu: *Microsoft ActiveX Data Objects 2.0 Library.*

```
Option Explicit
Private con As Connection
```

Aus Übersichtlichkeitsgründen haben wir die Verbindungsaufnahme zum Server in eine eigene Prozedur ausgelagert:

```
Private Sub verbindenSQL()        ' verbinden mit SQL-Server
 Set con = New Connection
 con.CursorLocation = adUseServer
 ' aus Eigenschaftenfenster ConnectionSource rauskopiert:
 con.Open "Provider=SQLOLEDB.1; Integrated Security=SSPI; " & _
         "Persist Security Info=False; Initial Catalog=Verleger; Data Source=" & Text1.Text
End Sub
```

Die Verbund-Abfrage wird gestartet:

```
Private Sub Command1_Click()
 Dim rs As New Recordset, i%
 verbindenSQL
 rs.Open "SELECT * FROM Autoren; " & _
```

```
    "SELECT * FROM Titel; " & _
    "SELECT * FROM Verleger", con, , , adCmdText
```

Es folgt das Anzeigen der Ergebnisse der einzelnen SELECT-Anweisungen:

```
  For i = 1 To 3
    Debug.Print "Inhalt des Recordsets Nr " & i
    Do While Not rs.EOF
      Debug.Print , rs.Fields(0), rs.Fields(1)
      rs.MoveNext
    Loop
    Set rs = rs.NextRecordset
  Next i
End Sub
```

**Test**

Ein Auszug aus dem Debug-Fenster, welches Sie über das Menü *Ansicht/Direktfenster* oder mit Strg+G öffnen:

```
Inhalt des Recordsets Nr 1
              172-32-1176   White
              213-46-8915   Green
              238-95-7766   Carson
              267-41-2394   O'Leary
...
              998-72-3567   Ringer

Inhalt des Recordsets Nr 2
              BU1032        The Busys Executive's Database Guides
              BU1111        Cooking with Computers: Surreptitious Balance Sheets
...
              TC4203        Fifty Years in Buckingham Palace Kitchens
              TC7777        Sushi, Anyone?

Inhalt des Recordsets Nr 3
              0736          New Moon Books
              0877          Binnet & Hardley
...
              9999          Lucerne Publishing
```

## 12.2.23 ... hierarchische Recordsets mit dem DataEnvironment darstellen?

*DataEnvironment*: Master-Detail-Beziehungen; *DataGrid*-Control

Die neuen Features von VB 6 gestatten die Anzeige von hierarchischen Recordsets, ohne dass man dazu auch nur eine einzige Zeile Code schreiben müsste! Ausgangspunkt ist ein *DataEnvironment*, in welchem die hierarchisch verknüpften Befehle erstellt werden. Im Folgenden genügt es, wenn ADO-Controls mit dem DataEnvironment (*DataSource*-Eigenschaft) und den entsprechenden Befehlen (*DataMember*-Eigenschaft) verbunden werden. In unserer Demo wollen wir in zwei *DataGrid*-Controls zu jedem Raum der Datenbank *Personal.mdb* die zugeordneten Personen anzeigen.

Siehe auch ▶ 12.2.14 ...ein Listenfeld mit Abfrageergebnissen füllen?

### DataEnvironment einrichten

Wählen Sie das Menü *Projekt/DataEnvironment hinzufügen* und klicken Sie mit der rechten Maustaste auf *Connection1* und wählen Sie im Kontextmenü den Eintrag *Eigenschaften*. Stellen Sie eine Verbindung zur Datenbank *Personal.mdb* her. Falls Sie später auch editieren wollen, müssen Sie auf der Seite *Erweitert* auch die *ReadWrite*-Option aktivieren.

Klicken Sie wieder mit der rechten Maustaste auf *Connection1* und wählen Sie diesmal im Kontextmenü den Eintrag *Befehl hinzufügen*.

Klicken Sie mit der rechten Maustaste auf *Command1* und wählen Sie *Eigenschaften*. Wählen Sie auf der Registerkarte *Allgemein* als Datenquelle das Datenbankobjekt *Tabelle* und als Objektname die Tabelle *Raeume*.

Klicken Sie wieder mit der rechten Maustaste auf *Command1* und wählen Sie diesmal im Kontextmenü den Eintrag *Untergeordneten Befehl hinzufügen*. Wählen Sie als Datenquelle das Datenbankobjekt *Tabelle* und als Objektname die Tabelle *Personen*.

Aktivieren Sie nun die Registerkarte *Beziehung* und stellen Sie im linken Listenfeld als »übergeordnetes Feld« das Feld *Nr* (= Primärschlüssel von *Raeume*) ein und auf der rechten Seite als »untergeordnetes Feld« das Feld *RaumNr* (=Fremdschlüssel von *Personen*, der auf *Raeume* verweist). Klicken Sie nacheinander auf die Schaltflächen *Hinzufügen*, *Übernehmen* und *OK*.

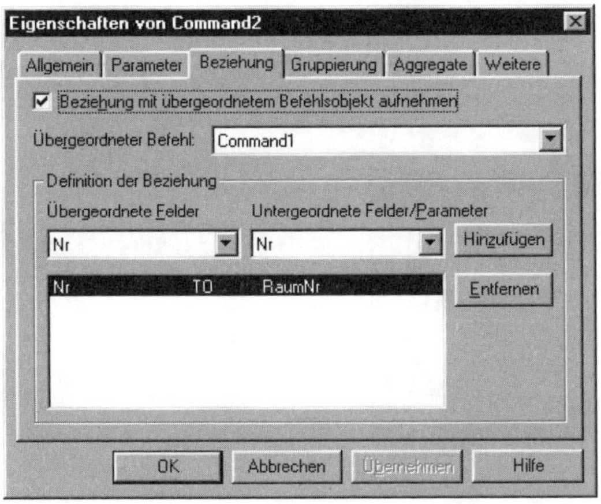


***Abbildung 12.32:*** *Beziehung herstellen*

Das »aufgeklappte« *DataEnvironment* wird Ihnen den folgenden Anblick bieten:

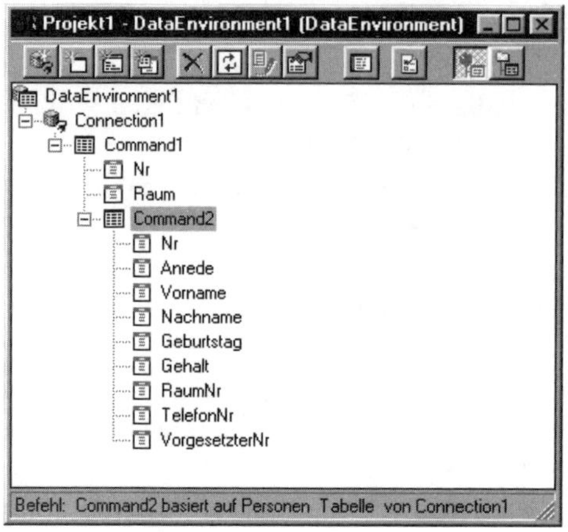


***Abbildung 12.33:*** *Das DataEnvironment*

## Bedienoberfläche

Fügen Sie über das Menü *Projekt/Komponenten...* das *Microsoft DataGrid Control 6.0 (OLEDB)* zur Werkzeugsammlung hinzu und platzieren Sie auf dem Formular zwei *DataGrid*-Controls.

Binden Sie die *DataSource*-Eigenschaft beider Datengitter an *DataEnvironment1*. Setzen Sie die *DataMember*-Eigenschaft von *DataGrid1* auf *Command1* und die von *DataGrid2* auf *Command2*.

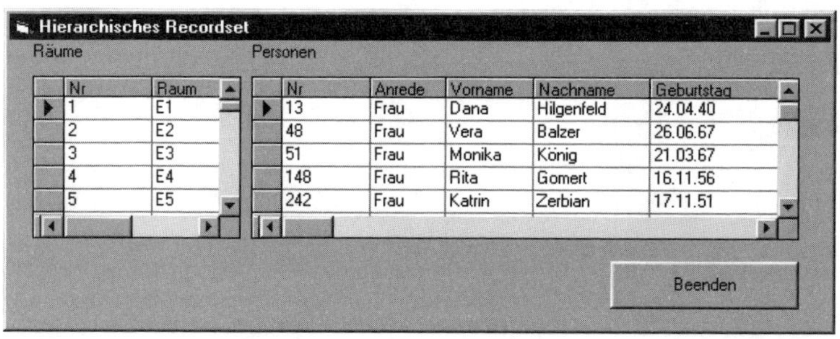


***Abbildung 12.34:*** *Laufzeitansicht*

Nach dem Programmstart können Sie im linken Datengitter (Masterliste) auf einen der Räume klicken, das rechte Datengitter (Detailliste) wird sofort mit den Personen aktualisiert, die in diesem Raum sitzen.

## Bemerkungen

- Eine alternative Möglichkeit bietet sich in der Verwendung eines MSHFlexGrids, ▶ 12.2.30... hierarchische Recordsets mit SHAPE realisieren?
- Probleme mit absoluten Pfadangaben lösen Sie mit ▶ 12.2.3 ... die Datenbank ins Anwendungsverzeichnis kopieren?

## 12.2.24 ... die Spalteneigenschaften des DataGrid zur Laufzeit verändern?

**HINWEIS:** ADO-*DataGrid*-Control: *LeftCol-*, *Text*-Eigenschaft, *Rebind*-Methode, *Columns*-Auflistung; *StdDataFormat*-Objekt; Währungsformatierung

Das neue ADO-DataGrid besticht durch eine unglaubliche Vielfalt von Features, so dass man sich zunächst nur auf ausgewählte Aspekte konzentrieren möchte. Die folgende Demo zeigt Ihnen, wie Sie zur Laufzeit Spalten manipulieren und formatieren können.

### Bedienoberfläche

**HINWEIS:** Aktivieren Sie über das Menü *Projekt/Komponenten...* den Eintrag *Microsoft DataGrid Control 6.0 (OLEDB)*, um das *DataGrid*-Control auf die Werkzeugsammlung zu platzieren.

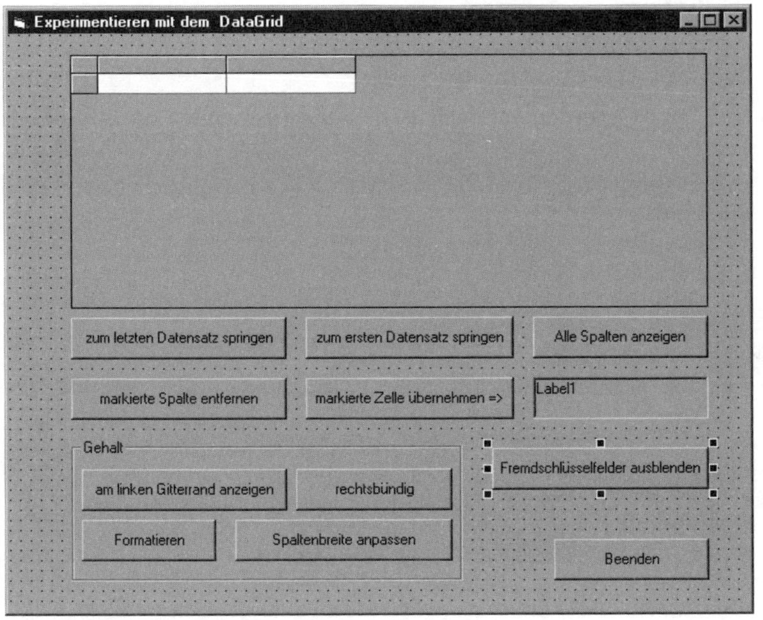


***Abbildung 12.35:*** *Laufzeitansicht*

### Quellcode

Binden Sie zunächst über das Menü *Projekt/Verweise...* die folgenden ADO-Bibliotheken ein:

- Microsoft ActiveX Data Objects 2.0 Library (OLEDB)
- Microsoft Data Formatting Objects Library

Nun kann es losgehen:

```
Option Explicit
Dim rs As Recordset
Dim con As Connection
Dim fCurrency As StdDataFormat
```

Zu Beginn sind zunächst Routineaufgaben zu erledigen: Verbindung zu der sich im Anwendungsverzeichnis befindenden Datenbank herstellen und das *DataGrid* an ein *Recordset*-Objekt anbinden.

```
Private Sub Form_Load()
Set con = New Connection
 con.CursorLocation = adUseClient
 con.Provider = "Microsoft.Jet.OLEDB.3.51"
 con.Open App.Path & "\PERSONAL.MDB"

 Set rs = New Recordset
 Set rs.ActiveConnection = con
 rs.CursorType = adOpenKeyset
 rs.LockType = adLockOptimistic
 rs.Open "SELECT * FROM Personen ORDER BY Nachname", , , , adCmdText
 Set DataGrid1.DataSource = rs
End Sub
```

Die einzelnen Operationen sind voneinander unabhängig in den entsprechenden Eventhandlern enthalten.

Die *ReBind*-Methode stellt den Ausgangszustand wieder her, nachdem z.B. Spalten entfernt oder Formatierungen vorgenommen wurden:

```
Private Sub Command2_Click()  ' Alle Spalten anzeigen
 DataGrid1.ReBind
End Sub
```

Eine mit der Maus selektierte Spalte kann man löschen, die letzte Spalte darf nicht gelöscht werden:

```
Private Sub Command1_Click()   ' markierte Spalte löschen
 If (DataGrid1.SelStartCol >= 0) And (DataGrid1.Columns.Count > 1) Then
  DataGrid1.Columns.Remove (DataGrid1.SelStartCol)
 End If
End Sub
```

Markieren Sie irgendeine Zelle und übertragen Sie deren Inhalt in ein Label:

```
Private Sub Command10_Click() ' markierte Zelle übernehmen
 Label1.Caption = DataGrid1.Text
End Sub
```

In der angezeigten Tabelle gibt es vier Spalten mit Fremdschlüsseln, die störend wirken und die man auf die folgende Art ausblenden kann:

```
Private Sub Command5_Click()   ' Fremdschlüsselfelder ausblenden
On Error Resume Next
 With DataGrid1
```

```
    .Columns("Nr").Visible = False
    .Columns("RaumNr").Visible = False
    .Columns("VorgesetzterNr").Visible = False
    .Columns("TelefonNr").Visible = False
  End With
End Sub
```

Die folgenden Routinen demonstrieren einige Operationen mit der Spalte *Gehalt*:

```
Private Sub Command3_Click()        ' Gehalt formatieren
Set fCurrency = New StdDataFormat
 fCurrency.Type = fmtCustom
 fCurrency.Format = "#,000.00 DM"
 Set DataGrid1.Columns("Gehalt").DataFormat = fCurrency
```

Aus Kompatibilitätsgründen zum *DBGrid* ist alternativ auch die folgende Anweisung möglich, die ganz ohne *StdDataFormat*-Objekt auskommt:

```
 DataGrid1.Columns("Gehalt").NumberFormat = "Currency"
End Sub

Private Sub Command4_Click()         ' Gehalt rechtsbündig
 DataGrid1.Columns("Gehalt").Alignment = dbgRight
End Sub

Private Sub Command6_Click()       ' Gehalt am linken Gitterand anzeigen
 DataGrid1.LeftCol = DataGrid1.Columns("Gehalt").ColIndex
End Sub

Private Sub Command9_Click()        ' Spaltenbreite anpassen
 DataGrid1.Columns("Gehalt").Width = TextWidth("10.000,00 DM")
End Sub
```

## 12.2.25 ... mit dem DataGrid auf einzelne Datensätze zugreifen?

*DataGrid*-Objekt: *SelChange*-Event, *SelBookmarks*-Auflistung; ADO-*Recordset*-Objekt: *Find*-, *Delete*-, *Requery*-Methode, *Bookmark*-Eigenschaft, *Delete*-Methode, *Fields*-Auflistung; Datensätze in Tabelle kopieren

Das *DataGrid* ist der (nahezu) kompatible ADO-Nachfolger des *DBGrid* aus der guten alten DAO-Zeit. Im Unterschied zu seinem Vorgänger kann es aber direkt an ein *Recordset*-Objekt gekoppelt werden. Die folgende Demo zeigt einige typische Zugriffstechniken auf einzelne Datensätze des *Recordset*-Objekts. Grundlage ist auch hier die Datenbank *Personal.mdb*, die um eine zusätzliche Tabelle erweitert wird.

### Oberfläche

Die folgende Laufzeitabbildung zeigt zwei Datengitter. Das obere ist mit der Tabelle *Personen* verbunden, das untere mit der Tabelle *PersonenNeu*. Letztere Tabelle ist eine leere Kopie der ersten[1], denn wir wollen unter anderem demonstrieren, wie man ausgewählte Datensätze aus einer Tabelle in eine andere übertragen kann.

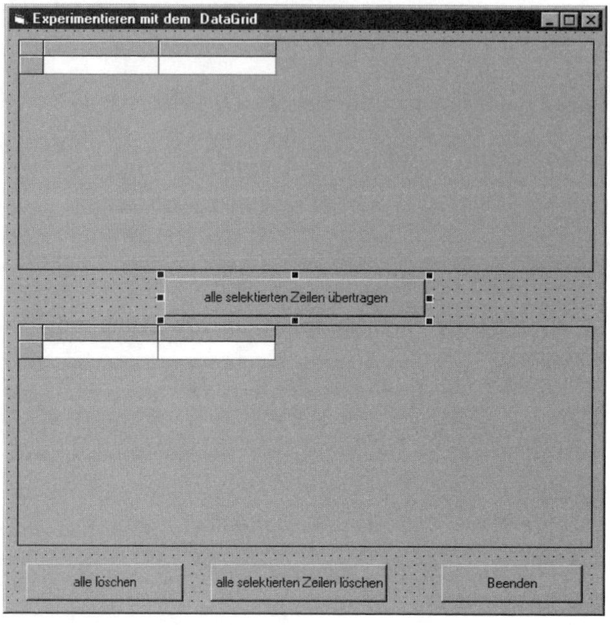


***Abbildung 12.36:*** *Laufzeitansicht*

## Quellcode

Binden Sie über das Menü *Projekt/Verweise...* die folgende ADO-Bibliothek ein: Microsoft ActiveX Data Objects 2.0 Library (OLEDB).

```
Option Explicit
Dim con As Connection
Dim rs As Recordset              ' für Tabelle "Personen"
Dim rsN As Recordset             ' für Tabelle "PersonenNeu"
Dim bmk As Variant               ' für Bookmark
```

Am Anfang wird die Verbindung zur Datenbank hergestellt und beide Datengitter mit ihren Tabellen verbunden:

```
Private Sub Form_Load()
 Set con = New Connection
 con.CursorLocation = adUseClient
 con.Provider = "Microsoft.Jet.OLEDB.3.51"
 con.Open App.Path & "\PERSONAL.MDB"

 Set rs = New Recordset
 Set rs.ActiveConnection = con
 rs.CursorType = adOpenKeyset
```

1 Falls Sie nicht auf den Quellcode der Buch-CD zugreifen wollen, können Sie z.B. unter Microsoft Access eine neue Tabelle mit exakt der gleichen Struktur erstellen.

```
 rs.LockType = adLockOptimistic
 rs.Open "SELECT * FROM Personen ORDER BY Nachname", , , , adCmdText
 Set DataGrid1.DataSource = rs

 Set rsN = New Recordset
 Set rsN.ActiveConnection = con
 rsN.CursorType = adOpenKeyset
 rsN.LockType = adLockOptimistic
 rsN.Open "SELECT * FROM PersonenNeu", , , , adCmdText
 Set DataGrid2.DataSource = rsN
End Sub
```

Nach der Pflicht folgt jetzt die Kür.

Bei vielen Datensätzen ist das Durchblättern per Bildlaufleisten ziemlich mühsam. Da das *DataGrid* leider über keine eigene Methode verfügt, mit der man sich zum Anfang oder zum Ende bewegen kann, soll gezeigt werden, wie man sich mit dem zugrunde liegenden *Recordset*-Objekt behelfen kann:

```
Private Sub Command7_Click()   ' zum letzten Datensatz springen
 rs.MoveLast
End Sub

Private Sub Command8_Click()  ' zum ersten Datensatz springen
 rs.MoveFirst
End Sub
```

Die Auswahl von Datensätzen durch Klick auf den linken Rand löst das *SelChange*-Event aus, in welchem der ausgewählte Datensatz an die *SelBookmarks*-Auflistung angehängt wird:

```
Private Sub DataGrid1_SelChange(Cancel As Integer)
 DataGrid1.SelBookmarks.Add DataGrid1.Bookmark
End Sub
```

Um die Suche nach bestimmten Personen zu beschleunigen, können die Anfangsbuchstaben des Nachnamens in das Textfeld eingegeben werden:

```
Private Sub Text1_KeyUp(KeyCode As Integer, Shift As Integer)   ' Nachnamen in rs suchen
Dim i%
On Error GoTo err
 rs.Find "Nachname LIKE '" & Text1.Text & "%'"
 DataGrid1.SelBookmarks.Add DataGrid1.Bookmark          ' Zeile wird markiert!
Exit Sub
err:
 If rs.EOF Then rs.MoveFirst
End Sub
```

Die selektierten Datensätze können jetzt in die untere Tabelle übernommen werden:

```
Private Sub Command1_Click()           ' selektierte DS von rs nach rsN übernehmen
Dim fld As Field
Dim i%
 For Each bmk In DataGrid1.SelBookmarks
       DataGrid1.Bookmark = bmk
```

```
        rsN.AddNew
        For i = 1 To rs.Fields.Count - 1     ' wegen Primärschlüssel nicht mit 0 beginnen
         rsN.Fields(i).Value = rs.Fields(i).Value
        Next i
     Next bmk
  For i = 0 To DataGrid1.SelBookmarks.Count - 1  ' Selektion aufheben
   DataGrid1.SelBookmarks.Remove 0
  Next i
  rsN.Requery                                    ' auch Primärschlüssel wird sofort angezeigt
End Sub
```

Aus der unteren Tabelle können alle oder nur die per Mausklick selektierten Datensätze wieder gelöscht werden.

```
Private Sub Command2_Click()        ' alle Datensätze in rsN löschen
 If rsN.BOF And rsN.EOF Then Exit Sub
 rsN.MoveFirst
 Do While Not rsN.EOF
  rsN.Delete
  rsN.MoveNext
 Loop
End Sub

Private Sub Command12_Click()       ' nur selektierte Datensätze in rsN löschen
    For Each bmk In DataGrid2.SelBookmarks
        DataGrid2.Bookmark = bmk
        rsN.Delete
    Next bmk
End Sub
```

**Bemerkungen**

- Durch Klick auf den linken Rand und Halten der Strg-Taste können Sie mehrere Datensätze selektieren und auf einmal in die zweite Tabelle übertragen.
- Da der Primärschlüssel für die zweite Tabelle von der Jet-Engine automatisch vergeben wird, kann sein Wert per Code nicht zugewiesen werden. Wundern Sie sich deshalb nicht über die immer höher werdenden Schlüsselnummern, denn die Primärschlüssel einmal gelöschter Datensätze werden niemals wieder verwendet.

## 12.2.26 ... den Inhalt des DataGrid ausdrucken?

*DataGrid*-Control: *CaptureImage*-Eigenschaft; *Printer*-Objekt: *PaintPicture*-Methode; *Clipboard*-Objekt; *CommonDialog*-Komponente; *PictureBox*-Komponente; Drucker

Für die Oberfläche benötigen Sie ein ADO-*DataGrid* und eine *CommonDialog*-Komponente, die Sie über das Menü *Projekt/Komponenten...* als *Microsoft DataGrid Control 6.0 (OLEDB)* und *Microsoft Common Dialog Control 6.0* einbinden.

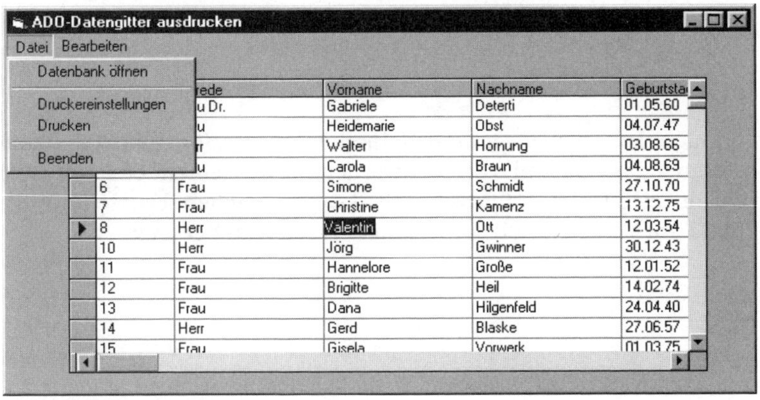


***Abbildung 12.37:*** *Laufzeitansicht*

Außerdem wird noch eine *PictureBox* gebraucht, die allerdings auf der Laufzeitabbildung nicht sichtbar ist, da deren *Visible*-Eigenschaft auf *True* gesetzt ist. Weisen Sie der *AutoRedraw*-Eigenschaft den Wert *True* zu.

Über *Extras/Menü-Editor ...* richten Sie sich die abgebildete Menüleiste ein. Das Menü *Bearbeiten* besteht nur aus dem einzigen Unterpunkt *Kopieren*.

### Formular-Listing

Binden Sie über das Menü *Projekt/Verweise...* ein: *Microsoft ActiveX Data Objects 2.0 Library (OLEDB)*.

```
Option Explicit
Dim con As Connection
Dim rs As Recordset
Dim rdSt%, scrlB, backClr&, recSel As Boolean
```

Die Datenbank *Personal.mdb* öffnen wir diesmal über einen Dateidialog.

```
Private Sub mnuFOpen_Click()
 Set con = New Connection
 con.CursorLocation = adUseClient
 con.Provider = "Microsoft.Jet.OLEDB.3.51"

 With CommonDialog1
  .DialogTitle = "Wählen Sie eine Datenbank aus!"
  .Filter = "Jet-Datenbank (*.mdb)|*.mdb"
  .ShowOpen
  If .FileName = "" Then Exit Sub
   con.Open .FileName
 End With
```

Das Anbinden des *DataGrid*:

```
 Set rs = New Recordset
 Set rs.ActiveConnection = con
 rs.CursorType = adOpenKeyset
```

```
 rs.LockType = adLockOptimistic
 rs.Open "Personen", , , , adCmdTable
 Set DataGrid1.DataSource = rs
End Sub
```

Die folgende Routine kopiert den Inhalt des *DataGrid* in die *PictureBox*. Da die Randelemente (Scrollbar, Zeilenselektor) das Druckbild stören, werden Sie ausgeblendet. Außerdem werden, falls nicht bereits so eingestellt, im Interesse einer kontrastreichen Darstellung die Hintergrundfarbe vorübergehend auf Weiß und die Gitterlinien auf schwarz gesetzt.

```
Private Sub copyToPicture()
With DataGrid1
  recSel = .RecordSelectors
  scrlB = .ScrollBars
  backClr = .BackColor
  rdSt = .RowDividerStyle
  .RowDividerStyle = 1
  .RecordSelectors = False
  .ScrollBars = dbgNone
  .BackColor = vbWhite                    ' weiß
  .Refresh
  Picture1.Picture = .CaptureImage        ' die entscheidende Anweisung!
 End With
End Sub
```

Diese Routine stellt die ursprünglichen Eigenschaften des *DataGrid* wieder her:

```
Private Sub restoreGrid()
 With DataGrid1
  .RecordSelectors = recSel
  .ScrollBars = scrlB
  .BackColor = backClr
  .RowDividerStyle = rdSt
 End With
End Sub
```

So wird der Inhalt in die Zwischenablage kopiert:

```
Private Sub mnuECopy_Click()
 copyToPicture
 Clipboard.Clear
 Clipboard.SetData Picture1
 restoreGrid
End Sub
```

Der folgende Druckersetup-Dialog ist nicht unbedingt nötig, da ansonsten der Standarddrucker zum Einsatz kommt. Bei sehr breiten Tabellen sollten Sie aber über diesen Dialog das Querformat einstellen (siehe Bemerkung am Schluss).

```
Private Sub mnuFPrinterSetup_Click()
 CommonDialog1.ShowPrinter
End Sub
```

Nun endlich zum Drucken:

```
Private Sub mnuFPrint_Click()
Dim brd!
 copyToPicture
 With Printer
  brd = .ScaleWidth / 25
  .PaintPicture Picture1.Picture, brd, brd, _
  brd + DataGrid1.Width, brd + DataGrid1.Height
  .EndDoc
 End With
 restoreGrid
End Sub
```

Das Endergebnis beweist, dass durch die *CaptureImage*-Eigenschaft nur der sichtbare Ausschnitt des *DataGrid* zugewiesen wird:

| Nr | Anrede | Vorname | Nachname | Geburtstag |
|---|---|---|---|---|
| 1 | Frau Dr. | Gabriele | Deterti | 01.05.60 |
| 2 | Frau | Heidemarie | Obst | 04.07.47 |
| 4 | Herr | Walter | Hornung | 03.08.66 |
| 5 | Frau | Carola | Braun | 04.08.69 |
| 6 | Frau | Simone | Schmidt | 27.10.70 |
| 7 | Frau | Christine | Kamenz | 13.12.75 |
| 8 | Herr | Valentin | Ott | 12.03.54 |
| 10 | Herr | Jörg | Gwinner | 30.12.43 |
| 11 | Frau | Hannelore | Große | 12.01.52 |
| 12 | Frau | Brigitte | Heil | 14.02.74 |
| 13 | Frau | Dana | Hilgenfeld | 24.04.40 |
| 14 | Herr | Gerd | Blaske | 27.06.57 |

***Abbildung 12.38:*** *Die kopierte Bitmap*

**Bemerkungen**

- Das Seitenformat können Sie auch durch die Anweisungen

```
Printer.Orientation = vbPRORLandscape      ' Querformat
Printer.Orientation = vbPRORPortrait       ' Hochformat
```

einstellen.

## 12.2.27 ... ADO mit DAO und RDO vergleichen?

ADO-*Recordset*-Objekt, DAO-*Recordset*-Objekt, RDO-*Recordset*-Objekt, *Timer*-Funktion; SQL-Server

Das vorliegende Demoprogramm[1] vergleicht die neue ADO 2.0-Datenzugriffstechnologie mit den klassischen Vorgängermodellen DAO und RDO, wobei auch der Versuch unternommen

1 Die Autoren bedanken sich bei Herrn Frank Bonnemeier von der Firma Nokia für die tatkräftige Mitarbeit bei der Erstellung dieses Programms.

wird, auf Grund möglichst exakt gleicher Ausgangsbedingungen eine Geschwindigkeitsmessung durchzuführen. Grundlage ist die Standarddatenbank *Verleger* des MS SQL-Servers 6.5.

**HINWEIS:** Wie schon in ▶ Kapitel 6 erwähnt, kann ein Vergleich immer nur unter bestimmten Gesichtspunkten durchgeführt werden. Im vorliegenden Beispiel werden nacheinander Datensätze durchlaufen, eine Aktion, die meist auch mit einer SQL-Anweisung auf dem Server realisiert werden kann.

### Bedienoberfläche

Die Bedeutung der einzelnen Controls offenbart sich Ihnen beim Studium des Quelltextes. Bei den Listenfeldern handelt es sich um normale *ListBox*-Komponenten aus der Standard-Werkzeugsammlung (also keine Bound Controls, da diese den Wettbewerb »verzerren« würden).

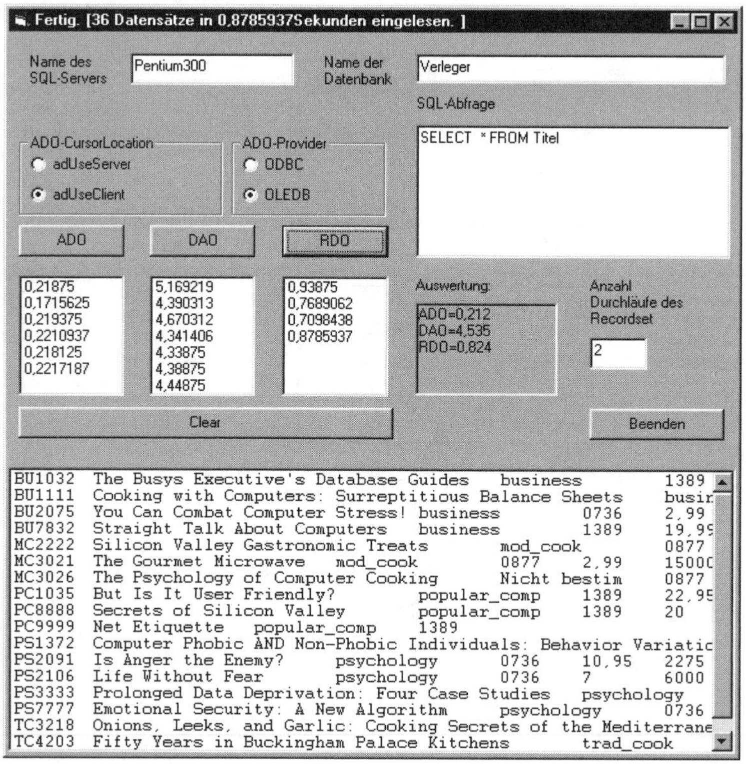


***Abbildung 12.39:** Laufzeitansicht*

### Formular-Listing

Folgende Bibliotheken sind einzubinden:

- Microsoft ActiveX Data Objects 2.0 Library
- Microsoft DAO 2.5/3.51 Compatibility Library
- Microsoft Remote Data Object 2.0

Da der Quelltext für den erfahrenen Programmierer gut lesbar sein dürfte, wird bewusst auf weitere Erläuterungen verzichtet.

```
Option Explicit

Dim conStr As String      ' Verbindungszeichenfolge
Dim maxI   As Long        ' Anzahl Durchläufe des gewählten Recordset
Dim zRow&                 ' Zeilenanzahl des Recordset
Dim strLine$              ' Zeilenpuffer für Recordset-Anzeige
Dim T!                    ' Zeitdifferenz
Dim i%                    ' Zählvariable

 Public Sub calc()       ' statistische Auswerung
    Dim tAdo, tRdo, tDao As Single

 ' Addieren aller Zeiteinträge in den drei Listboxen und Durchschnittswert berechnen:
    tAdo = 0: tRdo = 0: tDao = 0
    For i = 0 To lstRdo.ListCount - 1
        tRdo = tRdo + lstRdo.List(i)
    Next
    If lstRdo.ListCount > 0 Then tRdo = tRdo / lstRdo.ListCount

    For i = 0 To lstAdo.ListCount - 1
        tAdo = tAdo + lstAdo.List(i)
    Next
    If lstAdo.ListCount > 0 Then tAdo = tAdo / lstAdo.ListCount

    For i = 0 To lstDao.ListCount - 1
        tDao = tDao + lstDao.List(i)
    Next
    If lstDao.ListCount > 0 Then tDao = tDao / lstDao.ListCount

    Label1.Caption = "ADO=" & Format(tAdo, "0.00#") & vbCrLf _
                   & "DAO=" & Format(tDao, "0.00#") & vbCrLf _
                   & "RDO=" & Format(tRdo, "0.00#")
 End Sub

Private Sub btnAdo_Click()                        ' ADO - Test
    Dim con As ADODB.Connection
    Dim rs As ADODB.Recordset
    Dim cl As Field

    lstRows.Enabled = False
    lstRows.Clear

    Set con = New ADODB.Connection
    If Option1(0) Then
     con.CursorLocation = adUseServer
                 Else
     con.CursorLocation = adUseClient
    End If
    If Option1(2) Then
     conStr = "driver={SQL Server};server=" & txtServer & _
       ";uid=sa;pwd=;database=" & txtDB.Text
    Else
     conStr = "Provider = SQLOLEDB.1;Integrated Security=SSPI; " & _
```

```
     Persist Security Info=False; Initial Catalog=" & _
     txtDB.Text & " ;Data Source=" & txtServer
    End If
    con.ConnectionString = conStr
    con.Open
    Set rs = New ADODB.Recordset
    T = Timer
    rs.Open txtSQL.Text, con, adOpenDynamic
    maxI = Val(txtCount.Text)
    zRow = 0
    For i = 1 To maxI
      With rs
        If .RecordCount <> 0 Then
          .MoveFirst
          Caption = "loading..." & i & " of " & maxI
          Do While Not .EOF
            zRow = zRow + 1
            strLine = ""
            For Each cl In rs.Fields
              strLine = strLine & cl.Value & vbTab
            Next cl
            If i = maxI Then lstRows.AddItem strLine
            .MoveNext
          Loop
        End If
      End With
    Next i
    rs.Close
    con.Close

    T = Timer - T
    lstAdo.AddItem T
    lstRows.Enabled = True
    Caption = "Fertig. [" & zRow & " Datensätze in " & T & " Sekunden eingelesen. ]"
    Call calc
End Sub

Private Sub btnDao_Click()                          ' DAO - Test
    Dim db As dao.Database
    Dim rs  As dao.Recordset
    Dim cl As dao.Field

    lstRows.Enabled = False
    lstRows.Clear
    conStr = "ODBC;DRIVER=SQL Server;SERVER=" & txtServer & _
     ";UID=sa;PWD=;APP=Visual Basic;WSID=" & txtServer & ";DATABASE=" & txtDB.Text
    Set db = DBEngine(0).OpenDatabase("", dbDriverCompleteRequired, False, conStr)
    Debug.Print db.Connect

    T = Timer
    Set rs = db.OpenRecordset(txtSQL.Text)
    maxI = Val(txtCount.Text)
    zRow = 0
    For i = 1 To maxI
       With rs
        If .RecordCount <> 0 Then
```

```
        .MoveFirst
        Caption = "Lesezyklus" & i & " von " & maxI
        Do While Not .EOF
          zRow = zRow + 1
          strLine = ""
          For Each cl In .Fields
            strLine = strLine & cl.Value & vbTab
          Next cl
          If i = maxI Then lstRows.AddItem strLine
          .MoveNext
        Loop
      End If
    End With
  Next i

  rs.Close
  db.Close

  T = Timer - T
  lstDao.AddItem T
  lstRows.Enabled = True
  Caption = "Fertig. [" & zRow & "Datensätze in " & T & "Sekunden eingelesen. ]"

  Call calc
End Sub

Private Sub btnRdo_Click()              ' RDO
  Dim con As New rdoConnection          ' Microsoft Remote Data Objects 2.0 (altes RDO)
  Dim rs As rdoResultset
  Dim cl As rdoColumn

  lstRows.Enabled = False
  lstRows.Clear

  With con
    .Connect = "UID=sa;PWD=;Database=" & txtDB.Text & ";" _
           & "Server=" & txtServer & ";Driver={SQL Server}"
   .EstablishConnection rdDriverComplete
  End With
  T = Timer
  Set rs = con.OpenResultset(txtSQL.Text, rdOpenDynamic)

  maxI = Val(txtCount.Text)
  zRow = 0
  For i = 1 To maxI
    With rs
      If .RowCount <> 0 Then
        .MoveFirst
        Caption = "loading..." & i & " of " & maxI
        Do While Not .EOF
          zRow = zRow + 1
          strLine = ""
          For Each cl In .rdoColumns
            strLine = strLine & cl.Value & vbTab
          Next cl
          If i = maxI Then lstRows.AddItem strLine
```

```
            .MoveNext
          Loop
        End If
      End With
    Next i

    rs.Close
    con.Close

    T = Timer - T
    lstRdo.AddItem T
    lstRows.Enabled = True
    Caption = "Fertig. [" & zRow & " Datensätze in " & T & "Sekunden eingelesen. ]"
    Call calc
End Sub

Private Sub btnClear_Click()    ' alle Teilergebnisse löschen
    lstRdo.Clear
    lstAdo.Clear
    lstDao.Clear
    Label1.Caption = ""
End Sub

Private Sub Form_Resize()         ' Listenfeld an unteren Rand "ankleben"
    On Error Resume Next
    With lstRows
        .Left = 0
        .Width = ScaleWidth
        .Height = ScaleHeight - .Top
    End With
End Sub
```

**Bemerkungen**

- Es wurde bewusst auf den Einsatz einer Datengitter-Komponente verzichtet, um möglichst gleiche Bedingungen herzustellen.
- Im Label *Auswertung* werden jeweils die Durchschnittswerte der einzelnen Tests angezeigt.
- In Abhängigkeit von der Netzbelastung und der Hardwareausstattung (Netzkarten, Arbeitsspeicher etc.) können sich zum Teil stark abweichende Resultate ergeben.

## 12.2.28 ... eine Warenkorb-Applikation programmieren?

Klassenmodul; ADO-Objekte; Bound Controls: *DataCombo-*, *DataList-*, *DataGrid*-Control; Fehlerbehandlung; OOP

Häufig sind solche Anwendungen gefragt, bei denen man aus einer Teileliste bestimmte Artikel auswählen kann, um diese dann per Mausklick in einen »Warenkorb« zu befördern. Anschließend werden dann bestimmte Auswertungen vorgenommen, z.B. den Gesamtpreis ermitteln. Man trifft derlei Applikationen nicht nur in den zahlreichen Internet-Basaren an, auch der mit dem Laptop umherziehende Vertreter kann auf diese Weise für seinen Kunden schnell eine Liste der gewünschten Artikel zusammenstellen, flexibel auf Änderungen reagieren und last but not least sofort die Rechnung präsentieren.

Die folgende, etwas anspruchsvollere Beispielapplikation basiert auf dem Szenario eines durch die Lande ziehenden Vertriebsmitarbeiters, welcher diverse Ausrüstungsgegenstände für Kleintransporter verkauft.

Voraussetzung sind Grundkenntnisse im Umgang mit *Connection*- und *Recordset*-Objekten, wie sie z.B. in den Rezepten

▶ 12.2.4 ... ein Connection Objekt erstellen?

▶ 12.2.7 ... ein Recordset über Execute-Methoden zuweisen?

vermittelt werden.

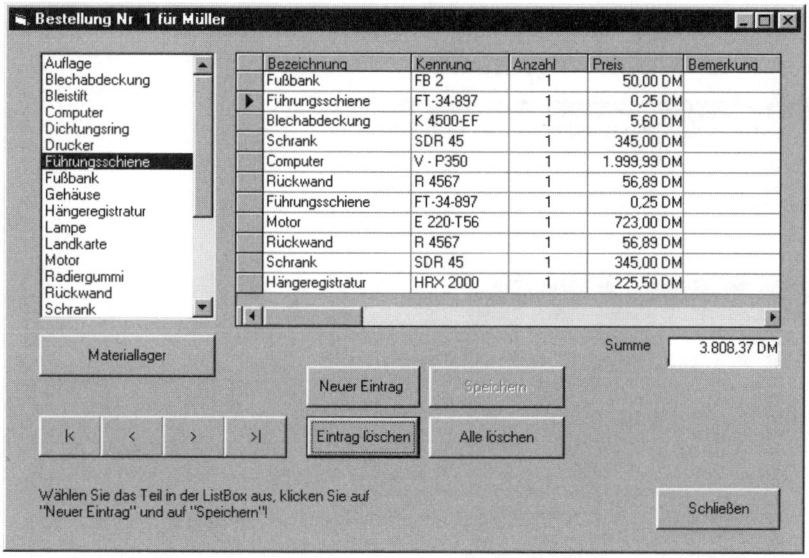


***Abbildung 12.40:*** *Laufzeitansicht der Anwendung*

Der objektorientierte Entwurf verlangt ein diszipliniertes Vorgehen und auch ein Umdenken bezüglich der Reihenfolge, in welcher ein Programm entwickelt wird. War man es bislang gewohnt, sich ohne quälende Vorüberlegungen sofort der liebevollen Gestaltung einer möglichst attraktiven Eingabemaske zu widmen, so beginnen wir jetzt mit dem »trockenen« Schreiben eines Klassenmoduls, welches ganz im Sinne mehrschichtiger Software-Architektur die eigentliche Anwendungslogik und den Datenzugriff kapselt. Die Benutzerschnittstelle als oberste »dumme« Schicht sollte von diesen sogenannten »Geschäftsprozessen« weitestgehend ferngehalten werden und sich lediglich um ihre eigentliche Aufgabe, nämlich die Ein- und Ausgabe von Informationen kümmern (▶ Kapitel 8).

Bevor wir aber mit dem praktischen Programmieren beginnen, sollten wir uns mit der zugrunde liegenden Datenbankstruktur auseinandersetzen.

#### Datenbankstruktur

Die Informationen werden in einer Access-Datenbank gehalten. Diese besteht aus fünf Tabellen, die – wie die folgende Abbildung am Beispiel der bereits gefüllten Tabellen unter Access zeigt – durch Master-Detail-Relationen miteinander verknüpft sind.

**HINWEIS:** Access selbst speichert nur die Tabellen, die Beziehungen zwischen ihnen müssen wir per Programm selbst definieren. Dazu werden entsprechende SQL-Abfragen an die Datenbank-Engine geschickt, deren Ergebnis in Form von Datensatzlisten (Recordsets) zurückgeliefert wird.

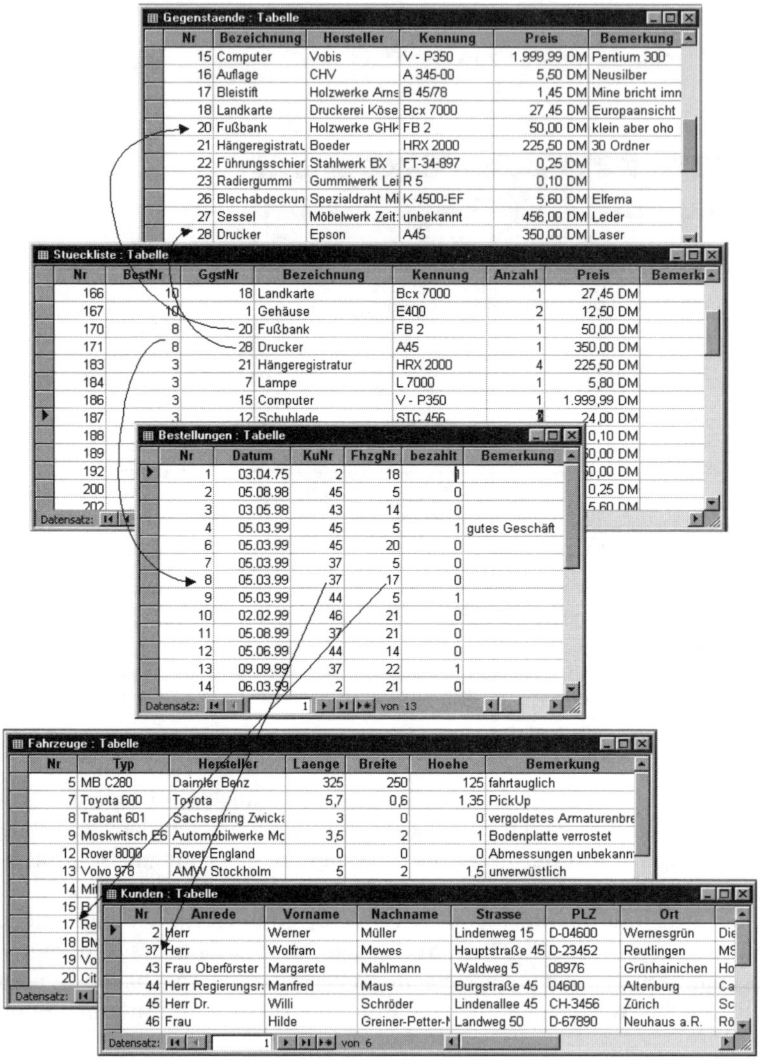


***Abbildung 12.41:*** *Tabellenübersicht*

Jede der Tabellen beinhaltet einen Primärschlüssel mit dem Feldnamen *Nr*, der von der Access-Jet-Engine vergeben wird. Die Tabellen *Bestellungen* und *Stueckliste* sind sogenannte Mastertabellen, da sie einen oder mehrere Fremdschlüsselfelder haben (*KuNr*, *FhzgNr*, *BestNr*, *GgstNr*), die auf die Primärschlüssel der Detailtabellen *Kunden*, *Fahrzeuge* und *Gegenstaende* verweisen.

Nach wie vor ist es der einfachste Weg, wenn Sie den Tabellenentwurf direkt unter dem Office-Programm Microsoft Access durchführen. Notfalls tut es auch der Visual Data Manager, den Sie unter den VB-Add-Ins finden.

Starten Sie also Access und wählen Sie den Menüpunkt *Datei/Neue Datenbank anlegen*. Geben Sie hier einen Namen (im Beispiel auf der Buch-CD-ROM *Legenstein.mdb*) ein.

Im Access-Hauptfenster wählen Sie die Registerkarte *Tabellen* und klicken dann auf die Schaltfläche *Neu*. Die folgende Abbildung zeigt das Access-Hauptfenster nach getaner Arbeit.

***Abbildung 12.42:*** *Die Access-Datenbank*

Nun wollen wir die einzelnen Tabellen einer näheren Betrachtung unterziehen.

### Tabelle *Bestellungen*

Dies ist unsere Haupttabelle, in welche wir die einzelnen Bestellungen hintereinander eintragen (pro Bestellung ein Datensatz). Fremdschlüssel verweisen auf die *Kunden*-Tabelle und auf die *Fahrzeuge*-Tabelle. Die folgende Zusammenstellung zeigt Vorschläge für die Werte, wie Sie sie im Access-Entwurfsfenster einstellen.

| Feldname | Felddatentyp | Beschreibung/Optionen |
|---|---|---|
| *Nr* | AutoWert | Primärschlüssel |
| Datum | Datum/Uhrzeit | Eingabe erforderlich |
| KuNr | Long Integer | Fremdschlüssel auf *Kunden* |
| FhzgNr | Long Integer | Fremdschlüssel auf *Fahrzeuge* |
| bezahlt | Byte | 0 = nein, 1 = ja, 2 = unbestimmt |
| Bemerkung | Memo | leere Zeichenfolge zulässig |

***Tabelle 12.2:*** *Bestellungen*

**HINWEIS:** Bei Feldern vom *Text*- oder *Memo*-Datentyp sollten Sie die Option *Leere Zeichenfolge* auf *Ja* verändern.

### Tabelle *Kunden*

Das ist gewissermaßen Ihre Kundenkartei und eine typische Detailtabelle.

| Feldname | Felddatentyp | Beschreibung/Optionen |
|---|---|---|
| *Nr* | AutoWert | Primärschlüssel |
| Anrede | Text | 20 Zeichen / leer zulässig |
| Vorname | Text | 20 Zeichen / leer zulässig |
| Nachname | Text | 30 Zeichen / leer zulässig |
| Straße | Text | 50 Zeichen / leer zulässig |
| PLZ | Text | 8 Zeichen / leer zulässig |
| Ort | Text | 40 Zeichen / leer zulässig |
| Telefon | Text | 30 Zeichen / leer zulässig |
| Bemerkung | Memo | leere Zeichenfolge zulässig |

***Tabelle 12.3:*** *Kunden*

**HINWEIS:** Die Option *Eingabe erforderlich* dürfte selbst für den Nachnamen nicht sinnvoll sein (ansonsten könnten Sie z.B. einen zwielichtigen aber zahlungsfähigen Kunden, den Sie nur als *Max* kennen, nicht eintragen).

### Tabelle *Fahrzeuge*

Diese Tabelle ist gewissermaßen eine Kartei der Fahrzeugtypen, für welche Ihre Firma Ausrüstungsgegenstände anbietet.

| Feldname | Felddatentyp | Beschreibung/Optionen |
|---|---|---|
| Nr | AutoWert | Primärschlüssel |
| Typ | Text | 20 Zeichen; Eingabe erforderlich |
| Hersteller | Text | 30 Zeichen |
| Laenge | Single | Standardwert 0 |
| Breite | Single | Standardwert 0 |
| Hoehe | Single | Standardwert 0 |
| Bemerkung | Memo | leere Zeichenfolge zulässig |

***Tabelle 12.4:*** *Fahrzeuge*

### Tabelle *Gegenstaende*

In diesem »Materiallager« finden Sie die Liste aller verfügbaren Teile.

| Feldname | Felddatentyp | Beschreibung/Optionen |
|---|---|---|
| Nr | AutoWert | Primärschlüssel |
| Bezeichnung | Text | 20 Zeichen; Eingabe erforderlich |
| Hersteller | Text | 40 Zeichen / leer zulässig |
| Kennung | Text | 12 Zeichen / leer zulässig |
| Preis | Währung | Netto-Stückpreis |
| Bemerkung | Memo | Leere Zeichenfolge zulässig |

***Tabelle 12.5:** Gegenstaende*

### Tabelle *Stueckliste*

Hier haben wir endlich den eigentliche »Warenkorb«, welcher die georderten Gegenstände aufnehmen soll. Jeder Datensatz entspricht somit exakt einer Rechnungsposition.

| Feldname | Felddatentyp | Beschreibung/Optionen |
|---|---|---|
| Nr | AutoWert | Primärschlüssel |
| BestNr | Long Integer | Fremdschlüssel auf *Bestellungen* |
| GgstNr | Long Integer | Fremdschlüssel auf *Gegenstaende* |
| Bezeichnung | Text | 30 Zeichen / leer zulässig |
| Kennung | Text | 10 Zeichen / leer zulässig |
| Anzahl | Long Integer | Menge der Gegenstände (1, 2, 3...) |
| Preis | Währung | Einzelpreis mal Anzahl |
| Bemerkung | Memo | Leere Zeichenfolge zulässig |

***Tabelle 12.6:** Stueckliste*

**HINWEIS:** Beachten Sie, dass in obiger Stückliste die Felder *Bezeichnung*, *Kennung* und *Preis* den Normalisierungsregeln relationaler Datenbanken eigentlich widersprechen, denn es handelt sich hierbei um die gleichen Angaben, wie sie ebenfalls in der *Gegenstaende*-Tabelle nachzuschlagen sind. Im Interesse einer weiterführenden Nutzung, wie z.B. der Abkopplung eines kompletten *Recordset*-Objekts von der Datenbank und dessen Übertragung über Netzwerk bzw. Internet, scheint diese in Kauf genommene Redundanz aber die praktikabelste und programmtechnisch am einfachsten zu realisierende Lösung zu sein.

Wenn wir zuerst die Benutzerschnittstelle zu den Detailtabellen *Kunden*, *Fahrzeuge* und danach zur Mastertabelle *Bestellungen* erstellen, können wir eine erste Ausbaustufe des Programms zum Laufen bringen. Besonders der Anfänger dürfte so am ehesten das erforderliche Know-how verstehen lernen. In der zweiten Stufe folgt dann die Verknüpfung zu den Tabellen *Stueckliste* und *Gegenstaende*.

### Ausbaustufe 1

- Nachdem wir die (leere) Datenbank in das Anwendungsverzeichnis kopiert haben, kann es losgehen. Zunächst wollen wir das Grundgerüst für unser Datenklassenmodul erstellen, welches wir vorerst nur als Verbindung zur Tabelle *Kunden* benutzen wollen. Bevor es aber richtig losgeht, sollten wir alle zusätzlich benötigten Bibliotheken und Komponenten einbinden:

- Über das Menü *Projekt/Verweise*:

Microsoft ActiveX DataObjects 2.0 Library

Microsoft Data Binding Collection

- Über das Menü *Projekt/Komponenten*:

Microsoft DataDataList Controls 6.0 (OLEDB)

Microsoft DataGrid Control 6.0 (OLEDB)

#### Datenklassenmodul

Wählen Sie zunächst *Projekt/Klassenmodul hinzufügen*, um ein einfaches Klassenmodul in das Projekt einzufügen.

**HINWEIS:** Mit voller Absicht wurde die *DataSourceBehavior*-Eigenschaft auf ihrem Standardwert *vbNone* belassen. Es handelt sich also um kein »echtes« Datenklassenmodul. Diese Entscheidung wurde nach mehreren erfolglosen Versuchen getroffen, eine sinnvolle Laufzeitaktualisierung der Klassenmitglieder über das *GetDataMember*-Event mit vertretbarem Aufwand zu erreichen. Bei der hier vorgestellten Lösung exportiert die Klasse komplette *Recordset*-Objekte als Eigenschaften. Ein erhöhter Programmieraufwand gegenüber einem echten Datenklassenmodul ist nicht nachweisbar. Allerdings wurde, die OOP-Fanatiker mögen es uns nachsehen, aus Aufwandsgründen auf Eigenschaftenprozeduren (*Property Get*, *Property Let*) verzichtet. Stattdessen haben wir das Brett an der dünnsten Stelle gebohrt, und die Eigenschaften als *Public*-Variable (*Recordset*-Datentyp) zur Verfügung gestellt.

Zunächst passiert im Klassenmodul auch nichts anderes, als Sie es bislang in Formularmodulen praktiziert haben: Als Erstes wird ein *Connection*-Objekt zugewiesen und geöffnet. Anschließend öffnen wir ein *Recordset*-Objekt, welches mit den Kundendatensätzen gefüllt wird. Dies alles passiert aber nicht im *Load*-, sondern im *Initialize*-Event, also immer dann, wenn von der Klasse Instanzen gebildet werden.

```
Option Explicit

Private conn As Connection
Public rsKunde As Recordset

Private Sub Class_Initialize()
 Set conn = New Connection
 conn.CursorLocation = adUseClient
 conn.Provider = "Microsoft.Jet.OLEDB.3.51"
 conn.Open App.Path & "\Legenstein.mdb"     ' Datenbank befindet sich im Anwendungsverz.

 Set rsKunde = New Recordset
 rsKunde.Open "SELECT * FROM Kunden ORDER BY Nachname", conn, adOpenKeyset, _
             adLockOptimistic

'...  wenn später  weitere Recordset-Objekte hinzukommen

End Sub
```

Das folgende Sammelsurium privater Methoden wird von allen von der Klasse zu exportierenden *Recordset*-Objekten genutzt, was den Programmieraufwand (Fehlerbehandlung etc.) erheblich senkt.

Bewegen zum nächsten Datensatz:

```
Private Sub nextDs(rs As Recordset)
On Error GoTo err
 If rs.BOF And rs.EOF Then Exit Sub
 rs.MoveNext: If rs.EOF Then rs.MoveLast
Exit Sub
err: rs.CancelUpdate
End Sub
```

Bewegen zum vorhergehenden Datensatz:

```
Private Sub prevDs(rs As Recordset)
On Error GoTo err
 If rs.BOF And rs.EOF Then Exit Sub          ' leeres Recordset
 rs.MovePrevious: If rs.BOF Then rs.MoveFirst
 Exit Sub
err: rs.CancelUpdate
End Sub
```

Bewegen zum ersten Datensatz:

```
Private Sub firstDs(rs As Recordset)
On Error GoTo err
 If rs.BOF And rs.EOF Then Exit Sub          ' leeres Recordset
 rs.MoveFirst
 Exit Sub
err: rs.CancelUpdate
End Sub
```

Bewegen zum letzten Datensatz:

```
Private Sub lastDs(rs As Recordset)
On Error GoTo err
 If rs.BOF And rs.EOF Then Exit Sub
 rs.MoveLast
 Exit Sub
err: rs.CancelUpdate
End Sub
```

Einfügen eines neuen Datensatzes:

```
Private Sub newDs(rs As Recordset)
On Error GoTo err
 rs.AddNew
Exit Sub
err: MsgBox err.Description
rs.CancelUpdate
End Sub
```

Löschen des aktuellen Datensatzes:

```
Private Sub delDs(rs As Recordset)
On Error GoTo err
 If rs.BOF And rs.EOF Then Exit Sub         ' leeres Recordset
 If MsgBox("Wollen Sie den aktuellen Datensatz wirklich löschen?", 36, "Frage") = 6 Then
  rs.Delete
  rs.MoveNext: If rs.EOF Then rs.MoveLast
 End If
 Exit Sub
err: MsgBox err.Description
rs.CancelUpdate
End Sub
```

Löschen aller Datensätze des *Recordset*-Objekts:

```
Private Sub delAllDs(rs As Recordset)
On Error GoTo err
 If rs.BOF And rs.EOF Then Exit Sub
 Beep
 If MsgBox("Wollen Sie wirklich alle Datensätze löschen?", 20, _
             "Vorsicht Datenverlust!") = 6 Then
  rs.MoveFirst
  Do While Not rs.EOF
   rs.Delete
   rs.MoveNext
  Loop
 End If
 Exit Sub
err: MsgBox err.Description
rs.CancelUpdate: Beep
End Sub
```

Das zuverlässige Aktualisieren eines Datensatzes bedeutet nicht nur dessen Übernahme in die Datenbank, sondern auch das entsprechende Reagieren aller Steuerelemente der Benutzerschnittstelle:

```
Private Sub aktDs(rs As Recordset)
Dim bm
On Error GoTo err
 If rs.BOF And rs.EOF Then Exit Sub
 rs.Update
 bm = rs.Bookmark
 rs.Requery                ' sonst kein zuverlässiges Aktualisieren aller Bound Controls!
 rs.Bookmark = bm
Exit Sub
err: MsgBox err.Description
 rs.CancelUpdate: Beep
End Sub
```

Die folgenden Methoden nutzen die obigen Prozeduren und fallen demnach erfreulich kurz aus:

```
Public Sub naechsterKunde(): nextDs rsKunde: End Sub
Public Sub vorigerKunde(): prevDs rsKunde: End Sub
```

```
Public Sub ersterKunde(): firstDs rsKunde: End Sub
Public Sub letzterKunde(): lastDs rsKunde: End Sub
Public Sub neuerKunde(): newDs rsKunde: End Sub
Public Sub loescheKunde(): delDs rsKunde: End Sub
Public Sub aktKunde(): aktDs rsKunde: End Sub
...
```

An dieser Stelle fügen wir spätere Ergänzungen ein, wenn unsere Klasse um weitere Datenmitglieder (sprich *Recordset*-Objekte) bereichert wird.

**HINWEIS:** Beim Zerstören einer Klasseninstanz sollte man die geöffneten Objekte schließen. Auch hier werden spätere Ergänzungen folgen:

```
Private Sub Class_Terminate()
 Set rsKunde = Nothing
 ...
 Set conn = Nothing
End Sub
```

Speichern Sie das Modul unter dem Namen *DatClass1* ab.

### Editieren der Kunden

Jeder Tabelle ist ein eigenes Formular (Eingabemaske) als Benutzerschnittstelle zugeordnet. Das muss nicht unbedingt so sein, erleichtert aber in unserem Fall die Übersicht, da man nicht benötigte Informationen einfach ausblenden kann. Unsere Kundendatei, in der wir Kunden hinzufügen, ändern oder löschen können, bietet zur Laufzeit den folgenden Anblick.

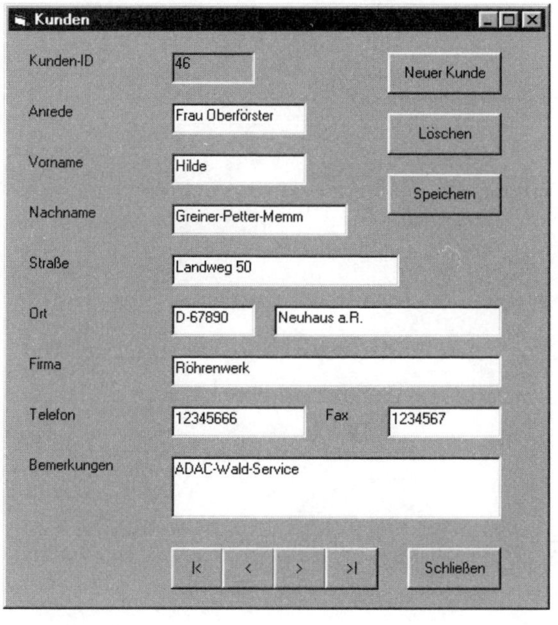


***Abbildung 12.43:*** *Formular Kunden*

Wie Sie sehen, verzichten wir auf das von VB 6 bereitgestellte ADO-Datensteuerelement und verwenden stattdessen »handgestrickte« Navigationsbuttons zum Bewegen durch die Datensätze. Wir erzeugen sie als Steuerelementefeld (*Command1(0)* bis *Command1(3)*), ein zweites Steuerelementefeld wird durch die übrigen Schaltflächen gebildet (*Command2(0)* bis *Command2(3)*). Das »Anbinden« der Textfelder an die Datenbankfelder erfolgt nicht wie gewohnt im Eigenschaftenfenster, sondern erst zur Laufzeit (im *Load*-Event des Formulars).

Im Code des Formularmoduls erzeugen wir ein Objekt der Klasse *DatClass1*, wir könnten genauso gut von der »Bildung einer Instanz der Klasse *DatClass1*« sprechen. Die Controls werden über ein *BindingCollection*-Objekt mit den von dieser Klasse exportierten *Recordset*-Objekten verbunden:

```
Option Explicit
Private datObj As DatClass1
Private bindColKund As BindingCollection
```

Beim Starten:

```
Private Sub Form_Load()
 Set datObj = New DatClass1
 Set bindColKund = New BindingCollection
 With bindColKund
    Set .DataSource = datObj.rsKunde
   .Add Label1, "Caption", "Nr"
   .Add Text1, "Text", "Anrede"
   .Add Text2, "Text", "Vorname"
   .Add Text3, "Text", "Nachname"
   .Add Text4, "Text", "Strasse"
   .Add Text5, "Text", "PLZ"
   .Add Text6, "Text", "Ort"
   .Add Text7, "Text", "Firma"
   .Add Text8, "Text", "Telefon"
   .Add Text9, "Text", "Fax"
   .Add Text10, "Text", "Bemerkung"
  End With
End Sub
```

Die Navigationstasten:

```
Private Sub Command1_Click(Index As Integer)
 Select Case Index
  Case 0: datObj.ersterKunde
  Case 1: datObj.vorigerKunde
  Case 2: datObj.naechsterKunde
  Case 3: datObj.letzterKunde
 End Select
End Sub
```

Die übrigen Schaltflächen zum Hinzufügen und Löschen von Kunden, sowie zum Aktualisieren der Anzeige.

```
Private Sub Command2_Click(Index As Integer)
 Select Case Index
  Case 0: datObj.neuerKunde          ' neuen Kunden hinzufügen
```

```
  Case 1: datObj.loescheKunde         ' Kunden löschen
  Case 2: datObj.aktKunde             ' Kunden speichern
  Case 3: Unload Me                   ' Formular schließen
 End Select
End Sub
```

Beim Schließen des Formulars wird das *Unload*-Event ausgelöst, welches wir zum Zerstören der nun nicht mehr benötigten Objekte benutzen:

```
Private Sub Form_Unload(Cancel As Integer)
 Set bindColKund = Nothing
 Set datObj = Nothing
End Sub
```

Bereits jetzt können Sie einen ersten Zwischentest des Programms durchführen und über die oben abgebildeten Eingabemaske Ihren Kundenstamm eintippen.

**HINWEIS:** Nachdem Sie Kunden geändert, gelöscht oder hinzugefügt haben und sich anschließend zu einem anderen Datensatz bewegen, brauchen Sie die *Speichern*-Schaltfläche in der Regel nicht extra zu betätigen, da mit jedem *MoveNext*, *MoveFirst* etc. auch automatisch die *Update*-Methode des *Recordset*-Objekts ausgeführt wird, d.h., die Änderungen werden in die Datenbank übernommen.

### Editieren der Fahrzeuge

Auf etwa die gleiche Weise wie wir das bereits für die *Kunden*-Tabelle praktizierten, wird nun die Benutzerschnittstelle zur Tabelle *Fahrzeuge* zum Projekt hinzugefügt.

Zunächst müssen wir unser Datenklassenmodul *DatClass1* entsprechend ergänzen:

```
Public rsFhzg As Recordset
...
```

Im *Initialize*-Event fügen wir hinzu:

```
 Set rsFhzg = New Recordset
 rsFhzg.Open "SELECT * FROM Fahrzeuge ORDER BY Typ", _
               conn, adOpenKeyset, adLockOptimistic
```

Dank der von uns bereits implementierten privaten Hilfsprozeduren *nextDs*, *prevDs* etc. gleicht das Ergänzen der Fahrzeugmethoden einem Kinderspiel:

```
Public Sub naechstesFhzg(): nextDs rsFhzg: End Sub
Public Sub vorigesFhzg(): prevDs rsFhzg: End Sub
Public Sub erstesFhzg(): firstDs rsFhzg: End Sub
Public Sub letztesFhzg(): lastDs rsFhzg: End Sub
Public Sub neuesFhzg(): newDs rsFhzg: End Sub
Public Sub loescheFhzg(): delDs rsFhzg: End Sub
Public Sub aktFhzg():  aktDs rsFhzg: End Sub
```

Nicht vergessen wollen wir das Zerstören des Objekts im *Terminate*-Event:

```
Set rsFhzg = Nothing
```

Auch die Benutzerschnittstelle ist analog wie bei der *Kunden*-Tabelle zu gestalten und zu programmieren. Erzeugen Sie *Form2* über das Menü *Projekt/Formular hinzufügen* .

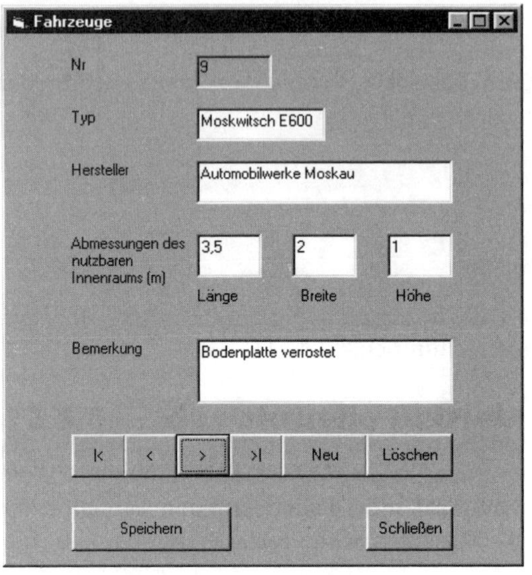


***Abbildung 12.44:*** *Formular Fahrzeuge*

Der Formularcode:

```
Option Explicit
Private datObj As DatClass1
Private bindColFhzg As BindingCollection

Private Sub Command1_Click(Index As Integer)
 Select Case Index
  Case 0: datObj.erstesFhzg
  Case 1: datObj.vorigesFhzg
  Case 2: datObj.naechstesFhzg
  Case 3: datObj.letztesFhzg
  Case 4: datObj.neuesFhzg
  Case 5: datObj.loescheFhzg
 End Select
End Sub
Private Sub Form_Load()
Set datObj = New DatClass1
Set bindColFhzg = New BindingCollection
  With bindColFhzg
    Set .DataSource = datObj.rsFhzg
   .Add Label1, "Caption", "Nr"
   .Add Text1, "Text", "Typ"
   .Add Text2, "Text", "Hersteller"
   .Add Text3, "Text", "Laenge"
   .Add Text4, "Text", "Breite"
```

```
    .Add Text5, "Text", "Hoehe"
    .Add Text6, "Text", "Bemerkung"
  End With
End Sub

Private Sub Command2_Click()
 Unload Me
End Sub

Private Sub Form_Unload(Cancel As Integer)
 Set bindColFhzg = Nothing
 Set datObj = Nothing
End Sub
```

### Aufnahme der Bestellungen

Nachdem die beiden Detailtabellen *Kunden* und *Fahrzeuge* fertiggestellt sind, können wir uns endlich der Mastertabelle *Bestellungen* zuwenden.

Auch hier ist zunächst das Datenklassenmodul, um die entsprechenden Eigenschaften und Methoden zu ergänzen:

Das zu exportierende *Recordset*-Objekt:

```
Public rsBestellung As Recordset
```

Ins *Initialize*-Event:

```
Set rsBestellung = New Recordset
 rsBestellung.Open "SELECT * FROM Bestellungen ORDER BY Datum", _
            conn, adOpenKeyset, adLockOptimistic
```

Zusätzliche Methoden:

```
Public Sub naechsteBstl(): nextDs rsBestellung: End Sub
Public Sub vorigeBstl(): prevDs rsBestellung: End Sub
Public Sub ersteBstl(): firstDs rsBestellung: End Sub
Public Sub letzteBstl(): lastDs rsBestellung: End Sub
Public Sub neueBstl(): newDs rsBestellung: End Sub
Public Sub loescheBstl(): delDs rsBestellung: End Sub
Public Sub aktBstl():  aktDs rsBestellung:  End Sub
```

Und schließlich der Kehraus für das Objekt im *Terminate*-Event:

```
Set rsBestellung = Nothing
```

Nun widmen wir uns der Benutzerschnittstelle, die diesmal etwas umfangreicher ausfällt. Um die beiden Kombinationsfelder in die Werkzeugsammlung einzufügen, müssen Sie über das Menü *Projekt/Komponenten...* den *Eintrag Microsoft DataList Controls 6.0 (OLEDB)* aktivieren.

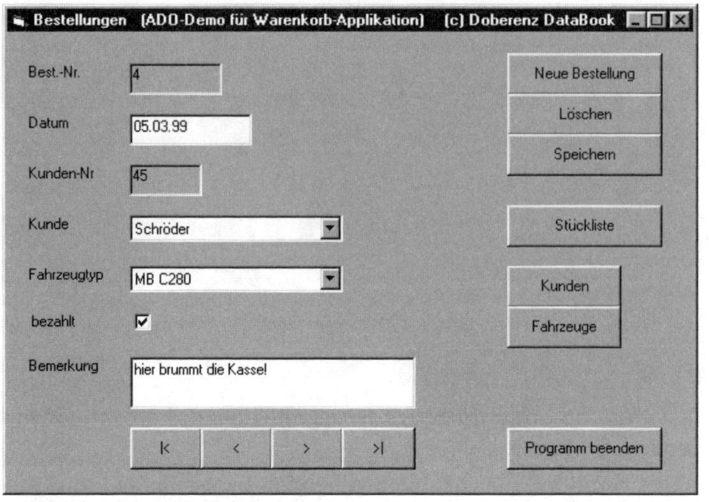


***Abbildung 12.45:** Formular Bestellungen*

Das *Form3*-Modul:

```
Option Explicit
Public datObj As DatClass1
Private bindColBstl As BindingCollection

Private Sub Form_Load()
 Set datObj = New DatClass1
 Set bindColBstl = New BindingCollection
  With bindColBstl
    Set .DataSource = datObj.rsBestellung
   .Add Label1, "Caption", "Nr"
   .Add Text1, "Text", "Datum"
   .Add Label2, "Caption", "KuNr"
   .Add Check1, "Value", "bezahlt"
   .Add Text2, "Text", "Bemerkung"
  End With
```

Die beiden Kombinationsfelder besorgen das Verknüpfen der Master- mit den Detailtabellen. Wir haben sie aber nicht mit in die Binding-Collection aufgenommen, sondern die Eigenschaften auf die übliche Weise an die Datenquellen »angeklemmt«:

```
  With DataCombo1
   Set .DataSource = datObj.rsBestellung
   .DataField = "KuNr"
   Set .RowSource = datObj.rsKunde
   .BoundColumn = "Nr"
   .ListField = "Nachname"
  End With
  With DataCombo2
   Set .DataSource = datObj.rsBestellung
   .DataField = "FhzgNr"
```

```
  Set .RowSource = datObj.rsFhzg
  .BoundColumn = "Nr"
  .ListField = "Typ"
 End With
End Sub
```

Die Bewegungsschaltflächen:

```
Private Sub Command1_Click(Index As Integer)
 Select Case Index
  Case 0: datObj.ersteBstl
  Case 1: datObj.vorigeBstl
  Case 2: datObj.naechsteBstl
  Case 3: datObj.letzteBstl
 End Select
End Sub
```

Die Schaltflächen *Neu*, *Löschen* und *Speichern* werden wie üblich programmiert. Die beiden herauskommentierten Anweisungen fügen Sie erst nach Fertigstellung von *Form5* (*Stueckliste*) hinzu.

```
Private Sub Command2_Click(Index As Integer)
 Select Case Index
  Case 0: datObj.neueBstl
  Case 1: bNr = datObj.rsBestellung!Nr         ' aktuelle Bestellnummer
 ' Form5.Caption = "Bestellung Nr " & Str$(bNr) & " für " & DataCombo1.Text
 ' Form5.Show                   ' zur Stueckliste
  Case 2: datObj.loescheBstl
  Case 3: Form2.Show            ' zum Kunden-Formular
  Case 4: Form3.Show            ' zum Fahrzeuge-Formular
  Case 5: Beep: datObj.aktBstl
 End Select
End Sub
```

Falls zwischenzeitlich Änderungen in der Tabelle *Kunden* oder *Fahrzeuge* vorgenommen wurden, müssen die Datenquellen erneut abgefragt werden, da sonst keine Aktualisierung der beiden *ComboBoxen* (Kombinationsfelder) stattfindet.

```
Private Sub Form_Activate()  ' falls an Fhzg. oder Kunden etwas geändert wurde
  datObj.rsFhzg.Requery
  datObj.rsKunde.Requery
End Sub
```

Aus puren Bequemlichkeitsgründen soll beim Hineinklicken in das Datums-Textfeld gleich das aktuelle Datum eingetragen werden:

```
Private Sub Text1_Click()
 Text1.Text = Date
End Sub

Private Sub Command3_Click()
 Unload Me
End Sub
```

```
Private Sub Form_Unload(Cancel As Integer)
 Set datObj = Nothing
 Set bindColBstl = Nothing
End Sub
```

**WICHTIG:** Die Variable *bNr* speichert den Primärschlüssel der Tabelle *Bestellungen* und fällt etwas aus dem Rahmen unserer bislang heilen Welt der objektorientierten Programmierung, da ihre Deklaration nicht im aktuellen Modul, sondern in einem von Ihnen über *Projekt/Modul hinzufügen* extra anzulegenden Codemodul *Module1* mit

```
Public bNr As Byte
```

erfolgen muss.

### Zwischentest

Unsere kleine Applikation ist zur Hälfte fertig und wir können den ersten Teil bereits jetzt auf Herz und Nieren testen. Voraussetzung ist, dass Sie zunächst in den beiden Detailtabellen *Kunden* und *Fahrzeuge* einige Einträge vornehmen.

**HINWEIS:** Damit beim Programmstart das Formular *Bestellungen* erscheint, müssen Sie im Menü *Projekt/Eigenschaften von Projekt1...* das Formular als »Startobjekt« wählen.

### Ausbaustufe 2

In dieser zweiten Etappe des Projektentwurfs widmen wir uns dem Einbinden der Tabellen *Gegenstaende* und *Stueckliste.*

### Editieren der Gegenstände

Zunächst bringen wir unser Klassenmodul *DatClass1* auf Vordermann.

Eigenschaft hinzufügen:

```
Public rsGegenstand As Recordset
```

*Initialize*-Event ergänzen:

```
Set rsGegenstand = New Recordset

 rsGegenstand.Open "SELECT * FROM Gegenstaende ORDER BY Bezeichnung", _
              conn, adOpenKeyset, adLockOptimistic
```

Methoden hinzufügen:

```
Public Sub naechsterGgst(): nextDs rsGegenstand: End Sub
Public Sub vorigerGgst(): prevDs rsGegenstand: End Sub
Public Sub ersterGgst(): firstDs rsGegenstand: End Sub
Public Sub letzterGgst(): lastDs rsGegenstand: End Sub
Public Sub neuerGgst(): newDs rsGegenstand: End Sub
Public Sub loescheGgst(): delDs rsGegenstand: End Sub
Public Sub aktGgst():  aktDs rsGegenstand: End Sub
```

Im *Terminate*-Event:

```
Set rsGegenstand = Nothing
```

Als nächstes die Gestaltung von *Form4*:

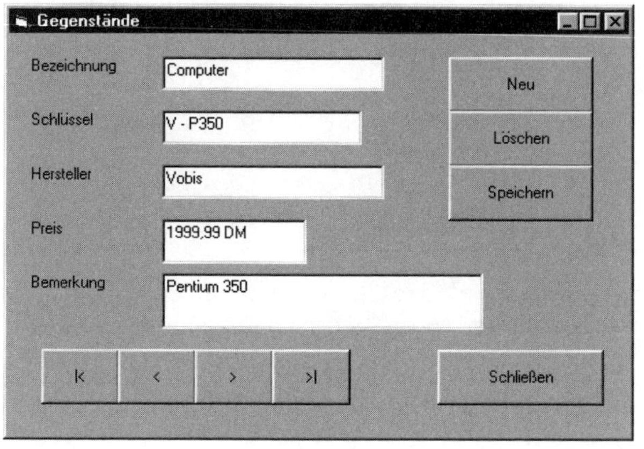


***Abbildung 12.46:*** *Formular Gegenstände*

Der Formularcode bietet (bis auf eine Ausnahme, die die Eingabe des Preises betrifft) keine Neuigkeiten:

```
Option Explicit
Private datObj As DatClass1
Private bindColGgst As BindingCollection

Private Sub Command2_Click(Index As Integer)
 Select Case Index
  Case 0: datObj.ersterGgst
  Case 1: datObj.vorigerGgst
  Case 2: datObj.naechsterGgst
  Case 3: datObj.letzterGgst
 End Select
End Sub

Private Sub Command3_Click(Index As Integer)
 Select Case Index
  Case 0: datObj.neuerGgst
  Case 1: datObj.loescheGgst
  Case 2: datObj.aktGgst
 End Select
End Sub
Private Sub Form_Load()
 Set datObj = New DatClass1
Set bindColGgst = New BindingCollection
  With bindColGgst
    Set .DataSource = datObj.rsGegenstand
   .Add Text1, "Text", "Bezeichnung"
   .Add Text2, "Text", "Kennung"
   .Add Text4, "Text", "Hersteller"
   .Add Text5, "Text", "Preis"
```

```
    .Add Text6, "Text", "Bemerkung"
  End With
End Sub
```

Damit bei der Preiseingabe sowohl Komma als auch Punkt als Dezimaltrennzeichen interpretiert werden, erfolgt eine zwangsweise Änderung von Komma in Punkt:

```
Private Sub Text5_KeyPress(KeyAscii As Integer)
 If KeyAscii = 44 Then KeyAscii = 46
End Sub
```

Das Schließen des Formulars:

```
Private Sub Command1_Click()
 Unload Me
End Sub

Private Sub Form_Unload(Cancel As Integer)
 Set bindColGgst = Nothing
 Set datObj = Nothing
End Sub
```

### Zusammenstellen der Stückliste

Mit dem Programmieren der Benutzerschnittstelle zur Tabelle *Stueckliste* haben wir endlich das glorreiche Finale unserer kleinen Applikation erreicht.

Die Ergänzungen des Klassenmoduls *DatClass1* fallen diesmal etwas umfangreicher aus, da das hinzuzufügende *Recordset*-Objekt *rsStueck* nicht alle, sondern nur die zur aktuellen Bestellung gehörenden Datensätze aufnehmen darf.

```
Public rsStueck As Recordset
```

Zum *Initialize*-Event hinzufügen:

```
Set rsStueck = New Recordset
rsStueck.Open "SELECT * FROM Stueckliste WHERE BestNr = " & Str$(bNr), conn, _
        adOpenKeyset, adLockOptimistic
```

Zur Erinnerung: Die globale Variable *bNr* ist im Codemodul *Module1* enthalten und speichert die Nummer der aktuellen Bestellung.

Keine Besonderheiten gibt es bei den folgenden Methoden:

```
Public Sub naechstesStck(): nextDs rsStueck: End Sub
Public Sub vorigeStck(): prevDs rsStueck: End Sub
Public Sub erstesStck(): firstDs rsStueck: End Sub
Public Sub letztesStck(): lastDs rsStueck: End Sub
Public Sub loescheStck(): delDs rsStueck: End Sub
Public Sub loescheAlleStck(): delAllDs rsStueck: End Sub
```

Das Hinzufügen eines neuen Eintrags in die Stückliste:

```
Public Sub neuesStck()
  newDs rsStueck
  rsStueck!BestNr = bNr       ' Fremdschlüssel ergänzen
  rsStueck!Anzahl = 1
 End Sub
```

Beim Speichern sind auch die bislang noch leeren Felder aufzufüllen:

```
Public Sub aktStck()            ' in Stückliste speichern
 aktDs rsStueck                 ' Roheintrag in Stückliste
 fuelleZeile
End Sub

Private Sub fuelleZeile()        ' Einträge in Stückliste vervollständigen
Dim rs As New Recordset
 rs.CursorType = adOpenForwardOnly
 Set rs = conn.Execute("SELECT * FROM Gegenstaende WHERE Gegenstaende.Nr = " & _
                       Str$(rsStueck!GgstNr))
 rsStueck!Bezeichnung = rs!Bezeichnung
 rsStueck!Kennung = rs!Kennung
 rsStueck!Preis = rs!Preis
 rsStueck!BestNr = bNr
 aktDs rsStueck              ' Stückliste aktualisieren
End Sub
```

Schließlich wird noch eine Methode benötigt, die die Einzelpreise zusammenzählt:

```
Public Function calcSumme() As String
Dim rs As New Recordset
 rs.CursorType = adOpenForwardOnly
 Set rs = conn.Execute("SELECT * FROM Stueckliste WHERE BestNr = " & Str$(bNr))
 If rs.EOF And rs.BOF Then calcSumme = "": Exit Function
 rs.MoveFirst
 Dim sum As Single
 sum = 0
 Do While Not rs.EOF
   sum = sum + rs!Anzahl * rs!Preis
   rs.MoveNext
 Loop
 calcSumme = Format$(sum, "Currency")
End Function
```

Die obligatorische Ergänzung des *Terminate*-Events:

```
  Set rsStueck = Nothing
```

Die Gestaltung von *Form5* entnehmen Sie bitte der eingangs gezeigten Abbildung.

```
Option Explicit
Private datObj As DatClass1
```

Zum Programmstart werden die *DataList*-Komponente (links) und das *DataGrid* mit ihren Datenquellen verbunden.

```
Private Sub Form_Load()
 Set datObj = New DatClass1
  With DataList1
  Set .DataSource = datObj.rsStueck
  .DataField = "GgstNr"
  .BoundColumn = "Nr"
  Set .RowSource = datObj.rsGegenstand
  .ListField = "Bezeichnung"
 End With
 Set DataGrid1.DataSource = datObj.rsStueck
  setColumns
  Label1.Caption = datObj.calcSumme    ' Gesamtsumme anzeigen
End Sub

Private Sub setColumns()               ' setzt die Spalteneigenschaften des DataGrid
With DataGrid1
  .Columns("Nr").Visible = False
  .Columns("BestNr").Visible = False
  .Columns("GgstNr").Visible = False
  .Columns("Preis").NumberFormat = "Currency"
  .Columns("Preis").Width = TextWidth("100.000,00 DM")
  .Columns("Preis").Alignment = dbgRight
  .Columns("Anzahl").Alignment = dbgCenter
  .Columns("Preis").Locked = True
  .Columns("Bezeichnung").Locked = True
  .Columns("Kennung").Locked = True
 End With
End Sub
```

Das Navigieren durch die Stückliste:

```
Private Sub Command5_Click(Index As Integer)
Select Case Index
  Case 0: datObj.erstesStck
  Case 1: datObj.vorigeStck
  Case 2: datObj.naechstesStck
  Case 3: datObj.letztesStck
 End Select
End Sub
```

Das Hinzufügen, Löschen und Speichern von Positionen des Warenkorbes:

```
Private Sub Command2_Click(Index As Integer)
Dim bm       ' Lesezeichen
 DataGrid1.Enabled = False
 Select Case Index
  Case 0: datObj.loescheStck
  Case 1: If datObj.rsStueck.RecordCount = 0 Then Exit Sub
   datObj.aktStck: Command2(2).Enabled = True
  Case 2: datObj.neuesStck
  Command2(2).Enabled = False: Command2(1).Enabled = False
  Case 3: datObj.loescheAlleStck
 End Select
 Label1.Caption = datObj.calcSumme
 DataGrid1.Refresh
```

```
 setColumns
 DataGrid1.Enabled = True
End Sub
```

Die Freigabe der Schaltflächen *Neuer Eintrag* und *Speichern* erfolgt bei der Auswahl eines bestimmten Artikels aus der Liste der Gegenstände:

```
Private Sub DataList1_Click()
 Command2(1).Enabled = True
 Command2(2).Enabled = True
End Sub
```

Falls zwischenzeitlich die Tabelle *Gegenstaende* (Materiallager) geändert wurde, muss erneut abgefragt werden, um die Änderungen in der *DataList*-Komponente anzuzeigen:

```
Private Sub Form_Activate()   ' falls Gegenstände geändert wurden
 Beep
 datObj.rsGegenstand.Requery
End Sub

Private Sub Command1_Click()
 Form5.Show                   ' zum Materiallager (Gegenstaende-Eingabemaske)
End Sub

Private Sub Command3_Click()
 Unload Me
End Sub
Private Sub Form_Unload(Cancel As Integer)
 Set datObj = Nothing
End Sub
```

**Abschlusstest**

Haben Sie Ihr Materiallager gut ausgestattet, so steht dem Füllen von »Einkaufskörben« nichts mehr im Wege. Wer sich nicht soviel Arbeit machen möchte, sollte auf die Beispielapplikation zurückgreifen, wie sie auf der Buch-CD-ROM enthalten ist.

**HINWEIS:** Die vorgestellte Lösung des Warenkorb-Problems zählt mit Sicherheit nicht zu den elegantesten. Der überwiegende Teil des Codes ist aber wieder verwendbar und ohne viel Mehraufwand auf die zahlreichen ähnlich gelagerten Problemstellungen übertragbar. Für den lernwilligen Programmierer bietet sich deshalb aber eine übersichtliche Möglichkeit der Einarbeitung in die weitverzweigte Problematik der objektorientierten Anwendungsentwicklung mit ADO-Datenklassen und -Komponenten.

Übrigens: Auch das Ausdrucken einer Rechnung mit dem in VB integrierten Report-Designer dürfte keine allzu große Hürde darstellen.

## 12.2.29 ... mit dem MSChart-Control arbeiten?

*MSChart*-Control: *ChartData*-Eigenschaft, *EditCopy*-Methode

Geht es um die schnelle und einfache Darstellung grafischer Sachverhalte, ist das *MSChart*-Control die erste Wahl. Neben der 2D- und 3D-Darstellung können Sie auch zwischen

- Linien-Diagrammen,
- Balken-Diagrammen,
- Flächen-Diagrammen,
- Schritt-Diagrammen,
- Kreis-Diagrammen und
- Punkt-Diagrammen

mit unterschiedlichen Farben, Rändern und Schriftarten wählen. Unterstützt wird ebenfalls der Im- und Export von Daten (Tabellen bzw. Diagrammen) über die Zwischenablage.

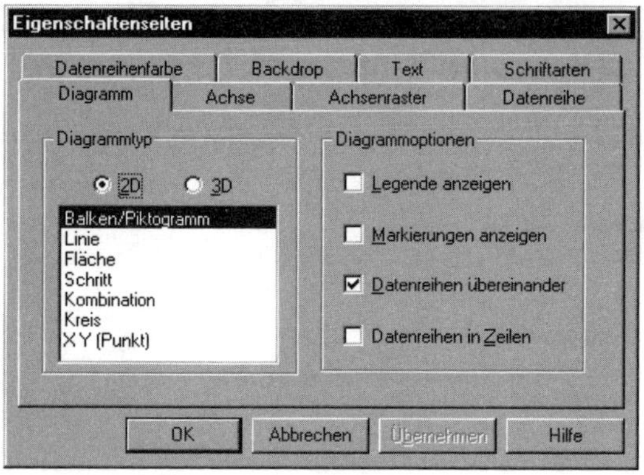


***Abbildung 12.47:*** *Eigenschaftenfenster des Controls*

Besonders einfach ist die Verwendung des Controls im Zusammenhang mit einer Datenbank. Es genügt, dass Sie *DataSource* und *DataMember* festlegen. Leider hat die direkte Datenbindung des Controls auch ihre Nachteile. So fehlt unter anderem die Möglichkeit, die Anzahl der sichtbaren Werte einzuschränken, es werden immer alle Daten des betreffenden Recordsets angezeigt. Im folgenden Beispiel wollen wir deshalb auf die direkte Anbindung des Controls verzichten und stattdessen jeweils nur zehn Datensätze einlesen. Mit Hilfe zweier Tasten soll eine Bewegung in der Datenmenge möglich sein.

### Oberfläche

Fügen Sie zunächst Ihrem Projekt die Komponente »Microsoft Chart Control 6.0« (*Projekt/ Komponenten*) hinzu. Danach kümmern wir uns vorerst um die nötigen Daten, die wir aus der Personal-Datenbank beziehen. Im Beispiel sollen die einzelnen Mitarbeiter mit ihren Gehältern angezeigt werden. Wir machen es uns einfach und verwenden ein *DataEnvironment*. Statt der kompletten Tabelle *Personen* genügen uns einige Spalten; wir wählen diese mit Hilfe folgender SQL-Anweisung aus:

```
SELECT id, vorname + " " + nachname, gehalt FROM personen
```

Durch die Stringaddition im SELECT-Statement sparen wir uns später die Arbeit, zwei Tabellenspalten wieder zusammenzufügen.

Den Grundaufbau des Formulars können Sie der folgenden Abbildung entnehmen, die Eigenschaften des Graph-Controls brauchen Sie zu diesem Zeitpunkt nicht festzulegen.

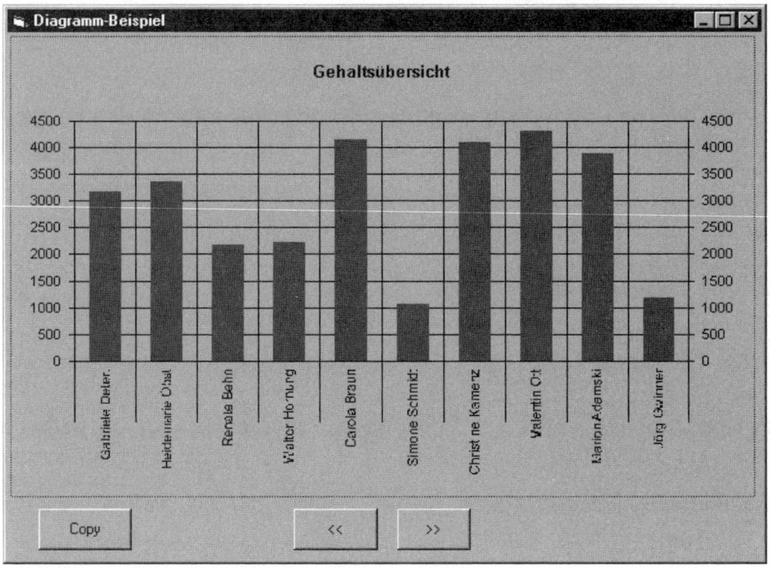


*__Abbildung 12.48:__ Laufzeitansicht des Formulars*

## Quelltext

Mit dem Öffnen des Formulars stellen wir die Verbindung zur Datenquelle her und zeigen die ersten zehn Datensätze an.

```
Private Sub Form_Load()
   DataEnvironment1.rsCommand1.Open
   anzeigen
End Sub
```

Die für das Anzeigen verantwortliche Prozedur:

```
Sub anzeigen()
Dim records(1 To 10, 1 To 2)
Dim j%

For j = 1 To 10
   If Not DataEnvironment1.rsCommand1.EOF Then
     records(j, 1) = DataEnvironment1.rsCommand1.Fields(1)
     records(j, 2) = DataEnvironment1.rsCommand1.Fields(2)
     DataEnvironment1.rsCommand1.MoveNext
   Else
     records(j, 1) = ""
     records(j, 2) = 0
   End If
Next j
MSChart1.ChartData = records
End Sub
```

Zum Vorwärtsbewegen in der Datenmenge genügt der wiederholte Aufruf der Prozedur *Anzeigen*, da der Satzzeiger sich ja bereits auf dem gewünschten Datensatz befindet.

```
Private Sub Command3_Click()
  anzeigen
End Sub
```

Etwas komplizierter wird es mit der umgekehrten Bewegungsrichtung: Wir müssen den Satzzeiger um 20 Zeilen zurücksetzen und gleichzeitig darauf achten, dass wir nicht über den Beginn des Recordsets springen.

```
Private Sub Command2_Click()
  If DataEnvironment1.rsCommand1.AbsolutePosition > 20 Then
    DataEnvironment1.rsCommand1.Move -20, adBookmarkCurrent
  End If
  anzeigen
End Sub
```

Für die Ausgabe in die Zwischenablage genügt der folgende Aufruf (das Diagramm wird im WMF-Format exportiert):

```
Private Sub Command1_Click()
  MSChart1.EditCopy
End Sub
```

Zusätzlich finden Sie in der Zwischenablage auch die jeweiligen Wertepaare (mit einem Komma getrennt).

### Test

Starten Sie das Programm und testen Sie die Bewegungstasten. Gegebenenfalls können Sie mit Hilfe des *MouseMove*-Events die Verschiebung des sichtbaren Ausschnitts realisieren.

## 12.2.30 ... hierarchische Recordsets mit SHAPE realisieren?

*ADO-Recordset*-Objekt: *Fields*-Collection, *Value*-Eigenschaft; SQL-SHAPE-Befehl; *MSHFlexGrid*-Control: *DataSource*-Eigenschaft, *CollapsAll*-Methode

Mit ADO 2 hält auch ein neuer SQL-Befehl Einzug, der speziell für die Unterstützung hierarchischer Recordsets konzipiert wurde: Die Rede ist von »SHAPE ... APPEND ... RELATE«. Diese Anweisungen stellen im Prinzip die Umsetzung des *DataEnvironments* (untergeordnete Befehle) in der SQL-Sprache dar.

### Oberfläche

Entwerfen Sie ein Formular mit zwei Textboxen, einem *MSHFlexGrid* sowie drei Buttons nach folgendem Muster (über *Projekt/Komponenten*: MSHFLXGD.OCX hinzufügen):

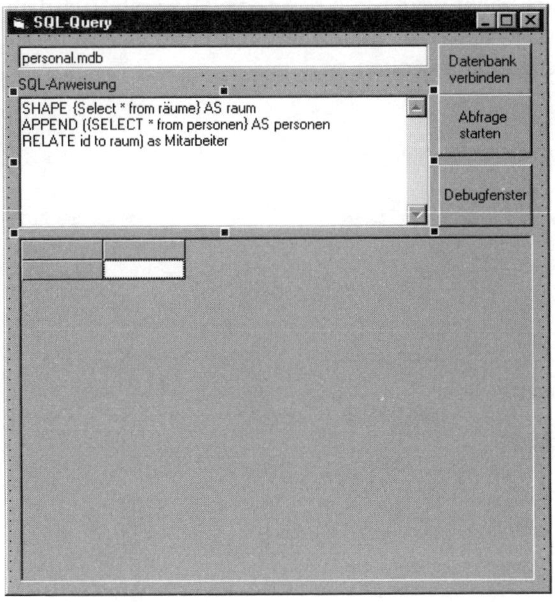


***Abbildung 12.49:*** *Entwurfsansicht*

**Quelltext**

Nach der Definition der beiden globalen Variablen

```
Dim dbstr$
Dim rs As ADODB.Recordset
```

können wir die Funktionen zum Öffnen der *Connection* realisieren:

```
Private Sub Command1_Click()
  dbstr = "Provider=MSDataShape.1;Data Provider=Microsoft.Jet.OLEDB.3.51; " _
          "Persist Security Info=False;Data Source=" & Text2.Text
End Sub
```

Mit der zweiten Schaltfläche realisieren wir die Darstellung im *MSHFlexgrid*:

```
Private Sub Command2_Click()
  Set rs = New ADODB.Recordset
  rs.CursorLocation = adUseClient
  rs.Open Text1.Text, dbstr
  Set MSHFlexGrid1.DataSource = rs

  MSHFlexGrid1.ColWidth(0, 0) = 300
  MSHFlexGrid1.ColWidth(1, 0) = 0
  MSHFlexGrid1.ColWidth(2, 0) = 600
  MSHFlexGrid1.CollapseAll
End Sub
```

**HINWEIS:** Sie benötigen in jedem Fall einen Client-Cursor, da der Aufbau der Recordsets durch die ADO-Datenbank-Engine vorgenommen werden muss.

Um die Darstellung im *FlexGrid* müssen Sie sich nicht weiter kümmern, die Hierarchie wird anhand des *Recordsets* automatisch erkannt. Anders sieht die Sache allerdings dann aus, wenn Sie aus dem Basic-Code heraus auf die Datensätze zugreifen wollen:

```
Private Sub Command3_Click()

' Für alle Datensätze des übergeordneten Recordsets
Do While Not rs.EOF
   ' Ausgabe der raumnummer
   Debug.Print "Raum : " & rs.Fields("Raum#").Value
   Debug.Print "--------------------------------"

   ' Für alle Datensätze des untergeordneten Recordsets
   With rs.Fields("Mitarbeiter").Value
     Do While Not .EOF
       ' Ausgabe der Mitarbeiterdaten
       Debug.Print "  ", .Fields("nachname"), .Fields("vorname")
       .MoveNext
     Loop
   End With
   Debug.Print

   rs.MoveNext
Loop
End Sub
```

### Test

Starten Sie das Programm und geben Sie die folgende SQL-Anweisung ein:

```
SHAPE {SELECT * FROM räume} AS raum
APPEND ({SELECT * FROM personen} AS personen
RELATE id TO raum) AS Mitarbeiter
```

Die Anweisung ist nach folgender Syntax aufgebaut:

```
SHAPE
   {<übergeordnete Tabelle>} AS <Aliasname>
APPEND (
   {<untergeordnete Tabelle>} AS <Aliasname>
   RELATE <Primärschlüssel> TO <Fremdschlüssel>) AS <Aliasname>
```

Wählen Sie mit der ersten SELECT-Anweisung alle Zeilen der übergeordneten Tabelle, für die Sie Detaildatensätze anzeigen wollen. Nachfolgend werden die Datensätze aus der Detailtabelle ausgewählt. Die Verbindung zwischen beiden Tabellen stellt die RELATE-Anweisung her. Setzen Sie hier den Primärschlüssel der Haupttabelle mit dem Fremdschlüssel der Detailtabelle ein.

Das Ergebnis kann sich sehen lassen:

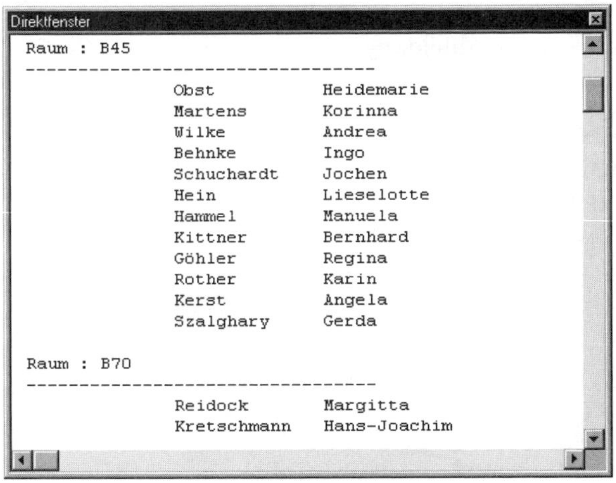


***Abbildung 12.50:*** *Ausgaben im Direktfenster*

Ähnlich, aber optisch ansprechender ist die Darstellung im *MSHFlexGrid* realisiert:

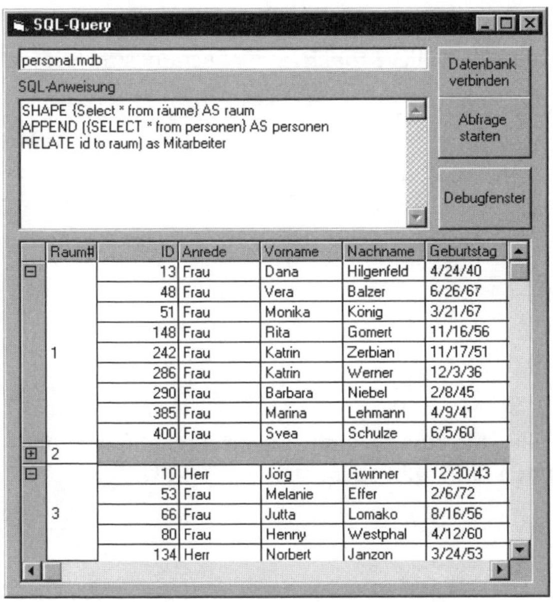


***Abbildung 12.51:*** *Darstellung im MSHFlexGrid*

## 12.2.31 ... die Datenbankeigenschaften in Erfahrung bringen?

*Connection*-Objekt: *Properties*-Collection

Neugierig wie der Programmierer nun mal ist, möchte er auch per Programm Näheres über eine Datenbank bzw. eine Datenbankverbindung erfahren. Das *Connection*-Objekt ist auf den ersten Blick nicht sehr auskunftsfreudig, dieser Eindruck täuscht jedoch, wie das nachfolgende Beispiel beweist.

### Oberfläche

Den Grundaufbau entnehmen Sie bitte der folgenden Abbildung:

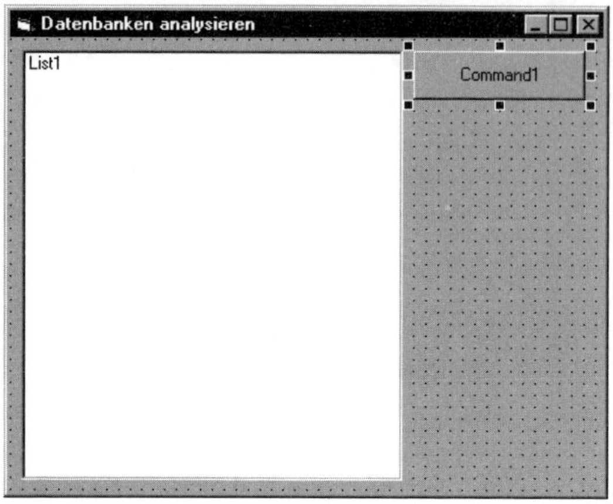


***Abbildung 12.52:*** *Formular im Entwurfsmodus*

### Listing

Der Programmieraufwand hält sich in Grenzen, über die *Properties*-Collection sind die gewünschten Daten recht schnell ausgelesen.

```
Private Sub Command1_Click()
Dim con As New Connection
Dim p As Property

con.Open "Provider=Microsoft.Jet.OLEDB.3.51; Data Source=PERSONAL.MDB"
List1.Clear
For Each p In con.Properties
   List1.AddItem (p.Name & "=  " & p.Value)
Next
End Sub
```

Allerdings hat die Sache auch einen Haken: Wollen Sie eine spezielle Eigenschaft abfragen, müssen Sie deren genauen Namen kennen, Konstanten dafür gibt es nicht.

Alternativ können Sie auch mit

```
con.Properties(0)
```

oder

```
con.Properties("<Name der Eigenschaft>")
```

die gewünschten Daten auslesen.

**HINWEIS:** Die einzelnen Eigenschaften werden durch den OLEDB-Provider bereitgestellt, je nach Providertyp kann sich die Art und Anzahl der Eigenschaften ändern.

Starten Sie das Programm, nachdem Sie gegebenenfalls den Pfad zur Datenbank angepasst haben.

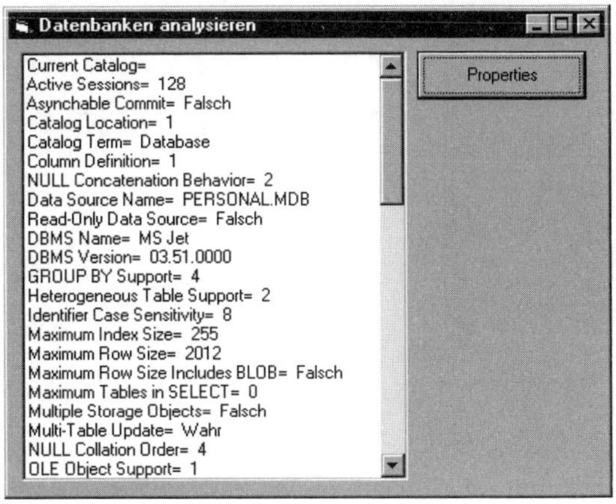


***Abbildung 12.53:*** *Das Programm in Aktion*

Wie Sie weitere Informationen über den Aufbau der Datenbank einholen, zeigt das folgende Rezept.

## 12.2.32 ... eine Datenbank analysieren?

*Connection*-Objekt: *OpenSchema*-Methode

Mit der Einführung der ADOs wurde auch eine Änderung bei der Datenbankanalyse unabdingbar, da die bisherigen DAOs sich mit ihrer Struktur zu sehr am relationalen Objektmodell orientierten. Über die *OpenSchema*-Methode steht dem Programmierer ein mächtiges Werkzeug zur Analyse von Datenbanken zur Verfügung. Neben Informationen über Tabellen, Indizes, Rechte, Views usw. können auch Feldinformationen auf einfache Art und Weise abgerufen werden.

### Oberfläche

Den Grundaufbau der Oberfläche entnehmen Sie bitte der folgenden Abbildung, beim Grid handelt es sich um das OLEDB-*DataGrid*.

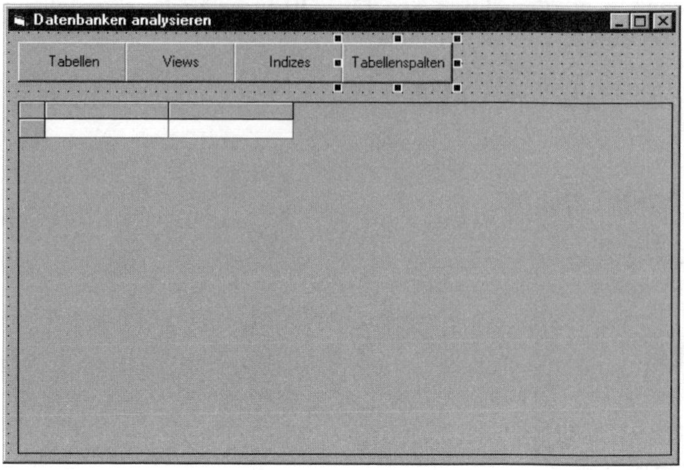


***Abbildung 12.54:*** *Entwurfsansicht*

## Listing

Wie sicher nicht anders zu erwarten, brauchen wir zunächst eine geöffnete *Connection*. Die gewünschten Daten gibt uns die Methode *OpenSchema* in einem *Recordset* zurück, unsere Aufgabe besteht lediglich darin, die Art der Information über einige vordefinierte Konstanten zu bestimmen.

```
Dim con As New Connection
Dim rs As New Recordset
```

Öffnen der Verbindung (für das Grid brauchen wir einen Client-Cursor):

```
Private Sub Form_Load()
   con.CursorLocation = adUseClient
   con.Open "Provider=Microsoft.Jet.OLEDB.3.51; Data Source=PERSONAL.MDB"
End Sub
```

Abfragen der verfügbaren Tabellen (in Access-Datenbanken werden auch die Abfragen als Tabellen behandelt):

```
Private Sub Command1_Click()
   Set rs = con.OpenSchema(adSchemaTables)
   Set DataGrid1.DataSource = rs
End Sub
```

Abfragen der enthalten Views (Nur SQL-Server):

```
Private Sub Command2_Click()
   Set rs = con.OpenSchema(adSchemaViews)
   Set DataGrid1.DataSource = rs
End Sub
```

Auflisten der Indizes (inkl. der indizierten Felder):

```
Private Sub Command3_Click()
   Set rs = con.OpenSchema(adSchemaIndexes)
   Set DataGrid1.DataSource = rs
End Sub
```

Mit der letzten Abfrage gehen wir bis auf die Feldebene herunter, für alle Tabellen werden die enthaltenen Felder mit den Datentypen und Beschreibungen aufgelistet.

```
Private Sub Command4_Click()
   Set rs = con.OpenSchema(adSchemaColumns)
   Set DataGrid1.DataSource = rs
End Sub
```

Starten Sie das Programm und wählen Sie eine der möglichen Abfragen:

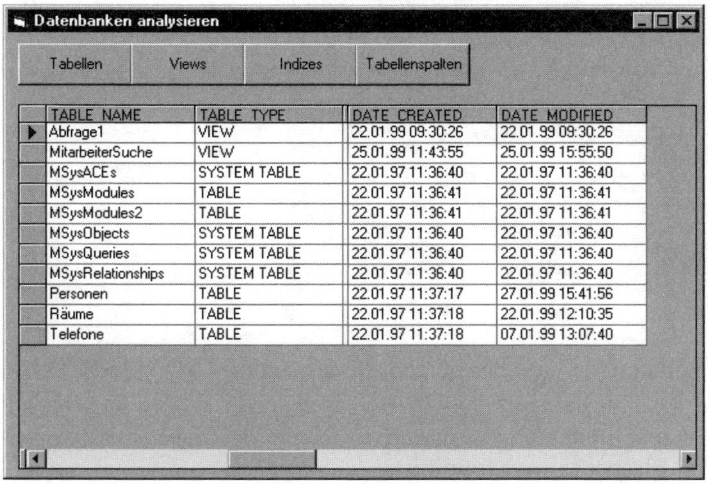


***Abbildung 12.55:*** *Anzeige der Tabellen einer Access-Datenbank*

**HINWEIS:** Neben den im Beispiel verwendeten Konstanten stellt ADO weitere bereit, die jedoch nicht von den jeweiligen OLEDB-Treibern unterstützt werden müssen.

## 12.2.33 ... ein SQL-Abfrageprogramm schreiben?

DAO-*Recordset* und DAO-*DataBase*-Objekt: *BeginTrans-*, *CommitTrans-*, *Rollback-*, *Execute-*Methode; *QueryDef*-Objekt: *CreateQueryDef*-Methode

Unser Beispielprogramm soll neben der Anzeige beliebiger Datenbanken (dBASE und Paradox) auch das Löschen und Verändern der Tabellen ermöglichen. Dazu werden wir SQL-Anweisungen interaktiv einsetzen. Zur Abwechslung verwenden wir die DAOs, auf diese Weise haben wir die Möglichkeit, SQL-Abfragen in der Access-Datenbank zu speichern.

**HINWEIS:** Ein SQL-Abfrageprogramm, das auf ADOs basiert, finden Sie in ▶ Kapitel 4.

### Oberfläche

Neben einer Werkzeugleiste (*Toolbar*-Control) finden Sie im Formular ein Datenbank-Grid (*DBGrid*), ein *Data*-Control, eine *TreeView* zur Anzeige der Datenbankstruktur, ein *CommonDialog*-Control zur Auswahl der Datenbank und natürlich ein Eingabefeld für den eigentlichen SQL-String:

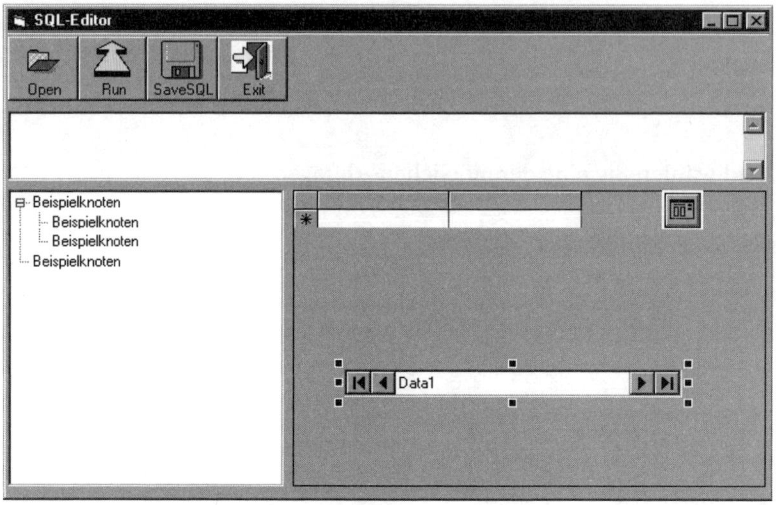


***Abbildung 12.56:*** *Entwurfsmodus*

Den grundsätzlichen Aufbau entnehmen Sie bitte der obigen Abbildung, die Größe des *DBGrid* wird zur Laufzeit über das *Resize*-Ereignis dynamisch angepasst.

Bei der Gestaltung der Toolbar brauchen Sie lediglich darauf zu achten, dass diese mit dem *ImageList*-Control über die *Imagelist*-Eigenschaft verknüpft ist.

### Quellcode

Um auf die Größenänderungen des Formulars reagieren zu können, müssen wir das *Resize*-Ereignis auswerten:

```
Private Sub Form_Resize()
    Text1.Width = Me.ScaleWidth
    TreeView1.Height = Me.ScaleHeight - TreeView1.Top
    DBGrid1.Width = Me.ScaleWidth - DBGrid1.Left
    DBGrid1.Height = Me.ScaleHeight - DBGrid1.Top
End Sub
```

In der Werkzeugleiste müssen wir natürlich jedes einzelne Schaltflächensymbol unterscheiden:

```
Private Sub Toolbar1_ButtonClick(ByVal Button As ComctlLib.Button)
Dim qd As QueryDef
Dim zw As String
```

Eine neue Datenbank öffnen:

```
    Select Case Button.Key
        Case "Open"
            If bearbeitenflag Then
                If MsgBox("Alle Änderungen speichern?", 36, "Frage ") = 6 Then
                    CommitTrans
                Else
                    Rollback
                End If
            End If
```

Dateidialog initialisieren:

```
            CmDialog1.Filter = "Access (*.mdb)|*.mdb"
            CmDialog1.Flags = &H4
            CmDialog1.Action = 1
            If CmDialog1.Filename <> "" Then
                Select Case UCase(Right(CmDialog1.Filename, 3))
```

Im Erfolgsfall wird die Datenbank geöffnet, weiterhin wird eine Transaktion gestartet und die *TreeView* mit der Struktur der Datenbank gefüllt:

```
                    Case "MDB"
                        Set db = OpenDatabase(CmDialog1.Filename, True, False)
                        BeginTrans
                        Data1.DatabaseName = CmDialog1.Filename
                        bearbeitenflag = True
                        treefüllen
                End Select
            End If
```

Hinter der *Run*-Schaltfläche verbirgt sich die eigentliche Ausführung der SQL-Anweisung:

```
        Case "Run"
            On Error GoTo fehler
            Dim i%
```

Handelt es sich um eine SELECT-Abfrage, wird die Ergebnismenge im *DBGrid* angezeigt:

```
            If Left(UCase(Trim(Text1.Text)), 6) = "SELECT" And _
            InStr(UCase(Text1.Text), " INTO ") = 0 Then
                Data1.RecordSource = Text1.Text
                Data1.Refresh
            Else
```

Anderenfalls bleibt uns lediglich die Ausführung der Aktionsabfrage über die *Execute*-Methode:

```
                db.Execute (Text1.Text)
                Data1.Refresh
            End If
            Exit Sub
fehler:
            MsgBox "Fehler in der SQL-Anweisung!" & Chr(13) & Error, 16, "Problem"
            Resume Next
            Exit Sub
```

Als besonderes Feature bietet sich die Möglichkeit, eine fehlerfreie SQL-Anweisung in der Access-Datenbank zu speichern (als Abfrage):

```
        Case "SaveSQL"
            On Error GoTo fehler1
            zw = InputBox("Queryname", "Frage", "Query1")
            If zw <> "" Then
              Set qd = db.CreateQueryDef(zw, Text1.Text)
              treefüllen
            End If
            Exit Sub
fehler1:
            MsgBox "Fehler beim Speichern der Abfrage!" & Chr(13) & Error, 16, "Problem"
            Resume Next
            Exit Sub
        Case "Exit"
            Unload Me
    End Select
End Sub
```

Relativ komplex fällt die Funktion zum Füllen des *TreeView*-Controls aus. An dieser Stelle wollen wir jedoch nicht weiter auf diese Thematik (Datenbankanalyse) eingehen, in ▶ Kapitel 5 und 9 finden Sie weitere Informationen zu den entsprechenden Objekten.

```
Sub treefüllen()

Dim nodx As Node
Dim a&, B&, c&, D&, zw$, i&, i1%, s$
Dim conTest As Container, docTest As Document

TreeView1.Nodes.Clear
' Root festlegen
Set nodx = TreeView1.Nodes.Add(, , , db.Name, 2)
Set nodx = TreeView1.Nodes.Add(1, tvwChild, , "TABELLEN", 1)
a = nodx.index
```

Schleife für alle vorhandenen Tabellen:

```
For i = 0 To db.TableDefs.Count - 1
    'Tabellenname bestimmen:
    zw = db.TableDefs(i).Name
```

Die Systemtabellen werden herausgefiltert:

```
    If (db.TableDefs(i).Attributes And &H80000002) = 0 Then
       Set nodx = TreeView1.Nodes.Add(a, tvwChild, , zw, 1)
       B = nodx.index
```

Jeder Tabelle sind (falls definiert) die Indizes zugeordnet:

```
       If db.TableDefs(zw).Indexes.Count > 0 Then
           Set nodx = TreeView1.Nodes.Add(B, tvwChild, , "INDIZES", 3)
           c = nodx.index
           For i1 = 0 To db.TableDefs(zw).Indexes.Count - 1
```

```
            If db.TableDefs(zw).Indexes(i1).Name = "PrimaryKey" Then
                Set nodx = TreeView1.Nodes.Add(c, tvwChild, , _
                db.TableDefs(zw).Indexes(i1).Name & " (" & _
                db.TableDefs(zw).Indexes(i1).Fields & ")", 4)
            Else
                Set nodx = TreeView1.Nodes.Add(c, tvwChild, , _
                db.TableDefs(zw).Indexes(i1).Name & " (" & _
                db.TableDefs(zw).Indexes(i1).Fields & ")", 3)
            End If
        Next i1
    End If
```

Es folgt eine Anzeige der einzelnen Tabellenfelder mit dem Datentyp (eine Auswertung auf *Hyperlink*-Felder haben wir uns an dieser Stelle erspart, es handelt sich prinzipiell um Memofelder):

```
    If db.TableDefs(zw).Fields.Count > 0 Then
        Set nodx = TreeView1.Nodes.Add(B, tvwChild, , "FELDER", 3)
        c = nodx.index
        For i1 = 0 To db.TableDefs(zw).Fields.Count - 1
             s = Choose(db.TableDefs(zw).Fields(i1).Type, "Boolean", "Byte", _
            "Integer", "Long", "Currency", "Single", "Double", "Date", "", "Text",_
            "Binär", "Memo", "", "", "")
           Set nodx = TreeView1.Nodes.Add(c, tvwChild, , _
                      db.TableDefs(zw).Fields(i1).Name & " (" & s & ")", 3)
        Next i1
    End If
  End If
Next i
```

Queries bedürfen einer gesonderten Auswertung:

```
Set nodx = TreeView1.Nodes.Add(1, tvwChild, , "ABFRAGEN", 5)
a = nodx.index
For i = 0 To db.QueryDefs.Count - 1
  'Queryname bestimmen:
   zw = db.QueryDefs(i).Name
  Set nodx = TreeView1.Nodes.Add(a, tvwChild, , zw, 5)
Next i
End Sub
```

Beim Auswerten eines Doppelklicks reagiert das Programm nur, wenn es sich um eine Abfrage handelt. In diesem Fall wird der SQL-Text in das Eingabefeld des Formulars übertragen und kann von dort ausgeführt werden:

```
Private Sub TreeView1_DblClick()
On Error Resume Next
Dim nod As Node
Dim qd As QueryDef
   Set nod = TreeView1.SelectedItem
   If nod.Parent.Text = "ABFRAGEN" Then Text1.Text = db.QueryDefs(nod.Text).SQL
End Sub
```

Starten Sie nachfolgend das Programm und öffnen Sie eine Datenbank (z.B. die schon mehrfach strapazierte *Biblio.mdb*). In der Baumansicht können Sie sich einen Überblick verschaffen, welche Tabellen und Abfragen die Datenbank zu bieten hat:

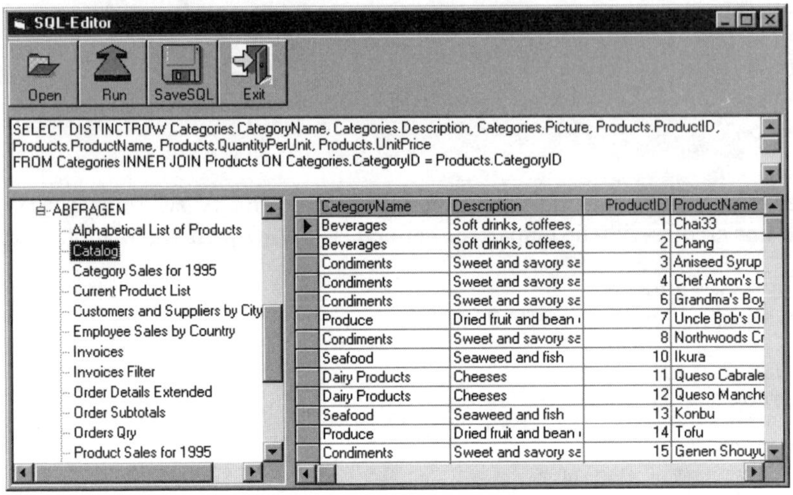


***Abbildung 12.57:** Programmtest*

Geben Sie verschiedene SQL-Anweisungen ein und speichern Sie diese gegebenenfalls als Abfrage in der Datenbank.

**HINWEIS:** SQL-SHAPE-Befehle werden von den verwendeten DAOs nicht unterstützt!

# 12.3 Wie kann ich ... (Dateien/Verzeichnisse)?

## 12.3.1 ... mehrere Dateien mit dem Datei-Dialog auswählen?

*CommonDialog*-Control: *MaxFileSize-*, *Flags*-Eigenschaft, *Len*-Funktion, *Redim*

So schön die Verwendung der Standard-Dateidialoge auch ist, so schnell ist auch die Freude verflogen, wenn Sie mehr als nur eine einzige Datei auswählen wollen. Über das Flag *cdlOFNAllowMultiselect* kann man zwar die Mehrfachauswahl aktivieren, aber leider werden die Dateinamen nicht in einer Collection, sondern in der Eigenschaft *Filename* zurückgegeben. Um das »Auseinanderpflücken« des Strings muß man sich selbst kümmern.

### Oberfläche

Die Abbildung zeigt die Entwurfsansicht des Formulars.

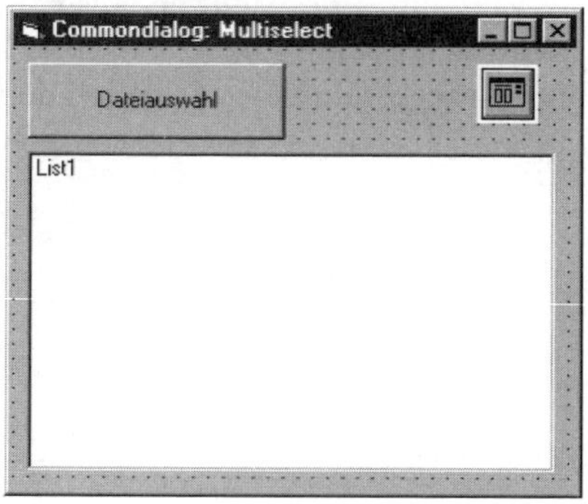


***Abbildung 12.58:*** *Entwurfsmodus*

**HINWEIS:** Die Eigenschaften des *CommonDialog*-Controls weisen wir erst zur Laufzeit zu.

### Quelltext

Durch einen Klick auf die Schaltfläche definieren wir zunächst die Flags und Eigenschaften des CommonDialogs:

```
Private Sub Command1_Click()
Dim a() As String
Dim path$
Dim i%

 CommonDialog1.MaxFileSize = 30000
 CommonDialog1.Flags = cdlOFNAllowMultiselect + cdlOFNExplorer
```

*MaxFileSize* bestimmt die Größe des Puffers, in dem die Dateinamen zurückgegeben werden. Wählen Sie hier keinen zu kleinen Wert, da es anderenfalls zu einem Laufzeitfehler kommen kann. Wichtig sind vor allem die Flags: Mit der Konstante *cdlOFNAllowMultiselect* aktivieren Sie die Mehrfachauswahl, *cdlOFNExplorer* bestimmt das Aussehen und den Rückgabewert der Dialogbox.

Ist *cdlOFNExplorer* gesetzt, werden die einzelnen Dateinamen durch ein NULL-Zeichen (*Chr(0)*) getrennt, anderenfalls durch ein Leerzeichen (was bei langen Dateinamen zu Problemen führen könnte).

Der eigentliche Aufruf des Dialogfeldes:

```
 CommonDialog1.ShowOpen
```

Nachfolgend zerlegen wir mit Hilfe der Funktion *Tokenizer* (siehe unten) den String in seine Bestandteile (Dateinamen) und speichern diese in einem Stringarray:

```
 a = Tokenizer(CommonDialog1.FileName, Chr(0))
```

Für das weitere Vorgehen ist es wichtig zu wissen, ob es sich um eine Mehrfachauswahl (*UBound(a) > 0*) oder nur einen Eintrag handelt. Bei einer Mehrfachauswahl findet sich im ersten Eintrag (*a(0)*) der Pfad der gesuchten Dateien, die weiteren Einträge beinhalten lediglich den eigentlichen Dateinamen:

```
 List1.Clear
 If UBound(a) > 0 Then              ' mehr als ein Eintrag
    path = a(0)
    If Right(path, 1) <> "\" Then path = path & "\"
    For i = 1 To UBound(a)
       List1.AddItem (path & a(i))
    Next i
 Else
    List1.AddItem (a(0))
 End If
End Sub
```

Der Vollständigkeit halber noch die Funktion *Tokenizer*, die in einem Array die einzelnen Abschnitte des Strings zurückgibt:

```
Function Tokenizer(txt$, trenner$) As Variant
Dim token() As String
Dim i&, tokennr&, old&
old = 1
i = 1
If Len(txt) < 2 Then
  ReDim token(0)
  token(0) = txt
  Tokenizer = CVar(token)
  Exit Function
End If
While i < Len(txt)
  If InStr(trenner, Mid(txt, i, 1)) = 0 Then ' Wort gefunden
    old = i
    ReDim Preserve token(tokennr)
    While InStr(trenner, Mid(txt, i, 1)) = 0
       i = i + 1
    Wend
    token(tokennr) = Mid(txt, old, i - old)
    tokennr = tokennr + 1
  End If
  i = i + 1
Wend
Tokenizer = CVar(token)
End Function
Test
```

Starten Sie das Programm und testen Sie die Funktion auf Herz und Nieren:

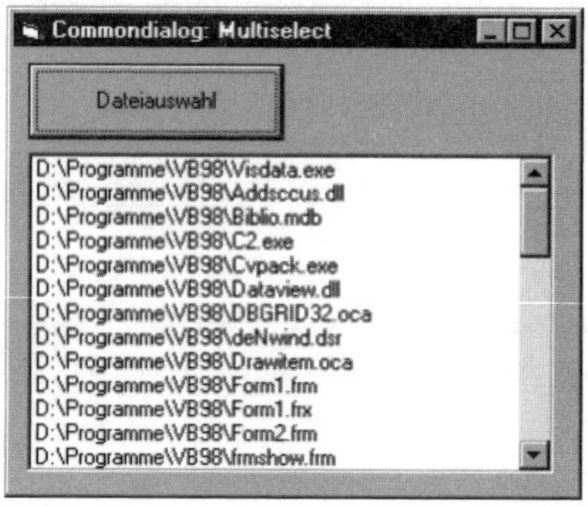


***Abbildung 12.59:*** *Laufzeitansicht*

## 12.3.2 ... eine Anwendung mit einer Datei verknüpfen?

API-Funktionen: *RegCreateKey, RegSetValue*

Verlangt Ihre Anwendung einen bestimmten Dateityp (*.db*, *.xls* etc.), ist es sinnvoll, wenn Sie dem Anwender ein entsprechendes Kontextmenü zur Verfügung stellen.

***Abbildung 12.60:*** *Kontextmenü*

Unterstützen können Sie

- *Open* (Öffnen),
- *Print* (Drucken),
- und *Print To*,

indem Sie die Registry um entsprechende Einträge erweitern. Die Variante *Print To* haben Sie sicherlich noch in keinem Kontextmenü gefunden, handelt es sich doch um die Aktion, die ausgeführt wird, wenn ein Dokument mittels Drag&Drop auf ein Druckersymbol gezogen wird.

Folgende Einträge müssen Sie in der Registry vornehmen (Beispiel Metafiles):

```
01: HKEY_CLASSES_ROOT\.wmf = metafile
02: HKEY_CLASSES_ROOT\metafile = Windows Metafile
03: HKEY_CLASSES_ROOT\metafile\DefaultIcon = c:\vb\project1.exe,0
04: HKEY_CLASSES_ROOT\metafile\shell\open\command = project1.exe %1
05: HKEY_CLASSES_ROOT\metafile\shell\print\command = project1.exe /p %1
06: HKEY_CLASSES_ROOT\metafile\shell\printto\command = project1.exe /p %1
```

Zeile 1 definiert den Zusammenhang zwischen Extension und Registry-Einträgen. Zeile 2 stellt eine kurze Beschreibung des Eintrags dar. Die Angabe *DefaultIcon* ist optional, es handelt sich um den Index des Icons, das dem Dokument zugeordnet wird. Der Eintrag...*\shell\open\command* beschreibt die Aufrufkonventionen für die Anzeige des Dokuments. Analog dazu werden mit ...*\print\command* bzw....*\printto\command* die Aufrufparameter für den Druck des Dokuments festgelegt.

**HINWEIS:** Bei allen Einträgen sind die Werte im Feld *Default* gespeichert, es gibt keine weiteren Feldeinträge.

### Listing

Mit der folgenden Prozedur können Sie einen Dateityp automatisch in die Registrierdatenbank aufnehmen:

```
Private Declare Function RegCreateKey& Lib "advapi32.DLL" Alias "RegCreateKeyA" (ByVal hKey&, ByVal lpszSubKey$, lphKey&)
Private Declare Function RegSetValue& Lib "advapi32.DLL" Alias "RegSetValueA" (ByVal hKey&, ByVal lpszSubKey$, ByVal fdw-
Type&, ByVal lpszValue$, ByVal dwLength&)

Private Const HKEY_CLASSES_ROOT = &H80000000
Private Const MAX_PATH = 256&
Private Const REG_SZ = 1

Private Sub RegisterApp(Applikation$, Extension$, Description$)
' Param1: C:\ABC.EXE
' Param2: .XYZ
' Param3: MyEditor
Dim lphKey&

    RegCreateKey HKEY_CLASSES_ROOT, Extension, lphKey
    RegSetValue lphKey, "", REG_SZ, Description, 0&

    RegCreateKey HKEY_CLASSES_ROOT, Description, lphKey
    RegSetValue lphKey, "", REG_SZ, Description, 0&

    RegSetValue lphKey&, "DefaultIcon", REG_SZ, Applikation & ",0", MAX_PATH
    RegSetValue lphKey&, "shell\open\command", REG_SZ, Applikation & " '%1'", MAX_PATH
End Sub
```

In unserem Demobeispiel wird die Anwendung *Notepad* mit dem Datentyp *XYZ* verknüpft.

```
Private Sub Command1_Click()
  RegisterApp "Notepad.exe", ".XYZ", "MyEditor"
End Sub
Test
```

Das Resultat in der Registrierdatenbank:

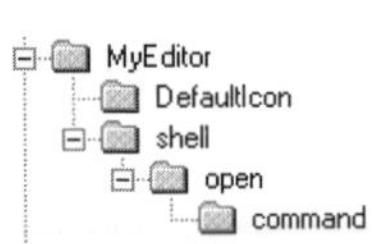


***Abbildung 12.61:*** *Registry-Einträge*

Wenn Sie die Funktionen ausprobieren und die Ergebnisse mit dem Registrierungseditor kontrollieren wollen, müssen Sie die Anzeige nach jeder der oben genannten Funktionen aktualisieren (F5).

Die korrekte Verknüpfung können Sie auch über *Ansicht/Ordneroptionen* kontrollieren:

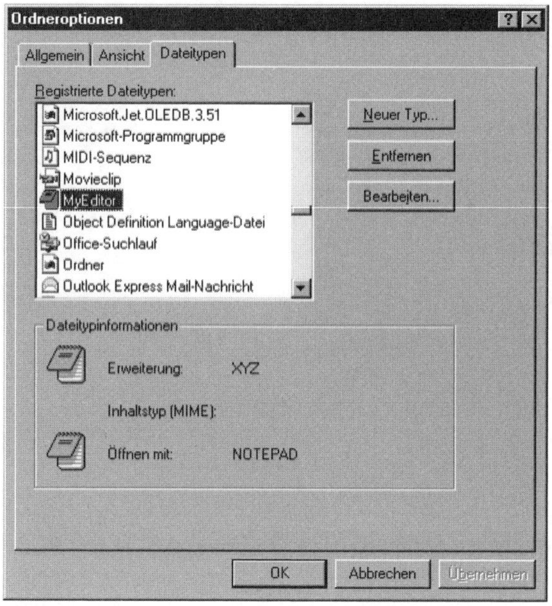


***Abbildung 12.62:*** *Registrierte Dateitypen*

## 12.3.3 ... einen Verzeichnisdialog aufrufen?

API-Funktionen: *CoTaskMemFree, lstrcat, SHBrowseForFolder, SHGetPathFromIDList*

Dieses Rezept zeigt Ihnen, wie unter Verwendung entsprechender API-Funktionsaufrufe eine Alternative zur *DirListbox* oder zum Dateidialog des *CommonDialog*-Controls realisierbar ist.

### Oberfläche

Wir brauchen nur ein Formular mit einem Button zum Aufruf des Verzeichnisdialogs und einem Textfeld, in welchem das ausgewählte Verzeichnis zurückgegeben wird:

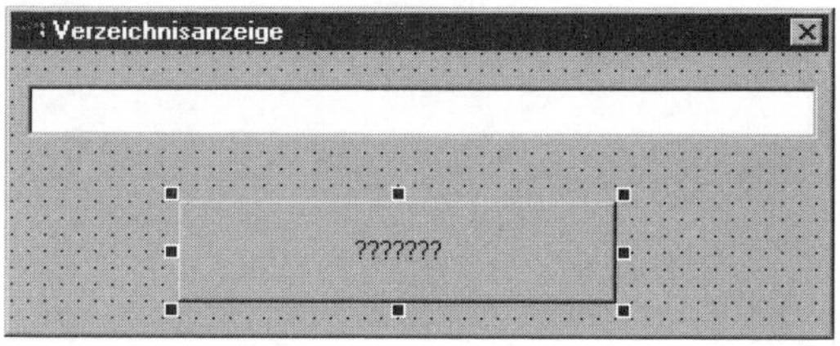


***Abbildung 12.63:*** *Programmoberfläche*

**HINWEIS:** Da der eigentliche Verzeichnisdialog durch API-Aufrufe erzeugt wird, benötigen wir dafür kein weiteres Formular!

### Listing

Basis des Verzeichnisdialogs ist folgende Datenstruktur:

```
Public Type BrowseInfo
    hwndOwner As Long
```

```
    pIDLRoot As Long
    pszDisplayName As Long
    lpszTitle As Long
    ulFlags As Long
    lpfnCallback As Long
    lParam As Long
    iImage As Long
End Type
```

Die notwendigen API-Funktionen und -Konstanten:

```
Public Declare Sub CoTaskMemFree Lib "ole32.dll" (ByVal hMem As Long)
Public Declare Function lstrcat Lib "kernel32" Alias "lstrcatA" (ByVal lpString1 As String, ByVal lpString2 As String) As
Long
Public Declare Function SHBrowseForFolder Lib "shell32" (lpbi As BrowseInfo) As Long
Public Declare Function SHGetPathFromIDList Lib "shell32" (ByVal pidList As Long, ByVal lpBuffer As String) As Long

Public Const BIF_RETURNONLYFSDIRS = 1
Public Const MAX_PATH = 256
```

Die folgende Funktion kapselt obige API-Aufrufe und erzeugt einen Verzeichnisdialog mit Rückgabe eines Pfads.

**HINWEIS:** Die Funktion kann auch Netzwerkpfade zurückgeben (z.B. *PP200\public*).

Zweckmäßigerweise bringen wir den Quelltext in einem separaten Codemodul (*Module1.bas*) unter:

```
Public Function BrowseForFolder(Beschriftung As String) As String
Dim pidl&
Dim path$
Dim bi As BrowseInfo
  bi.hwndOwner = Screen.ActiveForm.hWnd
  bi.lpszTitle = lstrcat(Beschriftung, "")
  bi.ulFlags = BIF_RETURNONLYFSDIRS
  pidl = SHBrowseForFolder(bi)
  If pidl Then
     path = String(MAX_PATH, 0)
     SHGetPathFromIDList pidl, path
     CoTaskMemFree pidl
     path = Left$(path, InStr(path, vbNullChar) - 1)
  End If
  BrowseForFolder = path
End Function
```

Der Quelltext für *Form1* beschränkt sich auf diesen Eventhandler:

```
Private Sub Command1_Click()
  Text1.Text = BrowseForFolder("Wählen Sie ein Verzeichnis aus ...")
End Sub
```

Nach dem Programmstart rufen Sie das Verzeichnisdialogfeld auf und klicken auf *OK*:

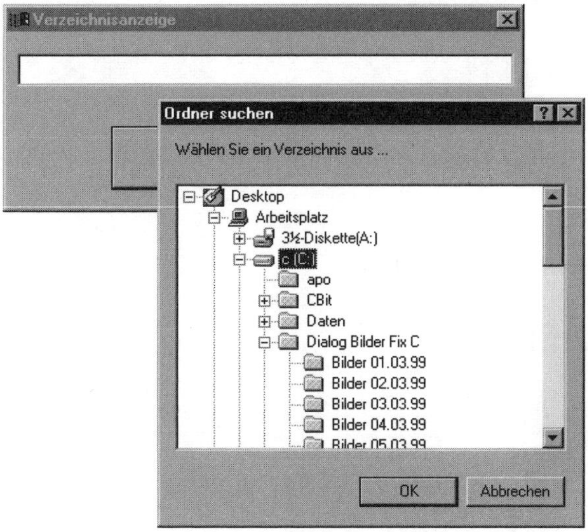


***Abbildung 12.64:*** *Programmtest*

## 12.3.4 ... einen Temp-Filenamen erzeugen?

API-Funktionen: *GetTempFileName, GetTempPath*

In vielen Anwendungen stehen Sie vor dem Problem, Daten während des Programmablaufs in einer Datei sichern zu müssen, die bei Programmende wieder gelöscht wird. Aber welchen Namen sollen Sie der Datei geben, damit nicht andere gleichnamige Dateien überschrieben werden? Eine universelle Lösung bietet die folgende Funktion, die einen eindeutigen Dateinamen zurückgibt.

### Listing

Die nachfolgenden API-Funktionen ermitteln neben dem Dateinamen auch gleich noch den Pfad des temporären Verzeichnisses des Computers:

```
Private Declare Function GetTempFileName Lib "kernel32" Alias "GetTempFileNameA" _
          (ByVal lpszPath As String, _
           ByVal lpPrefixString As String, _
           ByVal wUnique As Long, _
           ByVal lpTempFileName As String) As Long
Private Declare Function GetTempPath Lib "kernel32" Alias "GetTempPathA" _
          (ByVal nBufferLength As Long, _
           ByVal lpBuffer As String) As Long
```

Unsere Funktion:

```
Function GetTempName$()
Dim p$, d$

  p = Space(260)
  d = Space(260)
  GetTempPath 255, d
  GetTempFileName d, "$", 0, p
```

```
  GetTempName = p
End Function
```

Beispiel für die Verwendung der Funktion :

```
Private Sub Form_Load()
  Text1.Text = GetTempName
End Sub
```

Das auf der Buch-CD-ROM enthaltene Testprogramm in Aktion:

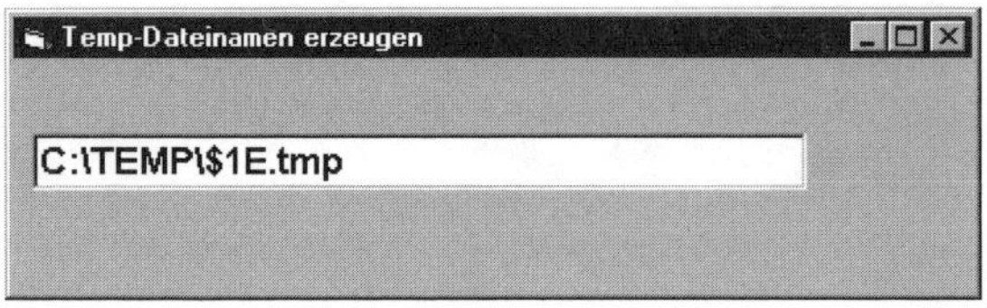


***Abbildung 12.65:*** *Programmtest*

**HINWEIS:** Nach dem Aufruf der Funktion befindet sich diese TEMP-Datei bereits im angezeigten *\Temp*-Verzeichnis, Sie sollten sie nach Programmende wieder löschen!

## 12.3.5 ... den UNC-Namen eines Netz-Laufwerks ermitteln?

API-Funktion: *WNetGetConnection; Space*-Funktion

Möchten Sie den Freigabenamen, auch als UNC **U**niversal **N**aming **C**onvention bezeichnet, eines Laufwerks ermitteln, hilft Ihnen die API-Funktion *WNetGetConnection* weiter.

### Oberfläche

Neben einem Label platzieren Sie noch eine *DriveListbox* im Formular:

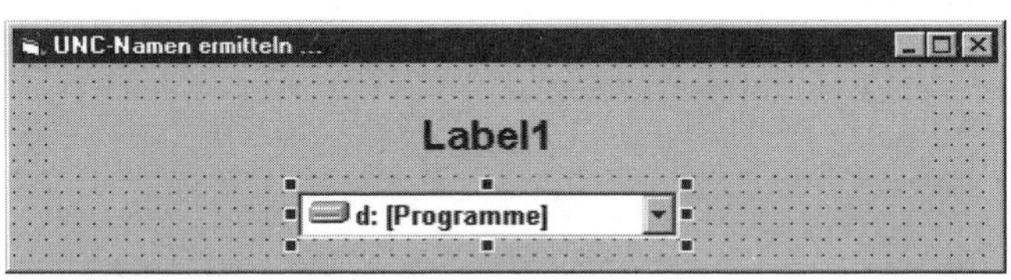


***Abbildung 12.66:*** *Entwurfsansicht*

### Quelltext

Binden Sie zunächst die benötigte API-Funktion ein:

```
Private Declare Function WNetGetConnection Lib "mpr.dll" Alias "WNetGetConnectionA" _
       (ByVal lpszLocalName As String, _
        ByVal lpszRemoteName As String, cbRemoteName As Long) As Long
```

Die eigentliche Funktion zum Ermitteln des UNC:

```
Function GetUNC$(Drive As String)
Dim RemoteName$
Dim RemoteNameSize&

    RemoteNameSize = 255
    RemoteName = Space(256)

    If WNetGetConnection(Left(Drive, 1) & ":", RemoteName, RemoteNameSize) <> 0 Then
        GetUNC = ""
    Else
        GetUNC = Left(RemoteName, RemoteNameSize - 1)
    End If
End Function
```

So verwenden Sie die Funktion:

```
Private Sub Drive1_Change()
  Label1.Caption = GetUNC(Drive1.Drive)
End Sub

Private Sub Drive1_Scroll()
  Label1.Caption = GetUNC(Drive1.Drive)
End Sub
```

# 12.4 Wie kann ich ... (Internet/Intranet)?

## 12.4.1 ... einen Internet-Link in mein Programm einbauen?

API-Funktion: *ShellExecute*

Soll auch Ihr Programm in der Menüzeile oder in einem Dialogfeld die Möglichkeit bieten, über einen Link zu einer bestimmten Internet-Adresse zu verzweigen? Wenn ja, nichts leichter als das!

### Oberfläche

Soll der Link auf dem Formular zu sehen sein, verwenden Sie einfach ein Bezeichnungsfeld (Label). Wählen Sie als Beschriftung den gewünschten URL.

### Quelltext

Der Aufruf ist selten einfach:

```
Private Declare Function ShellExecute Lib "shell32.dll" Alias "ShellExecuteA" _
        (ByVal hwnd As Long, _
         ByVal lpOperation As String, _
         ByVal lpFile As String, _
         ByVal lpParameters As String, _
```

```
        ByVal lpDirectory As String, _
        ByVal nShowCmd As Long) As Long

Private Const SW_SHOW = 5


Private Sub Label1_Click()
   ShellExecute Me.hwnd, "open", Label1.Caption, 0, 0, SW_SHOW
End Sub
```

#### Test

Starten Sie das Programm und klicken Sie auf den Label. Haben Sie eine funktionierende Internetverbindung auf Ihrem PC eingerichtet, so wird Ihr Internet Explorer gestartet und die Verbindung zum gewünschten URL (in unserem Beispiel *http://www.microsoft.com*) aufgebaut:

***Abbildung 12.67:*** *Laufzeitansicht*

## 12.4.2 ... einen FTP-Transfer durchführen?

*Internet*-Control; *FTP*-Transfer; *ListView*-Control; *ImageList*-Control; *StatusBar*-Control

Um die eigene Homepage auf den Webserver hochzuladen, brauchen Sie einen FTP-Client. Sie können dazu das Internet-Steuerelement verwenden, das neben HTTP auch FTP (File Transfer Protocol) unterstützt.

#### Bedienoberfläche

Zur Laufzeit sollen alle zur Homepage gehörenden Dateien und ihre Größe in einer *ListView*-Komponente grafisch angezeigt werden. Eine Statusleiste zeigt die Antworten des Servers an:

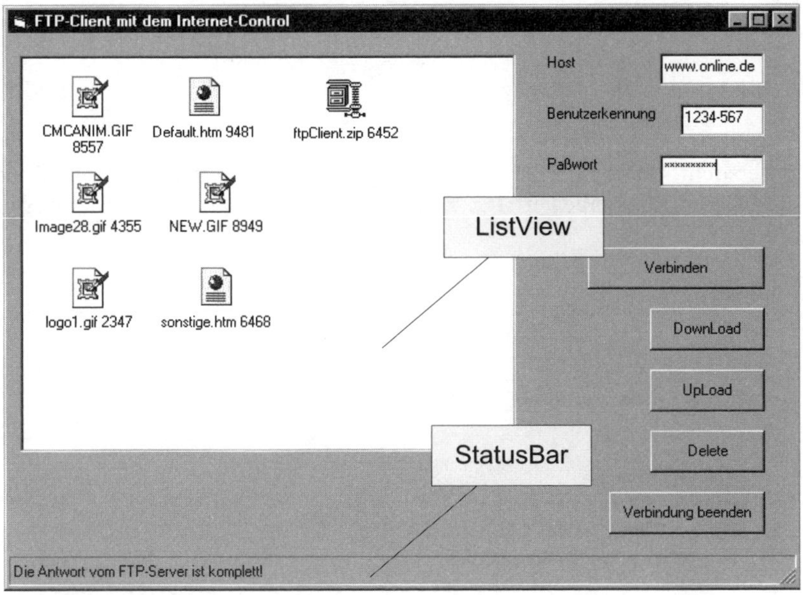


***Abbildung 12.68:*** *Laufzeitansicht der Bedienoberfläche*

Auf obiger Abbildung unsichtbar, sind zur Entwurfszeit noch ein Internet-Control, eine ImageList und ein CommonDialog auf dem Formular zu platzieren:

***Abbildung 12.69:*** *Die Symbole für ImageList-, Internet- und CommonDialog-Control zur Entwurfszeit*

Da diese Controls nicht zu den Standardkomponenten zählen, müssen Sie zunächst über das Menü *Projekt/Komponenten* ... auf die Werkzeugsammlung gebracht werden:

- Microsoft Internet Transfer Control (*Msinet.ocx*)
- Microsoft Common Dialog Control 6.0 (*Comdlg32.ocx*)
- Microsoft Windows Common Controls 6.0 (*Mscomctl.ocx*)
  für *ImageList, StatusBar, ListView*

Setzen Sie die *Style*-Eigenschaft der *StatusBar* auf *sbrSimple* (mit rechter Maustaste Eigenschaftendialog aufrufen).

Die *ImageList* dient als Container für die Bitmaps der *ListView*. Füllen Sie zunächst die *ImageList* mit den Symbolen und verkoppeln Sie anschließend die *ListView* mit der *ImageList* (auch hier hilft wie immer die rechte Maustaste weiter, um das spezifische Eigenschaftenfenster zu öffnen).

## Formular-Listing

```
Option Explicit
Dim cmd As String      ' "DIR", "SIZE", "GET", "PUT", "DELETE"
Dim size, siz As Single
```

Die folgende Funktion untersucht, ob es sich bei einem übergebenen String um ein Verzeichnis (Rückgabewert 0) oder eine Datei (Rückgabewert 1 ... 5, entsprechend dem Index der Bitmaps in der ImageList) handelt.

```
Private Function getExt(s$) As Integer
Dim i%, s1$, c As String * 1
 getExt = 0
 s1 = ""
' der Einfachheit wegen wird von rechts nach links abgetastet
 For i = Len(s) To 1 Step -1
  c = Mid$(s, i, 1)
  If c = "/" Then Exit Function  ' keine Verzeichnisse
  If c = "." Then                ' Anfang der Extension erreicht
   getExt = 5 ' => falls keine der folgenden "invertierten" Extensions zutrifft
   If (s1 = "mth") Or (s1 = "lmth") Then getExt = 1 ' => htm oder html
   If (s1 = "fig") Or (s1 = "gpj") Then getExt = 2  ' => gif  oder  jpg
   If s1 = "piz" Then getExt = 3                    ' => zip
   If s1 = "exe" Then getExt = 4                    ' => exe
   Exit Function
  End If
  s1 = LCase(s1 + c)       ' alles in Kleinbuchstaben
 Next i
End Function
```

Der vom Server gelieferte String muss zerpflückt und die Einträge zur *ListView* (mit den passenden Bildchen) addiert werden. Die einzelnen Einträge sind durch *Chr(10)* oder *Chr(13)* getrennt:

```
Private Sub createList(s$)
Dim i%, start%, anz%, datName$, c As String * 1, iconNr%
    ListView1.Refresh           ' Löschen
      start = 1
      anz = 0
      For i = 1 To Len(s)
        c = Mid$(s, i, 1)
        Select Case c
            Case Chr(10), Chr(13)   ' ein Eintrag (Zeile) ist abgeschlossen
                If (anz > 0) Then
                 datName = Mid$(s, start, anz)
                 iconNr = getExt(datName)   ' Überspringen der
                ' Verzeichniseinträge und Herausfiltern der DateiExtensions
                 If iconNr <> 0 Then
                   Inet1.Execute , "SIZE " & datName
                   While Inet1.StillExecuting
                     DoEvents
                   Wend
                  ' grafische Anzeige der Datei:
                  ListView1.ListItems.Add , , datName & " " & siz, iconNr
                 End If
```

```
            End If
            start = i + 1
            anz = 0
        Case Else
            anz = anz + 1
    End Select
  Next i
  cmd = "DIR"
End Sub
```

Vor dem Verbindungsaufbau sind dem Internet-Control bestimmte Eigenschaften zuzuweisen:

```
Private Sub Command1_Click()   ' Verbinden
On Error GoTo fehler
     cmd = "DIR"
     size = 0
     With Inet1
        .RemoteHost = Text1.Text
        .UserName = Text2.Text
        .Password = Text3.Text
        .Protocol = icFTP
        .Execute , cmd
     End With
   Exit Sub
fehler:
    MsgBox Err.Description, 16, "Problem"
    Exit Sub
    Resume Next
End Sub
```

Das *StateChanged*-Event ist das wichtigste Ereignis, mit dem die Serverantworten ausgewertet werden können. Der mit dem Ereignis übergebene *State*-Parameter liefert den aktuellen Verbindungsstatus.

```
Private Sub Inet1_StateChanged(ByVal State As Integer)
Dim vtData As Variant                    ' Puffervariable
Dim strData As String: strData = ""
Dim bDone As Boolean: bDone = False
  Select Case State
     Case icError
      StatusBar1.SimpleText = Inet1.ResponseInfo
    Case icConnected
      StatusBar1.SimpleText = "Verbindung mit FTP-Server ist aufgebaut!"
    Case icDisconnected
      StatusBar1.SimpleText = "Verbindung mit FTP-Server ist beendet!"
    Case icResponseReceived
      StatusBar1.SimpleText = "Eine Antwort vom FTP-Server ist eingetroffen!"
```

Von besonderem Interesse ist der Status *icResponseCompleted*, der als Vollzugsmeldung des Servers nach der vollständigen Abarbeitung des Befehls zu interpretieren ist. Hier ist es dann möglich, über die *GetChunk*-Methode die übermittelten Datensegmente in einen Puffer zu speichern, um sie anschließend auszuwerten:

```
  Case icResponseCompleted
   StatusBar1.SimpleText = "Die Antwort vom FTP-Server ist komplett!"
   vtData = Inet1.GetChunk(1024, icString)  ' erstes Datensegment in Puffer
     Do While Not bDone
        strData = strData & vtData          ' nächstes Datensegment
        vtData = Inet1.GetChunk(1024, icString)
        bDone = (Len(vtData) = 0)           ' ist Puffer leer?
     Loop
     If cmd = "DIR" Then
      cmd = "SIZE"
      Call createList(strData)       ' Ergebnisstring aufbereiten
     End If
     If cmd = "SIZE" Then siz = Val(strData): size = size + siz
 End Select

End Sub
```

Um die Verbindung zu beenden, muss der *Execute*-Methode der CLOSE-Parameter mitgegeben werden:

```
Private Sub Command5_Click()   ' Verbindung beenden
  Inet1.Execute , "CLOSE"
End Sub
```

**Bemerkungen**

- Voraussetzung für einen erfolgreichen Test ist, dass Sie auf Ihrem PC eine funktionierende Verbindung zu einem Internet-Provider eingerichtet haben (klicken Sie auf *Arbeitsplatz* und schauen Sie unter *DFÜ-Netzwerk* nach).
- Nachdem Sie das Programm gestartet, die Benutzereingaben vorgenommen und auf die *Verbinden*-Schaltfläche geklickt haben, sollte die DFÜ-Verbindung zu Ihrem Internet-Provider automatisch eröffnet werden[1].
- Um den Quelltext überschaubar zu halten, wurde nur das Anzeigen der auf dem Server liegenden Dateien implementiert. Die restliche Funktionalität (Upload, Download, Delete) kann aber relativ problemlos nachgerüstet werden, wobei der *Execute*-Methode entsprechend andere Parameter zu übergeben sind (siehe Online-Hilfe).

## 12.4.3 ... eine einfache DHTML-Anwendung schreiben?

DHTML-Anwendung; DHTMLPage-Designer; HTML-Dateien

Bereits erstellte HTML-Seiten können als Basis für ein einfaches DHTML-Projekt Verwendung finden. Dabei wollen wir sie mit einigen zusätzlichen dynamischen Elementen aufwerten, für welche wir Visual Basic-Ereignisroutinen schreiben. Es empfiehlt sich, die betreffenden *.htm*-Dateien vorher in das Projektverzeichnis zu kopieren.

---

1 Viele Server erlauben das Einloggen als *anonymous*.

**Entwurf**

Starten Sie Visual Basic und wählen Sie das Menü *Datei/Neues Projekt/DHTML-Anwendung.*

Im Projekt-Explorer sehen Sie, dass VB automatisch ein Codemodul und eine DHTML-Seite hinzugefügt hat. Im Codemodul sind die Routinen *PutProperty* und *GetProperty* enthalten, die zum Speichern und Abrufen sogenannter Cookies[1] dienen.

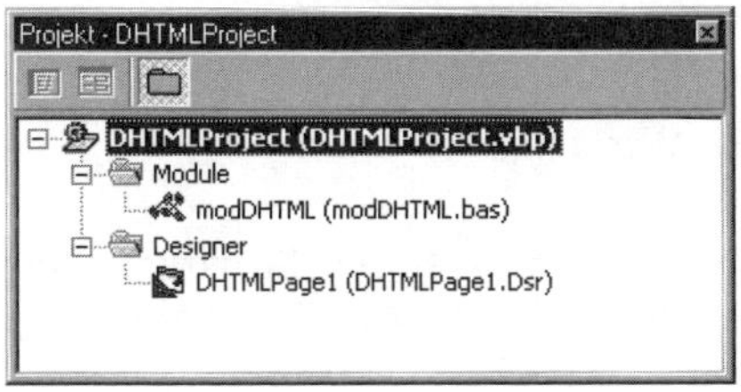


***Abbildung 12.70:*** *Projekt-Fenster*

Doppelklicken Sie auf das *DHTMLPage1*-Objekt und es öffnet sich der DHTMLPage-Designer. Die beiden Fenster sind die Strukturansicht (links) und der Detailbereich (rechts).

Klicken Sie nun die Schaltfläche *DHTML-Seiteneigenschaften* an (oben links in der Symbolleiste). Wählen Sie im Eigenschaftenfenster die Option *HTML in externer Datei speichern* und selektieren Sie mit der *Öffnen*-Schaltfläche die erste HTML-Datei:

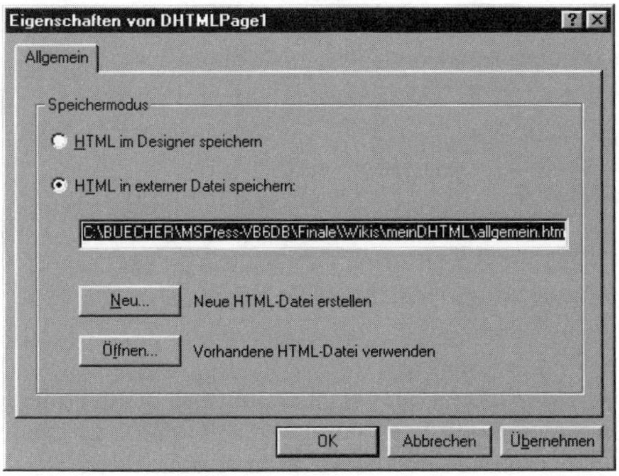


***Abbildung 12.71:*** *Eigenschaften DHTML-Seite*

Da pro HTML-Seite ein *DHTMLPage*-Objekt benötigt wird, müssen Sie über das VB-Hauptmenü wählen: *Projekt/DHTML Page hinzufügen* und auf die oben beschriebene Weise auch die übrigen HTML-Seiten einbinden.

Jetzt können Sie Ihr DHTML-Projekt bereits einem ersten Test unterziehen. Starten Sie (F5) und Sie sehen das Ergebnis im Internet-Explorer. Bis jetzt gibt es also nichts Neues – alles noch normales HTML.

1 Cookies sind kleine Informationspakete, die vom Server an den Client geschickt bzw. abgerufen werden (z.B. Passwort).

Platzieren Sie nun ein Steuerelement, um endlich DHTML zu demonstrieren. Wie Sie sehen, hat die Werkzeugsammlung einer DHTML-Anwendung ein anderes Outfit als bei normalen VB-Projekten:

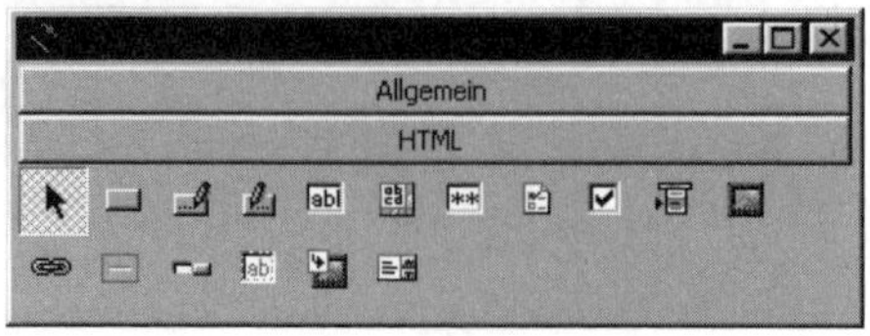


***Abbildung 12.72:** Werkzeugsammlung*

Setzen Sie eine Schaltfläche in den Detailbereich des Seiten-Designers. In der Strukturansicht (links) sind die Objekte fettgedruckt, denen man Visual Basic-Ereigniscode zuweisen kann:

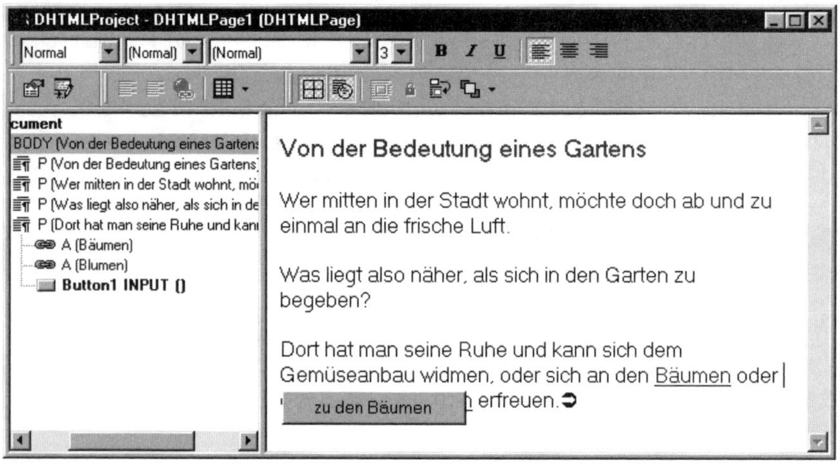


***Abbildung 12.73:** DHTML-Designer*

### Ereigniscode hinzufügen

Die Vorgehensweise beim Erstellen von Ereigniscode ähnelt der bei einem normalen VB-Projekt: Doppelklicken Sie auf den Button und führen Sie im *Click*-Eventhandler die *Navigate*-Methode des *BaseWindow*-Objekts aus, der Sie als Argument den Namen der Zieldatei übergeben:

```
Private Function Button1_onclick() As Boolean
  BaseWindow.navigate "baeume.htm"
End Function
```

Lassen Sie uns nun mit weiteren Elementen experimentieren, z.B. mit einem Textfeld und einem Listfeld:

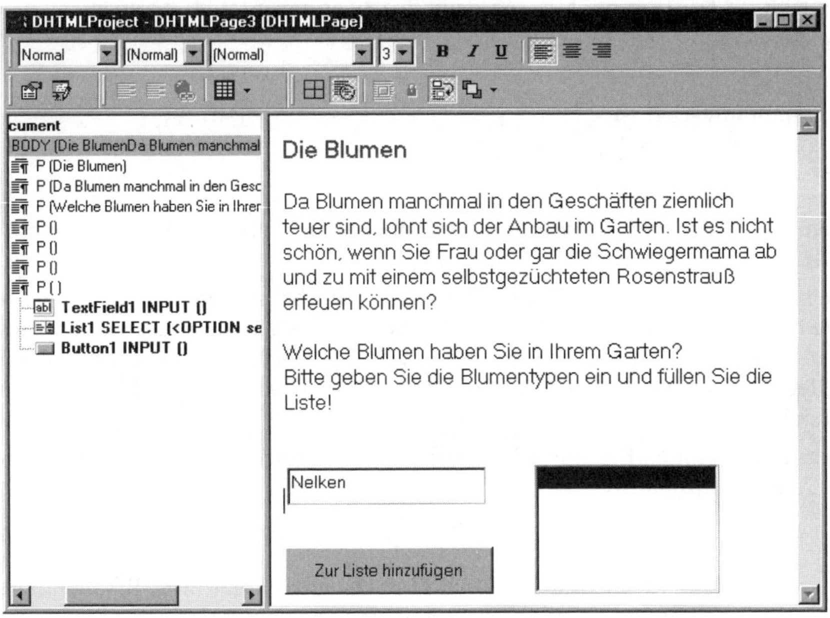


***Abbildung 12.74:*** *DHTML-Designer*

Man könnte durchaus die Listeneinträge bereits zur Entwurfszeit in einem externen (Text-) Editor erstellen, wir wollen aber demonstrieren, wie es zur Laufzeit geht:

```
Private Function Button1_onclick() As Boolean
 Dim e As HTMLOptionElement
 Set e = Document.createElement("Option")
 e.Text = TextField1.Value
 List1.Options.Add e
End Function
```

**Bemerkungen**

Falls nach dem Starten des Programms von der Buch-CD-ROM das Fenster leer bleibt, wurden wahrscheinlich die *.htm*-Dateien nicht gefunden, da der Designer absolute Pfadangaben gespeichert hat. In diesem Fall sollten Sie für jede einzelne Seite des Designers nochmals, wie eingangs beschrieben, den Eigenschaftendialog aufrufen und den Pfad erneut zuweisen.

## 12.4.4 ... HTML-Dateien generieren?

DAO-*DataControl*, DAO-*Recordset*: *MoveNext-*, *Clone*-Methode, *RecordsetCount-*, *Filter*-Eigenschaft; Textdateien: *Open-*, *Print-* und *Close*-Funktion

Dieses Rezept ist das Ergebnis eines nutzlos verbrachten Arbeitstages. Aufgabe war das Generieren einfacher, d.h. statischer HTML-Seiten aus einer Datenbank. Was einem da von den »Reportgeneratoren« diverser Hersteller geboten wurde, konnte kaum als akzeptables Resultat bezeichnet werden. Abgesehen von absolut mangelhaften Eingriffsmöglichkeiten, war das erzeugte Seitenlayout in den meisten Fällen ein absolutes Zufallsprodukt. Die besten Ergebnisse brachte noch der integrierte Reportgenerator von Microsoft Access zustande.

Schlussendlich haben sich die frustrierten Autoren dazu durchgerungen, eine »handgestrickte« Lösung zu realisieren, die

- schnell ist,
- voll in das VB-Programm integriert ist,
- ohne zusätzlichen Ballast, d.h. OCXe auskommt,
- leicht anpassbar ist.

Einziger Nachteil: Dem Leser wird neben Basic und SQL noch eine weitere »Programmiersprache« zugemutet: HTML.

Eine »kleine« Beispielapplikation zeigt die Vorgehensweise. Aufgabenstellung ist die Realisierung einer Webzeitung basierend auf einer Access-Datenbank, in der alle Artikel gespeichert werden. Die Seiten werden jedoch nicht dynamisch, sondern statisch einmal pro Tag erzeugt und auf den Server geladen. Gleichzeitig wird ein passendes Inhaltsverzeichnis erzeugt, das Links auf die einzelnen Themenbereiche enthält.

Von der Leistungsfähigkeit des großen Bruders dieser Applikation können Sie sich auch im Internet überzeugen: *http://www.dialog-online.de.*

#### Datenbankstruktur

Erstellen Sie mit Access oder dem Visual Data Manager eine Datenbank mit zwei Tabellen. Die Tabelle »Artikel« nimmt die eigentlichen Textbeiträge auf, in der Tabelle »Rubriken« werden lediglich die Gruppenbezeichnungen (z.B. »Ausland«, »Politik«, »Sport« etc.) gespeichert.

| Feldname | Felddatentyp | |
|---|---|---|
| Id | AutoWert | Primärschlüssel |
| Titel | Text | Überschrift des Beitrags |
| Datum | Datum/Uhrzeit | |
| Inhalt | Memo | der eigentliche Text |
| Stichworte | Memo | ein paar Stichworte |
| Bild1 | Hyperlink | Link auf eine Grafikdatei |
| Bild2 | Hyperlink | Link auf eine Grafikdatei |
| Bild3 | Hyperlink | Link auf eine Grafikdatei |
| Autor | Text | |
| Bild1U | Text | Bildbeschriftung |
| Bild2U | Text | Bildbeschriftung |
| Bild3U | Text | Bildbeschriftung |
| Rubrik | Text | siehe Tabelle Rubriken |
| Kommentar | Memo | Kommentar zum Beitrag |

***Abbildung 12.75:*** *Formular* Artikel-Tabelle

Die Tabelle *Rubriken* besteht lediglich aus der Spalte *Rubrik*, die gleichzeitig als Primärindex fungiert (wichtig für die spätere Verknüpfung).

#### Oberfläche

Wenden wir uns der Programmoberfläche zu. Entsprechend der folgenden Abbildung brauchen wir einen *Toolbar*, ein *DBGrid*, diverse Textboxen sowie zwei *Data*-Controls, die an die bereits vorgestellte Datenbank gebunden werden.

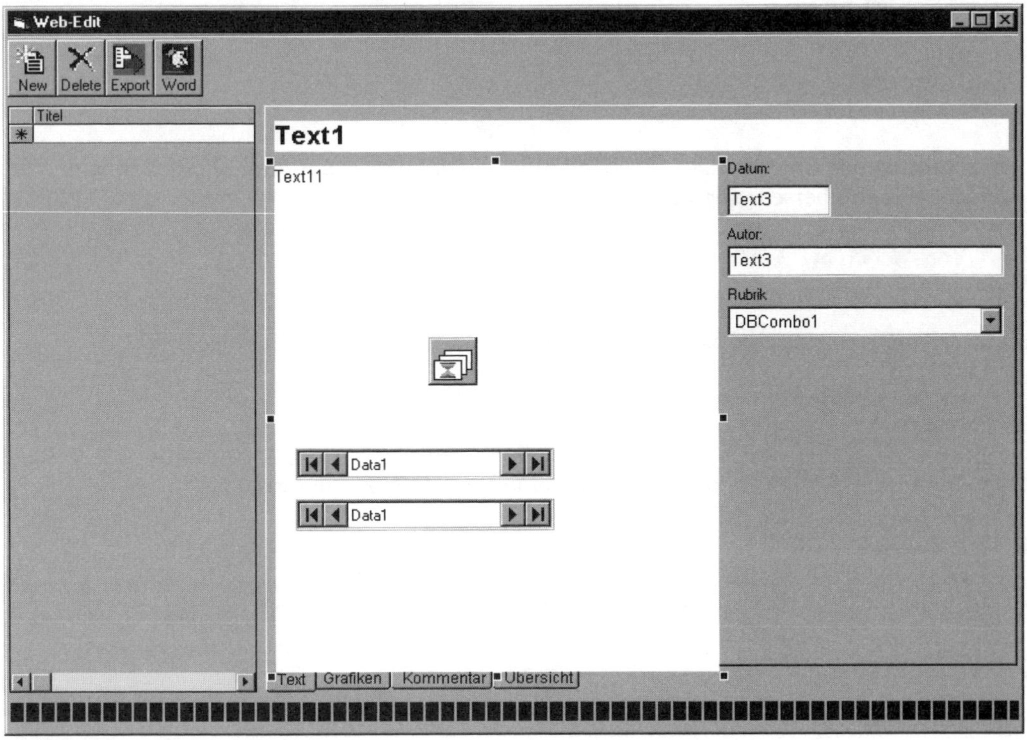


***Abbildung 12.76:** Entwurfsansicht*

### Listing

**HINWEIS:** Im Folgenden wurden unwesentliche Teile weggelassen, um das Beispiel noch überschaubar zu machen.

Unser gewünschtes Endergebnis, die HTML-Dateien erzeugen wir einfach als ganz normale Textdateien, auf diese Weise haben wir die volle Kontrolle über das Layout.

Initialisieren der Datenbank (Anpassen der Verzeichnispfade):

```
Private Sub Form_Initialize()
  Data1.DatabaseName = App.path & IIf(Right(App.path, 1) = "\", "", "\") & "online.mdb"
  Data1.RecordSource = "SELECT * FROM ARTIKEL ORDER BY Datum desc"
  Data1.Refresh
  Data2.DatabaseName = App.path & IIf(Right(App.path, 1) = "\", "", "\") & "online.mdb"
  Data2.RecordSource = "Rubriken"
  Data2.Refresh
End Sub
```

Und hier geht's los:

```
Private Sub Exportieren()
On Error Resume Next
Dim s$, pfad$
```

```
Dim r As Dao.Recordset
Dim r1 As Dao.Recordset
Dim Datum As Date
Dim path$, file$, ext$
Dim pic As Variant
```

Erster Schritt ist das Erzeugen eines neuen Unterverzeichnisses, auf diese Weise vermeiden wir das versehentliche Überschreiben der Daten des vorherigen Tages:

```
pfad = "c:\News_" & CStr(Date) & "\"
MkDir pfad
```

Danach erstellen wir uns eine Kopie des *Recordsets* und legen die Sortierfolge fest:

```
Set r = Data1.Recordset.Clone
r.Sort = "Datum Desc"
```

Um die Wartezeit etwas zu verkürzen, kommt eine *Progressbar* zum Einsatz:

```
ProgressBar1.Max = r.RecordCount
```

Über die folgende Schleife werden alle Records nacheinander verarbeitet:

```
While Not r.EOF
```

Progressbar aktualisieren:

```
   ProgressBar1.Value = r.AbsolutePosition
```

Entsprechend der Rubrik des Beitrags (Politik, Sport etc.) wird ein neues Unterverzeichnis erzeugt (wenn es schon da ist: auch kein Problem, dafür haben wir ja die Fehlerbehandlung integriert):

```
   pfad = "c:\News_" & CStr(Date) & "\" & r("Rubrik") & "\"
   MkDir pfad   ' Politik, Deutschland etc.
```

Im neuen Verzeichnis wird zunächst eine *default.htm* erzeugt:

```
If Not FileExists(pfad & "default.htm") Then
  Open pfad & "default.htm" For Output As 1
  Print #1, "<html>"
  Print #1, "<head>"
  Print #1, "<title>" & r("Rubrik") & "</title>"
```

**HINWEIS:** Etwas diffizil ist die Verwendung der Anführungsstriche, die wir sowohl im Basic- als auch im HTML-Quellcode brauchen.

```
  Print #1, "<meta http-equiv=""Content-Type"" content=""text/html; charset=ISO-8859-1"">"
  Print #1, "<meta name=""GENERATOR"" content=""ICMS-NewsWriter"">"
  Print #1, "</head>"
  Print #1, "<frameset framespacing=""0"" border=""false"" frameborder=""0"" cols=""" & toc_breite & ",*"">"
  Print #1, "<frame name=""Links"" src=""toc.htm"" scrolling=""auto"" marginwidth=""3"" marginheight=""3"""
```

```
  Print #1, "target=""Rechts"">"
  Print #1, "<frame name=""Rechts"" src=""00000000.htm"" scrolling=""auto"" marginheight=""0"" marginwidth=""20"">"
  Print #1, "<noframes>"
  Print #1, "<body topmargin=""0"" leftmargin=""0"">"
  Print #1, "<p>Diese Seite verwendet Frames. Frames werden von Ihrem Browser aber nicht unterstützt.</p>"
  Print #1, "</body>"
  Print #1, "</noframes>"
  Print #1, "</frameset>"
  Print #1, "</html>"
  Close #1
End If
```

Das Resultat ist eine leere Seite, die zwei Frames enthält. Links das Inhaltsverzeichnis, rechts der eigentliche Beitrag. Für Browser, die keine Frames darstellen können, generieren wir eine entsprechende Fehlermeldung.

In den rechten Frame blenden wir zunächst die Datei *00000000.htm* ein: Eine leere Seite, die jedoch alles enthält, was eine minimale HTML-Datei ausmacht (Header, Body):

```
' Dummy schreiben
  Open pfad & "00000000.htm" For Output As 1
  Print #1, "<html>"
  Print #1, "<head>"
  Print #1, "<title> </title>"
  Print #1, "<meta name=""GENERATOR"" content=""ICMS-NewsWriter"">"
  Print #1, "</head>"
  Print #1, "<body>"
  Print #1, "</body>"
  Print #1, "</html>"
  Close #1
```

Kommen wir nun zu den eigentlichen HTML-Seiten, die die Beiträge enthalten. Die Seite besteht aus einer zweispaltigen Tabelle.

```
  Open pfad & Format(r("id"), "00000000") & ".htm" For Output As 1
  Print #1, "<html>"
  Print #1, "<head>"
  Print #1, "<title>" & r("Titel") & "</title>"
  Print #1, "<meta http-equiv=""Content-Type"" content=""text/html;" _
            " charset=ISO-8859-1"">"
  Print #1, "<meta name=""GENERATOR"" content=""ICMS-NewsWriter"">"
  Print #1, "</head>"
  Print #1, "<body>"
  Print #1, "<table border=""0"" cellspacing=""0"" width=""100%"">"
  Print #1, "<tr>"
    Print #1, "<td width=""100%"" colspan=""2""><strong><font face=""Arial"" size=""6"" color=""#000000"">"
    Print #1, r("Titel")
    Print #1, "</font></strong><font face=""Arial"" size=""2""> " & r("datum") & ", " & r("autor") & "</font></td>"
  Print #1, "</tr>"
  Print #1, "<tr>"
    Print #1, "<td width=""50%"" valign=""top"" align=""left""><font face=""Arial"" size=""2"">"
    Print #1, CStr(r("Inhalt"))
    Print #1, "<br><br>"
```

Gegebenenfalls kann auch ein Kommentar eingeblendet werden (ein Hyperlink auf eine weitere HTML-Seite):

```
If MYStr(r("Kommentar")) <> "" Then
  Print #1, "<p><a href=""" & Format(r("id"), "0000000k") & ".htm" & """ target=""_self""><font face=""Arial""
size=""2"">[Kommentar]</font></a></p>"
```

Das Erzeugen der Kommentar-Seite:

```
  Open pfad & Format(r("id"), "0000000k") & ".htm" For Output As 2
  Print #2, "<html>"
  Print #2, "<head>"
  Print #2, "<title>Kommentar</title>"
  Print #2, "<meta http-equiv=""Content-Type"" content=""text/html; charset=ISO-8859-1"">"
  Print #2, "<meta name=""GENERATOR"" content=""ICMS-NewsWriter"">"
  Print #2, "</head>"
  Print #2, "<body>"
  Print #2, "<p><font size=""5"" face=""Arial""><strong>Kommentar</strong></font></p>"
  Print #2, "<p><font size=""2"" face=""Arial"">" & MYStr(r("Kommentar")) & "</p>"
  Print #2, "<p><a href=""" & Format(r("id"), "00000000") & ".htm" & """target=""_self"">"
  Print #2, "Zurück</a></p>"
  Print #2, "</body>"
  Print #2, "</html>"
  Close #2
End If
Print #1, "</font></td>"
Print #1, "<td width=""50%"" valign=""top"" align=""left"">"
```

Sollten den Textbeiträgen Bilder zugeordnet sein, müssen diese kopiert und verlinkt werden:

```
If MYStr(r("Bild1")) <> "" Then
  fileSplit CStr(r("Bild1")), path$, file$, ext$
  FileCopy CStr(r("Bild1")), pfad & Format(r("id"), "000000_1") & "." & ext
  Print #1, "<img src=""" & Format(r("id"), "000000_1") & "." & ext & """ border="; 2; "
  alt=""" & MYStr(r("Bild1U")) & """><br><br>"
End If
If MYStr(r("Bild2")) <> "" Then
  fileSplit CStr(r("Bild2")), path$, file$, ext$
  FileCopy CStr(r("Bild2")), pfad & Format(r("id"), "000000_2") & "." & ext
  Print #1, "<img src=""" & Format(r("id"), "000000_2") & "." & ext & """ border="; 2; "
  alt=""" & MYStr(r("Bild2U")) & """><br><br>"
End If
If MYStr(r("Bild3")) <> "" Then
  fileSplit CStr(r("Bild3")), path$, file$, ext$
  FileCopy CStr(r("Bild3")), pfad & Format(r("id"), "000000_3") & "." & ext
  Print #1, "<img src=""" & Format(r("id"), "000000_3") & "." & ext & """ border="; 2; "
  alt=""" & MYStr(r("Bild3U")) & """><br><br>"
End If

Print #1, "<p> </p>"
Print #1, "</td>"

Print #1, "</tr>"
Print #1, "</table>"
Print #1, "</body>"
```

```
    Print #1, "</html>"
  Close 1
```

Damit können wir uns dem Inhaltsverzeichnis zuwenden:

```
Set r1 = r.Clone
r1.Filter = "Rubrik = '" & r("rubrik") & "'"
r1.MoveFirst

Open pfad & "toc.htm" For Output As 1
Print #1, "<html>"
Print #1, "<head>"
Print #1, "<title>Inhalt</title>"
Print #1, "<meta http-equiv=""Content-Type"" content=""text/html; charset=ISO-8859-1"">"
Print #1, "<meta name=""GENERATOR"" content=""ICMS-NewsWriter"">"
Print #1, "<base target=""Rechts"">"
Print #1, "</head>"

Print #1, "<style><!--A:visited {text-decoration: none;}A:hover {font-weight: bold;color:""0000FF"";}"
Print #1, "A:link {text-decoration: none;}A:active {text-decoration: none;}BODY {font-family:Verdana; color:""000000"";}-
-></style>"

Print #1, "<body link=""#000000"" vlink=""#000000"" alink=""#000000"">"
Print #1, "<table border=""0"" cellspacing=""0"" width=""100%"">"
Datum = CDate("1.1.1900")

While Not r1.EOF
  If Datum <> r1("datum") Then    ' nur bei Datumswechsel
    Print #1, "<tr>"
    Print #1, "<td width=""100%"" bgcolor=""#C0C0C0""><p align=""left""><font face=""Arial""
    size=""2"""
    Print #1, "color=""#0000FF""><strong>" & r1("datum") & "</strong></font></td>"
    Print #1, "</tr>"
  End If
  Datum = r1("datum")
  Print #1, "<tr>"
  Print #1, "<td width=""100%"" align=""left"">"
  Print #1, "<a href=""" & Format(r1("id"), "00000000") & ".htm" & """>"
  Print #1, "<font face=""Arial"""
  Print #1, "size=""2"">" & r1("Titel") & "</font></a></td>"
  Print #1, "</tr>"
  r1.MoveNext
Wend

Print #1, "</table>"
Print #1, "</body>"
Print #1, "</html>"
Close #1

r1.Close
r.MoveNext
Wend
MsgBox "FERTIG, Die Daten liegen in " & "c:\News_" & CStr(Date) & "\"
End Sub
```

Reaktion auf die Schaltflächen:

```
Private Sub Toolbar1_ButtonClick(ByVal Button As MSComctlLib.Button)
   Select Case Button.Key
      Case "new"
  Data1.Recordset.AddNew
  Text1.Text = "???? Titel ???"
  Text3.Text = CDate(Date)
  Text4.Text = "N.M."
  DBCombo1.Text = "Deutschland"
  Text11.Text = "Artikel bitte hier schreiben ..."
      Case "del"
  Data1.Recordset.Delete
      Case "exp"
  Exportieren
   End Select

End Sub
Test
```

Nach soviel Quellcode möchten wir natürlich auch das Beispiel ausprobieren.

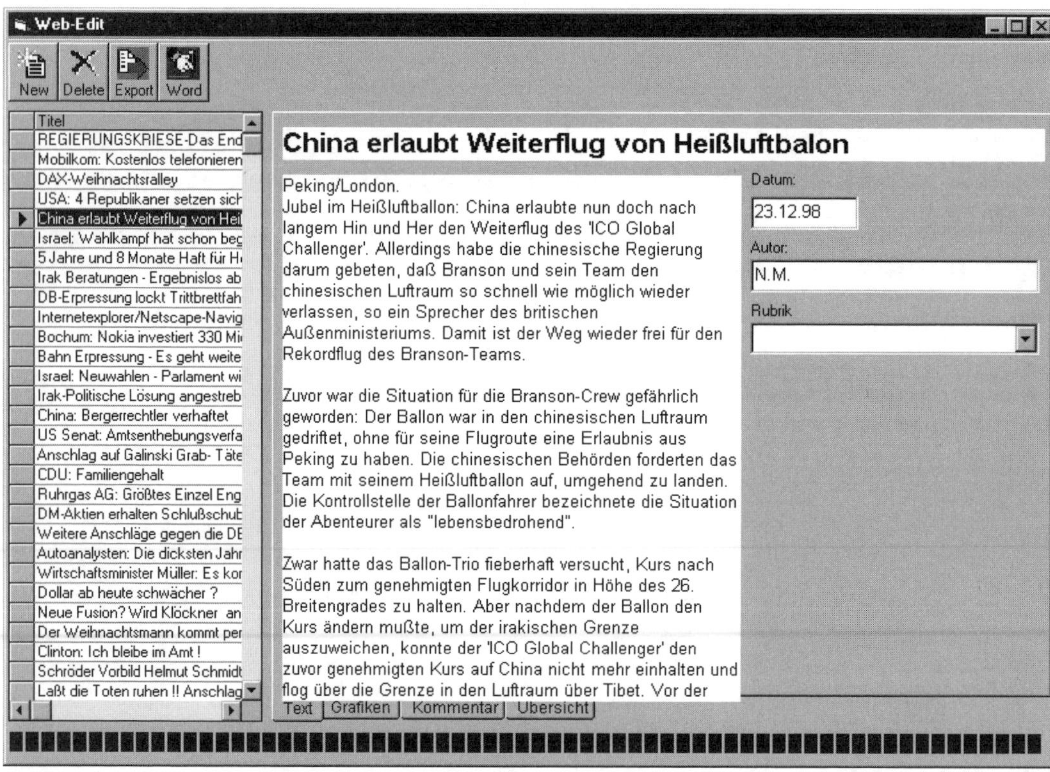


***Abbildung 12.77:** Programmtest*

Starten Sie das Programm und klicken Sie auf *Export*.

Die exportierten Dateien können Sie anschließend im Webbrowser betrachten:

***Abbildung 12.78:** Das Ergebnis im Webbrowser*

## 12.4.5 ... auf MS-Mail-Funktionen zugreifen?

API-Funktion: *MapiSendMail*

Da mittlerweile fast jeder glaubt, ohne Mail geht nichts mehr, machen sich zunehmend Mailfunktionen in den Menü- und Werkzeugleisten von diversen Programmen breit. Natürlich wollen auch wir nicht zurückstehen, wenn es gilt, neue Technologien einzusetzen.

Auf die gesamte Funktionalität der Mail-Schnittstelle können wir an dieser Stelle leider nicht eingehen, wir werden uns auf das Senden einer Message beschränken. Der schnellste Weg zu einer Mail ist die Verwendung der Funktion *MapiSendMail*, die von der *Mapi32.dll* exportiert wird. Doch Vorsicht, Visual Basic »brät mal wieder eine Extrawurst«, wir kommen später darauf zurück.

### Oberfläche

Erstellen Sie ein Formular, das zwei Text-Controls und eine Schaltfläche enthält.

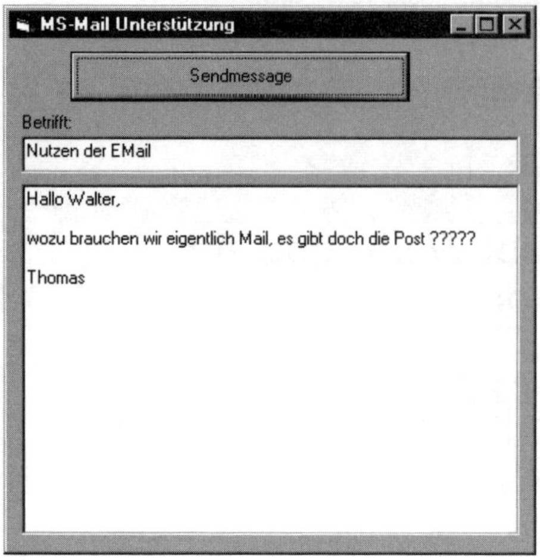


***Abbildung 12.79:** Laufzeitansicht*

Sie können anstatt der Memo-Komponente auch eine RTF-Komponente verwenden, MS-Mail unterstützt auch Schriftattribute wie Fett, Kursiv etc.

### Listing

Beim Importieren der benötigten API-Funktionen sollten Sie Vorsicht walten lassen; was uns da mit dem Namen *MapiSendMail* »untergeschoben« wird, ist eine ganz andere Funktion mit anderen Parametern:

```
Private Type MapiRecip
    Reserved As Long
    RecipClass As Long
    Name As String
    Address As String
    EIDSize As Long
    EntryID As String
End Type

Private Type MapiFile
    Reserved As Long
    Flags As Long
    Position As Long
    PathName As String
    FileName As String
    FileType As String
End Type

Private Type MAPIMessage
    Reserved As Long
    Subject As String
    NoteText As String
    MessageType As String
    DateReceived As String
    ConversationID As String
    Flags As Long
    RecipCount As Long
```

```
    FileCount As Long
End Type

Private Declare Function MapiSendMail Lib "MAPI32.DLL" Alias "BMAPISendMail" _
(ByVal Session&, ByVal UIParam&, Message As MAPIMessage, Recipient() As MapiRecip, _
File() As MapiFile, ByVal Flags&, ByVal Reserved&) As Long

Private Const MAPI_DIALOG = &H8
Private Const MAPI_LOGON_UI = &H1
Private Const MAPI_NEW_SESSION = &H2
```

**HINWEIS:** Brauchen Sie die Hilfestellung zur o.g. Funktion, sollten Sie in der Hilfe nach dem Eintrag *MAPISendMail (VB)* suchen!

Die eigentliche Prozedur:

```
Private Sub Command1_Click()
Dim mmessage As MAPIMessage
Dim Recipient() As MapiRecip, File() As MapiFile
```

Initialisieren der Struktur:

```
With mmessage
    .Subject = Text1.Text
    .NoteText = Text2.Text
    .MessageType = ""
    .DateReceived = ""
    .ConversationID = ""
    .Flags = 0
    .RecipCount = 0
    .FileCount = 0
  End With
```

**WICHTIG:** Sind die Parameter *RecipCount* und *FileCount* auf Null gesetzt, werden die beiden Parameter *Recipient* und *File* ignoriert.

```
  If MapiSendMail(0, 0, mmessage, Recipient, File, MAPI_DIALOG Or MAPI_LOGON_UI Or _
                MAPI_NEW_SESSION, 0) <> 0 Then MsgBox ("Fehler oder Nutzerabbruch")
```

Wenn ein Fehler auftritt, können Sie diesen über den Rückgabewert der Funktion auswerten, wir beschränken uns auf die einfache Anzeige einer Meldung.

### Test

Starten Sie das Programm, geben Sie eine Beschreibung und einen Text für die Message ein. Nach dem Start der oben genannten Funktion und der Auswahl des Profils (ein Meldungsfeld wird eingeblendet) erhalten Sie das folgende Dialogfeld angezeigt.

***Abbildung 12.80:*** *Aufruf des E-Mail-Clients*

Die Eintragungen aus dem VB-Programm wurden übernommen, Sie müssen lediglich noch ein »Opfer« für Ihre Mail finden. Dazu können Sie das Adressbuch verwenden, das Ihnen ebenfalls zur Verfügung steht.

Das folgende Rezept bohrt das Brett an der dünnsten Stelle: Wir verwenden einfach die OLE-Schnittstelle von Microsoft Outlook.

## 12.4.6 ... MS-Outlook in meine Anwendung einbinden?

OLE: *CreateObject*-Funktion; *CommonDialog*-Control

Wie schon im vorhergehenden Rezept, geht es darum, aus einer Applikation heraus auf die Mail-Funktionalitäten des Systems zuzugreifen.

### Oberfläche

Den Grundaufbau der Oberfläche entnehmen Sie bitte der folgenden Abbildung; mit Hilfe des *CommonDialog*-Controls werden wir auch Dateianhänge realisieren.

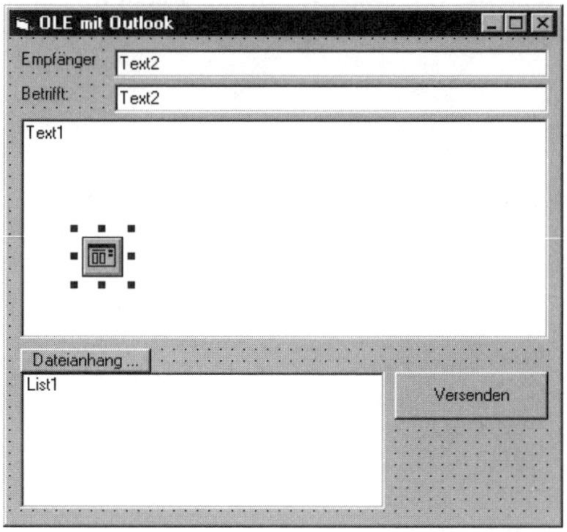


***Abbildung 12.81:*** *Entwurfsansicht*

## Quellcode

Auf die Verwendung von API-Funktionen können wir dank der komfortablen OLE-Schnittstelle gänzlich verzichten. Lediglich eine Konstante müssen wir in Erfahrung bringen. (Binden Sie dazu einfach kurzzeitig die MS-Outlook-Library ein.)

```
Private Const olMailItem = 0
```

Nach dem Klick auf die Schaltfläche *Versenden* erstellen wir zuerst eine Instanz des MS-Outlook-Objektes und ein neues Mail-Objekt:

```
Private Sub Command1_Click()
Dim myOutlook As Object
Dim mailitem As Object
Dim i%

 Set myOutlook = CreateObject("Outlook.Application")
 Set mailitem = myOutlook.CreateItem(olMailItem)
```

Nachfolgend weisen wir einfach die entsprechenden Eigenschaften zu:

```
    With mailitem
        .Subject = Text3.Text
        .To = Text2.Text
        .Body = Text1.Text
```

Etwas aufwendiger wird es bei Dateianhängen:

```
        For i = 0 To List1.ListCount - 1
          .Attachments.Add (List1.List(i))
        Next
```

Nicht vergessen, die Mail auch in den Postkasten zu werfen, anderenfalls war die Arbeit umsonst:

```
        .Send
    End With
End Sub
```

Mit der zweiten Schaltfläche *Dateianhang* bieten wir einen Weg, Dateien an die Mail anzuhängen:

```
Private Sub Command2_Click()
Dim path$
Dim i%

 CommonDialog1.MaxFileSize = 30000
 CommonDialog1.Flags = cdlOFNAllowMultiselect + cdlOFNExplorer
 CommonDialog1.ShowOpen

 a = Tokenizer(CommonDialog1.FileName, Chr(0))

 List1.Clear
 If UBound(a) > 0 Then              ' mehr als ein Eintrag
    path = a(0)
    If Right(path, 1) <> "\" Then path = path & "\"
    For i = 1 To UBound(a)
       List1.AddItem (path & a(i))
    Next i
 Else
    List1.AddItem (a(0))
 End If
End Sub
```

Mehr zum Thema »Mehrfachauswahl in Datei-Dialogfeldern« finden Sie in:

▶ 12.3.1 ... mehrere Dateien mit dem Datei-Dialog auswählen?

### Test

Starten Sie das Programm und füllen Sie die entsprechenden Textboxen aus, bevor Sie die Mail versenden.

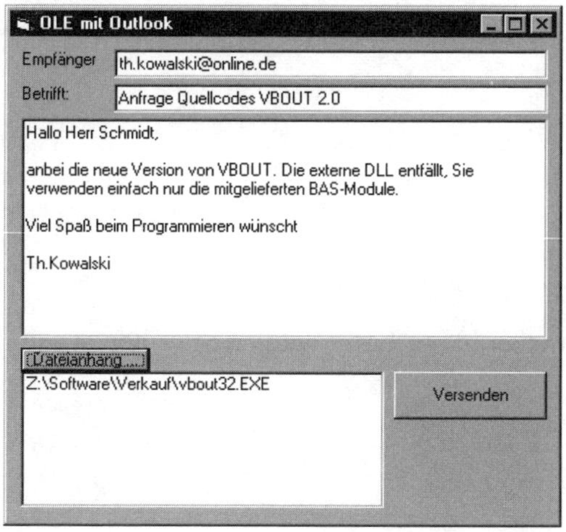


***Abbildung 12.82:*** *Laufzeitansicht*

**HINWEIS:** Microsoft Outlook muss selbstverständlich auf Ihrem Computer installiert sein, um auf die OLE-Schnittstelle zugreifen zu können!

# 12.5 Wie kann ich ... (System)?

## 12.5.1 ... einen Drucker auswählen?

*Printers*-Collection: *ColorMode*-, *DeviceName*-Eigenschaft

Falls man beim Ausdrucken nicht nur auf den Windows-Standarddrucker zurückgreifen möchte, muss man in der *Printers*-Auflistung nach weiteren Alternativen Ausschau halten. Die folgende Demo zeigt, wie's geht.

### Oberfläche

Eine Listenfeld und eine Schaltfläche genügen.

### Listing

Listenfeld füllen:

```
Private Sub Form_Load()
 Dim prn As Printer

  For Each prn In Printers
    List1.AddItem prn.DeviceName
  Next
End Sub
```

Druckerauswahl und Ausdruck einer Testzeile:

```
Private Sub Command1_Click()
   If List1.ListIndex < 0 Then Exit Sub
   Set Printer = Printers(List1.ListIndex)

   Printer.ScaleMode = 6             ' mm
   Printer.CurrentX = 20
   Printer.CurrentY = 20
   Printer.Print "Test für " & Printer.DeviceName
   Printer.EndDoc
End Sub
```

Nach Programmstart erscheinen die verfügbaren Drucker in der Liste. Wählen Sie einen aus und klicken Sie auf die *Test*-Schaltfläche:

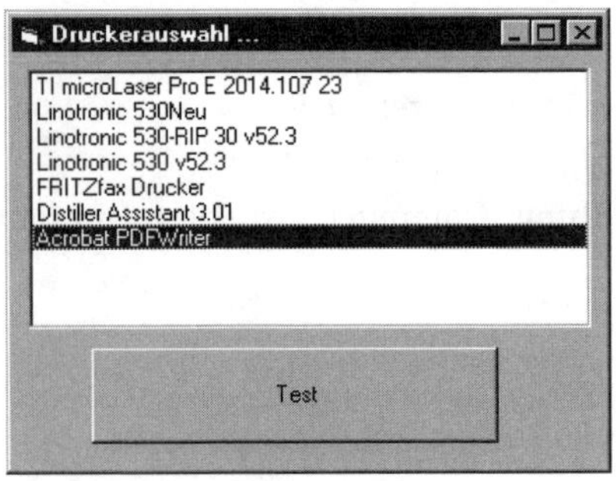


***Abbildung 12.83:*** *Programmtest*

### Ergänzung für Farbdrucker

Sollen nur farbfähige Drucker angezeigt werden, so ist folgende Änderung vorzunehmen:

```
Private Sub Form_Load()
  Dim prn As Printer

   For Each prn In Printers
     If prn.ColorMode = vbPRCMColor Then List1.AddItem prn.DeviceName
   Next
End Sub
```

## 12.5.2 ... über Word drucken?

OLE; *GetObject*-Funktion

Wahrscheinlich arbeiten auch Sie mit dem Microsoft Office-Paket. Dann können Sie das Textverarbeitungsprogramm *Word* zum idealen Reportgenerator umfunktionieren! Der Vorteil liegt auf der Hand: Der Report kann einfach durch jedermann editiert werden, denn die Daten laden wir erst zur Laufzeit in das vorhandene Formular.

### Word-Dokument

Starten Sie *Microsoft Word* und gestalten Sie den Report nach Ihren Wünschen. Fügen Sie als Platzhalter *Text-Formularfelder* (Symbolleiste *Formular*) ein. Auf diese Weise kann der Report entweder »von Hand« oder per Programm ausgefüllt werden. Falls die *Formular*-Symbolleiste nicht bereits angezeigt wird, klicken Sie auf das Menü *Ansicht/Symbolleisten/Formular*.

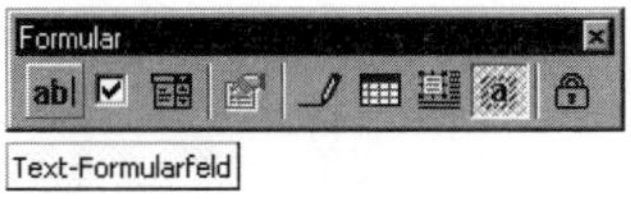


***Abbildung 12.84:*** *Menüleiste*

Über die Schaltfläche *Formularfeld-Optionen* (oder über den Kontextmenübefehl *Eigenschaften*) können Sie die Optionen für jedes Textformularfeld einstellen. Außer evtl. den Vorgabetext brauchen Sie im Allgemeinen nichts weiter zu ändern, denn jedes Textformularfeld bekommt von Word bereits automatisch eine Textmarke (*Text1*, *Text2*,...) zugewiesen:

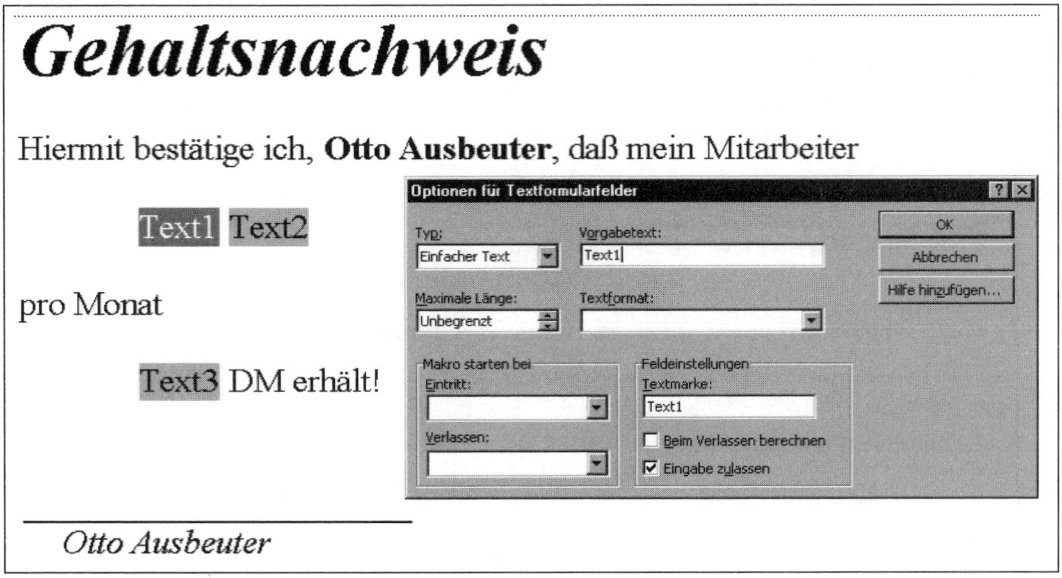


***Abbildung 12.85:*** *Word-Dokument*

Speichern Sie das Dokument unter dem Namen *gehalt.doc* im Projektverzeichnis ab.

### Oberfläche

Starten Sie nun Visual Basic. Der Aufbau der Oberfläche dürfte selbsterklärend sein:

***Abbildung 12.86:*** *Entwurfsansicht*

Unser »Report« ist nicht gar zu anspruchsvoll, aber für einen kleinen Test dürfte es ausreichen.

### Listing

Der Zugriff auf das Word-Dokument wird, wie nicht anders zu erwarten, über OLE realisiert:

```
Private Sub Command1_Click()
On Error GoTo neu
Dim word As Variant
Dim pfad$
```

Der Versuch, eine bestehende Instanz von Word zu nutzen:

```
   Set word = GetObject(, "Word.Application")
   word.Visible = True
Nach dem Erzeugen einer Objektinstanz laden wir den gewünschten Report:
   word.Documents.Open FileName:=App.Path & "\gehalt.doc"
```

Nachfolgend können wir die Formularfelder füllen:

```
   word.ActiveDocument.FormFields("Text3").Result = Text1.Text
   word.ActiveDocument.FormFields("Text2").Result = Text2.Text
   word.ActiveDocument.FormFields("Text1").Result = Text3.Text
Exit Sub
```

Sollte noch keine Instanz von Word laufen, werden wir zwangsläufig hier landen:

```
neu:
   If Err = 429 Then
     word = CreateObject("Word.Application")
   Else
      MsgBox "Wo ist Word ??????????????"
      Exit Sub
   End If
   Resume Next
End Sub
```

Für das Ausdrucken könnten wir auch von VB aus sorgen, günstiger ist es allerdings, wenn dies der Endbenutzer selbst vornimmt (so kann z.B. auch der Drucker gewechselt werden).

Starten Sie das Programm, füllen Sie die Editfelder aus und klicken Sie auf die Schaltfläche.

*Abbildung 12.87:* *Laufzeitansicht*

## 12.5.3 ... mich unter Windows-NT automatisch einloggen?

API-Funktionen: *RegCreateKey, RegSetValueEx, RegCloseKey, RegDeleteValue, RegDeleteKey, RegOpenKey*

Wen hat es als Entwickler noch nicht genervt, bei jedem Systemstart von Windows NT zuerst mit dem »Affengriff« (Strg+Alt+Entf) Fingergymnastik betreiben zu müssen, um anschließend Name und Passwort einzugeben. Abhilfe schaffen zwei Einträge in der Registrierdatenbank. Unser kleines Programm zeigt die Vorgehensweise.

### Oberfläche

Erstellen Sie ein Formular mit folgendem Grundaufbau:

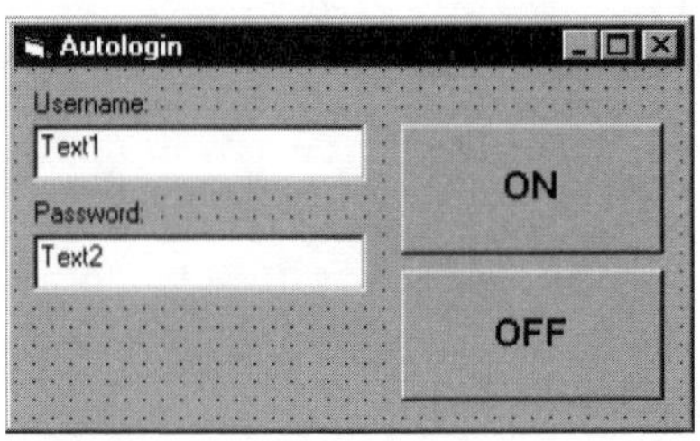


***Abbildung 12.88:*** *Entwurfsmodus*

Über die beiden Textfelder können wir später die Benutzerkennung und das Passwort vorgeben (Achtung: Beide werden in die Registrierdatenbank eingetragen!).

### Quelltext

Binden Sie die folgenden API-Funktionen ein, denn wir müssen uns mit der Registrierdatenbank beschäftigen:

```
Private Declare Function RegCreateKey& Lib "advapi32.dll" Alias "RegCreateKeyA" _
        (ByVal hKey&, ByVal lpszSubKey$, lphKey&)
Private Declare Function RegSetValueEx Lib "advapi32.dll" Alias "RegSetValueExA" _
        (ByVal hKey As Long, ByVal lpValueName As String, _
         ByVal Reserved As Long, ByVal dwType As Long, _
         lpData As Any, ByVal cbData As Long) As Long
Private Declare Function RegCloseKey Lib "advapi32.dll" (ByVal hKey As Long) As Long
Private Declare Function RegDeleteValue Lib "advapi32.dll" Alias "RegDeleteValueA" _
        (ByVal hKey As Long, ByVal lpValueName As String) As Long
Private Declare Function RegDeleteKey Lib "advapi32.dll" Alias "RegDeleteKeyA" _
        (ByVal hKey As Long, ByVal lpSubKey As String) As Long
Private Declare Function RegOpenKey Lib "advapi32.dll" Alias "RegOpenKeyA" _
        (ByVal hKey As Long, ByVal lpSubKey As String, phkResult As Long) As Long

Private Const HKEY_LOCAL_MACHINE = &H80000002
Private Const REG_SZ = 1
```

Die Funktion zum »Einschalten«:

```
Private Sub SetLogonOn(Name$, Passwort$)
Dim lphKey&

  RegOpenKey HKEY_LOCAL_MACHINE, "SOFTWARE\Microsoft\Windows NT\CurrentVersion\Winlogon\", lphKey
  RegSetValueEx lphKey, "DefaultUsername", 0, REG_SZ, ByVal Name, Len(Name)
  RegSetValueEx lphKey, "DefaultPassword", 0, REG_SZ, ByVal Passwort, Len(Passwort)
  RegSetValueEx lphKey, "AutoAdminLogon", 0, REG_SZ, ByVal "1", 1
  RegCloseKey lphKey
End Sub
```

Auf das spätere Löschen der Einträge sollten Sie keinesfalls verzichten, immerhin kann sich ja nun jeder ungehinderten Zugang zu Ihrem Computer verschaffen:

```
Private Sub SetLogonOff()
Dim lphKey&

  RegOpenKey HKEY_LOCAL_MACHINE, "SOFTWARE\Microsoft\Windows NT\CurrentVersion\Winlogon\", lphKey
  RegDeleteValue lphKey, "DefaultUsername"
  RegDeleteValue lphKey, "DefaultPassword"
  RegDeleteValue lphKey, "AutoAdminLogon"
  RegCloseKey lphKey
End Sub
```

Die eigentlichen Funktionsaufrufe dürften selbsterklärend sein:

```
Private Sub Command1_Click()
  SetLogonOff
End Sub

Private Sub Command2_Click()
  SetLogonOn Text1.Text, Text2.Text
End Sub
```

### Test

Hier heißt es Ruhe zu bewahren, denn angesichts des brisanten Themas kann ein hektisches Ausprobieren dieses Rezepts unangenehme Folgen nach sich ziehen.

**HINWEIS:** Vergewissern Sie sich zunächst noch einmal gründlich, welchen Usernamen und welches Passwort Sie bisher eingegeben haben, sonst könnte es passieren, dass Sie später selbst als Administrator an Ihren eigenen Computer nicht mehr herankommen!

Starten Sie nun das Programm und geben Sie exakt Ihren bisherigen Usernamen und das zugehörige Passwort ein. Dann holen Sie tief Luft und klicken auf die *ON*-Schaltfläche. Die trügerische Ruhe täuscht. Schließen Sie das Programm und beenden Sie Windows-NT. Die Stunde der Wahrheit schlägt beim Neustart, hier entscheidet es sich, ob das automatische Logon funktioniert. Wenn ja, können Sie auch einen Restart des Systems ohne erneutes Einloggen ermöglichen.

Schlägt das automatische Einloggen fehl, so müssen Sie versuchen, sich unter einem anderen gültigen Namen und Passwort reinzumogeln, um dann unter VB an die Fehlerbeseitigung zu gehen.

Wollen Sie das automatische Logon wieder rückgängig machen, so starten Sie das Programm erneut, klicken aber dann (ohne irgendwelche Eingaben in die beiden Editierfelder) auf die *OFF*-Schaltfläche.

## 12.5.4 ... ein CD-Laufwerk sicher erkennen?

API-Funktion: *GetVolumeInformation; Format-Funktion*

Ist ein CD-Laufwerk im Netz freigegeben, wird dieses von der Funktion *GetDriveType* nur als Netzlaufwerk erkannt. Für eine sichere Bestimmung, bei der z.B. auch eine Unterscheidung zwischen Daten- und Audio-CD möglich ist, sollten Sie die folgende Funktion verwenden.

### Oberfläche

Auf das Startformular setzen Sie lediglich ein *ListBox*-Control.

### Quelltext

Nach der Einbindung einer schrecklich umfangreichen API-Funktion:

```
Private Declare Function GetVolumeInformation Lib "kernel32" Alias "GetVolumeInformationA" _
        (ByVal lpRootPathName As String, ByVal lpVolumeNameBuffer As String, _
         ByVal nVolumeNameSize As Long, lpVolumeSerialNumber As Long, _
         lpMaximumComponentLength As Long, lpFileSystemFlags As Long, _
         ByVal lpFileSystemNameBuffer As String, _
         ByVal nFileSystemNameSize As Long) As Long
```

definieren wir zunächst einen neuen Datentyp, der als Rückgabewert der Funktion *IsCDDrive* Verwendung finden soll:

```
Private Enum TCDDrive
   cdError = 1
   cdNone = 2
   cdAudio = 3
   cdData = 4
End Enum
```

Die eigentliche Funktion:

```
Private Function IsCDDrive(drive$) As TCDDrive
Dim VolumeName$, FileSystemName$, Seriennummer&, MaxLen&, SysFlags&

  IsCDDrive = cdNone
  VolumeName = Space(256)
  FileSystemName = Space(256)
  If (GetVolumeInformation(Left(drive, 1) & ":\", VolumeName, 255, Seriennummer, MaxLen, SysFlags, FileSystemName, 255) =
0) Then
    IsCDDrive = cdError
  Else
    If (Left(VolumeName, 8) = "Audio CD") Then
      IsCDDrive = cdAudio
    Else
      If (Left(FileSystemName, 4) = "CDFS") Then IsCDDrive = cdData
    End If
  End If
End Function
```

Der folgende Quellcode zeigt die Verwendung der Funktion. Der Einfachheit halber erfolgt der Aufruf beim Laden des Formulars.

```
Private Sub Form_Load()
Dim I%, s$

 For I = 65 To 90              ' Buchstabencodes A ... Z
    Select Case IsCDDrive(Chr(I) + ":\")
      Case cdError: s = "Fehler"
      Case cdData: s = "Daten-CD"
      Case cdAudio: s = "Audio-CD"
      Case cdNone: s = "Kein CD-Laufwerk"
    End Select
    List1.AddItem (Chr(I) & ": " & s) ' Format('%s :    %s',[Chr(i),s]))
  Next
End Sub
Test
```

Nach dem Programmstart werden alle Laufwerksbezeichner nacheinander geprüft. Wie z.B. bei einem normalen Diskettenlaufwerk, muss auch im CD-Laufwerk eine CD eingelegt sein, um es zu erkennen, ansonsten erscheint »Fehler«. Beim folgenden Beispielcomputer wird *F:* als CD-Laufwerk identifiziert, in welchem eine Daten-CD liegt (*F:* ist gleichzeitig auch Netzlaufwerk!).

***Abbildung 12.89:*** *Laufzeitansicht*

## 12.5.5 ... den System-About-Dialog anzeigen?

API-Funktion: *ShellAbout*

Bevor Sie zuviel Zeit daran verschwenden, einen eigenen About-Dialog zu programmieren, sollten Sie es doch einfach mal mit dem Standard-Dialog des Systems versuchen.

### Oberfläche

Da man die About-Box gewöhnlich über das Hilfe-Menü erreicht, fügen wir spaßeshalber ein Menü in das Testformular ein. Weiterhin gibt es ein Kontrollkästchen, das die Auswahl zwischen zwei Aufrufkonventionen zulässt.

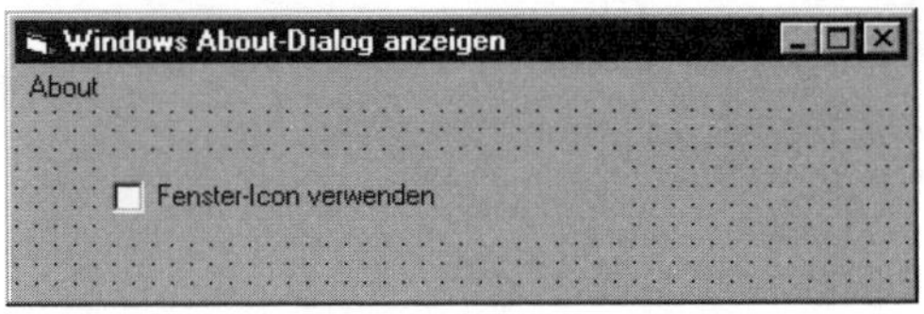


***Abbildung 12.90:*** *Entwurfsansicht*

### Listing

Die entsprechende API-Funktion:

```
Private Declare Function ShellAbout Lib "shell32.dll" Alias "ShellAboutA" _
       (ByVal hwnd As Long, ByVal szApp As String, ByVal szOtherStuff As String, _
        ByVal hIcon As Long) As Long

Private Sub mnuAbbout_Click()
 If Check1.Value = 1 Then  ' Fenster-Icon einblenden
  ShellAbout Me.hwnd, "Projekt 1", "Diese Anwendung ist keine Shareware!", Me.Icon.Handle
 Else                      ' Windows-Icon
  ShellAbout Me.hwnd, "Projekt 1", "Diese Anwendung ist keine Shareware!", 0
  End If
End Sub
```

**HINWEIS:** Wählen Sie für den vierten Parameter der *ShellAbout*-Funktion einen anderen Wert (z.B. 4), werden andere Symbole im Dialogfeld angezeigt.

### Test

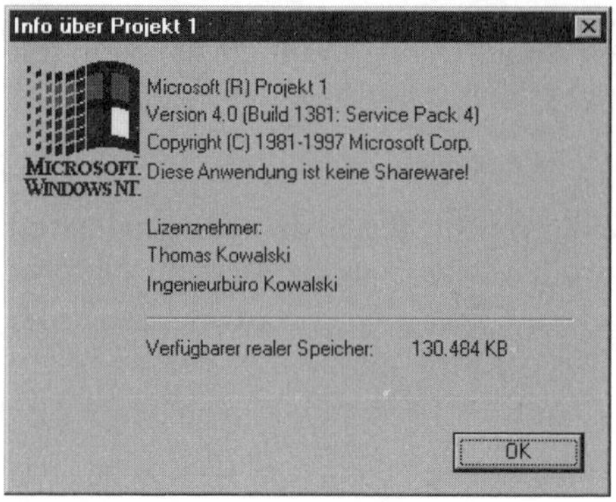


***Abbildung 12.91:*** *Das* About-*Dialogfeld*

## 12.5.6 ... das aktuelle Betriebssystem ermitteln?

API-Funktion: *GetVersionEx*

Obwohl es sich um (fast) die gleiche Oberfläche handelt, finden sich doch einige Ecken und Kanten, die verhindern, dass ein Windows 95-Programm auch unter NT läuft. Insbesondere beim Aufbau der Registry, im Dateisystem (NTFS mit Kompression) und bei der Grafikausgabe gibt es einige Differenzen.

Die im Folgenden vorgestellte Funktion hilft Ihnen bei der Unterscheidung zwischen den Betriebssystemen (auf Windows 3.x brauchen wir wohl nicht mehr einzugehen).

### Oberfläche

Kaum der Rede wert ... nur ein Label-Control.

### Quelltext

Das obligate Einbinden der API-Funktionen:

```
Private Type OSVERSIONINFO
    dwOSVersionInfoSize As Long
    dwMajorVersion As Long
    dwMinorVersion As Long
    dwBuildNumber As Long
    dwPlatformId As Long
    szCSDVersion As String * 128
End Type

Private Const VER_PLATFORM_WIN32s = 0
Private Const VER_PLATFORM_WIN32_WINDOWS = 1
Private Const VER_PLATFORM_WIN32_NT = 2

Private Declare Function GetVersionEx Lib "kernel32" Alias "GetVersionExA" _
       (lpVersionInformation As OSVERSIONINFO) As Long
```

Die folgende Funktion gibt *True* zurück, wenn es sich beim aktuellen Betriebssystem um NT handelt.

```
Function IsSystemNT() As Boolean
Dim Info As OSVERSIONINFO

  Info.dwOSVersionInfoSize = Len(Info)
  GetVersionEx Info
  IsSystemNT = (Info.dwPlatformId = VER_PLATFORM_WIN32_NT)
End Function
```

Mit unserem kleinen Testprogramm wird folgende Routine abgearbeitet:

```
Private Sub Form_Load()
  If IsSystemNT Then
   Label1.Caption = "Ahh, Windows NT !!!"
 Else
   Label1.Caption = "Windows 95/98 !!!"
 End If
End Sub
```

### Test

Starten Sie das Programm und lassen Sie sich überraschen, mit welchem Betriebssystem Sie arbeiten.

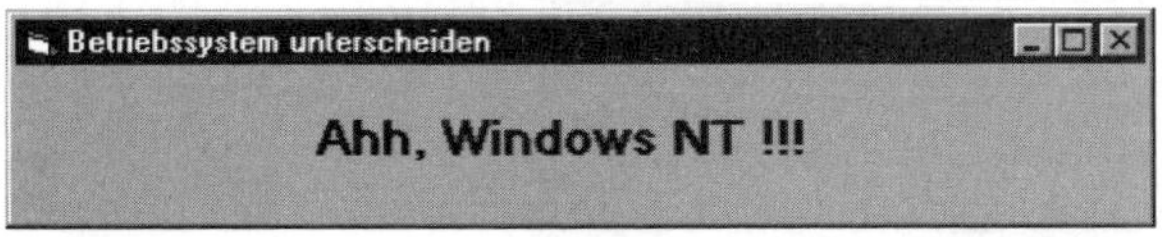


***Abbildung 12.92:** Laufzeitansicht*

### Ergänzung

Die folgende Funktion lässt Sie zusätzlich zwischen Windows 95 und Windows 98 unterscheiden.

```
Private Enum SystemTyp
   sWin95 = 1
   sWin98 = 2
   sWinNT = 3
End Enum

Private Function Betriebssystem() As SystemTyp
Dim info As OSVERSIONINFO

  info.dwOSVersionInfoSize = Len(info)
  GetVersionEx info

  If info.dwPlatformId = VER_PLATFORM_WIN32_NT Then ' NT
     Betriebssystem = sWinNT
  Else
     Select Case info.dwMinorVersion
       Case 0: Betriebssystem = sWin95
       Case 10: Betriebssystem = sWin98
     End Select
  End If
End Function
```

## 12.5.7 ... einen Folder im Explorer öffnen?

*Shell*-Funktion

Wollen Sie aus einer Visual Basic-Anwendung heraus ein Verzeichnis im Explorer öffnen, so ist guter Rat teuer, wäre da nicht das vorliegende Rezept ...

### Oberfläche

Ein Formular mit einer einsamen Schaltfläche (siehe unten) genügt für den Test.

### Listing

Diesmal geht es (man höre und staune) ganz ohne API-Funktionen!

```
Private Sub Command1_Click()
   Shell "explorer.exe /e, " & CurDir, vbNormalFocus
End Sub
```

### Test

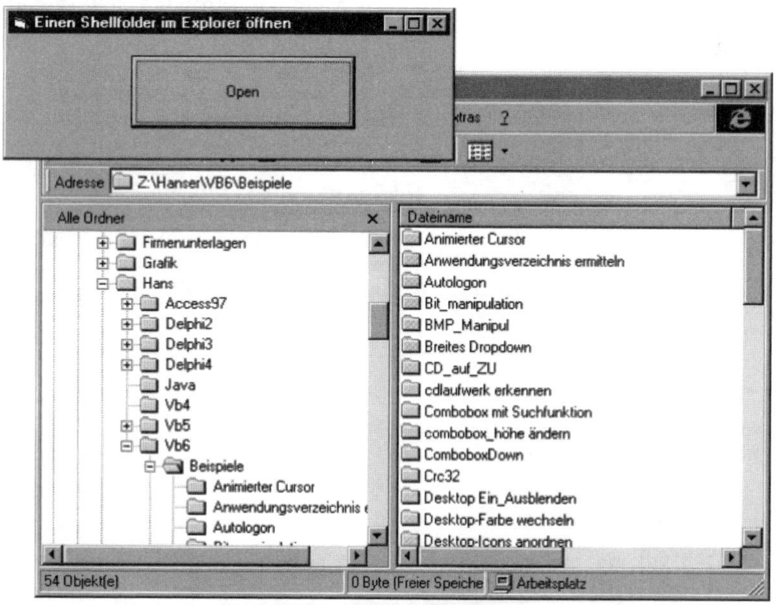


*Abbildung 12.93: Programmtest*

## 12.5.8 ... eine Hilfedatei erstellen und einbinden?

Microsoft Help Workshop, Programme *Hcw.exe* und *Shed.exe*; Projektdatei; *HelpFile-* und *HelpContextId*-Eigenschaft; ContextString, BrowseSequence; *SendKeys*-Anweisung

Wir wollen im Folgenden zeigen, wie Sie eine Hilfedatei, die u.a. eine Hotspot-Grafik beinhaltet, erzeugen und von Ihrem VB-Programm aus aufrufen können.

Für die Einbindung in VB kommen im Wesentlichen zwei Möglichkeiten in Betracht:

- Aufruf der kompletten Helpdatei über die Menüleiste bzw. eine *Hilfe*-Schaltfläche.
- Kontextsensitive Hilfestellung für bestimmte Steuerelemente (F1-Taste).

Über die Grundlagen der Hilfeprogrammierung informieren Sie sich bitte in ▶ Kapitel 11.

### Vorbereitungen

Hotspot-Grafik erstellen

Um dem Anwender eine möglichst anschauliche Hilfestellung zu geben, soll in die Hilfedatei eine Hotspot-Bitmap der Bedienoberfläche eingebettet werden.

Eine solche Bitmap (**.bmp*) erhält man durch einen Screenshot (Alt+Druck-Taste) zur Programmlaufzeit und anschließende Nachbehandlung in Paintbrush bzw. Microsoft Paint (Menü *Bearbeiten/Einfügen* und *Bearbeiten/Kopieren nach...* als 16-Farben-Bitmap).

Starten Sie nun den Hotspot-Editor (*Shed.exe*) und gehen Sie wie folgt vor:

- Laden Sie die Bitmap (Menü *File/Open*).
- Rahmen Sie (bei gedrückter linker Maustaste) den ersten Hotspot-Bereich ein.
- Klicken Sie mit der rechten Maustaste auf diesen Bereich, es öffnet sich ein Dialogfeld:

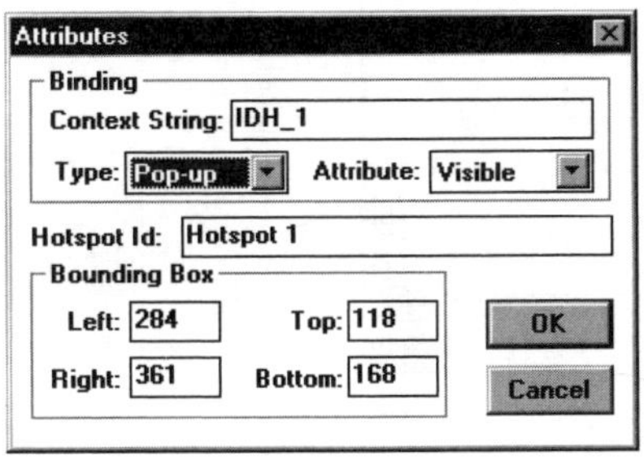


***Abbildung 12.94:*** *Attribute der Hotspot-Grafik*

- Tragen Sie den Contextstring ein (das ist die #-ThemenID in der noch zu erstellenden HLP-Datei!).
- Entscheiden Sie hier, ob die Hilfeseite als *Jump* oder als *PopUp* erscheinen soll. Letzteres wird empfohlen, wenn es sich (wie in unserem Beispiel) nur um kürzere Hilfetexte handeln sollte.
- Um die *Hotspot Id* brauchen Sie sich i.A. nicht zu kümmern, sie wird automatisch vergeben.
- Bearbeiten Sie auf die gleiche Weise auch die anderen Hotspots. Beachten Sie, dass durchaus der gleiche Contextstring mehrfach vergeben werden kann, nämlich dann, wenn mehrere Hotspots auf einen gemeinsamen Hilfetext verweisen sollen.
- Speichern Sie die fertig aufbereitete Bitmap als SHG-Hotspot-Grafik in Ihrem Arbeitsverzeichnis ab (Menü *File/Save as...*), z.B. als *Bild1.shg*.

RTF-Themendatei erstellen

Starten Sie ein Textverarbeitungsprogramm, welches das RTF-Format unterstützt (Word), und schreiben Sie den Hilfetext. Gehen Sie bei der Formatierung wie folgt vor:

- Trennen Sie die einzelnen Hilfeseiten durch einen manuellen Seitenumbruch.
- Fügen Sie die Hotspot-Grafik über einen Verweis ein, z.B. *{bml Bild1.shg}*.
- Fügen Sie die ContextStrings als #-Fußnoten ein. Der Fußnotentext muss exakt den Bezeichnungen entsprechen, wie sie im Hotspot-Editor vergeben wurden.

- Ergänzen Sie, falls gewünscht, den Text noch durch weitere »normale« Hotspots (Absprungmarke einfach oder doppelt unterstreichen, Contextstring als verborgenen Text markieren).

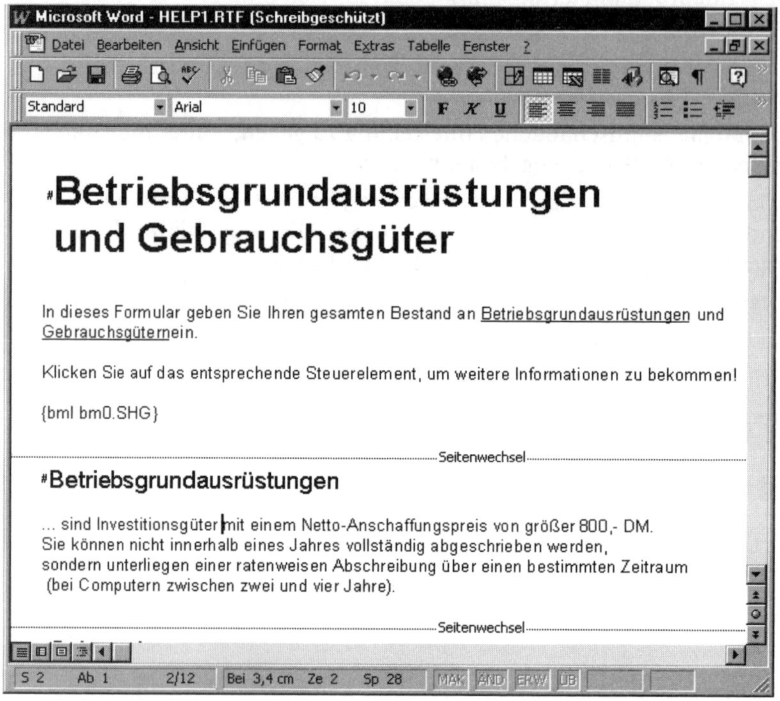


***Abbildung 12.95:*** *RTF-Themendatei*

- Wenn Sie (was für den vorgesehenen Einsatzfall nicht unbedingt notwendig ist), auch durch die Hilfedatei blättern wollen, müssen Sie pro Hilfeseite (neben jeder #-Fußnote) noch eine +-Fußnote für die BrowseSequence (Anzeigereihenfolge) einfügen. Der Einfachheit halber wird empfohlen, als Fußnotentext immer *auto* einzugeben. Dann erscheinen die Seiten in der Reihenfolge, wie sie in der RTF-Datei hintereinander geschrieben wurden.
- Speichern Sie das Dokument im RTF-Format ab, z.B. als *Help1.rtf*.

Projektdatei erstellen

Starten Sie den Microsoft Help Workshop und öffnen Sie eine neue Projektdatei (Menü *File/New*), welche in unserem Fall *Help1.hpj* heißen soll. Fahren Sie folgendermaßen fort:

- Öffnen Sie die [Files]-Sektion und tragen Sie dort den Namen der RTF-Datei ein (*Help1.rtf*).
- Öffnen Sie die [Map]-Sektion und weisen Sie all den ContextStrings, die unter VB als *HelpContextId*-Eigenschaft bestimmter Steuerelemente dienen sollen, frei wählbare Integer-Nummern zu (siehe Abbildung 12.96).

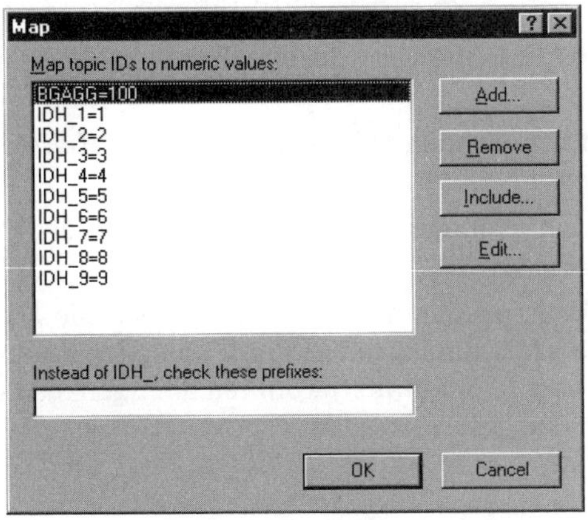


***Abbildung 12.96:*** Map-Topics-*IDs*

- Wenn Sie durch die Hilfedatei mit den dafür vorgesehenen Schaltflächen (<< bzw. >>) blättern wollen, müssen in der [Config]-Sektion den Makroeintrag *BrowseButtons()* vornehmen.
- Starten Sie den Help-Compiler (Schaltfläche *Save and Compile*) und betrachten Sie sich das Produkt zunächst einmal als eigenständige Applikation:

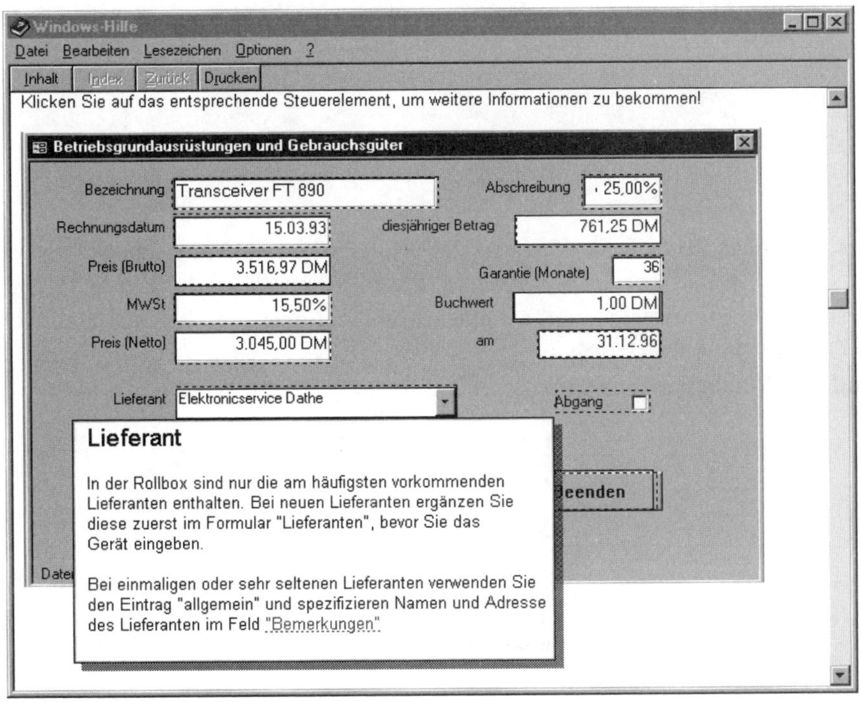


***Abbildung 12.97:*** *Nach dem Anklicken des Hotspots erscheint ein PopUp-Fenster*

- Zum Betrachten bzw. Testen der Hilfedateien gibt es bereits innerhalb des Help-Workshops mannigfaltige Möglichkeiten. Jetzt ist auch Gelegenheit, die vom Help-Compiler ausgegebenen Warning- und Error-Meldungen auszumerzen.

### Einbinden in Visual Basic

Für die uns hier interessierende Problematik der Hilfestellung ist der Quelltext des zugrunde liegenden Anwendungsbeispiels uninteressant.

Um sich die komplette Pfadangabe für die Hilfedatei zu sparen, sollten Sie die Datei *Help1.hlp* vorher in den Pfad Ihrer Datenbankapplikation kopiert haben.

Die zugewiesenen *HelpContextIds* müssen exakt den Einträgen in der [Map]-Sektion der Projektdatei entsprechen.

Die für unser konkretes Problem wesentlichen Abläufe passieren im *Load*-Event, wo die *HelpFile*-Eigenschaft des Formulars und die *HelpContextId*'s für Formular und Steuerelemente zugewiesen werden. Diese Eigenschaften (*Hilfedatei* und *Hilfekontext*) könnten aber genauso gut direkt im Eigenschaftenfenster der betreffenden Objekte gesetzt werden.

```
Private Sub Form_Load()
 App.HelpFile = "Help1.hlp"
 Me.HelpContextID = 100
 Text1.HelpContextID = 1
 Text2.HelpContextID = 2
 ' ...
End Sub
```

Um die Anwendung der API-Funktion *WinHelp* elegant zu umgehen, wurde von einem Trick Gebrauch gemacht – mittels *SendKeys* wird die manuelle Betätigung der F1-Taste simuliert:

```
Private Sub Befehl2_Click()        ' Hilfe-Schaltfläche
 SendKeys "{F1}"
End Sub
```

### Test

Nach Öffnen des Formulars können Sie sich von der erfolgreichen Hilfefunktion auf zweierlei Art überzeugen:

- Aktivieren Sie eines der Steuerelemente (Textfelder, Kombinationsfelder, Befehlsschaltflächen etc.) und betätigen Sie dann die F1-Taste.
- Klicken Sie auf die *Hilfe*-Schaltfläche.

# Anhang

## Glossar

| Begriff | Bedeutung | Erklärung |
|---|---|---|
| ADTG | Advanced Data TableGram | Microsoft-Format zum persistenten Speichern von ADO-Recordsets |
| ADO | ActiveX Data Objects | Neue Objektbibliothek für Datenbanken |
| ANSI | American National Standards Institute | US- amerikanische Standardisierungsbehörde |
| ASCII | American Standard Code for Information Interchange | Amerikanischer Zeichencode |
| API | Application Programming Interface | Windows-Funktionsbibliothek |
| ASP | Active Server Pages | HTML-Seiten mit integriertem Scriptcode (VBScript, JScript etc.) die auf dem Webserver ausgeführt werden. |
| BLOB | Binary Large Object | Bezeichnung für binäre Datenfelder in Datenbanken. |
| COM | Component Object Model | Microsoft Technologie für die Konstruktion von Objekten |
| DCOM | Distributed Component Object Model | Die Version der Component Object Model-(COM-)Spezifikation von Microsoft, die festlegt, wie die Komponenten mit fensterbasierten Netzwerken kommunizieren. DCOM lässt die Verteilung von verschiedenen Komponenten für eine einzelne Anwendung über mehrere Netzwerkcomputer zu, die eine Anwendung über ein Netzwerk ausführen, so dass die Verteilung der Komponenten dem Benutzer nicht angegeben und die Anwendung entfernt angezeigt wird. |
| DAO | Data Access Objects | Datenzugriffsobjekte (veraltete Datenbankbibliothek) |
| DDL | Data Definition Language | Teilgebiet von SQL für Erzeugen von Datenstrukturen, wie Tabellen etc... |
| DDE | Dynamic Data Exchange | Eine Methode der in Microsoft Windows und OS/2 implementierten Interprozess-Kommunikation. Wenn mehrere Programme gleichzeitig laufen, können sie Daten und Befehle austauschen. |
| DLL | Dynamic Link Library | Bibliothek, die zur Laufzeit eingebunden wird |
| FAT | File Allocation Table | Von einigen Betriebssystemen geführte Tabelle oder Liste zum Verwalten von Speicherplatz, die für die Speicherung von Dateien verwendet wird. Die Dateizuordnungstabelle stellt eine »Karte« aller verfügbaren Speicherstellen auf einer Diskette dar, so dass beschädigte und damit nicht mehr verwendbare Segmente markiert sind und Teile einer Datei gesucht und wieder zusammengesetzt werden können. ▶ |

| Begriff | Bedeutung | Erklärung |
| --- | --- | --- |
| FSO | File System Objects | Objektmodell für den Zugriff auf Laufwerke, Verzeichnisse und Dateien. |
| FTP | File Transfer Protocol | Ein Protokoll, das für das Kopieren von Dateien über ein Netzwerk mit TCP/IP (z.B. das Internet) eingesetzt wird. |
| HTML | Hypertext Markup Language | Die Sprache, die für Dokumente im World Wide Web verwendet wird. HTML ist eine Anwendung von SGML, die Marken (»Tags«) verwendet, um Elemente (z.B. Text und Grafiken) in einem Dokument auszuzeichnen. |
| HTTP | Hypertext Transfer Protocol | Das Client-/Server-Protokoll für den Zugriff auf Informationen im World Wide Web. |
| IDE | Integrated Development Environment | Eine Einheit integrierter Tools für die Software-Entwicklung. Die Tools werden allgemein von einer Benutzeroberfläche aus ausgeführt und bestehen u.a. aus einem Compiler, einem Editor und einem Debugger. |
| IDL | Interface Definition Language | Beschreibt COM-Schnittstellen |
| IE | Internet Explorer | Der Webbrowser von Microsoft |
| IIS | Internet Information Server | Die Webserver-Software von Microsoft. Der Internet Information Server verwendet das Hypertext Transfer Protocol für World Wide Web-Dokumente. Die Software verfügt über verschiedene Sicherheitsfunktionen und unterstützt CGI-Programme sowie Gopher- und FTP-Server. |
| ISAM | Index Sequential Access Method | Methode der Indizierung von RDBMS (dBase, Access) |
| MDAC | Microsoft Data Access Components | Package von Datenzugriffskomponenten |
| MFC | Microsoft Foundation Classes | Grundlegende Windows-Bibliothek |
| MSDN | Microsoft Developer Network | Turnusmäßig erscheinende Tools und Docs für MS-Programmierer (CDs) |
| ODBC | Open Database Connectivity | Eine Schnittstelle, die eine allgemeine Sprache zur Verfügung stellt, mit deren Hilfe Windows-Anwendungen auf eine Datenbank im Netzwerk zugreifen können. |
| OLE | Object Linking and Embedding | Eine Technologie zum Austausch und zur gemeinsamen Nutzung von Daten zwischen verschiedenen Anwendungen. |
| RDBMS | Relational Database Management System | Relationales Datenbanksystem |
| RDO | Remote Data Objects | Ein objektorientiertes Datenzugriffsverfahren, das Bestandteil von Visual Basic ist |
| SDK | Software Development Kit | Sammlung von Entwicklungswerkzeugen |
| SP | Service Pack | Programmzusatz (Bugfixes) |
| SQL | Structured Query Language | Abfragesprache für Datenbanken |
| TCP/IP | Transmission Control Protocol | Netzwerkübertragungsprotokoll |
| UDT | User Defined Type | Nutzerdefinierter Datentyp |
| URL | Uniform Resource Locator | Eindeutige Quellenadresse (Web) ▶ |

| Begriff | Bedeutung | Erklärung |
|---|---|---|
| VB | Visual Basic | Höhere Programmiersprache für Microsoft Windows |
| VBA | Visual Basic for Applications | Sprachvariante von Visual Basic, die in Standard-Office-Anwendungen (z.B. Word, Excel) integriert ist. |

# Stichwortverzeichnis

## A



## B



## C

## D



## E

## F



## G



## H



## I

## J



## K



## L



## M



## N



## O

## P



## Q



## R



## S

## T



## U



## V



## W

## Z

Microsoft Visual Basic 6.0
Programmierhandbuch
Microsoft Corporation
Der offizielle Leitfaden zur Programmierung mit Visual Basic 6.0
Visual Studio Dokumentation
Microsoft Press